지역 선교의 정도를 걸어온 형극의 생생한 드라마

용인기독교회사

용인기독교회사

지은이 용기총편집위원회
펴낸이 나 상 만
만든이 조 복 희

발행처 도서출판 아이네오
주 소 서울시 관악구 국회단지 15길 3(1층 1호)
전 화 02) 3471-4526
등 록 1998. 8. 7. 제15-357호

인쇄 및 제본처 예림인쇄
1판 1쇄 만든 날 2020. 10. 30.
1판 1쇄 펴낸 날 2020. 11. 2.

값 25,000원

ⓒ 도서출판 아이네오, 2009

잘못 만들어진 책은 교환하여 드립니다.

용인기독교회사 증서

이 소중한 책을
복음으로 알게 되어 복음 안에서 교제하며,
복음으로 한 형제요 자매가 되시고,
용인의 복음화를 위하여 협력하여 주시며,
변함없이 기도하시고 기도해 주실

_____ 님께

주님의 사랑으로 드립니다.

드리는 이 : _____

전하는 이 : _____

Soli Deo Gloria
하나님의 영광을 위하여

조복희 목사
대한예수교장로회 경성노회장
경기경찰청교경협의회 운영위원
백암면 기독교교역자 연합회 회장
민주평화통일 자문회의 자문위원
대한예수교장로회총회(합동) 실행위원
용인기독교총연합회 대표회장(현)
백암중앙교회 담임목사(현)

할렐루야!

먼저 주님의 이름으로 인사를 드립니다.

2012년 변우상 목사님의 용기총 대표회장 퇴임 기념 논총집 **"세상을 아름답게"**를 출판하고 난 후 용기총의 역사를 남겨야겠다는 의지를 가지고 준비해 오던 중 이렇게 2020년에 이르러 역사적인 **"용인기독교회사"**를 출판하게 되니 무한히 기쁘고 감격스럽습니다.

금번에 출판되는 **"용인기독교회사"**는 한국의 교계 및 기독교 출판 사상 최초로 간행되는 지역 교회와 목회 현장에서 헌신하는 목사님들께서 배우기도 하고, 가르치기도 하였던 자료를 수집하고 정리한 신앙문헌입니다.

이 **"용인기독교회사"**는 **사도행전**을 모체로 삼고, 초대교회의 신앙을 본받아 일군 지역 선교의 정도를 걸어온 형극의 생생한 '**신앙행전**'입니다.

사도행전이 흑암의 세계에 광명한 빛을 찬란하게 비친 영원한 복음의 빛이라면, 이 **"용인기독교회사"** 는 이 빛을 받들어 용인이라고 하는 지역에 복음을 전하는 푯대입니다.

"용인기독교회사" 를 준비하면서 저희 편집위원회에서는 학술적인 부분에서보다는 현장 중심으로 드라마틱하게 전개하자는 의도에 따른 **기념문헌** 으로 **"용인기독교회사"** 의 **저술 기획** 을 세웠습니다.

1. **본 책의 이름** : 용인기독교회사
2. **본 책의 내용** : 한국기독교회사 속에 나타난 용인 지역 교회이야기
3. **본 책의 원고** : A4 5,000매
4. **본 책의 모양** : 크라운판 고급 양장
5. **본 책의 면수** : 약 600페이지
6. **본 책의 권수** : 전 1권 1000부
7. **본 책의 발행** : 용인의 100대교회 브로셔 포함
8. **본 책의 목적** : 하나님께 감사와 영광 돌리기 위함

이처럼 **"용인기독교회사"** 의 주제와 목표는 복음의 주체이신 예수 그리스도를 표명하며, **하나님께 영광을 돌리는 것**, 성경대로 **하나님의 영광을 위하여** 진행하는 것입니다.

오 ~ 기도하는 용인의 형제, 자매여!
오 ~ 존경하는 용인의 사역자들이여!
오 ~ 사랑하는 용인의 신앙인들이여!

우리의 남은 생애를 주님께 드리어 복음으로 살면서,
위대하신 주 여호와 하나님의 영광을 위하여 복음의 행진을 힘차게 합시다.
하나님의 은혜와 사랑과 축복이 함께하시기를 기도하고 축복합니다.

발간사

축복의 통로
기적의 역사가 지속되기를

이 승 준 목사
용인기독교총연합회 회장(현)
기흥중앙교회 담임목사(현)

용인시기독교총연합회(이하, 용기총) 창립 40주년을 맞아 용인시민 110만, 850교회 27만 성도로 확장된 때에 맞춰 "용인기독교회사"를 출판하도록 은혜를 주신 하나님께 감사와 영광을 올려드립니다.

올해 부활절예배는 용기총 산하 11개 연합회가 시청 앞 광장에 2만 여명의 성도들이 모이는 "복음화대성회"로 준비하고 있었습니다. 그러나 예기치 않은 코로나 19로 인하여 대성회를 할 수 없게 되었을 뿐만 아니라 수도권은 국가재난 2.5단계로 격상되어 주일 예배마저도 비대면 예배를 드리는 상황이 되는 미증유의 사태가 벌어졌습니다.

모든 것이 위축된 것 같은 상황이지만
이러한 때에 용인시기독교사가 출판된 것은 너무나도 기쁘고 감사한 일입니다.

신약성경 마가복음 2장에 보면 여러분이 잘 아시는 사건이 나옵니다.
'가버나움'이라는 곳에서 중풍병자를 친구로 둔 네 사람이 친구인 중풍병자를 예수님께 데리고 옵니다.
예수님을 만나면 그 중풍병이 낫게 될 것이라는 믿음 때문이었습니다.
이에 그 네 사람은 중풍병자인 친구를 들 것에 매고, 예수님을 찾아 왔습니다.
그러나 너무 많은 사람들 때문에 그들은 예수님을 만날 수가 없었습니다.
이에 그들은 예수님께서 계신 집의 옥상으로 올라가 지붕을 뜯어내고 예수님 앞에 달아 내렸습니다. '의도'는 좋지만 '과정'이 너무 힘듭니다.
길을 막고 있는 수많은 사람들을 뚫고 가야 합니다.
건물 위로 올라가서 천장을 뜯어내야 했습니다.

하나님의 일이면 하나님께서 역사하셔서 하는 일마다 쉽게 잘 되면 얼마나 좋겠습니까? 그러나 현실은 그렇지 않습니다.

하나님의 일을 하다보면 어떤 때는 수많은 사람들이 앞길을 막을 수도 있습니다.

심지어는 그 사람이 목사님일 수도 있고, 같은 교회일 수도 있습니다.

억울한 말을 들을 수도 있습니다.

생명을 살리고, 하나님의 성호를 찬양하는 것이 하나님께서 원하시는 뜻이라는 것은 알겠는데 도무지 어떻게 해야 할지 방법을 찾을 수 없을 때도 있을 것입니다.

그러나 예수님께서는 **요한복음 11장 40절 말씀**에서 **"네가 믿으면 하나님의 영광을 보리라"**고 말씀하셨습니다. 하나님을 기쁘시게 하는 일을 함에 있어서 낙심하지 않으면 분명히 수많은 하나님의 능력과 영광을 경험하시게 될 것입니다.

이제 저는 **베드로전서 5장 2절로 4절 말씀**을 통하여 **"용인기독교회사"**의 문을 엽니다.

> "너희 중에 있는 하나님의 양 무리를 치되, 억지로 하지 말고 하나님의 뜻을 따라 자원함으로 하며, 더러운 이득을 위하여 하지 말고 기꺼이 하며, 맡은 자들에게 주장하는 자세를 하지 말고 양 무리의 본이 되라. 그리하면 목자장이 나타나실 때에 시들지 아니하는 영광의 관을 얻으리라"

이 말씀 속에는 부정적인 것 세 가지와 긍정적인 것 세 가지가 있습니다.

먼저 **부정적인 것 세 가지**입니다. 하나님의 일을 함에 있어 **'억지로 하지 말고'**, **'더러운 이득을 위하여 하지 말고'**, **'주장하는 자세로 하지 말라'**는 것입니다.

한마디로 **'마지못해서'**, **'나의 이익을 위해서'**, **'내 마음대로 하지 말라'**는 것입니다.

그러면 어떻게 해야 합니까?

긍정적인 것 세 가지입니다. 즉, 하나님의 뜻을 따라 **'자원함으로'**, **'즐거운 마음으로'**, **'양 무리의 본이 되라'**는 것입니다.

그리하면 어떻게 됩니까?

> "목자장이 나타나실 때에 시들지 아니하는 영광의 관을 얻으리라"

이 축복이 오늘 **"용인기독교회사"**가 출판되어지기까지 여러 모양으로 동참한 우리 모두에게 함께 하시기를 주님의 이름으로 축원합니다.

헌 사

하나님의 나라 확장을 위하여
믿음과 소망과 사랑의 삶으로 헌신하면서
용인 지역 복음화를 위하여
헌신하는 복음의 동역자요,
복음의 일군들에게!

그리고
복음전도자의 긍지와
선교사역의 헌신자가 되도록
은혜와 감동과 사명감을 갖게 하는
용인의 모든 그리스도인들에게
이 책을 바칩니다.

용인기독교회사 출판 위원 일동

위앙 전승호 목사 | 김동문 목사 | 이용현 목사 | 조복희 목사 | 신동권 목사 | 이승준 목사 | 경용수 목사

영원히 기념될 기록문헌의 금자탑

총신대신학대학원
연세대연합신학대학원
풀러신학대학원 목회학 박사
국제신학대학원 부총장역임
칼빈대학교 석좌교수 역임
비라카미 사랑의선교회 이사장(현)
남서울비전교회 담임목사(현)

최 요 한 목사

금번 발간되는 **"용인기독교회사"**는 용인의 복음화를 위하여 헌신하는 일선 목회자들이 학자의 눈이 아닌 목회의 현장에서 목사의 눈으로 배우고 가르쳤던 한국기독교회사를 용인의 관점에서 기록한 세계 기독교 역사에 영원히 기념될 문헌의 금자탑입니다.

"용인기독교회사"는 믿음의 사람들이 믿음의 사람들을 위하여 만든 **'신앙의 책'**입니다.

오직 전도의 행전으로, 전도의 주체이신 예수 그리스도를 표명하며, 하나님께 영광 돌리는 **"용인기독교회사"** 출판을 진심으로 축하하며 특별히 기념사를 드립니다.

복음(福音)에 열정(熱情)을 쏟는 용인 지역의 모든 목사님들과 성도님들께 기도의 성원을 보내며, 하나님의 더욱 크신 은혜(恩惠)와 평강(平康)을 기원(祈願)합니다.

"용인기독교회사"의 저술, 편집, 발간은 한국기독교회사에서 명저(名著)로 기념 문헌이 될 것이며, 한국 기독교와 세계 기독교 역사상 영원히 기억될 글로 남겨질 것입니다.

여호와여 주의 이름이 영원하시이다.
여호와여 주를 기념함이 대대에 이르나이다.

(시 135:13)

학력
동화초등학교 졸업
살레시오중학교 졸업
광주고등학교 졸업
육군사관학교 29기 졸업
경남대학교 경영대학원 석사 졸업
용인대학교 명예박사

경력
특수전사령부 사령관
제29대 대한민국 육군 제31사단 사단장
대한민국 육군 인사사령관
제21대 대한민국 육군 제3야전군 사령관
제19대 국회의원 (비례대표/더불어민주당)
더불어민주당 안보담당 원내부대표
더불어민주당 용인 갑 지역위원장
더불어민주당 국방안보센터 센터장
더불어민주당 국방안보특별위원장

수상내역
NGO 모니터단 선정 국정감사 우수국회의원
제4회 대한민국 실천대상 의정활동 국방 안보부문

행복한 용인! 아름다운 용인을 위하여!

코로나의 이 위기와 슬픔 속에서도 130년 용인과 함께해 온 용인기독교회의 역사를 한권의 책으로 엮은 **용기총**(용인기독교총연합회)의 활동에 깊은 감사를 드리며, 이 용인의 역사를 보면서 가슴 뿌듯함을 느낍니다. 이렇게 생각하고 보니 어쩌면 용인의 기독교 역사는 용인의 기독교인만의 것이 아니라는 생각이 듭니다.

저 또한 국회의원으로 의정활동을 할 때부터 시정을 운영하고 있는 지금까지 가장 고뇌하였던 것은 저의 흔적이었습니다. **'역사가 나를 어떻게 이야기 할 것인가?'** 하는 그래서 늘 정직하게 의정활동 해왔으며 시정에 임하고 있습니다.

용인은 현재와 미래가 공존하고 다양한 여가와 휴식이 가능한 수도권 남부중심도시로 전국 기초자치 단체 중 4번째로 100만 인구를 돌파한 대도시이기도 합니다.
이러한 용인의 근대화와 함께 하여온 **용인의 기독교 역사**를 통하여 이 역사 속에 우리의 삶도 함께 하였음을 생각할 때 자랑스럽기가 그지없습니다.

그동안 **용기총**은 정치 경제 사회 문화 등 모든 분야에서 우리 용인을 이끌어 왔으며, 소외계층을 돕기 위한 사랑 나눔 활동에 앞장서 왔습니다. 또한 매주 월요일마다 약 2-30여 분의 목사님이 모여 나라와 용인시를 위해 기도하시는 모습을 저는 보았습니다. 지역과 나라를 위해 활발히 활동하는 **용기총**의 열정에 큰 감명을 받곤 하였습니다.
그런데 코로나의 이 어려운 시국에서도 **용기총**은 이렇게 우리에게 역사를 이야기 하고 있음을 보면서 너무 감사를 드립니다.
역사를 중요하게 생각하는 민족은 결코 망하는 법이 없다는 말과 같이 우리 용인과 함께 앞으로도 교회가 지역 사회의 발전과 안녕을 위하여 선도하여 줄 것을 당부 드립니다.
저 또한 우리 용인시와 우리 사회의 전통적 가치를 지키기 위해 노력하겠습니다.

다시 한번 용인기독교회사 출판을 축하하며, **용기총**의 무궁한 발전을 기원합니다.

용인시장

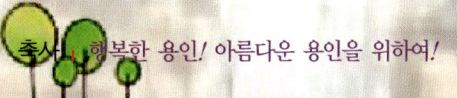

축사

용인기독교회사 그 아포리즘을 위하여!

소강석 목사
새에덴교회 담임목사
대한예수교장로회총회 총회장

광신대학교와 개혁신학연구원 및 동 대학원을 거쳐 미국의 낙스신학교에서 목회학 박사 학위를 취득하였고, 한국문인협회 시인, 칼빈대학교 석좌교수이며, 수많은 세미나와 부흥회를 이끌고 있다. 불타는 소명감으로 1988년 11월, 가락동의 한 상가 지하 23평에서 새에덴교회를 개척하여 지금은 한국에 몇 안 되는 초대형교회인 1만여 명의 프라미스 콤플렉스 성전을 건축하고 2만여 명의 성도 부흥을 이룬 꿈과 기적의 목회자이다. 파란만장한 그의 인생 스토리는 한 편의 하이틴 로맨스나 순정만화처럼 흥미롭고 감동적이며 그의 설교와 저서들은 콘크리트 도시 속에 갇혀사는 현대인들의 가슴에 들꽃 같은 향기를 전해준다. 저서 '신정주의 교회를 회복하라'를 통하여 2006한국기독교출판문화상 최우수상을 수상하였고, 2007년에는 미국 마틴루터킹재단 국제평화상을 수상하였다.

저는 금번 우리 〈용기총〉에서 발간하는 〈용인기독교회사〉의 축사를 의뢰받고 코로나의 이 정국에 어떻게 축사를 쓸까를 생각하다가 얼마 전 제가 쓴 글에서 인용하였던 스티브 도나휴의 **'사막을 건너는 여섯 가지 방법'** 이라는 책을 떠올리게 되었습니다.

그 책에서 만난 아름다운 어휘!

광야를 걷는 사이에 꽃이 피지요.

포기하지 말고 함께 걸어가요

용인의 기독교회사는 한국의 기독교회사와 함께 오랜 역사를 가지고 있습니다.

한국 기독교회사에 나타난 있는 것처럼 용인에 최초로 설립된 교회는 1894년에 설립된 백봉교회입니다. 뒤이어 1895년에 9월 17일 처인구 남사면 방아리의 아리실 마을에 아리실교회가 설립되었습니다.

그런데 여기서 우리가 주목해야 할 사실이 있습니다.

그것은 다른 지역과는 달리 용인은 외국 선교사들이 아닌 용인의 지역 사람들의 주도 하에 교회가 설립되어졌다는 것입니다. 아리실 교회에 이어 **용인교회·양지교회·문촌교회·원촌교회**(현 용인중앙교회) 등도 잇따라 설립되었는데, 모두가 우리 믿음의 선진들에 의하여 세워졌다고 하는 사실입니다.

이러한 **용인의 기독교 역사**를 이 코로나의 혼란스러운 정국에 〈용인기독교회사〉라는 제목의 책으로 엮었다고 하는 〈용기총〉 목사님들의 시대 흐름을 관통하는 창조적 비전 제시에 힘찬 박수와 함께 축하를 드립니다.

지금 용인의 교회는 1996년 용인군이 도농 복합 형태의 시로 승격되고 수지지구·죽전지구·동백지구 등 대단위 택지가 개발되고, 많은 인구가 유입되면서 교회와 신도의 숫자도 급격히 불어나고 있습니다. 도시화에 따라 대형화된 교회들이 지역을 섬기고 있습니다. 코로나의 이 정국에서 앞으로 우리 교회는 초대교회처럼 거친 바람이 몰아치는 외롭고 험난한 길을 걸어야 할 것입니다. 이럴 때 우리는 어떻게 이를 잘 극복하고, 교회를 섬길 것인가를 묵상해 보았습니다.

이에 저는 〈용인기독교회사〉의 출판을 축하하면서 다가오는 미래를 예측하고 준비하지 못하면 역사의 무대에서 쇠락할 수밖에 없는 격변의 시대에 **"우리는 무엇을 준비해야 하는가?"**를 생각하면서 제안을 해 봅니다.

우리 함께 과거를 돌아보고 앞으로 나아갑시다.

우리 함께 어떤 상황에서도 오직 하나님만 바라봅시다.

그러다보면 어느새 우리 교회는 꽃이 피고 그 열매들이 풍성해 질 것입니다.
우리는 이러한 현상들을 코로나 상황에서도 헌신에 힘쓰고 성전을 사모하는 성도들을 보고 있지 않습니까?
무엇보다 〈용기총〉의 목사님들이 이처럼 〈용인기독교회사〉를 만듦으로 역사를 중시하면서 하나님의 역사를 더 사모하며 하나님과의 관계를 더 가까이 하고 있지 않습니까?

이러한 〈용기총〉의 간절함과 진정성이 전달되어서 교회마다 아름다운 꽃이 피어나고 성도들의 삶이 풍성해지기를 기도하고 축복합니다.
코로나 상황은 우리 모두에게 시험이기도 하지만 더 큰 기회가 될 것입니다.
우리 함께 코로나라는 광야를 잘 걸읍시다.
광야를 지날 때 곧 꽃이 피는 날이 올 것입니다.
그 꽃이 피면서 우리의 삶이 더 성숙해지는 날이 올 것입니다.

코로나의 밤은 깊어가고,
마치 내일이 오지 않을 것 같은 깊은 절망이 우리를 감쌀지라도
하나님이 주시는 또 다른 내일이 있기에
우리의 〈아포리즘〉을 위하여 내일을 여는 〈용기총〉이 되기를

새에덴교회 담임목사

추 천 사

주님 오실 그 날까지
기록 문헌의 길잡이

홍경만 교수 (루터대학교 교회사)

루터신학교 신학과(BA)
루터신학대학원(M.Div.)
성공회대학교 신학전문대학원 신학석사(Th.M.)
성공회대학교 신학전문대학원 신학석사(Th.D.)
The kollege of the Missions-Werk In Gemany
Novel Certified international Education Full Standard Course for CNE
등단 시인(문학세계, 1996)

세상의 모든 것은 변해가는 것들이고 죽어가는 것들입니다.
그러나 영원히 시들지 않고 변하지 않는 것은 살아계신 하나님의 진리(眞理)의 말씀입니다.
바로 복음의 진리 말씀입니다.

늘 단 마음으로 진리의 말씀을 위해 복음으로 증거하시는 용인 지역의 목사님!
오직 복음(福音)만을 위해 한결같으신 존경(尊敬)하는 목사님들!

이번에도 복음(福音)에 대한 열정(熱情)은 코로나의 위기 속에서도 한국 교회와 용인의 지역 교회들에게 주님 가신 십자가의 길을 생각하며 그 주님께서 명령하신 일에 이렇게 또 귀한 문헌을 세상에 내어 놓음으로 희망을 주었습니다.

역경의 고난을 유익으로 삼고, 오직 복음의 길을 걷고자 하시는 우리 용인의 선각자들은 고난의 길이요 복음의 길을 주님께서 주신 사명으로 알고 잠잠히 이행하셨습니다.

오늘날 비진리가 진리같이 혼탁한 이 시대!
복음의 참 진리로 빛을 발하는 지역 선교의 정도를 걸어온 형극의 생생한 드라마가 있습니다.

좌우로 양분되어 서로의 다름을 존중하기보다는 내 논리에 순응하지 않으면 모두를 적대화하는 세상 속에서 진리의 깃발을, **오직 예수 그리스도의 복음만을 외쳐온 목자들의 외침들이 광야의 외침으로 "용인기독교회사"**를 출판하셨습니다.

특별히 본서를 통하여 **이 시대에 꼭 필요한 살아있는 말씀을 말씀되게**, 무엇보다도 **여호와 하나님을 주님으로 고백하는 교회공동체의 역할이** 중요한 이때에 **교회공동체를 통하여 하나님의 놀라우신 은혜와 비밀이 이 땅 가운데 진리로 선포**(宣布)되어지고 **편만**(遍滿)**해지기를 기원하는 소망의 문헌**들입니다.

참으로 귀한 **"용인기독교회사"**, 특히 이번에 발간되는 **"용인기독교회사"**에는 용인 지역을 이끌어 온 100대 교회들의 흔적들이 **오직 하나님께 영광을 돌리고, 교회들이 어떻게 기독교**(基督敎)**적인 사상에 따른 복음적인 교육을 실천하고,** 지역 사회와 함께하는지를 **연구하면서** 평생의 **교육이념**(敎育理念)**을 진솔하게 피력**하고 있습니다.

오로지 **성경말씀 중심으로 철저히 교육**(敎育)**하기를 희망하며, 살아계셔서 역사하시는 하나님께 영광을 돌리도록 기도**하며, **코로나와의 싸움에서 승리**하여, 기어이 **집필**(執筆)과 편집을 완성하여 세상에 선보이게 되는 **"용인기독교회사"**는 우리 모두에게 눈물겹도록 감동을 줍니다.

믿음의 역사, 소망의 인내, 사랑의 수고로 발행되는 귀중한 책 **"용인기독교회사"**를 읽으시는 분들은, **온전한 믿음으로 신앙생활**하게 되며, **믿는 도리의 소망을 견고히 붙잡고, 서로 돌아보아 사랑과 선행을 격려하게 될 것입니다**(히 10:22-24).

이 땅에 복음을 알지 못하는 자들에게 복된 소식이 되기를 소망하고,
복음을 증거하는 자들에게는 참된 선교의 지침서가 되는 양서가 되길 소망하며
감히 추천사에 대신합니다.

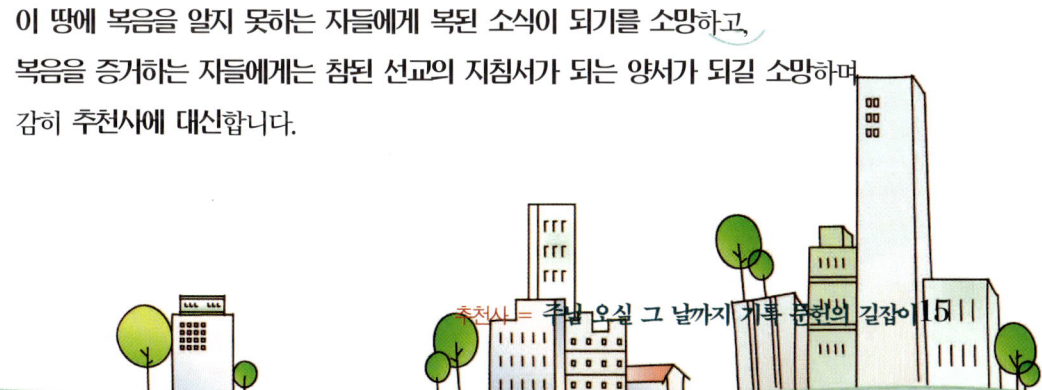

격려사

생육하고 번성하여 충만하라 정복하라

윤호균 목사

전 세계 230여 나라에 복음을 전하는
세계적인 방송 설교가
칼빈대학교 석좌교수
성산 수양관 원장
화광교회 당회장

사랑하고 존경하는 동역자 여러분!

코로나라고 하는 이 어려운 시국에 "용인기독교회사"를 만드시느라 수고하셨습니다. 하나님께서 교회에 기대하시는 것은 교회가 성장하여 하나님 나라가 확장되는 것입니다. 작은 겨자씨가 큰 나무로 성장하여 새들이 앉아 쉴 곳이 되고, 눈에 보이지 않지만 가루 서말에 넣은 누룩이 가루 전체를 부풀게 하듯이 하나님께서는 복음을 가진 교회가 이 세상에 예수와 천국의 영향력을 나타내기를 원하십니다.

오늘 우리 한국 교회는 '다시 성장할 것인가? 아니면 점진적으로 퇴보할 것인가?'를 가름하는 심각한 기로에 서 있습니다. 그러나 저는 결코 걱정하지 않습니다. 왜냐하면 교회의 부흥과 성장은 하나님의 뜻이기 때문입니다.

교회는 반드시 성장해야 하며, 성장할 것입니다. 그런데 성장하지 못하고 있다는 것은 하나님의 명령을 어기고 있기 때문이라는 자연스러운 결론에 이르게 됩니다.

성장이 둔화되고, 정체되어 가고 있는 한국 교회가 다시 성장하는 토대를 마련하려면 먼저 퇴보하는 원인, 즉 하나님의 뜻을 거역하는 것이 무엇인지를 바르게 알아야 합니다. 그리고 그 원인을 해결하기 위해서 성경으로 돌아가는 전환이 있어야 하고, 그 후에 성경을 바탕으로 하는 현실적 사역의 새로운 가능성을 모색해야 합니다.

코로나의 이 시국에서 이제 한국 교회가 계속해서 성장하려면 예수님의 지상 명령의 수행을 교회의 행사로 여기지 않고 본질로 회복시키는 것입니다.

사랑하고 존경하는 동역자 여러분!
저는 오늘 교회가 예수의 지상 명령에 순종하여 전도와 양육에 전적으로 헌신되고, 또 평신도의 중요성을 깨달아 평신도를 훈련시켜 교회 본질의 사역을 감당토록 하면 교회는 성장할 수 있다는 것을 말하려고 합니다.

초대교회의 모습을 보십시오.
오순절에 예루살렘의 마가 다락방에서 성령 강림을 통하여 태동이 된 초대교회는 계속해서 성장하였습니다. 12사도에서 120문도, 그리고 3천명과 5천명, 또 수만 명과 허다한 무리에 이르기까지 놀랍게 성장해 갔습니다. 이러한 양적인 증가는 지역적인 확산을 병행했습니다. 예수님의 예언의 말씀 그대로 예루살렘에서 유대로, 또 사마리아와 땅 끝까지 복음이 확산되는 모습을 사도행전은 보여주고 있습니다.

그렇다면 성장할 수 있는 교회는 어떤 교회입니까?
권위보다 하나 됨을 소중히 여기는 교회!
직위보다 서로 섬김으로 함께 사역하는 것을 기뻐하는 교회!
어떠한 전통일지라도 그것을 기초로 삼지 않고 성령의 능력 안에서 하나님의 나라를 향해 언제나 열려있기를 힘쓰는 교회!
특별한 은사를 귀중히 여기기보다는 모두 하나님의 백성으로 역할이 있음을 인정하고 서로의 은사를 활용할 수 있도록 협력하는 교회가 성장할 수 있는 교회입니다.

혼자서는 교회 성장을 통한 하나님의 뜻을 이루어 드릴 수 없습니다.
목회 사역에 있어서 협력과 분담이 조화를 이룬 연합된 조직을 만들어야 합니다.
목회자는 자연스럽게 서로 본 받을 수 있도록 좋은 본을 보여주어야 합니다.
교회마다 최고의 가치를 예배에 두고, 모든 능력을 선교에 쏟아야 합니다.
이를 위해 교회는 서로 연합하여 섬기는 기쁨이 충만해야 합니다.

저는 우리 용인시기독교총연합회(용기총)가 이 일에 모범을 보이고 있어 기쁘고 감사하기가 이를 때 없습니다.
이 일에 더 힘쓰고 애쓰는 용기총이 되어 생육하고 번성하여 충만하고 정복하는 용기총 산하 모든 지 교회가 되시기를 주님의 이름으로 축원합니다.

용인기독교회사 그 아름다운 열매

김 수 읍 목사

경기도기독교총연합회(경기총)(현)
한국장로교총연합회 제37대 대표회장(현)
하늘빛교회 담임목사(현)

"**용인기독교회사**"는 130년의 역사를 지닌 용인 지역의 기독교 역사를 학술적인 관점이 아니라 목회 현장에서 문헌을 수집하고 사람을 통하여 듣게 된 이야기들을 토대로 하여, 진솔하게 고백하는 신앙 간증과 복음적인 신앙운동으로 시작하고 발전하여 온 용기총 산하 목사님들이 연합의 자세로 기술(記述)한 책(冊)입니다.

이에 저는 **마태복음 25장 23절 말씀**으로 축하를 드립니다.

"그 주인이 이르되 잘하였도다. 착하고 충성된 종아 네가 적은 일에 충성하였으매 내가 많은 것을 네게 맡기리니 네 주인의 즐거움에 참여할지어다. 하고"

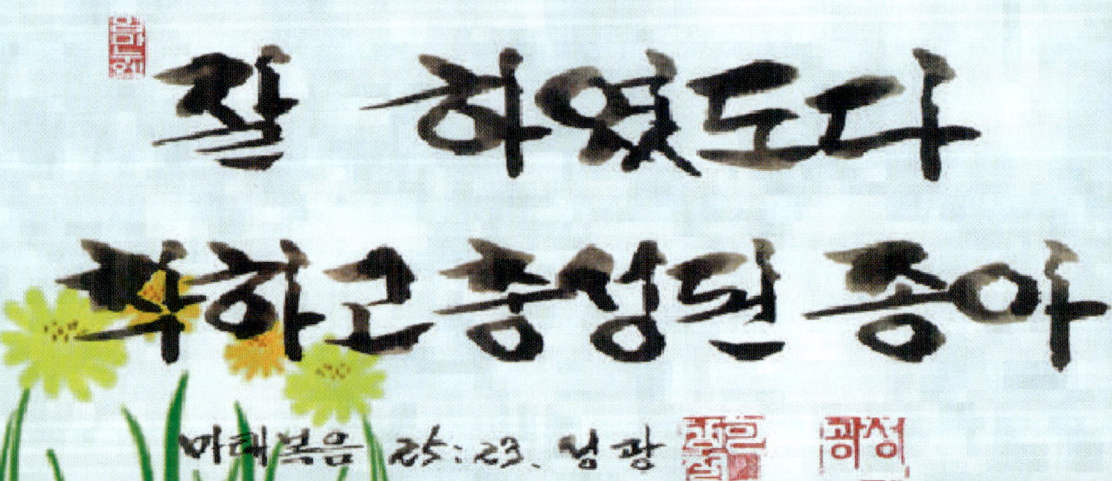

우리 주님은 지금 이 시간에도 우리에게 말씀하십니다.

네가 나를 사랑하느냐? 사랑한다면 먹여주렴
먹일 때에는 네 마음대로 하지 말고, 억지로 하지 말고,
더러운 이를 위하여 하지 말고, 네 주장하는 자세로 하지 말고,
내가 너희를 위하여 한 것 같이
오직 하나님의 뜻을 따라 자원함으로! 즐거운 뜻으로! 본이 되어 먹여 주렴
그들을 찾아가 내 음성으로 울어주렴
너만이 아니라 네 형제~, 네 이웃~, 네 동포~,
세상의 모든 이들을 위해 내가 왔고, 내가 죽었으며, 내가 다시 살아났음을 ~

우리는 이 음성에 응답한 사람들입니다.
이 사명 이루기 위해 노력하는 사람들입니다.
그리하여 이후에 주님 이 땅에 오셨을 때 잘했다 칭찬받는 저와 여러분이 되시기를 주님의 이름으로 축복합니다.

아무쪼록 이 "용인기독교회사"가 성도들에게 선교에 대한 이해와 신앙생활(信仰生活)에 큰 유익이 되기를 바랍니다.

이 "용인기독교회사"가 출판되어지기까지는 뜻 있는 목사님들의 지지와 물질의 후원으로 이루어졌사오니 많은 기도(祈禱)를 부탁합니다.

이 "용인기독교회사"가 밑거름이 되어 용기총의 활동이 더욱 더 왕성하여지고 용인지역 산하 교회와 성도들을 더욱 잘 섬길 수 있게 되기를 희망하며 간절히 기도합니다. 이 "용인기독교회사"가 닿는 곳마다 임마누엘의 은총이 넘치시기를 기도하고 축복합니다.

하나님의 역사요
그 백성들의 역사인 용인기독교회사

조복희 목사
대한예수교장로회 경성노회장
경기경찰청교경협의회 운영위원
백암면 기독교교역자 연합회 회장
민주평화통일 자문회의 자문위원
대한예수교장로회총회(합동) 실행위원
용인기독교총연합회 대표회장(현)
백암중앙교회 담임목사(현)

할렐루야!

먼저 하나님께 감사와 영광을 돌리며

"용인기독교회사"가 출판되어지기까지 수고하신 모든 목사님들께 다시 한번 고마운 마음으로 인사드립니다.

코로나로 인하여 지 교회가 어려움을 겪고 있는 중에도 하나님의 특별하신 은총을 입어 연합의 신앙운동을 통하여, 기도하고 한국교회의 역사와 함께 하는 우리 용인의 기독교 역사를 현장의 글로 작성하여, 문헌으로 보존케 하며, 전도행전으로 출판하니 하나님의 크신 은혜요 축복입니다.

한국교회사는 하나님의 역사요, 그 백성들의 역사입니다.

교회사는 우리들에게 구원과 섭리, 사랑과 십자가를 가르치고 지시하고 보여 주기 위해서 지금까지 있어 왔고 앞으로도 있는 것이지, 우리의 선행 이데올로기나 운동의 보증용으로 이용될 자료를 제공하기 위해 기록하는 것이 아닙니다.

따라서 우리는 이 역사를 통하여 하나님께서 이 백성을 사랑하시고, 이 겨레의 구원을 위해 하신 역사(役事)를 살피고, 다른 한편 우리 교회가 민족 선교의 정도를 걸어 온 형극의 길을 살펴야 합니다.

이러한 의미에서 우리는 우리의 소중한 역사 그 가치를 아끼고 보존해야 합니다.

이러한 의미에서 본서의 필요성과 당위성이 있는 것입니다.

교회는 시대를 초월하여 영속적으로 활동하시는 그리스도의 몸이며 그 속에서 그리스도의 생명과 사업을 볼 수 있습니다. 따라서 교회는 이 세상 속에 존재하는 가시적(可視的) 조직체이면서 이 세상에 속하는 것이 아닙니다.

> 교회는 개인과 국가로 하여금 하나님의 뜻과 일치에 이르게 함으로써 참된 개인력과 국가력을 발전시키도록 협력하고 촉구합니다.
>
> 교회는 살아 있는 구체적 인간, 즉 민족성과 국가조직에 뿌리박고 있는 사회적 존재와 관계하고, 따라서 민족과 국가의 존립을 파괴하는 수준 이하의 의지와 힘에 반대합니다.
>
> 교회는 바로 가족·사회·민족·국가·인종에게 최고선을 향상시키도록 기준을 제시하며, 이런 점에서 교회는 오로지 종교적 임무에만 헌신한다는 이상의 사명을 갖고 있습니다.
>
> 교회는 국가가 신의(神意)에 기초하고, 인간성의 본질적 요구에 의한 높은 윤리적 선(善)을 목표 삼도록 방향을 제시해야 합니다.

따라서 교회와 국가와의 관계를 이해함에 있어서 교회의 종교적 임무와 건전한 기독교 윤리와 신학적 해석을 포함하는 제반 요소들을 고려하여 교회와 국가와의 관계를 조명하는 것이 필요합니다.

"**용인기독교회사**"의 핵심주제는 주 예수 그리스도이시며, 성령의 역사입니다.

"**용인기독교회사**"의 전체 목표는 성삼위 하나님께 영광 돌리는 것입니다.
"**용인기독교회사**"는 어디까지나 성경을 근본으로 표준을 삼고, 성경을 중심으로 한 선교의 역사가 드라마틱하게 파노라마처럼 펼쳐지도록 하였습니다.

"**용인기독교회사**"는 한국의 교계와 기독교 출판 사상 최초로 간행되는 복음적인 신앙의 선교문헌입니다.
금번 "**용인기독교회사**"는 다음과 같이 구성되어 있습니다.

제1부 기독교 이전 우리나라의 종교와 사회로
제1장 샤머니즘과 우리 기독교
제2장 불교와 우리 기독교
제3장 유교와 우리 기독교를 피력함으로 기독교 신앙을 재삼 확인하도록 했습니다.

제2부 초기 우리나라의 기독교 전래에서는
제1장 구한말 이전 기독교는?
제2장 우리나라에서 교회는?
제3장 선교 초기 우리 교회는?을 통하여 한국교회의 상황을 분석해 보았습니다.

제3부 용인과 용인지역 교회의 역사에서는
제1장 경기도 용인의 역사
제2장 용인지역 교회의 역사를 통하여
용인 지역 교회의 설립과 성장을 각 분야별로 분석해 보았습니다.

제4부 일제강점기 우리의 역사 그리고 용인지역의 교회들에서는
제1장 일제강점기 우리나라는?
제2장 일제강점기 우리 교회는?에 대하여 분석하였으며,
제3장에서는 루터대학 홍경만 교수의 학술지 논문으로 용인시 기독교의 역사를 통해 본서가 학술서로서도 손색이 없음을 증명하였습니다.

제5부 해방 전후 우리의 역사 그리고 용인의 교회들에서는

제1장 해방 전후 우리 교회는?
제2장 전환기 우리 교회는?
제3장 용인의 교회는? 을 통하여 지역의 종교 환경에 대하여 분석해 보았습니다.

제6부 70-80년 우리 사회와 교회 그리고 용인의 교회들에서는

제1장 찬송예배 찬송
제2장 찬송가에 대한 이해
제3장 우리 찬송가의 역사
제4장 근대화 시대 우리 교회는?
제5장 용인의 어제와 오늘을 통하여
근대화 시기의 용인지역 교회에 대하여 분석해 보았습니다.

제7부 1990년 이후 우리 사회와 교회 그리고 용인의 교회들에서는

제1장 교회행정을 경영하라
제2장 1990년 이후의 한국교회
제3장 1990년 이후 용인은? 에 대하여 분석해 보았습니다.

제8부 2003년 이후 한국교회와 용기총의 이야기에서는

제1장 교회는 어떤 곳인가?
제2장 행사를 통해 본 용기총의 역사를 행사 중심으로 분석하였습니다.

제9부 용기총 나아갈 길에서는

제1장 용기총의 나아갈 길
제2장 평신도의 영적 갱신 운동
제3장 코로나 이후의 한국교회 방향에 대하여 분석하였습니다.

특별부록으로는 용인 지역을 섬기는 100대 교회들의 프롤로그를 수록했습니다.

"용인기독교회사"는 모든 면에 미비한 점이 많은데, 하나님께서는 용인의 수많은 목사님들을 들어 쓰셔서 이 엄청난 일을 하게 하셨습니다.

"용인기독교회사"를 엮은 많은 목사님들은 일사각오의 신앙으로 집필하였으며, 연합운동을 백절불굴의 신앙으로 진행하고 있습니다.

일사각오의 신앙과 백절불굴의 신앙정신은 순교적인 신앙의 삶에서 싹이 나며, 꽃이 피고, 열매가 맺게 될 것입니다.

그동안 **"용인기독교회사"**가 잘 출판되도록 기도하시며 적극적으로 협력하신 분들께 평생 잊을 수 없이 감사합니다. **"용인기독교회사"**가 나오기까지 여러모로 수고하신 모든 분들에게 다시 한번 마음 깊은 곳에서 나오는 고마움을 전합니다.

"용인기독교회사"를 사랑하는 교회와 애독자님들께 임마누엘의 은총을 기원하면서 서문을 줄입니다.

2020년 10월에

용인시기독교총연합회 대표회장
조 복 희 목사 올림

Contents 차례

권두언	하나님의 영광을 위하여	조복희 목사	• 4
발간사	축복의 통로! 기적의 역사가 지속되기를	이승준 목사	• 6
헌 사	하나님의 나라 확장을 위하여	출판위원 일동	• 8
기념사	영원히 기념될 기록문헌의 금자탑	최요한 목사	• 9
축 사	행복한 용인! 아름다운 용인을 위하여!	백군기 용인시장	• 10
축 사	용인기독교회사 그 아포리즘을 위하여	소강석 목사	• 12
추천사	주님 오실 그날까지 기록 문헌의 길잡이	홍경만 교수	• 14
격려사	네가 믿으면 하나님의 영광을 보리라	권득칠 박사	• 16
격려사	생육하고 번성하여 충만하라! 정복하라!	윤호균 목사	• 18
격려사	용인기독교회사 그 아름다운 열매	김수읍 목사	• 20
서 문	하나님의 역사요 그 백성들의 역사 용인기독교회사	조복희 목사	• 22

제1부
기독교 이전 우리나라의 종교와 사회 • 33

- 제1장 샤머니즘과 우리 기독교 | 황규식 목사 • 34
- 제2장 불교와 우리 기독교 | 김정민 목사 • 41
- 제3장 유교와 우리 기독교 | 조동욱 목사 • 49

제2부
초기 우리나라의 기독교 전래 • 57

- 제1장 구한말 이전 기독교는? | 신동권 목사 • 58
- 제2장 우리나라에서 교회는? | 황재열 목사 • 66
- 제3장 선교 초기 우리 교회는? | 김영환 목사 • 73

제3부
용인과 용인지역 교회의 역사 • 83

- 제1장 경기도 용인의 역사 | 여주봉 목사 • 84
- 제2장 용인지역 교회의 역사 | 김종원 목사 • 96

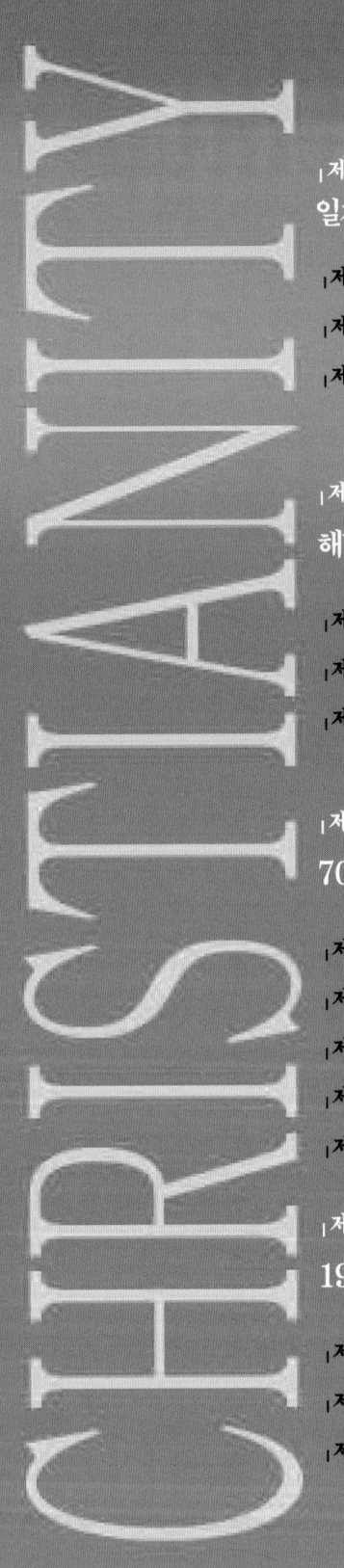

| 제4부 |
일제강점기 우리의 역사 그리고 용인의 교회들 · 109

| 제1장 | 일제강점기 우리나라는? | 이진상 목사 · 110
| 제2장 | 일제강점기 우리 교회는? | 김창수 목사 · 121
| 제3장 | 복음화로 새 예루살렘 용인시를 꿈꾸며 | 홍경만 교수 · 128

| 제5부 |
해방 전후 우리 사회와 교회 그리고 용인의 교회들 · 151

| 제1장 | 해방 전후 우리 교회는? | 최신식 목사 · 152
| 제2장 | 전환기 우리 교회는? | 김석현 목사 · 162
| 제3장 | 용인의 교회는? | 이호균 목사 · 177

| 제6부 |
70-80년 우리 사회와 교회 그리고 용인의 교회들 · 183

| 제1장 | 찬송과 예배 찬송 | 최성균 목사 · 184
| 제2장 | 찬송가에 대한 이해 | 한상필 목사 · 204
| 제3장 | 우리 찬송가의 역사 | 임오길 목사 · 219
| 제4장 | 근대화 시대 우리 교회는? | 권영호 목사 · 251
| 제5장 | 용인의 어제와 오늘 | 배성식 목사 · 265

| 제7부 |
1990년 이후 우리 사회와 교회 그리고 용인의 교회들 · 285

| 제1장 | 교회행정을 경영하라 | 이철수 목사 · 286
| 제2장 | 1990년 이후의 한국교회 | 신용수 목사 · 300
| 제3장 | 1990년 이후 용인은? | 민규식 목사 · 305

|제8부|
2003년 이후 한국교회와 용기총의 이야기 · 327

|제1장| 교회는 어떤 곳인가? | 김현기 목사 · 328
|제2장| 행사를 통해 본 용기총의 역사 | 경옥수 목사 · 359

|제9부|
용기총 나아갈 길 · 403

|제1장| 용기총의 나아갈 길 | 박상완 목사 · 404
|제2장| 평신도의 영적 갱신 운동 | 정의호 목사 · 411
|제3장| 코로나 이후의 한국교회 방향 | 임병선 목사 · 420

|부록|
용기총의 100대 교회들 · 427

- 경용수 목사 | 용인한올교회 | 428
- 고강은 목사 | 상갈소망교회 | 430
- 고재국 목사 | 양지제일 | 432
- 곽승욱 목사 | 용인중앙 | 434
- 권영호 목사 | 용인교회 | 436
- 권준호 목사 | 송전교회 | 438
- 권요섭 목사 | 용인중앙감리교회 | 440
- 김광철 목사 | 동백동산교회 | 442
- 김동문 목사 | 용인사랑의교회 | 444
- 김동혁 목사 | 두창성결교회 | 446

- 김민석 목사 | 동행하는 교회 | 448
- 김병진 목사 | 생명샘교회 | 450
- 김석홍 목사 | 향상교회 | 452
- 김승도 목사 | 말씀동산 교회 | 454
- 김영욱 목사 | 은혜샘교회 | 456
- 김영한 목사 | 수지중앙교회 | 458
- 김완중 목사 | 목양교회 | 460
- 김정민 목사 | 기흥제일 | 462
- 김종원 목사 | 포곡제일교회 | 464
- 김진호 목사 | 그리스도의 대사들 교회 | 466
- 김찬섭 목사 | 수지남부중앙교회 | 468
- 김창수 목사 | 도창교회 | 470
- 김춘식 목사 | 용인동광교회 | 472
- 김태영 목사 | 상미교회 | 474
- 김필곤 목사 | 열린교회 | 476
- 김현기 목사 | 순복음늘푸른 | 478
- 김형석 목사 | 자연교회 | 480
- 나영진 목사 | 만남의교회 | 482
- 민규식 목사 | 성암제일교회 | 484
- 박경남 목사 | 수지제일교회 | 486
- 박상완 목사 | 백향목 교회 | 488
- 박유경 목사 | 용인명지교회 | 590
- 배덕환 목사 | 용인영락교회 | 492
- 배상식 목사 | 흥덕향상교회 | 494
- 배성식 목사 | 이룸교회 | 496
- 소강석 목사 | 새에덴교회 | 498

- 송대진 목사 | 성서교회 | 500
- 신동권 목사 | 용인중앙 | 502
- 신용수 목사 | 용인비전교회 | 504
- 안요셉 목사 | 글로리아교회 | 506
- 안용호 목사 | 기흥지구촌교회 | 508
- 양용진 목사 | 홍덕남서울비전교회 | 510
- 여주봉 목사 | 포도나무교회 | 512
- 오동삼 목사 | 신갈축복교회 | 514
- 오정원 목사 | 율리교회 | 516
- 유성암 목사 | 신세계교회 | 518
- 유정기 목사 | 동백사랑의교회 | 520
- 윤만선 목사 | 은혜샘물 | 522
- 윤여성 목사 | 열린문교회 | 524
- 윤성진 목사 | 양지교회 | 526
- 윤호균 목사 | 화광교회 | 528
- 이광수 목사 | 신갈장로교회 | 530
- 이기봉 목사 | 구성중앙교회 | 532
- 이동환 목사 | 정암교회 | 534
- 이동훈 목사 | 아름다운우리교회 | 536
- 이동호 목사 | 모현소망교회 | 538
- 이상엽 목사 | 수지소망교회 | 540
- 이승준 목사 | 기흥중앙교회 | 542
- 이용현 목사 | 동백순복음교회 | 546
- 이진상 목사 | 목양교회 | 548
- 이철수 목사 | 용인명성교회 | 550
- 이호균 목사 | 백암성결교회 | 552

- 임병선 목사 | 용인제일교회 | 554
- 장권태 목사 | 수지방주교회 | 556
- 전형주 목사 | 용인명지(박유경) | 558
- 정의호 목사 | 기쁨의교회 | 560
- 조광희 목사 | 수지대광교회 | 562
- 조동욱 목사 | 주북제일교회 | 564
- 조복희 목사 | 백암중앙교회 | 566
- 조용구 목사 | 고림제일교회 | 568
- 지태일 목사 | 새빛중앙교회 | 570
- 최성균 목사 | 동백지구촌 | 572
- 최성은 목사 | 지구촌교회 | 574
- 최요한 목사 | 남서울비전 | 576
- 최창수 목사 | 용인중부교회 | 578
- 한상필 목사 | 수지성산교회 | 580
- 한 용 목사 | 높은뜻하늘교회 | 582
- 황규식 목사 | 수지산성교회 | 584
- 황재열 목사 | 전대중앙교회 | 586

- 이동원 목사 | 지구촌교회 원로목사 | 588
- 변우상 목사 | 용인제일교회 원로목사 | 590
- 정주채 목사 | 우리교회 원로목사 | 592
- 권득칠 박사 | 루터대학교 | 594
- 백성혁 박사 | 온석대학원대학교 | 596
- 이한철 대표 | (주)창성종합건설 | 598

- 부록 | 용인시기독교총연합회 39차 임원 | 600
- 부록 | 용기총 고문 및 임원 명단 | 602
- 부록 | 포곡읍기독교연합회 회원교회 | 606
- 부록 | 용인시기독교총연합회 정관 | 607

| 제1부 |
기독교 이전 우리나라의 종교와 사회

한국문화사의 한 특이성은 한국문화를 지배하는 종교가 시대를 따라 완전히 교차되었다는 데에 있습니다. 한국의 선사시대에는 원시 종교인 샤머니즘의 독무대였습니다. 그러나 통일신라시대와 고려시대에는 불교가 한민족을 지배하였으며, 조선에 이르러서는 불교를 추방하고 유교가 전적으로 지배하였습니다. 그러나 조선이 멸망하자 유교 역시 그 자취를 감추고 오늘날 한국의 지배적인 종교는 기독교가 새로이 등장하고 있는 것입니다.

한국에는 '민족과 더불어 시종일관 운명을 같이 한다'는 의미의 민족 종교라는 것이 없습니다. 이에《용인기독교회사》에서는《한국기독교회사》의 자연스러운 흐름으로 우리 사회의 민간 저변에 자리를 잡고 있는 샤머니즘과 불교, 그리고 유교가 우리 교회에 끼친 영향에 대하여 분석하고자 합니다.

제1장 샤머니즘과 기독교

용·기·총

황 규 식 목사

개신대학원대학교 목회학석사(M.Div.)
총회신학연구원 신학석사(Th.M)
Knox Theological Seminay 목회학박사(D.Min.)
대한예수교장로회(백석) 경성노회 노회장
CBS TV 1분 영상 설교, C3TV 주일설교
목포극동방송 설교, CTS-TV 설교
GOOD-TV 주일설교
미국 시카고 라디오 방송설교
수지산성교회 담임목사(현)

우리나라의 유교·불교·도교와 같은 종교는 언제부터 시작되었을까요?

우리나라에 유교 · 불교 · 도교가 들어오기 시작한 것은 4세기 이후의 일입니다. 그리고 중국으로부터 들어 왔습니다.

그 이전 한국에 있었던 토속 종교로는 샤머니즘(Shamanism)이 있었습니다.
샤머니즘은 우리만의 고유한 종교라기보다는 시베리아를 중심으로 몽고 · 만주 · 한국 · 일본 그리고 우랄알타이 종족 사이에서의 공통적인 원시 종교입니다.
그러나 샤머니즘은 일정한 교리나 조직의 체계를 갖지 못한 원시 종교로서 각 나라와 민족에 따라 각기 그 특색을 달리하고 있습니다.

우리나라에 있어서는 샤머니즘이 한국의 종교적 바탕을 이루면서 외래 종교들을 받아들였으며, 그 외래 종교와의 혼합을 통해 변형하면서 역사와 함께 발전되어 왔습니다. 이는 우리 민족의 건국 신화인 단군신화가 샤머니즘의 소산이라는 점에서 샤머니즘이 얼마나 우리 민족과 사회의 정신적 바탕이 되어 있는가를 단적으로 생각할 수 있습니다. 이처럼 샤머니즘은 항상 민초들의 생활을 지배해 왔으며, 타 종교와의 혼합 속에 우리 민족과 문화의 흥망성쇠를 좌우해 왔습니다.

그렇다면 샤머니즘의 정신은 무엇일까요?

샤머니즘은 일종의 무당신앙입니다.
샤머니즘은 애니미즘(Animism)을 기초로 하고 있습니다.
애니미즘은 모든 물체에 정령이 있다고 믿는 자연(정령) 숭배의 원시 종교입니다.

원시인들은 죽음을 계기로 육체에서 떠나간 영혼을 상상하고, 그것이 초인적 능력을 가지고 있다고 믿었습니다. 그러므로 천신(天神) 사이에는 이러한 정령들과 혼백들이 충만해 있으며, 이런 것들이 인간의 질병과 기근 등 모든 재앙을 만들기도 하고, 또 복을 가져오기도 한다고 믿은 것입니다.
이는 일종의 다령신앙(多靈信仰; Polydemonism)입니다.

애니미즘에 기초를 둔 샤머니즘은 일종의 원시다령신이라고 할 수 있습니다.
인간의 생사화복을 관할하는 영계(靈界)와 인간계 사이에서 중개하는 어떤 매개체가 요구되며, 그 일을 맡아서 행하는 자가 곧 '무당'(巫堂; Shaman)입니다.

한자의 '巫'(무)는 하늘과 땅을 연결하여 주는 사람을 상징합니다.
'巫'(무)는 정령(精靈)들과 직접 교통하는 자로서 영계를 탐지하고 영력을 행사할 수 있으며, 제사와 주술 등으로 재난을 없애주고 복을 가져다 줄 수 있습니다. 즉 '巫'(무)는 제사와 주문(呪文), 춤과 노래를 통하여 접신(接神)·입신(入神)하여 신을 내려오게 하고, 신과 하나가 되는 황홀지경에 몰입합니다.

샤머니즘은 본래 범신론(汎神論)입니다.
그러나 그들은 전체의 영계를 지배하는 최고신이 있다는 관념을 가지고 있습니다.
우리나라에서 '하나님'이라고 부르는 것이 이것입니다.
이 하나님은 하늘의 영으로 천주(天主)를 의미합니다.
하나의 님, 곧 유일지대신(唯一至大神)을 뜻하기도 합니다.
우리나라의 하나님은 우주를 지배하는 최고신입니다.
이 하나님이 비를 주고 추수도 준다고 믿습니다.
기우제를 드리는 대상이 바로 이 하나님입니다.

우리나라에서는 유교나 불교가 다 같이 이 하나님의 존재를 인정하고 있을 뿐만 아니라 기독교가 또한 이 명칭을 채택하고 있습니다.
'하나님'이란 본래 한국 샤머니즘의 최고신에 대한 명칭이었던 것입니다.
그러나 샤머니즘에는 이 최고신의 개념이 그리 발달되어 있지 않습니다.
그들은 세계를 창조한 주축인 이 하나님이 멀리 있어서 인사에는 간섭하지 아니하고, 그 부하인 제령(諸靈)들에게 인사를 장리(掌理)하게 한다고 믿고 있습니다.
그러므로 우리나라에서는 기우제만은 이 하나님에게 드리되, 일상 인사에 관해서는 그 밑에 있는 잡신들에게 제사하는 것입니다.

샤머니즘에서는 우주를 3층 구조로 보는데 상계(上界)·중계(中界)·하계(下界)입니다.
상계(上界)는 광명한 천상세계이며, 주신(主神)과 선령들의 거처입니다.
중계(中界)는 인간과 생물이 사는 이 세상입니다.
하계(下界)는 악령이 사는 지옥입니다.
그러므로 사람들은 이 세상의 소업 여하에 따라 사후에 저승으로 가되, 상계로 올라가기도 하고, 지옥으로 떨어지기도 한다고 믿습니다.

우리나라에서 '저승'이니 '염라대왕'이니 하는 것은 불교가 전래되기 이전부터 있었던 샤머니즘의 관념을 불교에서 전래한 것이라고 봅니다.
이러한 면에서 샤머니즘에도 약간의 심판 사상과 윤리 사상이 있다 할 수 있습니다.

그러나 샤머니즘의 주요 관심은 인간의 윤리가 아니라 영계가 조작하는 재앙으로부터 인간 해방입니다.
따라서 샤머니즘에는 엄밀한 의미의 윤리사상이나 죄 관념 또는 최후의 심판과 같은 사상의 발전이 없습니다.

한편 샤머니즘은 발전된 교리를 가지고 있지 않습니다.
그러다 보니 쉽게 타 종교와 혼합합니다.
우리나라에서도 샤머니즘이 유교와 불교와 혼합하여 거기에 부수된 신령에 관한 요소들을 그대로 흡수해서 자기의 것으로 만들고 있습니다.

샤머니즘에는 가치나 윤리성이 거의 없습니다.
가치의 기준이 있다면, 다다익선(多多益善)이야말로 샤머니즘의 가치개념입니다.
내세나 구원을 위해 자기의 사상이나 생활 태도를 바꿀 필요도 없고, '굿'이 끝나면 자신에게 아무 달라진 것이 없이 다시 옛날로 돌아가고 맙니다.
이러한 신앙이 오늘날 한국의 기독교 안에서 흔히 볼 수 있는 비윤리적 신앙생활을 야기하게 하였습니다.

샤머니즘의 특징 중 하나는 가무(歌舞)입니다.
노래하며 춤추며 박수치는 가운데 신령과 교통할 수 있다는 것입니다.
이러한 관념이 오늘날 기독교인들의 신앙생활에 영향을 주고 있습니다.
열광하며 찬송하고, 박수치며, 북을 치고 춤을 추는 곳에 성령은 교통하고, 역사한다고 믿는 풍조입니다.
부흥회나 기도원을 자주 찾는 성도들은 으레 목이 쉬도록 노래하고, 몸이 나른하도록 춤을 추며, 박수치며 땀을 흘려야만 은혜를 받았다고 고백합니다.

샤머니즘이 기독교 교회 내부에 미친 영향은 다음과 같습니다.
오늘날 일부 교회는 '굿터'가 되고 있습니다.
목회자가 무당화 된 곳도 없지 않습니다.
이러한 교회의 성도들은 목사가 마치 영험 있는 무당인 양 생각합니다.

그래서 재난을 추방하고 복을 빌기를 원합니다.

또한 일정한 자기 관할권이 있는 지역의 전속 무당이 한 달에 몇 차례씩 자기 단골 가정을 방문하는 것과 같이 교역자의 심방을 고대합니다.

성도들은 한 주에 한 번씩 교회에 나가면 되는 것으로 생각합니다.
이것은 마치 굿판에 참가한 구경꾼과 같습니다.
'나 하나 예수 잘 믿고 천국 가겠다'는 생각!
'나 하나 헌금 많이 내고 그 대가로 더 큰 물질의 축복을 받고자' 하는 생각!
이러한 생각들이 '내 교회주의'를 낳습니다.
급기야는 분파주의의 원인이 되기도 합니다.

샤머니즘의 가치의 기준은 질적인 것이 아니라 양적인 것입니다.
오래 사는 것이 복입니다.
많이 소유하는 것이 복입니다.
이러한 개념이 한국교회 풍토 속에 나타나 있습니다.

그래서 많은 목회자들이 교회가 크게 부흥되어야 은혜로운 교회라고 인식합니다.
그래서 매머드 교회를 꿈꾸며, 이를 위해 교세 확장에 열을 올립니다.
이렇게 질적인 성숙은 배제되고, '양적인 성장만이 진리'라는 가치기준이 교회에 만연하는 것은 샤머니즘적인 사상에서 기인되고 있었음을 알 수 있습니다.

샤머니즘이 노래와 춤으로 제사를 드리는 것은 '신을 내려오게' 하고 신과 인간이 하나가 되게 하는 경지에 들어가려고 하는 것인데, 여기서 노래와 춤은 엑스타시(Ecstasy)로 이끌어 가는 현상임을 볼 수 있습니다.
열광적인 흥분에 도취하면 예배의 질서가 문란하게 될 수밖에 없습니다.
이에 성경은 교회의 공중 예배를 말하면서 "모든 것을 품위 있게 하고 질서 있게 하라"(고전 14:40)고 가르치고 있는 것입니다.
샤머니즘이 그리스도인의 생활에 미친 영향은 다음과 같습니다.
샤머니즘에서 행하는 푸닥거리와 굿은 그 목적에 따라 세 가지 유형으로 구분됩니다.

복을 빌기 위한 기복제(祈福祭)
병을 고치기 위한 구병제(救病祭)
죽은 영을 저승으로 보내기 위한 사령제(死靈祭)입니다.
이는 모두가 개인주의적이고 이기주의적입니다.

천지신명(天地神明)이 인간의 운명과 생활을 좌우한다고 믿고 있는 이 샤머니즘의 개인 구복신앙이 기독교에 들어와서 '나 하나 예수 믿고 무병장수하여 부귀영화를 누리고, 죽어서는 평안을 누리자'는 이기적이고 개인주의적인 삶을 살게 만든 것입니다.

이러한 이기적이고 개인주의적인 사상이 개 교회주의로 흘러가서 독선에 빠져 타 교단이나 타 교회, 어느 개인을 비난하고 정죄하며 공동체 의식이 없이 생활하는 현상을 초래하게 되었습니다.

도무지 약한 교회, 약한 이웃을 생각할 겨를이 없습니다.

오늘날 우리 교회는 외적인 부흥을 자랑하고 있지만 내적인 수술을 필요로 하는 중병을 앓고 있습니다.
목회자들 사이에서 목회성공의 개념은 큰 교회당 건축, 고급 승용차 사용, 고액의 사례금 수령으로 점차 해석되고 있습니다.
이렇게 축복의 개념이 지극히 물량적 차원에서 다루어지고 있기 때문에 교회와 목회자의 관심도 바로 그 방면으로 쏠리고 있는 경향입니다.

배금주의(拜金主義; Mammonism)와 샤머니즘으로 뒤범벅이 된 오늘의 한국교회는 점점 참 복음의 빛을 잃어가고 있습니다.

오늘의 한국교회는 신도의 숫자, 교회 건물의 크기, 교회 자신을 위한 교회, 성경의 가르침을 생활화 하지 못하는 표리부동한 모습 등에 대해 비판을 받고 있습니다.

샤머니즘의 굿이 제시하는 인생관의 중심은 개인이 무병장수하여 부귀영화를 누리고 죽어서는 평안을 누리는 것이니, 여기에는 정신적 자유라든지, 인격적 사랑이라든지, 사회 정의 같은 자치 세계가 개입할 여지가 없습니다.

그러므로 비윤리적으로 흐를 수밖에 없는 것입니다.

한국교회는 지난날 혼란기에 무수한 이름의 부흥회가 열렸으며, 카리스마적인 존재로 군림한 부흥사가 수없이 등장했는데, 이것이 기성교회에 영향을 미쳐서 열심히 모이고 연보도 많이 하는 반면 일상생활 속의 변화, 즉 속 사람의 변화는 거의 찾아볼 수 없습니다.

한국교회는 교리적 개혁주의만을 전수하여 개혁과 보수를 내세우기는 했지만, 개혁주의적인 생활방식과 생활철학을 가르쳐 주지 못하고 있었던 것을 반성하고 가르쳐 주어야 합니다.

※ 본 글은 필자가
세미나와 학술지에 발표하기 위하여 준비하였던 자료를 정리한 것입니다.
다음은 이를 위하여 참고한 서적들입니다.
곽안련의.한국교회사 | 김광채의 근•현대 교회사 |
김대인.의 숨겨진 한국교회사-민족교회발생 | 김양선.의 한국기독교사 연구 |
김영재의 한국교회사 | 민경배의 한국기독교회사 | 박용규의 근대교회사, 한국기독교회사 1 |
윤성범.의 기독교와 한국사상 | 이영헌의 한국기독교사 |
이원규의 한국교회의 현실과 전망 | 채기은의 한국교회사 |
한미준, 한국갤럽의 한국인의 종교와 종교의식 |
한국기독교역사연구소의 한국 기독교의 역사입니다.
이분들의 수고와 헌신에 감사드립니다.

제2장
불교와 우리 기독교

용·기·총

김 정 민 목사

기흥제일교회 담임목사(현)

필자는 1992년 12월 사모님과 단 둘이 개척하여
기흥제일교회를 현재 청장년 200명의 중소형 교회로 성장시켰다.
필자는 예수님께서 하셨던 가르치고, 전파하고, 치료하신
3가지 사역의 원칙을 철저하게 따라 실천한 목회자이다.
필자는 장로교 3대 핵심교리인
하나님 중심, 교회 중심, 말씀 중심의
생명력 넘치는 교회가 되기를 힘쓰고 있다.

우리나라에 등장한 최초의 세계 종교는 외래 종교로서의 불교(佛敎)였습니다.

불교는 인간 석가모니(釋迦牟尼; 463-383)가 도달한 불타(佛陀·buddha; 진리를 깨달은 자)가 되는 길을 가르치는 종교입니다.

그러므로 인간은 누구나 수양과 노력의 결과로 불타가 될 수 있습니다.

생성과 소멸의 이 순환 속에서 일어나는 일체를 고뇌(苦惱)로 봅니다.

그러므로 이러한 고뇌의 세계에서 벗어나서 고뇌 없는 열반(Nirvana)의 세계로 들어가는 것이 인간의 구원이요, 진리를 깨달은 자는 곧 불타가 되는 목적입니다.

석가모니가 제자들에게 가르친 설교는 '사체팔정도'(四諦八正道)로 요약됩니다.

체(諦)란 진리로서 인식의 대상이요, 팔정도(八正道)는 그 인식에서 오는 규범입니다. 이러한 인식과 행위를 통해 세계를 해탈(解脫)하고 열반으로 들어가기 위한 교훈입니다. 그러므로 불교의 요의(要義)는 이 '사체팔정도'(四諦八正道)에 있습니다.

그렇다면 사체팔정도에서 사체(四諦)는 무엇일까요?

- 첫째는, 고체(苦諦)입니다.
  이것은 불교의 기본적 세계관이며 인생은 고뇌라는 진리입니다. 생로병사(生老病死)는 물론 인간의 존재를 구성하고 있는 물질적인 것과 정신적인 요소 일체가 고뇌입니다. 우리의 존재를 형성하고 있는 오온(五蘊), 곧 법(dharma)은 무상한 것이요, 그 무상한 데에 고뇌의 근원이 있습니다.

- 둘째는, 집체(集諦)입니다.
  이것은 인생고뇌(人生苦惱)의 기원에 관한 진리입니다. 무상한 오온으로 구성된 존재를 세상 사람은 상주영원(常住永遠)한 자아(Ahtman)로 생각하고 이에 고집합니다. 제행무상(諸行無常)한 이 세상 것에 집착합니다. 이 무상한 세계에서 영원불변하는 '나'와 '내 것'을 욕망하는 여기에 인생의 고뇌와 번뇌가 있는 것입니다.

- 셋째는, 감체(滅諦)입니다.
  이는 고뇌를 초극(超克)하는 진리입니다. 고뇌의 원인인 욕망을 멸하고, 단념하고, 일체의 집념을 버리고 해탈하는 여기에 고뇌를 떠나 열반(涅槃)에 이르는 진리가 있습니다.

- 넷째는, 도체(道諦)입니다.
  고뇌를 초극하고 해탈을 실현하는 수도법에 대한 진리인바 팔정도(八正道)가 곧 그것입니다. 팔정도를 행할 때 인간은 비로소 쾌락과 고행에 치우치지 않고 괴로워하지도 않는 자세에서 올바르게 현상을 파악하는 지혜를 깨우쳐 열반에 도달한다는 것입니다.

불교의 실천 체계인 팔정도인 정견(正見)·정사(正思)·정어(正語)·정업(正業)·정명(正命)·정정진(正精進)·정념(正念)·정정(正定)을 요약하면 계율(戒律)과 선정(禪定), 지혜(知慧)입니다.

계율(戒律)이란 선행 실천을 위한 도덕적 규준과 조항들입니다.
선정(禪定)이란 자기의 마음을 정화하기 위한 명상입니다.
정신 통일이요, 정관(靜觀)입니다.
도덕적 계율과 정신적 선정에서 인간이 높은 정신단계에 이르렀을 때에 돌연 위로부터 종교적 예지가 나타납니다.

이것이 곧 지혜(知慧)입니다.
이 지혜의 내용이 오도(悟道·菩薩)요, 여기에 도달한 자가 곧 인생의 윤회에서 해탈하여 열반 세계에 들어간 불타인 것입니다.
이것이 원시 불교의 개요입니다.
그런데 이러한 사상은 대승불교에서 다시 발전하게 됩니다.

원시 불교의 교단은 수 세기 동안 확대됨에 따라 부파를 형성하였습니다.
그러나 그들은 모두 전통적이요 보수적인 불교였습니다.
석가의 직계인 정통파로 자처하고 민중과는 별도로 독선적이요 고답적인 생각에서 절간에 거주하면서 자기의 해탈을 위한 명상과 좌선을 하며, 계율과 교리 연구에만 시종하는 바리새적 불교도들이었습니다.
이들을 가리켜 소승불교(小乘佛敎; Hinayana)라고 합니다.

그런데 이와는 달리 민중의 종교운동이 일어났습니다.
대승불교(大乘佛敎; Mahayana)입니다. 대승운동은 사찰 불교를 개방하여 민중 불교로 확대하자는 것이요, 그 기초에는 절대적 일원론에 의한 범신론의 체계가 있습니다. 즉 '불타(佛陀)는 무한한 자비를 가지고 모든 중생을 구제한다'는 만인구제론(萬人救濟論)과 '이것을 위해 불타는 모든 시간과 장소에 편재하며, 거기에 적당한 형태로 나타난다'는 편재불타론(遍在佛陀論; the Cosmic Buddha)을 그 특색으로 하고 있습니다.

불타의 본질은 법신(法身·眞理自體)이며, 진여(眞如·絶對眞理, 實在)요, 우주 자체입니다.
여기에는 절대 진리의 세계와 현상계 사이에 구별이 없습니다.

이 현실세계가 곧 열반의 세계입니다.
따라서 윤회로부터 벗어날 필요도 없어집니다. 열반을 구할 필요도 없습니다.
다만 자비와 지혜를 따라 바르게 생활하면 족한 것입니다.
여기에 대승불교의 절대적 일원론이 있습니다.

불교가 중국에 들어온 것은 인도에서 발생한 때로부터 5세기 후인 주후 67년(後漢 明帝 10년)입니다.
당시 중국은 노장(老莊)의 허무사상(虛無思想)이 유행하던 때라 그들이 쉽게 받아들인 것은 일체계공(一切皆空)을 주장하는 대승불교의 반야경(般若經)이었습니다.
중국 불교는 이 반야경에 그 기초를 가지고 있습니다.
반야경은 소승불교와 달리 일체제법이 공(空)임을 주장합니다.
중국에서 발전한 13종파는 모두 이 대승불교에 기초를 두고 대소승(大小乘)을 합친 일승불교(一乘佛敎)입니다.

한국에 전래된 불교는 바로 중국의 대승적 일승불교(一乘佛敎)입니다.
한국에 불교가 처음으로 전래된 것은 372년(高句麗 17代 小獸林王 2년)의 일입니다.
중국 진왕(秦王)이 승(僧) 순도(順道)와 불경(佛經)과 불상(佛像)을 보내온 것입니다.
2년 후에 다시 아도(阿道)가 오고, 다음 해에는 성문사(省門寺)와 이불란사(伊弗蘭寺)를 세움으로써 한국에 불교가 뿌리내리기 시작하였습니다.

고구려에 불교가 왕성하였을 때에 일본에 선교하는 등 해외에까지 포교하였고, 고구려의 불교는 용수(龍樹)와 중론(中論)에 준거(準據)한 삼륜공종(三輪空宗)의 계통을 받은 것으로 한국 선종(禪宗)의 선구를 이루었습니다.

백제에는 고구려보다 수년 늦게 384년(枕流王 6년)에 인도 승 마라난타(摩羅難陀)가 직접 인도로부터 중국을 거쳐 옴으로써 전래되었고, 백제에서도 불교는 성행하여 일본에까지 불교를 전했으며, 백제 불교는 계율(戒律)을 중심으로 발달하였는데 이것이 한국 율종(律宗)의 선구가 되었습니다.

신라에는 그보다도 늦게 눌지왕(訥祗王 417-457) 시대에 고구려로부터 아도화상(阿道和尙)이 옴으로써 불교가 들어왔습니다. 신라에는 가장 늦게 전래되었을 뿐만 아니라, 이차돈(異次頓)의 순교(528년)에 이르기까지 많은 저항과 난관 속에서 전파되지 않으면 안 되었습니다. 그러나 이것은 결국 신라문화가 지닌 주체성의 강요를 의미하는 것이어서 일단 받아들인 후에는 그것이 힘차게 성장할 수 있었습니다.

법흥왕(法興王) 이후의 신라 불교는 한국 불교의 전성기를 이루게 됩니다.

신라 불교의 중심에는 원효(元曉)가 있습니다.

원효는 신라뿐만 아니라 한국 불교의 중심이요 극치입니다.

육당 최남선이 "인도 불교 및 서역(西域)의 서론적(緖論的) 불교, 지나(支那)의 각론적(各論的) 불교에 대하여 조선 불교는 최후의 결론적(結論的) 불교를 건립하였다."고 한 것은 신라의 원효를 기리면서 한 말입니다. 인도(印度)에서 뿌리를 내린 보살각수(菩薩覺樹)는 지나(支那)에 와서 가지를 뻗어 꽃이 피었고 한국(韓國)에 와서 열매를 맺은 셈이니, 그것은 온전히 원효(元曉)의 공(功)이라 할 수 있습니다.

원효의 근본사상은 화쟁론(和諍論)에서 찾을 수 있습니다.

석가에서 출발한 불교는 역사의 흐름을 따라 각기 이론을 달리하고 종파들을 형성하였습니다. 그리고 자기의 이론을 옳다고 주장하는 가운데 이쟁(異諍)이 속출하였습니다.

중국에 이르러 불교는 13종파로 갈라졌습니다.

우리나라에도 5교(五敎)·9산문(九山門)이 없는 것은 아니었으나, 원효는 백가(百家)의 이쟁을 화합하여 하나로 귀일(歸一)하게 하는 통불교(通佛敎)를 형성하였습니다.

이것이 곧 화쟁론입니다.

쟁론은 집착에서 생깁니다. 유(有)도 아니요, 무(無)도 아니요, 2변(二邊)을 멀리 떠날 뿐만 아니라, 나아가서는 중도(中道)에도 집착하지 않는 것이 화쟁의 논리입니다.

집착 없는 무애(無碍)의 입장에서 보면 일즉일체(一卽一切)요 일체즉일(一切卽一)입니다.

화쟁의 논리에서 볼 때, 열반과 세간이 다를 것이 없고, 중생과 불성은 둘이 아니며, 일체중생이 불성을 가지고 있습니다.

그러나 화쟁론은 주어진 대상의 객관적인 인식을 위한 논리가 아닙니다.
이것은 하나의 과제로서의 실존론적 논리입니다.
그러므로 그의 화쟁론은 보현보살(普賢菩薩)의 행원(行願)에서 파악해야 합니다.
이 중생의 세계를 모두 교화하여 남김없이 부처가 되게 함으로써 '비로자나'의 불국(佛國)을 실현하려는 행원인 것입니다.

불교의 특성은 다음과 같습니다.
불교는 이 땅에 사는 우리 인간이 가지고 있는 모든 집착성을 내버릴 것을 권합니다.
이것이 우리로 하여금 체념(諦念)의 사상을 가지게 한 동기가 되는 것입니다.
불교는 세계 부정이기 때문에 무상한 세계로부터 해탈(解脫; Salvation)과 둔세(遁世; Seclusion from the world)를 주장하고, 이 역사를 바로 잡아 나아가자는 태도는 빈약한 편입니다. 이러한 불교적인 영향은 문제에 직면할 때, 그 문제 앞에서 물러나 버리는 체념사상이 스며들어 무기력하고 비윤리적인 면으로 흐르게 되기 쉽기 때문에, 현실 문제를 타개하고 역사를 바로 잡아 나아가지 못하며, 창조 작업과 세계의 변혁을 가져오는 진취적인 행위가 없습니다.

우리 교회가 예수 그리스도를 믿으면서도 미신적인 생각을 버리지 못하고 생활하는 것은 그 심성 가운데 예부터 혼합절충주의(混合折衷主義) 사상이 내려오고 있기 때문입니다. 이는 본래 샤머니즘이 형성한 심성으로 불교에서도 그대로 또 하나의 특성을 이루고 있습니다.
불교가 양재기복(禳災祈福)의 샤머니즘으로 떨어진 것이나 고려의 불교가 호국 불교임을 자처했던 것을 비롯해서, 권력과 결합한 것 등은 모두가 이러한 공리적·현실주의적인 특성을 드러내는 것입니다.

이러한 현상은 불교의 바탕이 윤리적인 합리성을 갖지 못한 주술적(呪術的)인 공리주의(功利主義) 때문입니다.
한국 기독교가 이러한 혼합사상의 영향을 받아 계룡산 같은 혼합종교의 본거지가 있고, 동방교·전도관·통일교와 같은 혼합종교가 생겨나기에 이르렀습니다.

불교(佛敎)가 타락할 때면 언제나 음양(陰陽), 오행(五行), 지리풍수설(地理風水說) 등의 잡설(雜說)과 혼합함으로써 미신에 떨어졌다는 것입니다. 불교(佛敎)는 화합일치(和合一致)를 이상(理想)으로 하고, 현실을 구원하려고 하였으나, 결국은 혼합절충주의(混合折衷主義)를 형성하고 공리적(公利的) 현실주의(現實主義)로 타락한 것입니다.

한편 유학자들의 억불숭유정책(抑佛崇儒政策)은 불교의 세력을 몰아내는 계기를 마련했고, 승려의 신분은 천민으로 떨어졌으며, 유교가 정치 이념으로 등장하게 되면서 승려들은 산 속으로 들어가 은둔적 경향을 띠고 세상을 부정적으로 보며, 인생 자체를 고뇌로 보고, 이를 벗어나 해탈의 길을 찾게 된 것입니다.
그리고 이렇게 하기 위해서는 세상과 이별하고 참선을 하고자 자연과 합일하기 위해 산 속으로 들어가게 되었으며, 여기에서 불교의 성격은 현실적 부조리를 혁신하는 것이 아니라 수용하고 적응하는 내향적 의식을 낳게 되었습니다.

이러한 불교가 한국교회 교인들의 생활에 미친 영향은 다음과 같습니다.
불교는 무상(無常)한 세계로부터의 해탈(解脫)과 둔세(遁世)를 주장합니다.
그렇지만 기독교는 현실을 긍정하고 현실에 도전하는 종교이기 때문에 선한 싸움을 싸워야 합니다(딤후 4:7). 즉 이 세상의 생활을 매개(媒介)로 주체적(主體的)인 결단(決斷)에 따라 행동해야 하는 것입니다.

이에 성경은 그리스도인의 생활을 씨름에 비유합니다.
경주하는 것에 비유하기도 합니다.

"우리의 씨름은 혈과 육을 상대하는 것이 아니요 통치자들과 권세들과 이 어둠의 세상 주관자들과 하늘에 있는 악의 영들을 상대함이라"(엡 6:12)

"믿음의 주요 또 온전하게 하시는 이인 예수를 바라보자 그는 그 앞에 있는 기쁨을 위하여 십자가를 참으사 부끄러움을 개의치 아니하시더니 하나님 보좌 우편에 앉으셨느니라"(히 12:2)

예수님께서도 '십자가를 지고 나를 따르라'고 하셨습니다.

"자기 십자가를 지고 나를 따르지 않는 자도 내게 합당하지 아니하니라"(마 10:38)

> "누구든지 나를 따라오려거든 자기를 부인하고 자기 십자가를 지고 나를 따를 것이니라"(마 16:24; 막 8:34)

> "아무든지 나를 따라오려거든 자기를 부인하고 날마다 제 십자가를 지고 나를 따를 것이니라"(눅 9:23)

불교의 세계 부정의 태도는 도피적인 인간관을 갖게 하기 때문에, 기독교인들 중에서 상당수가 그 영향을 받아 현실에 도전하여 선한 싸움을 싸우고 변혁을 일으키고자 노력하고 애쓰는 대신, 오히려 현실을 도피하는 생활을 하고 있습니다. 현실도피(現實逃避)의 신앙생활은 자기 십자가를 지지 못하고, 이기적 욕심에 끌려서 살게 됩니다.

그러나 예수님은 "누구든지 자기 십자가를 지고 나를 따르지 않는 자도 능히 내 제자가 되지 못하리라"(눅 14:27)고 말씀하신 것입니다.

불신자들에게 그리스도를 알고, 믿게 하기 보다는 교인 수 확보에 열중한 나머지 불신자를 교회로 낚아 들이는 데만 주안점을 두고, 그것도 자기 교파, 자기 교회, 즉 자기가 나가는 교회로 끌어들이는 운동에만 치중했으니, 어떻게 보면 전도는 교세 확장의 수단으로 전환된 느낌이고, 구체적인 생활과 봉사라는 차원에서 분리하여 생각하고 있는 실상이 확연하게 드러난 셈이며, 이러한 전도의 존재 방식 때문에 불신자에게 비친 한국교회의 인상은 졸렬하고 옹졸하다는 것입니다.

※ 참고 문헌
이를 위하여 참고한 서적은 다음과 같습니다.
곽안련. 「한국교회사」 서울: 대한기독교서회, 1966.
김대인. 「숨겨진 한국교회사-민족교회발생」 서울: 한들 출판사, 1995.
김양선. 「한국기독교사 연구」 서울: 기독교문사, 1994.
김영재. 「한국교회사」 서울: 개혁주의 신행협회, 1992.
민경배. 「한국기독교회사」 서울: 연세대학교 출판부, 2002.
박용규. 「한국기독교회사 1」 서울: 생명의 말씀사, 2004.
이영헌. 「한국기독교사」 서울: 컨콜디아사, 1995.
이원규. 「한국교회의 현실과 전망」 서울: 성서연구사, 1994.
채기은. 「한국교회사」 서울: 기독교문서선교회, 2003.
한미준, 한국갤럽. "한국인의 종교와 종교의식", 1990.

용·기·총
제3장
유교와 우리 기독교

조동욱 목사

주북제일교회 담임목사
오사카신학대학 후원이사장
용인동부경찰서 선도심사위원
용인시인재육성재단고문위원

 유교는 육경(六經: 詩·書·禮·樂·易·春秋)을 기초로 하여 인선(仁善)의 도를 가르치는 공자(孔子·552-479)의 종교입니다. 그러나 실제로 공자가 인용한 경전은 그 중에서도 시경(詩經)과 서경(書經)이었습니다.
 시와 서는 육경 중에서 가장 옛 것이며, 시는 고대의 민요를 모은 책이요, 서는 고대 제왕 성현(聖賢·堯舜文武)의 훈계(訓戒)를 모은 책입니다.

 공자는 이러한 제왕의 훈계와 민중의 소리에 의거하여 인간의 도리를 푼 것입니다.
 공자는 그의 언행록(言行錄)인 논어(論語)에서 경전의 근본정신이 '인'(仁)에 있음을 말하고, 또한 '인'의 근본이 '효'(孝)라는 것을 가르치기 위해 효경(孝經)을 풀었습니다.
 요컨대 유교의 중심은 오경(五經)에 있습니다.
 그러므로 문제는 이 오경의 해석에 있었습니다.
 따라서 한당(漢唐)의 유는 이 오경의 문자를 해석하는 훈고학이었습니다.

공자 시대에 이미 유행하고 있던 중국 종교의 일반적 특징은 조상들에 대한 숭배 즉, 죽은 조상들의 영혼을 섬기는 것이었는데, 이는 조상들이 죽어서도 혼의 모습으로 계속 존재한다고 믿었기 때문입니다. 그들의 이러한 믿음은 '후손들의 푸대접에 대한 보응으로 조상들의 혼령들이 재난을 몰고 올지도 모른다'는 생각을 갖게 했고, '조상들이 그 후손들과 재산, 가게의 화목을 비롯하여 중요하게 여겨지는 모든 것들을 축복하여 주리라'는 기대를 낳게 했으므로, 조상 숭배는 당연한 귀결이었습니다.

귀(鬼)와 신(神)을 풀이하면 '사람이 죽으면 돌아간다'고 하는 말입니다. 이 말은 사람의 죽은 혼은 그 심사를 가진 혼으로 하늘에 올라가 신이 되고, 형체는 땅으로 돌아가 양신이 되며, 형체의 주체인 넋은 귀가 된다는 말입니다.
이에 유교에서 귀신은 인격신이 아니고 덕성(德成)이라고 봅니다.
그러니 귀신은 모두가 덕성 면에서 말한 것이요, 인격 면이 아닙니다.

이런 의미에서 유교는 덕교(德敎)입니다.
따라서 유교에서의 귀신관은 인간이 천지의 일부분으로서 또는 귀신의 덕의 신분으로서 그 자체가 한 천지이며 귀신인 것을 자각 자득하므로 자체의 성을 다하여 천지귀신의 심상인 성과 같게 하고자 노력하는 것입니다.

이런 의미에서 유교의 신은 인간 그 자체에 근본 하였고, 인간이 바로 '덕성을 갖춘 생존신이요, 천지의 신과 동거 동류하는 덕성을 소유한 자'라 할 것입니다.
따라서 유교에는 하늘나라에 대한 관념이 없고 땅 위에서 신과 성과 성의 세계가 완성된 세계를 지향하는 것이며, 그런 점에서 유교는 가장 현실주의적이요, 합리적인 인본주의 종교라 할 것입니다.

유교는 인간관계의 질서를 도모하려는 윤리학(Ethics)입니다.
그러므로 신의 존재라든지 영원(Eternity)이나 사후 문제 등은 그 본래적인 관념에서 멀리 떨어져 있습니다.
이런 의미에서 유교에는 절대가치와 관련된 선악과 양심이 결여되어 있습니다.

유교에서는 모든 것을 현실에서의 상대적인 인간관계로 규정짓습니다.

종적인 신인 관계나 신앙이라는 것이 게재할 여지가 없고, 삼강오륜의 인륜관계 규정이 일체를 해결하고 있습니다.

삼강오륜 중의 부자유친·부부유별·장유유서는 가족의 질서를 규정한 것입니다.

군신 관계에서 부자 관계의 연장으로 이해되어 왔습니다.

공동 사회의 질서 개념은 거의 없고 혈연 정실 관계에 의한 가족 중심 관념만이 남았으며, 사회 공익·국가 공익 관념이 결여되고 가족적 자기 집단의 이해관계만이 일체의 행위를 결정하고 있습니다.

이것이 바로 조선의 당쟁(黨爭)의 근거입니다.

상대적 윤리관과 가족 중심주의는 모든 행동에 있어 가문과 스승과 조상을 위하여 행동해야 하기 때문에 개인의 행동은 억압을 받게 되고, 개인의 창의성을 약화시키는 원인이 됩니다.

유교 문화는 가족 중심의 윤리가 형성되어 한 사회의 국가를 이루는 것입니다. 따라서 개인의 권리란 있을 수 없고, 개인은 가족이나 씨족의 한 분자로 예속되어 그 운명이 가족이나 집단에 의해 좌우됩니다. 따라서 주체적인 사람됨이 문제가 아니라 체면과 형식이 문제가 됩니다. 이러한 인격 상실이 외모와 형식과 겉치장을 꾸미게 하고, 공동체 의식보다는 배타적이고 이기적이며 독단적이게 되는 것입니다.

주체성이 없는 자기를 지탱해 주는 요소는 가족과 전통의 권위입니다.
유교의 '효'는 부모에게 국한되지 않습니다.
유교의 '효'는 여러 가지 윤리적인 덕에 첨가되는 핵심 요인이 있습니다.

이러한 개념이 특권 계급을 존속하게 하는 유교의 원리로 발전되었습니다.
그래서 윗사람은 물론이고 지배 계급에 대해서도 무조건 복종을 강요합니다.
불복종은 효가 아니기 때문입니다.
전통적 권위의 개념에는 무조건 복종해야 하는 보수성이 있고 폐쇄성이 있습니다.

이러한 사상은 결국 전통과 현상 유지에 시종하는 결과를 낳고, 개인의 창의성은 말살시키고 말았습니다.

유교 선비의 속성 중의 하나는 감투와 권력입니다.
선비는 글공부에 전념하고 생활에 관여하지 않습니다.
오직 일념은 벼슬길에 오르는 것이며 이것이 성취되면 고관대작이 되어 가문과 조상을 빛내게 되었고, 이러한 의식은 사농공상(士農工商)의 사회 계급제도를 이루어 이 제도의 규정으로 종적인 구조와 서열의식·관료의식을 낳게 되었습니다.

인격의 신을 믿지 않는 유교는 자연주의 사상이 강합니다.
유교 경전의 으뜸이라고 할 주역(周易)은 점서의 책이라고 하는데, 양(陽)과 음(陰)의 양의(兩儀)로 성립된 팔괘(八卦)와 육십일괘(六十日卦)를 그어 놓고 국가 사회의 대사와 일가 개인의 사사까지 다 규정을 짓고 있습니다.
이러한 것들은 사람으로 하여금 이성으로 판단하지 아니하고 자연에 맡기도록 하는 자연주의 사상의 소산입니다.
사람의 운명을 판정하는 데 세상에 출생한 연월 일시 곧 사주팔자를 가지고 논한다는 것은 아무런 타당성이 없는 미신에 지나지 않습니다.

유교가 한국 사회에 끼친 공과는 유교가 비록 위인지학(爲人之學)이 아니라 위천지학(爲天之學)이기도 하나 소인의 경계에서 벗어나 군자가 되게 함으로써 한국을 동방예의지국(東方禮義之國)으로 부르게 했다는 것입니다.
삼강오륜(三綱五倫)에 의한 봉건사회의 윤리를 확립하게 하였습니다.
청렴(淸廉)과 절의(節義)를 중히 여기는 안빈낙도(安貧樂道)의 인품을 수양하게 하였습니다.

그렇다면 이러한 유교의 삼강오륜 봉건윤리 사상이 끼친 해악은 무엇일까요?
중국을 중주국(宗主國) 대국(大國)이라 하고, 자주정신과 독립정신을 잃게 하였습니다.
군자소인(君子小人)의 구별판단(區別判斷)을 남에게 적용하고 평가함으로써 당쟁의 씨를 뿌렸습니다.

효를 중심한 유교사상으로 말미암아 가족 중심의 이기주의를 형성하고 사회와 국가의 공익에 대한 관념을 말살하였습니다.

관존민비(官尊民卑)와 반상(班常)의 계급 사상을 형성하였습니다.

문(文)을 숭상하고 무(武)를 천시하여 문약한 국민을 만들었습니다.

상공(商工)을 천시하는 유교사상으로 말미암아 양반 계급이 산업에 종사하기를 피하였습니다.

가족주의에 의한 의뢰심과 타성의 관습으로 결국은 산업계는 쇠퇴하고 말았습니다.

입신양명(立身揚名)으로 부모를 드러내는 것이 효도라 하여 유생들은 관직에 오르기만 바람으로써 결국에는 매관매직(賣官賣職)의 타락에 이르렀습니다.

요순주공(堯舜周公)의 고대만을 숭상하고 그리며, 개화진취(開化進取)하기를 두려워하여 쇄국주의와 보수주의를 낳았습니다.

그렇다면 이러한 유교가 기독교와의 관계에서 끼친 영향은 무엇일까요?

유교가 사람들로 하여금 기독교를 쉽게 이해하도록 했다는 것입니다.

유교에서의 천(天)이나 상제(上帝)라는 개념은 기독교의 하나님을 쉽게 이해할 수 있도록 하였으며, 수신(修身), 제가(齊家), 치국(治國), 평천하(平天下)의 윤리적(倫理的) 이상(理想)은 기독교의 하나님 나라 사상을 쉽게 이해할 수 있도록 하였습니다.

비록 유교의 윤리가 신관(神觀)도 죄의식(罪意識)도 없는 모래 위의 건물 같은 것이지만 불교적인 인생 부정이나 둔세사상(遁世思想)이 아니라 현실 긍정 위에 서 있는 인의(仁義)사상을 주장하였다는 데서 보다 기독교적인 사상과 천국을 이해하는 데 기초를 두었다는 것입니다. 이는 제일 먼저 기독교를 받아들인 이들이 유학자(儒學者)들이었다는 점에서 그 의의를 찾아 볼 수 있습니다.

유교의 외형주의도 기독교 신앙에 많은 영향을 끼쳤습니다.

그리스도인들에게는 기도할 때 통곡의 눈물은 있으나 거지를 향한 냉혹한 냉대가 뒤따르는 이중생활이 있습니다.

자신의 부실을 은폐하기 위한 수단으로 이름을 팔고, 성직을 파는 경우가 많습니다.

교회에서는 중직을 가졌으나 직장에서는 그 직분과 전혀 관계없는 이중의 삶을 살고 있는 경우들도 허다합니다.

그러나 이러한 외형주의는 삶의 현장에서 하나님의 영광을 나타낼 수 없습니다.

교회 내에서는 천사같이 부드럽고 진실하고 거룩해 보이지만, 교회 건물만 나서면 될 대로 되라는 식의 사고는 다분히 예배당 중심의 신앙생활을 강조한 결과입니다.

이러한 현상은 유교적 외형 의식이 작용한 것이며, 결과적으로 생활을 통한 사명과 봉사를 비롯하여 예수 그리스도를 전하며 하나님의 영광을 위해서 사는 온전한 삶이라는 열매를 맺지 못하는 것입니다.

유교의 이기적 가족주의 또한 기독교에 들어와서 크게 작용하여 파벌을 조성하고 배타적이고 자기중심적인 편협성을 드러내고 있습니다. 복음주의적 기독교 신앙은 생존하시는 하나님 앞에서 사는 생활이여야 하는데 교권을 장악하기 위해 반대 세력을 견제하고 파당을 만들어 감투싸움에 동원되거나, 이용되기도 합니다.

한 하나님을 찬양하고, 한 주님을 고백하고, 한 성령을 받으면서도 실생활에서 서로 분열하고 불신하고, 비판하고, 서로의 관계를 약화시키고, 그래서 교회와 신앙의 본래적 이미지를 흐리게 하고 있습니다.

인격적 신을 믿지 않는 유교의 사상이 기독교에 침투하여 눈치 본위의 교회 출석, 기도, 찬송, 헌금, 설교를 행하며, 회의에서의 결의도 눈치를 보고 있는 실정입니다.

눈치로 믿는 신앙은 진실이 없습니다.

하나님 본위로 사는 사람은 진실하게 살지만, 인간 본위로 사는 사람은 진실이 없습니다. 이것은 유교의 가족중심의 윤리로서 출세와 명예와 관계가 되는데, 이것이 기독교에 영향을 미친 것입니다.

기독교인의 직업 생활에 있어서 소명을 가지지 않고 출세주의로 살게 되는 유교적 사고방식은 진정한 신앙생활을 할 수 없게 만듭니다.

한국교회는 이러한 사상의 영향 때문에 너무 인색하고 이기적인 면이 많습니다.

유교의 편협한 분파주의는 기독교 안에까지 파고 들어와서 파벌을 조성하고, 배타적이고 자기중심적인 편협성을 드러내고 있는데 그리스도인들이 이에 동조하는 일이 있어서는 안 됩니다.

교단의 분열은 개 교회에 파급되어 교회분규의 현상을 빚고 있습니다.

기독교는 생존하시는 하나님 앞에서 사는 생활이여야 합니다.

인격의 신을 믿지 않는 유교의 사상이 기독교에 침투하여, 이 시대는 '새벽기도가 비난을 받고, 교회에 몸 바쳐 봉사하고, 밤을 새우고 기도하고, 식음을 전폐하고 부르짖는 일은 우습게 취급받았으며, 피 흘려 복음을 전하는 일은 부질없는 무모한 짓'이라고 여기기에 이르렀습니다.

이론과 지식만 남게 되고, 이성이 왕좌를 석권한 자유주의가 한국교회에 무시하지 못할 세력을 형성하고 있으며, 지금은 이방문화가 앞서고 있어서 기독교 학생들이 점차로 복음성을 상실해 가고 있다는 비판의 말을 듣게 되니, 기독교가 인본주의로 기울어지고 있는 것입니다.

우리의 신앙생활에서 눈치를 본다는 것은 인본적인 사상에서 나온 것입니다.

눈치로 믿는 신앙에는 진실이 없습니다. 하나님 본위로 사는 사람은 진실하게 살지만, 인간 본위로 사는 사람은 진실할 수 없습니다.

또한 교회 지도자들의 자기중심적이요, 자기 긍정적인 독단과 독선의 태도, 또 인위적인 권위 주장들은 인본적인 데서 오는 것입니다.

출세가 가문의 명예가 되고, 유교의 가족 중심의 윤리가 기독교에 영향을 미치기 때문에 기독교인들이 직업관에서도 소명 의식은 찾아볼 수 없고, 출세지향적인 추한 모습만 노출되게 마련입니다.

겉으로는 세계 제일의 기독교, 열심히 기도하는 교회, 열심히 전도하는 교회, 헌신 하는 교회로 알려져 있지만, 내적으로는 하나님 중심의 신앙생활이 되지 못하고 유교 사상인 인본주의 신앙생활에 젖어 있으니, 근본적이고도 시급한 갱신이 요구되는 것입니다.

오늘날 우리 교회는 노아의 식구가 방주로 인하여 살았듯이 교회 건물에 들어서야 거룩해지고 구원받는다는 생리가 있기 때문에, 교회 건물에 들어서면 모두 천사같이 행동하지만, 교회 건물을 벗어나면 될 대로 되라는 식이고, 교회 출석은 개근이 천당행 티켓(ticket)이나 되는 양 생각하는 층도 부지기수입니다.

세상 끝 날이 가까웠으니 교회에 나와 주의 재림을 기다리라고 하며, 모여 기도하는 가운데 홀연히 주님이 오시면 엘리야처럼 공중에서 들리어 주님을 맞이하게 된다는 연락선 타입(type)의 교회요, 맷돌 갈고 밭 갈고 있을 곳(마 24:40-41)은 생활의 현장인데, 예배당 중심 신앙생활만을 강조해 온 것이 오늘 우리의 교회입니다. 그러니 역사의식이 있을 수 없고, 생활을 통하여 사명을 다하며, 봉사를 통하여 그리스도를 전하는 하나님의 영광을 위한 삶이 있을 수 없는 것입니다. 신앙생활이 예배당 건물 안에서만 이루어진다고 생각한다면 생활과는 유리된 위선을 낳게 되는 것입니다.

※ 본 글은 필자가 세미나와 학술지에 발표하기 위하여 준비하였던 자료를 정리한 것입니다. 다음은 이를 위하여 참고한 서적들입니다.

곽안련의 한국교회사 | 김광채의 근현대 교회사 |
김대인.의 숨겨진 한국교회사-민족교회발생 | 김양선.의 한국기독교사 연구 |
김영재의 한국교회사 | 민경배의 한국기독교회사 | 박용규의 근대교회사, 한국교회사 1 |
윤성범.의 기독교와 한국사상 | 이영헌의 한국기독교사 |
이원규의 한국교회의 현실과 전망 | 채기은의 한국교회사 |
한미준, 한국갤럽의 한국인의 종교와 종교의식 |
한국기독교역사연구소의 한국 기독교의 역사입니다.
이분들의 수고와 헌신에 감사드립니다.

제2부
초기 우리나라의 기독교 전래

한국에 최초로 전해진 기독교에 대해서는 여러 가지 방향에서 논란의 소지가 되고 있습니다.

특히 '처음으로 한국에 기독교가 전래된 시기가 언제인가'에 대한 시기의 문제는 지금까지도 계속 논의되고 있습니다.

제2부에서는 구한말 기독교 전래를 통하여 '용인기독교회사'의 시작을 이야기 하고자 합니다.

용·기·총

제1장
구한말 이전 기독교?

신 동 권 목사

성결대학교 | 한국외국어대학교 대학원 |
총신대학교 신학대학원 | 한영대학교 대학원 |
안양대학교 신학대학원 | 코헨대학교 신학박사 |
온석대학원대학교 ph.d
전) 행정공무원및고교교사25년
현)용인중앙교회 담임목사
현) 온석대학원대학교 교수
용인중앙교회 담임목사

 일부 학자들은 구한말 이전의 기독교 전래시기를 통일신라시대까지 올라갑니다.
 세계 교회사에서 이단으로 정죄를 받았던 '네스토리우스'(Nesorius)는 자신을 이단으로 정죄한 로마를 떠나 동방으로 그 선교의 영역을 확대해 나갔습니다. 그들은 교역자 양성소를 페르시아에 있는 '에데사'(Edessa)에 세우고 그곳에서 훈련을 받은 전도자들을 동방 즉, 인도와 중국으로 보내 복음과 자신들의 교리를 전파하도록 했습니다.

 처음으로 이렇게 중국에 들어 온 기독교를 경교(景敎)라고 불렀습니다.
 당나라의 번성과 함께 경교는 발전해 나가게 되었는데, '정하상'의 '상제상서(上帝相書)에 보면 "경교는 당의 정관년에 크게 번창하여 대세를 누비며, 위로는 조정의 저명한 인사로부터 아래로는 하잘것없는 자에 이르기까지 한 가지로 섬겼으며 … 위징(魏徵)이나 방현령(房玄齡)과 같은 대현들도 독실하게 믿어 의심하지 않고…"라고 기록하고 있습니다.
 이로 미루어 짐작할 때 당시 삼국 중에 당나라와 가장 활발한 교류를 하고 있었던 신라가 당을 통하여 경교를 접했다고 볼 수 있습니다.

가설은 금강산에 있는 장안사에서 1917년에 세워진 '대진경교유행중국비'(大秦景敎流行中國碑)의 모조품을 통해 짐작하는 것입니다. 이 비석은 1623년(일설은 1625년이나 1628년) 장안 서남쪽 150리쯤의 거리에 있는 주질현 오군성 대진사 경내(일설은 장안의 의령방 대진사)에서 집을 짓기 위해 땅을 파던 인부에 의해 발견되었는데, 시리아어와 중국어로 경교의 선교와 중국 안에서의 전도활동이 소상히 기록되어 있습니다.

또한 경주 불국사 경내에서 발견된 돌 십자가상을 통하여 이 같은 추측을 할 수 있는데, 불국사를 건축할 때가 당과 교류가 가장 활발할 때였음을 생각할 때 경교가 신라에 전파되었음을 가정해 보는 것입니다.

그러나 이 모두는 역사적인 연관성을 가지고 추측하는 단계이므로 신라 때 기독교가 전래되었다고 단정 지어 말하기에는 문제가 있습니다.

몽고가 중국을 통일하고 서진을 거듭할 때 기독교 국가들과 교황청은 몽고에 대해 고마운 마음마저 가졌습니다. 칭기즈칸은 자신이 점령한 지역 내에서 자유로운 종교정책을 시행하였습니다. 이에 팔레스타인 성지에 대한 순례가 자유롭지 못했던 기독교인들은 몽고가 회교도들을 물리치고 그들에게 자유로운 순례의 길을 열어준 것에 대하여 고맙게 생각하였고, 교황은 이때를 놓치지 않고 '카르피니 신부'(Pland Carpini)를 비롯하여 다른 선교사들을 파송하여 그로 하여금 칸을 개종시키도록 하였으나 그렇게 좋은 결과는 얻지 못했습니다. 물론 포교활동을 통하여 상당한 지위를 차지한 자들도 있었고, 나아가 칸의 후실도 있었고 이들을 통하여 칸을 만나서 몇 번 신앙적인 토론도 하였지만, 칸을 그렇게 크게 감동을 시키지 못했습니다.

당시 몽고는 고려를 통하여 일본을 침략하려는 계획을 가지고 고려에 막대한 군비를 요구하고 선박건조를 재촉하고 있을 때 '루부프크'가 압록 강변까지 방문하여 보고 들은 것을 교황청에 보고하므로 '고려'(Caulie·高麗)라는 이름을 처음 서방에 알리는 계기가 되었습니다. 하지만 루부프크가 압록강까지 와서 고려 사람을 보고 그 소식을 교황청에 보고했다는 사실만으로 기독교 접촉이라고 속단하기에는 무리가 따릅니다.

임진왜란은 다른 의미에서 당시의 조선인과 기독교의 만남을 이루게 했습니다. 인도의 고아(Goa)를 중심으로 활동하던 예수회(The Society of Jesus) 신부인 '프란시스 사비어(Francis Xavier)가 1549년 7월 일본 사람인 '야지로'의 인도를 받으면서 일본 규슈 지방에 도착하였습니다. 그는 2년간 일본에서 포교활동을 하면서 약 3,000여 신도를 얻게 되었습니다. 당시 '도요토미 히데요시'는 일본을 통일하였고, '중국을 침략한다'는 명목아래 조선을 침략하여 임진왜란을 일으켰습니다.

이때 일본군으로 참전한 병사가 약 20여만 명이었으며, 그 중 천주교인은 10%에 해당될 정도였습니다. 그들은 전쟁 2년 동안 조선의 풍토와 기후, 그리고 전쟁에서의 패전과 강화를 기다리면서 떨어진 사기를 회복하고자 지휘관인 '고니시'는 본국에 신부의 파송을 요청했습니다. 이 요청에 따라 포르투갈 선교사였던 '그레고리오 데 세스페데스'(Gregorio De Cespedes·1551-1611) 신부가 조선에 최초로 들어오게 되었습니다.

'세스페데스'는 조선에 상륙해서 당시의 교구장이었던 '페드로 고메즈'(Pedro Gomez)에게 두 통의 편지를 보냈습니다. 그는 첫 편지에서 대마도를 떠나 어렵게 도착한 이야기와 여러 기독교도인 장군과 병사들을 만났던 내용을 보고하였습니다. 그리고 조선과 일본 사이에 진행된 강화조약의 추이를 밝혔습니다. 두 번째 편지에서는 고니시 장군과의 만남과 성 안에 예배처소를 마련하게 된 경위를 설명하였고, 일본군들의 굶주림과 추위에 대해 언급하였습니다. 그러나 세스페데스의 편지 내용 가운데 그 어느 곳에도 조선의 실정이나 비참함, 그리고 피해국인 조선에 대한 선교 이야기는 전혀 없었음을 볼 때 그의 방문에서 선교적인 동기를 찾기보다는 침략군인 일본군에 대한 격려였다고 보아야 할 것입니다.

그렇다면 조선 사람들은 전쟁의 와중에 만난 사제들을 어떤 시각으로 바라보았을까요? 이 질문에 대한 대답은 분명히 비참하고 일본군과는 확연히 다른 시각이었다는 것입니다. 그들은 하나님으로부터 일본군을 보호받게 하는 것을 제일의 목적으로 하였습니다. 그리고 조선민은 그들의 선교적인 대상이 아니라 아직 개화되지 못한 미개한 백성이었을 것입니다. 이에 대한 반증은 전쟁이 끝난 후에도 조선에 대한 선교적인 접근이 전혀 있지 않았다고 하는 것입니다.

17세기 말 이래로 한국 사회를 이끌던 유교의 봉건사상이 격변하는 정치적·경제적·사회적·문화적인 영향으로 해체의 위기에 다다랐고, 유교사상은 점차 힘을 잃어가고 있었습니다. 이런 환경에서 서구 열강들은 한국이 문호를 개방할 것을 지속적으로 압박하였습니다. 이때 많은 선교사들이 복음을 들고 한국에 입국하였습니다.

'벨트브레'(John J. Weltevree: 朴淵)는 1627년 인조 5년에 경주 앞 바다에서 난파당한 후 한국에 상륙하였으나 체포되어 억류되었습니다. 이후 병자호란이 발생하자 그는 한국에 공헌하게 되었고, 한국인으로 귀화하였습니다. 그는 귀화해서 사는 동안 전도자의 삶을 살았다기보다는 그리스도인으로서 모범적인 삶을 산 정도로 알려지고 있습니다. 그럼에도 한국교회사에서 '벨트브레'의 이름을 말하는 이유는 그가 '최초로 입국한 프로테스탄트 교인'이기 때문입니다.

이후 1653년 8월 15일 네덜란드 사람 '하멜'(Hendrik Hamel)이 제주도 화순포에 폭풍으로 난파된 후 상륙해서 14년 간 한국에 억류되어 살다가 탈출하였습니다. 그 후 하멜은 탈출하여 그의 고국으로 돌아가 '하멜 표류기'를 썼는데, 그는 장로교인으로 알려져 있습니다.

1800년대에 들어서 각국의 개신교 선교사들은 중국을 거점으로 아시아 선교에 전력을 다하고 있었습니다. 하지만 유독 한국에는 정치적인 문제와 맞물려서 쉽게 선교의 문을 열지 못하고 있었습니다.

1816년 영국 사람인 '바질 홀'(Basil Holl)이라는 사람이 우리나라 서해안을 측량할 목적으로 항해를 하던 '맥스웰'(Murray Maxwell)이라는 선장과 함께 황해도·백령도와 청도 근방에 상륙하여 여러 가지 물품과 함께 한문성서를 나누어주고 군산만으로 가서 관리들을 만나 선물과 성서를 전하고 약 10일간 전라도 일대를 방문했습니다.

1832년 7월에 화란 전도협회 소속인 독일인 선교사 '칼 귀츨라프'(Carl A.F. Gutzlaff)가 동인도 회사의 통역으로 임명되어 통상 항구를 조사하기 위하여 중국 북해안을 순항하던 '로드 앰허스트'(Lord Amherst) 호를 타고 '모리슨'(Robert Morrison)이 준 한문성서를 그가 지나가는 산동지방 해안과 한국 황해도 장산곶, 백령도·대청도·소청도를 들러 남하하면서 국왕에게 통상청원서를 내고 충청도 홍천 길대도 금강 입구에 상륙하여 회답을 기다리는 동안 귀츨라프는 성서를 나누어주었습니다.

그들의 통상 청원은 중국의 허락을 받아야 한다는 이유로 거부되었고, 로드 앰허스트호는 1개월간의 방문을 마치고 성과 없이 마카오로 돌아갔습니다. 이 기간 동안 귀츨라프에 의한 성서반포와 선교적인 효과는 미미하였지만 그의 방문을 통해서 비록 한문성서이지만 선교사에 의하여 직접 전달되고 접촉했다는 데서 그 의의를 찾아 볼 수 있습니다.

귀츨라프가 떠나간 후 다음으로 기억되어야 할 인물이 한국 개신교 최초의 순교자로 불리는 스코틀랜드의 '토마스'(Robert Jermain Thomas;1840-1866) 목사입니다. 영국인 토마스 목사는 그 해 7월 21일 부인과 함께 중국 선교를 나섰습니다. 그러나 중국 상해에 도착한 후 아내가 병사하였고, 이후 한국 선교에 뜻을 품게 되었습니다.

토마스 목사는 대원군의 병인교난 박해로 피해온 '김자평' 등 몇 사람의 천주교 신도들에게 한국교회의 형편을 듣고 그가 속한 성서공회의 뒷받침으로 1885년 9월 13일 황해도 옹진 자라리 근처에 있는 포구에 도착하였습니다. 그는 이곳에서 2개월 반을 머물면서 서울로 와서 국왕에게 선교의 허가를 받으려고 노력하였지만 그의 뜻은 이루지 못했고, 옹진해안의 여러 섬을 다니면서 한국말을 배우며 성서를 전달하고, 1866년 1월에 북경으로 돌아갔습니다.

이후 토마스 목사는 다시 통상을 요구하며 한국으로 가는 미국 상선인 '제너럴셔먼호'(General Sherman)를 타고 한국으로 왔습니다. 그러나 셔먼호의 불법적인 행위로 군인들과 싸움이 시작되었고 조수 물에 빠져 쑥 섬에 좌초당한 셔먼호를 조선군은 화공으로 배를 태우고, 거기에 탔던 사람들을 모두 다 죽였습니다. 토마스 목사는 대동강을 거슬러 올라오면서 배가 멎는 곳마다 성서를 나누어주었고, 마지막 순간에 그를 칼로 치려는 사람에게까지 성서를 전해주려고 했지만, 거부하자 무릎을 꿇고 기도하면서 순교를 당했습니다. 이때가 1866년 9월 3일입니다.

그 후 토마스 목사를 참수했던 군인 '박춘권'은 토마스로부터 한문성경을 받은 후 33년 뒤인 1899년에 개신교 기독교인이 되었다고 합니다. 그리고 그의 조카 '이영태'씨는 '이눌서 목사'(Dr. W. D. Reynolds)와 함께 성서번역사업을 하였다고 합니다. 또한 '마포삼렬'(Samuel A. Moffett) 목사가 1863년 10월 평양에서 학습반을 조직했을 때, 그 중에 한 사람이 토마스 목사에게 성서를 전달받은 사람이었습니다.

제너럴셔먼호 사건으로 미국은 조선이라는 나라를 알게 되었고, 미국 선교사들이 한국에 관심을 갖게 되는 계기를 마련했습니다.

한국교회는 토마스 목사의 순교를 기념하기 위해 1927년 5월 8일 그가 순교한 장소에서 예배를 드리고 기념예배당을 1933년 9월 14일에 세웠습니다. 이와 같은 노력이 어떤 실제적인 열매를 맺었는가에 대하여 논한다는 것은 그 자체에 있어서 그리 큰 의미가 있을 수 없습니다. 이들의 노력은 결국 훗날 하나님의 섭리에 의하여 귀한 열매를 맺게 하는 기초가 되었기 때문입니다. 이후에도 많은 선교사들이 직·간접으로 한국의 선교를 위하여 문을 두드리지만 이렇다 할 만한 결과를 얻지 못했습니다.

중국에 있던 스코틀랜드에서 온 '존 로스'(John Ross) 선교사는 한국 선교의 중요한 역할을 할 한국인들을 만났는데, 그들의 이름은 이응찬·이성하·백홍준·김진기입니다. 이들 중에 이응찬은 로스 선교사의 어학선생으로 조선말과 여가를 가르치기 위해 그와 함께 남고 나머지 사람들을 의주로 돌아갔습니다. 의주로 돌아간 이들은 얼마 후 다시 이응찬과 합류하여 서양 선교사들에게 어학을 가르쳐 주고 그들에게서 새로운 문화와 신앙을 배웠습니다. 이들은 우장에 온지 3년이 되는 1876년에 예수를 구주로 고백하고 '매킨타이어'(J. Macintyre) 목사에게 세례 받았습니다. 세례교인이 된 이들에게 로스 목사는 성서를 한국말로 번역할 것을 제안하고 실행했습니다. 1880년 드디어 요한복음과 누가복음이 번역되었고, 이어 마태복음과 마가복음, 그리고 사도행전이 번역되어 완성하였으나, 인쇄할 시설이 없어서 그들의 마음을 안타깝게 했습니다.
1881년 우장에 온 또 다른 한국인인 '서상륜'이 세례를 받았습니다.

스코틀랜드 성서공회는 이러한 사정을 알아 저들에게 인쇄기를 장만할 수 있도록 주선을 해 주었습니다. 1882년 로스 목사는 백홍준·김진기·서상륜을 데리고 봉천으로 와서 인쇄소를 차리고 가을에 최초의 번역인 누가복음과 요한복음을 인쇄하였습니다.
1883년에는 마태복음·마가복음·사도행전이 인쇄되었고, 1887년에 신약성서 전부가 인쇄되어 '예수교성교전서'라는 이름으로 출판하였습니다.
중국과 만주에서 선교를 하면서 고려문을 통하여 한국인을 접하게 된 스코틀랜드 연합장로회(The United Presbyterian Church of Scotland) 소속의 선교사 '알렉산더 윌리

암슨'은 "나는 그 나라 사람들에게 성경을 많이 팔았습니다. 그들이 나에게 무척 친절하였음을 나는 잊지 못합니다."라고 했습니다. 이는 선교사의 입국 이전에 이미 조선인들에게 문서 선교가 이루어졌음을 잘 보여주고 있습니다.

'서상륜'은 이렇게 인쇄되어진 성서를 가지고 역동성 있게 전파하였습니다. 그리고 그는 여러 가지 우여곡절을 겪으면서 그의 고향인 황해도 장연의 솔내에 정착하여 복음을 전했고 이내 한국인에 의하여 세워진 최초의 교회를 솔내에 설립하였습니다. 이 교회는 이어 자립을 하면서 그 마을 58세대 중 50세대의 성인이 교회에 나올 정도로 발전하였습니다. 이들은 자발적으로 전도에 나섰고, 교회가 자립적으로 유지되도록 많은 노력을 기울였습니다. 이후에 '언더우드'(Horace Grant Underwood) 선교사가 들어와서 얼마 되지 않은 시간 동안에 세례를 베풀었다는 것은 이미 한국 사람들이 회심하고 신앙을 갖고 있었다는 증거입니다.

이와 같이 한국교회는 스스로의 힘으로 선교의 문을 열었고, 교회를 설립하였고, 자립에 이르기까지 놀라운 전통을 만들어갔습니다. 선교적인 관점에서 한국은 하나님의 섭리에 따라 그 문이 열려진 상태였으며, 선교사들이 왔을 때는 이미 준비가 된 상태에서 열매를 거두는 선교의 출발이 이루어진 것입니다.

공식적으로 선교사가 들어오기 전 한국 선교를 말할 때 우리는 '이수정'이라는 이름을 기억해야 합니다. 임오군란 후 일본에 파견되었던 수신사 '박영효'의 사절단을 따라 이수정은 비공식 수행원으로 일본을 건너갔습니다.

일본에서 이수정은 동경 외국어학교의 한국어 선생으로 일했는데, 그는 당시 일본에서 기독교계의 거물인 '쯔다센'(律田仙)을 만나 친교를 맺으면서 그에게 한문성서와 기독교 교리를 배우게 되었습니다. 이후 1883년 4월 29일 주일에 '야스가와'(安川亭) 목사에게 동경의 로월정(露月町) 교회에서 세례를 받았습니다.

이수정의 기독교에 대한 관심과 열심은 그가 세례를 받는 데서 끝나지 않았습니다. 그는 일본주재 장로교 선교사 '녹스'(George W. Knox)와 감리교 선교사 '맥클레이'(R. S. McLay)와 친하게 지내면서 성서 연구에 전력하였습니다.

이수정은 그가 받은 영적인 감동이 바로 민족의 소망임을 보고 성서를 한글로 번역하자는 녹스 목사 친구인 '헨리 루미스'(Henry Loomis) 목사의 요청을 받아 들여 번역을 시작하였습니다. 이렇게 해서 마침내 1884년 '한한신약성서(漢韓新約聖書)에 토를 달아 요코하마의 대영 및 외국성서공회를 통해 출간했는데, 이것은 복음서와 사도행전만 포함하고 있었습니다.

이후 1885년에는 신약 마가복음 1,000부가 발간되었습니다.

이 성경은 언더우드가 한국에 들어올 때 가져왔습니다.

그리고 마침내 1894년 서울에서 이를 수정·출판하였습니다.

이수정의 이러한 활동으로 인해 정부는 그에게 친일 혐의를 씌웠고, 그가 귀국하자 바로 체포되어 보수파에 의하여 비밀리에 처형당하고 말았습니다.

이수정의 일본 내의 신앙 활동은 그 개인으로 끝난 것이 아닙니다.

성서의 한글 번역이라는 커다란 업적을 남겼을 뿐 아니라 그의 활동은 국제적인 선교단체로 하여금 한국의 선교 필요성을 인식하게 만들었고, 그가 번역한 성서는 한국에 선교하기를 원하는 선교사들에게 길잡이가 되었습니다.

이와 같이 공식적인 선교의 문이 열리기 전에 한국 사람들은 자생적으로 복음을 찾아 나섰고, 스스로 하나님을 찾아 그 진리를 다른 백성에게 전하기를 갈망하였음을 봅니다. 그 결과로 공식적인 선교의 문들이 열려 본격적인 선교사에 의한 한국 선교가 시작되었습니다.

※ 본 글은 필자가
세미나와 학술지에 발표하기 위하여 준비하였던 자료를 정리한 것입니다.
다음은 이를 위하여 참고한 서적들입니다.
곽안련의 한국교회사 | 김광채의 근현대 교회사 |
김대인의 숨겨진 한국교회사-민족교회발생 | 김양선의 한국기독교사 연구 |
김영재의 한국교회사 | 민경배의 한국기독교회사 | 박용규의 근대교회사, 한국기독교회사 1 |
윤성범의 기독교와 한국사상 | 이영헌의 한국기독교사 |
이원규의 한국교회의 현실과 전망 | 채기은의 한국교회사 |
한미준, 한국갤럽의 한국인의 종교와 종교의식 |
한국기독교역사연구소의 한국 기독교의 역사입니다.
이분들의 수고와 헌신에 감사드립니다.

제2장 우리나라에서 교회는?

용·기·총

황재열 목사

총신대학 신학대학원 졸업
연세대학 연합신학대학원 졸업
총신대학 목회대학원 목회학석사
Reformed Theological Seminary
목회학 박사(D.Min)
용인 경찰서 경목위원장
용인시청 시목실장
여주교도소 교정위원(법무부)
수원신학교 학장

선교사들이 조선에 입국하였던 때는 정세가 급변하던 시기였으며, 조선의 국력은 외세의 개방 압력을 이겨낼 힘이 없는 시기였습니다.

한국은 어떤 면에서 선교사들에 의하여 본격적인 선교의 장이 열리기 전에 이미 준비된 선교지였습니다. 물론 한국 내가 아닌 이국에서의 선교사와 한국 사람의 접촉과 포교, 그리고 선교적인 노력들이었지만 그들의 이러한 노력들은 바로 한국 내에 영향을 미쳐서 선교사가 들어오기 이전에 교회가 설립되었고, 성서가 번역되어 한국 내에 들어와서 전달되고 있었습니다.

이러한 현상은 선교사들이 직접 한국 내에 들어와서 선교사역을 시작하게 될 때 또 다른 힘으로 작용하였습니다.

선교사 앨런의 입국과 선교

1884년 미국 의사 '앨런'(Horace Newton Allen)이 조선에 입국하였습니다.

앨런은 의료선교사로 미국공사 '푸트'는 앨런을 '미국공사관 무급 의사'(Physician to the Legation with No pay)에 임명하였습니다.

1884년 12월 4일(고종 21년 음력 10월 17일) 갑신정변이 발생하였습니다.

당시 정변으로 개화세력에 의해 칼을 맞았던 보수 세력의 중추인물인 '민영익'이 중상을 입자 앨런의 의술은 빛을 발하게 되었고, 민영익이 위기를 모면하게 되었습니다.

고종과 명성황후가 앨런의 의술을 높이 평가하여 왕실부(王室附)의 시의관(侍醫官)에 임명되었고, 이를 계기로 고종은 1885년 4월 14일 최초의 서양식 병원인 '광혜원' 설립을 허락하였습니다.

앨런의 조선왕실과의 절친한 친분결과는 조선왕실의 미국에 대한 긍정적 태도와 미국 선교사들의 선교 활동도 확장될 수 있는 계기를 마련하였습니다.

한편 앨런의 치료사건 이전에 민영익이 기독교에 대해 우호적이었음을 알 수 있는 증거가 있습니다.

"1883년 7월 민영익은 조선정부의 전권 대사로 미국에 갔을 때 우연히 열차 안에서 볼티모어의 고우처 대학의 학장인 고우처 박사(Dr. John F. Goucher)와 같이 여행하면서 조선사정을 담론하다가 그로 하여금 섬 중에 조선에 대한 선교의 가능성을 확신하게 하는 일이 있었다."

"이것이 계기가 되어 감리교의 아펜젤러(H. G. Appenzeller; 1858-1902) 목사 부부가 조선에 들어오게 되었던 것이다."

언더우드와 한국교회

1885년 미국 선교사 3인이 인천에 입항하였습니다. 그들은 장로교 선교사 '언더우드'(Horace G. Underwood)와 감리교 선교사 '아펜젤러' 부부였습니다.

언더우드는 1859년 7월 1일 영국 런던에서 태어났습니다. 13세 때 미국으로 이주하여 1881년 뉴욕대학을 졸업하고 뉴저지 주에 있는 '뉴 브런즈윅'(New Brunswick) 신학교에 입학하여 1884년 동 신학교를 졸업하였습니다.

언더우드는 1884년 7월 28일 미국 북미 장로회에서 외지선교사로 임명된 후 1885년 1월에 일본에 입국하여 2개월을 지내던 중 조선인 이수정을 만났고, 이수정으로부터 약간의 한국어를 습득한 후 이수정이 번역한 마가복음을 들고 들어왔습니다.

'선교사'라는 직함으로 한국에 최초로 발 딛은 미국 선교사 언더우드의 손에는 이미 한국인에 의해 번역된 성경이 들려 있었습니다. 이는 세계 선교사에서 그 유래를 찾아보기 힘든 것으로 평가할 수 있습니다.

조선에 입국한 언더우드는 27세의 청년이었습니다.

그는 앨런을 도와 제중원에서 물리와 화학을 가르쳤고, 노방전도를 실시하며 선교활동을 강화하였습니다.

언더우드는 1887년 '새문안교회'를 세워 복음을 전했으며 구세학당을 세웠습니다. 1915년에는 '연희전문학교'를 창설하여 많은 인재를 육성하는 데 힘을 기울였습니다.

언더우드 선교 25주년을 맞아 올린 그의 선교 보고서에서 다음과 같이 한국을 선교하게 된 계기를 밝히고 있습니다.

"1882년과 1883년에 걸치는 겨울 도쿄에 계신 앨트먼 목사님이 뉴브런즈윅에서 선교 지원자들을 모아놓고 한 보고서를 읽어주었다. 그 보고서는 조약에 의해 서양 세계에 마침내 문호를 개방하게 된 은둔의 나라에 관한 것으로, 그분이 직접 작성한 것이었다. 1,200만 내지 1,300만의 사람들이 복음 없이 살고 있다는 것, 교회가 문호개방을 위해 기도했고, 결국 1882년 슈펠트 제독을 통해 맺은 조약에 의해 문호가 개방되었다는 간단한 이야기를 듣고 그럼에도 불구하고 교회에서는 선교를 위한 아무런 준비활동도 없이 일 년여를 보냈다는 생각 때문에 나는 한국에 갈 사람을 찾는 일에 착수하기로 결정하였다. … 중략 … 나는 한 사람도 발견하지 못한 채 일 년이 흐르고 말았다. 한국에 선교사를 파견하려는 교회는 한 군데도 없었으며, 외국 선교사업의 지도자들도 한국에 들어가기에는 아직 이르다고 하는 글을 쓰고 있었다. 왜 너 자신이 가지 않느냐? 이런 메시지가 내 가슴에 울린 것은 바로 이때의 일이었다."

아펜젤러와 한국교회

'아펜젤러'(Henry Gerhard Appenzeller; 1858-1902)는 1858년 2월 6일 미국 펜실베이니아 주 수더톤(Souderton)에서 태어났습니다.

그의 부모는 독일 루터교회 교인이었으며, 1882년에 랭커스터에 있는 개혁교회의 프랭클린 마샬 대학(Franklin and Marshall College)을 졸업했습니다.

그 해 가을에 드루신학교(Drew Theological Seminary)에 입학하여 3년의 정규과정을 마치게 되었고, 1884년 11월에 '엘라 제이 닷지'(Ella J. Dodge)와 결혼하고 감리교 한국 선교부(the Korea Mission of the Methodist Episcopal Church)의 첫 선교사로 파송을 받아 1884년 12월 샌프란시스코에 출발하였습니다.

그는 샌프란시스코에서 파울러 감독에게 안수를 받고 1885년 2월에 아펜젤러 일행은 샌프란시스코를 떠나 일본을 거쳐 1885년 4월 5일 부활주일에 언더우드와 함께 제물포에 상륙하였습니다.

아펜젤러 부부는 조선의 정세가 불안함을 느끼고 4월 13일 다시 일본으로 돌아갔으나, 1885년 6월 20일 제물포항으로 재입국하였습니다.

이후 선교 사업을 시행, 1885년 6월 28일 외국인을 위한 예배를 인도하였으며, 7월 29일 서울 정릉에 도착하였습니다.

1885년 8월 '배제학당'의 전신이 되는 소유지를 구입한 후 영어 수업을 하였고, 1886년 6월 8일 영어 학당 즉, 배제학당을 시작하였습니다.

배제학당은 1887년 2월 21일 고종이 지어준 이름이었습니다.

1887년 7월 4일 아펜젤러는 세례식을 거행하였는데, 감리교의 한국 선교사에서 기념비가 될 수 있는 최초의 세례교인을 배출하게 됩니다. 그는 '박중상'으로 알려져 있습니다. 부부는 1902년 작은 배를 타고 목포로 향해 가다가 난파되어 그 사명을 다하기까지 17년간 한국에서 선교 사역을 하였습니다.

을사늑약 이전까지의 한국교회

1884년 앨런의 입국과 1885년 언더우드와 아펜젤러 부부의 조선 입국은 정식 선교사에 의한 조선 개신교 선교가 이루어졌다는 데 의의가 있습니다. 그러나 조선에는 선교사가 들어오기도 전에 기독교가 있었으며, 번역된 성경이 존재하고 있었습니다.

이에 관하여 선교역사학자들은 다음과 같이 평가합니다.

"초기 선교사들의 활동은 복음을 전하는 것이라기보다 이미 결심한 구도자들에게 세례를 주는 일로 시작되었던 것이다."

1884년 이후 조선에서의 개신교 선교는 선교사들의 헌신적인 노력이 있었던 것이 사실이나 조선에서 복음의 열매가 신속하게 맺힐 수 있었던 것은 이미 만주와 일본 등지에서 복음을 향한 조선인들의 열정이 있었고, 당시 조선의 국가적·사회적 구조에서 개신교인이 된다는 것은 순교적 믿음이 필요했기에 한국인들의 복음에 대한 열정이 선교사들로 하여금 복음의 열매를 좀 더 쉽고 빠르게 맺게 하였다는 사실을 주지할 필요가 있습니다.

1885년 5월 1일 '스크랜튼'(Willian B. Scranton)이 입국했고, 6월에 스크랜튼 부인과 아펜젤러 부부가 합류했습니다. 그리고 의료선교사 '헤론'(J. W. Heron) 부부가 북 장로회의 파송으로 미국 공사관 근처 정동에서 선교 사역을 했습니다.

1885년 말경 영국성공회 선교회에서 부산에 두 명의 중국인 선교사를 파송했으며, 당시 북중국과 일본에서의 영국성공회 선교를 관장하고 있던 '울프'(J. H. Wolfe) 주교가 1887년 한국을 방문하고 부산에서 진행 중인 선교활동을 시찰하고 돌아갔습니다.

1889년 11월 1일 영국성공회는 '코르프'(C. J. Corfe) 신부를 조선의 초대 주교로 파송하였습니다.

1889년 10월에는 울프 선교사의 서신을 받고 '데이비스'(Mary Davies) 목사와 그의 누이 '메리'(Miss Mary Davies)가 오스트레일리아 빅토리아 장로교회의 신도협회의 재정 지원을 받고 한국의 선교를 위하여 입국하였습니다.

그러다가 데이비스 목사는 부산 선교를 위하여 서울에서 부산으로 가는 중에 질병에 걸려 1890년 4월 병사하고 말았습니다.

이러한 사실이 본국에 알려지게 되었고, 이에 감동을 받은 본국 선교회에서 1891년 10월 '맥케이'(J. H. MacKay)·'벤지스'(B. Menzies)·'포셋'(Fawcett)·'페리'(J. Perry) 등을 파송하여 본격적인 한국 선교를 시작했습니다.

이외에도 1892년 11월부터 미국의 남 장로교의 선교사가 선교를 시작했고, 1896년에는 미국의 남 감리교회가 선교를 시작했습니다.

1893년 12월 18일에는 '매켄지 선교사'가 캐나다 선교협회 소속 선교사로 입국하였습니다. 매켄지는 황해도 소래에서 선교활동을 하다가 약 2년 후인 1895년 6월 24일 하나님의 부름을 받았습니다. 이에 소래교회 교인들은 캐나다에 매켄지의 후임을 요청하였고, 그 결과 캐나다 '노바 스코시아'(Nova Scotia) 지역교회들은 1897년 10월 7일 조선 선교를 공식 결정하여 세 명의 선교사를 파송하였습니다. 이때부터 캐나다인들에 의한 한국의 선교가 본격화되었습니다. 이외에도 1895년 미국 침례회가 한국 선교를 시도한 바 있으나 재정 지원이 어렵게 되자 1900년 선교를 중단했습니다.

1897년 6월 러시아 황제 니콜라이 2세가 러시아 정교회의 한국 선교를 지시하였고, 황제의 명을 받은 러시아 정교회의 선교단은 1900년 1월에 내한하여 조선에 있던 러시아 공관 안에 교당을 설치하고 1900년 2월 17일 예배를 드림으로써 러시아 정교회 선교가 본격적으로 시행되었습니다.

이단으로 분류되는 '안식교'(The Seventh Day Adventist)는 1904년 6월 이후 진남포와 용강 등에서 선교를 시작하여 조선 최초의 안식교 교회를 설립하였습니다.

1900년 한국교회는 교회성장에 획기적인 전환기를 마련하게 되는데, 그것은 1890년 한국을 방문하였던 '네비우스'(Nevius)의 전도방법이 소개되었기 때문입니다.

'시어러'(Roy E. Shearer·徐明源)는 네비우스의 선교 방법을 다음과 같이 소개합니다.

"첫째, 한 사람을 주께 인도하려면 그를 떠나지 말고 끝까지 붙잡아 주어 그가 개인 전도하는 일꾼이 될 때까지 자기 자신의 직업에 종사하면서 이웃에게 예수 그리스도를 전할 수 있을 때까지 인도한다. 둘째, 교회의 운영과 교회의 기구 조직을 그 교회가 감당할 수 있는 범위 안에서 기획하고, 실천하여 성장을 기하도록 해야 한다. 셋째, 교회에서 전도 사역을 감당할 만한 사람이 생기거나 재정을 지원할 수 있는 사람이 생기면 그들을 선임하여 교회에서 지도하는 일꾼으로 세워 육성한다. 넷째, 예배당 건축은 가급적 교인들 스스로의 힘으로 하게 하되, 건축의 구조와 모양은 한국의 전통적 양식으로 또는 지방의 교회답게 건축하게 한다."

이처럼 1884년 이후 구한말 조선에서의 선교는 선교사들의 헌신적인 노력이 있었습니다. 뿐만 아니라 짧은 시간 복음이 빠르게 전파되어질 수 있었던 것은 중국과 만주, 그리고 일본 등지에서 복음을 향한 한국인들의 열정이 있었기 때문이었습니다. 이러한 교인들의 복음에 대한 열정이 선교사들에게 복음의 열매를 보다 더 쉽고 빠르게 맺게 하였다는 것을 주지할 필요가 있습니다.

1884년부터 1905년까지의 구한말 조선에 들어온 선교사들은 세계 여러 다양한 국가와 교파들이 입국한 것을 볼 수 있습니다.

구한말 조선을 찾은 선교사들은 각기 교회의 부흥과 성장을 위해 노력을 하였으며, 선교의 접촉점은 주로 학교사역과 의료사역이었습니다.

구한말 조선은 세계 각국의 교회들로부터 선교의 텃밭으로 인식되었고, 입국한 대부분의 선교사들도 순교적으로 봉사하고 헌신하는 한국교회 교인들과 함께 함으로 한국교회의 부흥과 성장을 이루었다는 점을 기억해야 합니다.

※ 본 글은 필자가
세미나와 학술지에 발표하기 위하여 준비하였던 자료를 정리한 것입니다.
다음은 이를 위하여 참고한 서적들입니다.
곽안련의.한국교회사 | 김광채의 근현대 교회사 |
김대인.의 숨겨진 한국교회사-민족교회발생 | 김양선.의 한국기독교사 연구 |
김영재의 한국교회사 | 민경배의 한국기독교회사 | 박용규의 근대교회사, 한국기독교회사 1 |
윤성범.의 기독교와 한국사상 | 이영헌의 한국기독교사 |
이원규의 한국교회의 현실과 전망 | 채기은의 한국교회사 |
한미준, 한국갤럽의 한국인의 종교와 종교의식 |
한국기독교역사연구소의 한국 기독교의 역사입니다.
이분들의 수고와 헌신에 감사드립니다.

용·기·총 제3장
선교 초기 우리 교회는?

김영한 목사

1952년 경북 선산 출생
칼빈대학교 신학과 졸업
총신대학 신학대학원 졸업
총회목회대학원 졸업(M.Min.)
연세대학교 연합신학대학원 졸업(상담학 전공)
한국기독교부흥사 연수원 졸업
미 남캘리포니아 신학대학원 졸업(D.Min.)
수지중앙교회 담임목사

  1905년 조선은 일본에게 외교권을 침탈당했고, 1910년 한일병합으로 국권을 상실하게 됩니다.
  민족사 측면에서는 씻지 못할 수치였으나 영적인 면에서는 국난 극복을 위한 신앙심이 증폭되는 시기였습니다.
  이 기간 동안 선교사들과 한국의 개신교도들은 기도의 삶에 헌신한 결과 한국교회에는 성령의 역사가 강하게 일어났고, 교회부흥과 급속한 성장이 이루어졌습니다.

을사늑약과 한국교회

  1904년 2월 23일 한일의정서가 조인된 이후 8월 22일 제1차 한·일 협정서가 조인되었습니다.
  고종황제는 11월 5일 이승만에게 밀지를 주어 미국의 도움을 구하도록 하였습니다.

1905년 1월 8일 화폐조례를 공포한 후 1월 31일 일본 제일은행에 재정권을 위임함으로 조선의 재정권이 일본에 넘어갔습니다. 4월 1일 일본과 통신기관에 관한 협정을 맺었고, 4월 5일 주청 한국공사관이 철수, 4월 13일에는 친위대를 폐지하였습니다.

7월 6일 고종의 밀사 이승만은 미국에 독립청원서를 제출하였습니다.

8월 7일 한일은행이 설립되고, 대한매일신보가 창간되었습니다.

10월 15일 일진회는 한일보호조약 촉구성명을 발표하였고, 11월 일본 추밀원 의장인 '이토 히로부미'는 내한한 후 한일의정서에 서명할 것을 요구하였으나 고종황제가 이를 거부하자, 고종이 불참한 덕수궁에서 을사 5적으로 불리는 '학무대신 이완용·내무대신 이지용·군무대신 이근택·농상공부대신 권중현·외무대신 박제순'들과 함께 11월 17일 제2차 한일의정서를 강제로 체결하였습니다.

이처럼 을사늑약은 고종황제와 각료들의 거부에도 불구하고 이토 히로부미가 을사 5적과 맺은 한일협상조약입니다.

조선의 외교권을 박탈하고 탈취를 정당화하는 을사늑약의 결과 반일 운동이 일어났습니다. '장지영'은 '시일야방성대곡'이라는 글을 통하여 을사 5적의 불법을 비판하였고, 11월 20일 시종무관장이었던 '민영익'은 자결하였습니다. 서울 상가들은 문을 닫았고, 학교는 동맹휴업을 단행하였습니다. 을사 5적을 암살하려는 일들이 발생하였으며, 전국적인 항일 의병운동이 일어났습니다.

그러나 12월 20일 일본은 통감부 및 이사청을 발표하였습니다.

1901년부터 1905년의 한국교회 현황입니다.

1901년 5월 15일 평양신학교를 창립하였습니다. 9월 20일 조선예수교장로회 합동공의회가 발족되었으며, 1901년 12월 27일-1902년 9월 24일에 이르기까지 한국교회는 급격하게 성장하였습니다.

당시 장로교회의 통계에 의하면, 장로교 교회 363개, 헌금 17,391원, 장로 5명, 조사 46명, 선교사 34명, 학교 60개, 학생 1,300명이었습니다. 한국교회는 1905년에 이르기까지 교회 창립과 학교 설립을 지속시켰습니다.

1903년 9월 20일 제1회 장로회 공의회가 발족되었으며, 10월 31일 평양 숭의여학교가 창립되었습니다. 감리교는 1903년 11월 19일 원산 루씨 여학교를 창립했으며, 평양에 여자맹인학교를 창립하였습니다.

1904년 2월 4일 '조선예수교 장로회'라는 명칭을 공식적으로 사용하기 시작했고, 1904년 4월에 안식교의 선교가 시작되었습니다.

1904년 장로교와 감리교는 학교 설립을 지속하였고, 감리교는 9월에 원산·해주·수원·개성 등에 학교를 설립하였습니다. 장로교는 원산에 진성여학교, 평양에 남자맹인학교·평양 육아학교 등을 설립하였습니다.

1905년 장로교와 감리교 주도의 교회 창립과 학교 설립이 이루어졌으며, 3월 20일 장로교 재단인 숭실학교에 대학부가 설치됨으로 숭실대학이 생겼습니다.

4월 감리교는 협성신학교를 창립하였고, 침례교는 5월 한국 침례교 목사를 최초로 배출했습니다.

10월 한국교회는 추수감사주일을 11월 첫 주일 후 목요일로 제정하는 등의 활발한 교회성장을 이루고 있었습니다.

1905년 11월 을사늑약이 체결되자 한국교회의 기독청년들은 결사적으로 반대운동을 시행하였습니다.

1906년 정치현황과 한국교회

1906년 1월 17일 의정부 외사국이 설치되었고, 1월 20일 외교관 공사제와 영사제가 폐지되었습니다. 2월 1일 통감부와 이사청이 개청하였고, 2월 9일 일본 헌병대가 행정권·사법권을 장악했습니다.

3월 2일 '이토 히로부미'가 초대 통감이 되었습니다.

3월 6일 홍천에서 의병 봉기가 있었습니다.

6월 4일 태인에서도 의병 봉기가 일어났습니다.

6월 29일 감리교는 애국사상단체인 국민교육회를 창립하였습니다.
7월 6일 국문신보가 창간되었고, 9월 1일에는 경성일보가 창간되었습니다.
10월에는 예안·삼척·봉화·영월·영양 등지에서 의병 봉기가 일어났습니다.

1906년 4월 15일부터 길선주에 의한 새벽기도회 운동이 시작되었습니다.
6월 29일 하디와 존슨을 강사로 평양 선교사회 기도회가 개최되었습니다.
'존스'(H.A. Johson) 목사는 1904-1905년 영국 웨일즈에서 일어난 부흥운동과 인도네시아 힐에서 일어난 부흥운동의 소식을 전하였습니다. 존스 목사는 1906년 평양 장대현 교회에서 한국인을 대상으로 집회를 하던 중 "성령 충만을 받고자 하는 자는 거수하고 일어서라!"고 하자 그 때 한 사람 '길선주'가 감동하여 일어났고, 존스 목사는 한국교회의 부흥을 예언하고 귀국하였다고 합니다.

1906년 새벽기도회 동참자들이 점차적으로 늘어나기 시작했으며, 300명에서 500명으로 늘어났습니다. 길선주가 인도하던 새벽기도회가 교회성장의 원동력이 될 것이라는 것을 누구도 생각하지 않았습니다. 새벽기도회는 애국 애족의 발로였으며, 한국교회를 부흥시킨 원동력이 되었습니다.

1906년 9월 내한한 존스 목사는 집회를 통하여 영국과 인도에서 발생한 부흥의 소식을 전하였습니다.
이에 자극을 받은 평양에 거주하던 장로교와 감리교 선교사 20여 명은 교단을 초월하여 매일 정오에 모여 한 달간 함께 기도하기를 결정하였습니다.
그러나 어떤 기적도, 어떤 성령의 역사도 일어나지 않았습니다. 기도회를 중단하고 보통 때와 같이 사역하자는 제의가 있었으나, 더 기도하기를 원하는 다수의 주장에 의하여 정오부터 4시까지 기도하기로 했으며, 저녁 식사시간까지 원하는 사람은 자유롭게 기도하기로 하였습니다.
9월부터 시작된 기도회는 이듬해 1월까지 지속되었고, 한국의 부흥을 간절히 바라는 기도는 계속되었습니다.

1907년 평양 대부흥

1907년 평양 대부흥운동은 이 땅에 복음의 씨앗이 떨어진 지 30여 년 만에 일어난 최초의 성령강림사건입니다. 한국 교인들은 기독교가 한국에 소개되면서 기독교 신앙을 받아들였지만, 실은 그 깊은 진리를 깨닫지 못했습니다. 기독교를 기존 신앙의 한 형태로 받아들였기 때문에 기독교가 말하는 참된 회개를 경험하지 못했습니다. 그러다가 1907년 부흥운동을 통하여 참된 회개를 경험하게 된 것입니다.

대부흥운동이 일어나게 된 시대적 배경은 이 운동의 성격을 잘 설명해 주고 있습니다. 1895년에서부터 1910년에 이르는 시기에 한국의 정치적 형세는 한국 역사상 가장 파란이 많은 위기를 맞이하였습니다. 1876년 한일수호조약이 체결되면서 조선은 구미 열강들의 이권 쟁탈과 세력 다툼의 각축장이 되었고, 결국은 이민족에게 나라를 잃는 비운을 맞이하게 되었습니다.

뿐만 아니라 경제적으로는 일본과 구미 열강들의 악랄한 약탈까지 자행되어 극도로 어려운 상태였습니다. 종교적으로는 진공상태라 할 만큼 종교가 제대로 역할을 감당하지 못하고 있었습니다. 무속 종교나 불교·유교·천주교도 의미를 제공하지 못했습니다. 사회적으로는 술과 담배, 아편이 난무하는 소망이 없는 상태라고 표현할 수 있습니다. 이러한 시대적 상황은 백성들로 하여금 육체적 탈진과 영적 고갈을 심화시켰고, 종교적 본능은 새로운 종교운동의 출현을 갈망하게 되었으며, 이러한 배경 속에서 부흥운동이 태동하기 시작했습니다.

부흥운동은 1903년 원산에서 모인 선교사 집회에서 '하디'(Robert A. Hardie) 선교사의 영적 회심이 바로 한국교회 부흥운동의 첫 근원이 되었습니다. '하디'로 촉발된 원산부흥운동은 개성과 서울·평양을 중심으로 확대되었으며, 선교사들과 한국인 교회 지도자들과 전도부인을 비롯한 한국교회와 교인들이 동참하는 하나의 각성운동으로 발전했습니다. 이러한 영적 각성의 분위기는 전국적으로 확대되면서 곳곳마다 사경회가 개최되어 성경공부와 기도회가 진행되었으며, 성령의 은혜를 사모하는 가운데 1907년 평양 대부흥운동으로 폭발하게 되었습니다.

평양 대부흥운동의 발단은 1907년 1월 2일 평양 장대현 교회에서 시작된 남자사경회였습니다. 저녁 집회에 약 1,500명이 참석한 가운데 1월 6일 주일저녁 집회가 끝나갈 무렵에 처음으로 성령의 역사가 나타났습니다.

이 역사적인 사경회가 열리기까지 길선주의 인도로 장대현 교회의 교인들이 새벽마다 예배당에 모여 하나님께 은혜를 간구하는 새벽기도회의 모임이 있었습니다.

그때 평양 장대현 교회에서 열린 부흥회는 첫 날부터 남자만도 1,500명의 사람이 모여들어 부인들은 앉을 자리도 없을 정도였습니다.

길선주 장로의 남다른 영력으로 인도된 장대현 교회의 부흥사경회는 집회 첫 날부터 성령의 역사가 강하게 나타났습니다.

이 날 설교를 맡았던 길선주 장로의 모습은 마치 광야에서 죄를 회개하라고 외쳤던 세례 요한의 모습이었으며, 죄를 자복하며 통회하는 참석 교인들의 열기는 초대교회 마가의 다락방에서 있었던 성령의 불길 바로 그것이었습니다.

많은 선교사들에 의해 이 사경회는 '순수한 한국의 오순절'로 평가되었습니다.
다음 월요일(1907. 1. 14) 밤 집회 때였습니다.
'이길함' 선교사가 짤막하게 설교한 후 두세 사람에게 기도를 청했을 때, 20명 이상이 함께 소리 질러 기도하였습니다.

"그렇다면 모두 함께 기도합시다!"

소리가 떨어지자마자 온 청중이 다 함께 통성기도를 하였습니다.
많은 물소리가 쏟아지는 것 같은 소리였습니다.
이길함 선교사의 말을 빈다면 다음과 같습니다.

"사람에 이어 사람이 일어서서는 죄를 자복하고 넘어져서는 죄의식에 고민하면서 땅을 쳤습니다. … 어떤 때는 죄 자복이 있은 후 온 청중이 통성기도를 하는데, 그 통성기도의 결과는 어떻게 형언할 수 없는 것이었습니다. 다시 또 죄를 자복하고 나서는 온 청중은 울음바다가 됩니다. 이렇게 기도회는 새벽 두 시까지 자백과 울음과 기도로 계속되었습니다."

한 여 선교사는 그 광경을 아래와 같이 썼습니다.

"저런 고백들! 그것은 마치 감옥의 지붕을 열어젖힌 것이나 다름없습니다. 살인·강간 그리고 상상할 수도 없는 모든 종류의 불결과 음색, 도적, 거짓, 질투… 부끄러움도 없이! 사람의 힘이 무엇이든 이런 고백을 강제할 수는 없을 터입니다. 많은 한국 교인들은 공포에 질려 창백해지고 그리고 마루에 얼굴을 가렸습니다."

지금까지 큰 죄로 여기지 않았던 것들(축첩·도박·음주·흡연·노예 소유)까지도 회개하는 경지로 나아갔습니다. 이러한 개인의 회개는 가정을 변화시키고, 사회를 개조시키는 놀라운 각성을 가져왔습니다. 평양 대부흥운동은 감정적인 요소에도 불구하고 무책임한 감정에 도취한 잔치는 아니었습니다.

그것은 하나의 순수한 회개운동이었습니다.

미리 충분한 성경공부를 하였기에 광신적인 요소(fanaticism)도 없었습니다.

이 대부흥운동은 '한국교회의 영적 중생'이라고 할 수 있습니다.

평양 대부흥운동은 한국 사회에 엄청난 영향력을 끼쳤고, 그 영향은 한국교회 내적 성장과 외적 성장으로 나타났습니다.

첫째, 개인과 사회의 영적 각성과 도덕성 회복입니다.

내면에 깊숙이 자리 잡고 있는 죄상이 얼마나 무서운가를 인식하기 시작했으며, 회개를 통한 영적 갱신으로 한국교회를 윤리적·도덕적인 면에서 한 차원 성숙시켰습니다.

둘째, 영적 각성을 통한 기독교 공동체의 형성입니다.

한국 신자와 선교사들 간에는 상이한 전통과 견해 및 사고방식의 차이로 피차에 원만한 이해가 어려웠습니다. 서로 회개하며 화해하고 용서하는 역사가 일어나자 선교사나 교인 할 것 없이 서로 연합하며 이해하는 그리스도의 지체를 이루게 되었습니다. 뿐만 아니라 각 교파 간에도 융화와 협동의 기운이 조성되었습니다.

셋째, 교육기관의 증가와 인권신장이 일어났습니다.

부흥운동은 기독교 학교의 설립을 촉진하여 부흥운동이 일어나기 전 해인 1906년 6월 학교 수가 208개였으나, 이듬해 같은 달에는 344개로 늘어나 무려 130개 이상의 학교가 신설되었습니다. 이에 따라 학생 수도 1906년에 3,456명이었으나 이듬해에는 7,504명으로 늘어났습니다. 또한 여성들에게도 동일한 교육기회가 주어짐으로 여성들의 지위가 향상되었으며, 이러한 교육의 확장은 자연스럽게 결혼관계 및 인권신장으로 승화되었습니다.

넷째, 교회연합운동이 일어났습니다.

부흥운동이 가져온 특징 중의 하나가 복음주의 교회연합운동입니다. 1905년 9월 이화학당 예배실에서 장로교회 4선교부와 감리교회 2선교부는 한국 복음주의 선교연합 공의회(The General of Protestant Evangelical Mission in Korea)를 형성하였습니다. 이 공의회의 목적은 궁극적으로 한국에 하나의 개신교회를 세우는 것이었습니다. 그러나 본국의 선교부의 견해가 달라 교파적 이해관계의 벽을 넘어서는 기구적인 통합을 이루는 데는 실패하였습니다. 그러나 하나의 개신교회를 세우는 것은 실패했지만, 성서공회·성경번역·의료 및 문서선교 그리고 선교지 분할 협정에 이르기까지 장로교회와 감리교회는 협력을 아끼지 않았습니다. 사경회가 장로교 감리교 연합으로 모였고, 두 교회는 서로 강단을 교류하였습니다.

이러한 연합운동은 교육기관들의 연합에도 영향을 주었고, 더 나아가 한국 교인들의 연합에도 영향을 주어 교파를 초월하여 민족복음화 비전, 곧 '백만인 구령운동'을 연합으로 추진할 수 있는 동인을 제공해 주었습니다.

이처럼 부흥운동은 외적인 성장 즉, 양적 성장(Expansion Growth)으로 나타났습니다.
부흥운동을 거치면서 평양 시내 모든 교회들이 전에 없는 성장을 경험하였습니다.
부흥운동 기간 동안 가장 놀라운 성장을 이룬 것은 남 감리교였습니다.
남 감리교는 1906년과 1907년 사이 회계연도 9개월 동안의 결과입니다.
756명의 입교인과 1,331명의 학습교인이 증가했습니다.
입교인 1,973명, 학습교인 3,025명, 성인세례자 712명, 유아세례자 141명이 되었습니다.
외국의 지원을 전혀 받지 않고 47개 교회가 지어졌습니다.

한국에서 가장 교세가 큰 북 장로교의 경우 1906년에서 1907년 사이에 장로교회의 성장은 세례자의 수가 12,506명에서 15,097명으로 29% 증가했고, 입교는 44,587명에서 59,787명으로 15,200명(34%)이 증가했습니다. 따라서 1906년의 교인 수 54,987명에서 1907년에는 73,844명으로 늘어 34% 증가했습니다.

전체적으로 부흥운동 후 선교사들이 43%가 보강되었고, 초등학교도 115개에서 606개로 증가했으며, 주일학교 학생수가 17,894명에서 87,117명으로 기하급수적으로 증가했습니다. 목사의 수가 1907년 7명이 목사 안수를 받은 후 1910년에는 20명이 되었습니다. 거의 1,000교회, 25,000명의 세례교인과 11만 명의 한국교회로 놀랍게 신장한 것입니다.

대부흥운동은 한국교회와 사회에 놀라운 영적 갱신을 갖고 온 부흥운동이었으며, 한국교회에 영적 생명력을 공급해주는 중요한 동인이었을 뿐 아니라 현대교회가 안고 있는 문제점을 해결할 수 있는 방안과 함께 질적·양적 성장을 지향하는 건강한 교회의 모델을 제시하고 있습니다.

이처럼 1905년 을사늑약으로부터 1910년 한일병합까지의 한국 사회는 국운이 다한 사회였습니다.

조선의 고종황제는 망해 가는 조선을 살려보고자 애썼습니다.

그러나 역사의 거대한 힘은 조선을 망국의 자리에 이르게 하였습니다.

조선사회는 암울한 미래를 바라보며 슬픔과 탄식으로 어두워지고 있었으나 이 시기의 조선은 영적 여명기를 맞이했습니다.

1906년부터 조선의 기독교는 길선주를 중심으로 새벽기도운동이 일어났고, 하디와 존슨의 사경회는 조선의 교회들로 하여금 기도의 삶에 더욱 헌신케 하였습니다. 영국 웨일즈에서 일어났던 부흥운동과 인도 카시아 힐에서 발생한 부흥운동에 도전을 받은 한국교회는 말씀을 사모하였고, 성령을 대망하였습니다. 또한 교회는 을사늑약 이후 '망해 가는 조국을 다시 일으켜야 한다'는 애국사상을 고취시켰으며, 학교설립을 통한 무지를 일깨우는 일에 앞장섰습니다.

1907년 1월 2일 장대현 교회 집회는 한국교회를 새롭게 만드는 계기를 마련했습니다. 새벽기도운동을 일으킨 길선주는 성령의 강권적인 역사에 의하여 숨은 죄를 고백하였고, 회개하였습니다. 성령은 당일 집회에 모였던 회중들에게도 동일하게 역사하심으로 집단적 회개와 성령 충만의 은혜를 허락해 주셨습니다. 그 결과 한국교회는 영혼구원을 향한 구령의 열정이 발생하였고, 한국 내 장로교는 전도국을 설치하였습니다.

각 교단은 앞을 다투어 전도와 선교에 열의를 보였습니다.

1905년(을사늑약)으로부터 1910년(한일병합)의 시기는 조선사회에 있어 절망이었으나 하나님은 절망의 자리에 은혜를 베풀어주심으로 교회는 성령 충만케 되었고, 구령 열정은 교회성장을 이루는 계기가 되었습니다.

※ 본 글은 필자가 세미나와 학술지에 발표하기 위하여 준비하였던 자료를 정리한 것입니다. 다음은 이를 위하여 참고한 서적들입니다.

곽안련의.한국교회사 | 김광채의 근현대 교회사 | 김대인.의 숨겨진 한국교회사-민족교회발생 | 김양선.의 한국기독교사 연구 | 김영재의 한국교회사 | 민경배의 한국기독교회사 | 박용규의 근대교회사, 한국기독교회사 1 | 윤성범.의 기독교와 한국사상 | 이영헌의 한국기독교사 | 이원규의 한국교회의 현실과 전망 | 채기은의 한국교회사 | 한미준, 한국갤럽의 한국인의 종교와 종교의식 | 한국기독교역사연구소의 한국 기독교의 역사입니다. 이분들의 수고와 헌신에 감사드립니다.

제3부
용인과 용인지역 교회의 역사

용인이라는 지명은 용구현(龍駒縣)과 처인현(處仁縣)을 합쳐 생긴 지명입니다. 용구(龍駒)에서 용(龍)자와 처인(處仁)의 인(仁) 자가 합쳐 용인현(龍仁縣)이라고 칭하다가 후에 양지군(陽智郡)을 합쳐 오늘의 용인시(龍仁市)가 된 것입니다.

오늘날 용인시의 영역이 형성된 것은 1914년 행정 구역 개편으로 기존의 용인군과 양지군, 죽산군의 일부가 통합됨으로써 그 모태가 마련되었습니다. 아울러 이러한 과정은 지역 내외의 여러 가지 상황 속에서 변화를 거듭해 오는 가운데 형성된 것입니다.

용·기·총

제1장
경기도 용인의 역사

여주봉 목사
- 덕수 중·고등학교 졸업　● 미 캘리포니아 침례대학 졸업
- 미 사우스웨스턴 침례신학대학원 졸업　● 미 프린스턴 신학대학원에서 수학
- 수도침례신학대학 강사　● 침례신학대학교 강사　● 하늘빛교회 담임목사
- (現) 포도나무교회 담임목사　● (現) (사)새물결선교회 회장
- (現) GoodTV 기독교복음방송 이사　● (現) FEBC 극동방송 용인지회 지도목사
- (現) 한국기독교군선교연합회 법인이사　● (現) 기독교학술원 부이사장
- (現) 한국복음주의협의회 중앙위원　● (現) 한국세계선교협의회(KWMA) 이사

새로운 경기! 공정한 세상!

경기라는 이름이 역사에 처음 등장한 것은 1018년(현종 8년)이며 왕도인 개경의 외곽지역을 일컬어 '경기'라고 하면서부터입니다. '경기제(京畿制)'는 당나라에서 도성 안을 경현, 밖을 기현으로 구분하여 다스렸던 데서 비롯되었으며 고려 성종 때 그 개념을 도입하였고 현종 때 공식적인 명칭으로 경기를 사용하였습니다.

경기의 기(畿)자를 나누어 보면 전(田; 밭)과 과(戈; 창), 즉 ① 도성의 관리를 위한 녹봉을 책임지는 곳, ② 도성 방어의 역할을 하는 곳이라는 의미임을 알 수 있습니다. 경기도를 기전(畿甸) 지역이라고 하는데 전라도를 호남, 강원도를 관서·관동 등으로 부르는 것과 같은 맥락입니다.

현재의 행정구역을 떠나 지역을 지칭할 때 적합한 개념으로 원래의 경기지역, 즉 인천, 강남(서울), 강화, 충청 일부를 포함하는 땅을 말합니다.

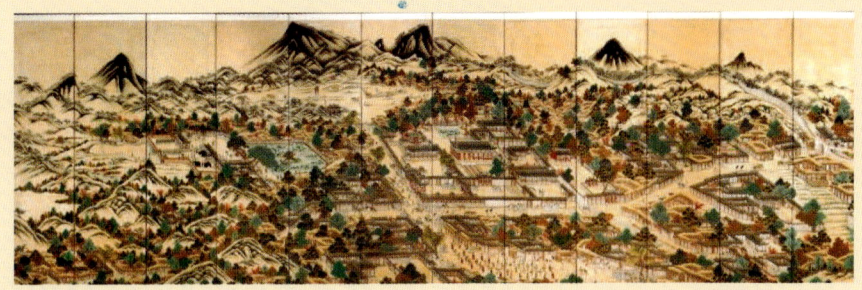
경기감영도

경기도는 21세기 지식기반 산업의 절대조건인 세계 수준의 통신·IT인프라를 구축하였고, 4차 산업혁명에 대비한 혁신 클러스터의 조성을 적극 추진 중입니다.

1400만 인구의 전국 최대 광역자치단체로서 우리나라뿐만 아니라 동북아지역의 물류중심지로서 성장할 잠재력을 충분히 보유하고 있습니다.

서쪽 413㎞의 해안선을 따라 열리는 서해안 시대는 이미 가시화되었고, 남북의 화해와 협력의 분위기가 정착된다면 경기도는 동북아 경제권의 중심지가 되어 시베리아를 넘고 유럽까지 진출하는 꿈이 현실로 다가올 것입니다.

경기도청 전경

용인은 경기도의 31개 시 군 가운데 한 곳으로 '용인'이라는 지명은 삼국시대 이래의 변화를 거쳐 1413년(태종 13년)에 등장했습니다.

용인이라는 지명은 용구현(龍駒縣)과 처인현(處仁縣)을 합쳐 생긴 지명입니다.

용구(龍駒)에서 용(龍)자와 처인(處仁)의 인(仁) 자가 합쳐 용인현(龍仁縣)이라고 칭하다가 후에 양지군(陽智郡)을 합쳐 오늘의 용인시(龍仁市)가 되어진 것입니다.

오늘날 용인시의 영역이 형성된 것은 1914년 행정 구역 개편으로 기존의 용인군과 양지군, 죽산군의 일부가 통합됨으로써 그 모태가 마련되었습니다.

아울러 이러한 과정은 지역 내외의 여러 가지 상황 속에서 변화를 거듭해 오는 가운데 형성된 것입니다.

용인시의 역사를 살펴보면 다음과 같습니다.

용인시의 역사

용인에 사람이 살기 시작한 것이 언제부터인지 확실히 알 수 없으나, 지금까지 발굴된 자료에 의하면 구석기 시대가 시작되면서부터였을 것으로 추정합니다.

구석기 시대

경기도 용인시에서 처음으로 구석기 시대의 석기가 발굴되어 보고된 것은 1996년 서울대학교 박물관에 의해 이루어진 용인시 매장문화재 지표조사에서입니다.

석기가 채집된 곳은 모두 6개 지점으로 처인구 모현면 갈담리 파담마을, 처인구 원삼면 목신리 신촌마을, 처인구 이동면 천리 구수동, 처인구 이동면 덕성리, 처인구 남사면 봉무리 도장골 등입니다.

경기도 용인시에서 처음으로 구석기 유적이 발굴된 것은 1998년 전원주택 개발 지역에 대한 조사과정에서 발견된 경기도 용인시 처인구 양지면 평창리 유적입니다.

평창리 유적은 경기도 지역에서 드물게 발견되는 구석기 유적 가운데 하나로 주로 큰 강 유역을 중심으로 전개된 경기도 지역의 구석기 시대 문화 양상과 구별되는 중요한 유적이라 할 수 있습니다.

신석기 시대

경기도 용인지역에서 보고된 신석기 유적은 상갈 유적으로 움집 등 주거지의 유구가 발견되지 않은 단순 유물 산포지입니다.

신석기 시대 단일 층위를 보이고 있고, 출토 유물도 다량의 빗살무늬 토기편과 간돌도끼 1점, 용도 미상의 토기제품 3점 등 신석기 시대 유물만이 출토되었습니다.

유적의 편년은 신석기 시대 중기 이후(B.C 3500-2500)로 추정됩니다.

청동기 시대

■ 집터

경기도 용인지역에서 조사된 청동기 시대의 집터는 처인구 남사면 봉명리, 수지구 죽전동 대덕골 유적이 있습니다. 집터가 위치한 곳의 지세는 모두 구릉지의 꼭대기이며, 긴 방향은 등고선과 나란한 모습입니다.

■ 고인돌

경기도 용인지역에는 경기도 용인시 처인구 모현면 왕산리 유적을 비롯하여 12곳에서 18기의 고인돌이 조사 보고되었습니다. 처인구 백암면 근삼리 유적, 처인구 양지면 주북리 고인돌 유적, 처인구 모현면 초부리 유적, 처인구 외사면 근삼리 유적, 처인구 포곡읍 유운리 유적, 처인구 원삼면 맹리 유적 등 15기가 남아있습니다.

사진) 죽전동 대덕골 유적

사진) 용인 주북리 고인돌

경기도 용인지역에서는 탁자식과 개석식 고인돌이 함께 나타나고 있으며, 재질은 거의 대부분 화강암이나 편마암 계통으로 부근에서 쉽게 구할 수 있는 암질을 선택하여 고인돌을 축조하였던 것 같습니다.

■ 선돌

경기도 용인지역에는 처인구 포곡읍 유운리(신원리), 처인구 원삼면 사암리·두창리, 처인구 남사면 창리 등 4곳에서 모두 7기의 선돌이 발견되었습니다. 경기도의 다른 지역보다 선돌이 많이 발견된 편이며, 선돌의 건립 목적은 민간신앙의 대상물인 숭배 기능과 농경에 대한 풍요 그리고 경계의 기능이 섞여 있는 것 같습니다.

사진) 사암리 선돌 (문화재지정번호:용인시 향토유적 제22호)

■ 유물

경기도 용인지역에서 청동기 시대 유물이 발굴되는 곳은 거의 대부분 낮은 구릉이나 계곡 지대이며 주변에 고인돌과 집터 등 관련 유적이 있습니다.

출토된 토기로는 민무늬토기를 비롯하여 구멍무늬토기, 팽이형토기, 굽잔토기, 덧띠토기, 붉은간토기, 검은간토기 등 비교적 다양합니다.

석기로는 간돌검, 반달돌칼, 화살촉, 돌도끼, 숫돌, 가락바퀴 등 여러 가지가 있습니다. 그 외 처인구 모현면 초부리에서 한국식 동검을 만든 거푸집이 발견되었습니다.

삼국시대

삼국시대 경기도 용인지역에 관한 문헌 자료가 거의 남아 있지 않아 당시 역사의 실상을 밝히는 데 있어 가장 큰 걸림돌이 되고 있습니다.

당시 용인지역은 백제의 성장과 발전 그리고 쇠퇴와 깊은 연관을 맺고 있습니다.

마한 군장사회들 중 하나였던 백제국이 백제로 흥기하게 됨에 따라 그 중심지로부터 불과 30여㎞ 떨어져 있던 경기도 용인지역은 백제 세력권 안으로 흡수·통합되었을 가능성이 크다고 볼 수 있습니다.

이 시기에 용인 지방은 '멸오'라고 불렀다고 합니다.

375년 고구려 장수왕은 3만 병력을 동원해 백제의 왕도 한성을 강습하여 백제 개로왕을 죽이고 한강 유역 일대는 물론 조령·죽령에서 남양만까지 확대하게 되었습니다.

'삼국사기'에 의하면 고구려가 경기도 이천 지역에는 남천현, 용인지역에는 구성현을 설치하였다는 기록이 남아 있습니다. 그러나 고구려가 설치했다는 구성현은 군현제 하의 행정 단위가 아니라 용인지역에 고구려의 군사적 거점을 설치했다고 볼 수 있습니다.

550년 백제의 고구려 도살성 공격 및 고구려의 백제 금현성 공격으로 두 나라의 군세가 소진한 틈을 타서 이 두 성을 차지했습니다. 그리고 551년 신라는 백제와 나제동맹을 맺고 고구려 세력을 몰아내고 한강 유역은 다시 백제가 차지하였습니다. 당시 고구려는 돌궐과의 군사적 긴장 고조로 나제동맹군의 움직임에 적절한 대응조치를 취하지 못하였습니다.

552년 신라는 한성을 장악한 후 553년 백제의 동북 변경 지역을 강점하고 신주를 설치하였습니다. 결국 554년 신라와 백제 사이의 관산성 전투로 나제동맹은 와해되고 신라가 한강 유역을 차지하게 되었습니다. 신라는 경기도 광주 일대에 신주를 설치하고 아찬 김무력을 군주로 삼아 새로운 점령지의 군 정권을 통할하게 하였습니다.

용인지역 역시 이러한 신주의 관할 하에 들어가게 되었습니다.

통일신라시대

신라의 삼국통일 후 용인지역은 685년(신문왕 9년)에 한산주로 편제되었습니다.

통일신라의 서북단에 위치한 한산주는 그 지리적인 위치로 인해 당나라뿐만 아니라 북방의 발해와 말갈 등의 침입에 대비하기 위해 군사적으로도 매우 중시되었습니다.

지방 군사 조직인 10정은 각 주마다 하나씩 설치되었지만 한산주에는 2개의 정이 배치되었습니다. 황무현(지금의 경기도 이천시)에는 남천정이, 황효현(지금의 경기도 여주시)에는 골내근정이 각각 배치되었습니다. 경기도 용인지역은 지리적인 위치로 보아 아마도 남천정의 휘하에 있었을 것으로 생각됩니다.

758년(경덕왕 16년) 한산주가 한주로 개칭되고 한주에 속한 중원소경과 28군 49현 중 거서현에 편제됩니다. 이 거서현이 고구려의 구성현 또는 멸오로서 지금의 용인시 기흥구 구성 일대를 지칭하는 것입니다. 언어학적으로는 구성과 거서가 같은 의미로 용차 되었을 것으로 추정되며 구성은 큰 성을 의미합니다.

통일신라는 이후 약 150여 년 간 용인지역에서 영유되는데, 지방 호족 세력의 발호와 귀족 계급의 부패 등으로 인해 극심한 사회 혼란기를 겪게 됩니다.

822년(현덕왕 14년)에 일어난 '김헌창의 난'과 825년(현덕왕 17년) 김헌창의 아들 '김범문의 난' 등을 거치면서 통일신라 사회는 크게 흔들리기 시작하였습니다.

887년(정강왕 2년) 한주의 이찬 김요가 반란을 일으킴으로써 한주 지역은 다시 반란에 휩싸이게 되었습니다. 이로부터 2년 뒤 전국적인 반란이 일어나고 이후 용인지역은 신라의 영토에서 벗어나 새로운 지배자의 통치를 받게 되었습니다.

통일신라 말에 이르러 세 나라로 분리되는 이른바 후삼국시대가 됩니다.

889년(진성왕 3년)에 지방에서 올라오는 공물과 조세가 부족하여 나라의 창고가 텅 비게 되었고, 왕은 사자를 보내 조세를 독촉하자 각지에서 도적들이 일어났습니다. 사벌주(지금의 경상북도 상주시)에서 원종과 애노가 제일 먼저 일어났고, 여기에 자극을 받아 북원(지금의 강원도 원주시)의 양길, 양길의 부하가 된 궁예, 죽주(지금의 경기도 안성시)의 기훤, 완산(지금의 전라북도 전주시)의 견훤 등이 대표적입니다.

궁예가 899년에 왕건을 보내 광주·충주·당성(지금의 경기도 화성군 남양면)·청주(지금의 충청북도 괴산군 청천면)·괴양(지금의 충청북도 괴산군 괴산읍)을 공격하여 평정하였을 때 이 지역도 함께 복속되었을 것입니다.

고려시대

고려 건국 이후 용인지역은 용구현으로 개칭되었습니다.

1018년(현종 9년)에 고려의 지방제도가 다시 개편되어 4도호·8목·56지주군사 28진장 20현령이 설치되었는데 이때 용구현은 광주목의 임내로 편입되었습니다.

1172년(명종 2년)에 광주목에서 분리되어 감무가 파견되고 후에 승격하여 현령관이 파견되었습니다. 고려시대에 용구현과 함께 수원부에 소속된 처인부곡이 있었습니다. 처인부곡 지역은 1232년(고종 19년) 몽고의 제2차 침입 때 처인성 전투에서 승장 김윤후가 적장 살리타를 사살하여 적 3만 대군을 크게 물리쳤습니다.

처인부곡은 그 후 부곡에서 일반 군현으로 승격되어 처인현이 되었습니다.

고려시대 문화 유적으로는 10세기를 전후하여 수축된 고려백자 요지가 용인시 처인구 이동면 서리 중덕마을에 있습니다. 또한 고려 중기의 승려 현오국사의 탑비가 용인시 수지구 신봉동 서봉사에 있으며, 이곳에는 고려 인쇄 문화를 보여주는 서봉사 장판이 전해오고 있습니다.

사진) 용인 서리 고려백자 요지 (문화재지정번호:사적 제 329호)

조선시대

처인현은 본래 수원에 소속된 부곡이었습니다.

그러다가 1413년(태종 17년) 처인현과 용구현과 합하여 용인현이라 하였습니다.
'세종실록지리지'에 의하면 조선 초기 호수는 457호, 인구는 1,168명이었습니다.
1400년(정종 2년)에 용인향교가 건립되고, 1576년(선조 9년) 이계, 이지 등이 충렬사를 건립하고 정몽주를 배향하였습니다.

임진왜란 때 전라순찰사 이광이 이끄는 근왕병 3만이 광교산에서 패했으나, 의병장 김충수의 청룡산 싸움과 원연의 햇골싸움으로 적세를 크게 꺾었습니다. 병자호란 때 충청감사 정세규는 용인의 험천(현 경기도 용인시 수지구 동천동)에서 패했는데, 이 싸움에서 공주영장 최진립이 순사하였고, 용인 사람 이찬조 등이 순절하였습니다.
이듬해인 1637년 1월에는 전라병사 김준룡이 광교산에서 적을 크게 무찔렀습니다.
1650년(효종 1년)에 심곡서원이 건립되고 기묘명현 조광조의 신위가 배향되었습니다.

사진) 심곡서원 (문화재지정번호:경기도 유형문화재 제7호)

1895년 지방 관제를 개편함에 따라 용인현이 용인군으로 개칭되었습니다.
그리고 양지, 죽산 등과 함께 충주부에 편제되었습니다.

그러나 이듬해 13도제로 환원되면서 경기도의 4등군이 되었습니다.

1895년 을미의병이 일어나고 김하락 일행이 의병 모집에 나서자 용인지역에서도 이에 호응하여 경기도 연합의병진인 이천수창의소 결성에 일익을 담당하였습니다.

일제강점기

1914년 3월 행정 구역 개편으로 전국의 부·군·면을 통·폐합하여 12부·220군·2,518면으로 개편하였습니다. 이때 경기도 용인군도 양지군 전역과 죽산군 일부 지역을 병합하여 수여면·포곡면·모현면·읍삼면·수지면·기흥면·남사면·이동면·고삼면·내사면·원삼면·외사면 등 12면으로 구성되었고, 소학동에 소재했던 용인 군청도 수여면 김량장리로 옮겨졌습니다.

이후 1937년 읍삼면이 구성면으로, 수여면이 용인면으로 개칭되었습니다.

그러나 기본적으로는 행정 구역 개편 시의 면·리의 명칭은 해방 이후까지도 그대로 이어졌습니다.

사진) 1950년대 용인군청

1870년대 경기도 용인군의 인구는 22,659명(남 11,239, 여 11,420)이었는데 1914년 행정 구역 개편으로 양지군 전체와 죽산군의 일부가 편입되면서 상당수 증가하였습니다. 1915년 현재 용인군 인구는 조선인 13,734호 71,350명(남 36,684, 여 34,666), 일본인 123호 346명(남 210, 여 136), 중국인 6호 11명(남 11) 등 총 13,863호 71,707명(남 36,905, 여 34,802)이 거주한 것으로 나타났습니다.

현대

1963년 생활권이 떨어져 있던 고삼면이 이웃 안성군으로 편입되었습니다.

1973년 행정 구역 개편으로 구성면 죽전리가 수지면에, 원삼면 가좌리가 외사면에 각각 편입되었습니다. 1979년 용인면이 읍으로 승격되었고, 1983년에는 수지면 하리·이의리가 수원시로, 남면 진목리·봉명리 일부가 평택군 진위면으로, 외사면 가좌리 일부가 원삼면으로 각각 편입되었습니다.

1985년 기흥면이 읍으로 승격되었습니다. 1996년 용인군이 시로 승격되면서 외사면을 백암면으로, 내사면이 양지면으로 개칭되었고, 수지면이 읍으로 승격되었으며, 중앙동·역삼동·유림동·동부동이 신설되는 등 행정상 많은 변화를 거쳤습니다.

사진) 용인시

2000년 9월 1일 구성면이 읍으로 승격되었습니다.

2001년 12월 24일에는 수지읍이 수지출장소로 승격되었고, 이 때 풍덕천 1·2동, 죽전 1·2동, 동천동, 상현동의 6개 동이 신설되었습니다.

이로써 용인시는 1개 출장소, 2개 읍, 7개 면, 107개 법정 리·동이 되었습니다.

2003년에는 상현동이 분동되어 성북동이 신설되었습니다.

2005년 10월 31일 수지출장소가 수지구로, 기흥읍과 구성읍이 기흥구로, 경기도 용인시 동부 지역이 처인구로 각각 승격되어 3구, 1읍, 6면, 23동, 958통·리, 6,215반으로 되어 현재에 이르고 있습니다.

이러한 배경 하에서 이 지역의 선교의 역사가 어떻게 시작되었으며 전개되었는지를 알아봄으로 지역적 이해를 높이며, 용인지역의 선교의 교두보를 마련하는 계기가 되었으면 합니다.

본 내용은
용인을 알아야 한다는 마음으로
경기도와 용인시의 홈페이지에서 자료를 추출 정리한 것입니다.

21세기를 여는 용인시 발전 모델 개발 | 건국대학교 사회과학연구소
지방정부의 발전전략; 경기도 용인시편 | 예강환
용인군 장기발전구상 | 용인군
2016년 용인도시기본계획 교통계획수립 보고서 | 용인시
용인군 지역경제구조의 개편방향에 관한 연구 | 노진욱
국토 난개발과 용인 | 노진욱
용인군의 지방화에 관한 연구 | 김주환
용인지역 산업의 발전방향 | 이우진
용인 지역경제 활성화를 위한 물류산업의 현황과 과제 | 정종석
경기통계연보 | 경기도
용인통계연보 | 용인시
인구이동통계연보 | 통계청
인구주택 총 조사보고서 | 통계청

이 분들의 수고와 노력에 감사드리며,
이러한 도서들을 읽고 선교에 더욱 박차를 가하시기 바랍니다.

용·기·총

제2장
용인지역 교회의 역사

김 종 원 목사

총신대학교 신학과 졸업
총신대학교 신학대학원 졸업
Fuller Theological Seminary (D.Min)
• 現) 포곡제일교회 담임목사

용인지역 교회의 역사에 대한 스토리입니다.
선교는 지역적 특성을 먼저 알아야 선교의 교두보를 확보할 수 있기 때문입니다. 지역적 특성에 따라 선교의 과정과 진행이 너무나 많은 차이가 있는 것을 볼 수 있습니다. 지역에 따라 인구의 40% 가까이 예수님을 믿고 있는 지역이 있습니다. 그러나 어느 지역은 5% 미만의 선교 현황을 보이고 있는 지역도 있기 때문입니다.
바람직한 선교의 시작은 지역사의 연구와 병행한다고 봅니다.
지역사의 연구는 선교의 역사와 발전과 무관하지 않기 때문입니다.

쇄국정책으로 일관해 오던 고종은 1884년 7월 4일 맥클레이(Robert Samiel MacLay, 1823-1907) 선교사의 청원을 받아들여 선교를 윤허했는데 이 윤허는 선교와 병원 사업에 국한된 것이었습니다. 이 윤허식에 당시 미국공사 통역으로 참석한 윤치호는 그 일기에서 "주상께서 미국 상선의 내해(內海) 항해와 미국인들이 병원과 학교를 설립하는 일, 전신(電信) 설치의 일을 허락하시다."라고 기록하고 있습니다.

고종의 윤허 이후 1884년 알렌, 1885년 언더우드와 아펜젤러가 선교를 위해 들어왔지만, 1902년까지 선교사들의 원활한 선교활동은 이루어지지 못하였습니다.

교회설립 또한 수행하기가 어려웠습니다.

이러한 이유로 성(城) 내에 교회가 설립되지 못하고 주로 외곽 지역에 세워졌습니다.

한강 이남에서 최초의 교회로 알려진 교회가 1893년 수원 인근 지역인 경기도 화성군 동탄면 장지리에 세워진 장지내 교회였습니다.

장지내 교회는 현 장천교회(경기도 화성시 장지안길 66)입니다.

용인시 기독교 선교사에서 이 장지내 교회의 비중은 곧 용인의 첫 교회 설립의 모체가 되었다는 점에서 중요한 의의가 있습니다.

장지내 교회에서 전도사경회에 감동된 사람들에 의해 용인지역 전역으로 복음이 전파되어지는 계기가 된 것입니다.

용인지역 교회의 역사

한국에 선교사들이 들어오면서 고민하였던 문제는 미국에서 영적 대각성운동이 일어나고 선교의 열정이 타올라 곳곳에 교회를 세우게 되는데, 오히려 선교지에서 불필요한 선교경쟁과 갈등으로 복음전파를 약화시켰습니다.

한국에서도 동일한 문제로 부각되었습니다.

1889년 이전까지는 미국 북 장로회와 미국 북 감리교의 양대 선교회 이외에는 한국에 존재하지 않았고, 이후로 여러 교파의 선교단체가 속속 도래하게 되어 선교지를 분할하여 전도하게 되었는데 용인지역은 미국 북 감리교의 선교지역이 되었습니다.

그런데 특이하게 1894년 장로교회로 시작하여 장로교회로 현재까지 존재하는 백봉교회와 1895년 아리실 교회, 1905년 금양교회(현: 용인교회) 원촌교회(현: 용인중앙교회)는 감리교회에서 장로교회로 교파를 옮기게 되어 현재에 이르고 있습니다.

1894년 용인최초의 교회 백봉교회가 설립은 이원서·서경삼·이덕보 등이 설교를 듣고 예배를 드린 것이 시작인데. 선교사 민노아(F,S Miller, 1866-1937, 미국북 장로회 선교사)가 교회를 설립하고, 선교사 피득(彼得, Alexander A. Pieters, 1872-1958 찬송가 작사: 예수 사랑하심은 등 다수) 목사가 교회를 진흥시켰습니다.

처음에는 교회가 세워진 마을의 이름을 따서 갓골교회라고 불렀습니다.

1920년 8월 인근의 장평교회(현 율리교회)와 합하여 당회를 조직하고 장로를 임명하는 등 오랜 기간 하나의 교회 형태로 운영하였습니다.

1932년 무렵에는 신자가 70여 명에 이르렀지만, 일제의 탄압으로 많은 시련을 겪었습니다. 해방 이후 6·25전쟁을 겪으면서 10여 평 정도 되는 교회 대지에 장막을 치고 예배를 드리기도 하였습니다.

1895년 9월 17일 아리실 교회(남사면 아리실)는 오인선과 서광석이 순회 전도 중인 미국 북 감리교파의 시란돈 선교사에게 전도를 받고 교회를 설립하였습니다. 이후 이은영 전도사와 김익휘 권사가 이곳에 살면서 교회를 보살펴 주기도 하였습니다.

1903년 오인선이 재정을 담당하고 교인들과 힘을 합쳐 예배당을 신축하였습니다.

1906년 감리교에서 장로교로 교파를 바꾸었습니다. 당시 피득 목사와 박승명 조사가 교회 사무를 관장하였습니다. 1918년 2월 24일 교회당 회의록을 보면, 교인 수가 총 72명에 이르렀다고 기록되어 있습니다.

1905년에 용인교회(김량교회) 용인중앙교회(원촌교회)가 다음과 같이 설립되었다고 조선예수교 사기 1928년도 판 123쪽에 기록하고 있습니다.

"一九〇五年(乙巳을사)에 合同 公議會 會長은 馬布三悅(마펫 S. A. Maffett)이러라. 龍仁郡 金良과 院村에도 敎會가 成立하다. 初에 監理會 宣敎師선교사 邊兆鎭의 傳道로 信者가 生起생기엿스며 後에 長老會 京畿경기 南區域에 屬하야 敎會가 漸漸 進興되고 助師 劉興烈 視務하니라"

변조진(邊兆鎭)은 한국식 이름이며, 미국 이름으로는 버딕(G. M. Burdick)입니다.

버딕은 감리교회 선교사로 1903년 내한한 이래 초기 수원지역 선교 및 삼일학교를 설립하였으며 1908년 수원지방의 초대 감리사로 파송되어 4년 간 다른 지방에서 일한 것을 제외하면 1929년까지 수원과 이천지방에서만 줄곧 일했던 수원, 이천선교의 아버지입니다.

버딕은 1929년부터 1933년까지 인천지방에서 일하다가 1933년 은퇴하였습니다.

1905년 7월 27일 버딕 선교사에 의하여 김량교회도 설립되었습니다.

경기도 용인읍 김량장리에 살던 임원규와 여러 사람들이 예배를 시작하였고, 유흥열 조사가 순회하며 시무하였고 이후 1914년 김량장리 북구에 신도들이 여덟 칸으로 된 교회당을 신축하였습니다. 신도들이 늘어나자 1935년 김량장동 산 7번지(학산로 71번길 16-2)에 목조 함석으로 된 32평 규모의 교회를 세웠습니다.

1905년에 이동면 천리 노루실에 버딕 선교사에 의하여 원촌교회(현: 용인중앙교회)가 설립되었으며 유흥열 조사가 시무하였고, 경기도 장로회소속 미국선교사 도서원(1908.11.18. 부인과 내한, 미국 북 장로교 선교사, 고양, 파주, 용인, 안성, 진위, 광주에서 교회 돌봄, 미국명: 톰니), 배진성 목사가 순회 목회를 하였습니다.

교회는 목조 초가 9간으로 교회를 신축 운영하였습니다.

당시 원촌마을은 시골인데 교회 설립은 상당한 의미가 있습니다.

고려시대부터 서원이 있는 마을인 동시에 개화된 지식층이 살고 있어 용인을 이끌고 나가는 지역이었습니다. 후에 용인 최초의 사학인 태성 중·고등학교도 이 지역 사람이 설립하였습니다. 원촌교회는 6·25 한국전쟁 중에도 예배와 기도는 쉬지 않았으며, 후에 남부 감리교회는 원촌교회 성도들에 의하여 세워졌습니다. 1893년 선교지 분할협정에 의해 1907년에 미국 북 장로교와 남 감리교 사이의 선교구역 재조정으로 용인과 평택지역이 장로교로 교단이 바뀌었습니다.

1906년 8월 16일 문촌교회는 선교사들의 순회 전도회에 참석한 박순하와 이은주 등 20여 명의 사람들이 하나님 말씀에 감동 받아, 이은주의 집에서 창립 예배를 드린 것으로 시작되었습니다.

1909년에 신자들의 힘으로 교회당을 건축하였고, 1954년에 증축하였습니다. 1984년에는 새로운 터전을 마련하여 교회당을 신축하여 현재에 이르고 있습니다.

1907년 3월 5일 양지교회는 조수겸의 집에서 박건식·이경영·오심덕·오태희·한주희·정명호·엄주희 등 10여 명이 모여 예배를 시작하였습니다. 이듬해 경기도 양지리 암곡마을 416번지에 10평가량 되는 땅에 초가로 지은 교회당을 세웠지만 일제의 감시와 박해로 교회 문을 열 수 없었습니다.

1900년대 율리교회는 문맹을 퇴치하고 신학문을 가르치기 위하여 장평리에 봉양학교를 설립·운영하였던 심원용은 지인을 통해 기독교를 알게 되었고, 안성에서 전도를 한다는 박승명을 초대하여 예배를 올린 것이 율리교회의 시작입니다.
1912년 피득 선교사가 순례하며 예배를 인도하였으며, 1920년 백봉교회와 연합하여 당회를 조직하였고, 노회장 도서원이 피선되었으며, 유흥렬과 오건영이 장로 안수를 받았습니다. 1937년 장평리교회를 방매하고 율리로 이전 증축, 이전하면서 교회 이름을 대한예수교 율리교회로 변경하였습니다.

1908년 대한성공회 수원교회가 경기 남부 지역 선교 본부로 용인 천리에 샘골교회가 만들어지면서 대한성공회의 선교가 시작되었습니다. 당시 한국에 파견된 수원교회 터너(단아덕)를 중심으로 시작된 용인지역의 대한성공회 역사는 영국의 지원 중단으로 우여곡절을 겪기도 하였으나, 1937년 10월 31일 720평의 현 교회 터에서 축복식을 가졌으며, 100여 호의 교인들이 있었습니다.

1910년 송전교회는 여문현의 전도로 모친 임숙, 매씨 여풍현 등 5-6명이 임숙의 집에서 기도하기 시작함으로써 송전교회가 설립되었습니다.

한편 용인은 조국근대화의 역점사업이었던 새마을 운동의 발상지 중의 하나라고 볼 수 있습니다. 원삼면 에덴교회와 한국의 성서대학을 설립하신 강태국 목사(1904.6.10.-1998.7.25.)는 제주도에서 태어나서 일제치하에서 가르치는 신학문을 배우지 않고 서당에 다니다가 그것도 가세가 기울어 공부를 할 수 없게 되었으나 교회에 다니기 시작하여 하나님의 말씀을 붙잡고 꿈을 꾸게 되었습니다.

보통학교와 평양의 숭실학교를 거쳐 일본 고베 중앙신학교에 유학하여 '천국운동 50년 계획'을 세우고 일평생 이 일에 정진하게 됩니다. 전국 복음화를 하기 위하여 각 도마다 복음학교를 세우고 청년들을 모아 성경과 선진 농업기술을 교육하는 것이 었습니다. 그러나 일제의 탄압과 여러 가지 여건으로 뜻대로 되지 않아 만주에서 목회도 하였고, 해방 후 새문안교회에서 잠시 목회도 하였습니다.

1952년 부산에서 한국복음주의 선교회를 설립하고 농촌사업에 착수하였는데 이때 실천도장이 필요했습니다. 그리하여 물색 끝에 찾아낸 곳이 바로 현재의 원삼면에 농도원을 포함한 미평리, 사암리 일대로 약 6만 여 평의 부지였습니다. 사암리에는 복음농도원을 세워 김용기 장로에게, 미평리에는 복음농민전수학교를 지어 숭실학교 선배인 이근태 장로에게 맡기고 잘 사는 농촌개발에 헌신하게 됩니다. 또한 덴마크에서 공부하였고 후에 박정희 대통령의 새마을 운동의 비서관을 역임하신 유태영 박사도 원삼에서 농촌개발에 참여하였습니다.

이렇게 용인은 한국의 새마을 운동이 시작되는 시발점이 된 것입니다.

용인지역 선교의 역사

구한말 조선에 입국한 선교사들은 제각기 복음을 전파하기 위한 노력들을 기울였습니다. 그러나 선교의 접촉점으로 가장 두드러지게 활용한 것은 주로 의료사역과 학교사역이었습니다.

선교사들의 열정적인 선교도 있었지만, 구한말 조선에서의 선교는 선교사들의 주도적인 일방 통행식의 선교가 아니라는 데 독특성이 있습니다. 즉, 구한말 내한한 선교사들은 무에서 유를 창조하는 선교를 시행한 것이 아니라 선교사의 입국 이전에 이미 복음을 받아들인 한국 교인의 열정이 함께한 것입니다. 조선은 세계교회로부터 선교의 텃밭으로 인식되었고, 내한한 선교사들도 순교적으로 헌신하는 한국교회 교인들과 협력하여 복음을 전파한 것입니다.

용인지역을 무대로 한 선교사들이 오기까지

용인지역 선교의 역사는 한국교회 선교의 역사와 출발을 같이 한다고 볼 수 있습니다. 개신교 선교사들의 내한과 병행하여 미국 북 장로교회가 파송한 의사 '알렌(Horace N. Allen)으로 인하여 용인지역의 선교의 역사는 시작되었습니다. 그는 1883년 25세의 젊은 나이에 중국선교사로 파송 받아 상해에 왔다가 다시 한국으로 가기를 희망하여 1884년 9월 14일 부산에 도착하였습니다. 그리고 일주일 뒤인 9월 20일 토요일에 제물포에 도착한 것입니다.

알렌은 부산에서 제물포를 거쳐 서울에 와서 미국 공사관의 의사로 임명되었습니다.

알렌의 뒤를 이어 '언더우드'(Horace Grant Underwood)와 '아펜젤러'(Henry Gerhart Appenzeller) 두 선교사가 한국에 왔으나 흔히 뒤에 들어온 언더우드와 아펜젤러를 한국의 첫 선교사라 하는데 이는 알렌이 들어올 당시 선교사가 아니라 미국 공사관의 공의로 들어왔고, 너무도 신중하여 조선 정부와 마찰을 피하기 위해 국금(國禁)이 풀린 다음에 시작하기를 강력히 주장하여 선교의 열의에 불타는 다른 선교사들의 활동을 제재했기 때문입니다. 언더우드 목사는 미국 북 장로교회의 파송을 받았고, 아펜젤러 목사는 미국 감리교의 파송을 받아 왔는데 대부분의 한국교회사 서술에 의하면 1885년 4월 5일 부활주일에 동시에 제물포에서 상륙하였다고 되어 있으나 일본 나가사키를 떠나 4월 2일 부산에 도착하여 하루를 보낸 후 3일에 출발하여 4월 5일에 인천 제물포항에 도착했습니다.

용인의 기독교 역사에 나타난 특징

용인에 복음이 전파된 기독교 최초의 선교 역사는 '선교지역 분할'과 '민족적 자생 교회' 측면에서 이해되어져야 합니다.

용인의 첫 교회 설립은 선교지 분할과 관련이 있습니다.

이는 교계예양(教界禮讓)으로 불리는 선교지 분할은 여러 선교회가 갈등과 마찰을 피하여 효과적으로 선교를 하고자 하는 의도였습니다.

1892년 6월 11일 서울에서는 미국 남 감리회와 북 장로회 선교회 선교사들이 협의를 시작하여 1909년에 이르러 담당구역이 정리되었습니다. 그 결과 교계이양으로 최초로 세워진 경기도내 교회는 1893년에 창립된 장지내 교회입니다. 이 장지내 교회는 미국 북 감리교 선교사의 대부인으로 알려진 메리 스크랜톤(Mary Fletche Scranton, 1832-1909)에게 전도된 여성들에 의해 시작되었습니다.

'기독교담방기'를 쓴 권성훈은 스크랜톤에 대하여 다음과 같이 기록합니다.

> "의사이자 목사인 스크랜튼은 1893년, 상동 교회를 설립, 담임목사로 활동했다. 그의 어머니 메리 스크랜튼이 이화학당 교장을 맡아 오다가 1891년에 사임하고, 2년 뒤 선교 사업을 위하여 화성군으로 내려와 '장지내 교회'를 설립했다. 경기도에서 1983년, 최초 설립된 '장지내 교회'는 초기 교회들의 모태가 됐다. 장지내 교회를 중심으로 용인지역에 선교가 이루어져 1896년, '아리실 교회'(용인군 남사면 방아리)와 1897년 '백봉교회'(용인군 백암면 백봉리)가 설립됐다. 이 두 교회는 용인인구 장로교의 선교 구역으로 넘어가면서 장로교단에 소속됐다."

이처럼 장지내 교회는 용인의 최초 교회 설립의 모태가 되었습니다.

선교 초기 선교지 분할 협의로 인해 용인지역의 교회는 초창기 감리교 선교사들의 활동으로 시작되었습니다.

아리실 교회(현 한국기독교장로회 소속, 경기도 용인시 처인구 남사면 방아리 1042)와 백봉교회(현 한국기독교장로회 소속, 경기도 용인시 처인구 백암면 죽양대로 797번길 29-15(백봉리 210-6))는 1894년과 1895년에 미 북 감리회 선교사의 영향으로 선교지 분할 협정으로 선교 담당 구역 설정을 진행하는 동안 설립되어진 것입니다.

앞에서도 언급되었지만 용인지역 최초의 교회인 백봉교회는 1894년 8월 15일 서성목·이원서 등이 미국 북 감리회 소속의 서양 선교사로부터 세례를 받고 용인에 세운 교회입니다. 뒤이어 세워진 교회는 아리실 교회로 역시 감리교 선교사로부터 세례를 받은 오인선·서광석 성도 등에 의해 1895년에 9월 17일 처인구 남사면 방아리 아리실 마을에 설립된 교회입니다.

아리실 교회에 이어 김량교회(1905년, 현 용인교회, 한국기독교장로회 소속, 경기도 용인시 처인구 마평동 566(동부로 70))가 감리교 선교사와 주민 임원규 성도에 의해 설립되었고, 뒤이어 원촌교회(1905년, 현 용인중앙교회, 대한예수교장로회 합동측, 경기도 용인시 처인구이동읍 백옥대로 777, 천리 558-3)가 세워지고, 문촌교회(1906년, 현 대한예수교장로회 통합 소속, 경기도 용인시 처인구 원삼면 이원로 1035번길 17-1, 문촌리 164-2)가 세워졌습니다. 그 다음해 양지교회(1907년, 현 양지중앙교회, 기독교대한감리회 소속, 경기도 용인시 처인구 양지면 양지리 409-6(항교로 18))는 여전히 감리교회로 역사와 전통을 이어오고 있습니다.

이 당시 선교활동을 한 선교사는 주로 미국 감리교 선교사인 버딕(George M. Burdick, 1875-1945)입니다. 용인지역 교회를 연구한 윤용복은 용인지역의 교회는 초창기 감리교 선교사들의 활동으로 시작되었다고 말합니다.

> "용인지역의 교회는 초창기 감리교 선교사들의 활동으로 시작되었다. 1894년 8월 15일 서성목·이원서 등이 미국 북 감리회 소속의 서양 선교사로부터 세례를 받고 용인에 교회를 세웠는데, 그것이 용인지역의 최초의 교회인 백봉교회이다. 뒤이어 역시 감리교 선교사로부터 세례를 받은 오인선·서광석 성도 등에 의해 1895년에 9월 17일 처인구 남사면 방아리의 아리실마을에 아리실 교회가 설립되었다."

후에 이 교회들은 처음 감리교 소속이었지만, 1906년 장로교 소속으로 바뀌게 되었습니다. 즉, 선교지 분할 협정 후 장로교로 이름을 바뀌게 되었습니다. 그래서 처음에는 감리교로 시작해서 지금은 용인교회(한국기독교장로회), 양지교회(한국기독교장로회), 문촌교회(대한예수교장로회 통합), 원촌교회(현 용인중앙교회, 대한예수교장로회 합동)로 있으며, 비교적 몇 년 후에 설립된 송전교회(1910년, 대한예수교장로회 합동 소속)도 마찬가지로 감리교에서 장로교로 바뀌었습니다.

한편 용인의 기독교회사에 나타난 특징은 자생적(自生的) 민족교회(民族敎會)로 시작되었다는 것인데, 이는 온전히 우리의 힘으로 교회가 설립되었다는 것입니다.

이러한 사실은 용인지역 최초의 교회인 백봉교회 역사에서 찾아볼 수 있습니다. 즉, 교회를 설립한 백홍집 성도가 조사(助事) 신분으로서 시작했다고 하는 사실에서 찾을 수 있습니다.

물론 1892년 미 감리회와 미 북 장로회 선교회가 교계예양을 협의하면서 밝힌 기본 7원칙에 따라 비록 백홍집 성도가 청주지역을 담당하는 민노아(閔老雅, Frederick Scheibin Miller, 1866-1937) 선교사의 조사였지만 자주적으로 교회를 설립했다는 것입니다.

"조사(助事), 학생, 교사 및 보조인 등은 어느 분야에서 일하든 그들을 책임지고 있는 인물의 문서화된 요청이 없이는 다른 선교회로부터 어떠한 형태로든 지원을 받을 수 없다. 일반 원칙으로 문서들은 판매해야지 거저 주어서는 안 되며 가격에 있어서도 통일성을 기해야 한다."

백봉교회가 설립된 장소는 조선인 이원서의 사랑채였습니다.

당시 백봉교회가 위치한 마을은 그 형상이 선비들이 쓰는 갓 모양처럼 생겼다 해서 '갓골'이라 부르기도 하였고, 다른 명칭으로는 물이 담긴 모양과 같다고 해서 '덤벙골'이라 하기도 하였습니다. 이 마을에 사는 이원서는 한양 지주의 땅을 관리하던 마름이라는 지위를 가지고 인근마을에서 영향력을 끼치던 사람이었으며, 그 부인의 이름이 '우 마리아'인 것으로 보아 기독교와 관련된 인물인 듯 합니다. 청주에서 선교활동한 마노아 선교사의 조사로 있던 손홍집이 이원서의 사랑채를 드나들면서 전도했습니다. 그 후 이원서의 사랑채에서 예배를 드리면서 백봉교회가 탄생한 것입니다.

용인지역의 두 번째 교회를 설립한 사람인 오인선 역시 선교사의 전도를 받았지만 직접 1895년에 교회를 설립하였으며, 그 후 1903년에는 성도들과 힘을 합하여 예배당을 건축하였습니다.

특히 아리실 교회의 역사적 공헌은 당회록의 유산을 보존하고 있다는 점입니다.

본 교회에 1917년까지 장로가 없어 당회를 열지 못하다가 1917년 4월 오건영 영수가 장로로 취임하여 동년 6월 첫 당회를 개최하며 쓰기 시작한 당회록은 용인지역의 교회사에 관한 중요한 기록물입니다.

이런 자생적 민족교회로 시작하고 자리를 잡고 나갈 수 있었던 또 다른 배경은 용인의 첫 교회가 설립될 당시 한국에서의 장로교의 선교정책은 '네비어스 정책'을 공식적으로 채택하였기 때문이었습니다.

1890년 6월 중국 지푸에서 선교사로 일하던 네비어스(John Livingston Nevius, 1829-1893)는 두 주간 서울에서 북 장로회선교사를 대상으로 초청강연을 할 때 중국의 '독립하고 자립하며 진취적인 토착교회'(independent, Self-reliance and aggressive native churches)를 소개하였고, 이를 장로교선교부가 채택하였습니다.

1893년 1월 한국장로교선교부공의회(韓國長老教宣教部公議會)가 발표한 10가지 정책 중 경제적 자립 정책과 전도 정책에서 이 의미를 알 수 있습니다.

"진취적인 교회는 자립하는 교회가 되어야 한다. 우리 교회 중에 의존생활자들의 수를 감소시킴을 목표로 하고, 자립하는 교회와 헌금하는 교인수를 증가시킨다. 한국인 대중을 그리스도에게로 인도하는 일은 한인 자신들이 해야 한다. 그러므로 우리 자신들이 대중에게 전도하는 것보다 적은 수의 전도사를 철저하게 훈련시킨다."

1895년 10월 5일 열린 북 장로회 선교회에서는 8개 조항의 선교 신조를 만들었는데, 그 중 본토인이 종교 사업을 추진하는 데 있어서 선교자금의 최소화 지출, 본토인들이 처음부터 자급자족하는 것을 적극적으로 추진, 도서구입과 교회건축 및 전도인 봉급을 스스로 책임, 네비어스 사업 방식을 도입하여 교인지도자들이 원입인들을 교육하도록 훈련시키는 신학반 운영 등에서도 알 수 있습니다.

비록 한국에 온 장로교 선교사들을 중심으로 네비어스 선교정책이 채택되고 활용되었지만, 감리교회의 속회제도, 전도부인회, 순회사경회 및 주일학교와 교회운영 전반에 걸쳐 영향을 끼쳤으며, 이는 대부분 다른 교파 선교사들에게 영향을 미쳤습니다.

한국인은 그 누구보다도 남에게 쉽게 의지하지 않고 스스로 일어서는 근면하고 성실한 민족성을 갖고 있습니다. 그리고 하고 싶은 일이라면 스스로 찾아나서는 민족이기도 합니다. 그래서 한반도에 걸쳐 골고루 자생적 민족교회의 모습은 처음부터 자립하는 교회의 모습으로 나타났습니다.

이러한 모습은 용인지역 최초의 교회인 백봉교회와 아리실 교회뿐만 아니라 대부분 용인지역 교회들에게서 나타났습니다. 용인교회만 하더라도 1905년 김양장리에 거주하던 임원규 성도 외 수 명의 성도가 가정에서 예배를 드림으로 교회가 시작되었고, 한국인 성도들의 헌금으로 초가집 교회가 건축(30㎡)되었습니다.

외국인 선교사 부임은 한국인 성도들이 자생적으로 모든 것을 갖추어 놓은 후, 즉 교회설립과 건축을 마친 1916년에 와서 이루어졌습니다. 문촌교회만 하더라도 선교사들의 순회전도사경회에 참석한 박순하 성도와 이은주 성도 등 20여 명의 사람들이 감명을 받아 1906년 8월 16일 이은주 성도의 집에서 창립예배를 드린 것으로 시작되었으며, 1909년에 성도들의 힘으로 교회당을 건축하였고, 1954년에 증축하였다가 1984년에는 새로운 터전을 마련하여 교회당을 신축하여 현재에 이르고 있습니다.

한편 용인의 기독교회사는 교단 분리의 안타까운 모습을 지니고 있습니다.
선교지 분할이 교파 간 색깔을 뚜렷하게 나타내는 것이라면, 교단 분열은 신학과 신앙에 따른 교회의 정치적 색깔을 나타내는 것이라 할 수 있습니다.
백봉교회와 아리실 교회가 감리교로 출발, 설립되었지만, 예장과 기장으로 분리한 결과 현재 백봉교회와 아리실 교회는 한국기독교장로회총회(기장) 경기남노회에 소속되어 있습니다. 그 결과 대한예수교장로회총회(합동)가 총회설립 100주년을 기념하여 출판한 '대한예수교장로회총회 100주년사'의 교회 명에 이 두 교회가 빠져 100년 이상 된 교회들이 감리교에서 장로교로, 다시 장로교 안에서 교단분열로 그 소속이 분리되는 안타까운 역사를 지니고 있는 것입니다.

한편 양지교회는 교회 홈페이지에서 다음과 같이 소개하고 있습니다.
"양지교회는 구한말 1907년 3월 5일 예수교회의 복음이 전국 방방곡곡에 전파됨에 따라 당시 20여 호에 불과했던 양지리 암곡 마을에서도 복음의 물결이 일기 시작했고 초가 교회당으로 예배를 드려오다가, 1935년 일제의 신사참배에 맞서 교회 문을 닫고 가정예배를 드리며 어려운 가운데 신앙을 지켜왔습니다. 해방 이후 1953년에는 한국기독교장로회 교단에 가입하였고, 농촌교회로서 어려운 살림살이에서도 지역 주민들과 함께하는 교회, 끊임없이 변혁 갱신하는 교회가 되고자 노력하여 왔습니다. 이제 우리는 이 시대 하나님께로부터 부여받은 사명을 실천하고 우리 선조들의 신앙정신을 계승하고자 합니다."

양지교회 설립 당시의 역사에 대해서도 다음과 같이 증언하고 있습니다.
"1907년 3월 5일, 이경영·오심덕·박건식·오태화·조수겸·한주희·정명호·엄주희·최덕환·정수옥·안순천·이길승·안연승 씨의 결신에 따라 조수겸(목수, 박병헌 씨 옛집) 성도의 사가에서 예배를 드림으로 교회의 모체를 이루었다."

이처럼 용인은 초창기 한국 기독교의 역사와 함께하는 역사와 전통을 지니고 있습니다.

물론 신학과 신앙의 차이로 인해 분리되고 분열된 아픈 상처를 안고 있지만 '용인시기독교총연합회'라는 초교파, 초교단적으로 하나가 되어 지역복음화를 위해 서로 협력하고, 힘쓰고 있는 모습은 매우 모범적이며 바람직한 모습이라 할 수 있습니다.

비록 짧은 글이지만 우리 믿음의 선배들이 125년 전 이 땅에 교회를 설립하면서 흘렸던 피눈물의 수고를 생각할 때 우리가 그리스도인으로 역사와 전통을 이어받아 역사의 한 귀퉁이를 우리의 용인시와 함께 하고 있음을 자랑스럽게 여기면서 '용인시기독교총연합회' 산하 모든 교회는 우리의 이웃하는 시민들과 더불어 하나님 나라 확장을 위해 언제나 최선을 다할 것을 다짐해 봅니다.

※ 참고 문헌
이를 위하여 참고한 서적은 다음과 같습니다.

곽안련. 「한국교회사」 서울: 대한기독교서회, 1966.
김대인. 「숨겨진 한국교회사-민족교회발생」 서울: 한들 출판사, 1995.
김양선. 「한국기독교사 연구」 서울: 기독교문사, 1994.
김영재. 「한국교회사」 서울: 개혁주의 신행협회, 1992.
민경배. 「한국기독교회사」 서울: 연세대학교 출판부, 2002.
박용규. 「한국기독교회사 1」 서울: 생명의 말씀사, 2004.
이영헌. 「한국기독교사」 서울: 컨콜디아사, 1995.
이원규. 「한국교회의 현실과 전망」 서울: 성서연구사, 1994.
채기은. 「한국교회사」 서울: 기독교문서선교회, 2003.
한미준, 한국갤럽. "한국인의 종교와 종교의식", 1990.

제4부

일제강점기의 우리 역사 그리고 용인의 교회들

용·기·총

제1장
일제강점기 우리나라는?

이 진 상 목사
목양교회 담임목사

    한국의 근대사에서 가장 비극적인 사건은 나라가 일본에 의하여 강제적으로 점령 당한 사건입니다. 이른바 일제강점기는 한국 사람에게 좌절감과 함께 생활방식에 많은 변화를 준 역사적인 시기입니다. 이 시기에 한국에는 나라를 잃은 좌절에서 생기는 정신적인 공백을 밀려오는 새로운 사조인 서양의 정신과 문물로 기존의 가치를 급속하게 대치해 나가는 시기이기도 했습니다.
    한국 사람은 일제의 강점기라고 하는 큰 고난의 시기를 겪지 않을 수 없었습니다.
    그렇다면 한국 사람이 겪은 위기와 고난의 상황에서 한국에 들어와서 전파되기 시작한 기독교는 어떤 과정을 통해서 한국 사람의 신앙에 자리를 차지할 수 있었으며, 정착할 수 있었을까요?

    한국 기독교, 특별히 개신교의 전래와 전파과정은 일본의 한국의 강점과 36년간의 지배와 깊은 연관을 맺고 있습니다. 이 시기의 한국 사회는 일본의 침략으로 인해 신음하고 있었지만, 그런 부정적 상황에서 기독교는 오히려 전파되고 정착하는 과정을 밟아 갑니다. 이러한 과정은 과거 유럽이 식민지를 확장해 나갈 때 대부분 지배민의 선교사들이 피지배민을 선교했던 것과는 상당히 다른 모양입니다. 정치적으로 일본의 강제적인 점령을 당했던 한국에 제3국의 선교사들이 들어와서 복음을 전한 것입니다. 한국에 대한 일본의 지배가 노골화되기 시작하면서 일본이 신경을 쓰고 있었던 단체가 기독교입니다.

한국에서 초기 기독교는 선교사들에 의하여 주도되면서 비정치화 내지는 일본의 침략에 대하여 온건한 입장이었습니다. 그러나 침략이 노골화되면서 일부 선교사들이 일시적인 친일노선을 수정하기 시작했습니다. 그 중에 헐버트 선교사는 국제 열강이 한국병합의 비운을 저지하는 데 간섭해 줄 것을 호소하였으며, 평양의 맥큔(윤산온; G. S. McCune) 선교사는 학생들에게 다윗과 골리앗의 이야기를 하면서 정의가 군력을 제압한다는 것을 강조하기도 하였습니다. 당시 기독교회나 그 계통의 학교에서는 '군병'을 이미지로 한 신도의 행진을 노래하는 찬송가가 불렸습니다. 일본의 야심은 노골화되기 시작했고, 1908년 8월에는 사립학교령을 공포하여 기독교계의 사학들을 통솔·감독하기 위해 선교사들로 하여금 자진신고, 설립인가를 다시 받아서 학교를 운영하게 하므로 자신들의 정치적인 야욕을 학교 교육에 전임시키려는 시도를 했습니다. 이로 인해 기독교 학교들은 결정적인 타격을 받게 됩니다.

일본은 1910년 합방이라는 명목으로 한국을 자신들의 식민지로 만들었습니다. 이제까지 통감부라고 불리던 기관은 총독부로 그 명칭을 바꾸고 무단 정치를 시작하여 한민족을 말살하려고 달려들었습니다. 치안유지를 빙자하여 경찰과 헌병대를 일원화한 헌병경찰제도를 만들었습니다. 1910년 12월 3일 일본 총독부 제령 제10호를 선포하여 '범죄즉결법'을 발표했는데 거기에는 '범죄인의 진술과 경찰서장의 인증으로 즉결 처형할 수 있다'는 조항이 포함되어 있었습니다. 이러한 정책들은 뒷날에 105인 사건과 같은 정치적인 사건들에 대하여 무자비한 탄압을 할 수 있는 근거를 만들었습니다. 일본은 언론기관을 폐지하고 민족의식을 고취시킬 수 있는 서적들을 불태우고, 판매를 금지시켰습니다. 그리고 그들은 식민지사관에 입각한 '조선반도사'(朝鮮半島史)를 편찬하였고, 식민지 지배에 필요한 일본어 교육과 최소한의 기술교육만을 한국 사람에게 허용했습니다.

　일본은 기독교에 대하여 식민기간 동안 내내 적대시 내지는 위험시하는 정책을 채택했는데, 이는 일본이 한국을 통치하는 데 기독교를 최대의 장애물로 보았기 때문입니다. 이러한 갈등의 가장 큰 원인은 바로 종교적인 성격, 일본의 고유종교인 신도에 의해 만들어진 천황제와 기독교가 가장 크게 충돌하고 있기 때문이라 할 수 있습니다.

　당시에 교회는 민족의 앞날을 인도할 수 있는 유일한 대안이었습니다. 그렇기 때문에 나라와 백성의 상실이 곧 교회의 비애와 시련이었습니다. 교회 안에 민족의식에 대한 연속성이 있었습니다. 한일합방의 비극을 가장 처절하게 느낀 사람들이 바로 교회 안에 있었던 사람들입니다. 당시 한국 기독교인의 경우에 신앙의 동기는 자강해서, 힘의 원천인 복음에 힘을 빌려서 겨레의 운명을 보존하겠다는 마음들이 있었습니다.

　월남 이상재 선생은 "걷잡을 수 없는 나라의 비운이 드디어 창상(滄桑)의 변까지 몰아왔음을 몸소 겪으면서·그래도 낙심하지 않고 나라 구원의 길을 찾아보려는 일념으로 기독교의 믿음을 갖게 되었다."고 말하고 있습니다. 또한 전 보병 참령이었던 이동휘는 함경북도에서 전도사 일을 보고 있었는데, 그는 늘 "2년만 지나면 싸울 수 있을 터이니 병력을 집결하면서 기다린다."고 다짐했다고 합니다. 이러한 것을 볼 때 그의 전도사로서의 일은 순수한 신앙적인 동기보다는 복음의 힘을 빌려서 민족을 일으키고자 하는 의도가 더 강했다고 볼 수 있습니다. 그래서 기독교인들 중에 '매국원흉제거'라는 극단적인 수단을 통해 민족독립운동에 나서는 사람들도 있었는데, 그 대표적인 인물이 스티븐스를 제거한 장인환, 국내에서 이토를 제거하려던 정재홍, 만주에서 이토를 제거한 안중근(천주교인)과 그와 협력한 우연준, 그리고 이완용을 제거하려다가 미수에 그친 이재명과 그의 동지들이 있습니다.

　교회 안에 반일제적인 요인들이 많이 있고, 그들은 늘 일본에 대하여 대항적인 태도와 독립을 최우선 과제로 생각하고 있었으니, 일본의 경우 교회를 탄압의 제일 대상으로 생각하지 않을 수 없었습니다.

　일본은 그들의 시각을 서북지방으로 집중하였습니다. 서북지역은 일찍이 기독교가 들어와 민도가 깰 뿐더러 많은 민족 지도자들이 기독교인들로서 다른 어느 고장보다도 활발히 민족운동을 전개했기 때문입니다. 그들은 학교를 세워 민지(民智)를 개발하고 산업을 장려하여 국력을 배양하는 것만이 구국의 길임을 인식했습니다. 그래서 교회가 있는 곳마다 학교가 세워졌습니다. 교회의 탄압이 처음부터 강경하지 않았고, 그 탄압의 일관된 패턴이 있었던 것이 아닙니다.

일본은 처음에 한국교회를 일본 교회에 통합을 시켜서 그 통제를 쉽게 하려고 하였습니다. 하지만 이러한 정책은 교회의 완강한 반대에 부딪혀 그 뜻을 이루지 못했습니다. 이어 일본은 청일전쟁 때 친일적인 성향을 보인 동학계의 손병희를 들어 천도교를 성장시켜 그 종파로 기독교를 대신하려고 했지만, 손병희는 반일의 거장으로 탈바꿈하여 반일의 선봉이 되었기 때문에 일본의 그 시도는 실패로 돌아갔습니다.

이런 저런 방법들이 실패로 돌아가자 일본은 드디어 칼을 들었습니다.

그리고 정면으로 교회를 때려 부수는 방법을 쓰기 시작하여 민족의 연수(淵藪)로 지목이 되던 교회 근절의 악랄한 음모가 시작되었습니다.

일제의 한국 통치는 정치적·군사적 강압지배인 동시에 경제적 수탈과 종교 및 사상적 지배를 동반한 것입니다. 달리 말해서 일제의 지배는 천황제 이데올로기 하에서 한국 사람을 황국신민으로 만들어 내려고 한 이른바 동화정책의 관철이었습니다.

여기에 조직적으로 대항한 것이 바로 교회였고, 그 첫 번째 가장 큰 사건이 '105인 사건'이었습니다.

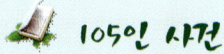 105인 사건

일제의 강점 후 한국 기독교에 대한 첫 탄압은 '105인 사건'입니다. 이는 한국 기독교 지도자들을 광범위하게 투옥하여 고문을 행한 사건으로 기독 민족 지도자들을 뿌리 뽑고자 한 사건이었습니다.

이 사건 직전에 안악(安岳) 사건이 있었습니다. 이토를 저격한 안중근의 종제인 안명근이 서간도에 무관학교를 세울 자금을 모금하기 위해 국내에 들어와 활동을 하다가 신천에서 민모의 밀고로 체포된 것을 계기로 내란 미수죄를 적용하여 황해도 일대에서 김구·최명식·이승길·도인권을 비롯한 교계인사와 지식층 160여 명이 구속되었습니다. 이 중 감리교 목사인 도인권을 제외하고는 전부 1915년을 전후하여 출옥하였지만, 그 구속은 부당한 음모였기 때문에 교회가 희생되기 시작한 형고의 행렬의 첫 걸음이 되었습니다. 이 사건을 통해서 황해도 지역의 기독교 지도자들을 중심으로 한 민족운동이 힘을 잃어버리자 일제는 평안도 지방으로 그 눈을 돌렸습니다. 이곳은 교회의 가장 강한 곳이었고, 또한 교회를 바탕으로 한 민족운동단체인 신민회의 강력한 발판이었기 때문입니다. 총독부는 신민회와 아울러 기독교 세력, 또 그 배후에 선교사들이 있다고 보고 선교사들을 몰아 낼 구실을 조작했습니다.

1910년 12월 28일 압록강 철교 준공식에 참석하고자 신의주로 가는 초대총독인 데라우치를 선천역에서 암살하려는 계획이 있었다는 것입니다. 일제가 꾸며낸 사건의 내용은 안태국·이승훈의 인솔 하에 평양, 기타 평안도 내 각지에서 모여든 음모자 60명이 오전 6시 경주 발 북행열차를 타고 선천에 도착 신성중학교 제8교실에 들어갔고, 이어 선우혁의 인솔로 선천에 도착한 20여 명과 황해도 동지 20여 명이 합류했습니다. 선교사 맥큔(G. S. McCune)이 다윗과 골리앗의 이야기를 하면서 구국운동을 격려하고 제7교실 천장에 숨겨둔 감자 상자를 꺼내어 거기 있던 권총 5정을 용감한 자들에게 분배했습니다. 27일 하오 1시 전원 선천역에 모여 안태국·이승훈의 지휘 하에 요소요소에 배치되었으나 열차는 정차하지 않고 그냥 지나갔습니다. 이들은 다음 날 한복·학생복·양복 차림으로 환영객 속에 끼어 서울로 돌아가는 데라우치가 선천에 하차하여 맥큔과 악수하는 것을 신호로 암살하려 했으나 데라우치의 위풍과 헌병 순사들의 삼엄한 감시 하에 정신을 못 차리고 실패하고 말았다는 것입니다.

1911년 1월 1일부터 평안도 전역과 각지에서 검거 선풍이 불었습니다. 가을까지 체포된 수는 일제의 발표에 의하면 157명이었습니다. 이들 중 감리교의 전덕기 목사를 비롯해 김근영·정희순은 고문으로 세상을 떠났고, 23명은 석방되었으나, 나머지 123명은 1912년 6월 28일 서울 지방법원에서 재판을 받게 되었습니다. 이 중에서 기독교인의 수는 105명에 이르고 있으며, 선천지역 장로교인 출신이 97명 가운데 87명이 되었습니다.

재판의 진행은 더욱 웃기는 일이었습니다. 증거물로 제시된 유일한 근거인 공술서(供述書)는 무지막지한 고문으로 쓰였다는 사실이 알려지게 되었고, 이 사건 자체가 완전히 날조라는 것이 만천하에 드러나게 되었습니다. 그러나 재판장은 여러 날조의 정황에도 불구하고 이런 저런 구실로 남 감리교인인 윤치호를 비롯해 105인에게 10년 내지 5년의 형을 내렸습니다.

이 사건의 제1심 판결문을 보면 그들이 얼마나 기독교인에 대한 적개심을 가지고 있었는지를 볼 수 있습니다.

> "本件의 陰謀는 新民會의 幹部에 依해서 行하여졌지만 그들은 동시에 朝鮮에 있는 耶蘇敎 信者의 有力者였으니 만큼 同志로서 加擔한 耶蘇敎系 學校의 敎師·學生들이 多數 있었다. 由來 朝鮮에는 多數의 米國 宣敎師가 있어서 傳道에 從事하고 있는데 朝鮮人의 政治的 不遇는 自然 同情의 對象이 되어 布敎의 勢力을 넓혔다. 朝鮮人側에서도 宣敎師를 통해서 强大한 米國의 힘에 기대려는 풍이 있음은 더 말할 나위도 없다."

하지만 이들은 모두 항소하여 2심에서 99명이 무죄 석방되고, 주모자급 6명만이 징역 4년을 언도받았습니다. 1915년 2월 이들이 감옥에서 풀려 나와 평양역에 도착했을 때 시민 9천여 명이 역 광장에서 겨레와 신앙을 위해 옥고를 치른 이들을 환영했습니다. 이렇게 민족 시련의 십자가를 지던 그 시기에 우리 교회만 이와 같이 밀려오는 일본의 시련에 시달리고 있었던 것은 아닙니다. 전국에 만연되어 있는 찢어질 듯한 가난에 지쳐 쓰러지는 백성들이 있었고, 좌절 속에서 방황하다가 살길을 찾아서 만주 벌판으로, 인적이 드문 곳으로 찾아 떼 지어 가는 실향의 행렬이 늘어섰습니다.

이들을 향하여 '교회는 무엇을 할 수 있을까'를 고민해야 했습니다.

삼일운동과 기독교

전국적 조직체로서 기독교가 총독부와 전면적으로 부딪히게 된 사건이 삼일운동입니다. 이때까지만 해도 한국에서 통치에 가장 위협을 받던 운동은 민족운동이었는데,

이 민족운동이 기독교와 연계가 되면서 전국적인 조직을 갖추고 일어난 것에 대해 총독부는 긴장하지 않을 수 없었습니다.

제1차 세계대전이 끝나고 프랑스 수도 파리에서 강화회의가 열렸습니다. 이때 국제연맹이 창설되고 미국의 대통령인 윌슨은 14개 조항의 평화안을 주창했는데, 그 중에 민족자결주의가 한 조항으로 들어있었습니다. 일본에 의하여 강제 점령을 당하면서 나라를 잃은 서러움을 겪고 있던 한민족에게는 나라를 되찾을 수 있는 절호의 기회가 되었습니다.

독립운동을 전개하기 위해 중심적인 역할을 한 단체는 국내외 일곱 곳에서 활동을 하였습니다. 상해의 김규식·여운형이 신한청년단을 조직하여 김규식을 파리에 파송하여 독립을 호소하고, 선우혁을 국내로 보내기를 추진하였습니다. 미국에서는 안창호·이승만 등이 대한국민회와 흥사단을 통해 독립운동을 전개했고, 노령 연해주에서는 이동휘, 동경에서는 조선 YMCA회관에서 이광수를 대표한 유학생들이 조선청년독립단을 조직하고 활동하다가 2월 8일에 독립선언서를 낭독하고 국내외에 이를 선포하여 독립을 호소하였습니다. 이렇게 독립운동을 활발하게 전개하는 그 중심에 기독교인들이 있었습니다.

한국 기독교가 민족의 고통을 안고 민족의 독립운동에 핵심적으로 참여했다는 것은 한국 기독교 역사의 매우 자랑스러운 것입니다. 독립운동을 준비하고 기초한 민족대표는 33인이었는데 이중에 16명이 기독교 대표였습니다. 또한 교회가 삼일운동이 전국으로 확산되는 통로의 역할을 하게 되었습니다.

국내외를 막론하고 초기 조직화단계의 거의 모든 흐름에 기독교인들이 직·간접으로 관여하였으며, 운동이 전국적으로 확산되던 민중운동화 단계에서도 교회는 조직과 지도자를 제공하였던 것입니다. 사실 기독교의 조직이나 적극적인 참여가 없더라면 3·1운동이 그처럼 신속히 전국적으로 확산되고, 오랫동안 지속되기는 어려웠을 것입니다.

이와 같이 교회는 적극적으로 그리고 신속하게 삼일운동에 참여하고, 그 운동의 확산에 커다란 역할을 감당했습니다. 삼일운동이 진행되면서 일본경찰이 가만히 있을리 없었습니다. 그들의 무지막지한 탄압은 실로 말로는 표현할 수 없는 비극을 남겼습니다. 특히 교회와 교인들이 겪은 고통은 그 어떤 말로도 설명이 불가능할 정도였습니다. 하지만 이 운동에 참여한 한국교회의 각오는 민족의 독립과 죽음을 바꾸는 각오였습니다. '이 독립운동이 한국교회에 결국 어떤 영향을 미칠 것이냐' 하는 문제는 복잡한 문제입니다.

교회 지도자들은 '만일 이 운동이 실패하는 경우 교회에 대한 박해나 핍박이 올 것이라는 것'을 뻔히 알면서 이 운동에 가담했던 것입니다. 이들은 오랫동안 이 문제로 인해서 기도를 드려 왔으며, 세계의 여러 약소민족들이 민족적이요, 종교적인 자유를 획득하는 역사의 기로에서 '그러한 축복을 위해 분기하는 것이 하나님의 뜻이라고 믿었노라'고 말하는 것을 들었습니다.

우리는 이 운동이 시작되고 여러 교회의 지도자들이 다 검거되고 난 다음 한국 장로회 총회장의 입에서 이런 말을 들었던 것입니다. 곧 '관리들은 천도교는 완전히 말살시켜 버리고 기독교는 현재 교세의 반으로 약화시키겠다'고 다짐하더라는 것이 최근의 정보입니다. 이 운동이 완전히 좌절되고 만다면 한국교회의 미래는 실로 암담한 것이 아닐 수 없습니다.

일본경찰의 보복은 시작되었습니다. 그들은 교회를 파괴하기 시작하였고, 종탑과 성경책을 압수하고 없애 버리려고 했습니다. 일제의 잔악상은 전국적으로 나타난 통계에 의하여 확인되는데, 3월 1일부터 5월 30일까지 사망자 수 7,509명, 부상자 수 15,961명, 체포된 자 46,948명, 교회 파손 수 47개소, 학교 파손 수 2개교, 학교 소각 3개교, 민가 파손 715채에 이르렀습니다.

특히 교회는 그 피해가 막심했는데, 강서 사천교회 학살사건·정주교회 학살사건·강계교회 학살사건·위원교회 학살사건·서울 십자가 사형 사건·북간도 노루바위교회 및 서간도 각지 교회 학살사건·정주 오산학교 소각사건 등이 그 대표적인 예입니다.

이 중에 가장 참혹한 사건은 수원 제암리 감리교회 학살사건입니다. 이 사건은 만세 시위가 막바지에 이른 4월 15일 2시경 '아리다'라는 일본군 중위가 이끈 일본군이 30여 명 교인들을 교회에 모으고 문을 잠근 후 집중사격으로 모두 죽이고 증거를 인멸하기 위해 교회당에 불을 질렀습니다. 이렇게 죽은 자가 부지기수였지만 체포당한 자가 겪은 고통 또한 죽음에 못지않은 것이었습니다.

16세 소녀 '유관순'이 겪은 비인간적인 고문과 죽음은 지금도 분노케 합니다.

삼일운동은 실패로 끝이 났습니다.

한국은 여전히 일본의 강점 하에 놓여 있었습니다. 하지만 이 운동의 결과로 일본은 그들의 강압적인 정책에서 서서히 유화정책으로 변경을 시도하였습니다.

소위 문화정책으로 어느 정도 집회와 언론 및 신앙의 자유를 인정했습니다.

교육적 침략과 사회공산주의

일본은 자신들이 한국을 강점하기 위한 계획을 하나씩 진행하면서 한국민에 대한 교육에 그 마수를 뻗치기 시작하였습니다. 그들의 목표는 민족정신을 말살하고 고도의 문화개발을 막기 위한 식민정책인 우민교육이었습니다.

1904년 '한일의정서' 체결과 1905년 '을사늑약' 체결을 계기로 통감부를 설치하고 본격적인 교육지배에 들어갔습니다. 일본은 구한국 소학교령을 폐지하고 보통학교령을 선포하여 학교에 일인(日人) 교사를 초빙하도록 하였고, 1906년에서 1909년까지 사립학교령·외국어학교령·보통학교령·고등학교령·사립학교령·사립학교 보조규정·공사립학교 인정규정·교과용 도서 검정규정·실업학교령·사립학교령 시행규칙·외국어학교령 시행규칙·보통학교령 시행규칙 등을 발표하여 교육지배를 노골화했습니다.

학제의 단순화와 실업교육의 장려라는 표면적 이유를 내세웠으나 내용적으로는 일본화의 식민지 교육으로서 주당 6시간의 일어 교육을 강행했습니다.

일본은 학제 뿐 아니라 교과내용에도 손을 써 1904년 종래의 교과서가 조잡하고 정부에 대하여 비판적이고 시대를 분개하고 일본에 대한 논란이 많기에 부적당하다고 하여 수신 4책·국어독본 8책·한문독본 4책·이과서(일문) 4책·도화임본(圖畵臨本) 4책·습자첩 4책·산술서(교사용) 4책을 출판했습니다. 여기에는 역사와 지리에 대한 교과서를 빼 버렸는데 이는 역사와 지리가 민족 사상을 고취하기 때문에 고의적으로 제한 것입니다.

이뿐 아니라 행사나 다른 명목을 세워 노골적인 일본화 교육을 행했습니다.

그와 달리 이러한 일본의 관립학제에 맞서서 민족의 정기를 깨우기 위해 일어난 것이 민족적 사립학교들이었습니다. 이들은 일본이 식민적 교육을 강행하는 것에 대한 반응으로 민족의 정기를 세우고 '나라를 살리는 길은 교육밖에 없다'는 사실을 인지하고 학회를 설립하고 사립학교들을 세워나갔습니다. 이들이 사용하는 교과서들은 주로 민족적인 사고를 고양시키는 장지연의 '대한지리', 정인평의 '대한역사', 현채의 '유년필독', '월남 망국사', '자유론', '애국론', '이순신전' 등이었습니다. 하지만 일제는 이 또한 자신들의 통치에 방해물로 느끼고 1908년 사립학교령을 발표하여 사학을 억제하고 교과용 도서검정규정을 만들어 통제에 들어가기 시작했던 것입니다.

사회공산주의는 민족항쟁인 삼일운동의 실패와 함께 좌절한 민중들 사이로 파고들었습니다. 사회공산주의가 처음 들어온 시기는 삼일운동 직후인 1921년경이었습니다. 하지만 이때의 사회공산주의는 그들의 이론과 같이 계급적인 투쟁을 목표로 삼은 것이 아니라 일제강점기라는 특수적인 상황 속에서 민족의 염원이며, 공동의 목표인 독립을 최우선 과제로 삼았습니다.

사회공산주의의 출발은 1917년 신규식이 한국사회당을 조직하므로 시작되었고, 일본에 유학했던 변희용·조봉암 등이 1921년에 신인연맹·흑양회 등의 단체를 조직하고 이후에 1925년 4월 17일 아사원에서 김재봉·박헌영·조봉암 등이 중심이 되어 조선공산당을 창설했습니다. 이 운동은 민족의 독립이라는 슬로건 아래 여러 사회계층의 지지를 받게 되었습니다. 특히 젊은 계층에서 사회주의 책에 몰입하므로 그들의 사상에 물들어갔습니다. 이들 젊은이들은 사회주의자로 자처하면서 신의 존재를 부인하며 "하나님은 죽었다."고 말하기도 했습니다.

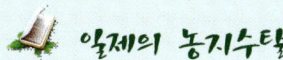
일제의 농지수탈

일본은 한국을 점령해 들어오기 시작하면서 농촌의 농지를 수탈하기 시작하였습니다. 처음에는 고리채로 영세농가의 토지를 담보로 하여 돈을 빌려주고 돈을 갚지 못하면 담보했던 토지를 강제로 빼앗았습니다. 러일전쟁에서 승리하면서 일본의 대기업들이 대대적으로 한국 내의 토지에 투자하기 시작했고, 때를 맞추어 일제도 철도부설 등의 이유를 들어 토지수탈을 시작했습니다. 1910년 한일합방이 되자 일제는 10월에 임시 토지조사국을 설치하고 전국 토지를 세밀하게 조사해서 소유등기가 되지 않은 많은 개인 토지를 마구 빼앗고 전국 각지에 있는 많은 삼림을 국유화해서 동양척식회사·후니·히가시야마·구마모도·가다꾸라 등 일본인 토지회사나 일본 이민들에게 불하·분배해 주었습니다.

이렇게 해서 토지는 일본에 강제로 빼앗기고 한국경제의 기반이었던 농촌이 몰락하였습니다. 부채에 허덕이는 농민들은 농토를 팔고 만주로 떠나갔고, 대표적인 곡창인 호남지역의 농토의 75% 이상이 빼앗기거나 팔려 소유주가 바뀌었습니다.

일본의 한국 내의 토지수탈은 한국을 통해서 일본 내에 모자라는 곡식생산을 메워보려는 의도가 있었습니다. 그들은 더 많은 쌀을 수탈하기 위해서 산미증식을 대대적으로 서둘렀고, 이를 통해서 엄청난 쌀을 일본으로 반출했습니다. 이러한 정책을 지속적으로 유지하고, 반봉건적인 착취관계를 더욱 고착시키기 위해 반 농노적인 소작농을 더 많이 만들어냈습니다. 그리고 될 수 있는 대로 더 많은 소작료를 받아내려고 하여 경기도 일부에서는 논의 9할을 소작료로 낸 기록들이 있습니다.

그야말로 농민들의 생활은 동물적 생존 수준이었습니다. 이런 저런 이유로 쌀을 빼앗기고 그들은 잡곡을 먹거나 초근목피로 그 생계를 유지할 정도가 되었습니다.

일본은 쌀을 빼앗아 가는 것에만 혈안이 되어 있었고, 이러한 일본의 만행은 쌀을 가져갈 때만 아니라 쌀이 풍년이 들어서 남게 되었을 때도 마찬가지였습니다. 그들은 풍년이 들어 일본에 쌀이 많아 남게 되자 한국으로부터 쌀 반입을 금지시켜서 쌀값의 폭락으로 더욱 어렵게 만들었습니다. 대부분의 악덕 지주인 일본인들은 그 손해를 소작 농민에게 전가시켜 소작료를 인상하여 결국 농민들은 다시 한 번 나라 잃은 서러움과 함께 빚더미 위에서 헤어나지 못하게 되었습니다.

제2장
일제강점기 우리 교회는?

김창수 목사

용인노회장 역임
용기총 회장 역임
현 도창교회 담임목사

1910년부터 1945년은 일본으로부터 식민지 지배를 받던 시기였습니다.

이 시기의 한국교회는 애국적 교회였으며, 일본의 극심한 탄압과 지능적인 박해 하에 처하였습니다. 특히 이 기간에는 일제의 한국교회사에서 가장 치욕스러운 신사참배의 사건이 있었습니다.

이에 1910년대부터 1945년대에 이르기까지의 한국교회를 조망해 보고자 합니다.

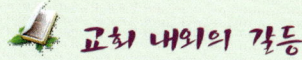 교회 내외의 갈등

평양 대부흥 이후 1910년 한일강제병합을 통해 국가와 민족이 수난을 겪은 시기에도 한국교회는 부흥하고 성장하였습니다.

1920년대에는 민족적인 수난에도 불구하고 선교사들과 기독교인들의 활발한 전도 활동을 통해 5,603명의 새 신자 장로교인이 등록하였고, 장로교와 감리교 양측의 교회학교 수가 10,000명에서 14,000명으로 불어났으며, 1934년 희년에는 4,949개 교회로 그 수가 늘어났으며, 신자 수 또한 347,403명에 이르렀습니다.

1930년대의 선교보고서를 보면 "비록 일정한 성장은 아닐지라도 1928년부터 1938년도에 이르기까지 장로교회는 꾸준히 성장하였다."고 하였습니다. 교회 내적으로도 1910년대를 기점으로 자유주의 신학이 등장하면서 교회와 갈등을 일으켰고, 1930년대에는 일본에서 자유주의 사상을 공부한 자들의 귀국함으로 교회 안에서도 신학적 갈등이 표면화되어 본격화되면서 결국 교파분열이 발생하게 되었습니다.

초기 한국교회는 1930년대에 들어서면서 내적으로 뚜렷한 신학적 갈등이 나타났습니다. 외적으로는 신비주의 및 이단의 발생하고 일제의 강력한 신사참배 강요라는 문제에 직면하게 되었습니다.

특히 신학갈등의 원인은 유학하고 돌아 온 목회자들로부터 발견하게 됩니다.

'박용규'는 1930년대의 신학적 조류에 관하여 다음과 같이 말합니다.

박형룡, 보수주의 신학의 대변자
김재준, 진보주의 신학의 대변자
김교신, 무교회주의 대변자
이용도, 부흥운동 신비주의의 대변자
정경옥, 자유주의의 대변자

교단과 교단간의 갈등과 분리

1930년대에 들어서 교단 갈등의 배경에는 무엇보다도 신학적인 배경이 그 원인이라 할 수 있습니다.

초기 한국교회는 1901년 5월 15일 장로교와 감리교 연합으로 '평양신학교'를 초 교파적 연합 사역으로 출발하였습니다.

그러나 1907년에 와서는 장로교단 신학교인 '장로회신학교'와 감리교단 신학교인 '협성신학교'로 분열하게 됩니다. 그리고 타 교단에서도 신학교를 설립하게 됩니다. 각 교파간의 신학교를 통하여 교단 목사들이 배출되고 교단이 확장됨에 따라 1930년대에 와서는 뚜렷한 교단적 특색을 갖추기 시작합니다. 즉, 1930년대는 교파 간 연합이 깨어지는 시대였으며, 신학적 정체성으로 분열하는 시대였다고 할 수 있습니다.

신사참배와 교회

1930년대부터 시작된 신사참배 강요는 한국의 기독교를 탄압하고 교회 전체를 사멸시킬 목적으로 강행됐던 민족적 수난이었습니다.

이 시기에 한국교회는 배도(背道)의 길을 걷게 됩니다.

> 한국천주교회는 1936년 5월 25일 '신사참배는 종교적 행사가 아니고 애국적 행사이므로 그 참배를 허용한다'고 하여 신사참배를 기정사실로 받아들였습니다.
>
> 감리교회는 1937년 6월 17일 '신사참배는 종교가 아니라 황국신민이 가져야 할 마땅한 국민의례에 불과하다'는 총독부의 발표를 그대로 받아들여 신사참배를 공식화했습니다.
>
> 장로교회는 1938년 총회에서 신사참배를 가결함으로써 한국 장로교는 감리교나 천주교와 함께 일본제국 앞에 완전히 무릎을 꿇은 것입니다.

신사참배 강요 의도는

첫째, 한민족의 일본 신들에 대한 봉제(俸祭)와 민족정신의 말살에 있었던 것입니다.

둘째, 일본 식민정치의 기본적인 정책실현을 성취하기 위해서입니다.

셋째, 신사참배로써 민족정신을 유린하고 해체시켜 한국인을 소위 일본 황국신민으로 만들려는 것입니다.

넷째, 한국교회의 신앙생명을 송두리째 말살해 버리려는 데 있었습니다.

일제강점기의 한국교회 부흥운동

1907년에 일어난 대부흥운동은 교회 뿐 아니라 한국 사회 속에 커다란 방향을 일으키며 전국을 펴져 나갔습니다. 집회가 있는 곳에서는 어김없이 회개와 함께 성령의 강력한 역사가 일어났고, 교회가 성장하는 역사가 일어났습니다.

이러한 교회의 부흥과 엇갈려 한민족에게는 커다란 시련이 찾아왔습니다.

1910년 일본은 한일합방을 통해서 한국을 강제로 일본에 편입시켰습니다.

이로 인해 민족적인 울분과 좌절은 극에 달했고, 많은 사람들이 커다란 상실감에 빠져들었습니다. 특히 3·1운동이 일본의 무력진압으로 끝을 맺자 한국 사람들 속에 더 큰 상실감이 자리하게 되었습니다.

이런 속에서 교회는 2가지 특징을 가지고 부흥운동을 지속해 나갔습니다.

그 첫째가 신유이고, 그 다음이 성결이라고 할 수 있습니다.

신유(神癒)는 좌절하는 한국인들에게 새로운 메시지로 들렸다고 할 수 있습니다.

복음적으로는 자유주의가 한국교회를 흔들고 있을 때 일어난 운동으로 교회 안에 새로운 바람을 일으키며 전국적으로 확장되었습니다.

신유부흥운동의 중심에는 외국인 선교사들보다는 한국인 목회자들이 있었습니다.

1907년의 대부흥 시기에 한국에서 전도를 시작한 동양선교회 복음전도관(성결교회의 전신)은 특별히 이 신유에 대하여 강조하는 교단이었습니다. 그들이 가지고 있는 4가지 전도표제는 '중생·성결·신유·재림'으로 당시의 기존교단에게는 매우 낯선 전도표제였습니다.

이 단체의 중심인물 중에 정빈은 "소위 신자로서 조그마한 병에 걸리게 되면 한갓 약이나 의사에게만 의지하고 하나님의 권능을 믿고 기도하는 일을 하지 못하는 것은 불가한 일이다."라고 설교했습니다. 이 때 설교를 들은 대한매일신보 기자가 '전도관은 조선 사회를 미신으로 몰고 간다'고 대서특필하므로 신유문제를 사회적인 논란거리로 만든 적이 있습니다.

초기 성결교회는 '복음은 죄에서 해방시켜줄 뿐만 아니라 각종 질병에서도 해방시켜 준다'고 강조하였습니다. 그들은 성서에서 예수의 사역이 영적인 구원뿐 아니라 육체적인 질병에서의 구원을 말하고 있기 때문에, 영혼구원과 육체적 질병의 구원을 말하는 것이 완전한 복음을 전하는 것이라고 보았습니다. 이러한 한국교회의 신유의 부흥운동에 다음과 같이 6가지 특징으로 이해할 수 있습니다.

① 당시 한국교회는 신유사역을 영적 전쟁 혹은 능력대결로 이해했다.
② 초기 한국교회 신유사역은 대부분 교회 공동체 구성원의 협동사역으로 이루어졌다.
③ 초기 한국교회의 신유사역은 가족 공동체 또는 부락 공동체의 집단적 개종을 가져오기도 했다.
④ 초기 한국교회의 신유사역은 교회 설립의 동기가 되기도 했다.
⑤ 초기 한국교회의 신유사역에는 금전적 거래가 전혀 없었다.
⑥ 초기 한국교회의 신유사역에는 죄에 대한 회개가 거의 드러나지 않고 있다.

신유운동에서 논해야 하는 다른 하나의 인물은 김익두 목사님입니다.
그는 한국교회에 신유운동을 본격화시킨 주역입니다.

한국교회는 김익두 목사님의 신유운동이 활성화되기 이전에 신유에 대한 좋은 전통들을 가지고 있었습니다.
특히 성결교회의 강조점은 타 교단을 넘어 강력하게 나타났습니다.
그러나 김익두 목사님의 사역은 신유부흥운동을 통해서 영적인 세력과 대결과 기독교의 생동력을 입증했고, 가난한 대중들의 눈물을 닦아주는 것이었습니다. 이러한 김익두 목사님의 신유사역은 당시 신문들도 기사화하고 있는데 당시에 발행된 동아일보 58호에 다음과 같이 기록되어 있습니다.

'황해도 신천군 읍내 교회 목사 김익두 씨는 지난 5월(1920년) 부산에 도착하여 부산진 교회에서 일주일 간 부흥회를 가졌는데 그동안 크게 재미있고 성황으로 지내는 중에 특별히 놀랄 만한 일이 있다. 김 목사가 안수기도로써 앉은뱅이를 걷게 하였는데 그 병 고침을 받은 자는 부산진 좌천동 446번지 김낙언의 아들 두수(斗秀 8세)로 세상에 태어난 지 8개월 만에 우연히 앉은뱅이가 되어 8년 동안 서지 못하고 슬프게 지내왔다. … 중략 … 김 목사는 이번 남방으로 와서 이적과 기사를 많이 행했는데 밀양군 교회에서는 18세 된 여자 벙어리를 고쳤다. 각 지방에서 병 고친 수효가 40명으로 22명은 전부 나았고, 18명은 반이나 나았다는 풍설이 있다.'

김익두 목사님의 신유사역에 대한 신문보도가 있은 뒤 교역자 중 일부가 '이 사실을 신빙할 수 없다'고 주장하자 황해노회 목사 5명과 장로 2명이 '이적명증회'(異蹟明證會)라는 단체를 만들어 김익두 목사님의 부흥회에 참석하여 사진을 찍고 증거를 만들어 책자를 내기도 하였습니다.

이를 계기로 한국교회는 1910년대의 침체와 좌절을 극복하고 1920년의 새로운 부흥을 경험하게 되었습니다.

신유의 역사가 나타나는 곳에 교회가 설립되고, 성장하는 역사가 일어났습니다.
실의에 빠진 교역자들에게 새 힘을 공급하여 일어설 수 있게 하였습니다.

한국 성결교회는 1908년에 구리개 전도관에서 대부흥의 역사를 경험하게 됩니다.
이 부흥의 열기는 이어 1921년 경성성서학원 부흥운동으로 이어져 두 번째 대부흥을 경험하게 됩니다.

경성성서학원의 대부흥은 이명직 목사의 회개에서부터 출발하게 되었습니다.
이명직 목사님은 자신이 회개해야 할 부분에 대하여 신학문에 대한 욕망과 기독교인의 사회참여문제, 그리고 마지막으로 남녀문제였다고 활천에서 밝혔습니다.
이명직 목사님은 모든 문제의 근원이 자신에게 있다고 여겼습니다.

"성결교회의 주장은 교리 그대로이며, 성결교회는 모든 문제가 자신의 죄의 뿌리에서 출발되는 부패성에 기인하며, 이를 제거하지 않으면 성결할 수 없다."

이명직 목사님은 자신의 죄를 하나님 앞에 내어놓고 밤이 새도록 기도했습니다.
3일째 되는 날 성령의 은혜를 체험하고 다음과 같이 고백하였습니다.

"아! 그 때 그 순간 성신의 역사는 말할 수 없었다. 나는 그때에 성신에 충만하게 되었다. 신의 능력에 포위되었다. 이곳은 낙지후 처음의 영험이다. 한참 동안 울고, 한참 동안 웃고, 혼자서 춤추고, 취한 사람이 아니면 미친 사람이었다."

이 체험 후 이명직 목사님은 강의실에 들어가서 학생들에게 자신에게 일어난 일에 대하여 간증하고, 학생들에게 원하는 자들은 새벽기도회에 참여할 것을 요청했습니다. 이렇게 시작한 새벽기도 시간에 놀라운 은혜의 역사가 일어나기 시작했고, 금식하며 수업을 전폐하고 기도하자는 의견이 나와 그대로 실행하였습니다.

이 기도회는 15일 동안 계속되었습니다.

이 기도 부흥운동의 핵심은 회개의 역사입니다.

성령의 역사로 말미암아 사람들 속에 내재해 있던 죄악들을 고백하고 거기에 상응하는 행동을 나타내는 사건이 일어났습니다.

그런데 이때 일어난 회개의 운동은 말로만의 회개가 아니었습니다.

신학생들은 자신의 회개의 열매를 보상하는 것으로 그 열매를 확인하였습니다.

훔친 것을 돌려주고, 미워하던 사람들은 찾아가서 화해하므로 놀라운 역사를 이루었던 것입니다.

이명직 목사님의 부흥운동은 일제강점기의 대표적인 부흥운동인 신유운동과 함께 성도들의 삶의 성결을 강조하므로 죄로부터의 완전한 분리를 강조하였습니다. 신유운동이 외적으로 흔적을 보여주었지만 내적 성결에 대하여 강조하지 못한 점이 있으나 이명직 목사님의 성결부흥회를 통해 성도의 완전한 삶의 한 모습으로 신유와 성결이 조화를 이루며 일제강점기의 부흥회를 이끌었다고 볼 수 있습니다.

제3장 용인시 기독교 역사
용·기·총
복음화로 새 예루살렘 용인시를 꿈꾸며

홍경만 교수 (루터대학교 교회사)
루터신학교 신학과(BA)
루터신학대학원(M.Div.)
성공회대학교 신학전문대학원 신학석사(Th.M.)
성공회대학교 신학전문대학원 신학석사(Th.D.)
The kollege of the Missions-Werk In Gemany
Novel Certified international Education Full Standard Course for CNE
등단 시인(문학세계, 1996)

I. 들어가는 말

1832년 독일인 선교사 칼 귀츨라프(Johann Jacob Gützlaff, 1803-1851)는 개신교 최초로 조선 선교를 위해 한반도에 들어와 서해안 몽금포를 거쳐 고대도(현 충남 보령시 고대도)에서 약 한 달 가량 머물며 선교활동을 하였다. 그는 조선정부의 쇄국정책 방침으로 인해 통상교섭 시도에 실패하고 한반도를 떠났다. 1832년 8월 9일, 귀츨라프는 조선 앞바다를 떠나면서 조선의 미래를 다음과 같이 예지하였다.

이 반도의 주민들을 위해 하나님의 은혜 충만한 방문의 때가 분명히 올 것이다. 무엇보다 우리의 눈으로 이 시대를 바라봄으로써 우리는 우리의 손에 놓여 있는 모든 수단으로 구원을 가져오는 십자가의 가르침을 전파함을 통해 그것(하나님의 은혜 충만한 방문의 때)의 다가옴이 빨리 우리에게 일어날 수 있도록 해야 할 것이다. 조선의 국왕은 지금 최소한 그가 원하기만 한다면 성경 속 하나님의 계시를 읽을 것이다. 또한 그의 백성 중에서 많은 사람들이 하나님의 말씀을 받아들였다. 성경이 우리에게 가르친 것처럼 하나님은 또한 이 첫 번째 미약한 시작을 축복하실 것이다. 우리는 조선 위에 더 좋은 날이 밝아 오기를 소망한다.[1]

귀츨라프의 소망대로 기독교 선교의 꽃이 한반도 곳곳에서 피어 열매를 맺었다. 귀츨라프 이후 1866년, 웨일스의 선교사 토마스(Robert Jermain Thomas, 1840-1866)가 대동강에서 순교함으로써 선교의 피를 쏟고 씨앗을 뿌렸다.

1884년 알렌(Horace Newton Allen, 1858-1932, 미국인 의료 선교사) 선교사의 내한과 1885년 언더우드(Horace Grant Underwood, 1859-1916, 미국 북장로교 선교사)와 아펜젤러(Henry Gerhard Appenzeller, 1858-1902, 미국 감리교 선교사) 선교사의 내한 이후 한반도에 본격적으로 기독교의 꽃이 피었다. 그 후 대한민국 기독교는 일본강점기와 미군정기 그리고 6·25전쟁이라는 고난의 시간을 견뎌내고, 전 세계의 주목을 받는 기독교가 강한 나라가 되었다.

기독교 2천년 역사를 살펴 볼 때 대한민국 기독교는 작은 존재였고, 해외로부터 오는 선교 혜택을 무조건 받아야만 하는 입장이었다. 그러나 이제는 그 반대가 되어 전 세계에서 세상을 구원하는 일에 앞장 서는 사역을 감당하는 중요한 위치가 되었다. 그 가운데 경기도 용인시가 있다. 용인시는 역사적으로 크게 이름이 알려진 도시가 아니었지만, 과거에 비해 현재 여러 분야에서 일렁이는 현대화 물결과 미래 산업화의 바람을 타고 그 이름을 드높이는 지역이 되었다.

본 글은 용인시기독교총연합회의 요청으로 용인시 기독교 선교역사 100주년 기념으로 출판하는 『지역선교의 정도를 걸어온 형극의 생생한 드라마 용인기독교회사』에서 용인시의 기독교 역사를 살펴보고 앞으로 교회가 나아가야 할 방향을 생각해보고자 한다.

본 글은 'I. 들어가는 말'에 이어서 'II. 용인시 역사'에서 일반적 역사를 간략하게

---
1) 오현기, 『굿모닝귀츨라프, 한국에 온 최초의 개신교 선교사』 (성남시: 북코리아, 2014), 387.

측면에서 다룬다. 본 글은 이를 통해 용인시의 역사와 정치 및 일반적인 이해와 더불어 기독교 선교에 접근하고자 한다.

'III. 용인시 현황과 기독교'에서는 우리나라 전체 인구 대비 용인시의 규모면에서 차지하는 기독교적 위치 연구를 '1. 용인시 총인구와 기독교' 주제로 다룬다. '2. 용인시 기독교 학교'에서는 용인시 전체 학교에서 비율 면에서 기독교 학교가 차지하는 비율을 살펴본다.

본 논문의 역할과 지면의 제약뿐만 아니라, 일반적으로 우리나라 국민은 초·중·고 과정을 거치고 대학교를 마치면 사회로 배출된다는 점을 생각하여 대학교 중점으로 다루었다. 이 연구의 주요 목적은 교육의 역할의 중요성 측면에서 기독교 학교가 실제 숫자적으로 어느 정도 위치를 차지하고 있는가를 가늠해보려는 것이다.

이런 현황을 살피는 연구방법은 용인시 기독교가 현재를 분석하고 미래를 준비하는 데 전략적 동기를 삼을 수 있기 때문이다.

'IV. 용인시 기독교 선교 역사'는 주로 기독교 선교 시초의 교회를 중심으로 그 역사를 살피는 연구이다. 이미 이 논문이 실릴 『지역 선교의 정도를 걸어온 형극의 생생한 드라마 용인기독교회사』가 용인지역의 기독교 선교역사를 시대별로 다루고 있기 때문이기도 하다. 그리고 특정 교파별 교회사 연구나 특정 지역교회 중심의 연구는 각 교파 및 교단 또는 지역교회의 역사에서 세부적으로 다루어져야 할 부분이다. 그래서 본 글의 교회 역사 연구방법은 단순히 연대기적 서술 방식보다 주제별 중심의 서술 방식으로 연구하였다,

첫째 주제는 용인의 첫 교회 설립의 선교지 분할과의 관련 연구이다.
둘째 주제는 용인의 최초 교회의 자생적 민족교회 관련 연구이다.
셋째 주제는 용인시 기독교 역사의 교단 분리의 관련 연구이다.

여기서 우리는 용인시에 처음 선교가 시작될 당시 선교적 상황을 볼 수 있다.
이를 통해 우리는 그 역사성을 이어가는 현대 교회로서 미래를 개척해나갈 수 있는 지속성 및 연대성을 가질 수 있기 때문이다.

본 논문의 마지막 연구인 'V. 용인시 선교적 제안'은 가장 본질적인 기독교 선교의

목표를 다루는 것이다. 구체적인 내용은 '1. 인구 총 통계에 따른 선교전략을 수립해야 한다'는 것과 '2. 경건주의 운동의 정신과 실천을 이어가야 한다'는 것이다.

현재 용인시는 사회 제 분야에서 매우 발전적인 모습을 보이고 있다. 기독교 선교는 항상 자기가 속한 지역 사회적 발전 분위기에 어깨를 나란히 하면서 그 세상 속으로 들어가서 복음화를 이루어야 한다. 이 연구는 이에 따른 선교전략의 수립을 위해, 현재 용인시의 정책과 우리 지역을 면밀하게 살펴야 함을 제안하는 것이다.

또한 이 장에서는 17세기 독일 할레(Halle)와 18세기 헤른후터(Hermhuter)를 중심으로 일어난 경건주의 운동과 이 정신을 계승한 한국 기독교 역사에 나타나는 부흥운동의 줄기를 이어가는 용인시 기독교의 신앙부흥운동이 이어가고 있다는 점을 상기하고 있다. 하나님께서 교회를 세우신 것은 사탄을 심판하고 인간을 구원하시려는 하나님의 구속사의 목적이다. 동시에 우리는 이 소임을 감당하는 것은 기독교 선교의 목표이고, 항상 이 선교를 표명하는 일이 우리가 해야 할 당연한 일이다. 이것은 주님 오시는 그날까지 지역 시민에게 복음을 전하여 용인시 전체를 새 예루살렘으로 완성하는 목표이다. 즉, 하나님의 선교인 '미시오 데이'(Missio Dei)가 완성되는 일이다.

마지막 'VI. 나가는 말'은 본 연구에서 수행에서 남는 과제를 언급하며 본 연구를 전체적으로 돌아본다.

II. 용인시 일반 역사

우리나라 역사에서 용인시가 차지하는 역사적 행정구역으로서의 편제와 위치를 간략하게 살펴보고자 한다. 우선 용인시 역사에서 중요한 사실은 용인지역이 선사시대 특히 고인돌 등 신석기 시대(B.C. 8000-B.C. 1000)의 많은 유적지라는 점이다. 이것은 한반도의 어떤 지역보다도 오래 전부터 사람들이 살아 주거를 이루었다는 중요한 역사적 의의를 갖고 있는 것이다. 그 후 고조선과 열국시대를 거쳐 삼·사국시대(고구려·백제·신라·가야)에 백제 땅이었던 용인은 고구려 장수왕의 남방정벌정책 때 475년경 용구현(龍駒縣)에서 구성현(駒城縣)으로 행정구역이 정해졌다.

용구현을 백제에서는 멸오현(滅烏縣)으로 부르기도 했는데 '말아'를 한자음으로 표기한 것이다. 고구려 때도 이 음을 따라 구성이라고 했고, 구성은 '크다' 또는 '마루'라는 의미로 큰(大) 성(城)이라는 의미를 갖는다.2)

통일신라 때인 685년경에는 구성(駒城)을 거서(巨黍)로 고쳤다가, 고려 때 다시 용구현(龍駒縣)으로 하였다. 그리고 조선의 태조 6년에 처인부곡(處仁部曲)이 처인현(處仁縣)으로 승격되었다. 1413년 조선의 태종 13년에 용구와 처인현을 합하여 용인현(龍仁縣)으로 하였다. 1895년 용인현이 용인군(龍仁郡)으로 개칭되었고, 1896년 경기도의 4등군(四等郡)이 되었다. 또한 양지현(陽智縣)은 갑오개혁(1894년) 이후 지방관제 개편에 의해 1896년 양지군(陽智郡)으로 되었다가, 1914년 용인군으로 통합되어 현재에 이른다. 이후 한반도의 여타 지역처럼 용인도 일제강점기와 6·25전쟁을 거치면서 많은 어려움으로 격동의 시기를 겪었다.

용인의 본격적인 발전에 대해 향토연구가 홍순석은 "전국적으로 실시한 새마을 운동은 전형적인 농촌이었던 용인을 도농복합도시로 전환하는 계기가 되었다. 결부고속국도와 영동고속국도의 개통은 용인을 수도권역으로 바꿔놓았다."3)라고 말한다.

1970년의 새마을 운동은 그 해 7월에 개통된 경부고속도로와 함께 용인을 한국민속촌과 용인자연농원(현 에버랜드) 등 한국을 대표하는 관광지로, 1980년대 이후부터는 대학의 이전과 분교 및 설립 등으로 국내에서 으뜸가는 교육도시로 탈바꿈시켰다. 뿐만 아니라 1983년에 삼성전자를 기흥사업장에서 첫 메모리 반도체 사업을 시작하여 지금은 세계에서 손꼽히는 첨단산업지로 알려져 있다. 계속하여 용인시는 서울과 가까울 뿐만 아니라 수도권이라는 말과 함께 최첨단산업화의 지속적인 유치와 발전을 거듭해오고 있다.

이러한 역사를 다음 도표4)를 참조하면 한눈에 이해할 수 있다.

---

2) 용인시 홈페이지 '역사'(http://www.yongin.go.kr/home/yilf/yilfProd/yilfProd01.jsp), 2020년 8월 1일 접속
3) 홍순석, 『용인학길라잡이』 (용인시: 용인시민신문, 2012), 126.
4) 용인시 홈페이지 '연혁'(http://www.yongin.go.kr/home/yilf/yilfProd/yilfProd02.jsp), 2020년 8월 1일 접속

연 도	내 용
1414	태종 14년 용구(龍駒), 처인현(處仁縣)을 합쳐 용인현(龍仁縣)이라 함
1895. 05. 26	충주부 용인(龍仁)이 되었다가 경기도로 이속됨
1914. 04. 01	양지군(陽智郡)을 통합하고, 죽산군(竹山郡) 일부 편입. 내사(內四), 외사(外四), 원삼면(遠三面)으로 증설되어 12면으로 개편됨
1937	수여면(水餘面)을 용인면(龍仁面)으로 개칭, 읍삼면(邑三面)을 고구려 때의 초명(初名)이던 구성면(駒城面)으로 개칭함
1963	고삼면(古三面)이 안성군(安城郡)으로 편입되어 11면이 되었다.
1979. 05. 01	용인면(龍仁面)이 용인읍(龍仁邑)으로 승격됨. 1읍(邑), 10면(面)이 되고 108법정동(法定洞), 321행정동(行定洞), 369자연(自然), 마을, 709반(班)
1983. 02. 15	수지면(水枝面)의 하리(下里)와 이의리(二儀里)가 수원시(水原市)로 편입되고, 남사면 진목리(南西面 眞木里)의 월경(越境) 마을이 평택시(平澤市)로 편입(編入)되어 현재에 이른다.
1985. 10. 01	기흥면(器興面)이 기흥읍(器興邑)으로 승격(昇格) 됨
1996. 03. 01	용인군(龍仁郡)이 도농복합형태의 시로 설치 용인읍(龍仁邑)을 중앙동(中央洞), 역삼동(驛三洞), 유림동(柳林洞), 동부동(東部洞)으로 분할 수지면(水枝面)이 수지읍(水枝邑)으로 승격, 내사면(內四面)이 양지면(陽枝面)으로, 외사면(外四面)이 백암면(白岩面)으로 개칭(改稱)됨. 2읍(邑), 8면(面), 4동(洞), 108법정리·동(法定里·洞), 504행정리·통(行定里·統), 363자연(自然)부락, 1461반(班)
2000. 09. 01	구성면에서 구성읍으로 승격됨
2001. 12. 24	수지읍이 수지출장소로 승격, 6개동사무소가 신설되어 1출장소, 2읍, 7면, 10개동의 행정체제
2005. 10. 31	처인구, 기흥구, 수지구로 3개 구청 설치(3개구 1읍 6면 22동 행정체제)
2007. 07. 02	동백동 설치(3개구 1읍 6면 23동 행정체제)
2010. 08. 02	영덕동 설치(3구 1읍 6면 24동 행정체제)
2017. 12. 11	모현면, 이동면에서 모현읍, 이동읍으로 승격됨(3구 3읍 4면 24동 행정체제)
2020. 01. 02	영덕동에서 영덕1동, 영덕2동, 상갈동에서 상갈동, 보라동, 동백동에서 동백1동, 동백2동, 동백3동 분동(3구 3읍 4면 28동 행정체제)

〈표 12. 용인시 연혁, 용인시청(2020년)〉

용인시는 2009년 대통령 직속 지역발전위원회와 동아일보 미래전략연구소 공동 조사결과 전국 163개 기초생활권 시·군 가운데 기초생활권경쟁력(RCI) 평가에서 1위를 차지하기5) 시작하면서부터 현재 2020년에 이르기까지 다양한 분야에서 매우 두드러진 성과를 내고 있다.

2020년 7월에 발간된 '용인백서(시민의 삶 속에서 함께한 2년의 기록)'의 민선 7기 백군기 시장을 중심으로 한 용인시의 성과를 보면, 2018년과 2019년 연속 재난관리평가 대통령상, 2018년 행정제도개선 우수사례경진대회 대통령최우수상, 2018년 비상대비 충무훈련 국무총리상, 2019년 경기도 기업 SOS 대상, 2019년 경기도 청렴대상 최우수상, 2019년과 2020년 연속 한국산업의서비스품질지수(KSQI) 콜센터부문조사 우수상, 2018년과 2019년 2년 연속 시군자체감사활동 평가 최우수상을 수상할 정도로 각광받는 지자체가 되었다.6) 물론 이러한 상은 시정을 평가한 것이지만 그러나 결국 용인시의 위상이 얼마나 크다는 것을 설명해주는 것이라 할 수 있다.

홍순석은 "용인은 지정학적으로 우수한 공간자원을 확보하고 있다. 단지 면적이 넓다는 여건만은 아니다. 전체 면적이 가용지 즉 무엇이든 사용할 수 있는 살아있는 땅이라는 점이다. 용인은 옛날부터 풍수지리적으로 적절하게 산수의 조화를 이룬 곳으로 정평이 났다. 양택이든 음택이든 명당이라는 것이다. 그 같은 공간자원을 표상하는 지명 '용인'(龍仁)도 가히 명품이다."7)라고 말한다.

용인시의 이런 명품적 모습에 대해 2020년 현재 용인시는 "미래, 상생, 자연, 포용"이라는 키워드를 내걸고 시정 시행에서 뿐만 아니라 여러 기관과 단체 활동에서 표현되고 나타나도록 이끌고 있다. 그 중 '미래' 분야의 계획만 살펴봐도 현재 규모와 미래 더욱 커진 모습을 들여다 볼 수 있다.

'2019 용인시 사회조사보고서'의 '용인하면 가장 먼저 떠오르는 이미지'라는 조사에서 발전하는 도시 23%, 쾌적한 주거환경 18.8%를 우선으로 나타내고 있으며, 2020

---

5) 동아일보, 2009.12.1일자
6) 용인시, '용인백서(시민의 삶 속에서 함께한 2년의 기록)'(용인시: 용인시청, 2020), 13. 용인시 홈페이지 (www.youngin.go.kr)에서 "'용인백서(시민의 삶 속에서 함께한 2년의 기록)'.pdf" 파일, 2020. 8.20.접속 다운로드
7) 홍순석, 『용인학길라잡이』 (용인시: 용인시민신문, 2012), 12.

년 용인시 인구 108만 9천명, 용인반도체 클러스터 원삼면 일대 126만평과 직접고용 1만 8천명 및 취업유발 6만 9천명의 반도체장비기업 세계 2위 그리고 반도체 중고장비분야 세계 1위, 조성 중 산업단지 25개, 경기도 용인 플랫폼시티 보정동·마북동·신갈동 일대 83만 명 주택공급 1만 1천여 개 및 계획인구 2만 6천여 명, 청년 경제적 자립기만 마련으로 분기별 청년 기본소득지급 월 25만원과 청년공간조성 3개소 및 용인청년 희망옷장사업 190여건, 미래 도시기반 확충으로 GTX 용인역 복합환승센터 조성과 제4차 국가철도망 구축계획 반영 건의(경강선 용인연장, 분당선 노선연장, 동탄부발선 신설) 그리고 국도국지도 5개년 계획 반영 건의(국도42호선 국도대체 우회도로 남동-양지제일리 4차로 신설사업 등 5개 교통망 구축사업), 교통이 편리한 도시로 지하철/경전철 3개와 IC 8개소(수원신갈, 기흥, 양지, 마성, 용인, 흥덕, 고아교, 상편, 서수지), 고속도로 3개(경부고속도로, 영동고속도로, 용서고속도로) 및 국도(17번, 42번, 43번, 45번 국도) 등이다.8)

용인시의 시조(市鳥)는 꿩이며9), 시목(市木)은 전나무이고,10) 시화(市花)는 분홍철쭉11)이며, 미래형 인간으로 의인화된 마스코트12)와 '용인시'를 선명하게 새겨 빛으로 둘러싼 심벌마크13)가 있다. 이런 명품 도시 용인에서 기독교의 역할과 위치를 볼 때, 또한 용인시 지역은 우리나라 선교 초기에는 기독교 선교의 불모지였지만, 지금은 용인시기독교총연합회(용기총)을 중심으로 약 850여 개의 지역교회와 교회 관련 사회시설 및 선교 기관들이 활동 대한민국의 기독교를 선도하는 지역이 되었다.

---

8) 용인시, '용인백서(시민의 삶 속에서 함께한 2년의 기록)', 27.
9) "금속광택의 붉은 자갈색은 깊은 역사와 빛나는 문화유산을 뜻함, 초봄 수컷의 울음은 생동하는 힘찬 기상을 뜻함. 도시, 공원, 농어촌, 구릉, 산림 어느 곳에서도 사는 것은 강인한 시민의 생활력을 의미함."
  용인시 홈페이지 '용인의 상징'(http://www.yongin.go.kr/home/yilf/yilfProd/yilfProd04.jsp)을 참조하라.
10) "고요하게 사색하는 모습은 충효와 신의를 생활신조로 살아온 용인인(人)을 뜻함. 장엄한 기풍은 외세의 침입에 승리한 기상을 뜻함. 뿌리의 심근성은 시민의 굳센 의지를 보여주고 가지가 힘차게 쭉쭉 뻗음은 날로 번영하는 지역사회를 뜻함. 침엽수로 잎이 선형임은 시민의 질서의식과 무한한 발전의 요지를 뜻함."이다.
  용인시 홈페이지 '용인의 상징'(http://www.yongin.go.kr/home/yilf/yilfProd/yilfProd04.jsp)을 참조하라.
11) "임지능선상에서 성장함은 시민의 강한 생활력을 보여줌, 새 봄에 개화되는 것은 근면성을 보여줌, 연분홍색 화관은 시민의 따뜻한 마음씨임, 은은한 향기는 민주적 시민의 정신임."
  용인시 홈페이지 '용인의 상징'(http://www.yongin.go.kr/home/yilf/yilfProd/yilfProd04.jsp)을 참조하라.
12) "용인시의 마스코트는 미래 첨단도시와 자연 청정도시의 조화를 바탕으로 하는 미래소년의 이미지와 용인시의 상징화인 철쭉을 의인화 한 것이다."
  용인시 홈페이지 '용인의 상징'(http://www.yongin.go.kr/home/yilf/yilfProd/yilfProd04.jsp)을 참조하라.
13) "중앙의 역동적인 타원은 용인시가 첨단과 자연, 도농복합시로서 조화를 이루면서 발전하는 미래비전을 상징, 심벌의 상부점은 미래지향적인 첨단도시의 용인을 상징, 심벌 하부 나뭇잎은 깨끗한 자연환경의 청정시 용인을 상징"이다. 용인시 홈페이지 '용인의 상징'(http://www.yongin.go.kr/home/yilf/yilfProd/yilfProd04.jsp)을 참조하라.

III. 용인시 현황과 기독교 인구

1. 용인시 총인구와 기독교

'용인시 사회조사보고서 최종(2019. 12. 31)'[14]에 따르면 용인시의 총인구는 2018년도에 1,053,522명(내국인 1,035,126명, 외국인 18,396명)으로 세대수 390,137세대이다. 총인구(내국인 3.2%, 외국인 8.7%)와 세대수(5%)는 매년 증가하고 있다. 이런 증가세를 2019년도 기준 주민등록인구동계(2019. 12. 31. 기준)로 보면, 용인시 전체 인구가 얼마인지를 알 수 있다(용인시 인구, 2019. 12. 31 기준).[15]

용인시의 총인구는 2019년 우리나라 총인구 5,171만 명의 4.79%를 차지한다. 또한 경기도 총인구 13,653,984명의 12.65%를 차지한다. 경기도 내에서 가장 많은 인구를 가진 인근 수원시에 비해 86%에 달하는 1,078,591명이다. 2015년 현재 우리나라 종교인구[16] 21,553,674명 중 개신교 인구가 9,675,761명이다. 그 중 경기도 개신교 인구가 2,729,767명으로 서울시의 개신교 인구 2,286,305명보다 보다 2,424,242명이 많으며 전국에서 가장 많은 수를 가지고 있다.

용인시의 개신교 인구 204,094명(처인구 45,008명, 기흥구 111,785명, 수지구 47,301명)으로 경기도 내에서 7.47%를 차지한다. 이는 경기도에서 고양시 247,810명과 수원시 230,782명에 이어 세 번째 규모이다. 총인구 면에서 볼 때 용인시는 경기도 내에서 가장 발전하는 도시임을 알 수 있으며 이는 곧 국내에서 가장 발전하는 도시라는 증거이기도 하다.

---

14) '용인시사회조사보고서_최종(20191231)'(용인: 용인시, 2019), 14.
　　제14회 용인시 사회조사결과는 기준일: 2019. 8. 27일 0시, 조사기간: 2019.8.27~9. 10(15일간), 조사대상: 용인시 표본 1,590가구(만 15세 이상 가구원), 조사방법: 조사원이 가구를 직접 방문하여 조사하는 면접조사, 필요시 자기기입방법 병행, 조사항목: 복지, 주거와 교통, 문화와 여가, 소득과 소비, 사회통합과 공동체, 일자리와 노동 및 특성 항목 등 9개 분야 52항목, 제15회 용인시 사회조사결과는 2020년 12월 공표예정입니다.
　　https://www.yongin.go.kr/user/bbs/BD_selectBbs.do?q_menu=&q_clCode=2&q_lwprtClCode=&q_searchKeyTy=sj_1002&q_searchVal=&q_category=&q_bbsCode=1032&q_bbsctSn=20191231131219346&q_currPage1&q_sortName=&q_sortOrder=&
15) '2019년 경기도 주민등록인구통계(2019.12.31. 현재)'2020.7.27일 다운로드함.
　　https://www.yongin.go.kr/user/bbs/BD_selectBbs.do?q_menu=&q_clCode=4&q_lwprtClCode=&q_searchKeyTy=sj__1002&q_searchVal=&q_category=&q_bbsCode=1032&q_bbsctSn=20200317094730596&q_currPage=1&q_sortName=&q_sortOrder=&
16) 국가통계포털(KOIS) 인구총조사(자료갱신일 2017-01-05): 성별/연령별/종교별 인구-시군구의 2015년 통계자료이다. "https://kosis.kr/index/index.do"를 2020.7.27일 22:38분 접속

2. 용인시 기독교 학교

2019년 4월 통계로 용인시 교육현황을 보면 유치원 169개, 초등학교 103개, 중학교 50개(국공립 45, 사립 5), 일반고등학교 28개(국공립 26, 사립 2), 특성화고등학교 2(국공립 1, 사립 1), 자율고등학교 1개, 전문대학 1개, 대학교 8개, 대학원 1개 대학교(총 46개 대학원)를 합해 총 408개 학교에 239,802명이다.[17] 이중 대학교 8개교 중 기독교 설립 대학교가 4개교에 입학생 79,123명중 19,567명으로 40.4%에 해당한다.

대학교 설립기관으로는 강남대학교(기독교, 중앙신학교로 설립하여 초 교파로 운영, 경기도 용인시 기흥구 강남로 40), 경희대학교 국제캠퍼스(경기도 용인시 기흥구 덕용대로 1732), 단국대학교(경기도 용인시 수지구 죽전로 152), 루터대학교(기독교, 루터회, 경기도 용인시 기흥구 금화로 82번길 20), 명지대학교 자연캠퍼스(기독교, 복음주의, 경기도 용인시 처인구 명지로 116), 용인대학교(경기도 용인시 처인구 용인대학로 134), 칼빈대학교(기독교, 합동, 경기도 용인시 기흥구 마북로 184), 한국외대 용인캠퍼스(경기도 용인시 처인구 모현읍 외대로 81) 등이다.

대학원(대학원대학교 포함) 10개 중 7개 대학교가 기독교 학교이다.

2019년도 총 입학생 3,937명(석사 3,104. 박사 833) 중 1,711명(석사 1,303. 박사 408)으로 총 23%에 해당한다. 강남대학교(기독교, 초 교파), 경희대학교, 단국대학교, 루터대학교(기독교, 루터회, 경기도 용인시 기흥구 금화로 82번길 20), 명지대학교 자연캠퍼스(기독교, 복음주의), 용인대학교, 웨스트민스터신학대학원대학교(기독교, 웨신, 기흥구 동백죽전대로 201-11), 온석대학원대학교(기독교, 예장중앙총회, 처인구 남사면 아곡로 96번길 79), 총신대학교 양지캠퍼스(기독교, 합동, 경기도 용인시 처인구 양지면 학촌로 110), 칼빈대학교(기독교, 합동, 경기도 용인시 기흥구 마북로 184) 등이다. 그리고 전문대학교로는 용인송담대학교(경기도 용인시 처인구 동부로 61)이며 2019년 재학생 6,213명이다.

교육이 백년대계이며 힘이라고 할 때, 이상과 같은 용인시의 기독교 계통 학교에 관한 현황은 용인시 기독교가 건강하며 미래를 준비하는 축복된 곳이라는 사실을 시사한다.

---

[17] 『2019 용인시 통계연보』 (2018. 12. 31. 기준), https://www.yongin.go.kr/user/bbs/BD_selectBbsList.do?q_bbsCode=1032&q_clCode=1, 2020년 7월 27일 접속

IV. 용인시 기독교 선교 역사

19세기 말, 조선은 서양 종교 배외사상(排外思想)을 가지고 기독교 선교에 대해 쇄국정책을 펼쳤다. 1884년 7월 4일 고종은 맥클레이(Robert Samiel MacLay, 1823-1907) 선교사 청원을 받아들여 기독교 선교를 윤허했다. 그러나 고종의 윤허는 선교와 병원 사업에 국한된 것이었다.[18]

고종의 윤허 이후 1884년 알렌, 1885년 언더우드와 아펜젤러가 선교를 위해 들어왔지만, 1887년 4월 28일 조선의 독판교섭통상사무(督辦交涉通商事務) 조병식의 기독교 전교를 금하는 조회문(照會文)[19]까지 겹쳐서, 1902년까지 선교사들은 본격적인 선교활동과 교회설립을 수행하기에 어려웠다. 그 이유로 한강 이남 지역의 최초의 교회가 한강 이남의 첫 관문 수원성(華城) 내에 교회를 설립되지 못하고 외곽 지역에 세워졌다.

한강 이남의 최초의 교회로 알려진 교회가 1893년 수원 인근 지역인 경기도 화성군 동탄면 장지리에 세워진 장지내 교회였다.[20] 그 교회가 현 장천교회(경기도 화성시 장지안길 66)이다. 용인시 기독교 선교사에서의 이 장지내 교회의 비중은 곧 용인의 첫 교회 설립의 모체가 되었다는 점이다. 이곳에서 전도사경회에 감동된 사람들에 의해 용인시로 전도가 퍼져나가는 계기가 되었다.

이에 본 장에서는 용인시 기독교 최초의 선교 역사를 '선교지역 분할'과 '민족적 자생교회' 측면에서 살펴보고자 한다.

첫째, 용인의 첫 교회 설립은 선교지 분할과 관련 있다.

교계예양(敎界禮讓)으로 불리는 선교지 분할은 여러 선교회가 갈등과 마찰을 피하여 효과적으로 선교하려는 것이다. 1892년 6월 11일 서울에서 미 남 감리회와 북 장로회 선교회 선교사들이 협의를 시작하여 1909년에 이르러 담당구역이 정리되었다.[21] 그

---

18) 한국기독교역사연구소, 『한국기독교의 역사 I』(서울: 기독교문사, 1989), 194. 고종의 윤허식에 당시 미국 공사 통력으로 참석한 윤치호의 일기에는 "주상께서 미국 상선의 내해(內海) 항해와 미국인들이 병원과 학교를 설립하는 일, 전신(電信) 설치의 일을 허락하시다." 《尹致昊日記》(1884.7.4.), 한국기독교역사연구소, 『한국기독교의 역사 I』, 179에서 재인용.
19) 박용규, 『한국기독교회사 1』(서울: 생명의말씀사, 2014), 524.
20) 권성훈, "경기도의 종교 문화 경관"(https://cafe.naver.com/historykorean/298), 2007.2.26일 게재. 인터넷에 2020.7.29일 17:18분 접속
21) 한국기독교역사연구소, 『한국기독교의 역사 I』, 213-218.

결과 교계이양으로 최초로 세워진 경기도내 교회는 1893년에 창립된 장지내 교회이다. 장지내 교회는 미 북 감리교 선교사인 대부인으로 알려진 메리 스크랜톤(Mary Fletche Scranton, 1832-1909)에게 전도된 여성들에 의해 시작되었다.22) 장지내 교회는 용인의 최초 교회 설립의 모태가 되었다.23)

본격적으로 용인지역의 첫 번째의 교회인 백봉교회(현 한국기독교장로회 소속, 경기도 용인시 처인구 백암면 죽양대로 797번길 29-15(백봉리 210-6))와 두 번째 교회인 아리실 교회(현 한국기독교장로회 소속, 경기도 용인시 처인구 남사면 방아리 1042)가 1894년과 1895년에 미 북 감리회 신교사의 영향으로 선교지 분할 협정으로 선교 담당 구역 설정을 진행하는 동안 설립되었다. 이처럼 선교 초기에는 선교지 분할 협의로 인해 용인지역의 교회는 초창기 감리교 선교사들의 활동으로 시작되었다.

첫 번째 교회인 설립을 보다 자세히 살펴보면, 1894년 8월 15일 서성목 · 이원서 등이 미국 북 감리회 소속의 서양 선교사로부터 세례를 받고 용인에 교회를 세웠는데, 그것이 용인지역의 최초의 교회인 백봉교회이다. 뒤이어 역시 감리교 선교사로부터 세례를 받은 오인선 · 서광석 성도 등에 의해 1895년에 9월 17일 처인구 남사면 방아리의 아리실 마을에 아리실 교회가 설립되었다.

아리실 교회에 이어 김량교회(1905년, 현 용인교회, 한국기독교장로회 소속, 경기도 용인시 처인구 마평동 566[동부로 70])가 감리교 선교사와 주민 임원규 성도에 의해 설립되었고, 뒤이어 **원촌교회**(1905년, 현 용인중앙교회, 대한예수교장로회 합동측, 경기도 용인시 처인구이동읍 백옥대로 777, 천리 558-3)가 세워지고, **문촌교회**(1906년, 현 대한예수교장로회 통합 소속, 경기도 용인시 처인구 원삼면 이원로 1035번길 17-1, 문촌리 164-2)가 세워졌다. 그 다음해 양지교회(1907년, 현 양지중앙교회, 기독교대한감리회 소속, 경기도 용인시 처인구 양지면 양지리 409-6[향교로 18])는 여전히 감리교회로 서 있다.

---

22) 스크랜튼 부인의 선교활동에 관해서 황인철의 협성대학교 석사논문 '메리 스크랜튼의 선교활동과 그와 함께한 전도부인에 관한 연구: A RESEARCH OF MARY FLETCHER SCRANTON AND BIBLE WOMAN WITH HER'(2014) 특히 장지내 교회에 관해서는 50쪽을 보라. 장병욱, 『한국감리교 여성사』(서울: 성광출판사, 1979), 198. 그리고 홍석창, 『수원지방 교회사 자료집』(서울: 감리교본부교육국, 1987), 47 및 홍석창, 『수원지방의 발자취』(수원: 수원동지방회, 1978), 55.를 보라.

23) '기독교탐방기'를 쓴 권성훈 "의사이자 목사인 스크랜튼은 1893년, 상동 교회를 설립, 담임목사로 활동했다. 그의 어머니 메리 스크랜튼이 이화학당 교장을 맡아 오다가 1891년에 사임하고, 2년 뒤 선교 사업을 위하여 화성군으로 내려가 '장지내 교회'를 설립했다. 경기도에서 1983년, 최초 설립된 '장지내 교회'는 초기 교회들의 모태가 됐다. 장지내교회를 중심으로 용인군 지역에 선교사 이루어져 1896년, '아리실 교회'(용인군 남사면 방아리)와 1897년 '백봉교회'(용인군 백암면 백봉리)가 설립됐다. 이 두 교회는 용인인구 장로교의 선교 구역으로 넘어가면서 장로교단에 소속됐다."고 말한다.
권성훈, https://cafe.naver.com/historykorean/298 (2010-07-06), 2020.07.30. 접속

이 당시 선교활동을 한 선교사는 주로 미국 감리교 선교사인 버딕(George M. Burdick, 1875-1945)이다. 용인지역 교회를 연구한 윤용복은 용인지역의 교회는 초창기 감리교 선교사들의 활동으로 시작되었다고 말한다.

> "용인지역의 교회는 초창기 감리교 선교사들의 활동으로 시작되었다. 1894년 8월 15일 서성목·이원서 등이 미국 북 감리회 소속의 서양 선교사로부터 세례를 받고 용인에 교회를 세웠는데, 그것이 용인지역의 최초의 교회인 백봉교회이다. 뒤이어 역시 감리교 선교사로부터 세례를 받은 오인선·서광석 성도 등에 의해 1895년에 9월 17일 처인구 남사면 방아리의 아리실 마을에 아리실 교회가 설립되었다."[24]

후에 이 교회들은 처음 감리교 소속이었지만, 1906년 장로교 소속으로 바뀌게 되었다. 즉, 선교지 분할 협정 후 장로교로 이름을 바뀌게 되었다. 그래서 처음에는 감리교로 시작해서 지금은 용인교회(한국기독교장로회), 양지교회(한국기독교장로회), 문촌교회(대한예수교장로회 통합), 원촌교회(현 용인중앙교회, 대한예수교장로회 합동)로 있으며, 비교적 몇 년 후에 설립된 송전교회(1910년, 대한예수교장로회 합동 소속)도 마찬가지로 감리교에서 장로교로 바뀌었다.

둘째, 최초의 교회는 자생적(自生的) 민족교회로 시작했음을 알 수 있다.

자생적(自生的) 민족교회로 시작했다고 보는 이유는 두 가지이다.
하나는 온전히 한국인의 힘으로 교회가 설립되었다는 점이다.
이런 점에서 윤용복도 "다른 지역과 마찬가지로 용인지역도 외국 선교사들이 아닌 한국인들의 주도하에 교회가 세워졌다."[25]라고 말한다. 이러한 사실은 용인지역 최초의 교회인 백봉교회 역사에서 찾아볼 수 있다. 교회를 설립한 백홍집 성도가 조사(助事) 신분으로서 시작했다는 사실에서이다.

1892년 미 감리회와 미 북 장로회 선교회가 교계예양을 협의하면서 밝힌 기본 7원칙 "6) 조사(助事), 학생, 교사 및 보조인 등은 어느 분야에서 일하든 그들을 책임지고 있는 인물의 문서화된 요청이 없이는 다른 선교회로부터 어떠한 형태로든 지원을 받을 수 없다. 7) 일반 원칙으로 문서들은 판매해야지 거저 주어서는 안 되며 가격에 있어서도 통일성을 기해야 한다."[26]라는 내용을 볼 때, 백홍집 성도가 비록 청주지역

---

24) 한국학중앙연구원 - 향토문화전자대전,
    http://yongin.grandculture.net/Contents?local=yongin&dataType=01&contents_id=GC00901970
25) 앞의 자료

을 담당하는 민노아(閔老雅, Frederick Scheibin Miller, 1866-1937) 선교사의 조사였지만 자주적으로 교회를 설립했을 것으로 추정할 수 있다.

백봉교회가 탄생한 장소는 조선인의 사랑채였다. 백봉교회가 위치한 마을 모양이 조선선비들이 쓰는 갓 모양처럼 생겼다고 해서 '갓골'이라고 부르고 다른 명칭으로는 물이 담긴 모양과 같다고 해서 '덤벙골'이라고도 불렸다. 이 마을에 후에 전도를 받고 장로가 된 이원서 성도가 일찍부터 기독교 교리와 신앙의 이해를 갖고 있었던 것으로 보인다. 현 백봉교회의 담임 이재홍 목사의 증언은 "이원서는 한양 지주의 땅을 관리하던 마름이라는 지위를 가지고 인근마을에서 영향력을 끼치던 인물로서 '우 마리아'라는 그의 부인의 이름으로 보아 기독교와 관련된 인물이었다. 청주에서 선교활동한 마노아 선교사의 조사로 있던 손홍집이 이원서의 사랑채를 드나들면서 전도하였다. 그 후 이원서의 사랑채에서 예배를 드리면서 백봉교회가 탄생했다."27)라고 말한다.

용인지역의 두 번째 교회를 설립한 사람인 오인선 성도 역시 선교사의 전도를 받았지만 그러나 직접 1895년에 교회를 설립하였으며, 그 후 1903년에는 성도들과 힘을 합하여 예배당을 건축하였다. 특히 아리실 교회의 역사적 공헌은 당회록의 유산을 보존하고 있다는 점이다. 본 교회에 1917년까지 장로가 없어 당회를 열지 못하다가 1917년 4월 오건영 영수가 장로로 취임하여 동년 6월 첫 당회를 개최하며 쓰기 시작한 당회록은 용인지역의 교회사에 관한 중요한 기록물이다.

이런 자생적 민족교회로 시작하고 자리를 잡고 나갈 수 있었던 또 다른 배경은 용인의 첫 교회가 설립될 당시 한국에서의 장로교의 선교정책은 '네비어스 정책을 공식적으로 채택하였기 때문이었다.

1890년 6월 중국 지푸에서 선교사로 일하던 네비어스(John Livingston Nevius, 1829-1893)는 두 주간 서울에서 북 장로회선교사를 대상으로 초청강연을 할 때 중국의 '독립하고 자립하며 진취적인 토착교회'(independent, Self-reliance and aggressive native churches)를 소개하였고 이를 장로교선교부가 채택하였다.

1893년 1월 한국장로교선교부공의회(韓國長老敎宣敎部公議會)가 발표한 10가지 정책 중 경제적 자립 정책 중 "7) 진취적인 교회는 자립하는 교회가 되어야 한다. 우리 교회 중에 의존생활자들의 수를 감소시킴을 목표로 하고, 자립하는 교회와 헌금하는 교인

---
26) 한국기독교역사연구소, 『한국기독교의 역사 I』, 214.
27) 이재홍 목사의 증언, 필자가 2020년 7월 28일 오후 2시 직접 면담과 기록함.

수를 증가시킨다"28)와 전도 정책인 "8) 한국인 대중을 그리스도에게로 인도하는 일은 한인 자신들이 하여야 한다. 그러므로 우리 자신들이 대중에게 전도하는 것보다 적은 수의 전도사를 철저하게 훈련시킨다."29)에서 이 의미를 알 수 있다.

용인의 최초의 교회인 백봉교회는 이 선교정책 결정 이후에 설립되었다. 또한 1895년 10월 5일 열린 북 장로회 선교회에 8개 조항의 선교 신조를 만들었는데, 그 중 본토인이 종교 사업을 추진하는 데 있어서 선교자금의 최소화 지출, 본토인들이 처음부터 자급자족하는 것을 적극적으로 추진, 도서구입과 교회건축 및 전도인 봉급을 스스로 책임, 네비어스 사업 방식을 도입하여 교인지도자들이 원입인들을 교육하도록 훈련시키는 신학반 운영 등에서도 알 수 있다.30)

비록 한국에 온 장로교 선교사들을 중심으로 네비어스 선교정책이 채택되고 활용되었지만, 감리교회의 속회제도, 전도부인회, 순회사경회 및 주일학교와 교회운영 전반에 걸쳐 영향을 끼쳤으며, 이는 대부분 다른 교파 선교사들에게 영향을 미쳤다. 이때가 아리실 교회가 창립되던 해이다.

우리 민족에게는 그 누구보다도 남에게 쉽게 의지하지 않는 스스로 일어서는 근면하고 성실한 민족성을 갖고 있다. 그리고 하고 싶은 일이라면 스스로 찾아나서는 민족이기도 하다. 그래서 한반도에 걸쳐 골고루 자생적 민족교회의 모습은 처음부터 자립하는 교회의 모습으로 나타났다.
이러한 모습은 용인지역 최초의 교회인 백봉교회와 아리실 교회뿐만 아니라 대부분 용인지역 교회들에게서 나타났다. 용인교회만 하더라도 1905년 김양장리에 거주하던 임원규 성도 외 수명의 성도 가정에서 예배를 드림으로 교회가 시작되었고, 한국인 성도들의 헌금으로 초가집 교회가 건축(30㎡)되었다.

외국인 선교사의 부임은 한국인 성도들이 자생적으로 모든 것을 갖추어 놓은 후, 즉 교회설립과 건축을 마친 1916년에 와서 이루어졌다. 문촌교회만 하더라도 선교사들의 순회 전도사경회에 참석한 박순하 성도와 이은주 성도 등 20여 명의 사람들이 감명을 받아 1906년 8월 16일 이은주 성도의 집에서 창립 예배를 한 것으로 시작되

---

28) 한국기독교역사연구소, 『한국기독교의 역사 Ⅰ』, 221.
29) 앞의 책
30) 한국기독교역사연구소, 『한국기독교의 역사 Ⅰ』, 222.

었으며, 1909년에 성도들의 힘으로 교회당을 건축하였고 1954년에 증축하였다가 1984년에는 새로운 터전을 마련하여 교회당을 신축하여 현재에 이르고 있다.[31]

셋째, 용인시 기독교 역사는 교단 분리의 모습을 지니고 있다.

선교지 분할이 교파 간 색깔을 뚜렷하게 나타내는 것이라면, 교단 분열은 부인할 수 없는 신학과 신앙의 따른 교회 정치적 색깔을 나타내는 것이라 할 수 있다.

용인시의 첫 번째 교회인 백봉교회와 두 번째 교회인 아리실 교회가 감리교로 출발하여 설립되었지만, 예장과 기장의 분리의 결과 현재 백봉교회와 아리실 교회는 한국기독교장로회총회(기장) 경기남노회에 소속되어 있다.[32] 이미 앞에서 언급한 것처럼 초기 100년 이상 된 교회들이 감리교에서 장로교로, 다시 장로교 안에서 교단분열로 소속이 나눠진 역사를 갖고 있다.

이처럼 용인시 초기 교회들이 모두 역사성을 가진 교회이지만, 1953년 제38회 장로교 총회 때 기장 측과의 분열로 인하여 서로 다른 교단에 소속되게 되었다. 대한예수교장로회총회(합동)가 총회설립 100주년을 기념하여 출판한 『대한예수교장로회총회 100주년사』의 교회 명에 이 두 교회가 빠져 있고, 특히 주목할 점은 이 책 부록8에서 "설립 100년 이상 된 교단 교회"[33] 이름 안에 나타난 총 8개의 경기도내 교회 중에 포함되지 않고 있다.

교단 입장에서는 당연한 기록이겠지만, 그러나 이 교회들이 가진 장로교라는 점에서 분리되지 않았다면 한 책에 이름이 기록되었을 것이다. 이런 점에서 '용인시기독교총연합회'가 초 교파적으로 초교단적으로 하나가 되어 지역복음화를 위해 매진하고 있는 모습은 매우 모범적이고 바람직한 모습을 보여준다고 할 수 있다. 이는 하나님께서 더 많은 선교적 사명을 주신다는 긍정적 측면으로 생각할 수 있지만, 그러나 신학과 신앙의 차이로 인해 분리되고 분열된 아픈 상처를 안고 있다는 점 또한 간과해서는 안 되는 역사적 사실이다. 그러나 현재처럼 용인시기독교총연합회를 중심으로 초 교파적으로 하나가 되어 복음을 전화기 위해 협력한다는 사실은 대단히 감격스럽고 감사한 일이다.

---

31) 디지털용인문화대전의 『용인시사』 (용인시사편찬위원회, 2006)의 "문촌교회"를 참조하라.
   http://yongin.grandculture.net/Contents?local=yongin&dataType=01&contents_id=GC00902001
32) 한국기독교장로회총회 홈페이지(www.prok.org) "교회/교역자 검색," 2020.7.31일.
33) 대한예수교장로회총회, 『대한예수교장로회 총회100주년사』 (서울: 대한예수교장로회총회, 2013), 583-588.

양지교회는 홈페이지에서 "양지교회는 구한말 1907년 3월 5일 예수교회의 복음이 전국 방방곡곡에 전파됨에 따라 당시 20여 호에 불과했던 양지리 암곡 마을에서도 복음의 물결이 일기 시작했고 초가 교회당으로 예배를 드려오다가, 1935년 일제의 신사참배에 맞서 교회 문을 닫고 가정예배를 드리며 어려운 가운데 신앙을 지켜왔습니다. 해방 이후 1953년에는 한국기독교장로회 교단에 가입하였고, 농촌교회로서 어려운 살림살이에서도 지역 주민들과 함께하는 교회, 끊임없이 변혁 갱신하는 교회가 되고자 노력하여 왔습니다. 이제 우리는 이 시대 하나님께로부터 부여받은 사명을 실천하고 우리 선조들의 신앙정신을 계승하고자 합니다."라고 소개하고 있다.[34]

또한 시작 당시의 역사를 보면 "1907년 (시작) 3월 5일, 이경영, 오심덕, 박건식 오태화, 조수겸 한주희, 정명호 엄주희, 최덕환, 정수옥, 안순천, 이길승, 안연승 씨의 결신에 따라 조수겸(목수, 박병헌 씨 옛집) 성도의 사가에서 예배를 드림으로 교회의 모체를 이루었다."[35]라고 증언하고 있다.

이처럼 현재 용인의 성도들은 이런 용인지역의 초창기 기독교 역사를 물려받아 살고 있는 귀한 축복된 존재이며, 한 하나님 아버지와 한 아들 주 예수 그리스도, 한 성령님을 믿는 한 신앙 가족임이 틀림없다.

V. 용인시 선교적 제안

1. 인구 총 통계에 따른 선교전략을 수립해야 한다.

용인시는 지자체로서 홈페이지에 각종 정책과 시행 결과와 다양한 통계자료를 제공하는 데 매우 모범적이라 할 수 있다. 용인시가 홈페이지를 통해 제공하는 '2019. 12월말 우리시 인구 및 세대 현황(2019. 12. 31. 현재)'의 도표 등을 참조하여 각 동별로 선교에 대한 전략을 수립해야 한다. 왜냐하면 주님께서 "오직 성령이 너희에게 임하시면 너희가 권능을 받고 예루살렘과 온 유대와 사마리아와 땅 끝까지 이르러 내 증인이 되리라 하시니라"(행 1:8)고 하신 말씀처럼, 교회는 세상 속에서 존재하면서 세

---

34) 양지교회 홈페이지(http://www.yangjich.com/default/introduce/s02.php?topmenu=1&sub=02), "교회소개"
35) 앞의 자료

상을 향해 복음을 전해야 하기 때문이다. 그러나 우리는 지혜롭고 슬기롭게 선교사명을 감당해야 한다. 이렇게 하는 방법 중 하나는 지역 사회의 여러 변화와 동향을 살피며 이에 적극적으로 반응하고 대처하는 일이다. 국가와 지방정부의 정책수립은 많은 인력과 재정을 통해 만들어지고 시행된다. 이런 점에서 용인시의 각종 정책을 연구하면서 교회가 선교전략을 수립해야 한다.

'한눈에 보는 용인'36)을 통해 보면, 총인구 1,078,591명, 인구밀도 1,825명/㎢, 총세대 406,880세대, 세대당 인구수 2.7명, 주택수 417,425호, 주택 보급률 103.6%, 조혼인율(천 명당) 4.5건, 조이혼율(천 명당) 1.7건, 전입 163,901명, 전출 140,937명, 출생아 수(2018년 기준) 6,598명, 사망자수(2018년 기준), 공무원(정원 기준) 2,914명, 공무원 1인당 시민수 370명, 교원수(2019.4 기준) 13,031명, 교원 1인당 학생수 18.4명, 소방관 422명, 소방관 1인당 세대수 964세대, 의료인 7,772명, 의료인 1인당 시민수 138.8명, 자동차 등록수 463,500대, 세대당 자동차 1.2대, 교통사고 2,830건, 교통사고 1일(천 대당) 6.3건), 화재발생 479건, 화재발생 1일(1.3건), 재정자주도 67.4%, 재정자립도 57.3% 등을 볼 수 있다.

21세기는 정보와 데이터를 얼마나 잘 활용하느냐에 따라 결과가 달라지는 시대이다. 즉, 교회는 이런 인구 총 통계에 관심을 가지고 구체적으로 선교전략을 펼쳐나간다면 복음화를 이루어 사탄과 싸우고 인간을 구원하는 귀한 결실을 맺을 수 있다고 믿는다.

2. 경건주의 운동의 정신과 실천을 이어가야 한다.

16세기, 마르틴 루터(Martin Luther, 1483-1546)는 독일에서, 장 칼뱅(Jean Calvin, 1509-1564)는 스위스 제네바에서, 존 낙스(John Knox, 1514-1572)는 스코틀랜드에서 종교개혁자로서 교회를 바로 세우기 위해 적그리스도의 세력인 교황 측과 싸웠다. 그러던 중 17세기인 1618-1648년 동안 유럽은 지구상에서 30년 전쟁, 일명 종교전쟁을 치르게 된다. 이로 인한 결과는 육적인 측면과 정신적인 측면 그리고 영혼까지 파괴되었다. 사람들은 갈 곳을 못 찾아 헤매었다.

교회사가 이장식은 "이 전쟁은 일종의 파괴 전쟁으로서 독일이 가장 큰 피해를 입었는데 독일 인구의 60%가 살해되었고, 그 수는 1,800만 명에 달하였다. 또한

---

36) 용인통계, w.yongin.go.kr/home/estat/wYi/wYi01.jsp. 2020년 7월 27일 22:20분 접속

60% 이상의 가옥이 파괴되었고 82% 이상의 가축이 피살되었다."라고 주장한다.[37] 문제는 이 30년 전쟁의 폐해가 독일과 같은 특별한 지역에서만 일어난 것이 아니라 유럽 전체에 걸쳐 광범위하게 일어났다는 사실이다.

역사학자 존 티볼트(John Theibault)는 "인구손실에 있어서 지역별로 평균 50%까지로 다양하며 그 수치는 최고 수준이다."[38]라고 말한다. 눈에 보이는 30년 전쟁의 처참한 실상으로 인해 유럽인들이 교회에 등을 돌리고 급속도록 세속화되기 시작했다. 그들이 신교이든 구교이든 막론하고 종교를 멀리하기 시작했다. 이장식은 "이러한 인명과 물질의 손실 이상으로 사람들의 도덕이 타락하여 부패하게 되었고, 종교적으로 신앙이 회의적으로 변해서 이제는 어느 종교에 대하여도 흥미와 관심이 없어져서 정신적 침체가 만연하게 되었다. 신학토론과 담론도 기피하였다."[39]고 말한다. 동기야 어찌됐든 간에 신구교간의 싸움은 정치문제로 비화되어 전 유럽이 불바다가 되었다. 결국 이 오랜 싸움으로 인한 가장 큰 피해자는 민중 즉 서민이었다. 이 결과 전 유럽인들로 하여금 종교를 멀리하게 하는 동기로 작용된 것이다.

하나님께서는 이런 유럽을 구원하시기 위해 믿음의 지도자들을 세우시고 신앙부흥운동을 일으켜주셨다. 이것이 바로 17세기 경건주의 운동이다. 경건주의 운동의 아버지로 불리는 제1대 지도자는 필립 슈페너(Philip Jakob Spener, 1635-1705)였다. 그는 목회자로서 죽어가는 교회와 사회를 바로 세우기 위해 기도하고 실천하던 중인 1675년 3월 24일 '경건한 요망'의 뜻을 가진 『피아 데시데리아』(Pia Desideria)를 출판을 통해 세상에 널리 이 운동을 알렸다. 슈페너의 경건주의 운동의 핵심 내용을 한 마디로 요약하자면, 교회이든 가정이든 신자들은 소그룹으로 모여서 성경을 읽고 배워 하나님 말씀을 기반으로 하여 열심히 기도하고, 이웃의 어려움과 고통을 진심으로 염려하면서 그들을 어떻게 도울 것인지를 연구하여, 그 이웃을 위해 세상으로 나아가자는 것이었다. 그는 후에 할레대학(Halle University)을 설립하는 데 공헌하여 그 대학을 중심으로 경건주의 운동을 확산시켜나갔다.

슈페너의 후계자는 어거스트 프랑케(August Hermann Franke, 1663-1727) 교수이다. 그

---

37) 이장식, 『세계 교회사 이야기』, (서울: 베리타스, 2011), 382-383.
38) John Theibault, (1997). "The Demography of the Thirty Years War Re-revisited: Günther Franz and his Critics," German History, Volum 15, Issue 1, (January 1997): 10. Retrieved 30 March 2020 from "https://doi.org/10.1093/gh/15.1.1"
39) 이장식, 『한국교회사 이야기』, 383.

는 성서사랑모임이라는 '콜레지움 필로비블리쿰'(Collegium Philobiblicum)을 만들고 할레대학교를 중심으로 경건주의 운동을 확산시켜나갔다. 신학생을 경건주의로 훈련시켜 선교사로 파송하고 경제활동에서 사회복지활동에서 온 힘을 다하여 세상을 섬기고자 하였다.

경건주의 운동의 세 번째 지도자는 프랑케의 영향을 받은 독일 드레스덴 출신의 친첸도르프(Nikolaus Ludwig, Reichsgraf von Zinzendorf und Pottendorf, 1700-1760) 백작이다. 그는 독일 종교지도자, 사회운동가, 모라비안 루터교회 주교, 헤른후트(Hermhut) 공동체 설립자 등 수많은 수식어를 달고 다닌 독일의 경건주의자였다. 그는 체코 모라비안 등 종교의 자유를 찾아 유랑하는 사람들을 자신의 영지로 들어와 살도록 하고 함께 경건한 삶을 실천했다.

헤른후트는 경건주의를 구체적으로 실천한 가장 모범적인 장소였다. 이 운동이 미국으로 영국으로 스코틀랜드로 건너갔고 급기야 세계 선교사들은 경건주의 정신으로 무장하였다.

미국의 대각성 부흥운동을 계기로 수많은 젊은이들이 성령의 단비에 젖었다.
성령에 충만한 경건주의 후예들이 우리나라의 선교사로 내한했다.
이런 영향으로 우리나라에서도 본격적으로 경건주의 운동의 모습이 교회 안에 나타나는데 1907년 평양 대부흥운동이다. 평양 대부흥운동은 경건주의의 특징인 성령에 충만하여 말씀중심, 기도중심, 전도중심, 이웃봉사 중심으로 철저히 경건한 신자의 삶을 살자는 모습이 그대로 표출되었다고 볼 수 있다. 이 당시 한국은 외세의 침략으로 풍전등화와 같은 처지였다. 그러나 수많은 선교사들과 신앙 선배들은 교회 안에만 머물지 않고 교회 밖의 신자가 되어 민족의 아픔을 함께 해결하고자 노력했다.[40]

1907년 평양 대부흥운동은 1903년 원산에서 하디(Robert A. Hardie, 1865-1949) 선교사의 회개 운동을 시작으로 일어난 회개와 성령에 충만한 역사였다. 1907년 본격적으로 평양 장대현 교회에서 집회가 열린 이 대부흥운동은, 17세기 독일의 경건주의 운동의 특징을 그대로 갖춘 성령에 충만한 역사가 전국적으로 확산된 운동이다.

일제강점기에도 6·25전쟁 때에도 우리 신앙선조들은 기도하는 일을 쉬지 않고 세상을 섬기는 일에도 쉬지 않고 마치 달란트를 맡은 충성된 종처럼 고난의 역사를 견디며 살아왔다.

---

40) 홍경만, 『한국 초기 교회사』 (서울: 도서출판 북랩, 2019), 94.

하나님께서는 1973년 빌리 그래함 여의도 전도집회와 1974년 엑스플로74 등 이런 운동을 통해 현대 한국교회를 놀랍게 부흥케 해주셨다.

2019년 5월 19일 비가 내리고 궂은 날씨에도 불구하고 여기저기에서 모여든 사람들은 용인시민체육공원 주경기장을 가득 메웠다. 그들은 신실한 그리스도인들이었다. 비를 맞으며 기도를 드리고 말씀을 듣고 하나님을 찬양하였다. 용인시 복음화를 위해 한 목소리로 기도드렸다. 모두가 교파를 초월하여 하나가 되었다. '온 땅의 주인 되신 하나님'이란 주제로 모여 죄를 회개하고 민족의 구원을 위하여, 그리고 교회가 서 있는 용인시 우리 지역을 위해 눈물로써 기도드렸다. 이것이 '지금 우리의 경건주의 운동'이다. 경건주의 운동은 예수님께서 실천하시고 본을 보여주신 것이다. 사도들이 전승하여 초대교회가 지켰으며 수많은 역사 속에서 그리스도인들이 지켜온 것이다.

오늘날 용인시 기독교 역사는 1세기를 훌쩍 넘어섰다. 그러므로 용인시 그리스도인들이 모인 곳이 17세기 할레지역이 되고, 18세기 헤른후트 마을이며, 2천 년 전 성령님에 충만한 마가 다락방이다.

VI. 나가는 말

비록 짧은 글이지만 우리가 그리스도인으로 살고 행하는 우리의 용인시를 자랑스럽게 여기는 벅찬 감동으로 서술하였다. 용인시에 있는 모든 교회는 우리의 이웃하는 시민들이 주님께 돌아와 구원 받도록 하기 위해 언제나 최선을 다할 것이다. 특히 우리의 신앙조상들이 100년 전 이 땅에 교회를 설립하면서 흘렸던 피눈물의 수고를 생각할 때 감격하며 더욱 굳게 믿음을 결심하게 된다.

필자는 용인시 기독교 역사 연구가 더욱 진일보되기 위해 앞으로 몇 가지 연구 과제를 수행되어 더욱 큰 결실로 나타나기를 바라는 사항을 적고자 한다. 본 논문은 용인시 연구에서 주로 개신교 연구를 중심으로 하였지만, 앞으로 더욱 심도 있게 천주교 등 기독교 관련 교파간의 상호연구가 더욱 발전적으로 수행되어야 함을 과제로 제안한다.

본 논문에서는 개신교 연구에서도 첫 번째로 세워진 교회들을 중심으로 전개하였다. 물론 용인시에는 수많은 교회가 있고 이들 교회는 질적으로 양적으로 크게 공헌하고 있다. 그러나 모든 교회를 다루는 일은 분량 면에서도 워낙에 광범위한 일이기 때문에 개별 교회사 연구가 개 교회를 통해 더욱 세부적으로 이루어져야 할 것이다.

또한 본 논문은 초 교파적으로 협력하여 선교하는 용인시 기독교라는 측면에서 모든 교파를 대표하는 역사를 일일이 다루지 않았으며, 또한 지면의 제한 등 여러 가지 제약으로 인해 첫 설립교회와 당시 상황을 중심으로 전개하였다. 개 교회 연구가 전체 연구를 뒷받침하는 힘이 된다고 확신한다.

우리나라의 신학 분야 중에서 여전히 한국 기독교 역사 연구가 지역교회사 연구에 관해서 여전히 많은 과제를 안고 있음을 고백하지 않을 수 없다. 예를 들어 북한 교회사 연구도 이 중 하나이다. 마찬가지로 큰 주제로 한국교회사 연구는 여러 진전을 보이고 있지만, 여전히 지역교회사 연구는 초보단계에 있는 실정이다.

이런 점은 용인시 기독교 역사 연구에서도 마찬가지이다. 물론 지역교회가 저마다 역사를 보전하고 있어 향후 전체 연구에 큰 자료가 될 것이다. 그러나 이런 연구라 할지라도 고증과 원 자료의 발굴과 학술적 증명 등 수많은 작업 등 수많은 연구 노력이 필요한 실정이다.

이런 가운데 본 연구 논문은 주어진 연구 범위 안에서 용인시 기독교 역사를 시작하였다. 그러므로 이 연구는 완성이 아니라 이제 시작하는 첫걸음을 띤 것이다. 앞으로 계속적으로 더 발전적인 향토자료와 역사자료의 발굴과 연구가 나와 용인시 기독교 역사를 다져 용인시 복음화에 쓰임 받기를 바란다.

기독교 역사는 수없는 비바람 등 외부의 풍파를 겪으면서 상처를 받는 나무껍질과 같지만, 그러나 이 모든 것을 견디고 이기며 마치 나무를 자라게 하여 무성한 잎을 내게 하고 열매를 맺도록 한다.

우리의 신앙 선조들이 이런 고난의 세월을 견디면서 구원 받은 백성으로서의 기쁨에 감격하며 신앙 역사를 물려주었다. 이 역사를 물려받은 우리 용인시 지역 모든 교회와 성도님들은 이 소중한 유산, 즉 생명의 유산을 물려받아 지켜나가고 있는 위대한 하늘나라 백성들이다.

하나님의 은총이 우리 모두에게 넘치시길 기도드리며, 다시금 새로운 100주년에 용인시 기독교의 복음화 역사가 기록되기를 바라면서 하나님께 감사를 드린다.

참고문헌

권성훈. "경기도의 종교 문화 경관." https://cafe.naver.com/historykorean/298
권성훈. https://cafe.naver.com/historykorean/298 (2010-07-06)
대한민국. 국가통계포털(KOIS, "https://kosis.kr/index/index.do"). "인구총조사."
대한예수교장로회총회. 『대한예수교장로회 총회 100주년사』. 서울: 대한예수교장로회총회, 2013.
동아일보, 2009.12.1일자 신문
박용규. 『한국기독교회사 1』. 서울: 생명의말씀사, 2014.
용인시. 디지털용인문화대전의 '용인시사'. 용인시사편찬위원회, 2006.
용인시. '용인시사회조사보고서_최종(2019.12.31)'. 용인: 용인시, 2019.
오현기. 『굿모닝귀츨라프, 한국에 온 최초의 개신교 선교사』. 성남시: 북코리아, 2014.
용인시. 홈페이지 '역사' (http://www.yongin.go.kr/home/yiIf/yiIfProd/yiIfProd01.jsp)
용인시. 홈페이지 '연혁' (http://www.yongin.go.kr/home/yiIf/yiIfProd/yiIfProd02.jsp)
용인시. '용인백서(시민의 삶 속에서 함께한 2년의 기록)'.용인시: 용인시청, 2020.
 www.youngin.go.kr "'용인백서(시민의 삶 속에서 함께한 2년의 기록)'.pdf" 파일.
용인시. "용인통계."(www.yongin.go.kr/home/estat/vwYi/vwYi01.jsp)
용인시. '2019 용인시 통계연보'. 용인시, 2019.
이장식. 『세계 교회사 이야기』. 서울: 베리타스, 2011.
양지교회. 홈페이지(http://www.yangjich.com/default/introduce/s02.php?topmenu=1&sub=02)
이재홍 목사. "증언." 용인 백봉교회, 2020년 7월 28일.
장병욱. 『한국감리교 여성사』. 서울: 성광출판사, 1979.
한국기독교역사연구소. 『한국기독교의 역사 I』. 서울: 기독교문사, 1989.
한국기독교장로회총회. 홈페이지(www.prok.org). "교회/교역자 검색"
한국학중앙연구원. 향토문화전자대전(http://www.grandculture.net)
홍경만. 『한국 초기 교회사』. 서울: 도서출판 북랩, 2019.
홍석창. 『수원지방 교회사 자료집』. 서울: 감리교본부교육국, 1987.
    , 『수원지방의 발자취』. 수원: 수원동지방회, 1978.
홍순석. 『용인학길라잡이』. 용인시: 용인시민신문, 2012.
황인철. '메리 스크랜튼의 선교활동과 그와 함께한 전도부인에 관한 연구: A RESEARCH OF MARY FLETCHER SCRANTON AND BIBLE WOMAN WITH HER' (석사논문). 경기: 협성대학교, 2014.
John Theibault, (1997). "The Demography of the Thirty Years War Re-revisited: Günther Franz and his Critics." German History, Volum 15, Issue 1, (January 1997): 10. Retrieved 30 March 2020 from "https://doi.org/10.1093/gh/15.1.1"

제5부

해방 전후 우리 사회와 교회 그리고 용인의 교회들

제1장 용·기·총

해방 전후 우리 교회는?

최신식 목사
용인벧엘교회 담임목사
총신대학신학대학원
총신대학목회대학원
용인기독교총연합회장 역임
용인경찰서경목위원장 역임

    교회는 민족의 해방과 함께 무너진 교회를 재건하면서 새로운 출발을 다짐하였지만 신사참배 문제·자유주의 신학과 보수주의 신학의 대립·정치적 이념의 갈등으로 또 다시 분열되었습니다.

    더욱이 민족의 분단은 교회의 남북분열과 민족상잔의 비극을 가져왔고, 전쟁의 불안과 교파 분열의 혼란을 틈 타 신흥종교들은 우후죽순처럼 나타나 민중을 현혹했으며, 군소교파들이 발전하기 시작했습니다.

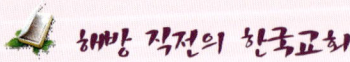

해방 직전의 한국교회

    일제 말 일제의 교회에 대한 탄압은 가톨릭에 보다 기독교에 일층 혹심하였으니,

그것은 신사참배 강요에 있어 가톨릭은 이것을 무조건 수락하였으나, 기독교는 그것이 교리 신조와 신앙 양심에 위배되는 일이었으므로, 이것을 결사반대하였기 때문이었습니다.

1938년 장로회총회가 신사참배의 강요를 당한 이후, 주기철 목사 이하 적지 않게 많은 주의 충성된 종들은 일어나, 일제의 강제에 정면으로 부딪혀 싸우기 시작하였으며, 이로 인하여 2백여 교회가 폐문되었고, 2천여 신도가 투옥되었으며, 5십여 명의 교직자들은 순교의 피를 흘렸습니다.

1941년 미일전쟁의 발발과 함께 일제의 교회 탄압은 더욱 심하여져서 다수의 교회 지도자들은 투옥되었으며, 1942년에는 일제의 강요로 각 교파가 모두 그의 고유한 명칭을 버리고, 소위 '교단'이라는 일본 교파명을 가지게 되었고, 1943년에는 성결교, 안식교, 동아기독교 등의 제교파가 해산·폐쇄되었으며, 해방 년인 1945년 8월 1일에는 기독교 각 교파를 소위 '일본기독교조선교단'이란 명칭 하에 통합시켜 명실 공히 일본 기독교단에 예속시켰습니다.

이러한 불법적 비 신앙적 강요에 응하지 않은 인물은 투옥하거나 강단에서 추방한 후, 함구령 또는 금족령을 내려 실제의 활동을 억제하였고, 다만 그들의 의사와 요구에 순응하는 인물들만으로 교회를 지도하게 하는 수단을 사용하였습니다. 그리고 다수의 교회를 폐합시키고, 예배 시간의 제한, 근로 동원 등으로 예배를 전연 불가능케 한 때도 있었습니다. 그러므로 뜻있는 신도들은 지하에 많이 숨어버렸으므로 한 때 70만에 달하던 기독교 신도의 수는 거의 절반으로 줄어들었습니다.

해방 후 교회 재건의 최선두를 달린 곳은 북한이었습니다. 북한 중에서도 종래 한국교회의 중심지였던 평양을 선두로 한 관서지방이었습니다. 그것은 평양 감옥에서 전후 7, 8년의 옥고를 겪으면서도 일제의 신사참배 강요에 끝까지 굴하지 않고 신앙의 정조를 깨끗이 지킨, 이기선(李基宣)·채연민(蔡延敏) 목사를 위시하여, 약 20명의 교직자들이 해방과 함께 출옥되어, '진리는 승리한다'는 산 증거를 뚜렷이 보여주었기 때문이며, 일제의 강요로 강단을 떠나 지하에 숨어있던 다수의 지도 인물들이 일제히 일어나 교회재건에 앞장을 섰기 때문이었습니다.

한국 기독교회의 성지로 알려진 평안북도 선천을 중심으로 한 평북노회와 같은 곳은 일제의 혹심한 탄압에도 불구하고 끝까지 일본이 조직한 소위 일본기독교조선교단에 가입하지 않고 있었기 때문에, 동 노회 산하에 있던 수 백 교회는 재건의 필요조차 없었던 것입니다. 그리하여 장로교회의 노회와 지교회, 감리교회의 지방회와 지교회, 성결교, 기타 소수파의 교회들까지도 동년 9월말까지에는 교단교구에서 노회, 혹은 연회로 완전히 부흥·재건되었습니다. 이처럼 북한의 교회들은 한국의 어느 곳보다도 먼저 교회 재건에 약진하였던 것입니다.

신사참배의 강요에 결사반대하다가 투옥된 70여 명의 교직자 중 주기철 목사님 이하 약 50명은 옥중에서 순직하였고, 남은 20여 명은 해방과 함께 출옥하였습니다. 그들은 출옥 후 그들이 그리워하던 교회나 가정으로 돌아가지 않고, 옥중에서 순직한 주기철 목사가 봉사하던 평양 산정현 교회로 모여, 약 2개월 그곳에 체류하면서, 한국교회의 재건에 관한 제반 문제를 토의하였습니다. 동년 9월 20일 경 그들이 발표한 한국교회재건(韓國敎會再建)의 기본원칙(基本原則)은 다음과 같은 것이었습니다.

1. 교회(敎會)의 지도자(牧師及 長老 포함)들은 모두 신사(神社)에 참배(參拜)하였으니 권징(勸懲)의 길을 취하여 통회정화(痛悔淨化)한 후 교역(敎役)에 나아갈 것.
2. 권징(勸懲)은 자책(自責) 혹은 자숙(自肅)의 방법(方法)으로 하여 목사(牧師)는 최소한(最小限) 2개월간(二個月間) 휴직(休職)하고 통회자복(痛悔自服)할 것.
3. 목사(牧師)와 장로(長老)의 휴직 중(休職中)에는 집사(執事)나 혹(或)은 평신도(平信徒)가 예배(禮拜)를 인도(引導)할 것.
4. 교회재건(敎會再建)의 기본원칙(基本原則)을 전한(全韓) 장로회(長老會) 또는 지교회(支敎會)에 전달(傳達)하여 일제(一齊)히 이것을 실행(實行)할 것.

해방 후 남한교회는 일제 말 대수난기에 받은 상처가 너무 컸고, 또한 손양원 목사 외에는 출옥한 성직자가 없었고, 지하에 숨어 있던 교역자의 수도 매우 적었으므로 해방 후 북한에서와 같은 박력 있는 교회 재건 운동은 일어나지 못하였습니다.

남한에 있어 가장 먼저 교회 재건에 힘쓴 곳은 부산을 중심한 경남 장로교회였습니다. 그것은 역시 순교자 주기철 목사, 최상림 목사, 출옥한 손양원 목사, 주남선 목사, 한상동 목사 등이 모두 경남 사람으로 다년간 그곳에서 목회한 영향이 적지 않게 있은 때문이었습니다.

한국전쟁(1950년 6월 25일-1953년 7월 27일)과 한국교회

1950년 6월 25일 새벽 4시 북한 공산당의 남침이 시작되었습니다.
1948년 12월 30일 소련군을 철수시킨 것과 더불어 미군 철수를 요구했습니다.
따라서 미군도 12월에 철수하기 시작하여 1949년 6월에 전면 철수를 하게 됩니다.
당시 이승만 대통령이 1950년 1월 1일 38선 이북의 실질적 회복을 강조하자 미군은 이에 대해 거부 반응을 보였습니다. 1950년 1월에 전국 기자클럽에서 국무장관 애티슨(Atisum)은 "한국과 대만은 미국의 방위선 밖에 있다."고 발표함으로써 남한의 군사력은 극도로 약화되었습니다.

6월 25일 공산군은 의정부·고랑포·개성·웅진·춘천·강릉·동두천 등의 전역에서 동시 다발적인 침략을 감행하였습니다. 주한 UN위원단은 UN에 전황을 알렸고, 안전보장이사회는 즉시 소집하였습니다. 당시 소련 측 대표는 중국 대표가 참석했다는 이유로 불참하였습니다. UN은 북괴를 불법침략자로 규정하고 즉시 38선 원위치로 복귀할 것을 명령하는 동시에 UN 전 회원국에 대하여 UN결의에 협조할 것을 요청했습니다.

6월 28일 서울이 함락되었고, 7월 20일에 대전이 함락되었습니다.
그러나 9월 15일 인천 상륙작전에 성공한 미군은 17일 김포 비행장을 점령하였고, 28일에 서울을 수복하였습니다. 29일에는 이승만 대통령이 맥아더 장군과 함께 서울에 입성하여 중앙청에서 수복식을 성대히 거행하였습니다.
10월 2일에는 춘천을 탈환하였고, 10월 5일에는 38선에 미군이 도달하였습니다.
10월 초순에 이르러 38선 이남에서 북괴군은 사실상 괴멸되었습니다.

9월 30일 맥아더 장군은 북괴에 최후의 항복문을 발표했으나, 북한이 이를 거부하자 38선을 넘어 북진하기로 결정하였습니다.

UN은 10월 4일 영국 등 8개국이 제출한 38선 돌파 묵인안이 정치위원회를 통과시키게 됩니다. 10월 10일 원산이 점령되었고, 10월 19일에는 평양을 점령하였습니다. 연합군은 승승장구하여 11월 26일에는 백두산에 이르게 됩니다. 그러나 중공군의 개입으로 UN연합군은 후퇴하게 됩니다.

중공군의 개입 사실은 1950년 10월 25일에 확인되었습니다.
운산지구에서 중공군 1명이 생포되었습니다.
10월 26일 국경지역 초산에 이른 국군 6사단 7연대는 처음으로 5천여 명의 중공군의 포위 공격을 받았습니다. 중공군은 이미 10월 19일경 약 2만 명이 북한에 들어왔고, 실제 중공군이 북한에 들어온 수는 약 4개 군단의 12만 명이었습니다.
중공군의 인해전술에 밀린 UN연합군은 1951년 1월 4일 후퇴하게 됩니다.
소련의 UN대표 말리크는 1951년 6월 23일에 정전을 제안하였습니다.
1952년 1월 18일 이승만 대통령은 평화선을 선포하였고, 6월 8일에는 휴전회담이 가조인됩니다. 6월 25일에는 이승만 대통령 암살미수사건이 있었으며, 11월 29일 거제도에 수감된 북한포로들의 폭동이 있었습니다.
12월 3일 UN은 한국전 포로중립지대 이송안을 통과시켰습니다.

1953년 4월 29일 휴전회담이 재개되었습니다.
그리고 6월 8일 포로교환에 따른 협정을 위한 조인식을 거행했습니다.
6월 18일에는 반공 포로 25,000명을 석방하였습니다.
그러나 7월 13일에 공산군은 최후의 대공세를 감행했고, 7월 16일 국군도 전면적인 반격을 하였습니다. 그러던 중 1953년 7월 27일 남북은 휴전에 관한 협정에 조인을 함으로써 6월 25일 발생한 남북전쟁은 휴전하게 되었습니다.

6월 25일 남북전쟁의 참상은 모든 국민들에게 모두에게 임했지만, 특히 교회는 공산정권의 집중적인 표적이자 말살의 대상이었습니다. 한국교회는 모든 지역에서 공산정권의 고통을 받았으며, 교회 건물들은 불타고 파괴되었습니다.
6·25가 발발하자 한국교회 지도자들 중 서울에 거주하던 목회자들은 6월 26일 즉각적인 '국군후원회'를 조직하여 북괴의 침략에 항거하였습니다.

1951년 4월 28일 조선신학교는 한국신학대학으로 명칭을 변경하였습니다.

당해 5월 26일 장로회 제36회 총회를 속회하여 조선신학교와 장로교신학교의 직영을 취소하고 총회신학교를 설립하기로 결의하였습니다. 9월 18일 평양신학교의 전통을 계승한 총회신학교의 창립이 있었으며, 교장에는 캄부열, 교수에는 박형룡·명신홍·김치선·권세열·한경직을 인준하였습니다.

1952년 1월 11일에는 순복음교회파 대한기독교 하나님의 성회와 한국 기독교 실업인회가 창립됩니다. 당해 3월 20일에는 공군군목제도가 정식 시행되었고, 한국성서학교가 창립되었습니다. 1952년 4월 29일에 장로회 제37회 총회가 열렸으며, 전쟁으로 인한 비상사태 선언을 채택하고 이북노회 총대를 받아들였으며, 자유주의 신학자 김재준 목사를 경기노회에 명하여 목사 면직하는 결의를 하였습니다.

6월 13일 국방부는 군목의 지위를 문관으로 예우하기로 결정함에 따라 군목의 유급제가 실시되었습니다. 당해 6월 10일에는 대한기독교장로회 총회가 구성되었고 7월 19일 '조선신학교 계열 호헌대회'가 열렸는데, 그 핵심내용은 '장로회 37회에서 결의한 김재준 목사 면직의 건은 불법이라 규정하고 철회하라'는 것이었습니다.

1952년 10월 한글 맞춤법 통일안에 기초한 성경이 출판되었습니다.

1953년 1월 기독교 장로회는 서울교직자회를 창립하였습니다.

2월 1일에는 한국 복음주의 동맹선교회가 창립되었습니다.

3월에는 생명의말씀사와 기독교 대한 개혁장로회가 창립되었습니다.

4월 8일에는 기독교 대한 하나님의 성회가 창립되었으며, 메노나이트파의 한국 선교가 시행되었습니다. 4월 23일에는 장로회 제38회 총회가 개회되었으며, 회장으로 명신홍, 부회장에 한경직 등이 뽑혔으며, 김재준 목사를 총회 직권으로 파면 선언하였습니다. 5월 1일에는 성결교에서 십자군 전도대를 발족하였고, 5월 20일에는 한국세계기독교선명회(설립자 피얼스)가 창립됩니다. 6월 10일에는 대한기독교장로회가 총회를 구성하였고, 6월의 기간 중에 대전침례교신학교가 창립되었습니다.

한국전쟁은 한국교회의 양적 성장을 멈추게 하였습니다.

수많은 교회가 불타고 파괴되었으며, 수많은 목회자들과 교인들은 공산정권에 의해 순교를 당하였습니다. 그러나 한국교회는 전쟁 속에서도 교회성장을 위한 재도약의 기초를 다지고 있었다는 점을 간과할 수 없습니다. 전쟁을 경험한 교회는 공산주의의 기독교 말살정책을 처절하게 실감하였고, 이로 인하여 애국애족의 정신이 더욱 고양되었습니다. 또한 교단적 분열이 있었지만 그 과정에서 한국교회는 교회성장을 위한 조직적 체계를 갖추고 있었다는 점을 기억해야 할 것입니다.

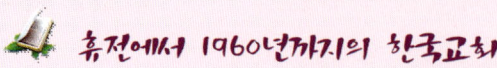

휴전에서 1960년까지의 한국교회

1953년 9월 2일 박형룡 박사가 대한예수교장로회 총회신학교 제2대 교장으로 취임하였고, 10월 8일 총회신학교를 대구에서 서울 남산으로 복귀하였습니다. 공산정권을 피하여 남하한 북한교회 교인들은 정착하는 곳마다 교회를 세웠습니다.

서명원은 이 시기를 다음과 같이 묘사합니다.

"서울에는 한 때 겨우 소수의 교회밖에 없었지만 이제는 북쪽으로부터 밀려 내려온 피난민들이 이 도시에 교회를 세워 동양의 어느 도시보다도 서울에 있는 교회의 수를 더 많게 만들었다."

미국의 장로교 외지 선교회의 보고에 의하면 1939년도의 장로교 세례교인 수는 134,000명이었던 것이 1942년에는 110,000명으로 줄었습니다. 1946년부터 1950년까지는 장로교회와 감리교회는 물론 그 밖의 여러 교회에서도 교회의 성장을 이루지 못한 혼란의 시기였습니다. 1961년 마포삼락 박사는 전후의 한국 기독교교세에 관하여 발표한바 있습니다. 한국 장로교의 4개의 교단을 중심으로 교인 수를 발표하였는데, 한국 합동측 교인 수는 220,000명, 한국 장로교 통합측 교인 수는 375,000명, 고려파 장로회 교인 수는 66,000명, 대한기독교장로회 교인 수는 114,000명, 즉 도합 775,000명이었습니다.

휴전 후 한국교회는 양적으로 성장한 것입니다.

6·25로 인한 민족분단으로 북한은 불가항력적으로 공산치하에 남게 되었습니다.

이때 북한은 남한보다 더 많은 세례교인이 있으므로 1945년 12월 초에 '북한 5도 연합노회'(五道聯合老會)를 조직하지만 1946년 6월 12일에는 남한의 '대한예수교장로회 남부총회'가 개회됨으로써 남북 교회는 자연적으로 분리되었습니다. 북한의 교회는 공산정권에 의해 와해되기 시작했는데, 공산정권과 본격적인 마찰을 일으키게 된 것은 김일성 정권이 1946년 11월 3일 주일을 총선일로 정했기 때문입니다.

이때 5도 연합노회는 주일 선거에 반대운동을 계속하였고, 투옥과 강제노동으로 교회를 탄압함과 동시에 교회를 박멸하기 위해서 공산당 어용 기독교 단체 '조선기독교연맹'(朝鮮基督敎聯盟)이라는 단체를 세워 교회와 신학교를 완전히 장악하였습니다. 그리고 휴전 후 북한교회는 공산당에 의해 완전히 와해되어 버렸습니다. 공산정권에 반대하는 신자들은 결국에 월남하였으며, 이들의 유입은 남한교회가 성장하는 주요 원인이 되었습니다. 그러나 이러한 상황은 오래가지 못했고 신사참배 문제와 신학의 문제로 교단이 분열되고, 6·25 한국전쟁으로 교회와 교인들은 뿔뿔이 흩어지는 혼란을 거듭하게 됩니다.

한국교회 분열을 두고 '도널드 맥가브란'(Donald McGavran)은 "종종 교회는 찢어지고, 찢어진 부분들은 자란다. 1950년대 한국 장로교회의 분열은 비관론자들에 의해 암울한 나날과 퇴보의 증거로 폭넓게 인용되었다. 그러나 1950년대에 두 개 이상으로 분열된 한국의 장로교회는 수백 개의 교회 건물들을 건립했고 1960년대에는 그 당시 1950년대보다 훨씬 많은 영향을 끼쳤다."고 말했습니다.

전쟁의 피해와 공산군의 학살, 교회의 파손과 지도자 상실로 인한 한국교회의 신앙적·정신적 피해는 이루 말할 수 없을 정도였습니다.

전쟁이 남긴 상처에 대한 자성과 미래에 대한 불안은 민중의 심령을 옥토로 만들었으며, 민족의 위기 앞에 강도 높은 민족적 회개와 자성의 움직임이 일어나기 시작했습니다. 영적 각성 움직임은 구체적으로 나타났는데, 1949년에 김치선 목사와 한경직 목사를 중심으로 한 '삼백만 부흥운동'의 전개, 전쟁 중인 1952년과 1956년 부산에서의 빌리 그레이엄(Billy Graham) 목사의 전도 집회, 1955년에 밥 피얼스(Bob

Pierce) 목사의 부흥운동 등은 한국교회에 새로운 동력을 일으키기에 충분하였습니다.

    1941년 당시 불과 40개에 지나지 않던 서울지역 교회는 1958년에 400개로 증가했고, 1941년에 불과 7개에 불과했던 대구지역의 교회는 1958년에 이르러 170개로 급증했습니다. 영적 각성과 대대적인 교회 재건 사업에 힘입어 전쟁 발발 불과 5년 만인 1955년 현재 장로교 1,200개 교회, 감리교 500개 교회, 성결교 250개 교회 그리고 기타 교파 100개 교회, 합 2,000여 개의 교회가 새로 세워졌습니다. 또한 1959년 장로교에서만 7,000개의 성경구락부에 7만 명의 학생들이 참여하였고, 감리교의 경우 성경구락부에 1만 2천 명의 학생이 합류했습니다.

해방과 교회 성장

    한국교회가 동학 혁명과 개화 운동기, 을사늑약과 1907년 기독교 부흥기, 3·1 운동 후의 성장 단계를 지나 네 번째 성장기는 해방 이후인 1948년경부터 시작되었다고 볼 수 있습니다. 그리고 이 성장의 절정은 한국전쟁과 그 직후였습니다.

    이 당시 교회 성장은 남 장로교 선교구역만 하더라도 1948년에 세례교인 수인 14,818명이었던 것이 1958년에는 40,781명으로 증가되어 10년 동안에 거의 3배의 증가를 보이고 있습니다.

    이 시기에 교회가 성장한 이유는 여러 가지로 들 수 있으나 한국전쟁 때문에 국민이 당한 참화와 고난이 중요한 요인 중의 하나라 할 수 있습니다.

    전화(戰禍)로 인하여 많은 사람들이 고향과 친척을 떠나 뿌리 없이 되고 가난과 고통을 겪게 되었으며, 특히 전쟁은 한국 전통의 뿌리를 그나마 남아 있던 것까지 흔들어 놓아 극심한 사회적 불안을 한국 사회에 초래하였습니다. 전쟁과 이에 따른 혼란으로 국민들은 사회적 불안과 문화적·정신적 소외 현상을 경험하게 되었습니다. 따라서 국민들이 정신적 불안의 해소, 새로운 가치관의 모색, 현세적 고난의 망각과 내세적 구원에 대한 욕구, 현실 생활에서 기대되는 행운 등의 이유로 교회에 모이게 되었다고 할 수 있습니다.

　한국전쟁 중 전화로 시달린 한국의 많은 피난민들이 기독교를 통하여 온 많은 양의 구호물자 때문에 기독교인이 되었다는 주장도 있으나, 실제로 이런 물질적 원조도 하나의 원인이 될 수 있었을 것입니다.
　원조보다 중요한 요인으로 해방 이후 특히 미군정 시기부터 정치적 지도자 중에 기독교인이 많았고, 한국전쟁 당시 한국을 공산주의로부터 구출하여 준 것이 기독교 국가인 미국이었으며, 많은 유력한 기독교 지도자들이 북한에서 공산주의에 쫓겨 피난 온 열렬한 반공주의자들이었으므로 피난민을 비롯한 많은 국민들이 교회로 몰려들었다고 분석하는 것도 가능합니다.

※ 본 글은 필자가
세미나와 학술지에 발표하기 위하여 준비하였던 자료를 정리한 것입니다.
다음은 이를 위하여 참고한 서적들입니다.
곽안련.한국교회사 | 김광채의 근현대 교회사 |
김대인.의 숨겨진 한국교회사-민족교회발생 | 김양선.의 한국기독교사 연구 |
김영재의 한국교회사 | 민경배의 한국기독교회사 | 박용규의 근대교회사, 한국기독교회사 1 |
윤성범.의 기독교와 한국사상 | 이영헌의 한국기독교사 |
이원규의 한국교회의 현실과 전망 | 채기은의 한국교회사 |
한미준, 한국갤럽의 한국인의 종교와 종교의식 |
한국기독교역사연구소의 한국 기독교의 역사입니다.
이분들의 수고와 헌신에 감사드립니다.

용·기·총

제2장

전환기 우리 교회는?

김석현 목사

성결교신학대학원졸업(M.Div)
경기남지방회 지방회장 2회역임
예수교대한성결교회 유지재단 이사(현)
성결교신학교 이사(현)
용인시기독교총연합회 회장 역임(2009년)
용인자연교회 담임목사(1992~현재)
자연교회 담임목사

5·16 군사혁명이 일어나자 한국 기독교는 새로운 정치적 국면에 대응하지 않으면 안 되었습니다. 이승만 정권과 장면 정권 하에서는 기독교인들의 정치적 영향이 컸지만 박정희 장군은 기독교인이 아니라는 점에서, 그리고 '군사혁명'이라는 수단을 통하여 정권을 장악하게 되었다는 점에서 기독교에는 새로운 정치적 국면이 아닐 수 없었습니다.

박정희 최고회의의장은 1961년 5월 교계 지도자들과 정중한 만남을 가졌습니다. 그러나 기독교계는 그에게 특별한 요구는 없었고, 1963년 3월 26일 민정 이양의 과제를 앞둔 박 의장에게 공개서한을 내어 자유민주주의 국가 건설을 촉구하였습니다. 이것은 '2·27 선서'에서 민정이양을 약속하였던 박 의장이 '3·16 성명'에서 그의 태도가 돌변한 상황에서 일어난 사건이었습니다.

한국기독교교회협의회는 그 공개서한에서 다음과 같이 요구하였습니다.

> "국가의 최고 책임자로서 중외에 선언한 일언은 전 국가의 위신과 신의를 대언한 것임을 우리들은 사료하고 있사오며 … 권력의 집중은 권력에의 유혹을 더욱 자극하는 것이므로 그 연장은 자유민주주의 준비라기보다는 집중된 권력에의 쟁탈력을 더 많이 조장하여 그 동질의 전통이 계속 순환할 우려가 더 많다는 것이 또한 드러난 사실이옵고, 집중 권력의 장기화에서는 집중적인 부패가 발생한다는 것이 사실임과 동시에 개방 정책에서보다 도 은폐 정치 하에서 그 부패상이 더 거대하고 신속하게 진행될 우려가 있다는 것이 역사적 통례이기 때문입니다. … 무기를 소지한 현역 군인으로서 정치적 시위 또는 공공연한 정치 괸여 성명 행위 등은 국민의 불안감을 조장할 결과가 되는 것으로 사료됨과 동시에 … 귀하의 본의도 아닐 것으로 믿사오므로 일반 정치는 조속히 정치인에게 맡기고 군은 국방의 간성으로 그 본무에 혜념할 수 있기를 국민과 함께 요청하는 바입니다."

'정당 정치인 제위께 보내는 공개서한'에서도 한국기독교교회협의회는 자유당과 민주당의 실패를 지적하면서 자유민주주의 정립을 촉구하게 되었습니다. 이 성명은 4·19혁명 이후 새로 각성하기 시작한 한국기독교운동의 민주주의에 대한 파수꾼 역할을 하려는 하나의 포석이라는 점에서 그 의의가 있다고 하겠습니다.

교회의 한일회담비준 반대운동

4·19혁명의 충격 속에서 냉혹한 자기반성과 함께 조심스러운 현실 참여를 모색해 오던 한국교회는 1964년 굴욕적인 한일회담의 추진이라는 민족적 위기 상황을 맞아 전 교회적으로 정치적 발언과 참여를 시작하였습니다. 이 운동은 크게 두 단계로 나누어지는데, 그 하나는 1964년에 시작된 굴욕적인 한일국교정상화반대운동 단계이고, 다른 하나는 1965년 6월의 한일협정비준 반대운동 단계입니다.

한일회담에 대한 한국교회의 최초의 발언은 기독학생들로부터 나왔습니다. 한국기독 학생회(MSCM)는 한일회담문제가 거론되기 시작한 초기인 1964년 2월 12일 '일본 기독자에게 보내는 공개장'을 발표하였고, 한일국교정상화에 대한 기독학생들의 입장을 천명하면서, 한일 간의 진정한 관계 정상화를 촉진시키기 위한 일본 기독자의 자각과 자발적인 협조를 촉구하였습니다. 이 공개서한은 36년간의 일제 침략행위와 6·25한국전쟁을 통한 일본의 번영을 구체적으로 상기시키면서 일본의 반성을 촉구하고, 재일 교포의 북송, 한일 회담 과정에서의 일본의 고자세는 일본이 아직 "종전의 제국주의적 식민 정책을 청산하지 않았다는 것을 의미한다."라고 지적하였습니다.

이러한 사실에도 불구하고 한국의 학생 기독자는 주 예수 그리스도의 화해의 복음에 순종하여 "한국 근대사에서 되새겨지는 일본에의 원한과 증오를 불식하고, 새 역사의 창건을 위한 선의의 활동을 진심으로 요망한다."라고 밝혔습니다. 이 공개서한은 민족적인 과제에 대하여 기독학생이 공식적으로 발언하기 시작했다는 점, 그리고 기독교 내의 최초의 발언이라는 점에서 주목할 만합니다.

1964년 3월 6일에 야당과 각계 인사 200여 명에 의해 '대일굴욕외교 반대범국민투쟁위원회'가 결성되고, 3월 24일에 서울대·고대·연세대의 데모 이후로 학생 데모가 전국의 대학으로 확산되는 등, 한일회담반대의 물결이 전국을 휩쓸어 6월 3일에는 계엄령이 초래되기까지 하는 폭발적인 상황 속에서도 한국 기독교는 아직 이렇다 할 움직임을 보이지 않았습니다.

앞에서 기술한 바와 같이 한국기독학생회(KSCM)의 공개서한 외에는 한국기독교어머니회에서 벌인 6·3사태 수감학생을 위한 구호활동이 있었을 뿐입니다. 기독교어머니회에서는 '우리 아들이 구속되어 있지는 않으나, 한국의 아들들이 곧 우리 어머니들의 아들이 되기 때문에 호소하는 것'이라고 주장하면서, 구속학생석방 서명운동, 구속학생과 가족을 위한 모금운동 등의 활동을 벌였습니다.

1965년 2월 10일 한일기본조약이 가조인되고 이어 비준반대를 외치는 유혈적인 학생 데모가 또다시 전국적으로 열화같이 번져 나가게 되자, 한국기독교연합회는 동년 4월 17일 '한일국교정상화에 대한 우리의 견해'라는 성명서를 발표하였습니다.

여기에서 한국교회는 일본과의 국교정상화에 원칙적으로 동의하면서 가조인된 기본 조약의 내용에 대해 몇 가지를 지적하였습니다. '첫째, 정부는 주권자인 국민의 소리를 찬반 간에 경청할 것, 둘째, 어민들의 생활선인 평화선을 수호할 것, 셋째, 일본 어선의 한국 수역 침범을 규제할 것, 넷째, 미국은 아시아 지역에서 일본을 앞세워 대공 투쟁을 꾀하려는 방침을 재 고려할 것, 다섯째, 한일회담에 대한 의견의 차이를 거국 외교의 입장에서 재조정하고 여야 간 극한투쟁을 삼갈 것' 등을 요구 사항으로 제시하였습니다.

한국기독교연합회의 이 성명은 대체로 그리스도의 '화해의 복음'에 입각하여 찬반 전체를 총괄하는 중립적인 성격의 것이었습니다. 그 후 동년 6월 22일 동경에서 한일협정이 정식으로 조인된 직후인 7월 1일에 김재준·한경직·강신명(姜信明)·강원룡(姜元龍)·함석헌(咸錫憲) 등 목사 및 기독교계 인사 215명의 연서로 발표된 성명서를 계기로 교회는 활기를 띠기 시작했습니다.

이 성명서는 그리스도인의 입장에서 한일 양국이 진정한 화해의 정신 위에서 국교를 재건함은 진심으로 원하나 진정한 화해를 위해서는 전비(前非)를 회오(悔悟)함과 동시에 새 역사 건설을 위한 선의의 봉사와 협력이 약속되어야 한다고 전제한 후, 현재의 한일협정 내용이 일본의 침략을 인정하는 것이며, '국내적 자기 정비 없이 국제 자본에 문호를 개방함으로써 한국의 항구적인 식민지화를 불가피하게 하는 것'으로 통렬히 비판하였습니다.

이에 정부에 대해서는 국민의사에 대한 무력 탄압의 중지, 부정부패의 일소와 국민의 신망을 얻을 수 있는 국내 정치의 쇄신, 그리고 국회에 대해서는 굴욕적인 한일협정의 비준 거부를 요구하였습니다.

> "우리 기독교인은 온갖 형태의 독재와 모든 불의·부패에 항거한다. 우리는 경제·문화·도덕·정치 등 온갖 부문에서 불순 저열한 외세에의 예속 또는 추종을 배격한다. 그리고 성령의 인도와 기도와 봉사로 조국의 역사 건설에 공헌하기를 기약한다."

이렇게 끝을 맺는 동 성명서는 한국 교회사에 있어서 획기적인 사건이었습니다.
당시 매스컴은 3·1 독립 선언서에 비유하고, 3·1운동 이후 최초로 크게 나타난 조국 운명에 대한 그리스도인의 참여라고 대서특필하였습니다.
이 성명서를 기틀로 하여 한국교회는 활발히 움직이기 시작하였습니다.

서울지역의 목사, 교역자 주최로 '국가를 위한 기도회'가 7월 5일과 6일 이틀에 걸쳐 영락교회에서 각각 3,000여 명씩 참석한 가운데 개최된 데 이어, 7월 11일에도 영락교회에서 6,500여 명이 운집하여 비준반대 구국기도연합회가 열리는 등 분위기가 고조되어 갔습니다. 서울의 목회자들로부터 일기 시작한 비준 반대 물결은 삽시간에 전국으로 번져갔습니다.

> 7월 1일 한국기독교장로회 전북노회에서 한국기독교연합회의 한일회담에 대한 성명서를 지지하기로 결의하였고, 7월 4일에는 군산기독교연합회 주최로 연합기도회가 열려 여기에 참석했던 500여 명이 '한일회담비준반대'라고 쓴 플래카드를 들고 가두 시위를 벌여 경찰과 충돌하는 사태로까지 발전하였습니다. 7월 4일에는 대전시 내 기독교 각 교단 목사와 장로 500여 명이 구국기도회를 가진 데 이어, 5일에는 부산 지역의 목사 40여 명도 비준 반대 성명서를 발표하였습니다. 7월 5일부터 기독교 어머니회에 의해 추진된 서명운동은 2주일 만에 10만 명을 돌파하는 등, 한국교회는 그간의 침체의 무력상을 일순간에 극복한 듯 활발히 움직여 나갔습니다.

그러나 한국교회 전체가 일치하여 비준 반대 운동을 전개한 것은 아니었습니다.

상당수의 목회자들이 침묵을 지키는가 하면, 때로는 적극적으로 교회의 정치 참여를 비난하고 나선 교계 인사들도 있었습니다.

8월 10일 김석찬 목사의 '교회가 정치에 간섭함을 반대함', 12일에는 박 모(謨) 목사 등 전직 군목 10명 공동명의의 '비준 찬반의 민족적 혼선에서 기독교는 본연의 자세를 지키자', 김동협 목사 등 43명 공동 명의의 '한일회담비준에 대한 우리 교역자들의 견해' 등 교회의 비준 반대운동을 격렬히 비난하는 성명서들이 주요 일간지와 교계 신문에 잇달아 발표되었습니다.

> "한일국교정상화는 그 대원칙에서 전 국민이 원하는 바이고, 국민들이 기대하는 바이다"
>
> "한일회담비준 찬성이야말로 바로 남북통일의 전주곡이다"
>
> "예배당은 하나님께 예배하는 장소인데, 거기서 정치 강연을 하고 각종의 성명서와 공개장을 채택하는 결의를 하는 처사는 예배당의 신성과 근엄성을 상실시키는 일이다."

그들은 이러한 이유로 교회의 정치 참여를 반대하였습니다.

또 이들은 '가이사의 것은 가이사에게로'라는 구절을 표어로, "우리가 뽑아 세운 국가 통치자에게 국가사업을 맡기고, 우리 종교인은 우리의 사명인 복음 사업의 증인이 되는 것이 국가 민족을 위하는 일이다."라고 그들의 입장을 내세웠습니다.

그러나 이 같은 내적 갈등과 분열에도 불구하고, 한일협정 반대운동은 한국교회의 대세였습니다. 7월 26일 비준 반대를 위한 교직자회 전권 준비 위원회는 그동안의 '비준 반대 교역자회'를 일단 청산하고 새로이 '나라를 위한 기독교 교직자회'를 정식으로 구성하여 기독교 운동의 조직을 정비 강화하였습니다. 이러한 가운데 8월 11일 비준안은 국회 특위에서 심야에 날치기로 통과되고, 이어 14일에야 야당이 불참한 가운데 국회 본회에서 일방적으로 통과되었고, 이에 교회는 다시 일어났습니다.

교직자회로 뭉쳐진 한국교회는 12일 새문안교회에서 긴급히 구국 기도회를 개최하고, 13일에는 철야 기도회에 돌입하여 14일까지 기도회가 계속되었으며, 광복절인 15일에는 교직자회 주관으로 해방 구국 연합 예배가 전국 각지에서 일제히 개최되어 비준안의 날치기 통과를 맹렬히 비판하였습니다. 13일의 기도회에서 발표된 교직자회의 비준 무효 성명은, "이 나라 정치 현실에는 더 이상 민주주의가 존재하지 않으며 헌정 질서는 존재하지 않는다. 우리는 이 흉악한 민주주의 교살 행위를 묵과할 수 없으며 앞으로 집권당 자체가 스스로 파기한 헌정질서를 국민만이 준수하라고 강요할 수 없음을 선언한다."고 강력한 어조로 정부의 불법 행위를 비판하였습니다.

전국에서 일제히 해방 구국 연합 예배가 열린 8월 15일!
서울에서는 영락교회에서 2,700여 명이 모인 가운데 연합 예배가 열렸습니다.
예배가 끝난 후 참석자들은 가슴에 '비준국회통과 무효'라는 휘장을 달고 손에는 태극기를 든 채 '한일조약을 폐기하여 우리 조국 수호하자'는 플래카드를 앞세우고 국회의사당까지 가자고 외치며 가두시위에 돌입하였습니다. 그러나 비준안의 통과 강행과 더불어 강경책을 쓰기 시작한 정부의 데모 저지는 강압적이었습니다. 사복 경찰과 기동대의 곤봉 세례 속에 많은 목사와 부녀자들이 구타를 당하고 발길에 차이는 등 무참히 진압되고, 수 명의 목사가 연행되었습니다.
그러나 교회를 포함한 전 국민적인 항의에도 불구하고 한일협정 비준안은 국회를 통과하여 기정사실화 되었으며, 이 이후 기독교 운동도 일단 소강상태에 들어가게 되었습니다. 비록 비준 반대운동 자체는 커다란 결실을 맺지 못한 채 끝났으나, 한국 기독교의 운동사적 측면에서 한일회담 비준 반대운동이 갖는 의미는 매우 크다 할 것입니다. 즉, 해방 이후 계속되어 온 반 역사적 형태와 침체상을 일시에 불식하고, 4·19혁명 이후 서서히 대두되기 시작한 기독교의 사회정치 참여론이 급성장하는 중요한 계기를 이루었다는 점에서 그 역사적 의의가 있습니다.

사회단체 등록법

한국 기독교가 하나의 주요한 사회 정치세력으로 부상하기 시작하였다는 점은 기독교의 비준 반대운동 후의 정부의 대(對) 기독교 대응책에서 잘 나타납니다.

1964-1965년에 걸친 열화와 같은 한일회담 반대운동의 물결이 지나간 후 가장 강력한 정치적 반대세력으로 부각된 학생과 언론을 제압하기 위하여 '학원보호법'과 '언론윤리위원회법'의 제정을 시도했던 정부는 이어서 1965년 6월 초 종교단체에 대한 규제의 강화를 내용으로 하는 '사회단체등록에 관한 법률개정안'을 위한 '종교심의회'를 구성하였습니다.

1963년 12월 3일 박정희 최고회의의장은 "…새 헌법 제18조의 결사의 자유를 보장하는 조항을 중요시하고 자유로운 결사 및 단체 활동의 보장을 위하여 … 종교단체 등록제를 폐지한다."고 공포한 적이 있습니다. 그런데 불과 2년도 못되어 사이비 종파(類似宗敎) 제지를 빙자하여 기성 종교단체에 대한 규제와 감독의 강화를 의도하고 있는 종교단체 등록 발상에 대하여 교계와 사회 여론은 비상한 관심을 집중하였습니다.

이에 대하여 당시 '조선일보' 1965년 6월 18일자 사설은 이렇게 비판하고 있습니다.

'…한 말로 유사종교라고는 하지만, 이것은 기성 종교관에만 입각하여 다른 것을 배척시키라는 표현으로 유사종교라고 한다면 사리에 당치 않고, 더욱이 국가 권력을 행사하는 정부 자체가 아무런 기준도 없이 특정 종교나 결사를 유사 종교시 한다면 비난 받아야 한다.'

'크리스천신문'은 설문 조사를 통해 한국교계의 반대 여론을 정부에 보여주었습니다.

그러나 정부는 8월 5일 내무부를 통해 형식상 유사 종교 단체 내사(內査)를 실시해 오면서 11월 5일 그 개정안의 골격을 완성, 국회에 상정하였습니다.

다음은 정부가 이 법률안을 국회에 제안·상정하는 이유입니다.

> "…종교 단체의 실체를 파악하기 위하여 종교 단체를 등록 대상으로 하며, 사회단체로 등록을 마친 후에 그 등록 사항이 변경된 경우에도 이에 따르는 변경 등록을 태만히 하거나 그 설립 목적에 위배되는 부정·부당한 활동을 함으로써 사회 질서를 문란하게 하는 사태가 있어 이를 제재하도록 하여 건전한 사회단체의 활동을 보호·육성하고자 하는 것이다."

다음은 이 법률 개정안에 대한 주요 내용입니다.

1) 종교단체를 대상으로 한다.
2) 정기 보고 외에도 등록청은 장부나 서류 기타 자료의 제출을 요구하거나 조사할 수 있게 한다.
3) 등록 사항이 변경될 때에 그 변경 등록을 하지 아니하고 활동하거나 그 단체의 설립 목적에 위배되는 활동을 하는 사회단체와 등록일로부터 1년 이내에 활동을 하지 아니하는 사회단체의 등록을 취소할 수 있게 한다.
4) 벌칙을 강화하여 대표자에 대하여 6개월 이하의 징역이나 50만 원 이하의 벌금을 과할 수 있게 한다.

종교단체에 대한 규제와 감독의 강화를 명백히 의미하는 이 개정안에 대하여 교회는 종교와 신앙의 자유를 침해하는 것이라 규정하고, 그 반대 운동을 전개하였습니다.

11월 18일 기독교교회연합회(NCC)는 그 반대 성명에서, 이는 "정부가 종교 단체의 활동을 일일이 간섭하려는 의도가 분명하며, 신앙의 자유라는 기본권을 침해하는 것이며, 종교 단체의 자율적 성장을 저해하는 악법이다."라고 지적하면서 즉시 철회를 주장하였습니다.

이어 11월 23일에는 기독교교회연합회 국제위원회에서 기독교장로교, 예수교장로 회 (통합) 등 각 교파 14개 교단의 총회장 연석회의를 마련하여, "금 번 회부되는 개정 법률안은 헌법에 보장된 종교자유의 유린이며 교계 활동에 막대한 내용인 데서…" 전원 일치 연명으로 이 법률안의 철회를 정부에 요청하는 건의안을 작성, 관계기관에 공문을 보냈습니다. 또한 이 연석회의에서는 만일 이 법률이 국회를 통과할 경우라고 하더라도 기독교 단체는 이 법률을 배척하고 일체 등록을 거부하자는 항거 태세를 다짐하면서, 이 개정안은 종교의 자유를 침해하는 위헌적 법률이라고 강력히 비난하고 나섰습니다.

이어 12월 2일에는 지난 11월 23일 연석회의에 참석 못한 국내 각 교인과 가톨릭·불교·유교 등도 이에 호응할 만큼 그 반대의 여론이 넓혀졌습니다. 그러자 12월 6일 '연합기독신보사'가 주최한 '사회단체등록법안개정안'에 대한 좌담회 석상에서 문교부 실무자는 개정법의 의도를 다음과 같이 분명히 밝혔습니다.

> "…몇 개 종교 단체에서는 한일회담이 진행되는 때에 사회에 적지 않은 물의를 야기 시켜 양식 있는 사람들에 지탄을 받는 등 사태가 발생하게 되었는데, 이 행동이 형법상 규제를 받지 않으므로 … 미연에 방지할 수 없어 이를 미연에 방지하려는 의도 하에서 '개정안'을 내게 되었습니다."

개정법 실무자의 이 설명에서 드러나는 정부의 의도는 바로 한일협정비준 반대운동의 과정에서 보인 기독교계의 활발한 정치 참여에 대한 보복이었으며, 일단 교계의 강력한 반발에 부딪친 정부는 개정안의 국회통과를 보류할 수밖에 없게 됩니다.

그러나 정부는 1966년 6월 15일부터 7월 15일까지 열린 임시 국회에서 그동안의 교계 반대 여론을 무시하고 국회통과의 방안을 세웠다가 다시 유보하는 태도를 반복하였습니다. 공화당 정권의 사회단체법 개정안은 교회와의 정치적 갈등이 있을 때마다 휘두르는 도구의 하나가 되었습니다.

5 · 4부정선거와 교회의 개헌반대운동

한일협정 비준반대운동과 정부의 사회단체법 개정을 통한 교회 탄압을 경험하면서 한국기독교 안에는 현실 참여, 정치 참여 의식이 현저히 고조되어 갔습니다.

비준 반대운동이 끝난 직후인 1966년 1월 17일부터 20일까지 기독교연합회와 동남아기독교협의회(EACC)가 공동 주최한 '한국기독교지도자협의회'가 '인간 사회 안에 있는 기독교 공동체'라는 주제로 열렸습니다. 56명의 교계 지도자들이 참석한 이 모임에서 강원룡(姜元龍) 목사는 주제 강연을 통하여 현실적 과제에 대한 교회의 자세가 보다 참여적이고 적극적으로 갱신되어야 함을 분명히 하였습니다.

> "교회는 하나님의 일을 하기 위한 종노릇으로서 교회이지 교회 그 자체가 아니다. … 인간사회 내의 기독교공동체가 직면한 문제는 교회가 세계사회와의 대화를 어떻게 하느냐 하는 문제와 교회 자체의 개혁이다."

또한 이 모임에서는 '교회의 혁신'과 아울러 '기독교인의 정치 참여'가 분과 토의 주제의 하나로 다루어졌습니다. 이것은 60년대 중반 이후 기독교의 정치 참여 문제가 교회 차원에서 공식적으로 다루어진 최초의 것이라 할 수 있습니다.

이음은 이 협의회에서 내린 결론입니다.

> "교회가 정치 참여를 한다고 할 때, 교회의 개념은 '에클레시아'(Ecclesia, 모여 있는 교회)인가 '디아스포라'(Diaspora, 흩어지는 교회)인가의 문제, 즉 기독교를 믿는 개인의 정치적 의사도 교회의 행위로 볼 것인가라는 문제를 중심으로 토의가 전개되어, 보편적 상황에서는 교회의 집단적 정치 행위도 가능하지만 정치적 극단 상황에서는 개인적 결단만이 가능한데, 이것은 다만 일반 시민적 행위로만 파악할 수 없다."

기독교인이 일반 시민의 영역과 동일한 정치행위를 할 때도 그것은 그리스도의 요청에 의한 결단이라는 신앙적 차원의 가짐을 인정한 것으로, 기독교인들의 정치 참여를 신학적으로 뒷받침하는 것이었습니다. 이어 이 협의회는 '지금까지의 기독교인의 정치 참여에서는 주체성이 확립되어 있지 못함으로 해서 교회의 분열과 무기력을 나타낸 바 있음'을 반성하면서, 기독교의 지속적인 정치 참여를 위하여 '권위 있는 발언을 할 수 있는 전문적인 연구기관의 상설을 건의함'으로써 정치 참여 문제에 대하여 상당히 적극적이고 구조적인 접근의 자세를 보였습니다. 아울러 결의 사항의 하나로서 국내 정치 문제에 있어 "민주주의의 성패의 관건은 선거 공명 정대와 부패의 근절에 있다."라고 못 박고, 이를 위한 계몽을 교회가 담당할 것을 다짐하였습니다.

이리하여 1967년 대통령 선거와 국회의원 선거를 앞두고 기독교계는 다시 움직이기 시작하였습니다. 1966년 10월 박형규(朴炯圭) 목사가 총무로 취임하면서 활발한 움직임을 보이기 시작한 '한국 민주주의의 성장과 기독자 현존'이라는 주제를 내걸고 창립 20주년 기념 강연회를 전국 5대 도시에서 동시에 개최하여 공명선거 캠페인을 대대적으로 벌였습니다. 제1일은 '한국 민주주의의 성장과 국민의 주권의식', 제2일은 '기독자의 정치적 책임과 정치 참여의 방식'을 제목으로 서울에서는 장이욱(張利郁)·현영학(玄永學), 대전은 강원룡·지명관(池明觀), 전주는 지명관·노창섭(盧昌燮), 대구는 서남동(徐南同)·노정현(盧貞鉉), 부산은 노정현·서남동 등이 강사로 나섰습니다.

이러한 공명선거를 위한 노력에도 불구하고 6·8 국회의원선거는 사상 유례가 없는 부정 타락선거의 양상을 보이고, 이에 따라 학생 데모가 격렬하게 전개되어 '한국기독학생회'는 6월 15일 각 회원에 대해 다음과 같은 공개서한을 발표했습니다.

"6·8선거의 불의가 작용하여 우리의 사회는 또다시 혼란과 무질서와 파멸의 위기에 직면하게 되었습니다. 그러나 우리는 불의를 미워하면서도 질서의 파괴가 더 큰 불의의 온상이 된다는 사실도 알고 있습니다. 4·19혁명의 정신은 살아야 하지만 4·19혁명의 사태는 되풀이 되어서는 안 될 것입니다. … 한국의 민주주의를 매장하는 금 번의 부정 선거는 물론 그 책임의 대부분을 집권당과 정부가 져야 하겠지만 전 유권자 국민과 야당도 같이 반성하고 회개해야 할 것입니다. 학원에서 그리스도와 함께 현존하기를 기약하는 우리는 이 사태에 있어서도 책임 있는 참여 방식을 강구해 보아야 할 것입니다."

이 서한에서는 부정선거규탄 데모보다는 죄를 자복하는 기도회, 부정부패의 원인이 되는 정치 구조에 대한 토론회 또는 연구회가 기독 학생으로서 취할 최선의 방법이 될 것이라고 제시하였습니다.

기독교연합회도 6월 21일 긴급 실행위원회를 소집하여, 6·8사태로 인한 시국 수습 방안을 검토하고, 시국 수습을 위한 대체위원을 선정하여 공화당 및 정부 요인과 접촉하여, 시국수습을 위한 교회의 입장을 전달할 것을 결의하였습니다.

'6·8부정선거를 단순한 정치문제가 아니요, 국민 주권에 대한 시원적인 침해이며, 이는 권력의 남용과 민주주의를 실현하려는 성의의 결여에서 초래된 것으로 민주

정치의 기저를 흔드는 위험천만(危險千萬)한 우거이며, 국가와 민족의 장래를 위해서는 정치권력은 사회 정의와 도덕적 책임감에 기초를 두어야 하며, 만일 그렇지 못할 때는 권력은 단순한 폭력으로 화하고 독재를 낳게 될 것이다.'

이어 정부를 향하여 '6·8사태를 미봉책으로 수습하려는 태도와 국민의 정당한 항의를 억압하려는 자세는 버리고, 당리와 사욕을 초월하여 근본적인 해결을 강구할 것'을 촉구하는 한편, 모든 기독교인에 대해서도 "기독자의 양심에 서서 이 위기에 대한 책임의식을 가지고 기도와 신앙적인 결단으로써 이 땅에 있어서의 의로운 민주적 장래를 지키자!"고 호소하였습니다.

그러나 6월 21일자의 결의 사항에 따라 시국수습대책위원회의 구성을 위해 27일 다시 모인 기독교연합회의 회의에서는 기독교가 필요 이상으로 정치 참여를 해서는 안 되고, 교회 전체의 입장을 수렴하는 듯이 할 수 없다는 등의 반론이 제기되어 논란 끝에 전국 교회의 기독회와 대책위원회의 정부 요인 접촉이 무산되어 버렸습니다.

한편 한일회담 반대운동 이후에 전개된 기독교의 정치 참여 과정에서 지도적 역할을 수행해 온 김재준 목사는 6·8사태의 와중에서 다음과 같이 기독교의 역사적 입장을 분명히 하였습니다.

"우리는 여야 어느 편에도 정당적인 의식을 가지고 편드는 일을 하지 않는다. 정권이 어느 누구에게 넘어가든지 그것 자체에 대하여는 담담하다. 그러나 불의가 있을 경우에는 어느 편, 어느 누구의 소행이든 간에 우리는 이를 묵과하지 못한다. 그것은 이 땅에 의를 세우는 것이 우리 신앙의 본질에 속하는 일이기 때문이다…."

또한 1969년 3월 2일에는 기독교연합회가 파고다 공원에서 3·1운동 50주년 기념대회를 갖고 사회의 부조리 계획을 위한 기독자의 책임을 다할 것을 다짐하였습니다.

"우리 사회는 민주주의를 지향하면서도 인간의 존엄성은 유린되고, 정치적 정의의 실현은 요원하여 행정의 시행착오(試行錯誤)는 되풀이 되고 있다. 한편 근대화가 표방되고 있으나 소수 특권층만이 비대해지고 있으며, 낭비와 사치의 풍조가 조장되는 반면에, 일반 대중은 빈곤을 벗어나지 못하고 있다."

이렇게 한국 사회의 구조적 모순을 지적한 후, 교회의 무력함을 비판하였습니다.

"이와 같은 민족 사회의 현실 속에 놓여 있음에도 불구하고 우리는 하나님 앞에 기독자의 책임을 다하지 못했다. 우리는 예수 그리스도를 통해 화해의 일치를 도모하지 못했고 오히려 분열과 파쟁을 일삼았다. 이웃의 가난과 국가적 과제를 외면한 우리의 예배는 정의의 하나님 앞에 도리어 거짓된 제사가 될 뿐이었다."

이어 다음과 같이 다짐함으로 선언문을 마치고 있습니다.

"기독자는 잘못된 사회 구조와 불의한 정치와 부패한 풍조가 하나님의 뜻에 대한 반역임을 확인하고 이에 항거하여 개혁하는 데 나선다. 참된 인간 공동체를 실현하기 위하여 우리는 모든 선한 세력과 힘을 합친다."

1960년대 말 최대의 정치적 쟁점으로 부각된 3선 개헌 문제에 대한 한국 기독교의 반대운동도 바로 이러한 맥락 위에서 전개되었습니다. 그러나 한국 기독교의 참여 방식은 여전히 교회나 연합 기구를 통한 공식적 참여보다는 기독교인의 개인적인 참여가 두드러졌습니다.

'3선 개헌반대범국민투쟁위원회'의 위원장 김재준 목사는 8월 15일 '범국민투위' 위원장의 이름으로 '전국의 신앙 동지 여러 분'이라는 성명서를 내고, 기독교인의 결단과 참여를 촉구하였습니다.

"신앙인 개인은 물론 교회 전체도 의를 위한 목숨을 건 결단에서만 참다운 생명을 얻을 수 있다고 생각한다. … 우리는 복음 위에 서서 불의를 바르게 찾아내어 규탄하고 의를 찾아 세우는 역군이 되어야 한다는 사명을 다시 깨달아야겠다. 그러므로 우리의 교회는 오늘 그 어느 때보다도 예언자적인 직능을 다하여야 할 시기에 도달한 것이라고 생각한다. 그리스도의 종으로서의 멍에를 지고 방방곡곡에 우리의 결단을 전파하고 민중의 운동을 조직하고 실천하여야 하리라고 생각한다…"

한국교회 지도자들의 이 같은 노력과는 달리 교회의 다른 일각에서는 오히려 공공연히 3선 개헌을 찬성하는 주장이 보수계 지도급 인사들에 의해서 제기되기도 하였으며, 교계를 혼란시키는 각종 선언문도 쏟아져 나왔습니다.

9월 4일 김윤찬·박형룡·조용기·김준곤·김장환 등 보수 계통의 목사 242명은 '개헌문제와 양심자유선언을 위한 기독교 성직자 일동'이라는 명의로 성명서 '개헌문제와 양심자유선언'을 발표하고, 김재준 목사의 호소문을 '순진하고 선량한 뭇 성도들이 양심에 혼란을 일으키는 선동적인 행위'라고 비난하고 나섰습니다.

그리스도의 이름으로 개헌 반대를 강매한다면, "우리들의 복음은 격하되고 개헌 반대는 성의(聖衣)를 입고 그 선전원들은 순교자가 되는 희극도 벌어질 것이다."라고 기독교인의 정치 참여를 노골적인 언사로 공격하면서 '날마다 그 나라의 수반이 대통령과 영도자를 위하여 기도하여야 하는 것이 기독교적인 태도'라고 주장하였습니다.

다음 날인 5일에는 '대한기독교연합회'(DCC)라는 명칭으로 '개헌에 대한 우리의 소신'이 발표되어, "우리들 기독교인은 개헌문제에 대한 박 대통령의 용단을 환영하여 … 오늘과 같은 국제 정세와 국내 시국에서는 강력한 영도력을 지닌 지도체제를 바란다."고 개헌 찬성을 공개적으로 천명하였습니다.

이에 대해 한국기독교연합회(NCC)는 6일, '대한기독교연합회(DCC)는 한국기독교연합회와 하등의 관계가 없는 단체'라는 점을 밝히는 해명서를 내야만 했습니다. 그리고 교계 내부의 혼란과 도전에 자극 받아 한국기독교연합회는 9월 8일 3선 개헌에 반대 입장을 표명한 성명서를 발표하였습니다. 그러나 많은 내부적 논란과 수정 끝에 발표된 성명서는 우회적인 표현만을 사용한 지극히 애매한 것이었습니다.

"한국의 그리스도인은 이 나라의 하나님의 공의를 천명하기 위하여 항상 기도하여 시대가 요청하는 예언자적 사명을 다하기 위하여 노력해 왔다. 그러기 때문에 오늘 우리가 처한 정치상황은 결코 신앙과 무관할 수 없다. 우리는 국론의 분열과 악화를 초래하는 3선 개헌 발의에 대해서 깊은 우려와 심한 유감의 뜻을 표하는 바이다."

원래의 초안은 보다 적극적인 개헌반대 의사를 담은 내용의 것이었으나, 내부의 토론 과정에서 이 같이 힘없는 것으로 수정된 것이었습니다.

이와 같이 내부의 통일적 기반의 취약성으로 인하여 1969년의 한국교회는 3선 개헌 문제에 대해 보다 분명하고 적극적인 태도를 보여주지 못하였지만, 4·19혁명의 충격에서 오는 반성에서부터 출발하여 한일회담 반대, 6·8부정선거규탄, 3선 개헌반대 등 일련의 정치적 참여의 경험이 누적되면서 많은 내부적 갈등에도 불구하고 한국

기독교의 현실 참여는 하나의 뚜렷한 흐름으로 정착되어 갔으며, 근대화와 고도경제 성장에 따른 제반 사회적 문제에 대한 문제의식도 더욱 심화되면서 기독교 내의 운동 세력은 확대되고 조직화되었습니다.

3선 개헌이 강행 통과된 직후에 쓰인 박형규 목사의 다음과 같은 글은 당시 기독교의 상황 인식을 여실히 보여주고 있습니다.

"이제 다시 흑암의 세력이 고개를 들기 시작하였다. 빛의 아들들도 하나님의 전신 갑주를 입을 때가 왔다. 조국의 광명을 지키기 위해 일본 제국주의와 싸웠고, 또 붉은 마수와 접전하여 수많은 순교의 피를 흘린 한국교회는 이에 다시 대두하는 밤의 세력과 대결하지 않을 수 없게 됐다."

※ 참고 문헌
이를 위하여 참고한 서적은 다음과 같습니다.

곽안련. 「한국교회사」 서울: 대한기독교서회, 1966.
김대인. 「숨겨진 한국교회사-민족교회발생」 서울: 한들 출판사, 1995.
김양선. 「한국기독교사 연구」 서울: 기독교문사, 1994.
김영재. 「한국교회사」 서울: 개혁주의 신행협회, 1992.
민경배. 「한국기독교회사」 서울: 연세대학교 출판부, 2002.
박용규. 「한국기독교회사 1」 서울: 생명의 말씀사, 2004.
이영헌. 「한국기독교사」 서울: 컨콜디아사, 1995.
이원규. 「한국교회의 현실과 전망」 서울: 성서연구사, 1994.
채기은. 「한국교회사」 서울: 기독교문서선교회, 2003.
한미준, 한국갤럽. "한국인의 종교와 종교의식", 1990.

용·기·총 제3장

용인의 교회는?

이놀근 목사

- 백암교회 담임목사
- 대전보문고등학교 졸업
- 서울신학대학교 신학과(B.A.)
- 서울신학대학교 신학대학원 석사(M.Div.)
- 서울신학대학교 신학전문대학원 석사(Th.M.)
- 서울신학대학교 일반대학원 철학박사(Ph.D.) 설교학 전공
- 서울서 지방회에서 전도사 승인(아현교회)
- 제 6년차 경인지역총회 목사안수
- 전북지방회 중동교회 부목사 시무
- 서울 강남지방회 충무교회 부목사 시무
- 前 백암지역 기독교 연합회장
- 現 중부신학교 교수
- 現 용인동부경찰서 경목위원장
- 現 용인시청 시목실장
- 現 글로벌시중복음 연구소 이사
- 現 백암지역아동센터 대표

    용인의 종교적 모습은 용인의 역사가 깊은 만큼 종교적인 역사도 깊은 편이며, 그 활동이 활발한 편입니다.

    불교는 신라 애정왕 2년에 신응선사가 창건했다고 하는 백련사를 비롯하여 109개 사찰이 있으며, 비록 뒤늦게 1970년에 세워졌지만 와우정사는 대한불교 열반종의 본산으로 3천여 점의 불상이 있으며, 절 입구에 세워진 불도와 산중턱에 있는 와불이 유명합니다. 높이가 8m인 부두는 초대형이며, 세계 규모의 와불(누워있는 불상)은 높이가 3m, 길이 12m에 이르는 것으로 인도네시아에서 들여온 향나무를 깎아 만든 것입니다. 또한 경내에 있는 거대한 불두와 황동 5만근으로 10년 간 만든 황동 5존불, 무게가 12톤에 이르는 통일의 종(88 서울올림픽 때 타종) 그리고 우리나라 최대의 청동미륵반가사유상이 있으며, 석조약사여래불 등이 있으며 신도들과 관광객들이 찾고 있습니다.

천주교는 박해를 피하려고 깊은 산 속으로 은거하여 신앙생활을 하게 됨으로 양지면 은이, 헌터, 이동면 먹뱅이, 수지의 손골, 모현의 오산수, 쇠내실, 포곡의 도사부락 등이 은신처가 되어 천주교도들이 일찍이 거주하였으며, 1913년에 경기도에서 다섯 번째로 '압고지 성당'(포곡읍 전대리)이 건립되었다가(1930년에 폐지됨) 현재는 모현 갈담리에 모현성당이 세워져서 포교활동을 하고 있습니다. 비록 성당 수는 많지 않지만 사회복지법인 천주교 인보회와 인보가정 봉사원 파견센터 및 천주교 인보 성체수녀원을 통하여 유치원에서부터 노인에 이르기까지 다양한 프로그램으로 포교활동을 하고 있습니다.

그밖에도 유교는 조선 전기에 세워진 구성의 용인향교와 모현면 능원리에 위치한 충렬서원이 있어서 용인지역의 학문에 그 역할을 하고 있으며, 무속종교는 12회째 대동 할미굿을 중심으로 힘을 과시하고 있습니다. 이처럼 용인은 그 역사와 함께 다양한 종교가 큰 무리 없이 어우러져서 활발하게 활동하고 있는 지역에 속합니다.

기독교 형편

앞에서도 여러번 언급했거니와 용인에 설립된 최초의 교회는 1894년에 용인시 외사면 백봉리에 세워진 '백봉교회'입니다. 고종 29년(1892년)을 전후해서 감리회에서 전국의 구역을 설정하게 되었는데 본 용인지역은 수원교구에 들어 있었습니다. 1894년 8월 15일 민노아 선교사가 순회전도를 하던 중 서성목 · 이원서 등이 감동되어 교인이 되기를 결심하고 동리 사람들에게 전도하면서 교회를 설립하였습니다.

다음에 세워진 교회는 1895년에 용인군 남사면 방아리(아리실)에 아리실 교회입니다. 홍석창 목사에 의하면 수원지방의 선교의 시작은 서울 상동교회로부터 시작해서 육로로 1893년 경기도 화성군 동탄면 장지리로 들어와서 장지리 교회(현 장천교회)를 세우고 1895년에 아리실 교회를 세우면서 이웃 용인관내 동리들로 번져갔다고 합니다. 그리고 10년 정도 후에 1903년에 원촌교회(현, 용인중앙교회), 1905년에 용인교회, 1906년에 문촌교회, 1907년에 양지교회가 설립되어 점차 교세의 신장을 보게 되었습니다. 현재까지도 100년이 넘는 역사를 가진 이 교회들이 남아 있어서 2007년 한국교회 대부흥 100주년 기념대회에서 기념패를 받기도 했습니다.

연도별 용인지역의 교회 설립 현황을 보면, 1894년에 1개 교회, 1895년에 1개 교회, 1906년에 1개 교회, 1907년에 1개 교회가 설립되었고, 1910-1920년에 2개 교회, 1920-1930년에는 한 교회도 없고, 1930-1940년에 4개 교회, 1940-1950년에 14개 교회, 1960-1970년에 13개 교회가 설립되었습니다. 역사적으로는 용인군 포곡면 금어리에 홍종옥·홍종엽 형제는 독실한 기독교 신앙을 가지고 있던 사람들로서 3·1만세 운동을 주도하기도 했습니다.

개인적으로도 민족의 구원을 위해 복음 전파에 매진하며 민족 계몽에 앞장섰던 분이 있습니다. 바로 순교자 서두성 목사님입니다.
목사님은 경기도 용인 백암지역의 대표 지도자로 손꼽히는 인물입니다.
목사님은 해방 이후 격변의 나라를 위해 선지자 역할을 하며, 다음세대 계몽을 위해 고군분투하다 마침내 성도를 살리기 위해 목숨마저 내놓았습니다.

서두성 목사님의 순교 사건은 잘 알려지지 않고 있습니다.
이는 같은 시기 납북되거나 순교한 다른 목회자들에 비해 남아 있는 기록이 적은 까닭입니다. 필자가 백암교회에 부임하면서 서두성 목사님의 순교 사건을 본격적으로 재조명했습니다.

1920년 2월 경상북도 영주시 풍기면에서 태어난 서두성 목사님은 1944년 초, 경성신학교(현 서울신학대학교)에 진학하기 위해 상경했습니다. 1948년 경성신학교를 졸업한 서두성은 경기도 용인시 백암교회 담임전도사로 부임했고, 이듬해 목사 안수를 받은 후 구령의 열정을 불태우며 부흥을 이끌었습니다. 목사님은 성결교회 목사답게 부흥회를 뜨겁게 인도해 성도들의 성령체험을 이끌었습니다. 목사님에 대한 소문이 널리 퍼지게 되자 여러 곳에서 초청을 받아 원삼과 영곡마을에서 천막집회를, 백봉마을에서 가정교회 집회를 인도하기도 했습니다. 부흥회에 참여한 이들이 뜨거운 성령의 불을 받아 원삼과 백봉에서 성결교회를 창립하는 결실도 맺었습니다.

목사님의 열정은 복음전파에만 국한되지 않았습니다.
그는 시대적 상황과 사회적 현실에도 큰 관심을 기울였습니다.
해방 이후 혼란스럽던 시절, 목사님은 시국강연회를 열고 사람들이 공산주의에 빠지지 않고 건전한 사회정치관을 가질 수 있도록 계몽에 앞장섰습니다. 또한 목사님은 1949년 기독청년들을 중심으로 대한청년단을 조직해 청년들에게 기독교적 시국관을 심어주기 위해 동분서주했습니다.

특히 목사님은 다음 세대 교육 사업에 매진했습니다.

당시 경기도 용인 백암지역은 중학교가 하나도 없어 진학하려면 타 지역으로 유학해야 하는 상황이었습니다.

이에 목사님은 교회사택을 임시교실로 개조해 외사고등공민학교를 설립했습니다.

외사고등공민학교는 오늘날 백암중학교의 전신이 되었습니다.

1950년 6.25 전쟁발발 이후 7월 백암 지역도 공산군에 점령됐습니다.

목사들은 더욱 고초를 당한다는 소문이 퍼지자 성도들과 백암경찰서 지서장 등 지인들은 목사님에게 피신할 것을 간곡하게 청했습니다. 그러나 목사님은 "성직자는 마지막까지 남아서 하나님의 전을 사수해야 한다"고 일언지하에 거절했습니다. 오히려 목사님은 마을에 남은 성도들을 독려해 함께 예배하며 나라와 민족을 위해 기도했습니다. 그러던 중, 몇몇 성도들이 공산군에게 발각되어 끌려가는 일이 벌어졌습니다.

이 소식을 들은 서두성 목사는 지체 없이 내무서를 찾아가 성도들을 석방해달라고 요청하며 성도들 대신 옥살이를 자청했습니다.

목사님의 희생으로 성도들은 모두 풀려날 수 있었습니다.

일주일 후 풀려난 목사님에게 성도들은 피신할 것을 더욱 간곡하게 청했습니다.

하지만 목사님은 "만약 내가 없어지면 죄 없는 많은 교인들이 다시 체포되어 어려움을 당하게 될 것이다"라며 또 다시 거절했습니다.

결국 며칠 후 다시 잡혀가 옥에 갇힌 서 목사는 공산군이 퇴각할 때 북으로 끌려가다 수원 인근 야산에서 무참하게 순교를 당했습니다.

죽음조차 두려워하지 않고 마지막까지 '목사'로서의 신앙과 성도들을 지킨 것입니다.

'한국성결교회 100년사' 집필위원이신 허명섭 목사는 "자신의 생명보다 성도를 더 생각한 서두성 목사는 '아비의 심정을 가진 목회자'였다"며 "그가 보여준 아가페적인 사랑을 본받아야 할 것"이라고 말합니다.

이러한 서두성 목사님의 순교는 후대에 숭고한 신앙유산으로 이어져 오고 있으며, 남달랐던 교육사랑은 현재까지도 백암교회를 통해 큰 열매를 맺고 있습니다.

특히 백암교회는 장학증서에 서두성 목사의 순교 정신과 백암중학교를 설립한 그의 교육열정 등을 자세히 새겨 넣어 학생들에게 그의 고결한 정신을 알리고 있습니다. 또한 교회는 목사님의 전도 열정을 따르기 위하여 매주 차와 점심 대접으로 지역을 섬기고 지역아동센터 운영으로 소외된 아동들을 돌보고 있습니다.

한편 서두성 목사님의 신앙은 자녀들을 통해서도 이어지고 있습니다. 큰아들인 서영호 장로는 청계열린교회에서 충성스럽게 섬기다 은퇴했고, 차남 서영철 집사는 시온장로교회를 섬기고 있습니다. 두 딸 절자·혜자 씨도 미국과 호주에서 교회를 잘 섬기며 신앙의 유산을 이어가고 있습니다.

이렇듯 성결한 순교자 서두성 목사님의 순교가 뿌린 씨앗은 지금도 복음을 전하고 다음 세대를 길러내는 등 현재진행형으로 아름다운 꽃과 열매를 맺어가고 있습니다.

교회 증가로 인한 문제

용인지역의 교회 수의 변화를 보면 1990년에 143개에서 2000년에는 398개로 성장했으며, 2003년에는 481개로 늘어났으며, 용인의 서부 쪽의 개발로 인구가 증가하면서 2006년에는 614개 교회로 증가했습니다(용인시, 2006 서비스업 총조사 결과 종교현황).

용인에 기독교 연합단체로는 '용인시 기독교 연합회'가 있어서 오랫동안 활동해 왔으나, 용인의 서부지역의 도시개발로 인구가 급증하고 교회들이 새롭게 많이 세워지게 됨으로 용인지역의 동서로 하나로 어우르는 의미에서 2005년에 '용인시 기독교 총연합회'로 개칭하고, 그 조직을 확대 개편하여 활발하게 활동하고 있습니다.

용인지역의 교회 수의 변화를 보면 1990년에는 143개에서 2000년에는 398개로 성장했으며, 2003년에는 481개, 2006년에는 614개로 증가해 오고 있습니다.

개척교회 증가

용인지역은 인구 증가에 원인을 두고 개척교회들이 많이 생겨났습니다.
그러나 1970년대와 1980년과는 다르게 개척교회가 성장하는 데 많은 어려움을 느끼고 있는 것이 현실이기에 미자립 교회가 많고, 교역자들의 생계유지가 힘든 경우가 많으며, 교회를 개척하다가 재정적인 어려움을 감당하지 못해서 문 닫는 사례까지 발생하게 되고 있습니다.

대형교회의 이주

용인의 도시개발과 인구 급증에 따라 용인지역 밖에 있던 대형교회들이 이사를 들어와서 갑자기 예배당을 짓고 부흥의 급물살을 타기도 합니다. 수지에는 분당에 있던 NV교회가 2002년 860평의 사서 대형 예배당을 건축하고 들어와 성장하고 있으며, 기흥에는 HK교회가 2004년에 605평의 부지 위에 본당 2,500석의 대형 예배당을 건축하고 들어와서 성장하고 있으며, 죽전에는 SE교회가 2005년도에 1만평의 부지 위에 본당 4,500석의 대형 예배당을 건축하고 분당에서 이사를 와서 성장하고 있으며, 구성에 SS교회는 2003년에 1,289평의 대지 위에 대형 예배당을 건축하고 분당에서 이사를 와서 성장하고 있으며, 기흥에 HS교회는 2000년에 3,000평의 대지를 구입하고 서울에서 이사를 와서 성장하고 있습니다.

인구 증가와 함께 모든 교회들이 성장에 도움이 되기도 하지만, 반면에 성도 수가 감소하고 존재 위협을 느끼는 경우들도 발생합니다. 그것은 시골 지역에서 오랫동안 자리를 지켜오던 전통적인 교회들은 지역의 변화와 외부에서 아파트로 입주해 들어온 구성원들의 성향을 잘 파악하지 못하고 능동적인 대처를 하지 못함으로 양적인 부흥을 맛보지 못하기도 하고, 성도들은 새롭게 나타난 대형교회의 목회자와 시설과 프로그램에 흔들려서 교회를 옮기는 사례들이 발생하기 때문입니다.

이제 포곡제일교회가 위치한 지역도 수년 내에 경전철이 개통되고 아파트가 지어지고 인구가 유입되는 일들이 일어날 상황이기에 개척교회와 이주해오는 교회들이 있을 것이라고 예견되는 지역입니다. 그러므로 건강하고 성숙한 교회의 모습으로 든든히 서지 못한다면 양적인 부흥을 기다리던 꿈은 물거품처럼 날아가 버리고 부흥과 함께 품었던 거룩한 사역에도 차질을 가져오게 될 것이기에 건강하고 성숙한 교회가 되도록 해야만 합니다.

제6부

70-80년대 우리 사회와 교회 그리고 용인의 교회들

용·기·총

제1장

찬송과 예배 찬송

최성균 목사

- 대전침례신학대학교 기독교교육학과 B.A 졸업
- 대전침례신학대학교 기독교교육학과 M.A 석사과정 수료(성인교육 전공)
- 평택대학교 피어선신학대학원 M.Div 목회학 석사과정 졸업
- 평택대학교 피어선신학대학원 Th.M 석사과정 졸업(역사신학 전공)
- 미국 리버티신학대학원 Th.M 석사과정 졸업(강해설교 전공)
- 평택대학교 피어선신학대학원 Ph.D 박사과정 수료(역사신학 전공)
- 1986년 4월 목사 안수 • 1986년 4월-2002년 10월 육군 군목
- 2003년 1월-2008년 12월 지구촌교회 목양사역 및 국내선교부 담당목사
- 중보기도, 전도폭발, 군선교 • 국내선교 : 농어촌, 교도소, 북한, 스포츠, 병원
- 문서선교, 금요심야 설교목사 • 2009년 1월 동백지구촌교회 개척
- 동백지구촌교회 담임목사

기독교를 일컬어 '찬송(찬양)의 종교'라 함은 하나님께서 찬송 중에 거하시며, 찬송을 가장 기뻐하시기 때문입니다.

"이스라엘의 찬송 중에 계시는 주여 주는 거룩하시니이다"(시 22:3)

"내가 노래로 하나님의 이름을 찬송하며 감사함으로 하나님을 위대하시다 하리니 이것이 소 곧 뿔과 굽이 있는 황소를 드림보다 여호와를 더욱 기쁘시게 함이 될 것이라"(시 69:30-31)

하나님께서 우리를 택하셔서 자녀 삼으심은 우리를 통해서 찬송을 받으시기 원하기 때문입니다.

"이 백성은 내가 나를 위하여 지었나니 나를 찬송하게 하려 함이니라"(사 43:21)

이는 우리가 하나님의 백성이라는 초자연적이고 근원적인 은혜로 인하여 우리에게 주어진 목적이 우리가 지닌 가능한 모든 방식으로 하나님의 영광을 드러내야 한다는 강한 사명감을 느끼게 됩니다. 따라서 하나님의 영광을 위해 창조된 우리가 하나님을 찬송하는 일은 당연하며 찬송에 대한 기본적인 이해를 위해서는 성경에서부터 그 의미를 찾아야 합니다.

성경에서 찬송의 기원은 하나님의 명령에 의해 공식적으로 사용되었음을 말해줍니다. 창세기 4장 21절에는 '유발이 수금과 통소를 잡는 모든 자의 조상'이라는 기록이 나타납니다. 그러나 그 이후의 음악에 대한 기록은 나타나지 않으며, 출애굽 후 모세 때부터 공식적인 행사나 제사에 음악이 사용되었음을 발견할 수 있습니다. 모세는 하나님의 명령으로 은 나팔 둘을 만들어 백성을 소집할 때나 이동시킬 때, 전쟁에 임할 때, 기쁜 절기 때 이를 사용하였으며 제사장으로 하여금 담당하게 했습니다(민 10:1-10).

찬송에 대한 구체적인 언급은 여호수아로 하여금 이스라엘 회중들에게 노래를 가르쳐 가나안에 들어가기 전 하나님과 맺은 언약을 기억하게 하셨다는 신명기의 말씀에서 찾아볼 수 있습니다.

> "그러므로 이제 너희는 이 노래를 써서 이스라엘 자손들에게 가르쳐 그들의 입으로 부르게 하여 이 노래로 나를 위하여 이스라엘 자손들에게 증거가 되게 하라 내가 그들의 조상들에게 맹세한바 젖과 꿀이 흐르는 땅으로 그들을 인도하여 들인 후에 그들이 먹어 배부르고 살찌면 돌이켜 다른 신들을 섬기며 나를 멸시하여 내 언약을 어기리니 그들이 수많은 재앙과 환난을 당할 때에 그들의 자손이 부르기를 잊지 아니한 이 노래가 그들 앞에 증인처럼 되리라 나는 내가 맹세한 땅으로 그들을 인도하여 들이기 전 오늘 나는 그들이 생각하는 바를 아노라"(신 31:19-21)

다윗 성전에는 잘 훈련된 레위 사람 288명(30세 이상)을 세 그룹으로 나누어 여호와를 찬양하게 하였습니다. 아삽은 노래하는 찬양대장으로, 여두둔은 현악대장으로, 헤만은 관악대장으로 삼아 여호와를 찬양하였음을 알 수 있습니다(대상 25:1-7).

그렇다면 이러한 유구한 역사를 가진 '찬송'을 어떻게 정의할 수 있을까요?

찬송의 본질은 무엇일까요?

찬송의 본질은 하나님이 인간을 창조하신 궁극적 목적이었습니다.

하나님이 인간을 창조하신 목적이 바로 자기의 영광을 찬송하게 하려 함이었습니다.

"호흡이 있는 자마다 여호와를 찬양할지어다 할렐루야"(시 150:6)

"이 백성은 내가 나를 위하여 지었나니 나를 찬송하게 하려 함이니라"(사 43:21)

"보좌에서 음성이 나서 이르시되 하나님의 종들 곧 그를 경외하는 너희들아 작은 자나 큰 자나 다 우리 하나님께 찬송하라 하더라"(계 19:5)

그러므로 찬송은 인간 창조의 궁극적 목표가 됩니다.

이 말은 찬송은 성도의 마땅한 본분이요, 하나님의 영광을 드러내기 위한 본질적인 최상의 표현방편이 바로 '찬송'이라는 말이 됩니다.

또한 찬송은 하나님이 우리 인간에게 주신 특권임을 잊어서는 안 될 것입니다.

그러므로 인간은 변함없고 끊임없이 하나님만을 찬송해야 하는 것입니다.

찬송의 본질은 곧 창조주 하나님을 인정하고, 높이며, 찬양하는 데 있습니다.

곧 하나님이 능력을, 하나님이 행하신 기사를, 그리고 그 성호를 경배하는 수단으로 찬송을 부르는 것입니다.

"여호와여 주의 능력으로 높임을 받으소서 우리가 주의 권능을 노래하고 찬송하게 하소서"(시 21:13)

"여호와여 주의 기이한 일을 하늘이 찬양할 것이요 주의 성실도 거룩한 자들의 모임 가운데에서 찬양하리이다"(시 89:5)

"주의 크고 두려운 이름을 찬송할지니 그는 거룩하심이로다"(시 99:3)

그러므로 성경은 모든 인생들이 찬송으로 하나님을 경배할 것을 명합니다.

모든 민족이 주 하나님을 찬송할 의무가 있음을 가르쳐 줍니다.

"하나님이여 민족들이 주를 찬송하게 하시며 모든 민족들이 주를 찬송하게 하소서" (시 67:3)

"호흡이 있는 자마다 여호와를 찬양할지어다 할렐루야"(시 150:6)

찬송은 창조주 되신 하나님께 경배의 표시로 드려야 할 모든 인생의 본분입니다.

성도들은 모든 사람들 중에 더욱 찬송함으로 하나님을 경배해야 할 의무와 본분을 지닌 존재임을 성경은 지적해 줍니다.

"주의 성도들아 여호와를 찬송하며 그의 거룩함을 기억하며 감사하라"(시 30:4)

"하나님을 영원부터 영원까지 찬양할지어다 모든 백성들아 아멘 할지어다"(시 106:48)

성도들은 영원 전부터 하나님을 찬송할 자로 택함 받은 존재이기에 더욱 하나님께 찬송을 드려 그분을 경배해야 하는 것입니다.

"그 기쁘신 뜻대로 우리를 예정하사 예수 그리스도로 말미암아 자기의 아들들이 되게 하셨으니 이는 그가 사랑하시는 자 안에서 우리에게 거저 주시는 바 그의 은혜의 영광을 찬송하게 하려는 것이라"(엡 1:5-6)

불신자들과 달리 그리스도를 통해 죄 사함 받고 영생을 보장받은 은총을 입고 하나님의 가족으로 선택되었으니 모든 사람들이 하나님을 부인해도 성도들만은 찬송으로 하나님을 높이고 찬양해야 마땅한 것입니다.

성경은 '하나님의 이름을 찬송하라'고 가르치며 명령하고 있습니다.

찬송은 하나님의 이름을 기리고 칭찬하는(讚), 드높이는(揚), 우리의 찬양(讚揚)의 행위 중에 가장 기뻐 받으시는 요소입니다.

찬송의 내용은 하나님을 예배함에 관계됩니다.

예배의 의미는 '섬기다, 숭배하다, 꿇어 엎드려다, 가까이 가다, 야훼의 얼굴을 구하다'의 뜻을 가집니다. 진정한 예배의 의미는 하나님을 뵈옵고 우리의 전 인격이 경외함으로 하나님 앞에 부복하여 찬송하며 경배하는 것입니다.

예배가 하나님 말씀의 선포와 교훈, 찬송, 기도, 봉헌 등의 요소로 구성된다고 볼 때, 찬송은 예배의 구성요소로서 예배의 모든 순서를 찬송의 사슬로 묶어 각 요소를 연결시키는 일과 하나님께로 향하여 가는 영적 운하를 건너는 다리 역할을 담당하는 것이라 할 수 있습니다.

찬송은 하나님께 대한 신앙만 고백할 뿐 아니라 하나님께서 전파하신 진리에 대한 고백도 포함합니다.

하나님께서 보여주신 진리는 바로 그리스도 예수 안에서 계시하신 구속 복음 진리가 그것입니다. 아무 공로 없어도 예수 그리스도의 대속 은혜를 믿음으로 말미암아 영생 구원을 얻는다는 진리는 오직 기독교만의 구원 진리요, 생명의 도인 것입니다.

이 진리를 믿는 사람만이 하나님의 자녀로 인정됩니다.

아무리 하나님을 찬양하고 송축하며 믿는다고 고백할지라도 이 복음 진리를 믿지 아니하면 하나님과는 좋은 관계를 맺을 수 없는 것입니다.

그러므로 성도는 찬송으로 그 진리를 인정하고 믿는다는 것을 고백하는 것입니다.

"그는 어느 민족에게도 이와 같이 행하지 아니하셨나니 그들은 그의 법도를 알지 못하였도다 할렐루야"(시 147:20)

"내가 주를 찬양할 때에 나의 입술이 기뻐 외치며 주께서 속량하신 내 영혼이 즐거워하리이다"(시 71:23)

이처럼 하나님의 구속 진리에 대한 믿음과 그 진리에 나타난 하나님의 자비로운 은혜에 감사를 고백하는 것이 찬송의 큰 내용입니다.

찬송의 또 다른 내용은 하나님께 대한 결단과 충성의 의지를 고백하는 것입니다.

찬송가 331장은 '영광을 받으신 만유의 주여 우리가 명령을 따르리다 베푸신 은혜를 감사히 알고 진실한 맘으로 섬기겠네'라는 내용으로 되어 있습니다. 하나님과 그 은혜를 알았으니 이제 자신의 마음과 몸을 하나님의 의의 병기, 그리스도의 군사로 드리겠다는 고백을 찬송으로 하는 것입니다. 이와 같은 찬송이 진정한 감사 찬송입니다. 말로 감사함을 표현하는 것은 누구나 할 수 있습니다. 그러나 하나님께 자신을 헌신하겠다는 다짐과 고백은 참된 성도들만 할 수 있는 신앙고백입니다.

찬송은 하나님께 대한 신앙고백일 뿐만 아니라 사람들에게 하나님을 증거하는 역할도 합니다.

"주여 내가 만민 중에서 주께 감사하오며 뭇 나라 중에서 주를 찬송하리이다"(시 57:9)

이처럼 찬송으로 하나님의 존재와 그 주권과 은혜를 선포하고 간증하는 것입니다.

"내가 주를 찬양할 때에 나의 입술이 기뻐 외치며 주께서 속량하신 내 영혼이 즐거워하리이다 나의 혀도 종일토록 주의 의를 작은 소리로 읊조리오리니 나를 모해하려 하던 자들이 수치와 무안을 당함이니이다"(시 71:23-24)

"새 노래로 여호와께 노래하라 온 땅이여 여호와께 노래할지어다 여호와께 노래하여 그의 이름을 송축하며 그의 구원을 날마다 전파할지어다"(시 96:1-2)

찬송은 예배적 역할과 예배의 요소라는 점에서 두 가지 요건을 필요로 합니다.

첫째, 찬송은 예배의 중요한 요소이기 때문에 그 내용과 형식에 있어 성격적인 검토를 받아야 합니다. 찬송은 기독교 메시지를 전달하는 데 매우 중요한 매개체이며 다른 예배요소들과 밀접한 연관을 갖고 있습니다. 그러므로 찬송은 감상의 대상이라기보다는 참여를 위한 미디어로 보아야 합니다.

둘째, 찬송은 그 형식면에서 예술성과 음악성을 가져야 합니다.

찬송은 일정한 형식을 통해서 감사와 찬양의 마음을 하나님께 드리는 것이기 때문에 찬송하는 자는 각각의 찬송에서 그 나름대로의 형식을 지켜야 합니다. 찬송은 다른 예배 요소나 순서를 위한 부속적 의미를 갖는 것이 아니라 그 자체로 완전한 예배의 수단이며 감사의 표현이라는 점을 간과해서는 안 될 것입니다.

찬송을 대함에 있어 그저 남을 따라 부르는 앵무새와 같아서는 안 됩니다. 찬송의 가사에 주의하여 자신의 생각과 심정을 일치시켜 불러야 합니다. 나아가 혼자만의 찬송으로 그치지 말고 음악적 어울림을 통하여 하나의 완성된 예배의 결정체로서의 경험이 수반될 때 비로소 그 찬송은 생명력을 가지게 되는 것입니다.

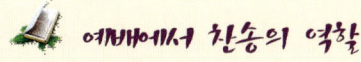
예배에서 찬송의 역할

예배의 한 요소인 '찬송이 왜 중요한가'를 알기 위해서는 찬송이 가지는 음악 본래의 기능과 음악이 사람에게 미치는 영향을 살펴보아야 합니다.

첫째, 표현과 의사소통의 기능입니다.

인간의 표현 기능 중에 가장 중요한 표현 기능은 언어라고 할 수 있습니다.

이 언어와 또 다른 표현 기능인 음악은 유사성이 있습니다. 물론 "음악은 언어이며, 언어는 곧 음악이다."라고 말할 수는 없지만, 이 둘은 많은 유사성을 가지고 있습니다. 음악과 언어의 가장 근본적인 유사성은 두 가지 모두 인간들 사이의 '소리를 통한 의사소통'이라는 점입니다.

'네틀'(Nettle)은 "음악이 원시사회에서 의사소통을 위한 필요에 의하여 생겼다."고 주장합니다. 그에 따르면 처음에는 음악과 언어의 구별이 없었으며 차츰 언어와 음악으로 구별되게 되었다는 것입니다.

'브라이트'는 "인간이 소리를 이용하는 가장 중요한 두 가지의 체계가 언어와 음악이다."라고 말합니다. 다시 말해 모든 문화권이 각각 다른 언어와 음악을 가지고 있지만 '언어문화와 음악문화가 존재한다는 사실'은 인간사회 어디에나 공통적이며, 또 인간사회에만 존재한다는 것입니다.

'소리를 통한 의사소통'이라는 관점에서 언어와 음악은 두 가지 공통점을 갖습니다. 첫째는, 말소리나 음악소리는 아무렇게나 조합된 소리가 아니라 일정한 규칙에 의해 통제되고 구성되는 '소리의 조직'입니다. 둘째는, 언어나 음악을 사용하기 위해서는 그러한 소리체계를 사용하는 방법을 알아야 합니다.

음악과 언어의 또 다른 공통점은 '시간의 흐름에 근거한 의사전달'입니다.

특히 음악은 감정표현을 잘하는 기능을 갖고 있습니다.

음악은 평소 처리하지 못하는 생각이나 감정을 전달하는 도구의 역할을 합니다.

둘째, 미적 활동의 기능입니다.

음악은 미를 추구하는 인간의 본능과 관련되어 있습니다.

미를 추구하는 인간의 본능과 이를 창조하는 사람의 활동은 풍요로운 삶을 위한 본질적인 필요가 되어 왔습니다.

셋째, 오락의 기능입니다.

오락의 방법으로서 모든 사회에 예외 없이 사용되고 있는 것이 음악입니다.

순수한 음악 감상 등을 통한 미적인 즐거움에서 오는 것도 오락일 수 있겠으나, 또한 음악의 순수한 오락적 기능이 있다고 볼 수 있습니다.

넷째, 신체적 반응을 일으키는 기능입니다.

음악이 신체에 동적(動的)인 반응을 유발시키는데, 뼈 근육의 운동을 자극시키며 에너지와 리듬을 제공합니다. 그러므로 음악이 일하는 데에 도움을 주며 춤, 행진, 체조 등을 하고 싶도록 만듭니다. 또한 음악은 신체에 정적(靜的)인 반응을 일으키는 기능을 합니다. 긴장이완(緊張弛緩)을 시키고, 수면(睡眠)을 돕고, 마음을 부드럽게 달래주는 예를 들 수 있습니다.

다섯째, 사회통합(社會統合)의 기능입니다.

음악의 가장 큰 기능 중의 하나가 사회통합의 기능입니다.

음악은 사람들을 모이게 하고, 참여시키고, 하나로 결속시킵니다.

여섯째, 암시적(暗示的) 기능입니다.

음악은 암시적 기능이 있는데, 이것을 통해 사회의 잘못된 것을 깨닫게 하고 또 나아가야 할 방향을 알리거나 사람들을 그러한 방향으로 유도할 수 있는데 이 같은 예술의 기능은 사회를 조명(照明)시킬 수 있습니다.

음악이 사람에게 미치는 영향

그렇다면 음악이란 무엇일까요?

이에 대한 대답이 그리 간단하지 않습니다. 이에 대한 답을 얻기 위해서 우리는 먼저 여러 시대의 여러 사람의 음악에 대한 생각을 살펴보아야 합니다.

주전 5세기에 '피타고라스'(Pythagoras)파에 있어서 음악이란 귀에 들리는 하모니아(harmonia), 즉 우주의 가청적 경지였으며, 우주 전체가 곧 하나의 음악이었습니다. 음악은 모든 존재의 내적 질서로서 하모니였기 때문입니다. 음악은 세계를 지배하는 법칙을 보여주는 것이었기 때문에, 피타고라스학파의 음악론은 우주론, 하모니아론, 수론, 인식론이었으며, 이렇게 하여 음악을 인간의 역사를 뛰어넘는 우주의 문제로서 파악하였습니다.

- 아리스토텔레스 - 음악은 음성을 매개체로 하는 모방 기술이다. 그리고 이 음성 속에는 리듬(rhythm)과 언어(language)와 하모니(harmony)의 특성이 있다.
- 프톨레마이오스(Ptolemaios) - 음악이란 높은 음과 낮은 음 사이에 있는 차이를 인식하는 능력이다.
- 어거스틴(아우구스티누스) - 음악이란 음의 움직임을 잘 조정하는 능력이다.
- 쿠스마커(Coussemaker) - 음악이란 올바르게 노래하는 기술이다.
- 한슬릭 - 음악이란 울리면서 움직이는 형식이다.

이 같은 음악에 대한 정의는 소리를 조직적으로 구사하는 기능적인 측면이 강조된 정의라 하겠습니다. 반면에 '플라톤'(Plato)은 음악을 여러 기술 가운데서 창조적 생산을 하는 기술 속에 포함시켰는데, 이는 넓은 의미에서 모방을 의미한다고 하면서 음악은 이데아의 모방 중에서도 가장 높은 차원의 모방인 우주의 모방이라 합니다.

- '라이프니쯔'(Leibniz)는 음악을 '영혼이 스스로 헤아릴 줄 모르는, 숨어 있는 수학적인 실천'이라 하였습니다.
- '쇼펜하우어'(Schopenhauer)는 음악을 '영혼이 스스로 철학 하는 것을 모르는, 숨어 있는 형이상학적 실천'이라 하였습니다.
- '루소'(Rousseau)는 음악을 '귀를 즐겁게 하는 음으로 결합된 예술'이라 하였습니다.

이 같은 음악에 대한 정의는 음악을 통하여 느낄 수 있는 감성적·영적인 측면을 강조한 정의라 할 수 있습니다.

'예기'(禮記)의 악기편(樂記篇)에 기록된 내용입니다.

"음(音)이란 인심(人心)으로 말미암아 생기는 것이다. 인심(人心)을 외물(外物)에 접(接)하여 움직이게 되고, 마음의 움직임을 소리(聲)로 나타내고, 소리가 어울리어 변하면 고저청탁(高低淸濁)을 나타내니 이를 음(音)이라 하고, 음(音)을 조합(調合)하여 악기(樂器)에 옮겨 무도(舞蹈)하기에 이른 것을 악(樂)이라고 한다."

독일의 정치가요 작곡가요 음악문필가였던 마테존은 음악을 "쾌적한 음향을 현명하게 늘어놓아 서로 결합하고 그것으로 하나님의 영광과 모든 덕을 촉진하는 학문이요 예술이다."라고 하였습니다. 한마디로 음악이란 '소리(音)'를 바탕으로 해서 우리의 생각이나 느낌을 나타내는 시간적 예술'이라고 정의할 수 있습니다.

그렇다면 음악이 사람에게 미치는 영향은 무엇일까요?

첫째, 만족감을 줍니다.
다양한 음악적인 요소들은 인간이 지각할 수 있는 범위 안에서 가장 폭넓은 지각의 경험을 하도록 해줍니다. 이것은 언어로써 표현될 수 없는 정서적 경험을 하도록 해주며, 특별히 미적인 경험을 수반하는 음악적 경험은 인간의 생각을 환기시키고 정서적 경험의 질을 결정지어 이를 통한 쾌락적 가치를 가져다줍니다.

그렇다면 쾌락적 가치란 무엇을 의미합니까?

이것은 음악적인 자극을 받을 때 내면에 형성되는 보상(reward, 報償)과 이것에 의해 평가되는 가치, 그리고 이러한 과정을 통해 유발되는 동기를 가리키는데 이러한 긍정적인 피드백(feedback)은 개개인에게 고유한 쾌락적인 가치를 제공합니다.

인간에게 주어지는 보상의 가치는 정서를 불러일으키는 과정에 내재된 자극 요소들의 최종단계라고 할 수 있습니다. 결국 이것은 정서적 경험의 질을 결정지을 뿐만 아니라 행동처리 과정에도 영향을 미칩니다.

이렇게 인간 유기체는 강한 보상경험에 의해 행동의 영향을 받습니다.

만족감은 경쟁으로부터 오기보다는 성취감에서 옵니다. 음악을 통해 만족감을 얻는 경우는 특별히 어린이들과 청소년들에게 두드러지게 나타납니다.

성공적인 음악적 경험에 의한 성취감은 자긍심 향상과 관련된 치료적인 목적을 달성하는 데 유용하게 사용됩니다.

둘째, 의사소통(意思疏通)에 도움을 줍니다.
사람이 언어를 통해 충분한 의사소통을 할 수 있었다면 굳이 음악이 생겨날 필요가 없었을 것입니다. 실제로 사람들은 음악으로 일어난 어떤 감정의 상태를 언어로 표현하는 데 한계를 느끼곤 합니다. 의사소통으로서의 음악의 역할은 다른 예술이나 다른 방법으로는 불가능한 강한 설득력을 지니고 있습니다. 그러므로 음악은 의사소통이 어려운 사람을 도울 뿐만 아니라, 불완전한 인간의 표현도 완전하게 만듭니다.

셋째, 인간성의 발달을 가져다줍니다.

음악이라는 매체는 그 고유한 특성상 인간의 모든 면에 호소합니다. 그래서 음악은 이성과 감정, 그리고 심리적인 행동을 서로 조화롭게 통합시킬 수 있는 것입니다. 오늘날과 같이 기술에 의존한 채 익명으로 살아가면서 의사소통이라든가 직접적인 체험을 충분히 하지 못하는 환경에서는 영혼과 정신과 육체의 특성들이 제각기 다른 모습으로 분리되어 있습니다. 음악은 이러한 곳에 영향을 주며, 건강하게 하며, 사람들과의 관계를 조화롭고 균형 있게 만들 뿐 아니라, 음악을 통해 심리적·사회적 갈등을 해소하고 평화를 유지할 수 있게 만듭니다.

또한 음악은 자아를 건강하게 만듭니다. 한 사람이 자신의 자아를 포기하고 심리적으로 다른 사람과 완전히 융합하는 것을 심리적인 공생(共生)이라고 합니다. 자아가 건강하게 발달하기 위해서는 자아의 분리와 융합이라는 정반대의 요소가 충분히 포함된 그런 식의 공생경험이 필요합니다. 이를 위해서는 리듬과 음향이 탁월한 수단이 될 수 있습니다. 그것은 서로 다른 리듬이나 음향들이 연주를 하는 가운데 완전히 융합할 수 있기 때문입니다. 사람은 미적인 구조를 만드는 데에서 벗어날 수 없는 존재입니다. 미적인 경험은 인류가 환경에 적응하고 자신을 조절시키는 최고의 장치입니다. 즉, 미적인 경험을 하게 하는 음악은 창의적 활동을 위한 사람의 신체 생리적으로 필요하며, 결국 이런 활동들은 주변 환경을 풍부하게 하게 만듭니다.

넷째, 감정을 배출시킵니다.

음악을 연주할 때 특히 즉흥 연주에서는 감정을 배출시키는 효과가 탁월합니다.

분노나 증오, 사랑이나 동경과 같은 원초적인 감정은 즉흥 연주를 통해서 쉽게 발산시킬 수 있는데, 여기서 이루어지는 감정의 순화를 통해 올바른 자아의식이 강화되고 언어가 발달하게 됩니다.

다섯째, 심리적 위로와 힘을 줍니다.

노래를 할 때는 자신 속에 몰입하고, 주의력이 매우 높아져서, 우리의 좌뇌(左腦)는 무엇이든 감지할 듯 고요해집니다. 노래를 부르면서 사색에 빠지지 못하는 이유가 바로 그것입니다. 끊임없이 하는 내적인 대화, 양심의 가책, 실행에 옮기지 못한 결심, 상처, 희망과 소원, 이 모든 것들이 노래를 하는 동안에는 침묵 속으로 가라앉습니다. 노래를 하는 동안에는 고민으로 기진맥진하고 정서가 메마르거나 좌절하게 될 위험도 사라집니다. 과거의 경험이나 습관 때문에 겪는 어려움도 크게 영향을 미치지 못합니다. 노래를 할 때는 자신에게 귀 기울이고, 자신의 소리를 듣게 됩니다. 우리의 육신과 감각 기관은 우리가 결단을 내리고 행동하고 이끌어 가는 '현재'를 체험하며 살고 있습니다. 노래를 하는 동안 우리 내면의 모습이 의식의 표면에 떠오르곤 하는데, 이를 통해 우리는 자신의 잘못된 태도와 행동을 깨달을 수 있습니다.

이렇게 음악은 감정, 자아 등의 내면상태와 밀접하게 관련되어 있어서 강한 종교적인 영향을 끼칩니다. 즉, 영혼의 긍정적인 작용들을 촉진하고 창조할 수 있습니다. 음악은 일하는 사람을 지지하고 증진시킵니다. 음악은 비애에 빠진 사람을 위로하고 약자에게는 용기를 주고, 행동으로의 영감을 주며, 절망과 내적인 혼란 속에서 영혼적인 균형을 창조합니다. 음악이 말과 교리, 조건적·무조건적인 신의 형상, 위협과 약속, 천국과 지옥에 대한 관념을 지닌 지상 종교와 종파에 영향을 미칩니다.

또한 음악을 들을 때는 누군가가 자신에게 말을 걸고 자신을 이해해 준다고 느끼며, 따라서 가장 내적인 감정을 자유롭게 표현하기 시작합니다. 자신이 고독하고 이해 받지 못한다고 느낄 때, 체험과 감정을 말로는 표현할 수 없을 때, 슬픔이나 기쁨이 너무 클 때 음악은 대단한 위력으로 와 닿습니다.

음악은 병들거나 부상을 입은 경우에도 커다란 위안을 줍니다.

노래를 불러 고통을 덜어주는 예는 얼마든지 있습니다. 슬픔에 빠진 사람은 그 감당할 수 없이 큰 슬픔을 이겨내기 위해 노래를 부릅니다. 노예, 박해에 시달리던 사람들, 강제 수용소에서 살아남은 사람들이 말할 수 없는 정신과 육체의 고통을 이겨내기 위해 노래를 불렀습니다.

노래는 이처럼 어려움을 이기고 살아남을 수 있는 힘을 줍니다.

여섯째, 집단의 일체감을 느끼게 하며 집단의 방향을 제시합니다.
음악은 사람들을 참여시키고 동기를 유발시키며, 유대감을 갖도록 합니다. 사람들이 함께 노래하거나 연주할 때 음악소리는 하나로 융합되어 들립니다. 여기서 둘이 아니라 모두가 하나가 된 것을 느낍니다. 이런 이유로 음악과 종교는 밀접하게 연결되어 있음을 모든 나라의 문화를 통해서 알 수 있습니다. 이런 목적으로 사용되는 음악은 초자연적인 상태에 도달하도록 돕거나 의식에 참여한 사람들의 정서를 하나로 묶어 나아갈 방향을 제시하는 목적으로 사용됩니다.

이러한 의미에서 예배에 있어 음악의 목적은 하나님의 인식 및 예배의 분위기를 창조하고, 사람의 내적 생활을 향상하고, 예배의 경험을 위하여 회중을 통일하고, 회중의 확신을 표현하게 하는 것입니다.

- 예배찬송은 회중이 음악을 통하여 하나님을 승인하고 하나님께 영광 돌리는 일에 집중하게 하는 것이다.
- 예배찬송은 하나님의 은혜의 말씀에 대한 응답적 표현이므로 우리는 찬송의 노랫말 안에서 하나님과 가까이 만나며 성도간의 교제를 이루게 하는 것이다.
- 예배찬송은 예배자들로 하여금 하나님을 영원히 즐거워하도록 도우며, 깊은 영적 세계에 들어가도록 돕는다.
- 예배찬송은 현시(現時)의 신앙 확증뿐만 아니라 영생의 기쁨을 함께 나누도록 돕는다.

예배와 음악은 매우 가까운 관계를 맺어왔는데 음악 없는 예배는 전혀 불가능한 것은 아니지만 완전한 것은 될 수 없습니다.
왜냐하면 음악의 역할과 기능이 예배에서 차지하는 중요성 때문이었습니다.
음악이 예배 속에서 갖는 역할을 다섯 가지로 나누어 생각해 볼 수 있습니다.
즉, '이끎'(leading or guiding), '알림'(notice),
'드림'(offering), '나눔'(sharing), '이음'(connecting) 등의 역할이 있습니다.

첫째, 예배에 있어 음악은 이끎(leading or guiding)의 역할을 합니다.

음악은 사람들을 예배의 흐름 속으로 끌어들이는 역할을 담당할 수 있습니다.

좋은 음악은 예배를 준비하는 사람들의 마음을 경건으로 인도하기에 적합한 요소를 갖고 있으며, 사람들의 신경을 고요하게 안정시켜 예배의 적합한 마음가짐과 태도를 갖게 하는 데 큰 도움을 줍니다.

일상생활의 현장에서 방금 빠져 나온 사람들을 신령과 진정으로 드리는 영적인 예배 속으로 이끌어 들이는 데도 교회의 건축물이나 내부구조, 기구들, 조명, 색깔 등의 요소들도 영향을 미치지만 특히 음악은 큰 영향을 줍니다. 전주 부분과 개회 부분에서는 음악이 그 자체의 '집중적 기능'과 '차단적 기능'을 이용해서 예배자를 하나님에게로 이끌어 들이고, 세상으로부터 마음을 돌려 예배 대상을 향해 시선을 집중하게 하는 역할을 담당합니다.

또 '암시적 기능'(suggestive function)을 통해 예배의 성격을 미리 짐작케 하므로 예배 태도를 준비케 하는 역할을 합니다. 예배 전에 어떤 음악이 연주되느냐에 따라 예배자는 예배의 성격을 미리 짐작할 수 있게 되며, 세상 음악과는 전혀 다른 음악적 색깔과 연주형태 등을 통해 세상 즉 일상생활과는 전혀 다른 위치와 공간, 그리고 시간 속에 자신이 서 있음을 깨닫게 되는 것입니다.

또 후주 부분에서는 이제 예배 성소의 커튼을 열고 다시 삶의 현장을 향해 선교의 발걸음을 내딛도록 유도하며 재촉하는 역할도 할 수 있습니다.

그뿐 아니라 음악은 예배 속에서 말씀의 선포대로 살아가도록 회중들을 촉구하며, 회중 찬양을 통해서 성화로 이끌어 가는 역할도 가능합니다.

이런 다양한 이끎(인도)의 역할은 예배에 있어 음악을 향한 신학적 요청이며, 음악이 기능적으로 감당해야 할 중요한 사명입니다.

둘째, 예배에 있어 음악은 알림(notice)의 역할을 합니다.

음악에는 '암시적 기능'(suggestive function)이 있습니다.

음악은 그 상징적 기능을 통해 하나님의 임재를 알리기도 하고(대하 5:13-14), 예배의 성격을 알리기도 합니다. 또 상상력을 유발시켜 하나님의 속성을 회중에게 선포하고, 교육하고, 지시하는 역할도 합니다.

교회는 예술적 상징들을 통해 종교적 의미를 표현해 왔습니다. 그 중에서도 특히 음악은 풍성한 예술적 상징을 가지고 기독교 역사에 공헌해 왔는데 솔로몬 성전 봉헌 때와 같은 경우(대하 5:13-14)는 하나님의 임재를 알리는 신호와 상징으로서 음악이 등장하고 있습니다.

오늘날에 와서도 예배부름 직전에 부르는 입례송은 이런 하나님의 임재를 알리는 상징적인 역할을 한다고 볼 수 있는 것입니다.

또한 음악은 사람들에게 하나님에 대한 올바른 개념을 갖도록 도와주기도 합니다.

즉, 하나님은 어떤 분이신가를 알려주는 데 있어 노래나 가사의 영향력은 무척 강력한 것입니다. 또한 악기의 음색이나 화성, 장단 등의 아름다움이 이루어내는 음향적 효과는 무형의 하나님에 대한 이미지를 떠올리는 데 매우 효과적입니다.

웅대한 음악은 하나님의 창조의 아름다움을 일깨우는데, 비장한 음악은 그리스도의 십자가를 연상시키는 데 더 할 수 없이 좋은 매체가 될 수 있습니다.

이와 같이 음악은 예배의 목적과 흐름, 성격, 내용 등을 알리는 데 있어 매우 적합한, 다시 말해 예배의 계시적 흐름에 있어 그 보이지 않는 흐름(계시)의 내용을 구체화 시켜 의미를 전달할 수 있는 가장 좋은 예술매체입니다.

셋째, 예배에 있어 음악은 드림(offering)의 역할을 합니다.

음악은 무엇인가를 표현해내는 '표현적 기능'(expressive function)이 있습니다.

이런 의미에서 음악은 하나님을 향해 드려지는 사람들의 신앙고백과 응답을 표현해 낼 수 있게 됩니다.

음악은 사람들의 마음을 종교적으로 승화시킬 수 있으며, 이렇게 승화된 마음으로 찬미의 제사를 하나님께 드릴 수 있도록 하는 역할을 할 수 있습니다.

인간들의 예배 때에 드리는 찬양은 그 형태가 어떤 것이든 하나의 신령과 '영적 제물'(spiritual offering)입니다.

인간은 예배 중에 계시된 하나님의 모든 것에 대한 감사드림을 음악으로 표현하고, 용서의 기쁨과 새 삶의 결심을 노래로 표현해 냅니다.

그것은 하나님께 몸을 드리는 즉, 헌신의 표로서의 찬양인 것입니다.

이런 의미에서 음악은 찬양과 같이 그 자체로 직접 하나님께 드려지는 제물인 동시에 간접적으로 몸과 마음 그리고 새 삶을 드리는 표시로서의 역할을 예배 속에서 담당하고 있다고 볼 수 있습니다.

이 찬양 드림은 히브리제사 때부터 제물의 드림과 함께 하나님이 기뻐 받으시던 예물이었으며, 바울도 신령과 진정으로 예배드리되 시와 찬미와 신령한 노래(엡 5:19; 골 3:16)를 드리라고 권면하고 있습니다.

이 찬양 드림은 결코 예배의 요소 중에서 빼놓을 수 없는 역할인데 왜냐하면 하나님은 물질적인 봉헌보다 마음과 영혼을 담은 찬양을 더 기뻐 받으신다는 것은 의심할 수 없기 때문이며, 또 인간이 하나님께 드릴 수 있는 가장 순수한 예물이 있다면 그것은 다름 아닌 음악을 통한 찬양일 수밖에 없기 때문입니다.

넷째, 예배에 있어 음악은 나눔(sharing)의 역할을 합니다.

음악은 연대감과 일체감을 갖게 하는 독특한 본질적 성격을 갖고 있습니다.

우선 하나님과 사람, 사람과 사람 사이의 코이노니아를 수월하게 해 주는 의사소통(意思疏通)의 기능이 있습니다.

우리는 고대음악을 통해 고대 사람들이 정서를 느낄 수 있고, 시편을 통해 다윗과 히브리인들을, '송가'(canticle)를 통해서는 초대교회의 교인들의 신앙을, 그리고 그레고리안 성가를 통해서는 중세의 신앙고백을 만날 수 있으며, '코랄'(chorale)을 통해서는 루터의 정신을 만날 수 있습니다.

우리는 음악을 통해 바흐의 신앙이나 헨델의 심오한 신앙고백을 함께 나눌 수 있습니다. 즉, 음악은 과거의 훌륭한 신앙 선조들과 우리를 만나게 해 주며, 또 우리와 동시대에 사는 가장 훌륭한 인재들과 서로 교류할 수 있게 연결하여 서로의 신앙고백을 가능케 해주고 상호 영향력을 끼칠 수 있도록 해줍니다.

즉, 과거와 현재를 이어주는 시간적 연결뿐만 아니라 동시대에 살되 공간적 거리를 두고 사는 신앙인들 간에 서로 종교적 감정을 나눌 수 있도록 해주는 공간적 연결도 음악은 가능하게 해주는 것입니다.

물론 이런 역할은 문학이나 미술과 같은 다른 장르의 예술도 가능한 것입니다.

그러나 다른 예술들은 그 예배적 상황 속에서 사용하는 데 있어서 여러 가지 제한적 요소가 많습니다.

음악은 이런 예술장르보다 훨씬 예배적 활용이 용이하며, 또 그 감정전달에 있어 더욱 직접적입니다. 또한 음악은 같은 예배에 참석한 모든 사람들에게 일체감을 갖게 하는 중요한 역할도 합니다.

예배에 참석한 사람들은 음악의 성격이나 템포 등으로부터 동시적인 영향을 받게 되며, 함께 부르는 회중 찬송의 가사는 공동의 신앙고백이 되어 동일한 신앙적 동기를 부여받게 됩니다. 이런 독특한 기능 요소를 통해 음악은 기독교가 갖고 있는 영적 보화 즉, 예배자들에게 신앙적 유산들을 골고루 나누어주는 일을 끊임없이 담당하고 있는 것입니다.

넷째, 예배에 있어 음악은 이음(connecting)의 역할을 합니다.

음악은 시간적 예술입니다. 또한 그 안에 내부적 질서를 가지고 있습니다.

이런 음악적 특징은 우선 시간에 따라 흐르는 예배 순서와 순서 사이를 매끄럽게 이어주는 역할을 합니다. 그러나 좀 더 본질적인 차원에서 볼 때 예배가 하나님과 사람, 사람과 사람, 교회와 세계 사이의 엄숙한 질서 속에서의 만남이라고 본다면, 음악의 질서는 예배의 흐름(맥)을 질서정연하고 일관성 있게 흐르게 하고 연결하는 데 유용한 매개체가 될 수 있습니다.

'톨스토이'는 "기독교 예술은 하나님과 이웃에 대한 사랑을 통해서 사람들을 마침내 커다란 결합으로 이끌어 들인다."라고 말했습니다.

예배란 분명 죄로 인해 단절되었던 하나님과 사람이 서로 만나는 신성한 모임이며, 또한 죄인과 죄인들이 모여 의인으로 거듭나는 경건한 모임이고, 하나님의 계시와 사람의 응답이 조화 속에 만나는 모임입니다. 이런 차원에서 볼 때 음악은 두 가지 연결의 기능을 수행한다고 볼 수 있는데 크게는 하나님과 사람 혹은 교회와 세계 등을 잇는 예배의 본질적 차원에서의 정신적 이음 역할이요, 작게는 예배 순서와 순서 사이의 시간적 거리(gap)를 매끄럽게 이어주는 시간적 이음이 그것입니다.

실제로 음악은 예배에 흥미를 갖도록 자극합니다.

특히 시간적 자극이 거의 없다시피 한 개신교의 말씀중심의 예배에서는 음악이야말로 유일한 예배의 자극제요, 초신자와 같이 예전적인 의미를 잘 모르는 사람들에게 흥미를 갖도록 하는 중요한 매체인 것입니다.

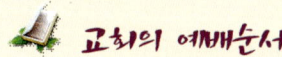
교회의 예배순서

음악을 크게 둘로 분류한다면 '종교음악'과 '세속음악'으로 나눌 수 있습니다.
- '종교음악'은 창작 동기부터 신을 의식하고 작곡되어지며, 종교행위를 위해 연주되어진다.
- '종교음악'은 신을 위해, 신과의 관계 속에서 작곡·연주되어지며, 신을 즐겁게 하기 위한 음악이다.
- '세속음악'은 인간을 의식하고 작곡되어졌으며, 자연이나 인간이나 인간의 감정을 노래한다.
- '세속음악'은 인간을 위한 음악. 인간을 즐겁게 하기 위한 음악이다.

종교음악에서 타 종교의 음악을 제외한 예수 그리스도를 믿는 자들이 하나님을 기쁘게 하기 위한 음악을 '기독교음악', 또는 '교회음악'이라고 할 수 있습니다.
- '교회음악'이란 '하나님을 믿는 신앙에 의거한 음악인가, 아닌가'를 기준으로 하여 구분한다.
- '교회음악'의 기준은 성(聖)과 속(俗)의 기준으로 하여 세속음악(世俗音樂)과 그리고 타 종교음악과도 구별된다.
- '교회음악'은 '하나님과 교회를 위하여'라는 분명한 목적이 있는 음악'이다.
- '교회음악'이란 그리스도를 머리로 삼고, 그의 지체가 된 유형·무형의 교회가 그 교회 된 사명을 완수하기 위하여 필요로 하는 음악적 활동 일체를 지칭한다.
- '교회음악'에서의 음악적 활동 일체란 창작·연주·감상·비평 일체를 말하며 이를 위한 개인적·집단적인 모든 음악 활동을 포함한다.
- '교회음악'이란 하나님 나라의 확장을 위한 목적으로 세워진 교회가 하나님을 찬양하고 또한 공동체의 신앙을 표현할 뿐만 아니라 그리스도를 전파하는 데 도구로 사용되어지는 음악적인 활동을 말한다.

교회음악을 다시 분류하면, 활동하는 도구로서의 역할로 나누어 세 가지로 생각해 볼 수 있습니다.

첫째, 하나님의 영광을 나타내는 예배찬송이 있습니다.

둘째, 예배시간 이외에 성도들 안에서 역사하는 음악으로, 하나님의 영광을 위하여 살고자 하는 개인적인 기도의 목적을 가진 음악이나 공동체의 신앙을 표현하는 음악이 있습니다.

셋째, 세상 사람들을 향해 역사하는 즉, 선교를 위한 음악이 있습니다.

여기서 둘째와 셋째에 해당하는 것은 친교와 전도를 목적으로 하는 인간을 향한 즉 수평적인 음악이며, 첫째에 해당하는 것이 창조주이시며 구속주이신 하나님께 대한 감사와 찬양과 경배를 드리는 하나님을 향한 수직적인 음악, 즉 '예배찬송'입니다.

찬송은 찬송가와 복음성가로 구분합니다.

"찬송가는 예배 중심으로 성부·성자·성령의 찬미, 그리스도의 생애, 봉헌, 헌신, 고백을 내용으로 하며, 음악적으로는 엄숙, 위엄, 무게 있는 한편 밝은 노래로 규정하고, 복음성가는 신앙체험, 죄의 고백, 간증, 권면으로 전도집회, 친목회, 기독교도의 사교적 집회 또는 가정에서 사용하는 것이다."

"찬송가는 노래하는 대상이 하나님으로서 하나님을 찬양하는 것이나, 3위 또는 1위를 찬양하는 것이라 하며, 복음찬송가는 하나님이나 3위 중 1위가 거룩하신 하나님의 사랑, 구원의 역사와 그 속성, 그의 복음 등에 관한 어떤 사실을 들어 그를 간접으로 찬양하고 감사하는 노래이다."

"찬송가는 받으시는 상대가 반드시 하나님이든지 그의 3위 중 1위인 노래이며, 복음찬송가는 하나님을 찬양하되 직접적으로 찬양하는 것이 아니라 하나님의 사랑이나 구원의 역사, 수단, 방법, 그리고 십자가의 도, 하나님이 창조하신 만물 등을 통해서 간접적으로 하나님을 찬양하는 노래이다."

복음성가는 신앙 간증이나 권면, 교훈, 격려 등을 성도나 불신자들에게 전하는 노래, 즉 기독교의 복음전파를 위해 만들어진 노래입니다.

'복음성가는 옆으로 전하는 측향 또는 횡향의 성격을 가진 것으로 받는 상대가 우리 인간들이며, 그리스도의 복음으로 구원받은 성도들이 그의 간증을 노래하거나 성도들 또는 불신자들에게 교훈과 권면, 위로를 노래에 담아 전하는 것으로 부흥집회나 복음전도 집회용'이라 말하고 있습니다.

찬송가는 사용목적에 따라 '찬송가', '복음찬송가', '복음성가'로 나눌 수 있습니다. 즉, 직접 하나님을 찬양하는 '찬송가'(8장-거룩 거룩 거룩, 213장-나의 생명 드리니, 631장-우리 기도를 주여 들으사 등), 간접적으로 하나님을 찬양하는 '복음찬송가'(150장-갈보리 산 위에, 250장-구주의 십자가 보혈로, 417장-주 예수 넓은 품에 등), 그리고 복음전도용인 '복음성가'(289장-주 예수 내 맘에 들어와 계신 후, 527장-어서 돌아오오, 330장-어둔 밤 쉬 되리니 등)로 구분할 수 있겠습니다.

현재의 '21세기 찬송가'는 아쉽게도 찬송가이면서도 찬송가가 아닌 복음찬송가와 복음성가 위주로 편집된 복음성가집의 형태를 띠고 있다고 해도 과언이 아닙니다.

※ 본 글은 필자가 성가대와 교사대학에서 발표하기 위하여 준비하였던 자료를 정리한 것입니다. 다음은 이를 위하여 참고한 서적들입니다.

강신우의 찬송과 예배의 이론과 실제 | 곽상수의 예배찬송과 한국교회 | 김경선의 찬송가학 | 김남수의 찬송의 이해 | 김두완의 교회음악의 이해 | 김소영의 찬송가 | 김의작의 교회음악학 | 김이호의 찬송가 연구 | 김철륜의 교회찬양학 개론 | 문옥배의 한국 찬송가 100년사 | 민경배의 한국교회 찬송가사 | 박은규의 예배의 재발견 | 신소섭의 교회음악학 | 이영기의 찬송가론 | 이윤영의 개혁주의 찬송가학 | 이중택의 예배와 교회음악 | 조숙자의 한국 개신교 찬송가 편찬 100년사 고찰 | 조숙자, 조명자의 찬송가학 | 주정식의 교회음악 발전사 | 홍세원의 교회음악의 역사 | 홍정수의 교회음악개론 등입니다.

이 모든 분들의 수고와 그 열매에 감사를 드립니다.

용·기·총

제2장

찬송가에 대한 이해

한상필 목사

수지성산교회 담임목사
예장합동 총신대학교 신학대학원, 동 목회대학원을 졸업
연세대학교 연합신학대학원을 수료하였으며,
예장 합신 목회대학원을 졸업하였다.
수지성산교회를 통하여 예수님이 행하신 가르치며, 전하며,
치유하신 일을 사명으로 최선의 경주를 하고 있다.

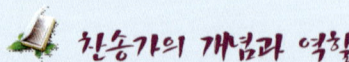

찬송가의 개념과 역할

교회에서 사용하는 음악을 '교회음악'(church music) 또는 '종교음악'(religious music)이라고 부르며, 예배 목적에 사용하는 노래를 '찬양가'(songs of praise), '찬미가'(hymns), '찬송가'(hymns), 또는 '성가'(sacred music)라고 부릅니다.

그러나 이런 표현은 교회 밖에서 부르는 세속적인 노래와 구별하는 표현은 될 수 있을지 모르지만 예배에서 사용하는 모든 노래를 완전하게 표현했다고는 말할 수 없습니다. 왜냐하면 찬송가집에 수록되었다고 해서 다 찬송가가 아니기 때문입니다.

그렇다면 찬송가란 무엇입니까?

찬송가는 우리가 부르는 노래에 곡을 담은 '메시지'(massage)입니다.

메시지는 반드시 받는 상대가 있습니다. 이 상대가 하나님일 수도 있고, 하나님의 삼위(三位) 중 일위(一位)가 될 수도 있으며, 받는 상대가 사람일 수도 있습니다.

즉, 찬송은 성도들이 예배 시에 하나님을 찬양으로 올리는 모든 행위와 행동, 말, 언어를 말합니다.

또한 찬송가는 부르는 회중으로 하여금 같은 공동체로서의 공감을 갖게 합니다.

이에 '어거스틴'은 "찬송가란 세 요소, 즉 '노래(canticum)'와 '찬양(laudem)'과 '하나님(Deity)'이 포함되어야 한다."고 하면서 찬송가에 대해 다음과 같이 정의하였습니다.

> "찬송가란 하나님을 찬양하는 노래이다. 하나님을 찬양하는 확실한 내용으로 되어 있는 것이 찬송가이다. 만약 그 노래 가사에 찬양의 내용은 있으되 하나님을 찬양하는 구체적인 것이 없으면 그것은 찬송가가 아니다. 또 찬양의 내용은 있고 하나님을 구체적으로 찬양하는 것이라 할지라도 노래로 불리지 않는다면 찬송가라 할 수 없다. 그러므로 한 노래가 찬송가가 될 수 있기 위해서는 갖추어야 할 조건이 있는데 그것은 첫째 하나님을 찬양하는 것이 되어야 하고, 다음은 노래로 불려야 한다."

이러한 찬송가의 정의는 현재 기존 교회에서 불리는 많은 찬송가가 있으나 이 같은 정의에 맞지 않음을 직·간접적으로 보여주고 있습니다. 찬송가에 대한 어거스틴의 이 같은 정의는 '찬송을 받는 직접적인 대상은 바로 하나님이시다'라는 것입니다.

찬송가는 거룩하고 경건하게 표현한 서정시입니다. 이는 하나님을 향한 예배자의 태도, 혹은 인간 생활에 있어서 하나님의 목적을 노래로 불러서 나타내는 것입니다. 따라서 찬송가는 형식에 있어서 단순하고 운율적이어야 하며, 순수하게 감동적이어야 하고, 표현에 있어서 시적이고 문학적이며, 질에 있어서 신령해야 하고, 생각이 직접적이고 뚜렷하여 그 찬송을 부를 때 회중들의 마음이 하나가 될 수 있어야 합니다.

이런 의미에서 오늘날 한국교회의 찬송가는 많은 문제점들을 안고 있습니다.

즉, 한국교회에서 사용하는 찬송가는 여러 가지의 의미를 짜깁기하여 예배 시간에 사용할 수 있게끔 만든 찬양집이라고 하는 것입니다.

찬송가는 하나님께 드리는 찬미의 제사로서 노래로 하나님을 찬양하고, 노래로 하나님께 기도하며, 노래로 하나님께 감사를 드리는 것입니다.

찬송가의 본질

찬송가는 회중들이 사용하는 것으로서 개인의 신앙을 돈독히 하고, 개인의 신앙생활에 효과적인 도움을 줄 수 있는 것이 되어야 합니다. 찬송가는 그것이 사용되는 과정에서 많은 사람들을 기독교인이 되도록 하였으며, 교인들의 신앙을 성장시키는 데 기여해 왔습니다. 이런 사실을 기독교의 역사가 잘 말해주고 있습니다.

이런 현상이 나타날 수 있는 것은 찬송가에는 하나님의 말씀이 담겨져 있기 때문입니다. 따라서 찬송가에 담겨져 있는 내용은 찬송을 듣는 사람들에게 영향을 주어서 신앙의 성장을 이룩할 수 있도록 도움을 주어야 합니다.

찬송시를 쓸 때 쓰는 사람은 찬송시에 담겨지는 내용에 대하여 자기의 신앙으로 고백할 수 있어야 합니다. 만약 찬송시를 쓰는 사람이 신앙고백에 근거하여 쓰지 않는다면 그것은 몇 가지 잘못을 범하는 행위가 됩니다. 구체적으로 하나님을 모독하는 행위가 될 수 있으며, 자기 자신을 기만하는 행위가 될 수 있습니다. 또한 자신은 찬양 내용에 동의하지 않으면서 다른 사람에게 강조하는 것은 거짓을 전하는 행위가 될 수 있기 때문입니다. 더 나아가 찬송시에는 쓰는 사람의 문학적인 소양, 신학적인 지식, 신앙적인 관념 등이 담겨질 수 있어야 하며, 이것도 신앙고백의 차원에서 이루어질 수 있어야 합니다.

찬송곡을 작곡하는 사람은 찬송시에 담겨져 있는 내용에 대하여 자기의 신앙으로 고백할 수 있어야 합니다. 작곡자가 찬송시에 담겨져 있는 내용에 대하여 자기의 신앙으로 고백하는 신앙고백에 근거하여 찬송곡을 작곡할 때 그 곡에는 신앙고백의 흐름이 넘쳐흐를 수 있게 됩니다. 이렇게 될 때 찬송곡이 찬송시와 완전히 하나를 이룰 수 있게 되어서 찬송곡이 찬송곡으로서의 기능을 제대로 발휘할 수 있게 됩니다.

찬송가를 가지고 찬송하는 사람들 역시 그 찬송가에 담겨져 있는 내용을 자기의 신앙으로 고백하는 신앙고백에 근거해서 찬송해야 합니다. 찬송하는 사람들이 신앙고백에 근거하지 않고 찬송하는 행위로는 하나님의 영광을 드러내지 못하고, 하나님께 영광을 돌릴 수도 없게 됩니다.

하나님께서는 전지전능한 분이십니다.
그런데 만일 찬송하는 사람들이 찬송가에 담겨져 있는 내용에 대하여 자기의 신앙으로 고백하지 않으면서 찬송한다면 그것이 비록 인간에게는 완전하게 보일지라도 하나님께 영광이 될 수 없는 것입니다.

찬송시 쓰는 사람이나 찬송곡을 만드는 사람이나 만들어진 찬송가를 부르는 모든 사람이 찬송가에 담겨져 있는 내용에 대하여 자신의 신앙으로 고백하며 찬송할 수 있게 될 때 하나님의 영광이 드러날 수 있게 됩니다.
따라서 "신앙고백은 찬송가의 본질이다."라고 할 수 있습니다.

찬송가의 목적

찬송가의 목적은 크게 세 가지입니다.

첫째, '이념목적'으로서 찬송가는 회중들로 하여금 찬송가를 가지고 찬송하는 것을 통해서 하나님께 영광을 돌릴 수 있도록 만들어져야 합니다.

둘째, '내용목적'으로서 성부·성자·성령 삼위일체 하나님께 예배하기에 적합하도록 만들어져 하나님께 영광 돌리는 일을 성취할 수 있어야 합니다.

셋째, '진행목적'으로서 찬송가에 담겨져야 할 내용은 방대한 양이므로 신앙의 수준과 필요한 주제에 따라 그에 알맞은 찬송가가 일목요연하게 만들어져야 합니다.

이러한 의미에서 찬송가의 본질과 목적을 다음과 같이 정의할 수 있습니다.
"찬송가는 신앙인의 신앙고백에 의하여 하나님께 영광을 돌리게 할 수 있도록 만들어진 예배찬송의 자료이며, 회중들의 신앙을 성장시킬 수 있는 자료이다."

찬송가의 역할

예배찬송의 자료인 찬송가는 단위시간 내의 예배에서 사용될 때 여러 가지 행위를 할 수 있어야 합니다. 그리고 이 기대되는 행위가 바로 역할을 의미하는 것으로서 찬송가는 크게 도구로서의 역할, 해설자로서의 역할, 봉사자로서의 역할을 합니다.

도구로서의 역할

도구로서의 역할은 찬송가가 회중들에 의하여 찬송이 되면 찬송가는 예배찬송의 도구로서 그 역할을 수행하게 됩니다. 이때 찬송가는 예배의 목적을 성취할 수 있도록 음악적인 측면과 문학적인 측면, 신학적인 측면, 신앙적인 측면의 요소를 다 가지고 있어야 합니다. 더욱이 찬양을 통해 회중들이 교회공동체의 일원으로서 교회를 아름답고 풍요롭게 섬길 수 있도록 다양한 주제와 내용들을 가지고 있어 필요에 맞게 사용할 수 있도록 도구로서의 역할을 감당해야 합니다.

해설자로서의 역할

찬송가가 회중들에게 불릴 때 하나님의 말씀과 기독교의 교리를 잘 설명하고 있다면 이는 해설자로서의 역할을 충실하게 감당하고 있는 것입니다. 더 나아가 찬송가는 하나님의 말씀과 기독교의 교리를 단순하게 설명하는 것으로 끝나지 말고 회중들이 말씀과 교리를 쉽게 이해하고 잘 기억할 수 있도록 해설자의 역할을 충분히 감당해야 합니다.

봉사자로서의 역할

찬송가는 성도와 성령님 그리고 예배에서 봉사자로서의 역할을 감당하여야 합니다.

찬송가가 불릴 때 찬송가 가사와 곡들이 회중들의 마음을 부드럽게 하고, 회중들의 마음을 한 곳으로 집중시키는 역할을 해야 합니다. 회중들이 온 마음과 정성과 힘을 다하여 찬송가를 부를 때 성령의 역사는 보다 쉽게 회중들에게 임할 수 있게 되는 것입니다. 이는 찬송이 성령에게 봉사하는 역할을 하는 것입니다.

더불어 찬송가는 예배에 사용하기에 적합하게 만들어져 예배 목적의 성취를 통해 성도들의 신앙의 질을 높여 갖가지 어려움과 환난과 역경 속에서도 감사의 신앙생활을 할 수 있도록 성도에게 봉사자로서의 역할도 감당해야 합니다.

찬송가의 임무

찬송가는 하나님께 영광을 돌릴 뿐만 아니라 부르는 사람과 듣는 사람 모두에게 은혜가 되어야 하고, 우리의 소원과 기도를 적절하게 표현할 수 있는 것이 되어야 합니다. 또한 회중들로 하여금 동일한 신앙고백을 할 수 있도록 도와야 합니다. 더 나아가 찬송가는 하나님을 향한 성도들의 태도와 교회의 충성된 감정을 표현하는 것일 수 있어야 합니다.

이렇게 될 때 찬송가는 하나님의 편에서도 인간에 대한 사랑의 관심과 의지를 표현하는 것이 될 수 있고, 또한 성도는 하나님에 대한 충성의 의지를 표현할 수 있는 통로가 될 수 있습니다. 이러한 논의에 근거해서 찬송가는 하나님과 성도들의 의지를 표현하는 것일 수 있어야 하며, 이것이 바로 찬송가의 임무입니다.

찬송가의 구성

찬송가가 찬송가일 수 있기 위해서는 찬송가답게 만들어져야 합니다.

찬송가로 하여금 찬송가일 수 있게 하는 것은 틀이고, 이 틀이 제대로 갖추어졌을 때 찬송가라고 할 수 있습니다. 따라서 찬송가는 틀의 구성이 제대로 되어야 합니다.

찬송가가 제대로 된 틀을 갖출 수 있기 위해서는 내용이 있어야 합니다.

찬송가 틀의 구성

찬송가는 넓게 보면 찬송곡이 틀이고, 찬송시가 내용이라고 할 수 있습니다.

좁게 보면 음악적인 요소와 문학적인 요소가 틀이고, 신학적인 요소와 신앙적인 요소가 내용이라고 할 수 있습니다. 따라서 틀의 구성에 대한 논의는 문학적인 요소와 음악적인 요소로 나눌 수 있습니다.

문학적인 틀의 구성 요소

찬송가는 문학적인 틀을 가지고 있어야 합니다. 찬송가의 찬송시는 일정한 운율을 가지고 있는 서정시로서 1절, 2절 등의 구분이 있는 정형시이며, 이것이 찬송시의 체제를 한정시켜 주는 문학적인 표현입니다. 따라서 찬송시는 문학적으로 서정시일 수도 있고, 정형시일 수도 있습니다. 찬송가가 이렇게 만들어지게 될 때 그것은 하나의 문학작품으로 충분한 존재 가치를 지니게 됩니다. 잘 만들어진 찬송시는 잘 만들어진 찬송곡의 존재와 관계없이 찬송곡의 예속물이 아닌 하나의 독자적인 존재가 되는 것입니다. 이런 이유로 찬송가는 일정한 문학적인 틀을 지녀야 합니다.

음악적인 틀의 구성 요소

찬송가는 음악적인 틀을 가지고 있어야 합니다. 찬송가의 음악적인 요소라고 하는 것은 찬송곡을 의미하는 것인데 이때 찬송곡의 존재는 찬송시와 분리시켜 생각할 수가 없습니다. 찬송곡이 만들어질 때 대부분 먼저 존재하고 있는 찬송시에 옷을 입히는 순서로 찬송시보다 찬송곡이 나중에 만들어지는 것을 봅니다. 그러므로 찬송곡은 찬송시에 의하여 형태의 구성, 즉 리듬과 박자와 선율 등이 이루어지게 됩니다.

그렇다고 해서 찬송곡이 찬송시에 예속되는 것은 아닙니다. 찬송가의 음악적인 틀은 독자적인 의미를 가지고 있는 것으로서 찬송시의 영향력을 초월하여 존재할 수 있게 될 때 찬송곡은 더욱 의미 있는 존재가 될 수 있습니다.

찬송가 내용의 구성

찬송가의 내용이라고 할 때의 내용은 찬송가가 담고 있는 것에 관계되는 내용으로 문학적인 내용과 음악적인 내용으로 구분하여 말할 수 있습니다.

문학적인 내용

찬송가는 문학적인 내용을 가지고 있되 문학적인 내용이 난해하지 않고 평범하게 만들어서 회중들이 이해하기 쉬워야 합니다. 그리고 표현이 단순해서 찬송하는 사람들에게 직접적인 느낌을 줄 수 있어야 합니다.

찬송가를 작사할 때 사용되는 용어와 표현이 복잡하고 난해하면 찬송하는 사람들이 이해하기 어렵게 됩니다.

찬송시를 작사할 때 문학적인 내용도 중요하지만 찬송하는 사람들이 주제의 통일을 느낄 수 있어야 하며, 찬송시의 목적이 잘 표현될 수 있도록 만들어져야 합니다. 찬송시가 이렇게 만들어질 때 찬송하는 사람들이 목적하는 대로 마음을 모을 수 있게 되고, 하나님의 영광이 드러날 수 있게 됩니다.

음악적인 내용

찬송곡의 음악적인 내용은 음역이 넓지 않고, 선율의 진행에 도약이 심하지 않도록 되어 회중들이 찬송하기에 적합하게 만들어져야 합니다. 그리고 이런 사실에 대한 평가는 찬송하는 사람의 평가뿐만 아니라 객관적인 평가에서도 알맞아야 합니다.

찬송곡은 어느 개인의 예술 작품도 아니고, 누구든지 쉽게 찬송할 수 있도록 만들어져야 합니다. 그러나 찬송곡을 회중들이 찬송하기 쉽도록 작곡해야 하는 것이라고 해서 예술성이 배제되어서는 안 됩니다. 찬송곡은 회중들이 찬송하기 쉬우면서도 예술성을 추구할 수 있도록 만들어져야 합니다.

한편 찬송곡은 형식이 단순하면서도 코러스(Chorus)나 어려운 후렴을 가지지 않아야 합니다. 그리고 고른 음표를 사용하고 8분 음표나 16분 음표를 덜 사용해서 누구나 쉽게 부를 수 있도록 해야 합니다. 육체적인 흥분을 일으킬 가능성이 있는 가벼운 곡과 너무 빠른 곡들은 피하는 것이 좋습니다.

찬송곡은 매 박자에 화음이 붙어서 엄숙한 보조에 위엄스러운 힘으로 움직이도록 작곡되어야 합니다. 그리고 화음이 잘 이루어져야 하며, 화음은 사람의 정서를 종교적인 분위기로 이끌 수 있는 배경을 가지고 있어야 합니다.

찬송곡은 우아함과 아울러 장엄하고, 경건하고, 무게가 있고, 깊이가 있도록 만들어져야 합니다. 복음성가와 같은 즉각적인 흥분과는 다른 더 깊은 곳에서 오는 영속적인 감동과 감격을 느낄 수 있어야 합니다.

한국 개신교의 예배순서는 교파나 교회마다 그 순서가 다르기 때문에 완전한 표준적 모형을 찾는다는 것이 쉽지 않습니다. 그러나 주일예배에 공통적으로 드리는 예배순서에 따라서 예배찬송의 기능을 분류하여 볼 수 있습니다.

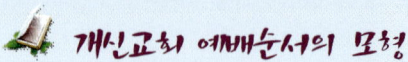 개신교회 예배순서의 모형

개회예배	전주 (Prelude)
	입례송 (Choral Introit)
	개회찬송 (Processional Hymn)
	영광송 (Gloria Partri)
	응답송 (Responsorium)
말씀예배	찬양 (Anthem)
	찬송 (Congregational Hymns)
봉헌·헌신예배	헌금송 (Offertory Praise)
폐회예배	폐회찬송 (Closing Hymns)
	축복송 (Choral Benediction)
	후주 (Postlude)

개회예배

전주(Prelude)

전주는 예배의 한 부분으로서, 예배자의 영적 준비를 돕기 위해 예배가 시작되기 전에 오르간이나 피아노 연주자들에 의하여 연주됩니다. 즉, 예배자들이 마음의 준비를 할 수 있도록 인도하고 세속적인 곳에서 거룩한 곳으로의 전이가 가능한 곳이 바로 교회라는 것을 알려줄 수 있어야 합니다. 그리고 전주는 교회력이나 기념일 등에 맞는 곡을 통해 그 날 드려질 예배의 성격과 취지, 목적 등을 암시할 수 있어야 하며, 회중의 기도와 명상을 방해하지 않기 위하여 가사가 있는 찬송가나 성악곡은 되도록 연주를 피하는 것이 좋습니다.

입례송(Choral Introit)

입례송은 초대교회에서 찬양대가 예배당에 들어오기 전에 예배당 밖에서 시편을 한 두절 부르는 것이었으나 그것이 개신교에 들어와서는 하나의 음악순서로 발전하였습니다. 교회에 따라 예배의 시작을 알리는 입례송을 찬양대가 노래하는 경우도 있고 입례송을 생략하는 교회도 있습니다. 입례송은 회중들에게 예배의 시작을 알리는 역할을 함과 동시에 하나님이 예배에 직접 임하고 계심을 나타내는 상징적인 기능을 맡고 있는 것입니다.

개회찬송(Processional Hymn)

회중이 다 같이 부르는 첫 찬송이 바로 개회찬송인데 이 개회찬송은 하나님의 영광과 거룩하심을 찬양하는 데 초점을 두고 선택하여야 하며 경건한 예배의 시작을 알리는 역할을 해야 합니다.

영광송(Gloria Partri)

개회찬송 이후 예배에의 부름과 기원, 그리고 죄의 고백이 끝나면 부르게 되는 노래가 바로 영광송입니다. 이는 하나님으로부터 죄를 용서받은 축복을 감사와 기쁨으로 표현하는 응답순서입니다. 따라서 영광송은 대개가 화려하고 웅장하며 일반적으로 찬양대가 회중을 대신해서 부르며, 오늘날은 송영이라고 하여 회중이 모두 일어서서 부르는 경우가 많습니다.

응답송(Responsorium)

기도가 끝난 후 성가대가 부르는 응답송은 아멘송이나 기도의 응답을 바라는 기원의 내용을 담은 찬송이 바람직합니다. 응답송은 리듬이 복잡하거나 빠른 것은 적합하지 않으며 간절한 소망을 담은 경건한 음악이 바람직하고 대부분의 교회에서는 찬양대가 회중을 대표해서 부르는 경우가 많습니다.

말씀예배

찬양(Anthem)

'앤섬'(Anthem)이란 말은 라틴어인 '안티포네'(Antiphone)에서 유래된 말로 영국국교회(성공회)의 예배의식에서 로마 가톨릭 교회의 '모테트'와 흡사한 역할을 하는 합창곡입니다. 짧은 형식의 송영이나 회중 찬송, 그리고 찬양대의 찬양 등 모든 예배음악은 예배의식에서 각기 독특한 역할과 기능적 기여를 다하지만 그 중 찬양대에 의한 찬양은 예배 중에 부르는 모든 찬양 중에서 정점을 이룹니다.

찬송(Congregational Hymns, 회중 찬송)

말씀예배의 회중 찬송은 설교에 대한 응답으로서 감사를 표하는 것이어야 하며, 설교의 내용과 직결되어 확신과 결단을 내리는 데 도움이 되는 찬송이어야 합니다. 회중 찬송은 회중이 능동적으로 하나님을 찬양함으로써 예배에서 하나님을 만날 수 있는 가장 소중한 시간으로서 교회력에 의한 곡이어야 하며, 회중이 쉽게 부를 수 있는 수준의 곡이어야 합니다.

봉헌·헌신예배

헌금송(Offertory Praise)

헌금송은 예배 중에 예물을 드리는 순서로서 대체적으로 온 회중이 함께 찬송을 부르며 헌금을 드리게 됩니다. 헌금송은 독창자나 기악에 의해 연주되는 경우도 있습니다. 헌금송은 헌금찬송과 헌금 기도송으로 구분할 수가 있는데 헌금찬송은 헌금이 드려지는 동안에 이루어지며, 헌금 기도송은 봉헌기도가 끝난 다음에 이루어지는 것으로서 찬양대 또는 오르간이 담당합니다.
선곡된 음악은 회중들에게 감사와 헌신의 주제를 암시해줄 수 있어야 합니다.

폐회예배

폐회찬송(Closing Hymns)
폐회 직전에 부르는 회중 찬송으로서 예배의 전체를 마무리하고 정리하는 의미에서 여러 가지 찬송이 불릴 수 있으나 가장 적절한 찬송은 '선교찬송'일 것입니다. 그 이유는 하나님과 예배자의 만남의 행위인 예배가 예배 후의 생활과 연결되어질 때 그 가치가 더욱 있기 때문입니다.

축복송(Choral Benediction)
입례송에 의하여 시작된 예배는 축도와 축복송으로 끝을 맺게 되는데 축도는 삼위일체이신 하나님의 이름으로 회중들에게 축복하는 것이고, 축복송은 하나님과 회중의 중간에서 하나님에게서 내려지는 축복을 회중에게 중재하는 행위의 표현입니다. 따라서 이 축복송을 부르는 찬양대는 어느 때보다도 경건하고 숙연한 자세로 노래하여야 하며, 예배자들이 축복송을 들으면서 예배에서의 경험 즉, 하나님과의 만남과 하나님의 사랑을 확인하며 힘찬 발걸음으로 세상을 향하여 나갈 수 있도록 도와주어야 합니다.

후주(Postlude)
전주와 마찬가지로 후주는 예배의 마침을 알리며 회중이 교회를 떠나 일상생활로 돌아갈 준비를 하는 역할을 합니다. 이 시간은 예배를 끝맺는 묵상의 시간이므로 오르간으로 후주를 연주하는 것이 적합하다고 할 수 있을 것입니다.
그 날의 예배 분위기에 잘 맞는 곡을 선택하는 것이 매우 중요하며, 마지막 기도를 하는 사람들의 기도를 방해하거나 예배의 여운을 깨뜨리지 않는 범위 내에서 경건하게 연주하는 것이 좋습니다.

예배에서 찬송의 기능과 역할

초대교회의 예배는 주후 3세기경에 기본적인 골격이 완성되었는데 예배를 이루는 3대 요소는 '설교'와 '성만찬'과 '찬송'이었습니다.

예배는 두 개의 큰 부분으로 나뉘어 진행됩니다.

첫 번째 부분은 설교 중심의 '말씀예배'가 있었고, 그 후 성만찬 중심의 다락방 예전이라고 불리는 '성찬예배'가 있었습니다.

그리고 예배 전체를 하나로 이어주는 '찬송'이라는 '제3의 요소'가 있었습니다.

시편 찬양, 알렐루야 찬양, 키리에 엘레이손(Kyrie eleison), 상투스(Sanctus) 등의 음악 요소와 더불어 성경봉독이나 기도, 봉헌 등의 모든 순서가 낭송이나 낭창과 같은 음악적인 요소를 받아들임으로써 예배는 입체화되고 축제적인 분위기로 거행되었습니다.

설교와 성만찬이 예배라는 수레의 두 바퀴였다면 이 정지되고 죽어있는 수레바퀴에 활력을 불어넣은 것은 찬송이었습니다.

찬송은 이 두 바퀴를 움직이는 동력이요 에너지며, 설교와 성만찬의 예배를 축제화하는 데 필요한 활력이요 생명력이었던 것입니다. 결국 찬송은 예배와 상호 의존적인 관계를 형성하는 예배의 필수적인 요소로 큰 몫을 차지하였습니다.

종교개혁자 '루터'(Martin Luther)의 찬송에 대한 찬사입니다.

> "찬송은 하나님의 귀한 선물이며 나로 하여금 설교를 즐거움으로 하게 하였고 더 잘하게 깨우쳐 주었다. 찬송은 마귀를 물리치고 사람을 즐겁게 만들며 분노와 교만과 탐욕 등 모든 것을 물리친다. 나는 신학 다음으로 음악을 꼽으며 최고의 존경을 드린다. 비록 내가 가진 찬송의 상식이 보잘것없이 적은 것이기는 하나 나는 세상의 무엇과도 바꾸지 않으려고 한다."

이렇듯 찬송은 생동감 있는 예배를 위해 하나님이 베푸신 최고의 선물로서, 회중을 거룩한 예배 행위로 이끄는 일차적 기능을 수행함과 동시에 보다 깊은 영적인 사색에 들어갈 수 있게 하여 신앙적 결단을 촉구하는 데까지 그 기능을 충분히 발휘하는 것입니다. 그것은 찬송이 암시적이고 설득적이며 강제적이기도 한 여러 요소를 포함하고 있기 때문에 기분에 영향을 미치는 힘을 가지고 있고 영혼의 가장 비밀스럽고 깊은 곳까지 침투할 수 있는 능력을 가지고 있기 때문입니다.

찬송은 대화의 길을 열어주는 매체들 중 가장 강력하고 신속한 수단입니다.

그러므로 예배 때에 사용되는 찬송은 예배자로 하여금 하나님을 향하여 보다 깊고 훌륭한 자세를 가질 수 있도록 하여 최선을 다해 그의 생을 하나님께 바치는 과정 가운데 큰 도움을 줄 수 있게 됩니다.

찬송은 그 자체로서 아름다우므로 예배의 분위기를 창조하는 요소가 됩니다.

물론 찬송 없이 말로만 예배를 드릴 수도 있습니다.

실제로 퀘이커 교도(Quakers)의 집회에서는 찬송 없이 예배를 드리기도 합니다.

> 퀘이커 교도는 프로테스탄트의 한 교파. 프렌드 협회라고도 하며, 1647년 영국인 G. 폭스가 창시하였고, 1650년대 이후 미국에 포교가 적극적으로 행해졌다. 그들은 '안으로부터의 빛'을 믿고, 그 신앙의 내용과 형식에 있어서나 또 인디언과의 우호, 흑인 노예무역과 노예제도의 반대, 전쟁반대, 양심적 징병 거부, 십일조 반대 등 일반 사람의 태도와 달리 특수한 사람들로 간주되었다. 이들은 열광하면 온 몸을 흔든다고 해서 '퀘이커'라고 부른다.

그러나 찬송 없이 예배를 드릴 경우 그 분위기는 매우 딱딱하고, 지루할 것입니다.

물론 찬송을 통한 아름다움의 창조가 예배의 목적은 아니지만, 찬송의 최소한의 아름다움만으로도 회중은 감격하며, 자신들의 감정을 표현할 수 있게 됩니다.

진정한 아름다움은 내적인 변화로서, 아름다운 찬양의 멜로디를 듣고 부를 때 회중은 하나님의 아름다운 속성을 닮아 가는 내적 변화를 경험할 수 있게 됩니다.

또한 찬송은 공동체 의식을 불어넣는 힘을 가집니다.

대부분의 사회단체나 학교 등에는 공동체가 공유할 수 있는 노래가 있습니다. 이는 음악이 소유하고 있는 공통 요소들을 함께 공유함으로써 공동체 의식을 확인할 수 있기 때문입니다. 따라서 예배 시간에 함께 부르는 찬송이나 함께 공감하며 듣는 찬양은 교회 공동체의 연대를 더욱 강력하게 할 수 있습니다. 그것은 말이나 몸짓으로 참여하는 것보다 더욱 깊은 차원의 연합을 가져오게 됩니다. 그러나 무엇보다도 중요한 것은 찬송을 통하여 하나님과 그분의 하시는 일을 찬양할 수 있다는 것입니다.

성경을 기초로 한 시적인 가사를 통해 그분의 속성을 아름답게 찬양할 수 있으며, 구속사를 재현할 수 있고, 하나님의 창조질서를 노래함으로 온전한 영광을 돌리게 됩니다. 그것은 찬송의 선율과 가사의 조화를 통해 진정한 아름다움을 일깨우게 함으로써 자신들의 굴절된 모습을 교정케 하는 계기를 마련해 주기까지 하여 내적 변화를 경험하는 단계에도 이르게 됩니다.

분명한 사실은 찬송은 예배에 있어서 없어서는 안 될 핵심 요소라는 것입니다.

하나님을 알게 하고 그분의 속성과 하시는 일을 온전히 찬양할 수 있게 하는 요소로서 예배의 분위기를 창조하며 회중을 통일시키고 회중의 내적 생활을 향상시키기까지 하는 예배의 충실한 도구가 되는 것입니다.

※ 본 글은 필자가 성가대와 교사대학에서 발표하기 위하여 준비하였던 자료를 정리한 것입니다. 다음은 이를 위하여 참고한 서적들입니다.

강신우의 찬송과 예배의 이론과 실제 ｜ 곽상수의 예배찬송과 한국교회 ｜ 김경선의 찬송가학 ｜ 김남수의 찬송의 이해 ｜ 김두완의 교회음악의 이해 ｜ 김소영의 찬송가 ｜ 김의작의 교회음악학 ｜ 김이호의 찬송가 연구 ｜ 김철륜의 교회찬양학 개론 ｜ 문옥배의 한국 찬송가 100년사 ｜ 민경배의 한국교회 찬송가사 ｜ 박은규의 예배의 재발견 ｜ 신소섭의 교회음악학 ｜ 이영기의 찬송가론 ｜ 이윤영의 개혁주의 찬송가학 ｜ 이중택의 예배와 교회음악 ｜ 조숙자의 한국 개신교 찬송가 편찬 100년사 고찰 ｜ 조숙자, 조명자의 찬송가학 ｜ 주정식의 교회음악 발전사 ｜ 홍세원의 교회음악의 역사 ｜ 홍정수의 교회음악개론 등입니다.

이 모든 분들의 수고와 그 열매에 감사를 드립니다.

제3장 우리 찬송가의 역사

임 오 길 목사

총신대 신학연수원 73회 졸업 | 총회 목회신학원 졸업
예장 합동 수원노회 26대 노회장 | 용인경찰서 경목위원장 | 민주평통 자문위원
기독신문 이사 | 총회 실행위원
용인시 기독교총연합회 대표회장
5·17용인시 기독교 복음화대성회 대표대회장(용인시청 야외광장 집회인원 1만 명)
온누리요양원 운영이사 | 월드비전 경기남부 용인지부 고문 | 국제 P.R.S 성경기억법 원장
양지제일교회 원로목사(1982.9.30-2017.12.30/35년 3개월/성역 41년)
70세 이후 4개국 미전도국 단기선교(키르기스스탄·티베트·우즈베키스탄·몽골)

    한국교회 찬송가 변천의 역사는 '선교 초기 선교사 편찬시대(찬미가·찬양가·찬셩시·찬송가)'와 '선교사와 한국인 공동 편찬시대(신정 찬송가·신편 찬송가·부흥성가), 그리고 '근대의 비공인 찬송가집'(윤치호의 찬미가·안애리의 창가집·양주삼의 특별히석찬송가·안병한의 방언찬미가·현제명의 아동찬송가, 아리랑), 그리고 '한국인 편찬시대'(합동찬송가·새 찬송가·개편찬송가), '초 교파적 연합찬송가 시대'(통일찬송가·21세기 찬송가)로 구별할 수 있습니다.

    개신교와 천주교가 이 땅에 전래된 것은 북쪽으로부터였습니다.
    처음의 선교사는 토마스(Tomas R. J.) 목사였습니다.
    그는 대동강에서 한반도에 들어오지도 못하고 순교하였으나 당시 중국 산동에서는 스코틀랜드 성서공회 총무로 일하고 있던 윌리엄슨(Williamson) 목사와 존 로스(John

Ross), 그리고 맥킨타이어(J. MacIntyre) 목사가 함께 선교 활동을 하고 있었습니다. 그들은 토마스 목사의 순교소식을 듣고서도, 한국인을 만나고 싶어 했습니다. 그리고 마침내 이들 세 선교사는 만주 고려문에 한국 사람이 자주 온다는 소식을 들으며 드디어 고려문에서 이응찬을 만나게 되었습니다.

이응찬은 고향(의주) 친구인 백홍준, 이성하, 이익서 등에게 간증하여 세례를 받게 하였습니다. 그의 친구 서성륜도 신자가 되었는데 세례를 받고 Ross 목사를 도와 한글성서번역 사업에 착수하여 1882년 쪽 복음서로 누가복음과 요한복음을 출간하였습니다.

중국에서 세례를 받은 한국인들은 중국 찬송가를 배웠으며, 한국으로 쪽 복음서를 몰래 갖고 들어와 전도하였습니다. 그들은 가정에 모여 예배드리면서 찬송가를 불렀습니다. 물론 한국식 발음으로 한자를 읽는 것이었습니다.

우리나라 최초 세례교인 중 하나인 백홍준의 딸인 백관성은 다음과 같이 말합니다.

"내가 어렸을 때 나의 아버지는 만주로부터 돌아 오셔서 매일 새벽이면 기도하시고는 나지막한 소리로 '주 예수 애워 주 예수 애워(主耶蘇愛我)'를 부르던 기억이 난다."

선교 초기 선교사 편찬시대(1890년대-1908년)

한국은 특이하게도 선교사가 입국하기 이전에 이미 꽤 많은 개신교 신자들이 국내에 존재하였고, 부분적으로 중국을 통해서 들어온 한글로 번역한 성경이 유포되어 있었습니다. 이것은 중국 만주에서 전도하고 있던 로스(Johe Ross) 목사와 맥킨타이어(John MacIntyre) 목사의 영향이었습니다.

맥킨타이어 목사에게 세례를 받은 이응찬이 최초의 한국인 개신교 세례교인입니다.

이응찬은 로스 목사의 한국어 선생으로 1876년 첫 개신교인이 되었습니다.

이러한 상황 가운데 정식 개신교 선교사가 1885년 4월 5일 입국하게 되는데 그들이 바로 언더우드(Horace G. Underwood, 1859-1916)와 아펜젤러(Henry G. Appenzeller, 1858-1902)였습니다.

미국 장로교 선교사였던 언더우드는 일본을 거쳐 한국으로 들어올 때 일본 성서공회 루미스(Henry Loomis)의 부탁으로 이수정이 한글로 번역한 마가복음서를 가지고 들어왔습니다. 언더우드는 자신이 들고 온 이 마가복음서가 최초의 한글성서라고 생각했지만 이미 앞에서 언급한 바와 같이 중국을 통해 들어온 한글성서가 이미 존재하고 있었습니다.

한국 최초의 장로교회가 조직된 것은 1887년 9월 27일로 언더우드의 집에서 시작된 새문안교회입니다. 새문안교회 70년사에는 백홍준 장로가 '주 예수 애워, 주 예수 애워'를 새벽에 기도하면서 불렀다는 일화가 나오는데 그 일화에 등장하는 찬양은 '예수 사랑하심은'(21세기 찬송가 563, 통일찬송가 411장, 새 찬송가 563장)으로 중국어 번역찬송을 한국어 번역찬송이 나오기 이전에 한국식 발음으로 부른 것으로 추측됩니다.

감리교 선교사였던 아펜젤러는 '신명찬송가'(1931년) 서문에서 조선교회가 중국 찬송가를 그대로 한국식 발음으로 따라 불렀는데 그 뜻을 알 수 없다고 한 것으로 보아 개신교 선교가 처음 시작되었을 당시에는 중국 찬송가를 그대로 사용하였던 것으로 볼 수 있습니다.

한편 선교사들에 의해서 1886년 이화학당과 배재학당이 설립되었는데 초기에는 영어 찬송을 그대로 가르치다가 점차로 한글로 번역하여 불렀습니다.

1891년에는 이화학당에서 성악과 오르간을 가르치기 시작했고, 경신(1886년 설립)이나 정신(1887년 설립) 등 기독교계 학교도 설립 초기부터 음악과목이 있어 주로 찬송가를 번역하여 가르쳤습니다. 이와 같이 음악은 기독교와 불가분의 관계에 있었고 초기 선교사들은 선교 사업을 시작할 때부터 찬송을 번역하여 가르치고 부르게 하였습니다. 이러한 번역찬송들은 1888년경부터 나오기 시작했습니다.

찬미가

최초의 한국어 번역 찬송가집인 '찬미가'(Seoul: The Korea Mission of the Methodist Episcopal Church, 임시판)는 1892년 감리교 선교사들에 의해서 편찬되어 서울에서 출판된 감리교(監理教, Methodist Church)의 공인 찬송가입니다.

당시에 번역되어 불리던 한국어 번역찬송 27편을 모아 소책자로 만든 것입니다.

이 '찬미가'의 편찬위원으로는 배재학당의 교사였던 존스(George H. Jones) 목사와 이화학당의 교사로 일하고 있던 로스와일러(Louisa G. Rothweiler)양이었습니다.

'찬미가'의 출판은 미 감리회선교부(The Methodist Episcopal Mission)의 후원과 뉴욕주 로체스터(Rochester, N.Y.)의 아스버리(Asbury) 교회의 소녀 한국 선교단(Girl's Korean Mission Band)이 지원한 출판자금으로 출간된 것입니다.

'찬미가'가 편찬된 것은 당시 선교사들이 예배를 위해 찬송가의 필요성에 주목하였기 때문이었습니다. 찬송가의 필요성은 분명했으나 악보를 읽을 수 있는 한국인 신자들이 드물었기 때문에 대다수의 한국 신자들은 찬송가를 외워서 불렀습니다.

이때 필요한 것은 악보가 아니라 가사였으므로 악보 없이 가사만으로 출판되었습니다.

현재는 그 원전이 남아있지 않아서 그 구체적인 내용이나 곡명은 알 수 없으나 언더우드 선교사가 출판한 '찬양가'의 영문 서문에서 '찬미가'는 한국 최초의 찬송가입니다. 당시 번역되어 불리던 번역찬송을 거의 수록하였고, 악보가 없는 가사판이라고 쓴 것을 통해서 번역한 찬송가이며, 가사판임을 알 수 있는 정도입니다.

한국 최초의 찬송가인 '찬미가'의 출판 이후 감리교와 장로교는 새로운 찬송가집의 필요성을 느끼게 됩니다.

이러한 필요성은 감리교와 장로교가 공동으로 찬송가집 편찬 협약을 맺게 하였습니다.

감리교의 존스 목사와 장로교의 마펫(Samuel A. Moffett, 1864-1939) 목사에게 편찬 책임이 맡겨졌습니다. 그러나 존스 목사가 안식년으로 미국으로 가서 1년 남짓 머무르게 되었고, 출판일이 지연되는 것을 마땅치 않게 여긴 언더우드가 단독으로 117곡의 찬송가를 수록한 '찬양가'(1894년)를 출판하면서 양측의 갈등이 시작되었습니다. 이 갈등으로 감리교는 '찬양가'를 쓰지 않기로 하고 '찬미가'(1892년, 임시판)에 이어 1895년에 편찬위원 존스 목사와 로스 와일러가 다시 수정·증보하여 81편의 찬송가가 수록된 '찬미가' 제1판을 발행하였습니다.

'찬미가'가 벌써 1892년에 발행되었음에도 감리교에서는 1892년판을 초판으로 하지 않습니다. 그 이유는 찬송가집의 규모나 구성면에서 체계를 갖춘 것을 초판으로 하고, 그 이전 것은 임시 사용판이라고 생각했던 것입니다.

그래서 1892년 판은 임시판이 되고 1895년 판이 제1판이 되는 것입니다.

제1판 '찬미가' 역시 가사 판으로 몇 곡을 제외하고는 대부분의 찬송의 곡명, 운율과 찬송의 출처를 밝히고는 있으나 작사자, 작곡자, 번역자는 밝히고 있지 않습니다. 1판 '찬미가'의 곡조가 어떤 찬송가에서 온 것인지 분석해 보면 미국 감리교 교파 찬송가에서 57곡의 예배 찬송곡이 나온 것이 가장 많은 부분을 차지하고 있고, 미국의 부흥집회 복음찬송에서 14곡, 미국 감리교 청년 찬송가인 'Epworth Hymnal'에서 3곡, 장로교 찬송가인 '찬양가'(1894년)에서 5곡, 그 외 곡 2곡으로 이루어져 있습니다.

제1판 '찬미가'의 원작자들은 왓츠, 웨슬리, 뉴턴(J. Newton), 쿠퍼(W. Cowper), 블리스, 크로스비(F. J. Crosby) 등입니다. 작사자들의 국적별로는 영국이 54편, 미국이 15편, 한국이 3편, 독일이 1편으로 압도적으로 한국 곡이 적음을 알 수 있습니다.

한국인이 작사한 찬송가는 42장(세상사. 죄악만하, Word의 곡조), 53장(예수의 놉흔 일흠이, Woodworth의 곡조), 72장(우리 비록 난 나. Spanish Hymn 곡조)입니다. 그중 53장은 작사자에 대해 'Korean Lady'라고만 밝혀져 있어 작사자가 여성임을 짐작할 수 있으며, 그 외의 곡은 작사자에 대해서 구체적으로 밝히고 있지 않고 단지 한국인이라고만 기록하였습니다. 이 3곡의 곡들도 작곡은 한국인이 한 것은 아니며 근대 찬송가 중에서는 한국인이 작곡한 찬송가는 거의 없습니다.

1892년 임시판과 비교하면 찬송 편집내용의 차이는 크게 없지만, 예배를 위하여 '쥬의긔도문', '도신경'을 첨가하였고, 선곡을 위하여 '주제별색인'이 새롭게 삽입된 것이 특징이라 할 수 있습니다. '주제별색인'을 살펴보면 '예배, 하나님과 그의 속성, 예수 그리스도(탄생, 고난과 죽음, 부활), 성령, 회개, 구원, 성도(성화, 헌신, 활동, 기도와 찬양), 성도의 교재, 죽음과 영생, 기타, 송영'으로 구성되어 있습니다.

1897년에 1판을 증편하여 90편의 찬송으로 제2판 '찬미가'가 출판되었습니다. 같은 해 10월에 3판이 출판되는데 2판과 3판은 같은 것으로 편찬위원은 존스·로드와일러·벙커로 동일합니다. 3판에서는 배재대학 학생이 작사한 '우리 죄악 심중야'(87장, Woodworth의 곡조)와 이화학당 여학생들이 작사한 것으로 밝히고 있는 '유태국에 나신 구쥬'(89장, O Happy day 곡조), 이 두 편이 한국인 작사자의 곡으로 추가되었습니다.

제4판의 원전은 확인할 수 없으나 사료가 확인된 3판과 5판의 사이 1898-1899년이라는 간격이 있어 이때로 출판연도를 추정할 수 있습니다. 1900년에 출판한 제5판의 서문에서 4판에 89곡의 곡을 수록하였다고 기술하고 있는데, 1899년에 '미 감리회 선교부연회'에서 찬송가위원인 존스의 보고는 90곡으로 되어있어 의문이 남습니다.

1900년에 제5판 '찬미가'가 출판되었습니다.
역시 가사판이었으며, 노인들이 보기 쉽도록 글자크기를 키우고, 찬송가의 수도 176곡으로 크게 증편되었습니다. 또 여러 예식문들을 수록하였으며 편집자는 찬송가 위원회(Hymn Book Committee)로 되어 있고, 찬송가 위원은 존스 목사와 로드와일러였습니다. 5판의 가장 큰 특징은 존스 목사가 쓴 영문 서문 외에도 한국인 복정채가 쓴 한글 서문도 수록되어 있다는 것입니다. 또한 예배용 찬송가와 사적 기독교 모임에서 사용할 수 있는 찬송가 그리고 어린이용 찬송가도 함께 묶어 수록한 것도 특징이라 할 수 있습니다.

제6판 '찬미가'는 1902년에 출판되었는데, 5판의 176곡의 찬송가에 29편이 증보되어 총 205곡의 찬송가를 수록하여 가사판으로 출간하였습니다. 편집자는 찬송가 위원회이며, 찬송가 위원은 존스 목사였습니다. 존스 목사는 '찬미가' 서문에서 새 찬송가가 나올 때까지 가교역할을 하기 위한 판이며, 5판에 새 번역 찬송을 더하여 낸 것이 6판이라고 하였습니다. 이때 노블(W. A. Noble) 여사의 새 번역 찬송이 몇 편 수록되었다고는 했으나 구체적이 언급은 없습니다. '찬미가'의 번역은 장로교의 '찬성시'에 비해 번역이 좋지 않아 현행 찬송가에는 거의 남아 있는 것이 없습니다.

'찬미가'의 7판은 1904년에 출간된 것으로 추정하고 있습니다.
6판과 8판의 출판 연도에 비추어 추정할 뿐입니다. 7판은 미 감리회와 남 감리회가 연합하여 편찬한 것으로 한국 감리교회 최초의 연합 찬송가집입니다.

초기의 '찬미가'는 미 감리회에 의해 편찬된 것이었습니다. 1903년에 최초로 미 감리회와 남 감리회의 선교사가 합동으로 찬송가 위원으로 임명되었는데, 미 감리회는 존스·베크·스웨러를, 남 감리회에서는 하디·호운셸 등을 편집자로 임명하였습니다. 또 '찬미가'의 오류에 대해 개정의 필요성을 제기하고 제7판의 편집자를 '찬송가 위원'이라는 용어 대신 '찬미가 교정위원'이라는 용어를 사용하였습니다.

이를 통해 '찬미가' 제7판은 '찬미가' 개정판이라고 할 수 있습니다.

'찬미가'의 제8판은 초기 감리교의 최종판 찬송가집으로, '찬미가' 제7판과 같은 것임을 서문에서 밝히고 있습니다.

'찬미가' 개정판에서는 '찬성시'에서 31편, '찬양가'에서 1편, '찬성시'와 '찬양가'에 모두 수록된 찬송 중에서 3편, 총 35편의 장로교 찬송을 추가해 펴내었습니다. 이때는 장로교와 감리교가 함께 찬송가 통일 작업을 진행하던 때로 감리교 번역 찬송가를 수정·개편하고 장로교와의 통합 작업을 위해 장로교 찬송가도 다수 채택한 것으로 볼 수 있습니다. 8판에서는 전판들에 없는 각종 세례 예문을 수록하였고, 찬송가위원인 벙커의 제의로 개정된 주기도문이 수록되었습니다.

※ **제5판 '찬미가'에 수록된 주기도문**(1900년)

　우리 하늘에 계신 아바님 일홈이 거룩ᄒ심이 나타 나옵시며
　아바님 나라히 림ᄒ옵시며 아바님 뜻이 하늘에셔처럼
　ᄯᅡ헤셔도 일우여지이다
　오늘날 우리의게 일요ᄒ 량식을 주옵시고
　우리가 우리의게 득죄ᄒ 쟈를 사ᄒ야 주는것 ᄀᆞ치
　우리 죄를 사ᄒ야 주옵시고
　우리가 시험게 드리지 말게 ᄒ옵시고 다만 우리를 흉악애셔 구ᄒ옵쇼셔
　대개 나라와 권셰와 영광이 아바님ᄭᅴ 영원이 잇ᄉ옵ᄂ니다. 아멘

※ **제8판 '찬미가에 수록된 주기도문**(1905년)

하늘에 계신 우리 아바지 일홈이 거룩ᄒ게 ᄒ옵시며
나라히 림ᄒ옵시며 뜻이 하늘에셔 일운 것 ᄀᆺ치
ᄯᅡ에셔도 일우워지이다
오ᄂᆞᆯ날 우리의게 일용ᄒᆞᆯ 량식을 주옵시고
우리가 우리의게 죄 지은 쟈를 샤ᄒ야 준 것 ᄀᆺ치
우리 죄를 샤하야 주옵시고
우리를 시험에 들지 말게 ᄒ옵시고 다만 악에셔 구ᄒ옵쇼셔
대개 나라와 권셰와 영광이 아버지ᄭᅴ 영원이 잇ᄉᆞ옵ᄂᆞ입니다. 아멘.

위와 같이 '찬미가' 제8판에서 새로 번역하여 수록한 주기도문의 형태는 우리가 사용하고 있는 개정 개역판 성경 이전에 사용해 오던 주기도문의 형태와 거의 같음을 알 수 있습니다.

찬양가

앞에서도 언급한 바 있지만 감리교의 찬송가집인 '찬미가'의 임시판이 출판된 이후 감리교와 장로교가 함께 찬송가집을 출판할 계획을 가졌으나 언더우드가 단독으로 '찬양가'를 출판하면서 양측 선교부의 공인을 받지 못하고 서울을 중심으로 한 남 장로교에서만 주로 사용한 찬송가집이 되어버렸습니다. 그러나 '찬양가'는 한국 기독교사 최초로 시도된 연합 찬송가집이라는 데 의미가 있습니다. 또 '찬양가'는 근대 초기의 찬송가집 중에서는 가장 체계적인 구성을 가지고 있는 찬송가집입니다.

1894년에 출판된 '찬양가'의 제1판은 한국 최초의 악보찬송가입니다.
117편의 찬송을 4부 악보로 찬송가로서의 규모를 갖추어 언더우드가 출판하였습니다.
한국 찬송가의 역사상 첫 시도된 악보 찬송가집이면서 또한 한국에 서양음악 보급의 첫 기초를 놓은 역사적으로 가장 중요한 찬송가라고 할 수 있습니다.
'찬양가'의 초판은 일본 요코하마(Yokohama Seishi Bunsha)에서 인쇄하였고, 그 출판비용은 언더우드의 형이 보조한 것입니다.

117곡의 수록곡 중에는 한국인의 창작 찬송이 9곡 수록되어 있고 나머지는 번역찬송으로 언더우드가 번역한 찬송이 가장 많고, 새로이 번역된 찬송에서는 몇몇 한국 학자들의 도움을 받기도 하였습니다.

　언더우드의 번역 찬송 중에서 오늘날까지도 거의 그대로 사용되고 있으며, 널리 불리고 있는 찬송가는 '찬양가' 제1판의 88장에 수록된 '예수가 거느리시니'(통일찬송가 444장, 새 찬송가 390장)가 있습니다. 또 펜윅(M. C. Fenwick)이 번역한 찬송가 중에서는 '찬양가' 제1판의 20장 '하늘의 아버지 주신 책은'으로 통일찬송가 241장, 새 찬송가 202장에 수록된 '하나님 아버지 주신 책은'과 거의 같은 번역으로 지금까지 사용되고 있습니다.

　언더우드는 '찬양가' 제1판의 한글 서문에서 4장 '이 세샹을 내신 이는', 29장 '우리 쥬의 피롤 보면', 38장 '우리 예수 큰 공로가', 61장 '예수의 놉흔 일홈이', 93장 '어렵고 어려오나', 113장 '이 셰샹의 쥰밍들은', 115장 '나는 밋네 나는 밋네 여호와이'가 조선 사람이 지은 것이라고 하였는데 40장 '세상시롬 죄악만하'와 114장 '만국 방언 다 잘ᄒ고'도 한국인이 작사한 것으로 모두 9편의 한국인 창작찬송입니다. 그러나 정확한 작사자의 이름은 나타나 있지는 않습니다. 이 한국인 창작찬송에는 외국 곡을 붙여 사용했으며, 형식은 대부분 4-4조에 4연으로 구성되어 있었습니다.

　'찬양가' 제1판은 한국 찬송가 역사상 최초로 한국인 작사 찬송가가 수록된 찬송가집이며, 이 찬송가를 통해서 초기 기독교인들의 신앙의 모습을 엿볼 수 있습니다.

　'찬양가' 제1판의 총 수록곡은 117곡이지만 그 중에 악보로 되어 있는 것은 88곡이며, 같은 곡조를 사용하고 있는 곡의 경우는 곡조의 이름(Tune Name)만 가사 위에 표시하였습니다.

　악보로 되어 있는 88곡의 찬송가도 84곡은 4부 화성으로 되어 있으며 가사는 1절만 악보 사이에 넣었고, 전체 가사는 악보의 아래 넣거나 다른 면에 수록하였으며, 4곡의 경우는 단선율로 되어 있습니다.

　'찬양가'의 음악 스타일은 19세기 미국 찬송가의 영향을 많이 받았고, 특별히 로웰

메이슨의 부흥회 노래(Gospel Songs)가 한국 교회음악의 뿌리가 되었다고 할 수 있습니다.

악보판인 '찬양가' 제1판은 더 이상 재판되지는 않았습니다.

1894년에 인쇄되어 1895년에 이미 매진되었습니다.

1942년 조선예수교장로회총회 창립 30주년 기념 '조선기독교사료전람회'가 있었는데 이 전람회에서 '찬양가'가 10판까지 전시된 기록이 남아있습니다. 이를 통해 최소 10판까지는 '찬양가'가 출판되었음을 추측할 수 있으나 10판 이상은 사료의 부족으로 알 수는 없습니다.

1895년에 가사판 '찬양가'가 출판되었는데 151곡으로 증보되었습니다.

제2판에서는 한국인 창작찬송이 5편 새롭게 추가 수록되어 1판의 9곡과 함께 총 14곡의 한국인 창작찬송이 수록된 것입니다. 제2판 '찬양가'의 영어 서문에서 언더우드는 번역찬송보다 한국인의 창작찬송을 더 많이 가질수록 한국인의 심령에 더 가깝게 갈 수 있다고 하였습니다.

'찬양가'는 서울을 중심으로 일부 장로교에서 장로교와 감리교의 연합 찬송가집인 '찬송가'(1908년)가 나오기 전까지 10편 이상 증보되어 출판 사용되었습니다.

찬셩시

언더우드의 단독 작업으로 1894년에 '찬양가'가 출간되었으나 미 감리회선교부는 물론 북장로회선교부에서도 '찬양가'의 편집과정을 문제 삼아 그 사용을 거부하였습니다. 이렇게 '찬양가'의 사용을 거부한 북장로교회선교부에서도 찬송가위원회를 구성하고 1895년에 '찬셩시'를 출판해 사용하게 되었습니다.

이후 장로교 내에서는 두 종류의 찬송가집이 사용되었습니다.

언더우드의 영향권 하에 있는 서울과 중부지방의 장로교회에서는 '찬양가'를 사용하고, 북장로교회선교부의 근거지인 서북지방의 장로교회는 '찬셩시'를 사용한 것입니다. 그러나 이 두 찬송가집은 어느 것 하나 장로교회에서 공인되지 못하고 사용되어 오다가 1902년에 이르러 '장로회공의회'에 의해서 '찬셩시'가 공인 찬송가집으로 승인되었습니다. 이를 통하여 '찬양가'는 비공인 찬송가집으로 남게 되었습니다.

'찬성시'의 초판은 가사판으로 54곡의 찬송가가 수록되었고, 주 번역자는 언더우드, 존스, 로스와일러 그리고 베어드 부인 등입니다.

1898년에 제2판으로 84곡의 찬송가로 증편되어 출간되었습니다.

편집위원은 베어드(Annie Laurie Adams Baird, 1864-1916) 부인과 선교사 리(Grahan Lee)이며, 그 외에 몇 명의 선교사가 함께 작업하였으나 그 이름은 밝히지 않고 있습니다. 1902년 판까지는 베어드 부인이 편찬책임을 맡았고, 그 이후부터는 밀러의 주도 하에 편집 작업이 이루어졌습니다.

'찬성시'의 제2판은 장로교 예배찬송의 특징인 운율 시편가가 14편이 수록되었고, 이 운율 시편가의 수록이 한국 최초의 장로교적 찬송가의 특징을 보여준다고 할 수 있습니다. 이 14편의 운율 시편가는 주로 미국 찬송가 곡조에 가사를 붙여 부를 수 있도록 운율화 한 것입니다. 이 시편가들은 한국 최초의 구약 한글역인 '시편촬요'(1898년)의 번역자인 피터스(Alexander A. Pieters, 1872-1958)가 한국어로 운율화한 것입니다.

피터스가 운율화한 시편은 3편, 8편, 19편, 20편, 23편, 67편, 95편, 100편, 114편, 121편, 124편, 126편, 130편, 138편입니다. 이 중에서 시편 20편인 '너의 환난 맛날 때에'는 '내가 환난 당할 때에'라는 제목으로 통일찬송가 428장에, 시편 67편 '쥬여 우리 무리를'은 '주여 우리 무리를'이라는 같은 제목으로 통일찬송가 47장, 새 찬송가 75장에 실렸습니다.

또 시편 121편인 '눈을 들어 산 보리니'는 '눈을 들어 산을 보니'라는 제목으로 통일찬송가 433장과 새 찬송가 383장에 실렸고, 시편 130편 '내가 깁흔 곳에서'는 '내가 깊은 곳에서'라는 같은 제목으로 통일찬송가 479장과 새 찬송가 363장에, 그리고 시편 138편 '내가 일심으로'는 '내가 한 맘으로'라는 제목으로 통일찬송가 17장에 실려 총 14편의 운율 시편가 중에서 5편의 시편가가 우리 찬송가에 아직도 남아 있습니다.

한편 제2판에서 베어드 부인의 활약을 주목해 볼 수 있습니다.

베어드 부인은 선교사이며 교육가로서 선교사 베어드의 부인입니다.

베어드 부인은 한국 찬송가 역사상 가장 많은 번역을 하였으며, 그 번역을 다른 교파의 찬송가 집에서도 채용될 정도로 상당히 세련된 것으로도 유명합니다.

'찬셩시'의 번역이 가장 자연스러운 번역 찬송가집으로 평가받는 것 역시 편찬위원으로 베어드 부인이 있었기 때문이라고 할 수 있습니다. 베어드 부인은 원 가사를 그대로 번역하지 않고 곡조에 어울리도록 그 내용을 한국어로 재구성하여 번역하였고, 이러한 번역 방법은 후에 다른 선교사들도 모방할 정도였습니다. 이러한 베어드 부인의 찬송가는 현재에도 14편이나 그대로 사용되고 있습니다. 베어드 부인의 이러한 뛰어난 번역작업은 같은 번역찬송의 비교를 통해 더욱 명확히 알 수 있습니다.

'예수 사랑하심은'의 번역비교

찬송가집	찬양가(1894년)	찬미가(1895년)	찬셩시(1898년)
번역자	언더우드	미상	베어드
가사	예수나를 사랑ᄒ오 성경에말씀일셰 어린ᄋ희임쟈요 예수가피로삿네 (후렴) 예수날ᄉ랑ᄒ오 예수날ᄉ랑ᄒ오 예수날ᄉ랑ᄒ오 성경말씀일셰	쥬사랑내가알기는 셩셔말씀분명히 어린아히쥬맛터 연약ᄒ흠을 붓드네 (후렴) 예수날ᄉ랑 예수날ᄉ랑 예수날ᄉ랑 셩셔에말잇소	예수ᄉ랑ᄒ심은 거륵ᄒ신말일네 어린거시약ᄒ나 예수권셰만토다 (후렴) 날ᄉ랑ᄒ심 날ᄉ랑ᄒ심 날ᄉ랑ᄒ심 성경에쓰셧네

이렇게 베어드 부인과 또 한 사람 밀러 목사의 번역은 초기 한국 찬송가의 번역자로 가장 크게 공헌하였다고 할 수 있으며, 이 두 선교사의 공헌은 최초의 장로교·감리교의 연합찬송가인 '찬송가'(1908년)에서도 빛을 발하여 편집위원으로서 한국 찬송가 역사에 큰 획을 긋는 역할을 했습니다.

1905년에 출판된 '찬셩시' 제9판은 '찬셩시'의 종합판이라 할 수 있는 악보판 찬송가집인데 이 찬송가집에는 한국인 작사 찬송가가 모두 7곡 수록되어 있습니다. 그 중

2곡은 김인식이 작사하였고, 나머지 5곡은 작자 미상의 한국인 신자가 작사한 곡이었습니다.

'찬성시'는 1895년 초판을 출간한 이후 1907년까지 총 12판을 중판하여 1908년 장로교·감리교 연합찬송가집 '찬송가'의 출판 전까지 계속 사용되었습니다.

'찬성시'는 1905년에 출판한 9판과 1907년에 출판한 12판 이외에는 모두 가사판이었습니다. 그 이유는 당시에 악보를 읽을 수 있는 교인이 드물었고, 1894년 출간된 '찬양가'의 성과가 미미한 것을 경험하여 악보판의 필요성을 느끼지 못하였기 때문이었습니다. 그러나 9판에 와서 악보판을 출간한 이유는 찬송가의 본국에서의 습관대로 한 가사의 찬송에 여러 곡조들을 붙여 부르다 보니 가사판에 곡명을 명시했으나, 악보로 통일된 곡조를 규정하지 않아 문제가 발생하자 한 가사에 한 곡조로 통일하여 사용할 수 있도록 하기 위해 악보판을 편찬한 것이었습니다.

'찬성시' 9판의 경우 총 151곡의 찬송가 중에서 142곡이 '찬송가'(1908년)에 그대로 수용될 정도로 선교 초기의 찬송가집 중에서는 한국 찬송가 역사에 많은 영향을 미친 찬송가집입니다. 또 그 가사의 번역이 우수한 점은 '통일찬송가'(1983년)에 그대로 수용된 찬송가가 50곡이나 되는 점에서도 발견할 수 있습니다.

찬송가

처음 한국에 기독교가 전래되면서부터 다양한 신학과 교리적 배경을 가진 교파들의 형태로 선교사가 파송되어 들어왔습니다. 때문에 한국에 파송된 선교사들은 각기 본국의 교회 선교부의 지휘와 감독을 받으면서도, 한국 내에서는 교파간의 연합과 공존을 모색해야만 했습니다. 이러한 가운데 교파 간 협력 사업의 하나로 감리교와 장로교는 함께 사용할 수 있는 연합 찬송가집의 편찬을 결의한 것입니다.

앞에서도 언급되었지만 이러한 시도는 한 번 있었지만 실패로 끝나게 되었고, 각기 다른 찬송가집을 사용하며 지내다가 1908년 드디어 최초의 연합 찬송가집인 '찬송가'(경성: 조선예수교서회)가 출간되기에 이르렀습니다.

연합 찬송가집의 출판을 시작으로 한국 내에 단일 교회 조직을 설립하고자 하였으나 정치적인 면에서 벽에 부딪쳐 단일 교회 조직은 실패하였습니다.

그러나 당시 한국 기독교계의 두 축을 이루고 있던 감리교와 장로교의 연합의 의미는 그 상징적 의미를 가지기에 충분하였습니다.

'찬송가'의 찬송가 위원은 북 장로회의 밀러와 베어드 부인, 미 감리회의 벙커 등이 맡았습니다. 베어드 부인과 밀러는 가사의 번역과 수정을, 벙커는 가사와 곡조의 결합을 담당하였고, 초판은 1908년에 가사판으로 출간되었습니다.

'찬송가'는 '이미 양 교파에서 사용하는 찬송가를 토대로 하되 개정할 것은 개정한다. 말은 존경어를 사용하고 구조가 명확하여 의사가 타당하고 교리에 적절한 것만 쓰기로 한다. 새로 편입할 찬송가도 같은 원칙으로 개정한다'는 원칙을 가지고 편찬하였습니다.

이와 같은 원칙하에 '찬송가'의 수록곡은 '찬셩시'(1905년)에서 137곡, '찬미가'(1905년)에서 87곡 등을 그대로 수록하였고, 양 교파가 기존에 부르던 찬송가를 수용한 연합정신의 결과라 하겠습니다. '찬송가'의 번역은 현재까지 거의 그대로 채용될 정도로 심혈을 기울여 작업하였습니다. 이렇게 이미 사용하던 찬송가를 토대로 새로운 찬송가를 첨가하여 262곡의 찬송가가 출간되었습니다.

'찬셩시'는 초판부터 수록된 찬송가의 출전 찬송가집을 밝히고 있어 원곡이 어떤 곡이었는지 쉽게 알 수 있습니다. 또 11편의 운율 시편가가 수록되어 있습니다.

'찬송가'의 악보 1판인 1909년 판은 피터스 목사에 의해서 편집되었습니다.

1908년의 가사판을 악보판으로 만든 것으로 재정의 어려움으로 인해 출판 경비는 피터스 목사가 개인적으로 조달해 인쇄하였습니다. 이 악보 1판에는 한국 찬송가 역사상 최초로 한국 전통음악이 수록되었습니다. 이 곡들은 인도자가 먼저 한 줄 부르면 회중이 그것을 따라 부르는 형식으로 되어 있었으며 2/4박자에 사장조이며 5음계를 사용하였습니다. 그 외에도 한국인이 작사한 찬송가가 9곡 수록되어 있고, 이 곡들은 모두 '찬미가'와 '찬셩시'에 수록되었던 곡들입니다.

또한 '백만명구령가'라고 하는 전도운동과 관련된 찬송가도 수록되어 있습니다.

1907년에 '대부흥운동'이라 일컬어지는 한국 최초의 대규모 부흥운동이 일어났는데 이 운동이 '백만 구령운동'이었고, 그 운동의 주제가인 것입니다. 이 '백만명구령가'는 1916년 출간된 '찬송가' 악보 2판부터는 백만 구령운동이 1911년 초에 끝났고, 1910년 일제가 백만 구령운동을 민족운동으로 오해하는 등의 이유로 삭제되었습니다.

2판의 또 하나의 특징이 있다면 그것은 피터스 부인이 찬송의 음정이 높아서 부르기 어려운 찬송들은 회중들이 부르기 쉽도록 조옮김을 했다는 것입니다.

선교사와 한국인 공동 편찬시대(1930년대)

신정 찬송가

감리교와 장로교는 20여 년 간 '찬송가'를 연합하여 사용하였습니다.

그러던 중 새로운 찬송가에 대한 필요성을 느끼고 개정을 결의하게 되었습니다.

이렇게 1931년 '찬송가'를 개정 증보하여 '신정찬송가'가 두 번째 연합 찬송가집으로 출판되기에 이르렀습니다. 그러나 장로교는 '신정찬송가'를 공인 찬송가로 채택하지 않고 '신편찬송가'를 1935년에 발행함으로 인해 연합에 실패하게 되었습니다.

'신정찬송가'는 '찬송가'의 개정으로 규정하여 편찬위원들을 개정위원으로 호칭하였습니다. 개정위원장은 아펜젤러가 맡았고, 개정위원으로는 감리교에서 아펜젤러와 변성옥, 장로교에서는 공위량(William C. Kerr)과 음악가 김인식이 활동하였고, 공위량의 안식년 기간에는 안대선(Wallace J. Anderson)이 대행하였습니다.

'신정찬송가'는 한국인을 최초로 찬송가 편찬위원으로 선정하였다는 것과 전문 음악가를 선정하였다는 점에서 역사적 의미가 깊다고 하겠습니다.

최초의 한국인 찬송가 편찬위원인 김인식은 평남 강서 출신의 한국의 초기 서양 음악가입니다. 서양 음악가였지만 국악에도 관심을 가져 '영상회상', '여민락' 등의 곡을 수집하고 정리하여 악보화하기도 하였습니다. 그의 작품으로는 '애국가', '전진가', '국기가' 등이 있으며, 홍난파·이상준·김형준 등의 제자를 두었습니다.

또 감리교 목사이며 조선기독교회의 창설자인 변성옥도 찬송가 편찬위원 중의 한 사람입니다. 1914년 평양 숭실전문학교를 졸업하고 1926년에는 미국에서 유학하여 기독교 교육학으로 신학사 학위를 시카고대학교에서 받았으며, 협성신학교 교수와 미감리회의 종교교육부 간사를 지내기도 했습니다. 후에 길림성에 길림신학교를 세우고 교장으로 지냈으며 해방 후에는 미군정 하에서 입법위원에 피선되었습니다. 또한 1947년 중앙신학교 교장에 취임하였으며, YMCA 총무로 선임되기도 하였습니다.

'신정찬송가'는 '찬송가'에서 가장 유용성이 떨어지는 약 100여 곡을 삭제하고 청년찬송가집에서 같은 수 만큼 대체하여 수록하였습니다. 편집과정의 개정원칙을 분명히 하고 그 기준에 의하여 편찬하였으며, 그 내용은 아래와 같습니다.
① 번역의 원문의 쑷과 굿흔지
② 번역이 아닌 것은 찬미로 쓸만호지 아니호지
③ 말이 음악의 구절과 억양에 맞는지
④ 악보가 원악보에셔 곳쳐진 것인지
⑤ 긔왕에 쓴 곡됴의 쥬도음이 뎍합호지
⑥ 절수를 줄여도 무방호지
⑦ 곡됴가 찬미에 맛는지 그러치 안으면 엇던 곡됴가 뎍딩홀지

김인식은 찬송가 가사의 번역의 문제를 언어 구조의 문제와 연결 지어 인식했던 음악인이었습니다. 그는 영어와 한국어의 악센트 차이를 인식하고 그로 인한 번역의 한계를 인정하였습니다. 때문에 가사, 음악 그리고 찬송가의 성격까지도 조화시키기 위해 노력하였습니다. 또 교회음악의 수준이 향상됨에 따라 '찬송가' 악보 2판 때에 피터스 부인이 조옮김했던 곡들을 원상태로 회복시켰습니다.

당시 평양장로회신학교 음악 강사인 권태희는 '신정찬송가'는 '우수한 가곡을 많이 편입한 것, 어구가 음악의 억양에 어울리는 것, 주조음이 원곡대로 된 것, 가사의 번역이 훨씬 더 자연스럽게 된 것' 등을 장점이라고 말했습니다.

'신정찬송가'는 한국인 작사 찬송가를 7곡 수록하고 있습니다.

한국인 작사 찬송가 수록곡 7곡 중에서 6곡은 현상 공모하여 채택되었으나 그것이 어느 곡인지는 밝히지 않아 정확하게 알 수 없다. 그 7곡 중 특별히 230장 '금쥬가'는 임배세가 작사와 작곡을 모두 한 것으로 찬송가 최초로 수록된 한국인 작곡의 찬송가입니다. 창작가사를 작사한 작사자들 중에서는 고황경(1909-2000), 김활란(1899-1970), 남궁억 등 당시 교육가, 언론인, 사회활동가 등의 주도적인 역할을 감당했던 사람들이 있습니다.

'신정찬송가'에서는 한국 전통음악들이 모두 제외되었는데 그것을 주장한 사람이 한국인 편찬위원이었다는 점이 아쉬운 점이라 하겠습니다. 오히려 외국인 편찬위원은 '이상적인 찬송은 외국의 예를 따를 필요가 없고 음악적인 면에서나 문학적인 면에서나 한국인의 혼으로부터 샘솟을 때 가능하다'고 생각하였습니다.

당시 한국인 편찬위원으로는 변성옥 목사와 서양 음악가 김인식이었습니다. 김인식은 한국적 찬송가를 가장 이상적인 찬송가라고 생각했습니다. 그러나 당시 목회자들과 일반 음악계는 한국 전통음악에 대하여 천한 음악으로 생각하는 경향이 있었습니다. 찬송가에서 한국 전통음악의 제외를 주장한 편찬위원이 누구인지는 밝히지 않고 있지는 않아 정확하게 알 수는 없으나 당시의 상황으로 미루어 짐작할 수 있습니다.

'신정찬송가'는 출간 후 많은 논란을 빚은 찬송가집으로, 편집과정이나 찬송가집의 내용 모두 비판의 대상이 되었습니다.

논란의 첫 번째 원인은 선교사연합공의회가 감리교와 장로교의 총회와 상의가 없었던 것이고, 두 번째 원인은 편찬위원 구성에 있어 음악가만을 임명한 것이며, 세 번째 원인은 음악가들로만 편찬위원을 구성해 가사에 있어 심각한 결함이 있다는 것입니다. 이것은 선교사 주도의 찬송가집 편찬과 민족 주체성 무시에 대한 비판이라고 할 수 있습니다. 이러한 논란으로 인해 1930년 이전까지 감리교와 장로교가 함께 사용하던 찬송가집의 통용은 '신정찬송가'의 출판으로 갈라지게 되는 비운을 맞이하였습니다.

신편찬송가

1932년 제21회 장로교 총회에서는 '신정찬송가'가 총회의 협의 없이 출판되었고, 교열이 없다는 이유로 1935년 '신편찬송가'를 발행하였습니다.

'신편찬송가'의 편집자는 정인과로 되어 있지만 정인과는 단지 편찬을 담당하는 부서의 책임자였으며, 편찬 작업은 찬송가 편찬위원에 의해 행해졌고 번역자는 구체적으로 밝혀져 있지 않습니다. 편찬위원은 구체적으로 알 수 없지만, '신편찬송가'의 '사례의 말씀'에 의하면 음악에 조예가 깊었던 구왕삼, 현제명, 안대선, 허일(Mrs. M. R. Hill) 부인 등이 참여한 것을 알 수 있습니다. 또 이광수·전영택 등이 번역작업에 참여하였는데, 이들은 비기독교인인과 이단이라는 점 때문에 후에 비판의 대상이 되었습니다.

'신편찬송가'는 총 400장으로 구성되었으며, '찬송가'(1908년) 중 늘 부르지 않는 곡들을 40곡 삭제하고, '신정찬송가'에서 좋은 곡 70곡과 새 찬송가를 100곡 정도 증편하였습니다. 교인들이 찾기 쉽도록 하기 위해 구 '찬송가'와 찬송가 장수를 같게 하고 빠진 것만 새 찬송을 첨가하였습니다.

새로운 찬송가집을 만들기 위해 '신편찬송가'를 편찬하게 되었다는 입장을 폈지만 그러기에는 새로운 찬송가의 비중이 너무 적어 설득력이 떨어집니다.

장로교의 찬송가집 단독편찬으로 교계에서 많은 비판을 받았습니다.

많은 비판들 중에서도 가장 큰 쟁점이 되었던 것은 단독편찬으로 인한 감리교와의 연합정신에 위배된다는 것이었습니다. 이에 장로회 종교교육부는 '신편찬송가' 출간 전 감리교에서 '신편찬송가'를 채용해 공동 사용하겠다는 결의를 하였다고 '종교시보'를 통하여 발표하였으나 허위였습니다.

'신편찬송가'는 출간 전부터 출간 후까지 계속된 갈등을 낳았습니다.

감리교와 장로교의 갈등 그리고 장로교와 선교사들의 갈등까지 빚어졌습니다.

또한 장로회총회와 조선예수교서회의 갈등도 이어졌는데 그것은 경제적인 문제 때문이기도 했으며, 장로회총회가 선교사로부터 벗어나 독자적인 길을 걸으려는 의도가 내포되어 찬송가의 판권 문제가 상징적으로 나타난 것입니다.

한국교회는 1920년대 이후 선교사들의 교권적 횡포에 염증을 내어 '조선적 기독교'의 수립을 표방하고 주체적 한국교회를 주장하였습니다.

찬송가는 선교사의 영향권이 가장 크게 미쳤기 때문에 그 갈등이 찬송가의 판권으로 나타난 것입니다.

'신편찬송가'는 1935년 초판에 이어 1936년 제2판, 1937년에 제3판, 1938년에 제4판, 1939년에 제5판 1942년에 수정판, 1947년에 비상판. 마지막으로 1949년에 정인과 개인이 발행한 사재판으로 발행되었고, 모든 판의 찬송 곡수는 동일하나 편집내용에 있어 조금씩 수정이 가해졌습니다.

특별히 1938년에 발행된 제4판은 신철자판으로 조선어학회에서 제정한 한글맞춤법 통일안의 철자법을 적용한 판이었습니다.

부흥성가

성결교회의 전신인 동양선교회에서는 카우만·길보른, 두 설립자의 계획으로 토마스 선교사 부인 외에 몇 사람과 스톡스 선교사의 도움으로 1911년에 처음으로 찬송가 16곡을 모아 '복음가'를 편집하여 출판하였습니다. 그 후 1919년 50여 곡을 더 증보하여 '신정복음가'를 출판하였습니다. 그리고 1930년에는 40여 곡을 보완하고 총 255곡의 찬송가를 모아 '부흥성가'라는 제목으로 출판하였습니다.

'부흥성가'는 하인즈(Paul E. Haines) 목사가 편집을 맡고, 하인즈 부인과 염형우가 편집을 도와 출판하여 1949년까지 교단 찬송가로 사용하였습니다.

부흥성가의 특징은

첫째, 수록된 대부분의 찬송이 복음성가라는 것이다. 242곡의 찬송가 중에서 193곡이 19세기와 20세기 초반의 미국 복음가의 곡조를 따랐으며, 그 외에는 당시 애창되던 외국민요 등의 곡조에도 가사를 붙여 찬송가로 사용하였다.

둘째, 한국 최초로 저작권자를 밝히고 그 사용에 대한 허락을 받았다는 점이다.

셋째, 찬송마다 관련 성경이 근거를 밝힌 것이다.

이러한 점들은 타 교파의 찬송가집과 다른 점이라 할 수 있습니다.

'부흥성가'는 1930년에 이어서 1932년, 1933년, 1934년, 1935년, 1937년, 1940년, 1947년에 발행되었습니다.

근대의 비공인 찬송가집(1905-1945)

각 교파의 공인 찬송가집 외에도 근대에 출간되어 나온 찬송가집 중에는 개인이 출간한 찬송가집들이 있었습니다. 이러한 찬송가집들은 규모가 크지 않으며, 특정 용도를 가지고 나온 찬송가집들이 대부분이었습니다.

윤치호의 '찬미가'

1905년 윤치호는 총 15곡을 수록한 가사판의 '찬미가'를 출간하였습니다.
발행자는 김상만이며, 발행 및 판매는 광학서관이었습니다.
이 중 12곡은 윤치호가 번역하였고, 애국 찬송가(Patriotic Hymn) 3곡은 한국인이 작사한 곡이나 누구의 작사인지 밝히지 않고 출판하였습니다.

가사 번역에 있어서 당시에 출간되었던 다른 찬송가집과는 큰 차이가 있는데, 그것은 윤치호의 신앙관의 반영으로 다른 번역들이 하나님의 절대 주권만을 강조하고 있는 것에 반해 윤치호의 번역은 믿음에 대한 자신의 자유의지를 나타내는 표현을 사용하고 있습니다. 그리고 자신의 연약함을 하나님께 간구하고 있는 표현들이 많습니다. 이것은 감리교리의 토대를 이루는 웨슬리(J. Wesley)의 복음주의 신학이론이라고 할 수 있습니다. 이러한 윤치호의 생각은 애국적 충정과 신앙을 담은 번역 찬송가집을 펴낼 수 있는 힘이 되었습니다.

윤치호의 '찬미가' 14장 '동해물과 백두산'의 가사는 현 애국가 가사와 동일합니다. 이 곡도 애국 찬송가로 표기되어 있고, 오늘날 발견된 문헌 중 '애국가'가 수록된 최초의 노래집이 바로 '찬미가'인 것입니다.
이 '동해물과 백두산'의 가사는 아래와 같습니다.

※ '찬미가' 14장 '동해물과 백두산'
 1. 동해물과 백두산이 말으고 달토록 하나님이 보호하사 우리대한만세
 2. 남산우헤 저소나무 철갑을 두른 듯 바람이슬 불변함은 우리긔상일세

3. 가을하날 공활한대 구름업시놉고 밝은달은 우리가슴 일편단심일세
4. 이긔상과 이마음으로 님군을섬기며 괴로오나 질거우나 나라사랑하세
(후렴) 무궁화 삼천리 화려강산 대한사람 대한으로 길히 보전하세

윤치호의 '찬미가'는 한국인이 편찬한 최초의 찬송가집이나 윤치호가 속해 있던 감리회선교부에서 공인 찬송가집으로 승인되지는 못했습니다. 그 이유는 두 가지로 추정해 볼 수 있는데 첫째는 당시의 정치적 이유였고, 다른 하나는 예배용 찬송가집으로서의 내용적 문제였습니다. 당시의 한국 교인들은 기독교의 정신적 힘을 통해 민족의 현실을 헤쳐 나가고자 했으나, 선교사들은 민족교회로서보다는 순수 영적 구원에 그 중심을 두려하였기 때문에 윤치호의 '찬미가'를 경계하지 않을 수 없었던 것입니다. 이후 1912년 2월 7일에 윤치호의 '찬미가'는 조선총독부에 의해 '치안방해'라는 이유로 출판금지 처분을 받았습니다.

안애리의 '챵가집'

'안애리'는 '찬셩시'(1895년)와 '찬송가'(1908년) 등의 편찬에 관여했던 '베어드 부인'의 한국명입니다. 안애리에 의하여 1915년에 편찬된 '챵가집'은 경성과 평양에서 각각 발행되었고, 1920년에 재판되었으나 초판과 재판이 서로 같은지는 알 수 없습니다. '챵가집'은 그 서명으로 인해 찬송가집이 아니라 일반 창가집으로 오해할 소지가 있으나 1부에는 일반 창가를 수록하고, 2부에는 찬송가를 수록하여 발행했습니다.

안애리는 '챵가집' 서문에서 편찬의도를 밝혔는데, 노래는 나라와 시대에 따라 달라져야 하며, 조선에서는 음악이 학교교육 중의 한 과정이 되었고, 교회에서는 찬송가를 부르기 때문에 이 둘을 합한 창가집이 요구되어 출간했다는 것이 그 편찬 의도였습니다. 편찬에 있어서는 최자경에게 많은 도움을 받았으며, 여러 곡조들을 개작하고 동양음계로 작·편곡하는 작업은 그로브(Paul L. Grove)의 도움을 받았습니다.

양주삼의 '특별히셕찬송가'

1922년 양주삼은 한국 최초의 해설 찬송가집인 '특별히셕찬송가'를 출간하였습니다.

이는 83곡의 찬송가를 선택하여 찬송가 가사와 함께 해설을 붙인 가사판이며, 발행처는 '남감리교회선교백년기념회'입니다.

양주삼은 당시 감리교의 협성신학교 교수였으며, 계간지 '신학세계'(경성: 감리교회협성신학교)에 '찬송가연구'라는 글을 연재하였는데, 이 때 연재했던 찬송가 34곡의 해설에 49곡을 추가 해설하여 편찬하였습니다. 이 때 양주삼이 한 찬송가 해설은 현재 출간되고 있는 해설서에 비해 결코 뒤지지 않는 것을 알 수 있으며, 이미 1920년대에 찬송가 해설의 수준은 높은 수준이었음을 미루어 알 수 있습니다.

안병한의 '방언찬미가'

안병한은 장로교의 전도사이자 장로이며, 평안북도 신의주에서 출생하였으며, 안승원 목사의 장남입니다. 1921년 평양장로회신학교를 졸업하고 산간벽지에서 전도사로 활동하였던 사람입니다. 안병한의 '방언찬미가'는 1934년에 제1판이 출간되고, 1938년에는 제2판이 출간되었습니다.

이 '방언찬미가'는 각 절기마다 사용할 수 있도록 잘 알려진 찬송가를 중국어·영어·한국어·일본어 등 4개 국어로 편찬한 찬송가집입니다. 수록곡은 67곡이나 각 나라말로 번역하는 과정에서 겹치는 곡들이 있습니다. 한국어로 된 찬송은 8곡으로, 그 중 7곡은 안병한이 작사한 것입니다. 한 곡은 당시 유행창가였던 '희망가'의 곡조에 '금쥬창가'의 가사를 붙인 것입니다. 각 찬송가의 제목에는 당시 교세가 컸던 장로교·감리교·성결교에서 사용하는 찬송가집의 장수를 적어 넣고, 책 뒤쪽에는 그 대조표를 제시해 그 가사에 알맞은 곡조를 붙여 부를 수 있도록 한 것이 특징입니다.

현제명의 '아동찬송가'

'아동찬송가'는 1936년에 현제명에 의해서 편찬되었습니다.
그 발행처는 장로회 총회 종교교육부였습니다.
현제명의 '아동찬송가' 이전에도 아동용 찬송가집이 출간된 적이 있으나 그 원전은 발견되지 않아 내용을 알 수는 없습니다. 당시의 찬송가집은 성인을 중심으로 편찬되었기 때문에 주일학교에서는 사용하기에 적합하지 않았습니다.

현제명은 '아동찬송가'의 편찬 이유를 조선교회 역사에서 어린이 정서에 맞는 찬송가집이 없으며, 주일학교에서 성인 찬송가는 물론 유행가까지 부르고 있음을 지적하며 이에 '아동찬송가'를 편찬하게 되었다고 밝히고 있습니다.

악보는 4부의 일반 찬송가와 같은 형태로 되어 있으며 각 곡마다 '명랑하게', '재미있게' 등의 형용사 지시어를 적어 넣어 어린이들의 노래 부르기에 이해를 도왔습니다. 또한 성인 찬송가집에 수록된 곡 중에서 가사를 어린이의 정서에 맞게 바꾸어 수록한 곡도 있었습니다. 이 찬송가집에는 어린이용 찬송가 외에도 20여 곡의 동요를 수록하였고, 부록으로 슈만의 '트로이메라이', 쇼팽의 '프렐류드' 등 클래식 곡이 수록된 것이 특징입니다.

'아동찬송가'는 총 101곡의 수록곡을 담고 있는데 이 중 한국인이 작곡한 찬송가는 9곡으로 박경호가 5곡, 현제명이 3곡, 이상준이 1곡을 작곡하였습니다.

'아동찬송가'의 단독편찬은 어린이 종교교육이 장년 중심의 종교교육에서 벗어나 독립된 분야로 인정받기 시작했음을 보여주는 찬송가집입니다.

한국인 편찬시대(1945-1982)

합동찬송가

1930년대부터 감리교는 '신정찬송가'를, 장로교는 '신편찬송가'를 그리고 성결교는 '부흥성가'를 공인 찬송가집으로 사용하다가 조국이 해방하면서 세 교파는 하나로 통일된 찬송가를 원하였습니다.

'합동찬송가'(1949년)는 그 서문에서 밝히듯이 '교회에서는 찬송가가 합하지 못하여 말할 수 없이 불편하고 부자유한 신앙생활을 계속하여 오던 중, 드디어 1946년에 장·감·성 세 교파는 찬송가의 하나 됨을 원하여' 찬송가 연합을 위한 작업에 들어가게 되었습니다. 각 교파별로 2인씩 찬송가 합동연구위원을 선정하여 연구를 시작하였고, 1948년에 각 교단 총회에서 정식으로 결정하여 각 교파의 대표 14인을 '찬송가합동전권위원회'가 조직되고 활동하여 그 결실로서 1949년 세 교파의 연합 찬송가책인 '합동찬송가'를 출간하였습니다.

찬송가합동전권위원회의 명단은 장로교의 김관식·김춘배·유호준·김종대·정훈이고, 감리교는 강태희·김희운·엄재희·김유순·조민형이며, 성결교는 박현명·김유연·황성택·한영환입니다.

'합동찬송가'의 출간은 대한기독교서회에서 맡았고 그 판권도 대한기독교서회에 두었습니다. '합동찬송가'의 초판은 1949년에 가사판으로 출간되었고, 찬송가 586곡과 교독문 38편을 수록하였습니다.

1950년에는 악보판, 1954년에는 수정판이 출간되었습니다.

'합동찬송가'의 출간은 한국교회 사상 최초로 삼대 교파가 통일된 찬송가를 부를 수 있게 되었으며, 한국인의 손으로 편집된 최초의 찬송가라는 점에서 그 의의가 매우 컸습니다. 찬송가 합동 원칙으로 '세 교파에서 사용하는 찬송가 중 각 교파의 특이한 전부를 편입하기로 하고 공통의 것은 가사를 적절히 선택하여 편입하기로' 하였으므로 새로운 편찬이 아니라 세 찬송가를 합한 것이었습니다.

'합동찬송가'는 오로지 세 교파의 찬송가집의 통합에만 그 목적이 있었기에 586곡이나 되는 수록곡에도 불구하고 새로운 찬송가가 수록되지 못하고, 한국인 창작 찬송가가 오히려 축소되었으며, 중복되는 가사나 곡조가 많다는 점에서 '찬송가의 한국화'라는 측면에서는 오히려 퇴보한 찬송가라는 평가를 받기도 하였습니다.

이러한 단점에도 불구하고 '합동찬송가'는 한국교회가 하나 된 찬송가를 부를 수 있게 했다는 점에서 역사적 의미를 둘 수 있으며, '개편찬송가'(1967년)가 출간되기 전까지 20판을 거듭하여 출판되어 사용하였습니다.

새 찬송가

1946년 감리교·장로교·성결교 세 교파가 하나 된 찬송가 출판을 위해 노력하고 있던 때에 장로교의 한 분파인 고신파 총회는 '대한예수교장로회'와 관계 단절을 천명하며 독립교단으로 따로 섰고, '합동찬송가'를 거부하고 '신편찬송가'(1935년)를 그대로 사용하기로 하였습니다.

한편으로는 1953년 6월 김재준의 신학사상을 문제 삼아 장공 김재준의 목사직을 불법적으로 제명하면서 두 번째 분열에 직면하였습니다. 이렇게 제명되어 나온 장공 김재준을 중심으로 1954년 6월 '대한기독교장로회'로 나뉘게 되었습니다.

또한 1957년부터 찬송가편찬위원회를 구성하고 찬송가 편찬을 추진하던 중 1959년에는 WCC와 에큐메니칼 운동이 원인이 되어 예장이 통합과 합동으로 분열하는 3차 분열을 겪게 되었습니다. 이러한 분열 과정 속에서 합동측은 '합동찬송가'(1949년)의 사용을 거부하였으며, 이후 합동측과 고신측이 1960년 12월에 통합하여 새 총회를 구성하였고, 찬송가편찬위원회도 하나로 통합하여 새로운 찬송가집의 편찬을 결의하였습니다.

1962년 12월에 '새 찬송가'라는 명칭으로 선교단체인 '팀 미션'(Team Mission)이 운영하는 출판사인 생명의말씀사에서 출간하게 되었습니다. '새 찬송가'의 편집원칙은, 첫째, '신편찬송가'를 기초로 하고, 둘째, 구미 각 국의 찬송가 중에서 원작의 작사, 작곡, 출판의 역사 등을 자세히 알고 정확한 번역을 시도하며, 셋째, 특히 보수신앙의 입장에서 본 최선의 찬송가책을 발간하는 것을 목표로 하였습니다.

새로운 찬송으로는 독일 찬송과 일본 찬송 등을 새롭게 소개하였으나, 한국인 창작찬송은 더 첨가되지 않아 한국 찬송가 역사상 한국인 찬송가를 가장 적게 수록한 찬송가집입니다. 편찬 원칙에서도 밝힌 것처럼 구미 각 국의 다양한 찬송가는 수용하려는 태도를 보이면서도, 한국 창작 찬송가에 대해서는 소홀히 하고 있는 모습을 볼 수 있습니다.

개편찬송가

한국교회는 찬송가의 관리, 수정 및 출판 문제를 위하여 항구적인 찬송가 위원회를 설치할 것을 결의하였습니다. 한국기독교연합회의 알선으로 1956년 기독교대한감리회와 기독교대한성결교회, 그리고 대한예수교장로회에서 파송된 위원으로 '한국찬송가위원회'를 조직하였습니다. 교회가 질적·양적으로 성장함에 따라 기존에 사용해오던 '합동찬송가'(1949년) 개편의 필요성을 느끼게 되었고, 개편 작업에 착수한 것입니다.

1963년 3월부터 1967년 12월까지 약 4년 간 찬송가집의 개편작업이 진행되었으며,

1967년 12월 15일에 '개편찬송가'라는 이름으로 총 600장의 찬송가집이 출간되었습니다. 편집자는 '한국찬송가위원회'이고, 발행처는 '대한기독교서회'였습니다.

'개편찬송가'의 출간 이후에는 원칙적으로 '합동찬송가'를 발행하지 않기로 하였으나, 타 기관의 판권 도용, 사제 '합동찬송가'의 간행, 그리고 '합동찬송가'를 고집하는 몇몇 교단의 문제로 '합동찬송가'의 판권을 가지고 있던 한국찬송가위원회는 '합동찬송가'를 계속 발행하였습니다.

'개편찬송가'의 개편 원칙은 중첩된 것은 단일화하고, 국가, 민요 등의 곡조와 가사 등은 재검토하기로 하였습니다. 또 종류별로 편찬하는 데 유의하였고, 예배용 찬송가를 보강하기로 하였습니다. 특정예배 때에 사용할 수 있는 찬송가를 보강하고, 우리 찬송(한국 가사와 곡조)을 보강하기로 하였습니다. 교독문을 보충하고, 가사를 모두 검토하기로 하는 원칙을 가지고 개편작업에 착수하였습니다.

개편 원칙에서 밝힌 것처럼 여러 면에서 많은 노력을 하였습니다.

이전 찬송가집이 초기 선교사들에 의해 전도에 중점을 두었던 복음성가 중심의 찬송가집이었던 것에 반해, '개편찬송가'는 예배용 찬송가와 교회 의식에 관계된 찬송가를 보강하여 예배 중심의 찬송가집으로의 변화를 시도하였습니다. 또한 절기찬송가를 보강하고, 한국인이 지은 찬송가를 삽입하였고, 교독문을 첨가했으며, 현대어에 알맞게 가사의 수정 등을 가했습니다. 그러나 익숙한 찬송가를 무리하게 고치거나 애창하는 복음성가를 삭제한 것이나 가사와 음악의 부조화 등으로 인한 비판도 있습니다.

초 교파적 연합찬송가 시대(1983년-현재)

통일찬송가

'합동찬송가' 이후 끊임없이 나온 논의가 바로 찬송가집의 통일이었습니다. '새 찬송가'가 출간되었을 때에도 가장 큰 비판은 교단의 분열이 아니라 찬송가집의 분리였습니다. '개편찬송가'가 출간된 이후에도 찬송가집의 수정과 함께 연합에 대한 의견들이 계속 제기되었습니다. 이러한 여론들이 계속적으로 일어나 19개 교단 지도자들의 모임인 '한국기독교지도자협의회'는 찬송가집의 통일에 공감하여 이를 시행하기 위해 '찬송가합동추진위원회'를 구성하였습니다. 그리하여 1981년 4월 9일에 찬송가집 통일을 위한 새로운 조직으로 '한국찬송가공회'를 창립하였고, 1983년 11월 20일에 한국찬송가공회 편찬의 총 558곡을 수록한 '통일찬송가'가 출간되었습니다.

출판은 대한기독교서회와 생명의말씀사가 맡았고, 진보와 보수 교단의 재결합이 이루어졌으며, 그동안 자 교파의 찬송가집을 고집하여 사용해왔던 구세군도 참여하여 진정한 의미의 초 교파적 연합 찬송가집이 되었습니다.

'통일찬송가' 역시 한국개신교의 전 교회가 하나의 찬송을 부를 수 있도록 통일하자는 뜻에서 새로운 찬송가의 발행을 위해 원칙을 세우고 작업에 착수하였는데 그 원칙을 살펴보면 다음과 같습니다.

① 합동찬송가, 새 찬송가, 개편찬송가 등을 통일시킨다.
② 1항의 3개 찬송가를 통일하는 작업 과정에서 가사 또는 곡이 상이할 때
③ 가사(번역된 것)의 수정은 신학적인 면과 성서적인 면을 고려하여 수정할 수 있다.
④ 찬송가 통일작업을 추진하는 과정에서 사용빈도를 참작하여 각 찬송가의 특징을 살리며, 신작(新作) 찬송을 엄선하여 추가할 수 있다.
⑤ 교독문은 한글 개역성경을 기준으로 작업하는 것을 원칙으로 한다.
⑥ 찬송가 통일을 위한 경비는 각 교단과 기관의 헌금으로 충당한다.
⑦ 찬송가 수익금 문제는 통일작업이 완성된 후 상황에 따라 정하도록 한다.

이와 같은 개편 원칙에도 불구하고 '통일찬송가'는 통일된 찬송가책으로 사용의 편리함과 찬송가 사용의 동질감 이외에는 많은 문제점들을 가지고 있었습니다.

'통일찬송가'의 내용을 살펴보면 찬송이 총 558장 수록되어 있는데, 80% 이상이 미국과 영국의 번역찬송이며, 특히 19세기 말과 20세기 초의 미국 부흥회 노래인 복음성가가 260여 편으로 과반수를 차지합니다. 이들은 선교초기부터 선교사에 의해 번역되어 소개된 찬송으로 한국 개신교 찬송가의 주류를 이루고 있습니다. 그 결과 많은 사람들의 기대와는 달리 '개편찬송가'와 '새 찬송가'를 적당히 흡수하여 축소판으로 만든 것 같다는 평을 받았습니다.

이렇게 만들어진 찬송가의 문제점은 먼저 이미 채택되었던 좋은 예배찬송이 빠지고(새 찬송가 25개, 개편찬송가 36개 삭제) 복음성가가 더욱 많아져서 예배보다는 부흥집회에 더 적합한 찬송가가 되었다는 것입니다.

가사에 있어서도 매우 애매하고 주관적 취향으로 원칙이 없이 수정되었다는 평을 받았으며, 한국인 창작 찬송가가 18곡으로 '개편찬송가'보다도 9곡이나 줄어 한국인 창작 찬송가가 많아져야 한다는 시대적 요구를 반영하지 못했으며, 교회의 공적 찬송가로서 내용과 편집 면에서 전문성이 결여되어 표기방법, 작사자, 작곡자의 표시에 오류가 많고, 예배를 위한 찬송이 부족하다는 점이 문제점으로 지적되었습니다.

그럼에도 '통일찬송가'는 초판 발행 후 1년 동안에 '대한기독교서회'와 '생명의말씀사' 양 출판사에서 발행하였는데, 판매 부수는 400만 부에 달했습니다. 특히 '통일찬송가'는 선교 100주년에 이룩한 교회 일치와 연합 사업의 결실로서, 세 종류의 찬송가를 사용하던 불편을 해소하고 한 가지 찬송가로 함께 부르는 감격을 주었습니다. 그러나 찬송가의 질적인 면을 고려할 때 많은 문제를 보여주고 있습니다. 즉 교회의 공적 찬송가로서, 내용과 편집 면에서 전문성이 결여되어 표기방법, 작사자, 작곡자의 표시에 오류가 많으며 예배를 위한 찬송이 부족하다는 점입니다.

예배를 위한 공적 찬송가가 아닌 한국 신자들의 애창곡과 같은 성격을 띠며, 번역이나 곡의 선택에 있어 100년 간 선교사들이 임시적으로 사용했던 부흥회 노래를 찬송가의 핵심으로 삼고 있는 문제점이 있습니다. 또한 '통일찬송가'는 같은 곡조에 찬송가사만 다른 것을 붙여서 부르는 찬송가가 너무 많다고 할 수 있습니다.
전 558장 중 같은 곡조에 서로 다른 찬송 가사를 붙인 곡이 27곡이나 됩니다.

또한 같은 찬송가사에 다른 곡조를 붙여서 불리는 찬송이 있습니다.
36장과 37장, 113장과 114장, 459장과 460장 등인데, 36장과 37장, 113장과 114장은 동일한 제목으로 되어 있으나 가사의 일부가 조금 다릅니다.
그리고 459장과 460장은 제목과 가사가 모두 동일합니다.
'통일찬송가'에 대해 개괄적으로 살펴본 결과 이외에도 여러 가지 문제를 가지고 있지만, '통일찬송가'는 그동안 수없이 출판된 찬송가들을 하나로 통일하여 한국의 모든 교회가 24년 간 한 마음으로 사용하였다는 점에서 한국찬송가 역사에 가장 큰 의의를 갖는다고 하겠습니다.

21세기 찬송가

한국교회는 새천년을 맞이하여 초 교파적으로 새로운 찬송가책을 발간하기로 하고 편집위원회를 구성하여 작업을 시작했습니다. 한국찬송가공회는 새로운 찬송가책을 위한 '전문위원회 작업 원칙과 과정'을 네 가지로 제시하였습니다. 첫째, 기존의 즐겨 불리는 찬송가들에 대해서는 존중하는 방향으로 접근하고, 둘째, 새로운 외국 곡들을 보충하며, 셋째, 한국인 창작찬송가를 많이 포함하고, 넷째, 젊은이들이 즐겨 부를 찬송가를 발굴한다는 것이었습니다.

이러한 방향성을 가지고 1996년 가칭 '21세기찬송가' 개발 작업이 시작되었습니다. 2001년 11월에 '찬송가' 시제품이 발행되었고, 2004년 7월에 '21세기찬송가' 시제품을 발행해 공청회를 가졌습니다. 10년간의 노력을 통하여 2006년에는 드디어 '21세기찬송가' 책이 발행되었으며, 대한예수교장로회(합동), 대한예수교장로회(통합), 기독교대한감리회, 기독교대한성결교회, 한국기독교장로회, 대한예수교장로회(고신), 기독교한국침례회는 2007년부터 공식행사에 '21세기찬송가'를 사용하기로 결의하였습니다.

'21세기찬송가'는 전체 645장으로 되어있으며 가사 상당수가 일부 변화되었습니다. 또한 국내 작곡가의 곡이 대폭 추가(111곡)되었으며, 중국, 포르투갈, 아프리카, 그레고리오 성가 등의 외국곡도 몇 곡 추가되었습니다.

'21세기찬송가' 머리말에는 다음과 같이 기록되어 있습니다.

> '찬송은 하나님께 영광을 돌리고 복음을 선포하는 예술이며, 곡조 있는 기도요, 하나님께서 교회에 주신 최고의 선물이며 은혜이다. 21세기를 맞아 한국찬송가공회는 한국인에 의한 창작찬송과 세계 모든 나라의 찬송을 보강하여 더 좋은 새로운 '찬송가'가 되기 위하여 지난 10년 동안 신학자, 목회자, 국문학자들과 교회음악 전문가가 대거 참여하여 수많은 모임을 통해 작업을 하였다. 외국 찬송을 번역하여 부르던 시대에 이어, 이제는 우리의 정서로 표현된 한국인 작사, 작곡 128곡을 수

록하게 되었다. 이는 지난 찬송가의 17곡에 비하여 선교 122주년을 맞이한 한국 교회가 우리의 찬송가를 갖게 되었다는 점에서 역사적 의미를 갖는다. 아울러 이 '찬송가'는 예배찬송가를 비롯하여 교회력에 따른 찬송가 교독문을 보강하였으며 편집에 있어서도 내용과 분류를 대폭 수정하였다. 찬송은 거룩하고 신령한 예배를 위하여 만들어진 노래이므로 새로 발간된 찬송가를 한국교회가 예배와 생활을 통하여 애창함으로써 하나님께 영광 돌려지고 온 성도들에게 은혜가 더하여져 한국교회에 더욱 부흥의 불길이 일어나기를 바란다.'

'21세기찬송가'에 수록된 총 645곡의 찬송가 내용에 새롭게 보강되고 수정된 특징들을 정리해보면 다음과 같습니다.

① 기존 '통일찬송가'에 비해 한국인이 작사, 작곡한 곡이 대폭 보강된 사실을 알 수 있다.
② '21세기찬송가'는 '통일찬송가'에서 총 481곡을 선택했으며, 또 외국 찬송 2만여 곡을 심사하여 그 중 53곡을 선택했다.
③ '21세기찬송가'는 기존 '통일찬송가' 가사들을 현대어법으로 바꾼 것이 눈에 많이 띈다. 즉 '당신'을 '주님'으로, '예수여'도 '예수님'으로, '합소서'는 '하소서', '옵소서'는 '오소서', '축복'은 '복', '고마와라'는 '고마워라' 등으로 바꿔 표기하고 있다.
④ 내용적으로 살펴보면 예배찬송과 절기찬송을 대폭 보강하고 있고, 항목별 찬송을 청년, 절기행사, 자연환경, 추모 등으로 다양하게 보강하고 있다.
⑤ CCM을 찬송가에 새롭게 보강하여 사용할 수 있도록 하였다.
⑥ 교독문이 100% 증가된 풍성한 예배자료를 수록하였다.

이러한 특징 가운데 가사에 있어 발전된 것은 새로운 맞춤법에 의해 수정하고, 쉬운 낱말을 사용하며, 존칭을 사용하며, 가사의 운율과 음악의 악센트 조화와 현대어 사용 등 바람직하게 수정되었다는 점입니다.

특히 '21세기찬송가'에는 기존의 찬송가책에 있었던 같은 곡에 여러 가사를 사용했던 찬송가와 예배에서 잘 사용되지 않는 찬송가, 너무 오래되어 정서에 맞지 않는 찬송가, 그리고 한국인의 곡으로 교체 가능한 짧은 송영곡들 중에서 77곡을 삭제한 것입니다. 또한 18-19세기의 미국과 영국의 찬송이 대부분이던 기존의 찬송에서 탈피하여 다양한 나라의 민속음악과 외국인 작곡의 찬송가들을 포함하였습니다.

무엇보다 회중을 위해 음역을 낮게 조옮김하여 회중이 편안하게 노래 부를 수 있도록 한 것입니다. 그리고 '통일찬송가'와 비교할 때 87곡의 찬송이 추가되어 645곡의 찬송가가 실렸고, 교독문은 61편이 추가되어 137편으로 구성되었습니다. 색인 구성을 다양하게 하여 실용적으로 사용할 수 있도록 구성한 것이 특징이라 하겠습니다.

그럼에도 불구하고 '21세기찬송가'에서 발견되는 몇 가지 문제점과 제안을 논의한다면 다음과 같습니다.

① 교파와 출판사 간의 잦은 분열과 통합과정에서 초래되는 찬송가 제작권과 판매권 등의 이권 다툼으로 한국교회가 통합되지 못하는 문제이다.

② 외국 찬송의 무리하고 어색한 번역으로 원문의 내용과 멀어지거나 혹은 곡조와 서로 융합될 수 없는 문제들을 가지고 있다는 것이다. 찬송가의 가사는 영감이 있고 성서적이어야 하며, 시적 표현을 구사해야 하고 표현이 서정적이어야 한다. 특히 번역시인 경우에는 원시의 의미를 충분히 표현해주면서 위의 내용들을 담고 있어야 하기 때문에 오히려 창작시보다 더 심혈을 기울여야 할 것이다.

③ 한국교회가 하나의 찬송가를 사용하기 위한 소원을 가지고 발간한 '통일찬송가'와 '21세기찬송가'는 그 사이에 놓여있는 24년의 연수만큼 과연 성숙한 찬송가로 태어난 것인지 깊이 생각해 보아야 한다. 21세기 한국교회에서 다양하게 나타나고 있는 예배문화에서 '21세기찬송가'가 어떻게 사용되어야 할지 우리는 회중 찬송의 새로운 미래를 지속적으로 연구하여야 할 것이다.

④ '21세기찬송가'가 지금까지 사용하던 '통일찬송가'와 다른 점은 한국인 작사, 작곡의 찬송가가 많이 보강되었다는 점과 가사가 현대어법에 맞게 일부분 수정되었다는 점이지만 오히려 현대어법에 맞추어 수정한 가사에서 오는 문제와 외국 찬송번역의 오역으로 인한 비성경학적 찬송시에 대한 논란이 끊이지 않고 나오고 있다는 것이다. 좀 더 완벽한 찬송가로 검증된 후에 발행되었다면 성도들에게 불신과 오해를 불러일으키지 않았을 것이다.

⑤ 한국교회가 전통예배에서 사용할 목적으로 발행한 찬송가를 과연 모든 교회가 마

음을 합하여 사용하고 있는가 하는 점이다. 대부분의 한국교회는 '21세기찬송가'보다는 CCM 찬양에 더욱 익숙해져 있다는 점이다. 즉 '21세기찬송가'를 새로 구입하였음에도 예배에 충분히 사용되지 못하고 있는 현실이다.

⑥ '21세기찬송가'가 발행되어 시판되어진 사실조차 모르고 있는 오지의 미자립 교회들이 많다는 것이다. 중대형교회는 빔 프로젝트를 통하여 회중들에게 찬양을 제공하고 있지만 환경이 열악한 소형교회들은 불가능한 실정이며, '21세기찬송가'를 새로 구입하기도 어려운 실정이다.

'21세기찬송가'에 대하여 많은 신학자와 교회 음악가들이 비평의 눈으로 바라보며 논단에 기고한 글들이 많이 있습니다. 하지만 이미 한국교회가 사용하고 있는 지금, 예배찬송에서 그 몫을 다하는 찬송가가 될 수 있도록 새로운 회중 찬송의 미래를 구상하며 끊임없는 연구가 이루어져야 할 것입니다.

※ 본 글은 필자가 성가대와 교사대학에서 발표하기 위하여 준비하였던 자료를 정리한 것입니다. 다음은 이를 위하여 참고한 서적들입니다.

강신우의 찬송과 예배의 이론과 실제 | 곽상수의 예배찬송과 한국교회 | 김경선의 찬송가학 | 김남수의 찬송의 이해 | 김두완의 교회음악의 이해 | 김소영의 찬송가 | 김의작의 교회음악학 | 김이호의 찬송가 연구 | 김철륜의 교회찬양학 개론 | 문옥배의 한국 찬송가 100년사 | 민경배의 한국교회 찬송가사 | 박은규의 예배의 재발견 | 신소섭의 교회음악학 | 이영기의 찬송가론 | 이윤영의 개혁주의 찬송가학 | 이중택의 예배와 교회음악 | 조숙자의 한국 개신교 찬송가 편찬 100년사 고찰 | 조숙자, 조명자의 찬송가학 | 주정식의 교회음악 발전사 | 홍세원의 교회음악의 역사 | 홍정수의 교회음악개론 등입니다.

이 모든 분들의 수고와 그 열매에 감사를 드립니다.

용·기·총

제4장
근대화 시대 우리 교회는?

권영숙 목사

1970 용산고등학교 졸업
1974 서울대학교 사범대학 과학교육학과 졸업
1989 한신대학교 신학대학원 졸업(M.Div)
1994 미국 Claremont School of Theology 목회학 박사 취득
1977~1990 이화여자고등학교 교사
1989~1991 한국기독교장로회 용인교회 전도사, 준목, 부목
1995~2000 LA 나성영락교회 교육부 한국학교 담당목사
1996~2007 Bethesda Christian University 설교학 교수, 학생처장, 대학원장
2000~2007 미국 향기로운 교회 담임목사
2007.10~ 現 한국기독교장로회 용인교회 담임목사

70년대 들어 한국교회는 1972년 7월 4일 이후락, 김영주의 이름으로 발표된 남북 공동성명으로 민주화 운동과 통일운동의 새로운 바람에 직면하였습니다.

남북공동성명에서 쌍방은 3가지 조국 통일의 원칙에 합의를 보았습니다.

첫째, 통일은 외세에 의존하거나 외세의 간섭을 받음이 없이 자주적으로 해결하여야 한다.

둘째, 통일은 서로 상대방을 반대하는 무력행사에 의거하지 않고 평화적 방법으로 실현하여야 한다.

셋째, 사상과 이념. 제도적 차이를 초월하여 우선 하나의 민족으로서 민족적 대 단결을 도모하여야 한다.

이 성명이 발표되자, 그 충격은 실로 컸습니다. 그리하여 각계각층의 반응과 아울러 기독교계에서도 7·4공동성명에 대한 태도를 밝혔습니다.

한국기독교장로회 '교회와 사회위원회'는 1972년 7월 11일 '7·4남북공동성명에 대한 성명서'를 발표하였였는데 여기서 주장한 것을 보면 다음과 같습니다.

> "여하한 이유에도 불구하고 인간의 기본적인 인간의 존엄과 자유가 침해됨이 없어야 하고 … 우리나라의 국기(國基)가 된 민주제도와 자유정신을 억제하거나 저해함이 없어야 할 것을 요망한다. 우리는 금후에 진행될 모든 통일 논의와 협약 체결 등 공개적인 토론을 거쳐 국민의 총의를 종합하는 합법적인 절차를 밟아야 할 것이며 … 우리 정부는 모든 사회 불안의 요소가 되는 빈부의 격차를 해소하고 부정부패를 과감 신속히 척결하여 일대 사회혁신운동을 솔선 수행하여 줄 것이며 …"

한국기독교 협의회에서는 1972년 7월 18일 7·4남북 공동성명에 대한 긍정적 반응을 표시하였는데 기독교는 자유민주주의의 가치를 강조하며 '이념의 초월'이라는 표현의 애매성을 지적하기도 하였습니다.

한경직·전택부·김관석·강원용·함석헌 등은 모두 이구동성(異口同聲)으로, 민주적 가치를 강조하며 민주적 토론과 합의 과정을 강조하였는데 이것이 기독교계의 여론이었습니다. 백낙준은 '군사적 충돌방지'라는 차원에서 그 의미를 보았습니다.

이에 대하여 박형규의 주장입니다.

> "교회가 남한에서 할 일은 더욱 긴급하다고 볼 수 있다. 그것은 남한의 민중이 공산주의자의 유혹과 선동에 쉽게 넘어가지 않기 위해서 먼저는 사회 정의를 실현하는 일이며, 이 사회 정의를 구현하는 과정에서 민중의 자주 자결의 역량을 키우는 일이다. 공산주의의 마술을 빌리지 않고도 사회 정의가 실현되는 복지 국가를 우리의 힘으로 건설할 수 있다는 신념을 민중이 가질 수 있도록 교회는 언제나 민중의 편이 되고 민중과 함께 생각하고 행동하는 조직이 되어야 할 것이다. 그리하여 교회가 민중 운동의 앞장을 서고 이 운동을 통해 남한이 자유롭고 정의로운 사회가 이룩될 때 한반도의 통일은 가능해질 것이고 교회는 화해자의 사명을 다하게 될 것이다."

이처럼 기독교계에서의 7·4남북공동성명에 대한 반응은 평화·자유·정의 즉, 전쟁을 막고 자유민주주의를 이루며 사회 정의를 실현하는 길인 민족통일의 첩경이라는 내용으로 요약될 수 있습니다.

이런 의미에서 7·4남북공동성명은 한국 기독교에 있어서 중요한 사건이었습니다.

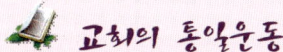 교회의 통일운동

한국 기독교는 해방 전부터 사회주의와는 긴장 관계에 있었습니다.

사회주의자들의 반 기독교적인 논설과 시위는 1920년대에 자주 보였고, 이에 대해 기독교계도 1932년 사회 신조를 통해 여기에 대응하고 있었습니다.

해방 후, 공산주의 종주국 소련의 북한 진주와 일찍부터 선교사를 한국에 파견한 바 있는 미국의 남한 진주는 해방 정국의 사회 체제를 구축하는 과정에서 이미 양측에 갈등의 불씨를 안겨주었고, 신탁 통치 문제가 부각되는 과정에서 공산주의와 기독교의 갈등이 돌이킬 수 없을 정도로 심화되었습니다. 이미 6·25 한국전쟁 전부터 공산주의자들에게 핍박을 받기 시작한 기독교인들은 전쟁을 전후하여 남하, 반공 전선을 구축하여 이념적인 측면에서뿐만 아니라 정치 사회적인 측면에서도 반공의 보루로서 활동하게 되었습니다. 해방 후의 기독교계 인사들 중에는 좌우합작(左右合作)을 주장하는 이들이 있었으나, 이승만 정권의 등장과 6·25 한국전쟁 이후에는 북진 통일론과 승공 통일론이 기독교계의 주류를 이루게 되어, 결국 기독교는 분단 고착화의 세력으로 비쳐지게 되었습니다.

4·19혁명과 5·16혁명은 한국 기독교계에도 발상의 전환을 요청하였습니다. 4월 혁명은 새로운 민족주의를 요구하였고, 군사혁명은 과거 이승만 정권에 유착했던 기독교계에 새로운 시련을 안겨 주었습니다. 특히 군사정권에 의한 민주주의의 시련은 이승만 정권의 불법 선거를 묵인·동조했던 기독교에 냉엄한 반성과 무거운 책임을 동시에 요구하였습니다.

이러한 다양한 양상은 수많은 문제들을 교회에 가져다 줄 것입니다. 무신론과 유물론주의, 한국 안에서 거세게 불어오는 세속화와 교회의 타락, 성직자들의 물질주의적 가치관은 거대한 풍랑으로 몰려올 것입니다. 이같은 서로간의 이질감을 어떻게 극복할 것인지는 우리 교회가 풀어야 할 크나큰 숙제입니다. 이에 교회의 지혜로운 사전 준비와 사려 깊은 대처가 있어야 할 것입니다. 이를 위해서 한국교회는 먼저 자신을 바로 세우고, 외부의 충격을 이길 수 있는 내구력 내지는 적응력을 길러야 합니다.

화해의 예수님은 우리 민족을 적극적으로 치유할 것입니다. 무엇보다도 한국교회는 복음서의 예수 그리스도처럼 '상처 입은 치유자'로 설 때 서로의 큰 상처를 치유하는 교회로 존재하게 될 것입니다.

유신체제의 민주화 운동과 기독교

70년대에 들어선 정부는 국회를 해산했고, 정치적 활동, 특별히 정부에 직접적으로 대항하는 활동을 금지했습니다. 1963년에 박정희 장군은 한국의 대통령으로 취임했고, 1967년에 재선되었습니다. 당시 한국의 헌법은 대통령이 두 번 이상 재임하지 못하도록 규정하고 있었으나 1968년 박정희의 민주공화당은 그가 재출마할 수 있도록 헌법 수정을 시도하여 1971년 박 대통령은 매우 작은 득표차로 재 선출되었습니다.

이에 많은 대학생들은 박정희 정부의 연장을 참을 수 없고, 민주주의에 장애가 된다고 보아 시위운동을 벌였습니다. 사회적 불안이 계속되자, 군대는 학생들의 항거를 제압하기 위해서 대학 캠퍼스를 점유하였습니다. 1971년 6월, 대통령은 긴급조치를 선언하고 학생들의 시위운동을 금지하였습니다.

1972년 10월 17일 박정희 대통령은 이른바 '10월 유신'을 발표했습니다.

이 기간에 대학은 휴교 조치되었고, 국회는 무력으로 해산되었습니다.

모든 언론 매체들은 엄격한 정부 통제 하에 있어야 했습니다. 그리고 모든 신문과 잡지도 조사했습니다. 동시에 계엄령은 정부를 비난하는 자유, 또한 국가통일에 대한 관심을 고지시키는 정치적 활동에 대한 자유를 제한하였습니다.

1972년 11월 21일, 국민 투표는 수정한 헌법을 승인하였습니다.

1972년 10월, 유신체제가 전격적으로 이루어지자 한국 기독교와 정치권력과의 관계는 상당한 긴장과 충돌의 앞날을 예견하게 됩니다. 유신체제의 형성은 통치 권력이 1965년부터 추구해 오던 경제 성장정책이 한국 사회에 급격한 사회 경제적 변화를 초래하였고, 이에 따라 한국 사회는 새로운 사회적 균형을 추구하는 동력이 밑에서부터 올라오게 되었습니다. 통치 권력은 여기에 대응하기 위한 강력한 정치체제가 요구된다고 판단하여 유신체제를 형성하였습니다. 여기에 미국과 중국의 국교 정상화는 한반도 주변 정세의 변화와 국제 경제 질서의 충격적 사건들로 우리의 정치 환경을 더욱 경직시키게 되었습니다.

이러한 사회 환경에서 기독교회는 사회적 불안과 그 종교적 성장 추구정책에 의하여 급격한 교회 성장을 경험하게 되었습니다. 동시에 1960년대 중반에서부터 일어나던 토착화 신학, 세속화 신학(사회참여 신학), 정치참여 신학 등 사회 문제를 교회의 선교 과제로 삼는 새로운 신학 토론이 활발하게 일어났습니다. 그리고 한국기독교교회협의회 (KNCC)의 주민. 근로자 등을 위한 도시 농촌 선교의 활성화, 기독학생 · 기독자 교수의 역사적 사명에 대한 새로운 인식 등이 한국교회에서 일어나고 있었습니다.

이런 기독교의 변화는 외연적으로 밖에서 들어온 것이라기보다는 기독교가 급변하는 한국 사회에 적응하는 모습이라고 보아야 할 것입니다. 이러한 모습은 1971년 '크리스천 사회행동협의체'의 사회 정의실현 촉진대회에서 발표된 선언문과 결의문에서 쉽게 발견할 수 있습니다.

> "바야흐로 극도에 달한 불평등과 부자유, 숨 막히는 억압과 빈곤이 선량한 근로자, 농민 소시민의 생활을 무서운 절망으로 몰아넣어 버렸고, 권력과 금력과 기술의 결합으로 형성된 소수 특권층의 부패와 폐륜, 사치와 방탕이 인간의 양심과 도덕을 송두리째 타락시키고 말았다."

이 대회에 참여한 기구는 대한가톨릭학생 총연합회, 가톨릭 농민회, 가톨릭 노동청년회, 안양 근로자회관, 크리스천 아카데미, 기독교 도시산업선교위원회, 가톨릭 노동장년회, 서울 대교구 산업사목위원회, 한국기독교학생회 총연맹, 대한 YMCA연맹 등입니다.

기독교운동의 이런 내적 변화는 경색되어 가는 정치 과정에서 정치권력과 기독교회 사이에 긴장 관계를 형성하게 하는 요소가 되었습니다.

이러한 정치권력의 경색화 현상은 위수령(1971년 10월 15일), 유신체제 형성(1972년 10월 17일), 그리고 유신헌법에 기초한 일련의 긴급조치와 형법의 개정(1975년), 사회안전법(1975년)의 입법 등으로 표출되었습니다. 이러한 정치적 상황의 변용 과정에서 기독교의 역사 참여, 사회 참여의 이론과 실천이 정치권력과의 충돌을 자아냈습니다.

다음은 유신체제 하에서 정치권력과 기독교회 사이에 일어난 충돌입니다.

유신체제가 형성된 이후 기독교 성직자로서 처음 생긴 사건은 1972년 12월 13일 기독교장로회 전주 남문교회의 은명기(殷明基) 목사가 신도들과 함께 철야 기도회를 행하던 도중 포고령 위반(유언비어 유포) 혐의로 구속된 것이었습니다.

그 후 1973년 4월 22일에 일어난 남산 부활절 예배사건이 부각됩니다.

서울 남산에서 한국기독교교회협의회와 대한 기독교연합회가 공동으로 주최한 부활절연합예배 행사 중에 기독교의 사회참여 주창자들이 유신정부를 비판하고 '민주회복', '언론자유회복'을 주장한 사건이었습니다. 이 사건과 관련하여 1973년 8월 7일 기독교장로회에서는 '신앙사회 선언'을 채택하고, 동년 11월 23-24일에 '신앙과 인권 협의회'를 개최하였습니다.

이는 인권선교를 위한 기반을 형성하여 준 것으로 중요한 발전이었습니다.

당시 기독교회는 유신체제에 대한 비판을 다방면으로 높여갔습니다.

이것은 기독학생운동체, 사회선교단체, 교회연합단체 등을 통하여 이루어졌습니다.

그리고 이런 예언자적 사명을 위하여 기독교 내에 단체를 조직하고, 기독교 외적인 단체(민주수호 국민협의회 등)에 참여하기도 하였습니다. 기독교 내의 단체들은 한국기독교 교회협의회(인권위원회, 교육과 사회위원회 등), 각 교단 총회, 천주교 주교단 등을 비롯하여 일선 선교단체들인 기독교 학생 단체, 지식인 운동체, 사회 선교단체, 기독교 성직자단, 천주교 사제단 등으로 포괄적이고 다양하였습니다.

유신정부는 민주화 운동이 범국민적인 개헌청원서명운동으로 번지자 '대통령 긴급

조치' 제1·2호를 발표하여 이를 제지하려 하였고, 이 조치에 대하여 한국기독교회 소장 목사들이 도전하여 1974년 1월 17일 구속되었습니다. 이 사건을 계기로 정부와 교회 간에 '국가와 종교'의 관계에 대한 논쟁이 벌어졌습니다. 1974년 2월 9일 문공부장관은 성직자 구속에 관련하여 '순수 종교 활동'만이 보장될 수 있다고 발언하여 순수 종교 활동의 범위를 규정하려고 하였습니다. 동년 2월 15일에는 한국기독교교회협의회가 국무총리에게 '교회사찰'을 중지할 것과 구속된 목회자들의 석방을 촉구하는 서한을 보냈습니다.

이와 같은 논쟁의 와중에서 '민청학련사건'으로 기독교계 지도자와 기독학생 운동체의 지도자들이 구속되어 교회와 유신정부 사이에 긴장관계는 극치에 이르렀습니다. 이에 대응한 한국기독교교회협의회는 동년 4월 11일 '인권위원회'를 조직하고 구속자를 위한 활동을 본격적으로 전개하기 시작했습니다. 또한 대한예수교장로회(통합) 총회는 제59회 총회에서 구속성직자 석방을 요구하는 성명서를 발표하기에 이르렀습니다.

이러한 교회와 유신정부와의 부단한 충돌 과정에서 문제는 국제화하였습니다.

미 연합 감리교 선교사인 오글(George E. Ogle) 목사의 출국령(1974. 12. 14)과 가톨릭의 시노트(James Sinnot-미국 메리놀) 신부의 출국령을 계기로 하여 국제 문제화되었고, 교회의 세계적 성격과 유신정부의 국내 권력과의 충돌이 야기되었습니다. 다른 한편 세계 기독학생연맹과 세계교회협의회는 조사단을 파견하여 기독교와 국제적 연대를 보여주었습니다.

1976년 3월 1일 명동성당에서 개최된 3·1절 기념예배에서 신·구교 기독교 지도자들이 소위 '3·1 민주구국선언'을 발표하여 유신정부와 또다시 정면충돌하였습니다. 이 선언은 유신체제의 비민주성을 공격하였습니다. 어떤 의미에서 교회는 체제의 정당성을 민주성에 두고, 체제적 도전을 하였다고 하겠습니다.

기독교회는 '민주화'를 위한 참여를 불가결한 선교활동으로 간주하기 때문에 유신정부를 기독교회가 민주주의의 구체적인 기구로 되게 하는 일은 중요한 것이었습니다.

여기서 문제는 민주주의 문제였습니다.

이것은 물론 인권문제나 사회 정의의 문제가 내포된 것이었습니다.

또 다른 유신정부와 기독교회의 충돌은 기독교회의 사회 정의에 대한 주장을 이념적으로 해석하는 문제였습니다. 강희남 목사가 반공법 위반 혐의로 구속(1977. 11. 5)된 사실, 크리스천 아카데미 사건(1979. 3. 9), 도시산업선교의 용공 논쟁 등은 유신정부와 기독교회 간에 이념 논쟁을 야기 시켰습니다. 이 문제는 기독교회가 사회 정의 문제에 참여하게 될 때 '신앙에 근거한 것이냐, 이념에 근거한 것이냐'는 문제입니다.

기독교회는 그 사회 정의가 이념보다는 신앙에 근거하게 됩니다.

특히 공산주의와 같은 무신론적 절대 이념과는 상극이요, 교회의 공산주의에 대한 경험은 지극히 부정적입니다. 그러나 기독교회가 사회 정의에 민감하고 불의에 도전하는 것은 당연한 일입니다. 그럼에도 불구하고 유신정부와 기독교회와 이념 논쟁이 야기된 것은 불행한 일입니다. 어떠한 민주 정부도, 기독교회나 그밖에 어떠한 종교일지라도, 이들의 사회 정의를 위한 민감한 참여가 없다면 '맛 잃은 소금'으로 간주할 것입니다.

결론적으로 보면, 유신체제 하에서 기독교회는 한편으로는 성장하면서 다른 한편으로는 급격한 사회 변동에 따라 생기는 사회적 부조리 하에서 극심한 비인간화 현상에 예민한 선교적 관심을 가지게 되었습니다.

이것이 결과적으로 기독교회로 하여금 유신체제의 비민주성을 비판하는 자리에 서게 하고 민주화운동에 참여케 하였으며 나아가서 사회선교 즉, 사회 참여의 노정에 서게 한 것이라고 할 수 있습니다.

유신정권은 종교의 자유를 협의의 것으로 해석하여 종교의 사회 참여를 제지하려 하였고, 나아가 종교의 본질, 선교의 본질을 규명하려는 시도까지 하였습니다. 그러나 기독교회는 그 선교적 사명을 포기할 수 없었고, 앞으로도 포기할 수 없을 것입니다.

교회의 교육 참여

역사적으로 국가와 교육문제는 밀접한 관계가 있으며, 또한 기독교회는 한국 교육 발전사에 지대한 공헌을 해왔습니다. 국가와 기독교의 교육의 참여는 일제 강점기에도 여러 가지 문제를 야기 시켰습니다.

박정희 대통령이 들어서면서 지금까지 보지 못했던 기독교 사립학교에 대하여 영향을 미치는 '사립학교법'이 제기되었습니다. 그러자 기독교계에서는 민감하게 반응을 보이며 '사립학교법'은 사학의 정신 또는 목적이 말살 내지 무시될 문제점을 내포하고 있음과 사단법인을 학교법인으로 함은 노회나 총회에서 교육기관이 이탈됨을 의미한다고 주장하였습니다.

1968년 5월 23일 문교부가 사립중등학교에 종교교육 및 종교행사 중지를 지시하자, 교계에는 심각한 우려가 여러 가지로 나타났습니다.

1968년 9월 9일에는 한국기독교교회협의회 가맹 5개 교단 총무와 협의회 회장 연명으로 문교부와 공화당에 기독교 계통학교의 자율성을 요구하는 건의안을 냈습니다.

1968년 11월 12일 문교부에서 기독교계 중등학교의 자율성을 보장하는 회신이 도착하였습니다. 그러나 이 문제는 해결이 되지 않은 채, 다시 1970년 3월 25일 문교부 장관이 발표한 '초·중·고등학교 종교교육 및 행사에 관한 지시'에 기독교계 학교의 예배나 성경교육을 전면적으로 불가능케 하는 조치가 취해졌습니다.

> "…정규교육 과정 이수를 위한 수업 시간에는 여하한 종교교육 또는 종교 행사를 하여서는 안 된다. … 종교교육 또는 종교 행사 참여는 강요할 수 없다. … 종파의 교리상 당해 학교에서 … 정규 교육 시간에 하여야 할 학교는 각종 학 교로 개편하도록 권장한다."

이에 대응하기 위하여 1970년 4월 2일 배재고등학교 교장실에서 시내 기독교계 학교장 회의를 가졌으나, 뚜렷한 결론을 내리지 못했습니다.

1973년 4월 문교부가 또다시 기독교 학교의 필수 과목인 성경 과정을 선택 과목으로 하라고 지시하자, 동년 4월 4일 제114회 평북노회에서 그 부당성을 지적하였습니다.

그 후 이보다 더 강력한 문교부 지시 사항인 '1) 성경 과목을 정규 과목에서 제외할 것, 2) 학생들의 예배 출석을 강요하지 말 것, 3) 종교교육에 응한다는 서약을 시키지 말 것, 4) 교목을 채용하지 말 것, 5) 성경 교과서를 판매하지 말 것' 등에 대하여 한국기독교교회협의회가 1973년 4월 16일 성명서를 발표하여 법제화된 기독교 학교의 보호를 요청하였습니다.

1973년 4월 10일에서 11일까지 기독교학생연맹 제10차 정기총회를 수유리 아카데미 하우스에서 열어 "평준화로 인해 사학들의 근본 창학 이념을 박탈당할 수 없다."면서, 앞으로 기독교 학교가 기독교 교육을 할 수 있도록 하기 위해 관계 당국에 탄원서를 제출키로 결정하였습니다.

1973년 8월 16일 대한예수교장로회총회(통합) 교육부 주최로 대전 제일교회에서 예장 교단의 기독교 학교 관계자들이 모여 기독교 교육을 과외 시간이 아닌 정규 과목으로 실시할 수 있도록 하고, 이에 따라 성경 교사도 정규 교사로 인정해야 한다는 내용의 강력한 의사가 교단 총회에서 발표되어야 한다고 결의하였습니다.

이어 1973년 9월 20일에서 24일까지 제58회 대한예수교장로회(통합)가 '선교하는 교회'라는 주제로 서울 새문안교회에서 전국 총대 332명이 모인 가운데 총회를 개최하였는데, 가장 중요한 의제로 등장한 기독교 학교의 정상적인 성경교육, 교수 및 예배 시간 운영이 토론되자 총회 장소는 흥분의 도가니가 되고, '정부의 기독교 교육 억제는 종교의 탄압'이라고 규정하여 즉석에서 성명서를 작성하여 발표하고, 전국 교회에 이를 통보하였습니다. 총회장 유호준 목사는 교계 지도자 공동 회견에서 기독교 교육의 억제를 정부가 강행한다면, 이는 기독교 탄압으로밖에 볼 수 없다고 선언하였습니다.

기독교 학교의 교육 문제는 계속 줄다리기로 정부와 기독교 간에 긴장을 이루어 갔습니다. 기독교 학교에서는 성경교육 등 기독교 교육을 강행하여 왔습니다. 그러다가 1976년 6월 다시 공화당에서 '종교교육금지법안'을 정부에 건의하기로 검토한다는 소문이 나돌자 교계가 민감한 반응을 보였고, 이를 우려한 정부 당국의 문교부장관은 "종교교육금지법 입법설에 대해 정부·여당은 검토해 본 바도 없고, 앞으로도 그럴 생각이다."라고 담화문을 발표하였습니다.

한편 교계에서는 1977년 1월 22일 이 문제를 근본적으로 해결키 위해 행동을 취했습니다. 대한예수교장로회(통합), 기독교대한감리회, 대한예수교장로회(합동), 한국기독교장로회, 대한성결교회 등 5개 교단의 교단장이 연명으로 '사립학교법 개정에 관한 의견서'가 박정희 대통령에게 제출되었으나 성과는 거두지 못했습니다.

1978년 대한예수교장로회 통합 측(총회장 임택진 목사)에서 1975년에 개정된 '사립학교법' 제45조를 개정 이전의 법으로 환원할 것을 촉구하는 건의서를 입법기관에 제출키로 결의하였습니다.

기독교 학교의 기독교 교육의 억제는 한국 기독교와 정부 사이에 존재했던 현안 문제 중의 하나였습니다. 중학교와 고등학교 평준화에 따른 이런 조치는 한국 교육 이념의 경직화 내지 그것이 종교교육과 배타적 관계가 있음을 암시하여 준다고 분석할 수 있습니다.

이는 마치 일제강점기 때 '황국신민교육'이라는 교육 목표를 위하여 기독교 사립학교에서 종교교육·종교의식을 배제한 조치와 유사한 감을 줍니다. 국민의 민주적 교육은 어떠한 경우에도 국가주의적 교육 이념에 종속되어서는 안 됩니다. 이런 의미에서 민주 교육은 기독교 교육을 포용하는 것이어야만 합니다.

정교유착(政敎癒着)

대통령 조찬기도회의 처음 시작은 1966년 2월 3일 크리스천 국회의원 조찬기도회가 조직되면서 시작되었습니다. 보수적 기독교 평신도인 공화당 국회의원들과 한국대학생선교회(CCC, Campus Crusade for Christ)의 김준곤 목사가 중심이 되었습니다. 이것이 시발점이 되어 1966년 3월 8일에 대통령 조찬기도회를 조선호텔에서 대통령의 불참 하에 실시하였습니다. 그러다가 1968년 5월 1일에 '제1회 대통령 조찬기도회'를 개최하였고, 매년 5월 초에 정기적 행사로 1974년까지 계속하였습니다.

1976년부터는 '국가 조찬기도회'(제8회)로 명칭을 바꾸어 실시하였습니다. 이 조찬기도회는 평신도 공화당 국회의원과 김준곤 목사 등 보수계 목사 및 재계의 평신도 장로들이 중심이 되어, 500명 내지 600명의 인사들이 참석한 가운데 개최되었습니다.

이에 대하여 '복음신보'는 논설을 통해 다음과 같이 기록하고 있습니다.

> "조찬기도회는 정치행위가 아니다. … 한국 기독교 역사상 기록적인 것이며 … 또한 한국 사회의 관심이 한국 기독교의 동정에 깊이 관련되는 계기가 되고 있음은 … 의의 깊은 일이다."

여기에 반대하여 노홍섭 목사는 '대통령 조찬기도회는 기도회라는 이름을 붙였으나 그리스도교 예배의 정신에 역행하는 모임'이라고 주장하였습니다. 그는 이 모임이 사회 정의와 윤리적 책임의식이 결여되어 있으며, 참회의 태도는커녕 마치 호화로운 쇼를 방불케 하는 모임으로, 한국 역사상 기록적인 쇼를 하였다고 비판합니다. 그는 이 모임이 분명히 정치적 모임이라고 분석합니다. 그 계획과 출발부터 정치적이고 모임 방법도 정치적이라는 것이며, 이것은 정치적 배려 없이 이루어질 수 없으며, 정치적 결과를 노린 것이라고 주장합니다.

사실상 대통령 조찬기도회는 정부에 종교적 정당성을 부여하는 역할을 했다고 볼 수 있습니다. 대통령 조찬기도회와 병행하여 1974년 11월 9일 한국기독교실업인회에서 주최한 '국무총리를 위한 기도회'에서는 당시 김종필 총리가 로마서 13장을 인용하면서, '교회는 정부에 순종해야 하며, 정부는 하느님이 인정한 것'이라는 발언을 함으로써 교계에 논쟁을 불러일으키기도 하였습니다.

기독교가 정치권력과 또 하나의 애매한 관계를 준 현상은 1970년대에 주로 외국 부흥사에 의존하여 대대적으로 진행된 대규모 부흥집회입니다. 이 대중 집회의 두 축은 김준곤 목사가 주도하고 있는 한국대학생선교회(CCC)의 민족복음화운동과 한경직 목사에 의해 주도된 전(全) 보수 세력이 참여한 빌리 그레이엄(Billy Graham) 전도 집회입니다. 대학생선교회에서 시작한 민족복음화운동은 후에 보수교회의 운동 슬로건이 됩니다.

대학생선교회(CCC)의 김준곤 목사는 빌리 그레이엄 전도대회의 분위기를 십분 이용하여 '민족복음화'라는 타이틀(title)을 걸고, 1971년 2월에 전국순회 전도계획을 세우고, 1971년 7월에 광주에서 광주대학생선교회 주최로 '민족복음화운동을 위한 모임'을 갖고, 1971년 8월 여름 방학을 이용 5일 간 민족복음화 행동요원 훈련대회를 대전에서 가졌습니다. 이 집회는 대학생선교회의 활동이 본격화되면서 그 성격을 표면화시킨 최초의 대집회로서, 약 1만 명이 참가하여 '이 땅에 그리스도의 계절이 오게 하자'라는 주제로 개최되었습니다.

이후 대학생선교회는 1972년 여름에도 '춘천성시화'를 위한 춘천대집회를 가졌으며, 1973년 8월 빌리 그레이엄 대회 이후 동년 6월에 '엑스플로 74'라는 대중 집회 계획이 김준곤 목사에 의해 발표되었습니다.

이러한 대학생선교회의 움직임과 때를 같이하여 1971년 3월에 빌리 그레이엄 전도 대회 준비위원회가 한경직 목사를 중심으로 초 교파적으로 12개 교단이 모였으며, 1973년 5월로 대회 일정이 확정되었습니다.

이러한 흐름 속에서 몇 가지 주목할 만한 현상이 나타나게 되는데, 이를테면 빌리 그레이엄 대회를 통해 1970년대 한국 보수교회 운동의 자파 세력 확장 방법으로 대규모 대중 집회를 통한 '군중 몰입적 방법이 시도 된다'는 점입니다.

이는 그 이후 1974년 '엑스플로 74'와 조용기·신현균 목사 등에 의한 대규모 전도 집회의 연발과 1975년 나라를 위한 기도회의 1백만 집회, 1977년 민족복음화성회 대집회 등으로 이어지는데, 이러한 대규모 집회는 성공적으로 끝났다는 확신을 가져다 주었습니다. 이는 그 이전에도 그랬지만, 1970년대 이후 교회의 성격을 분석하는 데 중요한 단서가 될 것입니다.

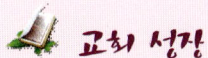

교회 성장

1960-1970년대에 걸친 한국교회의 양적인 성장은 놀랄만한 것이었습니다.
매(每) 10년마다 한국 기독교인의 수는 거의 2배로 증가되었습니다.
2020년 현재 한국 기독교신자의 수는 1,000만 명(전 인구의 약 30%)에 달하고 있습니다.
이 같은 급격한 교회성장의 요인은 '기독교회의 사회적 공신력, 급격한 사회변동으로 인한 사회불안의 팽배, 기독교회의 성장위주의 주체적 노력'이라 할 수 있습니다.

1960년 4·19혁명의 충격을 받은 한국교회는 이승만 정권 하에서 특권을 누리며 한국 민족의 역사적 갈망에 무딘 감각을 가지고 있었다는 점을 자각하게 되었고, 사회와 기독교회 내부에서 일어나는 기독교 비판에 자극을 받게 되었습니다. 따라서 1960년대에 제기된 한일 국교정상화, 3선 개헌 등의 문제와 1970년대에 본격적으로 대두되기 시작한 인권문제와 사회 저변에서부터 제기된 비인간화의 문제 등에 깊은 관심을 표명하고 행동화하게 되었습니다. 이러한 사회적 실천을 통하여 한국 기독교는 사회적 공신력을 회복할 수 있는 계기를 맞게 되었습니다.

1960년 중반에서부터 시작하여 우리 사회는 미증유의 커다란 변혁을 겪기 시작하였습니다. 이것은 정부 주도의 고도성장정책에 따른 급격한 산업화와 도시화, 과학기술화에 따른 결과였습니다.

우리의 가족 경제 구조, 사회 구조, 문화적 가치 체계의 변화와 전통적인 공동체적 인관 관계의 붕괴가 일어나기 시작하였으나, 이에 대처할 새로운 인간 공동체가 아직 확고히 형성되지 않은 상황에 있었습니다. 따라서 우리 사회에는 극도의 비인간화와 가치관의 혼란, 불안한 사회 심리가 팽배하게 되었습니다.

이런 불안과 방황에서 벗어나기 위해 사람들은 종교적인 길을 모색하게 되었습니다.

이것은 사회 환경 때문에 신흥 종교가 왕성하게 되고, 종교적 혼란이 가중되었습니다.

동시에 기성 교회의 교세도 급격한 수량적 증가를 보여 왔는데, 신흥 종교적인 성격이 여기에도 나타나기 시작하는 측면이 있다고 할 수 있습니다.

한국교회는 전통적으로 전도훈련을 조직적으로 해온 교회입니다.

네비우스(Nevius) 방법에 의하여 개별교회를 중심으로 한 자력전도(Self-propagation)는 유명한 전도전략이었습니다. 한국교회의 목사, 전도사, 장로 심지어는 평신도까지 전도에 철저한 신학적·방법론적 무장이 되어 있으며, 전도훈련이 교회구조를 통해서 조직적으로 전개되고 있습니다.

초창기에 비하면 훈련의 강도나 방법에 여러 가지 문제가 있으나, 전도와 개별교회 위주는 제일의 원칙으로 되어 왔습니다. 이와 같은 전도를 우선으로 하는 정책은 기독교회가 한국에서 물량적으로 급속히 성장하는 것에 기여한 바가 큽니다.

용인의 어제와 오늘

배성식 목사
- 아주대학교 • 장로회 신학대학원(M.Div)
- 아세아 연합신학 대학원(Th.M)
- Fuller Theological Seminary(D.Min cand)
- 영락교회 행정수석목사
- 한국대학생선교회(CCC) 이사
- 성경적소그룹연구원장
- 이룸교회 담임목사

용인시(龍仁市)는 본래 용구현(龍駒縣)과 처인현(處仁縣)을 합치고 용구(龍駒)에서 용(龍)자와 처인(處仁)의 인(仁)자가 합쳐 용인현(龍仁縣)이라고 칭하다가 후에 양지군(陽智郡)을 합쳐 오늘의 용인시(龍仁市)가 되었습니다.

용인시의 연혁

1414년 태종 14년 용구(龍駒), 처인현(處仁縣)을 합쳐 용인현(龍仁縣)이라 함
1895. 5. 26. 충주부 용인(龍仁)이 되었다가 경기도로 이속됨.
1914. 4. 1. 양지군(陽智郡)을 통합하고, 죽산군(竹山郡) 일부 편입.
내사(內四) · 외사(外四) · 원삼면(遠三面)으로 증설되어 12면으로 개편됨
1937년 수여면(水餘面)을 용인면(龍仁面)으로 개칭, 읍삼면(邑三面)을 고구려 때의 초명(初名)이던 구성면(駒城面)으로 개칭함

1963년 고삼면(古三面)이 안성군(安城郡)으로 편입되어 11면이 되었다.

1979. 5. 1. 용인면(龍仁面)이 용인읍(龍仁邑)으로 승격됨.
(1읍(邑), 10면(面)이 되고, 108 법정동(法定洞), 321행정동(行定洞), 369자연(自然) 마을, 709반(班))

1983. 2. 15. 수지면(水枝面)의 하리(下里)와 이의리(二儀里)가 수원시(水原市)로 편입되고, 남사면 진목리(南西面 眞木里)의 월경(越境)마을이 평택시(平澤市)로 편입(編入)되어 현재에 이른다.

1985. 10. 1. 기흥면(器興面)이 기흥읍(器興邑)으로 승격(昇格)됨

1996. 3. 1. 용인군(龍仁郡)이 도농복합형태의 시로 설치.
용인읍(龍仁邑)을 중앙동(中央洞)·역삼동(驛三洞)·유림동(柳林洞)·동부동(東部洞)으로 분할, 수지면(水枝面)이 수지읍(水枝邑)으로 승격, 내사면(內四面)이 양지면(陽枝面)으로, 외사면(外四面)이 백암면(白岩面)으로 개칭(改稱)됨. ((2읍(邑), 8면(面), 4동(洞), 108법정리·동(法定里·洞), 504행정 리·통(行定里·統), 363자연(自然) 부락, 1461반(班))

2000. 9. 1. 구성면에서 구성읍으로 승격됨

2001. 12. 24. 수지읍이 수지출장소로 승격,
6개 동사무소가 신설되어 1출장소, 2읍, 7면, 10개동의 행정체제

2005. 10. 31. 처인구, 기흥구, 수지구로 3개 구청 설치(3개구 1읍 6면 22동 행정체제)

2007. 7. 2. 동백동 설치(3개구 1읍 6면 23동 행정체제)

2010. 8. 2. 영덕동 설치(3구 1읍 6면 24동 행정체제)

2017. 12. 11. 모현면, 이동면에서 모현읍, 이동읍으로 승격됨(3구 3읍 4면 24동 행정체제)

2020. 1. 2. 영덕동에서 영덕1동, 영덕2동, 상갈동에서 상갈동, 보라동, 동백동에서 동백1동, 동백2동, 동백3동 분동(3구 3읍 4면 28동 행정체제)

용인의 읍면동면 지명유래

처인구청 읍·면·동 지명유래

포곡읍(蒲谷邑) 지명유래

포곡이란 지명의 유래에는 몇 가지 설이 있습니다. 첫째는, 이 지역을 지나는 경안천 주변에 무수히 많은 창포가 자생하고 있어, 창포의 고장이라 불리기 시작하였다는 설입니다. 또 '동국여지승람'의 기록을 보면 창포 포(蒲)자가 아닌 물가 포(浦)자로 되어

있습니다. 끝으로 한글학회에서 간행한 용인군의 지명총람에는 경안천이 면의 한 복판을 뚫고 흐르므로 포곡면이라 하였다고 적고 있습니다.

모현읍(慕賢邑) 지명유래

모현읍은 본래는 쇄포면(灑布面)이라 하였습니다. 이는 삼으로 직조한 베와 목화에서 뽑아낸 실로 직조한 무명 천을 잿물에 삶아내고 물에 담갔다가 햇볕에 널어 빛이 바래도록 포쇄하던 곳이라고 한 데서 연유한 것입니다. 그 후 고려 충신 포은 정몽주 선생의 유해를 능원리에 안장한 후부터는 '충신을 사모한다'는 뜻에서 모현(慕賢)으로 개칭하였다는 기록이 있습니다. 그러나 '동국여지승람'에는 '묘현(墓賢)'이라고 한 기록이 있고, '용인현읍지'등에는 모현촌면(慕賢村面)으로 기록되어 있습니다. 또 1914년 발행된 '군현개정구역표'에는 모현면(慕賢面)으로 기록되어 있는데 대한민국정부 수립 후 용인군 지명위원회에서 최종 확정한 것이 오늘의 모현읍(慕賢邑)입니다.

이동읍(二東邑) 지명유래

조선시대 태종 14년(1414년) 용구와 처인을 합쳐서 용인현이 된 후 1895년 4월 지방 관제가 개편될 때까지 용인현에 속해있던 상동촌면(上東村面)과 하동촌면(下東村面) 2개의 면이 있었습니다. 이 두 동(東)을 합쳤다하여 이동(二東)이라 합니다.

양지면(陽智面) 지명유래

양지면은 본래 수주(水州, 현재의 수원)에 속한 양량촌부곡(陽良村部曲)이었는데 조선시대 정종 원년(1399년)부터 양지현이라 하였습니다. 1894년 갑오경장 이후 지방 관제 개편에 따라 1895년 양지군으로 되었으나 1914년 4월 1일 읍내면, 주동면, 주북면, 주서면 등 4개 면을 합치고 읍내의 끝 자인 내자를 합쳐 내사면으로 개정하였습니다. 1995년 광복 50주년을 맞이하여 일제 식민통치 시절 명명된 일제식 지명을 정비할 때 옛 양지현의 명칭을 되살려서 양지면이라 하였습니다.

원삼면(遠三面) 지명유래

원삼면은 본래 죽산군에 속해 있던 지역으로 양지현에 편입된 곳입니다. 원일면, 목악면, 주서면 일원을 합쳤다하여 원삼면이라 하며 고당리·사암리·좌항리·맹리·미평리·가재월리·두창리·독성리·죽능리·목신리·학일리·문촌리 등 12개의 리를 관할하여 오늘날에 이르고 있습니다. 목악면과 주서면은 옛 양지현에 속해 있었으나 지금의 사암리와 좌찬고개 일원이며, 목악면은 학일리, 목악리, 신기리 등을 관할하였고, 원일면은 맹동, 좌찬리, 행군리 등을 관할하였습니다.

백암면(白岩面) 지명유래

백암면은 본래 죽산군 근삼면에 속했던 지역으로 백암 등 14개 동리를 관할하고 있었는데, 1914년 행정구역 폐합시 죽산군의 근일면, 근삼면, 양지군의 박곡면, 고안면 등 용인군 바깥쪽의 4개 면을 합쳤다는 의미에서 외사면이라 칭하게 되었습니다. 이때 외사면은 가창리·백암리·근창리·근곡리·근삼리·용천리·장평리·석천리·옥산리·백봉리·고안리 등 12개 동리를 관할하게 되었고, 면소재지를 백암리에 두게 되었습니다. 외사면에서 백암면으로 명칭 변경한 것은 1996년 3월 1일부터입니다.

남사면(南四面) 지명유래

원래 면의 일부가 수원부(水原府)의 처인부곡이었습니다. 조선 태조 6년(1397년)에 현으로 승격되어 방리(坊里)를 관장하다가 태종 13년(1413년)에 용구현과 합쳐 용인현이 된 후 관아(官衙)를 폐하였습니다. 1914년 행정구역을 개편 때 현내면(완장동, 아곡 남산동 일원), 도촌면(산정리·내기·수세동 일원), 서촌면(원포·봉명동·동막·사후 일원), 남촌면(원암동·전공동·방축동·진목동 일원) 등 4개 면을 합치고, 용인군의 남쪽에 위치하고 있다고 하여 남사(南四)라 하였습니다.

유림동(柳林洞) 지명유래

용인읍 유방리와 고림리 지역으로 1996년 3월 1일 용인군이 용인시로 승격될 때 유방리의 유자와 고림리의 림자를 합쳐서 유림동이라 하였습니다. 유방동은 마을에 밀유양림(密柳楊林, 버드나무가 빽빽하다는 의미)이 골짜기에 있어서 유(柳)자와 곡(谷)자를 합해서 유곡(柳谷)이라 불리던 마을과 방축동(防築洞)을 합쳐서 생긴 지명입니다.

방축동은 마을 동쪽에 경안천의 본류가 흐르는데 장마가 되면 제방이 떠내려가 이를 복구하고 난 후 하천의 범람을 막았다고 하여 방축동이라 부른다는 속설이 있습니다. 고림동은 1914년 행정구역을 개편할 때 고진(古陳)과 임원(林院)의 두 글자를 합하여 고림리라 하였습니다. 1996년 3월 1일 시 승격 때 유림동에 속하게 되었습니다.

고진은 임진왜란 때 진터가 있었으므로 옛진말, 예진말 또는 이진말 등으로 불렸는데 이를 한자로 표기하여 고진이라고 하였습니다. 임원은 본래 마을에 숲이 많아서 숲원이, 수본이 등으로 불리던 것을 한자로 표기하였습니다.

역삼동(驛三洞) 지명유래

용인읍의 역북리, 삼가리 지역으로 1996년 3월 1일 용인시 승격과 동시에 동이 되었고 역북리와 삼가리를 합쳐 역삼동이 되었습니다. 역북동은 1914년 4월 1일 행정구역을 개편할 때 역동(驛洞)과 북동(北洞)을 합쳐 역북리라 하였으며 1996년 3월 1일 용인군이 시로 승격될 때 역북동으로 편입되었습니다. 삼가동의 유래를 보면 동백동으로 넘어가는 큰 메주고개, 상하동 쪽으로 넘어가는 작은 메주고개, 동쪽으로 가는 길 등 세 갈래 길이 있어서 세거리, 삼가리, 삼거동으로 불리게 되었습니다.

동부동(東部洞) 지명유래

용인읍의 마평리, 운학리, 호리, 해곡리 지역으로 용인시 승격 때 4개의 리를 합해서 동으로 하였습니다. 동 명칭을 두고 운마동, 마운동, 운평동 등 운학리와 마평리에서 각 한 글자씩 따서 정하려 하였으나 두 개 마을 머리글자의 서열을 놓고 의견이 상충하였습니다. 이에 옛 용인읍의 동쪽에 있는 마을이라는 뜻으로 동부동이라 하였습니다. 마평동은 마북리와 마남리의 마자와 신평리의 평자를 합하였고, 운학동은 어득운동의 운자와 학촌의 학자를 따서 정하였습니다. 해곡동은 예전에 조판서라는 사람이 이 마을에 선친의 묘를 쓰고 나서 '산수는 수려하고 좋으나 바다가 있어야 자손만대가 길하다' 하여 마을에 연못을 파고 이를 바다라 하였기 때문에 해곡동이라 한다는 이야기가 있습니다. 호동은 '마을 앞쪽에 있는 산의 형상이 호랑이가 누운 모양과 같다'고 하여 호동이라 합니다.

중앙동(中央洞) 지명유래

1996년 3월 1일 용인시 승격 때 김량장리와 남리 전 지역을 합치고 용인시의 중앙이 된다 하여 중앙동이라 하였습니다. 김량장동의 유래를 살펴보면 고려시대에 김령역이 있었으며, 조선시대에는 김령역·김령원이 있었고 김령장이라는 시장이 섰다고 하며 훗날 변음되어 '김량장'이 되었다고 합니다. 일설에 의하면 김량장 또는 김량이라는 사람이 맨 처음 시장을 벌여서 그의 이름을 따 김량장이라고 불렀다고도 합니다. 남동은 원래 수여면의 남리였는데 수여면의 남단에 있어 남리라고 불렸고 시로 승격할 때 남동이 되었습니다.

기흥구 읍·면·동 지명유래

보정동(寶亭洞) 지명유래

용인현 구흥면 역촌의 일부로 서변면의 보수원, 이현, 독정리를 합치고 보수원에 정자가 있어 보(寶)자와 정(亭)자를 합쳐서 보정이라 하였습니다.

마북동(麻北洞) 지명유래

1914년 행정구역 개편 시 동변면의 마곡과 북동을 합쳐 마북리라 하였고, 2005년 마북동(麻北洞)이 되었습니다. 마곡은 옛날 마곡 부락에 마운사(麻雲寺)라는 사찰이 있어 유래되었으며 북동은 북쪽에 있는 마을이라는 뜻입니다.

구성동(駒城洞) 지명유래

고구려가 자국에 편입한 백제 영지를 구성(駒城)으로 명명한 것은 우리말의 고어에 크다는 뜻의 '말아'(예: 말매미·말잠자리)를 한자음 구(駒)로 표기한 것으로 풀이됩니다. '마라' 또는 '말'은 마루의 동의어로서 큽니다. 높다의 의미를 포함한다고 할 때, 구성은 큰 성 또는 마라재(높은 곳)라는 의미를 지닌 것으로 풀이되며, 본래 고구려의 구성(駒城)에서 유래된 용인시 최초의 행정지명입니다. 구성동의 법정동으로 언남동(彦南洞)과 청덕동(淸德洞)이 있습니다. 언남동은 언동과 남동이 합쳐진 지명으로 남동은 남쪽에 있어서 붙여진 지명입니다. 언동의 언은 선비 언(彦)자로 덕망 높은 선비를 지칭하며, 이곳에 향교가 있어서 언동이라 하였다고 전해집니다. 청덕동은 동변면의 수청동(水淸洞)과 덕수동(德水洞)에서 각각 청(淸)자와 덕(德)자를 따서 정해졌습니다. 수청동은 마을 뒷산이 물푸레울인데 물푸레는 '물푸른'의 변음이라고 할 때 '물푸른'의 한자 표기가 수청동이 됩니다. 덕수동은 예부터 법화산 물푸레울에서 발원하는 물이 유난히 맑고 푸르러 덕수라 하였다고 하는데, 덕은 크다는 뜻도 있으므로 '큰물'이라는 의미를 지니는 지명으로 풀이하고 있습니다.

신갈동(新葛洞) 지명유래

본래 용인현 구흥면 지역이었으나 1914년 행정구역 개편할 때 역촌 일부, 신촌, 미동, 갈천, 상촌, 상관곡리 등을 합치고 신촌과 갈천의 첫 자를 따서 신갈동(新葛洞)이라 하였습니다. 갈천(葛川)은 마을 앞에 흐르는 내가 칡과 같은 형상을 하고 있어 갈천이라 했다는 설과 경주김씨 문중에 김원립이라는 사람이 있었는데 그의 호가 갈천이었는데, 이 사람이 사는 곳을 일러 갈곡, 또는 갈천이라 하던 것이 지명으로 바뀌었다는 설이 있습니다.

영덕동(靈德洞) 지명유래

본래 용인현의 지내면 지역이었으나 1914년 행정구역을 개편할 때 영통리와 덕동 일부를 합치고 영통리의 영(靈)자와 덕동의 덕(德)자를 합쳐서 영덕동(靈德洞)이라 하였습니다. 영통이라는 이름은 이 지역의 고유 이름을 그대로 이어받은 것입니다. 전해지는 이야기에 의하면 지형이 염통처럼 생겼다고 해서 염통 혹은 영통이라 불렀다고 합니다. 또 '영(靈)과 통(通)하는 곳'이라 영통이라 불렀다는 설과 고개에서 신령스러운 노인이 나타났다든가, 근처의 청명산에 신령스러운 기운이 감도는 보물이 있었다는 설 등이 있습니다. 영덕동의 법정동으로 하갈동이 있습니다. 마을 앞에 흐르는 내가 칡넝쿨과 같은 형상이므로 이를 갈천이라 하고 이 마을이 갈천(葛川) 아래에 있다 하여 하갈이라 하였다고 전해집니다.

구갈동(舊葛洞) 지명유래

본래 용인현의 구흥면 지역인데 1914년 행정구역을 개편할 때 구흥면의 하관곡리와 내기, 갈곡을 합쳐 구갈(舊葛)이라 했는데 신갈(新葛)의 반대 개념으로 정해졌습니다.

동백동(東栢洞) 지명유래

본래 용인현 동변면(洞邊面)에 속했던 지역으로 1914년 동막(東幕)과 백현(栢峴)을 합쳐서 동백리라 하였으며, 2005년 10월 31일 구청 개청에 따라 동백동으로 변경되었습니다. 동막은 임진왜란 때 관군이 진을 쳤던 막이 있었으며 용인현의 동쪽 지역이어서 동막이라 하였다는 속설이 있습니다. 처음에는 집이 없었으나 막을 짓고 사람이 살기 시작하여 동막이라 했다고도 합니다. 백현은 동백동에서 포곡읍 마성리로 넘어가는 고개를 말합니다. 이 고개가 '잣 고개'인데 이를 한자로 표기한 것이 '백현'(잣나무 백, 고개 현)입니다. 동백동의 법정동으로 중동(中洞)이 있습니다. 본래 용인현 동변면(洞邊面)에 속했던 지역인데 1914년 행정구역이 개편될 때 중동(中洞) 일원을 중리로 고쳤으며, 2005년 10월 31일 구청 개청에 따라 중동으로 변동되었습니다.

상하동(上下洞) 지명유래

본래 용인현의 동변면(洞邊面)에 속했던 지역으로 1914년 행정구역이 개편될 시 상지석(上支石), 하지석(下支石)과 수원동(壽院洞)을 병합하고 상·하지석의 이름을 따서 상하리라 하였으며, 2005년 10월 31일 구청 개청에 따라 상하동(上下洞)이 되었습니다. 마을에 지석묘가 있었는데 위쪽에 있는 것을 상지석, 아래쪽에 있는 것을 하지석이라 하였는데, 이에 연유하여 상지석리와 하지석리라 하였습니다. 수원동은 예부터 이 마을에 수명장수한 사람이 많아서 수원동이라 했다는 설이 있습니다.

상갈동(上葛洞) 지명유래

본래 용인현의 기곡면 지역으로서 갈천 위쪽에 위치하므로 위 갈래, 또는 상갈천이라 하였는데 1914년 행정구역을 개편할 때 금화, 중갈천, 상갈천을 합쳐서 상갈(上葛)이라 하였습니다. 상갈동의 법정동으로 보라동(甫羅洞)과 지곡동(芝谷洞)이 있습니다. 보라동의 지명 유래와 관련해서는 1789년(정조 13년)에 간행된 '호구총수'에 보라산리(甫羅山里)라고 기록된 것에서 연유했다는 설, 이 마을 앞의 큰 고목나무에 보라매가 서식하였기 때문에 보라매, 보라미라고 불렸다는 설 등이 있습니다. 지곡동은 이 마을에 지초(芝草)가 많이 자생하였고 또 골이 깊었으므로 지곡이라 하였다고 합니다. 한편 부아산 뒤쪽의 골짜기가 되므로 뒤실-디실-지실이 지곡으로 되었다고도 전합니다.

서농동(書農洞) 지명유래

본래 용인군 기곡면 지역으로 1914년 3월 1일 행정구역 개편에 따라 농사리와 내서천리를 병합하여 농서리가 되어 기흥면에 편입되었습니다. 1985년 10월 1일 기흥면이 기흥읍으로 승격되었으며, 1996년 3월 1일에는 도농복합으로 용인군이 용인시로 승격되었고, 2005년 10월 31일 기흥구가 신설되면서 기존 기흥읍에 있었던 서천리와 농서리가 통합되어 지금의 이름이 되었습니다.

서농동(書農洞)의 법정동으로는 농서동(農書洞)과 서천동(書川洞)이 있습니다. 농서동은 농사리의 농자와 서천리의 서자를 합쳐서 만들었습니다. 서천동의 지명은 서그내에서 유래되었습니다. 서천의 이전 표기가 서근천(鋤斤川)인데 이는 1879년(정조 13년)에 간행된 '호구총수'에 기록되어 있습니다.

서근천은 서근내의 한자표기로, 서근내가 서그내가 되고 이것이 또 변형되어 서천(鋤川)이 되고 서천(書川)으로 와전 표기된 것으로 보입니다. 한편, 선비들이 동네 앞에 흐르는 냇가에 모여 글을 읽었으므로 글 서(書)의 뜻과 내(川)를 합쳐 서천리라 하였다는 속설도 전해집니다.

기흥동(器興洞) 지명유래

기흥동(器興洞)은 기곡면(器谷面)의 '기'자와 구흥면(駒興面)의 '흥'에서 두 개의 면을 합치면서 각 한 자씩 따서 지금의 이름이 되었습니다. 기흥동의 법정동으로는 공세동(貢稅洞)과 고매동(古梅洞)이 있습니다. 각각의 유래를 살펴보면 공세동은 현물세를 바치던 공세창(貢稅倉)이 있던 것에서 유래하였으며, 고매동은 마을의 지형이 예부터 매화낙지형(梅花落地形)이어서 고매라 불렸습니다.

수지구 읍·면·동 지명유래

풍덕천동(豊德川洞) 지명유래

1914년 행정구역 개편시 수진면(水眞面)의 토월리(吐月里), 신리(新里), 정평리(亭坪里) 일부를 합쳐서 풍덕천리라 하였고, 2001년 행정구역 개편 때 풍덕천동(豊德川洞)이 되었습니다. 마을 앞에 하천이 있어서 이를 풍덕내라 하였는데 하천의 이름을 따서 풍덕천이라 하였다는 설과 하천에 풍덕교라는 다리가 있어서 풍덕천이라 하였다는 설이 있습니다. 풍덕천(川)으로 표기하고 있으나 본래는 래(來)라고 하였다고 합니다.

지금도 일부에서는 풍덕내라고 하고 있지만 이를 풀이하면 '덕이 크신 분이 풍덕에서 오신다'는 뜻인데 포은 정몽주 선생의 묘소를 용인에 모시게 된 인연을 맺어준 지명이라고 합니다. 즉 포은 선생이 선죽교에서 이방원이 보낸 자객 조영규에게 피살된 후 풍덕군에 일시 매장되었다가 후에 선생의 고향인 경북 영천으로 천묘하고자 하였습니다. 그 면례(緬禮) 행렬이 수지읍 풍덕래에 이르자 면례행렬 앞에 세웠던 명정이 바람에 날려 지금의 묘소가 있는 곳에 떨어졌습니다.

남쪽으로 길을 떠나고자 하면 상여가 움직이지 않아 명정이 떨어진 곳으로 가자는 뜻이라 하여 할 수 없이 그 쪽으로 발길을 돌리자 상여가 움직였고 그래서 장사를 지냈다고 합니다. '풍덕에서 오신다(豊德來)'고 하여 우연치 않은 지명대로 충혼의백(忠魂義魄)을 맞이하였지만 1914년 지명 표기작업을 할 때 올 래(來)자를 내 천(川)자로 바꾸어 풍덕천(豊德川)이라 하였다고 전합니다. 또 풍덕천이 물이 깊어 명주 한필이 다 들어갔는데 임진왜란 때 왜적이 풍덩풍덩 빠져죽어 풍덩내(川)라고 하던 것이 풍덕이 되었다는 일설도 있습니다.

신봉동(新鳳洞) 지명유래

이곳은 본래 용인군 수진면의 지역이었습니다. 신봉리의 유래는 1914년 행정구역 폐합에 따라 신리(新里)와 서봉동(棲鳳洞)을 병합할 때 신리의 신자와 서봉동의 봉자를 따서 신봉리라 하였고, 2005년 10월 수지읍이 수지구로 승격될 때 신봉동(新鳳洞)이 되었습니다. 이곳의 옛 지명은 시봉굴이었습니다. 시봉굴은 서봉골의 사투리인데, 서봉골은 서봉산에 있는 골짜기라는 뜻입니다. 서봉산은 광교산의 또 다른 이름으로 본래 광악산(光嶽山)이었는데 928년 왕건이 후백제의 견훤을 평정하고 광악산 행궁에 머물면서 군사들을 위로하고 있을 때 산 정상에서 광채가 솟아오르는 것을 보고 이 산은 부처가 가르침을 내리는 산이라 하여 산 이름을 광교(光敎)라 하였다는 전설이 있습니다. 따라서 처음에는 광(光)과 비슷한 의미의 서(瑞)를 썼으나(예: 서봉산 또는 서봉사) 임진왜란 때 서봉사가 소실된 이후에는 절터에 잡초가 우거지고 새들만 깃든다는 뜻에서 깃들 서(棲)자를 썼습니다.

죽전동(竹田洞) 지명유래

본래 용인군 수진면(옛 수지면의 이름)의 지역으로서 큰 못이 있어 대지(大池)라고도 하였는데, 1914년 행정구역 통폐합에 따라 감바위, 점촌, 풍덕내, 일부를 병합하여 죽전리(竹田里)라 해서 읍삼(구성)면에 편입되었습니다. 1973년 7월 1일 대통령령 제1983호에 의하여 다시 수지면에 편입되었습니다. 죽전이라는 지명 유래와 관련하여 하나의 전설이 전해지는데 이곳으로부터 약 10리 되는 모현면 능원리에 있는 포은 정몽주 선생의 묘소와 관계가 깊습니다. 정몽주 선생을 모신 상여와 명정이 이 땅을 지나갔기에 만고에 충신을 사모하는 민초들에 의해 이곳의 지명을 죽절이라 부르게 되었다고 합니다. 죽이란 대나무로 충신을 뜻하며, 절은 마디가 있는 나무이니 역시 대나무라 충신을 의미하기 때문입니다. 그리고 어느 때부터인가 죽절이 죽전으로 변했습니다.

동천동(東川洞) 지명유래

본용인현 수진면 지역인데 1914년 행정구역을 개편할 때 동막리(東幕里)와 원천동(遠川洞)을 합치고 각각 한 글자씩 따서 동천(東川)이라고 하였습니다. 동막리는 즉 동막곡에서 유래되었는데, 다음과 같은 설이 있습니다. 예부터 광주군과 용인군의 경계가 하천으로 이루어져 있었는데 그 앞에 막을 지어 표계를 삼아 동막이라 하였다는 속설과 병자호란 때 험천에서 청나라 군사와 큰 전투를 벌일 때 군대의 막사가 무수히 많아서 동막이라고 하였다는 속설이 전해집니다.

상현동(上峴洞) 지명유래

용인현 지내면의 상리(上里)와 수진면의 정평리(亭坪里) 일부를 합치고 마을 북쪽에 만현 고개가 있어서 상리의 상자와 만현의 현자를 합쳐서 상현(上峴)이라 하였습니다.

성복동(星福洞) 지명유래

성주 이 씨가 터를 잡아 마을을 이루어 집성촌이 되었는데. 이 씨들의 복을 받게 되라는 뜻으로 성복(盛福)이라 하였으나 후에 별 성(星)자로 바뀌어 성복동(星福洞)이 되었다는 속설이 있습니다.

용인의 상징

심벌마크

중앙의 역동적인 타원은 용인시가 첨단과 자연, 도농복합시로서 조화를 이루면서 발전하는 미래비전을 상징
심벌의 상부점은 미래지향적인 첨단도시의 용인을 상징
심벌 하부 나뭇잎은 깨끗한 자연환경의 청정시 용인을 상징

마스코트

용인시의 마스코트는 미래 첨단도시와 자연 청정도시의 조화를 바탕으로 하는 미래소년의 이미지와 용인시의 상징화인 철쭉을 의인화 한 것입니다.

시조 : 꿩

금속광택의 붉은 자갈색은 깊은 역사와 빛나는 문화유산을 뜻함
초봄 수컷의 울음은 생동하는 힘찬 기상을 뜻함.
도시, 공원, 농어촌, 구릉, 산림 어느 곳에서도 사는 것은 강인한 시민의 생활력을 의미함

시목 : 전나무

고요하게 사색하는 모습은 충효와 신의를 생활신조로 살아온 용인인(人)을 뜻함
장엄한 기풍은 외세의 침입에 승리한 기상을 뜻함
뿌리의 심근성은 시민의 굳센 의지를 보여주고 가지가 힘차게 쭉쭉 뻗음은 날로 번영하는 지역사회를 뜻함
침엽수로 잎이 선형임은 시민의 질서의식과 무한한 발전의 요지를 뜻함

시화 : 분홍철쭉

임지능선상에서 성장함은 시민의 강한 생활력을 보여줌
새 봄에 개화되는 것은 근면성을 보여줌
연분홍색 화관은 시민의 따뜻한 마음씨임
은은한 향기는 민주적 시민의 정신임

시민헌장

우리 용인시는 예로부터 아름답고 풍요로운 환경 속에서 충절의 고장으로 손꼽히는 도시입니다. 이곳에 살아감을 자랑스럽게 여기면서 더욱 쾌적하고 행복한 터전으로 가꾸기 위해 슬기를 모아 여기에 큰 뜻을 밝힙니다. 이를 바탕으로 용인시민의 무궁한 번영과 영광을 위해 함께 노력할 것을 다짐합니다.

우리는 어른을 공경하고 어린이를 사랑하는 예의바른 시민이다.
우리는 꾸준히 배우고 열심히 일하는 근면한 시민이다.

우리는 정직한 자세로 법과 질서를 지키는 선진 시민이다.
우리는 의로운 일에 앞장서고 이웃을 돕는 정의로운 시민이다.
우리는 소중한 문화유산을 계승·발전시키는 문화 시민이다.

용인의 어제와 오늘

오늘날 용인은 첨단산업의 중심지로 불립니다. 삼성전자를 비롯하여 전자와 전기, 자동차, 원자력 등등, 모든 분야의 첨단산업시설과 연구소, 연수원 등이 용인지역에 포진하고 있기 때문입니다. 이는 무엇보다 교통이 편리하고, 산업시설과 연구단지가 서울을 비롯한 인근 시군과 유기적으로 연결되는 입지에 자리하고 있기에 가능한 일이었습니다.

1990년대 이후 수지구와 기흥구를 중심으로 급속한 도시화가 이루어지면서 용인시는 인구 100만 명 시대의 개막을 눈앞에 두고 있습니다. 또한 2013년을 기준으로 약 130만 명을 수용할 수 있는 도시계획이 이루어지고 있습니다. 이러한 변화는 그야말로 상전벽해(桑田碧海)라는 옛 말로도 설명할 수 없을 정도이니, 용인이 짧은 기간에 얼마나 많은 변화를 겪었는지 알 수 있을 것입니다.

1970년대 이전의 용인

1970년대 이전만 하더라도 용인지역은 주산업이 농업인 촌락사회였습니다. 포장도로도 거의 없었고, 이렇다 할 산업시설도 존재하지 않았으며, 학교와 병원을 비롯한 문화시설 등이 열악한 낙후된 농촌지역이었습니다. 농업이 중심을 이루기는 했지만 경지 정리는 물론이고 저수지나 관정과 같은 관개 시설이 거의 없었고, 양수기나 전기펌프 같은 것도 없었습니다.

당시 용인지역의 거의 모든 마을들은 주로 전통적인 보(洑)를 이용한 관개에 의지하여 농사를 지었으며, 산골짜기처럼 지대가 높은 지역은 천수답이라고 하여 하늘에서 비가 내리지 않으면 농사를 망치기 일쑤였습니다. 오직 인력이나 축력(畜力)에 의지해서 농사를 짓던 시대답게 두레나 품앗이 같은 농촌지역의 전통은 물론이고, 정월 명절부터 동지에 이르기까지 각종 세시풍속과 전통행사가 살아 있던 시기였습니다.

용인지역은 인근의 안성이나 이천, 광주나 화성 지역 등과 함께 서울의 남쪽, 즉 한강 이남에 자리하고 있기는 하지만, 상대적으로 낮은 산지와 구릉지가 많고 경지면적이 적은 지역에 속하였습니다. 사통팔달하는 도로망을 가지고는 있었으나 변변한 포장도로 하나 없었고, 도로의 폭도 좁아서 수도권에 근접한 지리적 장점을 지금처럼 살릴 수 없었습니다. 이렇듯 농업이 중심을 이루던 1970년대 이전 용인지역에 있던 산업시설이라고 해봐야 소규모 방앗간과 양조장, 제재소 등이 고작이었고, 나머지는 소규모 점포와 같은 지위를 벗어나지 못하고 있었습니다.

당시 용인군청은 현재의 김량장동에 있는 처인구청 자리에 있었습니다. 시가지라고 해봐야 지금의 우체국과 우리은행, 용인농협을 중심으로 한 지역과 김량천 건너 마평동 일부 지역에 형성되어 있을 뿐이었습니다. 시가지 일부를 제외한 거의 모든 도로가 아스팔트 포장이 되어 있지 않은 자갈길이었고, 비라도 내리면 진창으로 변하는 길도 도처에 흩어져 있었습니다.

당시 용인군 관내 생활권의 분포를 보면 용인군청이 소재하고 있던 김량장동이 중심적 역할을 하지 못하고 지금보다 역할과 위상이 축소되어 있었습니다. 신갈과 수지 일대 주민들은 수원으로 장을 보러 다녔고, 남사 일대의 주민들은 오산으로 많이 왕래했습니다. 원삼과 백암 일대에 살고 있는 주민들은 죽산이나 안성장을 보는 경우가 많았습니다. 모현 일대의 주민들도 용인보다는 광주군의 경안장을 보는 경우가 많았는데, 당시는 용인장보다 경안장이 장의 규모가 크고 교통도 편리한 이점이 있었습니다.

과거의 용인을 되돌아볼 때 빼놓을 수 없는 것이 수원과 여주를 잇던 철도 노선인 수여선(水驪線)입니다. 수여선은 지금의 기흥구 흥덕지구를 지나고 신갈과 동백지구를 거쳐서 용인에 도착한 뒤, 다시 양지를 거쳐 이천으로 연결되는 철도였습니다.
우리나라에 남아 있던 유일한 협궤열차 노선으로, 용인을 동서로 관통하며 약 60년 가까이 존속하다 역사의 뒤로 사라졌던 수인선은, 특히 일제강점기 때는 물자 공출과 징병, 징용 등 수탈의 도구로 기능하였고, 광복 이후에는 수원과 용인으로 통학하는 학생들의 통학열차로 애용되었습니다.

뿐만 아니라 용인지역의 농산물을 출하하는 통로이기도 하였고, 수인선과 연결되어 서해안의 해산물을 공급하는 역할도 하였습니다. 현재 수여선이 관통하던 노선을 따라 경전철이 부설되고 있는데, 이는 어떤 의미에서는 수여선의 부활이라고 할 수 있을 것입니다.

1970년대 이후의 용인

1970년대는 모든 면에서 급격한 변화가 일어난 시기였습니다. 고도성장으로 국가경제는 하루가 다르게 발전했으며, 이러한 변화가 사회 전반으로 파급되면서 정치·경제·사회·문화적인 면에서 이전과는 전혀 다른 변화가 일어났습니다. 산업화로 인하여 이농현상이 증가하고, 대가족이 해체되어 핵가족화 되었으며, 공업과 상업이 비약적으로 발전하였습니다.

이러한 변화는 필연적으로 용인지역에도 커다란 영향을 끼쳤는데, 1971년을 기점으로 줄어들던 인구가 다시 증가하기 시작하고, 수도권의 공장들이 하나 둘씩 이전해 오면서 용인지역은 점차 농촌사회를 탈피하기 시작하였습니다. 특히 고속도로가 용인을 관통하여 건설됨으로써 서울과 더욱 가깝게 되었는데, 이는 용인지역에 공장이 지속적으로 늘어나는 계기로도 작용하였습니다.

공장과 산업시설의 증가는 필연적으로 인구의 증가를 가져왔고, 인구 증가에 따른 주택·교육·보건·의료·교통 문제 등을 유발시켜 사회 변동을 초래하게 됩니다. 1970년대 이후의 가장 큰 변화 가운데 하나는 인구의 집중 현상입니다. 용인 관내 어느 지역을 막론하고 급속한 인구 증가를 보이는데, 이는 출생 등에 의한 자연적 증가보다는 사회적인 증가의 폭이 훨씬 큰 것이 특징입니다. 이러한 인구 집중과 증가 속도는 해를 거듭할수록 더욱 가속도가 붙게 됩니다.

1980년대로 들어오면서 용인지역은 1988년의 서울올림픽을 계기로 분당이 개발되어 대규모 아파트단지가 들어서고, 이어 수지와 죽전 일대로 개발의 파고가 밀려오면서 본격적인 개발 시대로 들어갑니다. 수지와 죽전을 중심으로 시작된 용인지역의 도시화는 1990년대에 들어서면서 더욱 급속하게 진행되며, 점차 남쪽으로 진행되어 구성과 기흥 일대로 확산되기에 이릅니다. 당시 용인시의 인구와 수지 일대의 인구 변동을 살펴보면 수지지구의 개발과 변화가 얼마나 급속하게 이루어졌는지를 쉽게 알 수 있습니다. 이러한 변화는 수지구와 기흥구가 신설된 이후 기세가 수그러들기는 했지만, 이후 동쪽의 처인구 일대로 확산되면서 인구 100만 명 시대를 앞당기는 계기로 작용하였습니다.

1970년대 이후의 인구 증가가 용인지역의 산업시설 유치를 따라 필요한 인력으로 유입된 측면이 강하다면, 1990년대 이후의 인구 증가는 수지와 죽전 일대의 아파트 개발과 같은 도시화의 결과라는 측면이 강합니다. 특히 수지구와 기흥구의 일부 지역은 1990년대 이후 더욱 급격하게 변화되며 완전하게 도시화되나, 인구의 급증과 교통 문제 등 많은 문제점도 야기하게 되는데, 이러한 영향으로 한때 난개발 지역이라는 좋지 않은 이미지를 심기도 하였습니다.

2000년대에 들어선 요즈음 용인은 부족한 기반 시설의 확충과 수지와 기흥구를 중심으로 한 서부 지역과 처인구 일대의 동부 지역과의 불균형 해소에 노력하고 있으며, 세계 최고 선진 용인을 향해 나아가고 있습니다.

통계로 본 용인의 어제와 오늘

오늘날의 용인을 생각할 때, 여러 가지 측면에서 용인의 변화를 가장 일반적이고 직접적으로 설명할 수 있는 것은 인구와 교육, 보건, 의료, 산업 등등을 비롯하여 우리의 일상생활과 관련한 통계 수치일 것입니다. 통계는 당시의 상황을 가장 가깝게 전해 줄 수 있는 역사적인 자료입니다. 용인시(당시 용인군)의 통계연보가 본격적으로 간행되기 시작한 것은 1961년(단기 4294)으로, '제1회 용인군 통계연보'가 시초입니다.
50년 가까이 간행되어 온 통계 자료를 바탕으로 용인의 어제와 오늘을 살펴보는 것도 의의가 있을 것입니다.

용인시 통계연보에 따르면, 1960년대 이후 가장 눈에 띄는 것은 인구의 비약적인 증가입니다. 1960년 106,689명이던 인구는 1970년에 96,561명으로 줄어드는 듯했으나 1980년에 135,610명으로 늘어났습니다. 그리고 계속해서 증가 추세를 보이며 2009년 기준으로 854,054명으로 늘어났습니다. 인구가 급작스럽게 증가함에 따라 초등학교나 중고등학교가 크게 늘어나는 것도 확인할 수 있습니다. 특히 1980년대 이후 대학교의 숫자가 크게 늘어나는데, 이는 전국의 시(市)·군(郡) 가운데 가장 많은 숫자입니다.

자동차 보유대수 역시 경이로울 정도입니다. 1961년에 겨우 142대인 자동차는 2009년에 317,396대로 늘어났습니다. 일반 전화의 경우 1961년 조사에서는 75대에 불과했으나 2000년에는 277,022대로 늘어났습니다. 일반 전화의 확충이나 자동차 등록 대수의 증가는 생활수준의 향상을 의미하고, 병원이나 의원의 증가는 보건복지 분야의 발전을 의미합니다. 공무원 숫자나 예산 규모의 증가는 시민들에 대한 행정서비스의 확대로 이어지며, 용인시민들의 삶의 질이 더욱 향상되어 간다는 뜻으로도 풀이할 수 있습니다.

교육의 도시 용인

용인은 현재 대학교와 연구소, 연수원이 많은 지역으로 유명합니다. 단국대학교 죽전캠퍼스를 비롯하여 한국외국어대학교 용인캠퍼스와 경희대학교·명지대학교의 용인캠퍼스가 자리 잡고 있습니다. 또 용인대학교와 강남대학교, 송담대학을 비롯하여 각종 신학대학교나 대학원에 이르기까지 대학 과정을 가르치는 크고 작은 학교들이 있어 교육의 도시로도 이름을 날리고 있습니다.

그런가 하면 삼성인력개발원을 비롯하여 대웅제약연수원, 흥국생명연수원, 중소기업 인력개발원, SK인력개발원, 대우연수원 등등 수많은 연수원이 용인 각처에 있어서 전문 교육과 인재 양성에 전념하고 있습니다. 설립된 지 얼마 되지 않은 짧은 기간에 명문 고등학교로 성장하고 있는 한국외국어대학교 부속 외국어고등학교의 예를 통해서도 알 수 있듯이 명실상부 교육의 도시로 자리 잡고 있는 용인시가 우리나라 교육을 선도하는 고장으로 불리는 것은 당연하다고 하겠습니다.

첨단 과학의 도시 용인

용인에는 세계 최고의 반도체 회사인 삼성전자의 반도체 공장이 있어 DRAM과 Flash Memory를 비롯한 여러 분야에서 세계 최고의 반도체 기술을 자랑하고 있습니다. 삼성 SDI 기술연구소 역시 PDP, LED, OLED를 비롯하여 차세대 디스플레이 연구에 집중하고 있으며, 원자력발전소를 설계 감리하는 KOPEC과 통신위성인 무궁화위성을 관제하는 무궁화위성관제소도 용인에 자리하고 있습니다.

또한 용인은 우리나라 자동차 기술의 성지이기도 합니다. 명실 공히 우리나라 자동차 공업을 선도하는 현대자동차연구소가 마북동에 자리 잡고 있으며, 현대모비스 기술연구소와 르노삼성자동차 중앙연구소, 한국델파이연구소, 현대자동차환경기술연구소 등이 용인에 둥지를 틀고 있습니다.

한국국토정보공사 연수원은 우리나라 지적 측량의 고향이 되었고, 코오롱건설기술연구소, 금호건설기술연구소, 대림산업㈜기술연구원, 현대건설기술연구소, GS건설용인기술연구소 등을 비롯한 크고 작은 건설사들의 각종 연구소들도 용인에 있습니다.
특히 삼성탈레스 용인레이더 연구소가 있어 국방과학 분야의 연구를 선도하는 등 50여 개의 연구소가 용인 관내에 있어 과학 한국을 이끌어가고 있습니다.
바로 이것이 첨단 과학의 도시라고 자부해도 전혀 손색이 없는 이유입니다.

교통과 관광의 도시 용인

용인에는 에버랜드와 한국민속촌을 비롯하여 30여 개소에 가까운 골프장이 자리 잡고 있습니다. 여기에 사통팔달하는 고속도로와 국도를 비롯한 연계 교통망은 용인시가 발전하는 데 윤활유 역할을 하였습니다.
연간 1,300만 명 이상의 외래 관광객이 용인을 방문하는 데는 유명한 관광지나 휴식처가 많아서이기도 하지만 이러한 교통망도 한몫 했을 것입니다.

어찌됐든 이렇게 관광객이 증가하는 것은 용인에 대한 관심이 더욱 증대되고 있다는 것을 의미하고, 용인의 위상이 높아지고 있다는 증거라고 할 수 있습니다. 특히 전국에서 최초로 건설되고 있는 경전철은 민관 협력사업의 본보기로, 용인의 교통 여건 증대와 주거 여건의 개선에 큰 역할을 할 것으로 기대하고 있습니다. 따라서 용인을 찾는 수많은 관광객과 잘 짜인 연계 교통망, 그리고 우리나라 최초의 경전철 등을 감안한다면 용인은 교통과 관광의 도시라고 감히 말할 수 있습니다.

문화의 도시 용인

용인에는 현재 경기도박물관과 세중옛돌박물관, 한국등잔박물관, 신세계한국상업사박물관, 디 아모레 뮤지움을 비롯한 다수의 사립 박물관과 한국미술관, 호암미술관, 이영미술관을 비롯한 수많은 미술관이 소재해 있습니다.

한택식물원은 우리나라에서 가장 크고 많은 식물군을 보유한 식물원으로서 식물자원의 보고가 되었고, 특히 2008년에 준공된 백남준미술관은 비디오아트의 창시자인 고 백남준을 기념하는 미술관입니다. 백남준미술관의 설립은 용인이 명실 공히 예술의 고향이 되었다는 것을 의미합니다.

그런가 하면 우리나라 연극의 대부 윤민영, 국악인 박상옥·최근순·최은호, 타악기 연주자인 유복성, 모뉴먼트 조각가로 이름난 이일영 등은 용인이 낳은 문화 예술인들입니다. 이외에도 용인에 터를 닦고 사는 문화 예술인도 많습니다. 소설가 이재운·박범신 등과 국가무형문화재 제1호였던 고 김천홍 등을 비롯한 수많은 문화 예술인들이 용인에 거주했거나 거주하고 있습니다.

일 년 내내 축제와 공연이 열리는 에버랜드와 한국민속촌 외에도, 우리랜드와 한택식물원 등에서도 사계절 내내 축제가 계속되고 있습니다. 용인문화원이 주관하는 포은문화제와 용구문화제, 용인예총이 주최하는 용인예술제 등은 용인을 대표하는 문화 예술잔치로 이름을 얻고 있습니다. 또한 각 학교와 박물관, 미술관, 전시장을 통한 전시와 공연이 끊이지 않고 있어 문화의 도시 용인의 위상을 뽐내고 있습니다.

용인의 미래

용인은 이미 거대도시가 되었습니다. 구(區)가 세 개나 생겼으며, 인구도 90만 명을 넘어서 100만 명을 향해 나아가고 있습니다. 수지구와 기흥구를 중심으로 벌어졌던 개발의 바람이 이제는 처인구 일대로 불고 있습니다. 개발의 추세가 지금처럼 지속된다면 머지않아 수도권에서 가장 많은 인구를 가진 시(市)로 성장할 것입니다.

그러나 이것은 어느 면에서 전통의 파괴를 의미하기도 하고, 다른 한편으로는 새로운 시대의 도래를 뜻하기도 합니다.

용인시에 살고 있는 시민들 가운데 누구도 이러한 시대적 변화를 거부하거나 비켜나기 어려울 것입니다. 그러나 급속한 도시화로 인해 파생되는 문제, 즉 동서간의 화합이나 용인시민으로서의 정체성 확립, 애향심 제고 등에 대한 관심과 노력은 끊임없이 계속되어야 할 것입니다.

이미 용인은 급속한 도시화에 대한 대가를 치렀습니다.

수지구와 기흥구 일대가 현대적인 아파트촌으로 변모하면서 전통마을이 송두리째 사라졌고, 난개발에 따른 비판과 민원의 홍수를 겪었습니다. 부족한 사회간접 시설에 대한 투자가 계속되고 있으나 천문학적인 비용이 소요됐음에도 완전한 해결까지는 아직도 갈 길이 멉니다. 처인구에서도 또다시 이러한 실책을 되풀이한다면 우리는 후손들에게 낯을 들기 어려울 것입니다.

제7부

1990년 이후 우리 사회와 교회 그리고 용인의 교회들

용·기·총
제1장
교회행정을 경영하라

이철수 목사

한신신학대학원 졸업
용기총 실무회장
태성중고등학교 교목실장
용인 동부경찰서 경목위원장
용인명성교회 담임목사

오늘날의 교회 형태에 대하여 어떤 학자는 축구 경기에 비교하기도 합니다.
그 이유는 대부분의 신자들은 관객으로 교회에 모이고, 일부의 유급 직원들만이 프로 선수처럼 열심히 일하기 때문입니다.
이것은 교회의 기형적인 모습을 단적으로 표현한 말입니다.
교인들은 교회의 관객으로서 단순한 평가자와 관찰자의 역할을 합니다.
소수의 유급 직원과 직분자들만이 교회의 봉사와 섬김에 대한 대부분의 업무를 처리하고 있다는 말입니다.

하나님께서는 모든 성도에게 예외 없이 은사를 주셨습니다.
그리고 이 은사를 최대한 사용하시길 원하십니다.

따라서 모든 성도는 하늘나라를 향하여 달음질하는 경기자처럼 열심히 자신의 은사를 개발하고, 그것을 최대한으로 발휘해야 합니다.

교회는 교인들이 은사를 개발하여 교회의 사역에 헌신할 수 있도록 문을 열어 주고, 동기를 부여하며, 헌신의 방법을 제시하여야 합니다.
이러한 실천신학적인 목적에 의하여 교회 행정이 요청됩니다.
교회 행정은 교회를 유지하고 발전하기 위한 조직적 관리가 우선되는 것이 아니라, 하나님 나라의 확장과 교인들이 자신의 은사를 개발할 수 있도록 돕는 섬김의 원리가 우선되어야 합니다.

교회 행정의 이해

한국교회는 지난 1980년대까지 매 10년마다 교인들의 수가 배가 되었습니다.
이러한 교회 성장은 세계교회의 역사 속에서 그 전례를 찾기 힘들 만큼 매우 놀라운 일이었습니다. 그러나 1980년대 말부터는 한국교회의 외형적인 규모가 천만에 이르면서 교회 성장의 속도는 조금씩 느려지게 되었습니다.

2000년대에 들어와서는 한국교회의 성장이 1980년대와는 비교할 수 없을 정도로 한국교회는 정체의 단계로 접어들었다고 해도 과언이 아닙니다.
어느 종교학자의 말을 빌리면 "종교적 다원화사회(religious plural society)에서는 어느 한 종교가 전체 국민의 25%를 넘지 못한다."고 합니다.
한 예로 미국은 인종적·언어적·종교적 다원화 사회이므로 다원화의 논쟁 문제가 심각하게 대두되고 있을 뿐만 아니라 한국 또한 종교적으로는 다원화 사회입니다. 만일에 이 말이 옳다고 하면 한국교회가 가지고 있는 교인의 수는 그 한계에 왔다고 볼 수 있습니다.

이러한 관점에서 볼 때 앞으로의 목회는 성장 위주의 목회보다는 자연히 보존에 관심을 가질 수밖에 없습니다. 이러한 시대적 요청에 의해서 목회에서는 외면 받아왔던 교회 행정이 그 필요성과 중요성을 인정받게 되었습니다. 더구나 점점 사회가 기술 사회로 발전해 감에 따라 목회도 시대에 적응하기 위해 교회 행정이라고 하는 목회의 기술을 접하게 되었습니다.

교회 행정이란 목회에 있어서 창조의 역할보다 보존의 역할입니다.
하나님의 말씀이 전파되고 새로운 생명을 얻게 되는 것이 창조적 역할이라면, 행정은 이러한 창조적 역할들을 원만하게 해주는 보조의 역할입니다. 이러한 의미에서 본다면 교회 행정은 목회자의 일차적 업무(primary task)가 아니라 이차적 업무(secondary task)라 할 수 있습니다.

그럼에도 불구하고 현대의 목회에서는 일차적 업무보다 이러한 이차적 업무를 위해서 더 많은 시간을 소모하고, 많은 에너지를 쏟아내야 하는 현실에 직면에 있는 것이 사실입니다. 어떻게 보면 일차적 업무와 이차적 업무의 위치가 전도되는 혼돈에 목회자의 어려움이 있는 것입니다.

목회를 크게 세 가지로 분류합니다.
말씀을 전하고 가르치는 '전달'(Communicating) 부분!
상담과 심방 등으로 양떼를 돌보는 '목양'(Shepherding) 부분!
교회를 관리하고 경영하는 '조직'(Organizing) 부분입니다.
목회에는 위와 같이 세 가지로 나눠지는데 같은 면들도 있지만, 이 모든 면을 골고루 다 갖추고 있는 목회자는 없으며, 이 중에서 어느 한 가지만을 갖추고 있으면 성공적인 목회자가 될 수 있습니다.

하나님의 말씀을 강론하고 가르치는 전달이나, 교인들을 상담하고 심방하는 목양이나 교회를 조직하고 행정가로서 역할을 감당하는 이 세 가지는 목회자가 가진 똑같은 역할이며 같은 비중을 가져야 할 목회의 영역인 것입니다. 그런데 과연 목회자가 설교하는 것만큼이나 조직에도 열정을 가지고 있는지, 심방하는 것만큼이나 많은 시간들을 행정에 할애하고 있는지에 대해서 자성의 물음이 있어야 합니다.

이에 따라 교회 행정은 반드시 필요하며, 다양성 있는 목회의 기능들을 완수하기 위한 수단으로서도 교회 행정에 더욱 큰 관심을 기울여야 합니다.

교회의 성장에 따른 목회자의 업무 과중으로 인해서 오는 제반 문제를 해결하기 위해서도 교회 행정은 절실하게 요구되고 있습니다.

교회 행정의 요청

교회는 조직체라는 점에서 일반 조직체와 공통점을 가집니다.

그러나 교회는 그 주체가 하나님이며, 조직 이상의 유기체이며, 그 내용과 구성원리가 성경이라는 점에서 일반조직과 다릅니다.

교회는 일반조직과 같이 단순한 조직(Organization)이 아니라 하나의 유기체(Organism)라 불립니다. 유기체라고 하는 것은 독립적이면서도 상호 종속적인 요소들을 기능적인 면에서 함께 관계하는 것을 말합니다. 이러한 의미로 볼 때 교회는 그리스도의 몸이 되며, 각 요소들은 독립적 기능을 가지게 됩니다. 또한 상호 종속적인 관계를 통해 하나의 몸으로서 총체적인 기능을 하는 것입니다.

교회의 생활과 업무에는 하나님과 사람 사이의 필수적인 동반자의 관계가 요구됩니다. 교회 행정은 교회의 훈련과 정돈된 기구들을 하나님의 뜻에 적합하게 하는 인간적 요소에 관심을 가지고 있습니다.

교회는 그리스도를 머리로 하는 하나님이 만드신 기관이긴 하지만 세상에 있는 동안 존재 가치가 있으며, 사회라는 교회의 삶의 자리를 가지고 있습니다. 그러므로 교회는 철저하게 신적이며 동시에 인적인 기관입니다. 이러한 교회의 관계적 상황 속에서 교회 행정이라는 것을 요청하게 되고, 그 관계적 상황은 무질서한 조직(disorderly organization)이 아니라 질서 있는 유기체(orderly organism)가 되게 하는 것입니다.

교회 행정이란 조직적이고 영적인 지도력을 포함하고 있으며, 교회의 지도자가 교회의 목적을 성취하기 위하여 사람들을 통하여, 그리고 사람들과 함께 일하는 것을 말합니다. 이러한 교회 행정의 본질과 더불어 점차 행정에 관한 관심이 높아지고 좋은 행정을 요청하게 되었습니다.

그렇다면 교회 행정의 필요성은 무엇입니까?

첫째, 현대사회의 급격한 변화와 발전입니다. 현대사회는 기술·정보·통신·문화의 발달과 인간욕구의 다양화, 복잡화로 인하여 모든 분야에 있어서 다양성·고급성·능률성·전문성·합리성이 요구되고 있습니다. 그렇기에 교회도 이와 같은 사회 변화에 대응하는 현대적 관리와 운영방법이 절실하게 필요합니다.

둘째, 행정이란 강력한 교육의 도구이기 때문입니다. 교회란 훈련 기관으로서 좋은 교육을 통해 좋은 교인들을 만들게 되는데, 지도자는 이러한 행정을 통하여 설교와 가르침을 가시화할 수 있습니다. 결국 행정이란 교회의 가르침과 말씀이 잘 보존되게 하는 최상의 도구입니다. 같은 가르침과 설교이지만 행정적으로 뒷받침되지 않으면 그 효과가 반감되지만, 행정은 최상의 효과를 보장하게 되는 것입니다.

셋째, 목회자의 행정 활동의 증가입니다. 현대교회에 있어서 목사의 행정업무가 점점 더 증가하고 있으며 시간을 많이 요구하고 있습니다.

이처럼 목사의 임무가 변화되고 가중됨에 따라 교회 행정의 필요성을 중요시하고 있습니다. 따라서 교회와 신학이 산발적으로 난립되어 온 과거를 비추어 볼 때 이러한 문제들을 정립하고 다스려야 할 행정적 요구는 물론 행정의 우위성은 사실로 인식되고 있으며, 좋은 행정을 요청하고 있는 것입니다.

성경에 나타난 교회 행정

교회 행정의 필요성에 대하여 성경은 이미 구약의 모세오경에서부터 기록하고 있습니다. 주전 1,000년 전에 모세의 장인 이드로는 능률적인 행정의 필요성에 대하여 교훈하였습니다. 여기서 이드로는 행정의 원리들인 '통솔의 범위, 부서 조직의 편성,

명령의 일원화' 등을 실천하도록 모세에게 요구하였고, 모세는 장인의 건의를 수용하였습니다.

이드로의 건의가 있기 전에는 남자만 60만 명이 넘는 백성들의 사건들에 관하여 혼자서 처리함으로써 모세는 격무에 시달렸고, 백성들은 하루 종일 기다려야 하는 고충을 겪게 되었습니다.

모세의 이 같은 방법은 행정의 특성인 '능률성·효과성·생산성·민주성'이 결여되어 있는 것이었습니다. 이러한 문제점에 대하여 모세의 장인 이드로는 천부장과 백부장과 오십부장, 그리고 십부장을 세울 것을 건의하였고, 모세는 장인의 건의를 수용하여 자신의 업무를 위임함으로써 업무의 활성화를 이루게 되었습니다.

요셉도 역시 애굽의 총리대신으로서 훌륭한 행정가의 자질을 보여주었습니다.

요셉은 7년간의 풍년과 7년간의 흉년에 대한 바로의 꿈을 해석하였고, 애굽 왕 바로에게 명철하고 지혜 있는 사람을 택하여 그로 하여금 애굽을 처리하도록 건의하였고(창 41:33). 또한 그 밑에 여러 관리를 두어 총리를 보좌하도록 건의하기도 하였습니다(창 41:34). 이것은 인사 행정의 계층적 원리를 지적한 것입니다.

또한 7년간의 풍년 때에 애굽 땅의 소산 1/5을 거두되, 그것을 바로 왕이 책임지고 각 성에 비축하여 7년간의 흉년을 대비하도록 하였습니다(창 14:34-36). 요셉의 이러한 구상은 행정의 한 부분인 재무 행정을 적절히 행하도록 한 것입니다.

이드로가 건의하고 모세가 이를 시행하였던 것과는 달리 요셉은 자신의 건의 사항이 받아들여지자 직접 그 일을 주관하는 총리대신이 되었습니다. 그리고 요셉의 위대한 행정적인 관리 덕분에 고대 근동 지방의 모든 나라는 극심한 기근에서 애굽의 혜택을 받게 되었습니다.

솔로몬 역시 위대한 행정가로서 이방 국가와의 무역 협정을 체결하도록 지시하였고, 성전 건축 활동에 있어 탁월한 행정력을 발휘했습니다.

이처럼 성경에는 아직 행정적으로 단순하고 미성숙한 상태에 있었음에도 불구하고 탁월한 행정가들이 있었음을 성경을 통하여 쉽게 살펴볼 수 있습니다.

현대 사회는 산업화, 합리화, 도시화, 전문화, 정보화를 특징으로 발전하고 있습니다.

이러한 특징에 따라 세계는 급속도로 변화하게 되었고, 전체적 세계 지식의 축적은 20년마다 2배로 증가하게 되었으며, 세계의 과학 지식은 10년마다 배가하고 있습니다.

이렇게 지식이 신속히 증가함으로 인하여 생산의 기계화, 사회의 도시화, 인간의 합리화, 인간의 소외 현상 등이 가중되고 있습니다. 이러한 세계적 추세에 교회는 중세의 수도원처럼 칩거하여 은둔하는 것이 아니라, 세계를 적극적으로 정복하고 다스려야 할 문화적 사명을 지니고 있습니다.

"하나님이 그들에게 복을 주시며 하나님이 그들에게 이르시되 생육하고 번성하여 땅에 충만하라, 땅을 정복하라, 바다의 물고기와 하늘의 새와 땅에 움직이는 모든 생물을 다스리라 하시니라"(창 1:28)

세계 속에 존재하는 교회는 때로는 세계를 정복하고 때로는 세계와 협조하는 역할을 해야 합니다. 교회는 고립적으로 사회에 존재하는 것이 아니라 복잡한 상호 작용과 구조적 관계를 가집니다. 따라서 교회 행정은 하나님의 명령인 세계를 정복하고 다스리는 문화적 사명을 감당하기 위하여 사회의 발전에 앞장서서 선도해야 할 책임이 있습니다. 교회가 이러한 하나님의 명령을 거부하고 자기만족에 칩거해 버린다면 현대 사회에서 배척당하고 말 것입니다.

현대 한국교회가 바람직한 현상은 아니지만 대형화 추세를 보이고 있습니다.

수천 명을 능가하는 교회가 도시교회에서 우후죽순처럼 나타나고 있습니다.

이러한 흐름에서 목사의 역할은 의식을 집례하는 제사장적 직능, 하나님의 말씀을 선포하는 선지자적 기능, 영혼들을 돌보며 상처를 치유하는 목자적인 직능뿐만 아니라 이제는 교회의 인력과 자원을 효과적으로 관리·개발·감독하는 행정가적 직능까지 요구되어지고 있습니다.

이러한 목사의 직능 중에 어느 하나라도 결핍되어서는 전반적인 사역에 있어 그 효과가 감소될 수밖에 없습니다. 아직도 일부의 목사들은 교회의 행정을 부수적인 것으로 치부하는 경향이 있는데, 이러한 관점은 저수준의 행정적 집행자로서 평신도의 귀중한 시간과 재정을 허비하는 것이 됩니다.

목사에게 있어서 하나님께서 맡겨 주신 양들을 사랑하고 섬기고 양들에게 필요한 양식을 공급하는 것은 귀중한 일입니다. 그리고 이것과 동시에 평신도들이 자신의 은사를 활용하여 하나님 나라의 확장에 적극적으로 동참하게 하는 것 또한 행정가로서 목사의 귀중한 직분입니다.

교회 행정의 이념을 학습하라

일반 행정의 이념은 행정이 지향하는 방향, 가치, 정신, 이상 등을 의미합니다.
이것은 그 기관이 추구하는 최고 가치와 지도 이념으로서 행동 철학을 뜻합니다.
그래서 각 사회별로 지도 이념과 행정 사상이 다릅니다.
공산주의의 지도 이념은 프롤레타리아의 이상적인 나라 건설입니다.
회교국에서는 모하메드를 중심으로 이슬람교적 이상향을 추구합니다.
민주주의는 '국민에 의한 국민을 위한 국민의 정치'를 내세웁니다.
이처럼 지도 이념은 각 시대마다, 그리고 사상에 따라 다르지만 그것을 이루는 행정의 이념은 합법성, 민주성, 효과성, 능률성 등에 있어서는 상통되는 면이 많습니다.

교회 행정의 기본은 섬김(to serve)이요 봉사이며, 순종입니다.
교회는 하나님과 그리스도의 몸인 교회뿐 아니라 국가나 사회, 그 밖의 모든 분야에서 섬김과 봉사와 순종을 다해야 하는데 이것이 교회 행정의 본질임과 동시에 교회 행정의 근본 목적이며 사명입니다.

그렇다면 교회 행정과 일반 행정의 근본적인 차이점은 무엇입니까?

교회 행정은 인간이 중심이 되어 인간을 위한, 인간을 기쁘게 하는 것이 아니라 하나님만을 기쁘시게 하는 것입니다. 따라서 하나님을 중심으로 하는 교회 행정은 모든 일에 있어서 하나님을 위한 판단의 척도가 되어야 하며, 모든 것은 성경에 근거하는 행정이어야 합니다. 그러나 일반 행정의 목적은 국가 사회의 공공성을 목적으로 사람을 위하는 행정입니다. 또한 경영의 체계 속에서 행정을 이야기할 때는 회사의 이익을 극대화시키기 위한 행정체계를 효율적으로 도입하는 것이고, 그것을 통해 사람들의 이익을 위해서 행정을 하는 것입니다.

결국 일반 행정은 사람 중심적인 행정이라고 할 수 있습니다.

교회 행정은 대표적인 일들 즉, 예배·교육·선교·친교·봉사 등을 통해 그리스도인을 보호하고, 영적으로 성장하도록 가르치며, 도우면서 그의 은사들을 그리스도를 위해서 사용해야 합니다. 더 나아가 복음을 이 세상에 전파하도록 도우며, 교회를 세워 가는 일에 모든 활동들을 더 효과적으로 나타내기 위해서 교회 행정을 합니다.

즉, 교회 행정이라 함은 교회의 기능들을 잘 수행하는 데 그 목적이 있습니다.

하지만 일반 행정은 각각의 조직체에 따라 행정을 수행하면서 그 이익을 극대화시키는 데 목적을 두고 있습니다.

교회 행정은 교회에서 추구하는 인간의 구원과 더불어 교회 구성원으로서 하나님 나라의 시민으로 성장해가도록 돕는 역할을 합니다. 즉, 교회의 할 일은 인류의 구원과 하나님 나라의 성취, 하나님의 영원하신 구속사적 의지를 그리스도의 주권으로 충족시켜 드리는 것입니다.

반면에 일반 행정은 공익이나 이윤의 추구를 그 목적으로 합니다.

교회의 존재 목적은 오직 하나님의 영광을 위한 것입니다.

교회는 목사를 위한 것도 아니고, 프로그램을 위한 것도 아니며, 성도들을 위한 것도 아닙니다. 따라서 교회가 인간, 제도, 특정 인종 등을 중시한다면 이것은 하나님 외에 다른 존재를 섬기는 것이 되기 때문에 우상 숭배가 됩니다.

오로지 교회의 진정한 존재 이유는 하나님만을 기쁘시게 하는 데 있습니다.

교회 행정에 있어서도 이 같은 원리가 중시되어야 합니다.

하나님의 영광을 위하여 최선의 행정이 무엇인가를 항상 생각하는 가운데 교회 행정이 이루어져야 합니다.

성경적 교회 행정의 원리를 이해하라

교회 행정은 교회의 본질과 목적을 밝히고 복음전파 사명을 위해 인적·물적 자원을 효과적으로 활용하여 교회를 이끌어 가는 것입니다.

현대 목회자가 옛날처럼 모든 일을 혼자 계획하고 실행하려 해서는 안 됩니다.

모세가 천부장과 백부장을 세우고, 사도들이 집사들을 선출하여 적절히 업무를 분배함으로써 자신의 본분에 충실할 수 있었던 것처럼, 목회자가 자신의 사역에 전념할 수 있는 여건을 만들기 위해서는 교회 행정에도 관심을 가져야 합니다.

체계 있는 교회 행정을 통해 좋은 은사를 지닌 인재를 활용함으로써 하나님의 사역을 효과적으로 수행해야 하는 것입니다.

'교회 행정의 원동력'이란 '교회 행정을 하는 근본적인 원인과 추진력'을 말합니다. 다시 말해서 교회 행정은 하나님의 백성이 되게 하는 일로서 그리스도와 함께 하며, 하나님의 은혜 안에 살게 하고, 성도의 사명을 수행하게 하는 근원적인 힘을 제공하는 것입니다.

교회 행정의 원동력은 사랑과 하나님 나라 건설입니다.

교회 행정의 원동력은 사랑입니다.

사랑이 배제된 교회 행정은 인간의 신분 확보를 위한 도구로 사용될 뿐이며, 교회의 참된 목적을 이룰 수 없습니다. 그것은 교회가 하나님의 사랑과 그리스도의 섬김 그리고 희생에 기초하여 이루어졌기 때문입니다.

참된 행정가란 많은 재정과 성도들을 소유한 목회자를 지칭하기보다는 작은 공동체 안에서도 주님의 참사랑을 나눌 수 있는 참 목자를 가리키는 것입니다.

바울은 고린도전서에서 사랑이 가장 큰 은사이며 사랑 없는 방언이나 천사의 말은 소리 나는 구리며 울리는 꽹과리와 같다고 하였습니다.

> "내가 사람의 방언과 천사의 말을 할지라도 사랑이 없으면 소리 나는 구리와 울리는 꽹과리가 되고, … 사랑이 없으면 내가 아무것도 아니요, 내가 내게 있는 모든

것으로 구제하고 또 내 몸을 불사르게 내줄지라도 사랑이 없으면 내게 아무 유익이 없느니라"(고전 13:1-3)

현대의 교회 행정가들은 좋은 설교와 탁월하고 신비한 은사를 통하여 신령한 존재로 인정받고 싶어 합니다. 그래서 좀 더 높은 학위와 신비적 신앙을 강조하여 영웅적인 지도자임을 나타내지만 이런 것들 이전에 사랑이 전제되어야 하며, 섬김과 봉사의 자세를 갖춰야 할 것입니다.

사람들의 이원론적 사고는 교회와 사회를 분리시키고, 교회를 현세의 천국으로 여기게 하였으나 교회는 하나님 나라를 체험할 수 있는 곳이지 하나님 나라 자체는 아닙니다. 교회는 불완전 존재이며, 하나님 나라의 확장을 위해 특별 임무를 맡은 하나님의 구원의 도구인 것입니다. 교회는 안주를 목적으로 하기 보다는 하나님 나라 확장을 위해 먼저 부름을 받았기에 사회 속으로 들어가야 하는 책임이 있습니다.

교회 행정의 목적은 하나님 나라의 확장을 위해 성도들을 양육하고 훈련하는 데 있습니다. 이것을 위해 교회 행정가는 서구 교회의 뒷모습만 답습하는 개인주의 행정을 강조하기보다는 서로의 열린 마음을 가지고 사랑으로 섬기고 봉사하며 교회의 행정적 본분을 다하는 것이 중요합니다.

교회 행정의 원동력은 하나님 중심입니다.

현대교회는 이원론의 배격이라는 명목 하에 일반 행정과 사상이 교회 안에 침투하여 인간 중심의 형태를 띠게 되었습니다. 그래서 이제는 교회 안에서조차 민주화란 명목 하에 인간들의 주인 되신 하나님을 뒷전으로 하고 있습니다. 그러나 교회 행정은 인간들의 민주적 활동을 정당화하는 것을 목적으로 하지 않습니다.

교회는 예수 그리스도가 우리 삶의 주인이심을 인식하게 하고, 그분의 명령을 효과적으로 수행할 수 있도록 행정을 조직화하는 것입니다. 그러기에 교회는 그 무엇보다도 하나님을 중심으로 해야지 중세교회처럼 교회법을 중시하거나 근대교회처럼 프로그램을 우상화해서는 안 됩니다. 교회 행정의 원동력은 모든 사람들의 주인 되신 하나님에게서 비롯되어야 하는 것입니다.

인간이 교회 행정의 성패를 결정해서는 안 됩니다.
현대의 많은 지도자들은 목회와 행정의 기준을 사람들에게 맞추고 그 기준에 의해 행정을 수행하고자 합니다. 물론 교회는 사람들이 모인 공동체이기에 어느 정도는 가능할지 모릅니다. 그러나 하나님은 제사보다 순종과 상한 심령을 보시고 한두 사람의 영혼도 천하보다 귀하게 여기십니다.
목회에는 성공과 실패가 없습니다.
단지 "얼마나 충성되게 행하였는가?"라는 주님의 질문만이 있을 뿐입니다.

설교는 하나님의 말씀만을 전해야 합니다.
설교는 축복의 운세풀이가 아니며 삼강오륜의 윤리 교육도 아닙니다.
설교는 사람의 심령을 변화시킬 수 있는 것으로서 회개를 촉구하고 시대적 사명의식과 심오한 교리를 보다 명확하고 쉽게 설명할 수 있도록 선포되어야 합니다.
하나님께서는 자신의 비밀을 알리시기 위해 친히 성육신하셔서 인간이 되셨습니다.
하나님께서는 교회의 성도들을 통하여 하나님 나라를 확장하시기를 원하십니다.
교회 행정은 교회가 고립된 존재가 아니라 세상에 봉사할 사명이 있는 존재임을 일깨워야 할 것입니다.

교회 행정의 원동력은 사람을 중시하는 행정입니다.

교회 행정이 하나님 중심이라는 것은 인간의 존재를 전적으로 무시해도 좋다는 말이 아닙니다. 하나님은 인간의 주장을 중시하기보다는 그 존재 자체를 중시하시고 사람과 더불어 하나님의 뜻을 이루어 가시기를 원하십니다.
성경의 주제는 인간의 회복과 구원입니다. 하나님은 당신의 형상대로 인간을 지으시고 지극히 사랑하셨지만 인간은 하나님을 배반하고 멀리 떠나갔습니다. 그러나 하나님은 끝까지 인간을 사랑하셨고, 그의 독생자인 예수의 죽음을 통해 그들을 회복시키셨습니다.

이처럼 사람은 하나님의 주된 관심사일 뿐 아니라 하나님의 사랑을 전달하는 도구입니다. 하나님께서 그분의 뜻을 성취하시기 위해 인간을 사용하셨듯이 교회 행정 역시 인간을 통해 하나님의 뜻을 세상에 나타내는 데 그 목적을 두어야 할 것입니다.

"사람이 안식일을 위해 있는 것이 아니라 안식일이 사람을 위하여 있다"(막 2:27)는 예수님의 말씀과 같이 교회의 프로그램은 교인들을 위해 사용되어야지 교인이 그것을 위해 존재해서는 안 됩니다.

사실 오늘날은 원칙과 규정을 중시하는 가운데 교인들 자체가 또 다른 새로운 율법에 의하여 얽매이는 경우가 너무 많습니다. 그러나 그런 프로그램들은 교인을 아름답고 성숙하게 하며 교회를 교회답게 하는 수단에 불과합니다. 그러므로 우리에게는 프로그램을 중시하는 지도자보다는 교인간의 교제를 중시하고 그들을 위해 프로그램을 조정할 줄 아는 과감한 행정가가 필요합니다.

교회 행정은 하나님의 사랑을 교인들 간에 나누게 하고 세상에 증거할 수 있도록 교육과 훈련을 제공해야 하는 것입니다. 그렇게 될 때 교회 안에서 인격 대 인격이 오고 갈 수 있는 진정한 공동체의 만남을 이룰 수 있을 것입니다.

일반적인 사회단체나 국가와 같이 그들 단체의 회원이나 국민을 원천으로 하는 곳에서는 법규나 원칙을 원동력으로 삼고 있습니다. 그러나 이것들은 시대나 집권자의 변화에 따라 변할 수 있는 것입니다. 그러므로 변하지 않는 교회 행정을 일반 행정과 분리하여 생각하고 연구해야 합니다. 교회 행정의 원동력은 하나님을 중심으로 한 사랑과 하나님 나라의 확장 그리고 온전한 그리스도인으로 성숙해질 수 있는 신앙적 중심에 있기 때문입니다.

교회가 개척되고 부흥하면 할수록 목사의 행정가로서의 역할은 증대되고 그 관심과 비중은 더욱 커져 갑니다. 그것은 성경이 교회의 머리되신 주님께서 그의 교회를 다스리거나 처리하는 일을 공동체를 이끄는 목사에게 부여하고 계시다는 것을 입증하고 있기 때문입니다.

흔히 목회와 행정을 구분하여 생각하는 사람들은 행정가로서의 목사의 역할에 다소 회의적이며 비중을 소홀히 하는 경우가 있습니다. 그것은 목회를 좁은 의미로 생각한 것입니다. 그러나 목회와 행정은 구분할 수 없는 불가분의 관계를 가지고 있습니다. 따라서 교회 내에서 목사가 행정가로서 역할이 활발할 때 그 교회는 바른 처리와 조직의 역동성에 활력을 줄 수 있습니다.

성경은 주께서 교회를 다스리고 관리하는 행정의 직무를 목사에게 부여하셨음을 증명하고 있습니다. 어느 직분이든 섬기고 봉사하는 것이 신앙의 본분이지만 특히 목사는 자신의 모든 것을 드려 주의 사역을 위해 봉사하는 항존 직분이며, 사도직을 계승하여 말씀을 선포하고 하나님의 백성을 이끌어 가도록 세움을 받은 귀한 직분입니다. 그리고 행정과 목회를 지나치게 구분하여 다른 직분을 맡은 자들과 마찰을 일으키는 경우가 있는데 결코 바람직하지 않은 현상입니다.

목회와 행정은 불가분의 관계에 있으며, 목사가 행정가로서의 구실을 제대로 수행할 때 그 교회 조직은 활력을 얻을 수 있습니다. 따라서 성도들은 목사를 하나님으로부터 사명을 받은 사람으로 존중해야 하며, 목사는 임의대로 행정을 수행하려 하지 말고 목회 방침에 따라 주의 뜻을 이루는 데 행정을 집중시켜야 할 것입니다.

용·기·총

제2장

1990년 이후의 한국교회

신용수 목사

아주대학교 사회과학대학 행정학과 졸업
서울신학대학교 신학대학원 M. Div 졸업
캘리포니아 신학대학원 신학박사과정(Th. D) 과정(상담)
Fuller Theological Seminary 목회학 박사(D.Min)과정(리더십)
용인비전교회 담임목사

    이 시기 한국교회는 갱신과 확장의 기간으로 약 6백만 명에서 1천만 명으로 급성장했습니다. 뿐만 아니라 1980년대는 1986년의 아시안게임과 1988년의 서울올림픽을 통해 한국을 전 세계에 알렸으며, 세계적인 스포츠 행사를 통해 세계 선교를 위해 도약하는 시기입니다.

    한국교회의 급속한 성장은 1960년대 후반부터입니다.
    1960년대 이후 근대화와 산업화의 발전과정에서 이농현상과 함께 농촌인구가 도시로 집중하게 되면서 사회 구조에 큰 변동을 초래하였을 뿐만 아니라, 사람들의 의식과 가치관에도 큰 변화를 안겨 주었습니다. 더욱이 5·16 군사혁명으로 들어선 정부의 경제 우선 정책은 물질의 풍요를 가져다주었으나, 정신문화에 대한 무관심과 무신론적 생활 철학을 싹트게 함으로 지역 및 계층 간의 갈등과 부정부패를 유발했습니다.

이러한 사회적인 변화는 교회에도 그대로 영향을 미쳤습니다.

농촌교회들은 농촌 인구의 감소와 자립하기 어려운 교회로 퇴보하게 된 반면에 도시의 교회들은 농촌에서 이주해 온 영세 농촌인구를 맞아들여 급속한 교회성장을 이루었습니다. 수많은 개척교회들이 세워지는 동시에 대형교회들이 곳곳에 세워지게 되었습니다. 이때 나타난 부흥은 은사 지향적인 부흥운동인데 교파를 초월하는 양상을 띠면서 개 교회 단위를 벗어나 범교회적 대중운동으로 변모해갔습니다. 교회 지도자들은 한국교회 선교 80주년이 되는 1965년을 복음화 운동의 해로 정하고, 초 교파적인 조직을 갖추어 전도운동을 추진하였습니다. 이 운동은 1965년 11월에 서울운동장에서 대규모 부흥집회를 개최함으로써 절정을 이루었습니다.

이것을 통한 교회의 성장은 괄목할 만한 것이었습니다.

복음화 운동은 대형 집회를 통한 전도운동을 기획하여 1973년에 빌리 그레이엄(Billy Graham) 목사를 초청하여 5월 26일부터 6월 2일까지 전국의 주요 도시에서 전도집회를 열었습니다. 1974년 8월 13일부터 나흘 간 여의도 광장에서 'Explore74'라는 대전도집회가 열렸으며, 1977년에는 한국부흥사협회 주최로 비슷한 대형 전도집회가 열렸습니다.

1980년에는 '80 세계복음화 대회'라는 이름으로 대형 집회가 열렸습니다. 이 운동은 세계 선교의 중추적 역할을 담당할 것을 강조하는 한편, 한국 민족이 복음화 될 때 정의로운 사회가 건설되고 나아가 민족의 숙원인 통일이 달성될 것임을 역설하였습니다. 주최 측의 추산에 의하면 전야 기도회에 100만 명이 참석하였으며, 12일 개막일에 250만 명이 참석하였고, 13일에는 200만, 14일에는 270만, 15일에는 230만이 참석한데다가 매일 밤 철야기도회에 100만 명씩 참석하였습니다. 이를 다 합한 연인원은 1천 700만 명이었으며, 70만의 결신자를 얻었다는 것입니다. 이 복음화 대회는 기독교 역사상 미증유의 대 집회였으며, 한국 기독교의 교세를 과시한 집회였습니다.

짧은 역사 가운데 이루어진 한국교회의 부흥은 하나님의 절대 주권 속에서 이루어진 하나님의 섭리입니다.

1950년대부터 1980년대 말까지 한국교회의 성장한 교회를 교파별로 보면 오순절 교회가 1960-1970년대에 급성장하였으며, 다음으로는 장로교와 감리교입니다. 장로교 중 예장 합동측이 비교적 꾸준한 성장을 보였으며, 기독교 감리교가 1970년도에 22만 명에서 1981년 77만 명으로 성장하였으며, 기독교 성결교회는 해방 당시 24,000여 신자에서 16배가량 성장하여 지금 40만의 신자를 기록하고 있습니다.

  장로교의 성장을 살펴보면, 한국의 장로교회는 가장 큰 교단으로 한국교회의 57%를 차지합니다. 1960년대까지만 하더라도 한국교회 2/3이상을 차지한 장로교회가 1970년대에 와서는 그 주도권을 타 교파에 빼앗겼지만 여전히 다수를 차지합니다. 그러나 장로교 교단 중 합동측이 가장 많이 성장한 반면 극 보수인 고신은 답보 상태이며, 기장은 1974년에서 1978년 사이에 오히려 감소 현상을 보였으나 1979-1981년 사이에 많은 성장을 보였습니다. 그러나 장로교 보수교단은 괄목할 만한 성장에도 불구하고 지나친 분열로 말미암아 양적 성장을 상쇄시킬 수 있는 신앙적 타격을 초래함을 보여줍니다. 특별히 이 시기의 복음화 운동은 대규모 전도대회를 통하여서뿐만 아니라 교회와 직접 혹은 간접으로 관계를 가졌거나 아니면 아주 독립적인 여러 선교단체들을 통하여 추진되었습니다.

  교회의 부흥에 있어서 선교단체 즉, Para Church의 역할은 대단했는데, 월드비전선교회·성경반포회·성서공회·나병선교회·항공선교회·한국대학생선교회(C.C.C)·한국기독학생회(I.V.F)·학생신앙운동(S.F.C)·성서유니온(Scripture-Union)·네비게이토선교회(Navigators)·조이선교회(Joy Mission) 등 여러 선교단체들을 통하여 추진되었습니다. 주로 대학생들과 특수한 위치에 있는 사람들을 대상으로 하는 선교단체들로, 그 중에는 지역교회와 갈등 관계를 가진 선교단체도 있으나 넓은 의미에서는 한국교회의 성장에 보탬이 되는 운동이었습니다.

  그러나 이러한 외적인 교회성장은 이루었으나 한국교회의 순수했던 과거의 모습을 잃어버리고 점점 변하기 시작했습니다. 그 중에서 가장 큰 변화는 이단의 유입입니다. 그 시작은 용문산에서 기도원 운동을 하던 나운몽의 신비주의 대중 집회, 그리고 그와 보조를 같이 했던 박태선의 전도관(감람나무 운동)·문선명의 통일교 등의 이단운동은 한국교회를 영적으로 크게 유혹함으로 어려움을 겪게 했습니다.

여기에 자유주의 신학이 Ecumenical 운동을 배경으로 기세를 올리게 되었고, 은사운동도 역시 한 몫을 하면서 한국교회는 신학적인 혼란기를 맞이하였습니다. 또한 많은 사이비 신학교와 기도원의 난립으로 목회자들의 지적 수준도 저하되는 경향을 보였으며, 이들의 메시지는 대부분 기복적인 면을 강조하여 1960년대 이후의 한국교회는 신학적인 순수함을 상실한 채 많은 어려운 국면도 함께 맞이하게 됩니다.

한국교회는 남한의 정치적인 불안과 북한의 위협 속에서 한국에 참된 평화를 가져오는 최선의 길은 살아 계신 하나님을 찾고, 민족복음화에 힘쓰는 것임을 자각했습니다. 이러한 가운데 1984년 한국 개신교 1백주년기념 전도대회·1986년 아시안게임을 위한 전도대회·1988년 서울올림픽을 위한 전도대회 등을 개최하였습니다.

1984년 한국개신교 1백주년 기념대회를 통하여 한국교회는 신앙의 선배들의 순결하고 열정적인 신앙을 회상함으로써 다시 한 번 도전을 받았으며, 한국 사회와 한국 민족에 끼친 기독교의 역사적인 공헌을 분명히 자각하게 되었습니다. 뿐만 아니라 거의 모든 한국교회는 그 기념대회 때문에 다시 한 번 예수 그리스도 안에서 연합과 일치를 경험하게 되었습니다. 또한 1986년과 1988년 전도대회는 한국교회가 아시아 복음화와 세계 선교를 위한 비전을 확장하는 데 크게 공헌하게 되었습니다. 그리고 한국 기독교인들은 아시아와 세계의 복음화를 위한 그들의 책임을 더욱 깊이 자각하는 기회가 되었습니다. 실제로 1990년대에 들어서면서부터 한국교회는 세계 선교의 주역이 되었고 1990년대를 마감하면서는 세계에 5천 명이 넘는 선교사를 파견했습니다.

한국세계선교협의회는 지난 2005년 말 기준으로 26개 국내 주요교단/교단선교부와 108개 선교단체에서 파송된 선교사 수를 조사한 결과 총 14,086명 파송하고 있습니다. 하지만 짧은 기간 동안에 급속한 발전과 성장을 이루면서 한국교회는 적지 않은 미성숙성과 문제점들을 지니고 있음이 드러났습니다. 특히 지난 수년 사이에 한국교회를 향해 주어진 한국 사회로부터의 외적 도전과 한국교회의 내적 문제점들로 인하여 의식 있는 많은 한국교회의 기독교인들은 위기의식마저 느끼고 있습니다.

1970년대 이후 산업근대화 과정 속에서 형성된 성장제일주의·시장경제 논리·자본주의·물질만능주의·물량주의·경쟁력 강화 등의 세속적 가치관이 상당히 한국교회에 유입되었습니다. 그리하여 대형교회를 지향하는 성장전략이 가장 중요한 목회전략이 되었으며, 교회의 양적 성장이 성공적인 목회의 척도가 되었습니다.

또한 대부분의 교회들이 개 교회 성장에 집중한 나머지 미래 한국교회 전체의 성장 잠재력을 키우는 일을 등한히 한 결과가 1990년대에 이르러서는 성장둔화 현상이 나타나게 되었습니다. 그리고 최근 2006년 5월 통계청 '인구주택총조사' 결과에 의하면 개신교만이 불교·천주교를 포함한 3대 종교 중에서 유일하게 마이너스 성장을 나타내고 있습니다.

용·기·총

제3장
1990년 이후 용인은?

민규식 목사

총신대학교 졸업 | 에스라 부흥협의회 회장역임
제33대 한장총부흥사협의회 회장 역임 | 바울목회 연구회 대표회장
해외 복음 선교협의회 강사단장 | 수원 기독교문화원 운영이사
경기도 사단법인 기독교 연합회 운영이사
명예 목회학 박사 (Christian Bible College and Seminary)
한국기독교성령100주년대회 100교회 100인 선정 (2007년)
신갈성암교회 담임목사

　　용인은 수도권의 일부로서 최근 급속한 속도로 인구와 산업의 변화를 경험하고 있으며 경제의 집중, 교통 체계의 발달, 토지 이용의 변화 등으로 인해 공간적 구조가 다양하게 변화하고 있는 지역입니다.
　　필자는 1980-1990년대 용인의 성장과 발전의 모습을 교통과 산업의 변화와 인구의 분포와 밀도를 통하여 2000년 초까지의 용인의 이야기를 담아보고자 합니다.

　　1970년대 중반 이후 정부의 연구·산업 분산 정책은 경기도 지역으로 인구와 산업을 집중시켰으며 변화와 발전을 가져왔습니다. 이러한 용인의 변화와 성장은 경기도 내에서도 서울과의 접근성이 용이한 지역을 중심으로 나타나고 있는데 그 입지적 중요성이 증대되고 있는 지역이 바로 우리 용인입니다.

용인은 수도권 남부지방에 위치하여 과거 농업중심지에서 주거, 공업, 교통, 관람 기능 등의 발달이 현저한 지역으로 그 어느 지역보다도 변화가 심한 지역입니다.

그 결과 지역구조 측면에서 많은 문제를 안고 있는 지역이기도 합니다.

용인의 도시지역인 구 용인(현 중앙동)과 기흥은 경기도의 여러 도시지역 중에서도 성장의 속도가 빠른 지역입니다. 이와 같은 성장은 경부고속도로와 영동고속도로의 개통으로 인한 접근성의 증대와 공업기능의 입지, 한국민속촌, 에버랜드, 많은 골프장과 같은 관광위락 시설의 증가, 다수의 대학이 입지한 수도권 남부의 교육기능의 중심지와 같은 여러 가지 요인에 의한 결과입니다.

용인의 위치와 지역 환경

용인은 경기도 및 수도권의 남부 내륙지역에 위치하여 서울의 중심(서울시청)으로부터 용인시청까지는 직선거리로 약 42km의 지점에 분포하며, 수원으로부터 12km, 성남으로부터 14km의 거리상에 위치하고 있습니다.

시간상으로는 서울에서 약 1시간, 수원 및 성남으로부터는 약 30, 40분 거리에 위치하고 있어 수도권 및 주변 대도시와의 연계에 유리한 입지조건을 가지고 있습니다. 주변지역과의 관계적 위치에 있어서도 동쪽으로는 이천시와 광주시, 서쪽으로는 수원시와 화성시, 남쪽으로는 안성시와 평택시, 북쪽으로는 성남시(분당구)와 광주시에 접하고 있어 경기남부의 중심적 위치에 자리하여 역사·사회경제·문화적으로 중요한 지리적 입지 특성을 보입니다.

또한 용인은 신갈분기점을 중심으로 경부고속도로와 영동고속도로가 용인의 서북부 지역을 교차하고 있으며, 6개의 인터체인지(interchange) 및 다수의 국도와 지방도가 통과하여 서울, 수원, 충남·북, 강원 간을 연결시켜 주는 동서·남북 간의 교통 중심지 역할을 하고 있습니다.

용인은 지형적인 측면에서도 몇 개의 지형구로 뚜렷하게 구분됩니다.

즉, 용인은 광주산맥에 속하여 남북방향으로 발달한 네 개의 단층선(원천단층·신갈단층·용인단층·정수·원산단층)에 의해 구분되며, 이를 따라 흐르는 하천은 그 주변에 좁고 긴 곡저평야를 발달시켰고, 낮은 구릉성 산지의 사이사이에 같은 방향의 침식지와 충적지를 형성하고 있습니다.

용인을 통과하는 단층선은 하천의 유로와 평야의 발달에 큰 영향을 주고 있습니다. 남북으로 발달한 단층선에 의해 신갈단층에는 북류하는 탄천(구성읍 청덕리-수지, 성남-한강 유입)과 남류하는 오산천(구성읍 동백리-신갈저수지-진위천 유입)이 흐르고, 용인단층에는 북류하는 경안천(용인시 호동 용해곡-포곡면 중앙-모현면 통과; 지류로는 주북천, 양지천, 금학천 등이 있음)과 남류하는 진위천(이동면 서리 북서쪽 부아산-이동면 천리의 남쪽-이동저수지 서쪽-진위천 유입)이 흐릅니다. 이들 하천의 본류는 부분적으로 넓은 곡저평야 내에서 곡류하는 사행천유로를 가지고 있으나 전체적으로 보면 직선유로를 유지하고 있습니다. 각 지류들 또한 거의 직각으로 본류와 합류, 수지상(樹枝狀) 하계망이 발달한 청미천(시의 동남쪽으로 흘러 남한강으로 유입)을 제외한 용인의 하천들은 거의 격자형 하계망을 나타내고 있습니다.

용인이 경기남부의 중앙부에 위치하며 동시에 남북정맥의 중심이 이곳에 자리 잡고 있으므로 결국, 용인은 경기남부의 대·소 하천의 발원지가 된다고 할 수 있습니다. 이처럼 많은 하천들이 용인을 중심으로 발원하여 동서남북으로 흘러나간다는 사실은 용인의 강역이 여러 개의 유역으로 분리되어 자연적 통일이 결여된다는 의미를 가질 수 있으나 각 유역간의 분수령이 높지 않고 종횡으로 통하여 교통 소통에 큰 불편이 없기 때문에 지역통합이 가능하다고 볼 수 있습니다.

또한 용인은 모든 하천의 발원지이므로 곡저평야(谷底平野, valley bottom plain)의 비고가 비교적 높고 하천들이 대부분 직선유로를 유지하므로 극히 일부지역을 제외하면 침수나 홍수의 피해가 적고, 이들 곡저평야는 대부분 폭이 좁고 긴 형태를 띠고 있습니다. 다시 말해서 용인은 광주산맥에서 뻗어 나온 네 개의 단층선을 중심으로 여러 갈래의 하천이 발원하여 흘러나가며, 이들 하천을 중심으로 산지와 곡저평야가 반복되어 나타나는 지형적 특성을 보이고 있습니다.

교통과 산업

용인은 과거부터 현재에 이르기까지 지리적으로 중요한 위치에 입지하여 주변지역들과의 왕래 시 여객들이 자주 드나들거나 머물었던 곳임을 고문헌들을 통해서 알 수 있습니다. 또한 용인은 오래 전부터 한반도의 남부를 가로지르는 영남대로 상에 위치한 곳으로 서울을 통과하는 건널목으로 인식되어 왔으며 이러한 지리적 특성상 많은 사람들이 삶의 터전으로 삼아온 지역입니다.

용인의 입지적 중요성은 1970년대의 산업화와 1980년대의 도시화가 시작된 이래 계속 증대되고 있으며, 이는 용인의 지리적 입지가 경기도 내 타 시·군에 비해 수도권과의 연계가 높기 때문입니다.

현재 용인은 신갈 분기점을 중심으로 1968년 서울과 부산을 연결하는 경부고속도로와 1972년 서울과 강릉을 연결하는 영동고속도로가 개통되어 용인의 중앙을 관통하고 있습니다. 또한 1991년에 개통된 신갈-안산 간 고속도로 및 중부고속도로가 용인의 동부 외곽으로 접해 있어 교통의 요충지라고 할 수 있습니다.

용인은 국도 17호선(이죽-양지), 국도 42호선(수원IC-용인, 용안-양지), 국도 43호선(수원-수지, 수자-광주), 국도 45호선(송전-용인, 용안-에버랜드, 에버랜드-광주)의 4개의 국도가 있는데, 이 중 수원IC-용인을 잇는 42호 국도와 용인-에버랜드를 잇는 45호 국도의 연평균 증가율이 가장 높게 나타나고 있습니다.

용인의 지방도는 3개로 304호 지방도(용안-백암)와 343호 지방도(태안-기흥), 그리고 387호 지방도(양성-오산)가 있으며, 국지도로는 23호 국지도(남사-기흥, 기흥-분당)와 44호 국지도(용안-실촌), 57호 국지도(원삼-포곡, 오포-안양) 등 3개의 도로가 있습니다.

현재 용인의 총 도로연장 691.11km로 이 중 고속도로가 42.79km이며 일반국도가 84.87km, 지방도가 187.33km, 시군도가 304.12km로 나타났습니다.

이상에서 살펴본 바와 같이, 용인에는 우리나라 교통의 큰 축이 되는 영동고속도로와 경부고속도로가 교차하고 있으며 용인의 시내·외를 잇는 각종 국도와 지방도가 주변지역과의 교통 상 연계를 강화시키고 있습니다.

용인의 주 도로망 체계는 시 전체가 도시화된 지역이 아닌 도·농 통합형태의 시로서 도로망 형태도 지형을 따라 형성된 불규칙한 패턴을 이루고 있으며 도로망 골격은 국도 및 지방도(국지도)가 주 골격을 형성하여 일부 국도는 도시 내 간선도로 역할로 혼잡 양상을 띠고 있어 대체 우회도로를 개설하고 있습니다. 그러나 도시 내 교통수요를 처리하기 위한 내부 순환축이 없어 교통 혼잡을 유발하고 있으며, 간선도로의 기능을 분담할 수 있는 이면도로의 부재로 간선도로의 교통체증을 가중시키고 있다고 할 수 있습니다. 용인지역의 교통계획은 도시의 토지이용계획과 각 읍·면 별 인구배분 및 산업의 입지 경향, 지역 간 상호관련 정도 등에 관한 사전조사와 연구를 통하여 충분히 고려한 뒤 착수되어야 할 것입니다.

이상에서 언급했듯이 용인의 교통은 지역 내에서뿐만 아니라 주변지역과의 관련성에 있어서 매우 긴밀합니다. 특히 산업과 관련하여 최근 운수·물류 관련업이 용인의 유리한 교통여건을 이용하여 입주하는 경향을 보이고 있으며, 인구의 급격한 증가로 인한 상업인구 역시 증대되고 있습니다.

우리나라의 산업화는 1962년부터 시작된 경제개발 5개년 개혁과 수출 지향적 경제발전 전략에 따라 농업사회에서 공업사회와 도시사회로 급격히 변화하여 왔습니다.
이 중 용인이 속한 경기도는 한국 사회의 핵심이라고 할 수 있는 서울을 에워싸고 있으며 한국의 산업화를 이끌어 가는 수위 지역으로서의 역할을 담당하고 있습니다. 또한, 서울의 각종 도시문제, 즉 인구문제, 주택문제, 환경문제를 해결하는 배후지로의 역할도 하고 있습니다.
최근 중요성이 부각되고 있는 첨단정보산업화 역시 경기도가 그 주역을 맡고 있으며 그 중에서도 대규모의 택지와 교통여건이 양호한 용인으로의 입지가 비교적 많이 나타나고 있습니다.

과거 용인의 산업 중심은 전통적인 농업기반의 산업구조를 보였으나 1960년대 경제개발을 시작으로 산업화와 공업화의 영향을 받게 되면서 1차 산업의 비중은 점차 감소되고, 광공업을 위주로 한 2차 산업의 비중이 높아지는 양상을 보여 왔습니다. 1980년 본격적인 도시화가 시작되면서부터 최근에는 첨단산업부문이나 지식관련 및 서비스 관련업종인 3차 산업의 비중이 급격히 늘어나고 있는 추세입니다.

용인의 각 산업별 특성을 보면, 광공업의 경우 제조업이 절대다수를 차지하고 있는데, 그 중에서도 가구 및 기타 제조업과 고무 및 플라스틱업종, 조립금속업종 등이 비교적 많으며 영상, 음향 및 통신장비, 화학물 및 제품업종, 고무 및 플라스틱 업종 등은 사업체 수에 비해 종사자수가 많은 것으로 나타나 용인 내에서 이들 업종이 주로 특화경향을 보이고 있었습니다.

용인을 포함한 경기지역은 반도체 등의 첨단산업이 유망산업으로 선정되어 있어 입지여건상 매우 유리한 반면, 상업과 유통시설은 상대적으로 빈약하여 중심적인 기능을 제대로 수행하지 못하는 것으로 나타났습니다. 또한 수도권 남부지역의 중추적 도시라는 지리적 이점을 살린 산업·물류의 집·배송 등 물류유통 기능의 활성화가 다소 미흡한 실정입니다.

용인은 경기도 내에서도 자연·문화·인문 관광자원이 풍부한 편으로 관광 및 서비스업은 용인의 경제기반 산업에서 빼놓을 수 없는 부분입니다. 이 중에서 용인의 관광자원은 수변이나 산악자원 등 자연자원의 활용 측면보다는 한국민속촌과 에버랜드, 양지파인 리조트 등의 대규모 위락단지의 개발정도가 강하며, 전국에서 가장 많은 골프장을 보유하고 있습니다.

2000년대 초 용인은 무려 26개소의 골프장을 보유하고 있었는데, 이처럼 골프장이 많이 입지한 이유는 지리적으로 서울과 인접해 있고, 교통편에 있어서도 경부·영동고속도로가 용인을 관통하고 있어서 골프 인구의 대부분을 차지하는 서울 사람들을 손쉽게 유치할 수 있으며, 경기도내 타 지역보다 산지가 점하는 비중이 높고 산세도 완만한 구릉으로 골프장 입지에 이상적인 조건을 갖추고 있기 때문입니다.

이처럼 2000년대 초까지 우리 용인은 인공적인 개발자원의 의존도가 높았고 이용자 특성상 가까운 수도권 지역의 당일 이용자가 대부분으로 주민 소득 및 생활수준 향상에는 직접적인 영향력이 미약하며, 승용차에 의한 주말 집중도가 높아 주요 간선도로 특히 영동고속도로의 심각한 교통체증을 유발하였습니다.

2000년대 초까지 우리 용인의 산업은 1·2차 산업 중심에서 3차 산업으로의 비중이 증대되고 있으며, 교통과 지리적 입지여건상 첨단 지식산업과 유통·서비스 관련 산업의 중요도가 높아지는 추세였습니다.

용인의 인구 성장과 그 특성

인구 현상을 설명하는 가장 기본적인 개념은 인구 규모라고 할 수 있습니다. 일반적으로 인구 규모의 변동을 인구 성장(Pupulation Gruth)이라고 말하는데, 이때 인구 성장이라는 개념은 인구가 증가되는 것뿐만 아니라 인구가 감소되는 경우도 통틀어 지칭합니다. 즉 인구 성장이란 인구 증가에 따른 인구수의 변동을 의미합니다.

한 지역 인구의 수적 증감은 적극적이든 소극적이든 기본적으로 출생, 사망, 인구이동이라는 3대 동태적 요인에 의해 결정되며, 그 사회가 겪어 온 중요한 사회적·경제적·정치적 사건은 인구 변동과 긴밀한 관련을 가지고 있습니다.

1960년대부터 현재까지 용인의 인구 증감 추세를 보면 1965에서 1970년 사이 용인 총 인구 수는 감소된 반면, 총 가구 수는 증가하였는데 이는 가족계획사업으로 인한 평균 가구원수가 감소되었기 때문입니다. 그러나 1975년을 기점으로 다시 증가양상을 보이면서 1985년 그 증가폭이 현저하게 나타났습니다.

수도권으로의 꾸준한 인구집중은 경기도의 외곽지역으로까지 확대 되어 1990에서 1995년 사이 무려 81.0%라는 가구 수의 증가를 나타냈습니다. 그러나 이 시기 인구의 증가폭은 상대적으로 낮아 핵가족화가 계속 진행되고 있어 사회적 요인에 의한 증가현상으로 볼 수 있습니다. 또한, 1996년 용인의 시 승격과 토지개발규제의 완화에 따른 대규모 택지 개발 및 용인 내 산업구조의 변화 등으로 인해 인구가 급증하였습니다.

용인의 읍·면별 인구와 가구의 성장 변화를 살펴보면 다음과 같습니다.

용인은 1963년 경부고속도로의 개통과 함께 교통량이 증가하고 도로가 확장되면서 서울 및 주요 도시지역과의 접근성이 용이해짐에 따라 제조업 공장 및 인구의 증가양상을 보였습니다.

용인의 인구 성장으로 인한 지역적 구조는 1980년을 기점으로 그 양상을 달리하고 있습니다. 1980년 이전까지는 구 용인과 이동, 남사, 원삼 등의 용인남동부지역에서 인구의 증가양상을 보였는데, 구 용인은 과거부터 용인군청이 자리하여 용인의 중심적 역할을 한 지역으로 경제·행정과 기타 기반시설들이 비교적 양호하며 상·공업지역의 형성에 따른 인구 성장이 큰 지역이었습니다. 용인남동부지역은 전형적인 농업중심지역이며 대부분이 이에 종사하는 농업인구에 해당합니다. 이는 1960년대 산업화 이후 대도시 지역으로의 이촌향도의 영향으로 볼 수 있습니다.

1985년 용인지역의 인구는 153,859명으로 이는 1975년에 비해 38.0% 증가한 수치로 1965-1975년의 10년간 보다 무려 32.9%의 높은 수치입니다. 1995년에도 용인의 인구는 꾸준한 증가를 보였으며 수지의 경우, 368.1% 증가한 48,757명으로 나타났습니다. 용인 내에서도 비교적 교통여건이 양호하고 제조업공장이 많이 입지한 기흥과 구 용인, 포곡의 인구도 증가 양상을 보였습니다. 그러나 수지의 경우는 아파트 위주의 대규모 주거단지의 개발로 인한 인구증가로 나타났습니다.

이와는 달리 인구감소지역은 남사와 원삼 2곳으로 현재에도 여전히 농업 생산에 기반하고 있으며, 타 지역과의 교통연계가 미흡하고 사회 기반시설이 취약하여 인구의 성장이 정체되고 있음을 알 수 있습니다.

2001년 용인지역의 총 인구는 455,118명으로 이는 2000년에 비해 15.2% 증가한 수치로 1985-1995년의 10년간 보다 2.3%의 증가된 것입니다. 그 결과 수지 · 기흥 · 구성 등은 1990년대를 시작으로 인구가 급격하게 성장하고 있으며, 백암 · 남사 · 원삼 등의 용인남동부 지역은 인구의 감소가 현저하게 나타나고 있습니다.

인구분포는 인간이 그들 거주에 영향을 미치는 자연적 · 문화적 요소들에 대해 끊임없이 적응해 온 과정의 결과를 나타내는 것입니다. 즉 인구의 분포는 불균등한 지역 차에 있습니다. 인구분포를 결정짓는 요인에는 자연적 요인과 인문적 요인이 있는데, 자연적 요인으로는 기후 · 지형 · 토양 · 물 · 생물 등이며, 인문적 요인으로는 역사적 · 정치적 · 경제적 · 사회적 · 문화적 요인으로 구분지어 볼 수 있습니다.

인구의 급격한 증가와 사회발달에 따른 산업화, 도시화, 정보화는 인구분포에 있어서 자연적 요소보다는 인문적 요소들의 영향을 더욱 가중시키고 있습니다.

용인의 지역별 인구분포를 살펴보면 다음과 같습니다.

1980년대 경기도의 인구집중이 심화되면서 서울과 근거리에 위치하여 교통여건이 용이한 용인의 구 용인과 기흥 지역에 비교적 많은 인구가 분포하는 것으로 나타났으며, 원삼 일대는 낮은 인구분포를 보여 산업구조 변화로 인한 농업인구의 감소현상이 나타났음을 알 수 있습니다.

용인의 인구분포는 지역적인 편향을 보이는데, 구 용인을 중심으로 남동쪽에 위치한 원삼 · 이동 · 남사 · 백암 · 양지 등은 인구분포가 희박하고, 용인의 북서부에 위치한 기흥 · 수지 · 구성 일대는 인구의 분포가 집중되었습니다.

1970년 이후의 도시화, 산업화는 서울에 집중되었던 인구 및 여러 기능들을 주변의 경기도 지역으로 확산시켰고, 이것은 서울과 근접하여 교통여건이 양호한 지역에 우선적으로 인구집중을 나타냈습니다. 그러나 수도권의 산업의 교외화와 주택의 교외화의 확산에 따라 경기도의 외곽으로까지 도시화가 진행되면서 원거리에 있는 지역들에 인구가 분산되어 분포하는 경향을 보였습니다.

1990에서 1995년 기간 수지의 인구비율이 무려 11.72%가 증가했는데, 이는 1990년 이후 수지지역의 대규모 택지개발사업으로 인하여 주거지가 급증하였기 때문이며, 주거형태에 있어서도 저밀도토지에 많은 인구를 수용할 수 있는 아파트 위주의 신축이 많았기 때문입니다.

2001년 용인의 지역별 인구분포를 보면, 남사가 1.68%, 이동이 3.04%, 원삼이 1.66%, 백암이 2.27%, 양지가 2.94%로 나타났고, 용인북서부 지역에 해당하는 수지의 경우 32.68%로 가장 높은 분포를 보였습니다. 또한, 구 용인이 18.12%, 기흥이 17.57%, 구성이 9.66%로 상대적으로 높은 분포를 보였습니다.

이처럼 용인의 인구분포는 두 가지의 상반되는 공간구조를 보이고 있습니다.

용인의 북서부에 해당되는 수지·구성·기흥·구 용인은 인구가 집중 분포된 지역으로 용인 총인구 455,118명 중 78.03%인 355,123명으로 대단히 많은 인구가 분포하고 있습니다. 이에 비해, 남동부에 해당되는 남사·원삼·백암·양지·이동은 인구가 희박하게 분포된 지역으로 용인 총인구 455,118명 중 11.6%인 52,768명으로 상당히 낮은 인구분포율을 보이고 있습니다.

한편 인구밀도란 사람들이 점유하고 있는 공간면적에 대한 사람 수를 가리키는 것으로서 지역 간의 인구분포 상황을 비교하기 위해 추출한 하나의 지표입니다.

특정한 지역에 있어서 인구증가 또는 인구의 절대 수는 그 자체로서도 중요한 의미를 지니고 있으나, 인구밀도는 다른 지역과 상대적 관계를 고찰할 때 더욱 지리적인 의의가 큽니다.

용인의 각 시기별 연구밀도를 보면, 1975년 184.3명/km², 1980년 224.0명/km², 1985년 268.3명/km², 1990년 317.6명/km², 1995년 413.8명/km², 2000년 667.8명/km²으로 나타났습니다. 1km²당 769.4명으로 경기도내에서도 높은 인구밀도를 보이고 있습니다.

이러한 용인의 읍·면 지역에 나타난 인구밀도를 살펴보면, 1995년 전까지 구 용인이 가장 높은 밀도를 보이다가 수지의 인구밀도가 1160.6명/km²으로 급증하여 가장 높은 밀도를 나타냈습니다. 1995년 이후 경부고속도로와 영동고속도로의 교차 지점을 중심으로 그 인근 지역의 인구가 높은 밀도를 보였습니다.

2001년 용인의 인구밀도는 769.4명/km²이며 백암은 157.4명/km²으로 감소한 반면 나머지 지역들은 지속적인 증가를 보였습니다. 가장 높은 인구밀도를 보이는 지역은 단연 수지로 1km² 당 3,545명이 분포하였으며 기흥이 1710.8명/km², 구 용인이 1432.80명/km², 구성 1250.5명/km², 포곡 664.6명/km²으로 대부분 높은 인구밀도를 나타냈으며, 용인남동부의 모현, 남사, 이동, 원삼, 양지는 1km² 당 대략 100~300으로 나타났습니다.

용인지역 인구별도의 전반적인 흐름을 보면, 1960년대에는 남동부 지역의 전통적인 농업지역에 주로 밀집되어 있었으나 시간이 경과됨에 따라 구 용인의 북서부지역에 위치한 수지, 기흥, 구성 등 서울과 근접하며 교통이 편리한 곳에 대규모의 택지개발과 고층 아파트 단지가 건설되어 용인의 주요 인구 밀집지역이 서북부 지역으로 집중되었으며, 이러한 대조적인 인구양상은 용인 내 지역 차를 증대시키고 있는 것으로 나타났습니다.

인구이동

용인은 경기도 남동부의 일부지역으로서 인구가 급증하고 있는 곳이며, 주택 건설이 활발한 지역으로 최근 몇 년 전부터 정부의 택지개발사업으로 다량의 주택공급이 이루어져 용인의 지역 내 지역 간 인구이동이 과거에 비해 빈번히 이루어지고 있습니다.

용인의 인구이동량은 70년대 후반부터 급격히 증가하기 시작하여 1983년 -0.7%의 감소를 보였으며 타 시·도로의 이출인구가 1,076명으로 나타났습니다. 용인의 총 이동률은 1985년 31.8%로 계속 감소 경향을 보였는데, 이 시기 우리나라의 전체인구이동률도 21.4%로 감소경향을 보였습니다.

그러나 1995년 용인의 순 이동률은 13.3%로 90년에 비해 무려 10.5%의 증가를 보였으며, 1997년에는 52.0%로 가장 높은 인구이동률을 나타냈습니다. 이 중 전업자는 30.4%인 92,001명으로 전출자는 21.6%인 65,470명으로 나타났습니다.

1998년 IMF의 영향으로 전입이 급격히 줄었으나, 1999년 외환위기의 극복에 따른 빠른 경기회복으로 상대적인 증가를 보였습니다.

2001년 용인의 총 인구이동률은 49.8%로 이 중 전입률이 31.0%, 전출률이 18.8%로 나타났습니다. 또한 순 이동자수는 12.1%인 55,226명으로 1979년 이후 가장 높은 인구이동을 나타냈습니다. 전업·전출자의 차이도 1988년에 비해 2001년 12.2%의 큰 차이를 보이고 있는데, 이는 경기도 일원의 대규모 아파트 건설의 영향에 따른 것이며, 최근까지도 수도권 내 이동이 활발하게 진행되고 있습니다.

용인의 경우 2000년과 2001년 전국 232개 시·군구 중 제일 높은 전입초과를 보이고 있는데 이는 용인이 준농림지로 지정되면서 토지에 대한 개발 규제가 완화되어 대규모 택지개발과 이에 따른 신규 아파트들이 대량으로 입주한 결과입니다.

용인지역의 인구가 급증한 시기 중 택지개발로 인해 인구의 유업이 많았던 1995년 이후부터 살펴보면, 용인의 주요 전·출입지로는 경기, 서울, 인천으로 나타났으며 강원과 충남의 경우도 비교적 잦은 것으로 나타났습니다. 충남의 경우는 최근 그 양상이 부각되고 있습니다.

특히, 경기도와 서울로의 이동이 시도 간 총 이동의 과반수를 넘고 있어 수도권의 인구이동이 주로 주변 도시들에서 현저하게 나타나고 있음을 알 수 있습니다. 시도 간 이동을 보면, 1995년 이후 평균적으로 전입초과 현상을 보이고 있습니다. 이는 용인 주변지역의 신도시 건설과 택지개발에 따른 주택공급의 증가 및 타 지역과의 교통연계가 향상에 따라 통근이 원활해졌기 때문입니다.

용인으로의 전입인구를 연도별로 살펴보면, 서울에서의 전입은 1996년을 제외한 전 기간 증가를 보이고 있으며 특히, 2000년에서 2001년 사이 무려 13,608명이나 증가한 것으로 나타났습니다. 성남의 경우도 2001년 26,154명으로 전년에 비해 7,470명이 증가했으며, 수원도 3,696명이 증가한 10,810명으로 나타났습니다.

용인 내 인구이동의 경우, 1995년 11,519명에서 2001년 29,450명으로 13,931명의 증가를 보였으며 용인으로의 전입 인구가 적은 지역으로 나타난 동두천시, 가평군, 연천군의 경우 전입 인구가 100명이 안 되는 것으로 나타났습니다.

1995년부터 2001년 기간 전출인구를 보면, 전입인구의 경우와 마찬가지로 서울이 가장 많았으며 인천, 성남, 수원, 안양, 화성 등이 비교적 높게 나타났습니다. 이에 반해, 동두천, 연천, 가평, 김포 등은 낮게 나타났습니다.

시·도간 이동에 있어서도 서울과 인천으로의 이동이 가장 많았으며 타 지역의 경우 용인과 근접한 지역으로의 전·출입이 높게 나타나 평균거리가 멀어질수록 이동인구가 감소되었습니다.

인구이동의 이러한 패턴은 전 거주지와 현 거주지의 이동거리가 짧을수록 주택관련 요인과 교육관련 요인의 비중이 크며, 이동거리가 길수록 이들 비중이 낮아지는 반면 직장관련 요인의 비중이 높게 나타남을 말해주고 있습니다. 즉, 이동거리가 짧을 경우 직장을 반경으로 하여 통근거리 내에서 이동하고 있음을 시사하고 있습니다.

또한 1990년 이후 용인인구의 전입요인은 무엇보다도 대규모 택지 개발로 인한 주택공급과 주변지역과의 용이한 교통연계성이 주요인이며, 이 외에 주거환경, 교육 등의 영향으로 보입니다. 그러나 용인의 시도 내·시도 간 인구이동이 특정 지역으로의 편중현상을 보여 용인의 지역차를 심화시키는 부정적 영향을 야기 시키고 있습니다.

용인의 인구 구성

어떤 지역의 인구를 분석하는 데 있어 가장 기초적인 인구 구조 중의 하나가 성별 구조입니다. 성별 구조는 직접적으로 출산력에 영향을 미칠 뿐만 아니라 사회·경제활동에도 지대한 영향을 미치고 있는 가장 기본적인 인구 특징의 하나입니다.

용인의 인구 및 경제·사회·문화의 집중현상은 연령 및 성비구조의 변화에도 영향을 주었습니다.

용인의 성비변화를 연도별로 살펴보면 1965년 102.6에서 1970년 102.4, 1975년 101.2, 1980년 처음으로 99.6으로 낮아져 여초현상을 나타냈습니다. 그러나 1985년에 101.6, 1990년 10.3.3, 1995년 104.9로 남초현상을 보이고 있으며 전체 인구 중 남자와 여자의 구성비가 51.2% 48.8%로 나타났습니다.

2001년 용인의 남녀 구성비는 50.8%:49.2%로 남성의 비율이 다소 많으며, 성비는 103.3으로 나타났습니다. 용인지역에서 남자의 비중은 꾸준히 증가하고 있으며 그 연령층의 범위도 확대되고 있는 실정입니다. 이는 용인지역에 입지한 산업 중 제조업의 대부분이 남성인력을 필요로 하는 업종이 많기 때문이라 할 수 있습니다.

기흥과 구 용인, 포곡의 경우 여초현상이 두드러지게 나타나고 있는데 이는 산업과 관련이 있는 것으로 주로 직물류와 의류제조업, 화장품 관련 업종 등 여성인력을 필요로 하는 기업들이 많이 입주해 있음을 알 수 있습니다.

포곡에는 면사와 면직물을 제조하는 ㈜경방과 피복류업체인 삼부복장산업㈜이, 기흥에는 화장품용기를 생산하는 태평양개발㈜과 인형공장, 베지밀 공장 등이 입주해 있었습니다. 구 용인의 경우는 이에 더불어 서비스산업이 비교적 강하게 나타나고 있어 여성의 비율이 높게 나타났습니다.

1990년 용인의 전체성비는 103.3으로 남자가 50.8%, 여자가 49.2%를 구성하고 있으며 기흥, 포곡, 남사 이동은 여성인구가 높게 나타났습니다. 이 외의 읍·면 지역들은 남성의 비율이 다소 높게 나타났습니다. 이동은 성비가 86.6으로 여초현상으로 인한 남녀 성비의 불균형이 심하게 나타났습니다.

마지막으로 2001년 용인의 남녀 구성비는 50.8%:49.2%로 남자의 비율이 1.6% 높았으며, 성비는 103.3으로 비교적 안정적인 수준을 보였습니다. 그러나 모현과 남사의 경우 각각 109.6과 109.2의 성비를 보이면서 남초현상을 나타내고 있습니다. 즉, 용인의 성비는 1965년 이후부터 1980년까지 줄곧 남초현상을 나타내고 있는데 이는 남아선호사상으로 인한 다 출산과 1960년대 말 가족계획사업의 결과라 할 수 있습니다.
그 자리를 잡아감에 따라 성비가 차츰 낮아져서 1980년에는 99.6으로 오히려 역전되는 경향을 보였으나 이후 성비가 계속 높아져 현재는 남자의 구성이 비교적 높게 나타나고 있습니다. 용인의 성비구성은 자연적 요인에 의한 영향도 있겠으나 사회·경제적인 영향이 크게 작용하고 있습니다.

특히 서울의 각종 기능이 주변지역으로 확대됨에 따라 그에 수반한 인구, 산업, 주택 등이 인접지역인 경기도의 여러 시·군 지역으로 분산·입지되면서 용인의 인구구조에도 적지 않은 영향이 가해진 것으로 보입니다. 또한 용인의 지리적 이점으로 인해 기업 본사의 분공장들의 입지경향이 증가되고 각 공장들의 제품특성이 남녀 종사자들의 성별에 영향을 주어 필요한 노동력의 수요에 따라 성비 구조의 차이를 보이고 있습니다.

한편 용인의 인구 및 경제·사회·문화의 집중현상은 연령구조의 변화에도 영향을 주었습니다. 용인의 각 시기별 연령층의 구성을 보면 1990년 이전에는 가족계획사업에 의해 출산율이 계속 감소되어 유·소년층 인구의 비율이 낮게 나타나 가족구성이 점점 핵가족화 되어가고 있음을 알 수 있습니다.

1980년까지 증가를 보이던 15-29세 연령층의 경우 이 시기를 기점으로 감소를 보이고 있는데. 이 연령계층은 청소년과 대학생층으로 학업이나 취업 등의 이유로 서울 및 근접지역으로의 전출에 의한 영향으로 볼 수 있습니다. 20-30대 연령층의 경우 1985년 이후 큰 증가를 나타내고 있으며, 특히 1995년부터 그 증가폭이 크게 나타나고 있습니다. 이 시기 택지개발에 따른 대규모 아파트단지 건설로 인해 젊은 층의 입주가 많았기 때문입니다. 65세 이상의 노년층 인구의 경우 1965년 용인 총인구의 6.8%인 7,246명에서 1970년 4.51%로 큰 감소를 보이다가 1990년 이후 꾸준하게 증가하고 있는 것으로 나타나 용인지역에서도 인구의 고령화 현상이 진행되고 있는 것으로 보입니다.

각 읍·면별 연령구조를 살펴보면 우선, 유·소년층의 경우 1980년을 기점으로 하여 이전 시기에는 남사, 이동, 원삼, 백암, 양지, 모현의 용인 남동부지역에서 높은 구성비를 보이다가 1980년 이후 구 용인, 기흥, 포곡, 수지의 용인 북서부지역에서 높게 나타나고 있음을 알 수 있습니다. 남동부지역의 유·소년층 인구감소는 청·장년층의 이촌향도에 의한 것이며, 1980년 이후 용인 북서부지역에 젊은 연령층의 기호에 맞는 아파트 위주의 주택단지가 대규모 조성됨에 따른 증가로 볼 수 있습니다.

노년층 인구 역시 남동부지역은 감소를 보이고 있으며 북서부지역은 증가를 나타내고 있습니다. 1985년 이동면의 인구가 급격한 증가를 보였으며, 1995년 수지의 노년인구가 급증했습니다.

이상에서 살펴본 바와 같이, 용인의 주 연령층은 20-30대가 가장 높은 분포를 보이고 있으며, 이로 인한 10세 미만의 어린 자녀의 비중 또한 높게 나타났습니다. 이는 대규모 택지개발사업에 의해 신규 주택으로의 전입자 연령계층의 편중에 의해 도시의 인구구조가 심하게 왜곡되어 나타나게 된 것으로 보입니다.

한편 1980년대 접어들면서 산업화, 도시화의 빠른 성장으로 인해 서울 주변의 경기도 지역의 산업구조가 개편되었습니다. 특히 경기도 중에서도 교통이 원활한 용인지역으로 여러 산업들이 입지하게 되었으며, 이러한 흐름은 현재까지도 계속 진행되고 있습니다.

용인지역의 산업구조를 보면, 1차 산업의 경우 1960년대 이후 전반적인 감소의 추세를 보이고 있습니다. 이는 경제성장에 중점을 둔 중공업정책으로 인한 공업·상업 및 3차 산업의 발전으로 인구의 이농화와 도시화에 기인한 것입니다. 또한 농가호수가 농업인구와 더불어 현저한 감소를 보였는데 전기한 바와 같이 1960년대 이후 공업화 정책에 따른 인구의 도시집중현상에 기인한 것일 뿐만 아니라 현대산업사회의 한 특정인 핵가족화의 경향이라고도 파악할 수 있으며 이는 용인의 산업화 정도를 반영하는 것이라고도 하겠습니다.

용인은 서울의 근교지역에 접해있는 지리적 여건에 따라 근교농업에 종사하는 호수가 증가하는 추세에 놓여 있으며, 농업생산에 있어 영세성을 탈피하고 있고, 농업구조에서도 상당한 변화가 이루어지고 있음을 알 수 있습니다.

2차 산업의 경우 1960년대에 들어서면서 소비재공업 중심의 성장구조로부터 중화학공업의 집중적인 개발에 따라 본격적언 성장기조의 기틀을 잡게 되었습니다. 국토분단 이후 경공업에 기반을 둔 우리나라의 공업은 전후복구와 관련 자연히 경공업부문에 우선을 두었으며, 미국의 원조에 의한 풍부한 원료 도입은 이러한 공업발전에 주요한 촉진요인으로 작용하였습니다. 그러나 1960년대 전후에 이르러서는 주요 소비재공업에 있어서의 과다 시설투자와 수요부진, 그 후 야기된 일련의 정치적 불안사태 등으로 인하여 공업성장은 일시적인 정체상태에 빠지게 되었습니다.

1960년대에 들어서의 공업발전은 주로 국내시장이 포화상태에 다다른 경공업부문의 수출촉진과 중화학공업의 개발착수에 의해 이루어졌습니다. 그것은 1962년의 제1차 경제개발 5개년계획에 의한 중화학 공업 부문에서의 집중투자와 정책적인 여건조성, 그리고 수출증대를 위한 정부의 총력적인 지원방향이 주효한 결과였습니다.

이러한 상황 하에서 용인도 1960년대부터 점차 공업이 활기를 띠기 시작하여 1970년대의 비약적 발전을 위한 초석의 역할을 하는 중요한 시기라 하겠습니다. 1979년 용인의 제조업체수는 319개 업체로 1966년의 18개에 비하면 무려 18배의 성장률을 보이고 있으며, 종업원 수는 375명에서 27,466명으로 73배가 넘는 비약적인 발전을 보이고 있습니다. 이러한 성장률은 1960년대 대부분의 공장이 인천, 수원 장려 사업이 적극적인 데서 기인한 것입니다.

1980년대 용인의 공업 특성은 1970년대의 소비재공업에서 점차 생산재공업으로 전환함을 알 수 있습니다. 제조업체의 종업원 분포를 보면 100명 이하의 업체가 전체의 약 80%를 차지하는데 이러한 업체가 점증되고 있어 영세기업체 내지 중소기업체가 주류를 이루는 것으로 나타났습니다. 1970년대 말의 기업체 비율이 용인에서는 많이 떨어지고 있음을 알 수 있으며, 기업 수에 있어서도 1979년 319개에서 1980년 309개로 10개가 줄었고, 1981년에도 비율 면에서는 0.8%가 상승하였으나 기업체수는 48개가 줄어들었습니다. 그 후 1982년부터 다시 상승하여 1984년에는 341개로 1979년에 대비하여 22개가 늘었습니다.

처음 가내수공업으로 출발한 용인의 공업은 시대의 주류에 발맞추어 비약적인 발달을 보였습니다. 1987년에 이르러 한국전력공사 용인지점이 개설되면서 더욱 활기를 띠었습니다.

이상에서 살펴본 바와 같이 용인의 산업구조는 1960년 농·임업 중심의 1차 산업에서 제조업 중심의 2차 산업 비중이 급격한 증가를 보여고 있음을 알 수 있었습니다. 또한 1990년 이후 택지개발과 관련하여 건설업의 종사자 수도 증가양상을 보인 것으로 나타났습니다.

용인의 읍·면별 산업구성을 연도별로 살펴보면 다음과 같습니다.
1965-1975년 기간 구 용인과 기흥을 제외한 전 지역에서 1차 산업 종사자가 절대 다수를 이루고 있습니다. 구 용인과 기흥은 용인 내에서도 인구가 집중 분포된 지역으로 3차 산업 종사자수가 비교적 많은 편이며 구성의 경우 2차 산업의 비중이 높게 나타났습니다.

1985년 전체 사업체 수는 4,946개이며 전체 종사자 수는 51,434명으로 1972년에 비해 441명이 감소하였습니다. 각 산업별 사업체수 구성 성을 보면 도·소매 및 음식 숙박업이 57.1%인 2,824개로 가장 많았으며, 제조업은 1972년에 비해 31,719명으로, 큰 폭의 증가를 보였습니다.
반면, 농업 및 임업의 종사자 수는 48,394명 감소하였습니다. 제조업의 경우 구 용인이 206개의 사업체에 종사자 수는 6,025명으로 가장 많은 수를 보였습니다.

1960년 경제개발 계획이 추진되기 전 산업별 인구구조가 농업 및 임업 등의 1차 산업부문에 크게 치우쳤던 반면 1970년 중반 이후 공업화 정책으로 인해 2차 산업의 비중이 급격히 증가하여 산업의 고도화가 이루어지면서 서울 근교의 경기 외곽지역으로 제조업체들이 비교적 많이 이동하였습니다.

1995년 용인의 총사업체 수는 12,485개이며, 종사자 수는 108,221명으로 10년 전에 비해 큰 수의 증가를 보이고 있습니다. 도소매 및 음식 숙박업의 경우 사업체 6,694개, 종사자 수 17,197명으로 각각 137.0%와 165.1%의 증가를 보이고 있으며, 운수·창고 및 통신업의 경우 사업체 수는 1217.8% 성장한 593이며, 종사자 수는 565.7% 성장한 4,254명으로 나타났습니다.

운수업의 증가는 교통여건의 향상과 깊은 관련을 갖고 있는데 1968년 경부 고속도로가 개통된 이후 영동고속도로와 주변지역들을 연결하는 다수의 국도와 지방도 I.C가 경기도 내의 타 시·군 지역에 비해 많이 생겨나면서 수도권 교통의 요충지로서의 역할이 부각되고 있습니다.

각 산업별 사업체 수와 종사자 수를 읍·면별로 살펴보면, 농·임업의 경우 용인남동부에 주로 분포하고 있으며, 제조업은 구 용인과 기흥, 포곡에 개별입지 위주의 분포를 보이고 있습니다. 최근에는 교통 체계의 향상으로 남동부 지역의 외곽지역으로 소규모 입지하는 것을 알 수 있습니다.

건설업의 경우 구 용인이 308.3% 증가한 196개, 504.2% 증가한 1,299명으로 기흥은 537.5% 증가한 51개의 사업체 수에 18.8% 증가한 354명이 종사하는 것으로 나타났으며, 이 지역은 용인 내에서도 택지의 변용이 심한 지역으로 다른 지역에 비해 건설업체들이 많이 입주해 있었습니다.

도·소매 및 음식 숙박업과 운수업은 인구가 많고, 교통여건이 용이한 구 용인, 기흥, 수지를 중심으로 비교적 높게 나타났습니다. 부동산 임대 및 사업 서비스업의 경우 구성이 33개 사업체에 4,260명이 종사하며, 기흥이 129개 사업체에 1,770명이 종사, 구 용인이 231개 사업체에 860명이 종사, 수지에 187개 사업체에 777명이 종사하는 것으로 나타나 수도권 정비 계획법상 성장관리권역으로 지정되어 토지의 매매가 빈번하였습니다.

마지막으로 사회 및 개인서비스업 중 오락·문화 및 운동 관련 사업을 보면, 사업체수는 구 용인이 148개, 기흥이 110개로 가장 많았습니다. 포곡의 경우 30개의 사업체에 1,664명이나 종사하는 것으로 나타나 사업체의 규모가 비교적 큼을 알 수 있었습니다. 특히, 용인지역은 한국민속촌, 에버랜드, 골프장, 스키장, 콘도미니엄 등의 입지가 탁월해 경기도 타 지역에 비해 관광, 위락시설이 많이 입지해 있습니다.

2001년 용인의 총사업체 수는 20,792개, 종사자수는 143,648명이며, 산업대분류별 사업체수 구성비를 보면, 총 사업체수 중 도·소매업이 24.06%를, 숙박·음식점 업종이 20.97%로 절반 정도인 45.03%를 차지하였고, 제조업과 기타 공공 수리 및 개인서비스업이 각각 12.3%와 11.6%를 차지하고 있는 것으로 나타났습니다.

반면 농·임업 및 광업이 0.03%, 전기 가스 및 수도업이 0.06%로 낮게 나타났습니다. 건설업은 용인 전 지역에서 증가양상을 보였고, 아직도 개발이 진행 중인 기흥의 경우 사업체수가 129.4%가 증가했고, 종사자수는 344.4%로 큰 증가를 보였습니다.

수지의 경우도 사업체수가 74.5%, 종사자수가 34.1%의 증가를 보이고 있습니다. 수지는 1990년 이후 인구가 급증한 지역으로 공공 행정 관련업과 교육 및 오락·문화 관련 사업체가 크게 증가했으며, 종사자 수에 있어서도 많은 증가를 보였습니다.

이상에서 살펴본 결과, 용인의 산업은 1970년 중반 이전에는 농·임업 등의 1차 산업부문의 비중이 절반 이상으로 높게 나타났으나 1970년대 이후 지역 간 격차를 해소하고 지역 경제의 활성화 등을 위해 지역 간의 공업배치를 조성하는 등의 정부의 지역개발정책과 경제개발계획에 따라 용인지역의 농촌인구가 서울 등 타 광역도시로 대량 유출되면서 1차 산업의 인구가 감소되고 있습니다.

사실 용인지역은 공업단지의 조성, 지방공업 개발 장려지구의 지정과 같은 중앙정부의 공업배치 정책으로부터의 직접적인 혜택에서 제외되었으나, 서울의 인접지역으로서 교통의 요지라는 입지상의 이점으로 인하여 용인지역의 경제 활성화에 적지 않은 도움을 받아왔으며, 그 결과 착실한 성장을 지속하였습니다.

용인지역 인구의 급성장과 입지상의 이점으로 인해 1980년 이후 제조업과 도·소매업 및 음식·숙박업이 상당한 증가를 보여 왔습니다. 특히 제조업의 경우, 1960년대에는 노동집약적 산업에서 1970년대 음식료품, 섬유·의복 제조업과 화학 및 금속 관련 제조업이 중요 부문으로 성장하였습니다. 그러나 1980년대부터 1990년대 중반까지 첨단기술 산업을 포함하는 조립형 산업이 급성장하였는데, 이는 경기도의 전반적인 산업의 큰 특징이기도 하며, 우리나라의 40% 이상을 차지하고 있어 최대밀집지역이라고도 할 수 있습니다. 또한 경기도의 첨단기술산업은 남서쪽에 위치하는 경향을 보였으며, 첨단기술산업 중 컴퓨터, 전기기계 및 전자산업은 그 업체와 고용인수로 보아 용인지역이 주요 집적지 중에 하나라고 할 수 있습니다.

용인지역의 경우 화학, 기계, 정보처리기 산업이 집결되어 있는데 규모면에서도 다른 지역보다 훨씬 큰 규모이며 경기도 내에서도 중요한 부분을 차지하고 있습니다.

1990년 중반 이후 제조업의 증가폭이 다소 감소되고 있기는 하나 여전히 용인지역의 주요 산업으로 차지하고 있으며, 도·소매업과 숙박 및 음식업, 운수업 관련 산업이 중요 산업으로 떠오르고 있습니다.

용인 인구 성장의 특성

용인의 인구 성장은 서울의 산업시설의 이전과 교통체계의 개선에 의한 통근권의 확대 등으로 경기도 내의 근교지역을 시작으로 하여 형성되었습니다.

1980년대부터 증가하기 시작한 용인의 인구는 1990년 이후 그 증가폭이 크게 상승하면서 서울 및 주변 수도권 지역의 인구를 담당하는 역할을 하고 있습니다. 그러나 용인의 전 지역에 걸쳐 균형적으로 인구증가 양상을 보이는 것은 아니다. 용인 북서부지역인 수지, 기흥, 구성에서 탁월하게 나타나고 있는데 이는 1990년 이후 개정된 토지이용법과 용인이 도·농 복합시가 됨에 따라 이들 지역이 도시개발권역에 포함되면서 아파트단지 위주의 대규모 택지개발이 발생되었기 때문입니다.

기흥의 경우 이와 더불어 편리한 교통체계로 인한 제조업 공장의 개별입지가 늘어나 인구의 증가를 더욱 부추기고 있습니다. 이에 반해, 용인남동부지역에 해당되는 원삼, 백암, 이동의 경우는 전통적인 농업중심지역으로 이촌향도에 의한 인구의 유출과 함께 자연보존권역에 해당되어 토지이용의 규제 등으로 인구의 감소·정체 경향을 보이고 있습니다.

용인의 인구분포는 1975년을 기점으로 그 공간적 구조가 다르게 나타나는데 1975년 이전에는 원삼, 백암, 양지 등의 용인남동부에 많은 인구가 분포했던 반면 1975년 이후에는 용인북서부에 위치한 기흥, 수지, 구성 등지와 1960년대 이전부터 시가지를 형성해왔던 구 용인지역에 용인총인구의 과반수가 분포하는 것으로 나타났습니다.

인구의 분포는 주로 교통의 접근성이 용이한 지역을 중심으로 나타났으며, 외곽지역으로 갈수록 희박해짐을 알 수 있었습니다.

용인의 인구밀도 역시 위와 같은 양상을 보이고 있으며 용인 총인구밀도는 점진적인 증가를 보이면서 1990년을 시작으로 급격히 높아졌습니다. 지역별로는 북서부지역의 밀도가 높은 반면 남동부지역은 오히려 감소되는 경향을 보였습니다. 영향을 준 요인에는 지역의 교통여건, 산업기반, 토지이용 등 여러 요인들이 있겠으나 그 중 아파트 위주의 택지개발로 인한 지역 간 밀도 차가 크게 나타났기 때문입니다.

용인의 인구이동은 인구가 급증한 시기와 맞물려 그 변화가 심하게 나타나고 있습니다. 1980년 이전에는 전출인구가 비교적 높게 나타나는 경향을 보이다가 1990년 이후부터는 전입인구가 급증하고 있으며 2001년 전국 시·군·구 중 제일 높은 전입초과를 보이는 것으로 나타났습니다. 시·도간으로는 구 용인과 기흥, 수지, 모현, 구성의 이동 경향이 높으며 백암, 원삼, 양지의 남동부지역은 이동경향이 낮아 전출 초과 현상을 보이는 것으로 나타났습니다.

용인의 전출입지로는 경기도 및 서울로의 이동이 많은 것으로 나타났습니다. 반면, 제주도와 대구, 대전 등으로의 이동은 적게 나타났습니다. 시·도 내 이동에 있어서도 용인과 가까운 안양, 수원, 분당과의 이동이 높게 나타났습니다. 이를 볼 때, 용인지역의 이동 구조는 근교지역에서 먼 지역으로 갈수록 그 이동의 정도가 감소되고 있음을 알 수 있었습니다.

성별구성에 있어서도 평균적으로 남자의 비율이 높게 나타나고 있으며 시기별로 약간씩의 차이를 보이기는 하나 그다지 특별한 변화는 없었습니다. 신주택지가 건설되는 북서부지역은 주로 남성의 비율이 높은 반면 남동부의 전통적 농업지역은 여성의 비율이 높은 것으로 나타났습니다. 또한 연령별로 볼 때 경제활동 연령층에 해당하는 인구의 대부분이 북서부지역에 집중분포하고 있으며 남동부지역은 농업지역의 이촌향도로 인한 고령화 현상을 보이고 있습니다.

산업별인구의 경우 1970년대 이전에는 농업 및 어업의 1차 종사자 수가 대부분이었으나 1980년대 접어들면서 산업화·도시화의 빠른 성장으로 2, 3차 산업인 제조업과 도·소매업의 증가양상을 보였습니다. 지역별로는 구 용인과 기흥에 제조업 공장들이 주로 입주해 있으며, 건설업도 비교적 많은 것으로 나타났습니다. 백암, 원삼의 남동부지역에서는 농업종사자가 아직도 많아 1차 산업의 비중이 높은 것으로 나타났습니다. 또한 용인지역은 화학, 기계, 정보처리 등의 산업이 집중되어 있으며 규모면에서 다른 지역보다 크다고 할 수 있습니다. 최근에는 용인지역의 주거환경과 교통의 접근성들이 더욱 부각되어 대단위 연구단지의 조성과 첨단자식산업들이 입지하는 경향이 두드러지고 있습니다.

수도권 남부에 위치한 우리 용인은 그 어느 지역보다도 도시화·공업화로 인한 산업의 입지 증가와 인구의 집중경향이 강하며, 토지이용과 지역특성의 변화가 심한 지역으로 이에 따른 많은 문제점이 대두되어 올바른 해결과 개발의 방향을 설정할 필요가 있는 지역입니다.

필자는 우리 용인의 인구 성장 산업의 변화를 통하여 2000년대 초까지 용인의 변화와 발전을 생각해 보았습니다.

용인의 인구는 1980년을 시작으로 1990년 이후 급격한 증가를 보였으나 지역적인 불균형을 초래하였습니다. 즉, 서울과 근접한 용인 북서부지역의 수지, 기흥, 구성에서는 인구 증가가 탁월한 반면, 용인 남동부지역에 해당되는 원삼, 백암, 이동의 경우는 정체·감소가 되었습니다. 용인 북서부지역의 경우, 서울과 주변의 수원, 성남, 분당 등에 의존적인 공간구조를 형성하고 있으며, 주요 고속도로 및 국도에 쉽게 접근할 수 있어 지역 간 연계가 수월한 토대위에 국토이용관리법의 개정으로 토지이용규제가 완화되면서 대규모의 택지개발이 수행되었으며 이에 따라 급격히 큰 인구 유입이 진행되었습니다.

용인 남동부지역은 전형적인 농촌지역으로 서북부지역에 비해 접근성이 낮아 지역 간 연계가 용이하지 못하고, 이촌향도에 의한 인구의 유출이 많았으며 자연보존권역에 해당되어 토지이용의 규제가 심해 인구밀도가 낮게 나타나고 있었습니다.

1990년부터 급증한 용인의 전업인구는 2001년 전국 시·군·구 중 가장 높은 전입초과를 보였습니다. 용인 북서부지역은 전입초과를 보였으며, 남동부지역은 전출초과를 나타냈습니다. 이동의 공간적 구조는 용인과 근접한 안양, 수원, 분당 등과의 이동은 잦은 반면, 한강 이북에 위치한 지역과의 이동은 거의 희박한 것으로 나타나 근교 지역에서 먼 지역으로 갈수록 감소되었습니다.

인구 구성의 경우 북서부지역은 주로 남성의 비율이 높고 경제활동 연령층에 해당하는 20-30대의 인구가 높게 나타난 반면, 남동부지역은 여성의 비율이 높고 65세 이상의 노년층 인구의 비중이 높게 나타났습니다. 또한, 서북부지역에 대단위의 아파트 업주가 시작되면서 노년 인구가 크게 증가하고 있어 용인 전 지역에 걸쳐 노령화 현상이 나타나고 있으며 이에 따른 시 차원의 대책 마련이 수반되어야 할 것으로 보입니다.

산업별로는 1970년대 1차 종사자 수가 대부분이었으나 1980년대 이후 산업화, 도시화의 빠른 성장으로 2, 3차 산업이 증가를 보였습니다. 그러나 백암, 원삼 등의 용인 남동부지역에서는 여전히 농업종사자가 많아 1차 산업의 비중이 높은 것으로 나타났습니다. 최근에는 용인지역의 주거환경과 교통의 접근성이 더욱 향상되어 대규모 연구단지가 조성되고 첨단지식산업들이 입지하는 경향이 두드러지고 있습니다.

참고문헌

21세기를 여는 용인시 발전 모델 개발	건국대학교 사회과학연구소
지방정부의 발전전략; 경기도 용인시편	예강환
용인군 장기발전구상	용인군
2016년 용인도시기본계획 교통계획수립 보고서	용인시
용인군 지역경제구조의 개편방향에 관한 연구	노진욱
국토 난개발과 용인	노진욱
용인군의 지방화에 관한 연구	김주환
용인지역 산업의 발전방향	이우진
용인지역 경제 활성화를 위한 물류산업의 현황과 과제	정종석
경기통계연보	경기도
용인통계연보	용인시
인구이동통계연보	통계청
인구주택 총 조사보고서	통계청

제8부

2003년 이후의 한국교회와 용기총의 이야기

용·기·총
제1장

교회는 어떤 곳인가?

김현기 목사

늘푸른순복음교회 담임목사

교회는 하나님께서 세상을 살아가는 우리들에게 주신 가장 귀중한 선물입니다.
가정도 귀한 선물이고, 직장도 귀한 선물이고, 나라도 귀한 선물이지만 교회는 가장 귀중한 선물입니다.

그렇다면 교회는 어떤 곳입니까?

교회는 구원의 방주입니다.
교회는 하나님께 제사 드리는 곳입니다.
교회는 만민의 기도하는 집입니다.
교회는 죄와 병을 치료하는 병원입니다.

교회는 은혜와 축복의 창고입니다.
교회는 어머니의 품입니다.
교회는 피로 사신 하나님의 집입니다.
교회는 그리스도의 몸입니다.
교회는 성령의 전입니다.
교회는 세상의 소금입니다.
교회는 세상의 빛입니다.
교회는 천국의 지점입니다.
교회는 만남의 장소입니다.

교회는 만남의 장소입니다.

교회는 만남의 장소입니다.
인생은 만남이고 행복과 기쁨도 만남인데 교회는 만남의 장소입니다.
교회는 하나님을 만나는 장소이고, 사람들을 만나는 장소입니다.
만남이 없는 인생은 사막과 같습니다.
만남이 없는 인생은 고독하고 불행합니다.
만남이 없을 때 인생은 시들어서 죽고 맙니다.
그런데 만남이 있는 곳이 있습니다. 그곳이 교회입니다.

하나님은 인생을 행복하게 만드시기 위해서 만남의 장소를 마련해 주셨습니다.
사막에서 오아시스를 만나듯 광야와 같은 세상에서 교회를 만나게 해주셨습니다.
하나님께서 시내 산에서 모세로 하여금 성막을 만들게 하셨습니다.

성막은 만남의 장소였습니다.
성막의 중심에는 법궤와 속죄소가 있었는데 하나님께서 그곳에서 이스라엘 백성들과 만나시겠다고 말씀했습니다.

"거기서 내가 너와 만나고 속죄소 위 곧 증거궤 위에 있는 두 그룹 사이에서 내가 이스라엘 자손을 위하여 네게 명령할 모든 일을 네게 이르리라"(출 25:22)

하나님께서 성막에서 이스라엘과 만나고, 말씀하시겠다고 했습니다.
성막은 교회의 모형입니다.
교회는 하나님을 만나는 곳이고 하나님의 말씀을 듣는 곳입니다.
야곱이란 사람이 아버지와 형을 속이고 하란으로 도망을 쳤습니다.
피난길에 오른 야곱이 어느 날 저녁 돌을 베개하고 들에 누워 잠을 자고 있었습니다. 꿈속에 사다리가 땅 위에 섰는데 그 꼭대기가 하늘에 닿았고 천사들이 그 위에서 오르락내리락 했습니다.
바로 그때 하나님께서 야곱에게 나타나서 이렇게 말씀했습니다.

"또 본즉 여호와께서 그 위에 서서 이르시되 나는 여호와니 너의 조부 아브라함의 하나님이요 이삭의 하나님이라 네가 누워 있는 땅을 내가 너와 네 자손에게 주리니 네 자손이 땅의 티끌 같이 되어 네가 서쪽과 동쪽과 북쪽과 남쪽으로 퍼져 나갈지며 땅의 모든 족속이 너와 네 자손으로 말미암아 복을 받으리라"(창 28:13-14)

야곱이 잠이 깨어 일어나서 두려움과 기쁨에 차서 이렇게 말했습니다.

"이에 두려워하여 이르되 두렵도다 이곳이여 이것은 다름 아닌 하나님의 집이요 이는 하늘의 문이로다 하고"(창 28:17)

그리고 그곳에서 돌기둥을 세우고 하나님께 예배드리며 그곳 이름을 '벧엘'이라고 했습니다.
'벧엘'이란 '하나님의 집' 곧 '교회'란 말입니다.
교회는 하나님을 만나는 곳이고 하나님의 말씀을 듣는 곳입니다.
한나가 실로에 있는 성막에 올라가서 기도하다가 하나님을 만났고 그의 아들 사무엘이 어릴 때 실로에 있는 성막에서 하나님을 섬기다가 하나님을 만났습니다.

"하나님의 등불은 아직 꺼지지 아니하였으며 사무엘은 하나님의 궤 있는 여호와의 전 안에 누웠더니 여호와께서 사무엘을 부르시는지라 그가 대답하되 내가 여기 있나이다 하고"(삼상 3:3-4)

성막은 교회의 모형입니다.

교회는 한나와 같은 속상한 사람이 하나님을 만나는 곳이고, 사무엘 같은 어린 소년이 하나님을 만나는 곳입니다.

그리고 하나님의 음성을 듣는 곳입니다.

하나님을 만나고 하나님의 음성을 들을 때 그는 행복한 사람이 됩니다.

"주의 집에 사는 자들은 복이 있나니 그들이 항상 주를 찬송하리이다"(시 84:4)

솔로몬이 예루살렘에 성전을 지은 다음 헌당예배를 드렸습니다.

그날 밤에 하나님께서 솔로몬에게 나타나서 이렇게 말씀했습니다.

"밤에 여호와께서 솔로몬에게 나타나사 그에게 이르시되 내가 이미 네 기도를 듣고 이 곳을 택하여 내게 제사하는 성전을 삼았으니 혹 내가 하늘을 닫고 비를 내리지 아니하거나 혹 메뚜기들에게 토산을 먹게 하거나 혹 전염병이 내 백성 가운데에 유행하게 할 때에 내 이름으로 일컫는 내 백성이 그들의 악한 길에서 떠나 스스로 낮추고 기도하여 내 얼굴을 찾으면 내가 하늘에서 듣고 그들의 죄를 사하고 그들의 땅을 고칠지라 이제 이곳에서 하는 기도에 내가 눈을 들고 귀를 기울이니"(대하 7:12-15)

교회는 하나님이 우리를 만나시고 우리에게 말씀하시는 곳입니다.

누가복음 18장에 죄인인 세리 한 사람이 등장합니다.

그가 기도하러 성전에 올라갔다고 했습니다.

그러나 그는 자기가 죄가 너무 큰 사람인 것을 알기 때문에 성전 앞으로 나아가지 못하고 성전 뒤에 멀리 서서 눈을 들어 하늘을 우러러 보지도 못하고 가슴을 치면서 이렇게 기도했다고 했습니다.

"세리는 멀리 서서 감히 눈을 들어 하늘을 쳐다보지도 못하고 다만 가슴을 치며 이르되 하나님이여 불쌍히 여기소서 나는 죄인이로소이다 하였느니라"(눅 18:13)

그런데 하나님께서 그의 기도를 들어 주시고 그를 만나 주셨습니다.

그리고 그의 기도를 응답해 주셨습니다.

죄인인 세리가 의인의 칭호를 받고 내려갔다고 했습니다.

교회는 죄인이 하나님을 만나는 곳입니다.
하나님의 응답을 듣는 곳입니다.
사마리아 여인 하나가 수가성 야곱의 우물가에서 예수님을 만났습니다.
이삭과 야곱의 우물은 교회의 모형들이었습니다.
야곱의 우물가에서 예수님을 만난 사마리아 여인은 그의 운명이 바뀌었고, 그의 불행이 행복으로 바뀌었습니다. 그는 수가성에 복음을 전하는 전도의 선구자가 되었고, 그곳에 교회를 세우는 교회의 반석이 되었습니다.

인생의 모든 축복과 행복은 하나님을 만나는 데서 옵니다.
그런데 하나님을 만나기 위해서는 성막에 올라가든지 벧엘로 올라가든지 성전으로 올라가야 합니다.
그런데 지금은 성막도 없고 벧엘도 없고 성전도 없습니다.
성막과 벧엘과 성전은 모두 교회를 가리키는 교회의 모형들이었습니다.
예수님이 오셔서 교회를 세운다고 선언하셨습니다.

"또 내가 네게 이르노니 너는 베드로라 내가 이 반석 위에 내 교회를 세우리니 음부의 권세가 이기지 못하리라"(마 16:18)

그러므로 지금 우리가 하나님을 만나려면 교회에 나와야 합니다.
교회는 하나님이 세우신 집이고 예수님이 세우신 집입니다.
교회는 사람들이 하나님을 만나게 하려고 하나님께서 세상에 세우신 집입니다.
주일 아침과 저녁에는 반드시 교회에 나와야 하고 특히 새벽에 교회에 나와야 합니다. 새벽에 하나님이 우리들을 만나 주십니다.

"새벽에 하나님이 도우시리로다"(시 46:5)

"새벽이슬 같은 주의 청년들이 주께 나오는도다"(시 110:3)

"깰지어다 내가 새벽을 깨우리로다"(시 57:8)

"새벽 아직도 밝기 전에 예수께서 일어나 나가 한적한 곳으로 가사 거기서 기도하시더니"(막 1:35)

우리도 모두 교회에 나와서 하나님을 만나는 축복을 받아야 합니다.
한나처럼 사무엘처럼 교회에서 하나님을 만나는 축복을 받아야 합니다.
시므온처럼 안나처럼 교회에서 하나님을 만나는 축복을 받아야 합니다.
새벽마다 교회에서 하나님을 만나는 축복을 받아야 합니다.

사도행전 2장은 예루살렘 교회가 어떻게 시작했고 어떻게 발전했는지를 보여 줍니다.
예루살렘 교회는 120명의 사람들이 함께 만나서 기도하는 가운데 시작되었습니다.

"오순절 날이 이미 이르매 그들이 다 같이 한 곳에 모였더니"(행 2:1)

예루살렘에 모여든 3천여 명의 여러 종류의 사람들이 함께 만나서 사도의 가르침을 받고 함께 교제하고 함께 봉사하므로 발전했습니다.
예루살렘 교회의 3천여 명 신자들이 서로 만나서 교제한 모습을 이렇게 기록했습니다.

"그들이 사도의 가르침을 받아 서로 교제하고 떡을 떼며 오로지 기도하기를 힘쓰니라 사람마다 두려워하는데 사도들로 말미암아 기사와 표적이 많이 나타나니 믿는 사람이 다 함께 있어 모든 물건을 서로 통용하고 또 재산과 소유를 팔아 각 사람의 필요를 따라 나눠 주며 날마다 마음을 같이하여 성전에 모이기를 힘쓰고 집에서 떡을 떼며 기쁨과 순전한 마음으로 음식을 먹고 하나님을 찬미하며 또 온 백성에게 칭송을 받으니 주께서 구원 받는 사람을 날마다 더하게 하시니라"(행 2:42-47)

여기 묘사된 예루살렘 교회의 특징은 사람들이 서로 만나서 함께 기도하고 함께 교제하며 함께 봉사하는 것이었습니다.
고넬료 집에서 시작한 가이사랴 교회도 여러 종류의 사람들이 함께 만나서 베드로의 설교를 듣는 가운데 시작되었습니다.

"이튿날 가이사랴에 들어가니 고넬료가 그의 친척과 가까운 친구들을 모아 기다리더니"(행 10:24)

안디옥에서 시작된 안디옥 교회도 유대인과 헬라인과 흑인과 백인들이 함께 모여서 금식하며 기도하는 가운데 발전했습니다.

"안디옥 교회에 선지자들과 교사들이 있으니 곧 바나바와 니게르라 하는 시므온과 구레네 사람 루기오와 분봉 왕 헤롯의 젖동생 마나엔과 및 사울이라"(행 13:1)

교회는 여러 종류의 사람들이 함께 만나는 곳입니다.
교회에는 인종과 계급의 차별이 있을 수 없습니다.
만약 어떤 교회에 백인들만 모이고 어떤 교회에 부자들만 모인다면 그런 교회는 좋은 교회가 아닙니다. 기존 신자들이 텃세를 부려서 새 신자들이 발을 붙이지 못한다면 그런 교회는 좋은 교회가 아닙니다.

교회에는 누구나 올 수가 있습니다.
경상도 사람도 전라도 사람도, 남한 출신도 북한 출신도, 가난한 사람도 부자도, 기존 신자도 새 신자도 누구나 기쁘게 올 수가 있습니다.
그러므로 우리 교회는 좋은 교회입니다.
사도 바울은 참 교회의 특성을 이렇게 표현했습니다.

"우리가 유대인이나 헬라인이나 종이나 자유인이나 다 한 성령으로 세례를 받아 한 몸이 되었고 또 다 한 성령을 마시게 하셨느니라"(고전 12:13)

"너희는 유대인이나 헬라인이나 종이나 자유인이나 남자나 여자나 다 그리스도 예수 안에서 하나이니라"(갈 3:28)

교회는 여러 종류의 사람들이 함께 만나는 곳입니다.
여러 종류의 사람들이 함께 만나서 주님께 예배드리면서 서로 교제하고 서로 봉사하는 곳입니다.
사람들이 함께 만날 때 삶의 의미와 기쁨을 누립니다.
그곳에 하나님의 축복이 임합니다.
그곳에 하나님의 뜻이 이루어지고 하나님의 나라가 이루어집니다.

지금 한국교회 안에는 예배와 봉사에 참여하는 신자보다 예배와 봉사를 구경하는 방관자들이 많이 있습니다.

큰 교회에 다니면서 예배를 구경하는 방관자들이 많이 있습니다.
인사도 없이 교제도 없이 교회에 다니는 사람들이 있습니다.
이것은 자신에게나 교회에 불행한 일입니다.
신자들과의 만남이 없을 때 신앙의 발전이 있을 수 없고 신앙생활의 기쁨과 감격이 있을 수도 없으며 교회의 발전도 있을 수 없습니다.

교회는 만남의 장소입니다.
하나님을 만나고 사람들을 만나서 기쁨과 행복을 누리는 곳입니다.

만남이 충만한 교회가 좋은 교회입니다.
하나님과의 만남이 충만하고 사람들과의 만남이 충만한 교회가 살아있는 교회입니다. 하나님과의 만남이 충만하려면 모든 성도들이 하나님을 사모하면서 기도에 힘써야 합니다.

"여호와께서는 자기에게 간구하는 모든 자 곧 진실하게 간구하는 모든 자에게 가까이 하시는도다"(시 145:18)

"너희가 온 마음으로 나를 구하면 나를 찾을 것이요 나를 만나리라"(렘 29:13)

"거기서 내가 너와 만나고 속죄소 위 곧 증거궤 위에 있는 두 그룹 사이에서 내가 이스라엘 자손을 위하여 네게 명령할 모든 일을 네게 이르리라"(출 25:22)

사람들과의 만남이 충만하려면 사람들과 모이기를 힘써야 합니다.
사람들과 인사하기를 힘써야 합니다.
사람들과 교제하기를 힘써야 합니다.
사람들과 함께 봉사하기를 힘써야 합니다.

"그들이 사도의 가르침을 받아 서로 교제하고 떡을 떼며 오로지 기도하기를 힘쓰니라"(행 2:42)

"날마다 마음을 같이하여 성전에 모이기를 힘쓰고 집에서 떡을 떼며 기쁨과 순전한 마음으로 음식을 먹고"(행 2:46)

"성도들의 쓸 것을 공급하며 손 대접하기를 힘쓰라"(롬 12:13)

성도들과의 만남과 교제를 힘써야 만남이 충만한 교회가 됩니다.
모든 일은 힘쓰는 데서 일어납니다.
사람들과의 교제의 폭을 넓히고 깊이 할 때 사람은 참으로 행복해질 수 있습니다.
하나님의 교회를 중심으로 사람들과의 교제와 봉사의 폭을 넓혀 가는 사람들은 행복한 사람들입니다.

교회는 만남의 장소입니다.
만남이 없는 교회는 교회가 아니고 만남이 없는 신자는 신자가 아닙니다.
신자는 이 세상에서 개인적으로는 존재할 수 없습니다.

"그의 안에서 건물마다 서로 연결하여 주 안에서 성전이 되어 가고 너희도 성령 안에서 하나님이 거하실 처소가 되기 위하여 그리스도 예수 안에서 함께 지어져 가느니라"(엡 2:21-22)

교회는 신자 하나하나가 서로 서로 붙어서 그리고 주님과 붙어서 만들어져 가는 존재라는 말씀입니다.

교회는 구원의 방주입니다.

교회를 여러 가지로 설명할 수 있지만 근본과 근원적으로 말하면 교회는 죄인들을 구원하기 위해서 만들어진 집이라고 말할 수 있습니다.
하나님께서 제일 먼저 만드신 구원의 집은 범죄한 아담에게 입혀 주신 양의 가죽 옷이라고 말할 수 있을 것입니다.
그것이 교회의 최초의 모형입니다.

그 다음 하나님께서 만드신 구원의 집은 '노아의 방주'였습니다.
노아의 방주야말로 교회의 모형이었습니다.

"너는 고페르 나무로 너를 위하여 방주를 만들되 그 안에 칸들을 막고 역청을 그 안팎에 칠하라"(창 6:14)

방주를 지으라고 분부하시는 분은 하나님이십니다.

교회를 지으라고 분부하시는 분도 하나님이십니다.

방주는 히브리어로는 'teba'(테바)라고 하고 영어로는 'ark'라고 하는데 '나무 상자, 나무 궤'라는 말이고 물 위에 떠 있도록 만든 '나무 집', 또는 '나무 배'라는 말입니다.

'테바'라는 히브리말이 출애굽기 2장에도 나오는데 거기서는 '갈대 상자'라고 번역이 되었습니다. 아기 모세를 담아서 나일 강에 띄운 갈대 상자도 '방주'란 말과 같은 말입니다. 노아와 그의 집은 방주에 들어가서 구원을 받았고, 아기 모세는 갈대 상자에 들어가서 건짐을 받았습니다.

하나님께서 노아에게 "방주를 지으라"고 분부하신 이유가 있었습니다.

노아와 그의 온 집을 구원하시기 위하여서였습니다.

그 당시 사람들이 죄를 너무 많이 지어서 하나님께서 사람 지으신 것을 한탄하셨다고 말씀했습니다. 결국 범죄한 사람들을 모두 물로 심판하려고 하셨습니다. 그러나 하나님을 경외하는 노아와 그의 집을 구원하시기를 원하셨다고 말씀했습니다.

"여호와께서 사람의 죄악이 세상에 가득함과 그의 마음으로 생각하는 모든 계획이 항상 악할 뿐임을 보시고 땅 위에 사람 지으셨음을 한탄하사 마음에 근심하시고 이르시되 내가 창조한 사람을 내가 지면에서 쓸어버리되 사람으로부터 가축과 기는 것과 공중의 새까지 그리하리니 이는 내가 그것들을 지었음을 한탄함이니라 하시니라"(창 6:5-7)

하나님께서 노아에게 방주를 지으라고 분부하신 이유와 목적은 죄인들을 심판하시고 의인들을 구원하시기 위함이었습니다.

하나님께서 교회를 지으라고 분부하시는 이유와 목적도 마찬가지입니다.

죄인들을 심판하시고 의인들, 곧 믿는 자들을 구원하시기 위함입니다.

노아는 하나님께서 자기에게 명하신 것을 그대로 다 준행했다고 했습니다.

"노아가 그와 같이 하여 하나님이 자기에게 명하신 대로 다 준행하였더라"(창 6:22)

사람들은 노아가 비도 오지 않는 맑은 날에 물 위에 떠 있을 커다란 나무 배를 짓는 것을 보고 비웃기도 하고 놀리기도 했을 것입니다.

노아를 미친 사람이라고 욕도 했을 것입니다.
이에 대하여 예수님께서는 말씀으로 그 시대를 표현하고 있습니다.

"노아가 방주에 들어가던 날까지 사람들이 먹고 마시고 장가들고 시집가더니 홍수가 나서 그들을 다 멸망시켰으며"(눅 17:27)

그러나 노아는 사람들의 비웃음과 놀림을 받으면서도 120년 동안 꾸준히 방주를 지었습니다.
예수님은 사도들에게 교회를 세우라고 분부했습니다.
사도들은 주님의 분부에 순종했습니다. 그래서 베드로는 예루살렘에 교회를 세웠고 사마리아에 교회를 세웠고 가이사랴에 교회를 세웠습니다. 사도 바울은 수리아와 소아시아와 마케도니아와 헬라와 로마에 가서 그곳에 교회를 세웠습니다.
하나님께서 사도들과 우리들에게 교회를 세우라고 명하신 이유와 목적은 이 세상을 심판하시고 믿는 자들을 구원하시기 위함입니다.

결국 노아와 아내와 셈과 함과 야벳 세 아들들과 그들의 자부들이 모두 방주에 들어갔고, 짐승들과 새들과 땅에 기는 모든 생물들도 한 쌍씩 또는 일곱 쌍씩 방주 안으로 들어갔습니다.

"노아는 아들들과 아내와 며느리들과 함께 홍수를 피하여 방주에 들어갔고 정결한 짐승과 부정한 짐승과 새와 땅에 기는 모든 것은 하나님이 노아에게 명하신 대로 암수 둘씩 노아에게 나아와 방주로 들어갔으며"(창 7:7-9)

비도 오지 않고 홍수도 오지 않는 맑은 날에 방주 안으로 들어가는 일이 이상한 일로 보였을 것입니다.
비합리적인 일로도 보였을 것입니다.
어리석은 일로도 보였을 것입니다.
답답한 일로도 보였을 것입니다.
노아 시대에 살던 사람들은 아무도 방주에 들어가지 않았습니다.
그러나 노아의 온 집은 방주로 들어갔습니다.

노아는 언제나 하나님의 분부에 순종했습니다.

노아가 방주로 들어가자마자 방주의 문이 닫혔다고 했습니다.

> "들어간 것들은 모든 것의 암수라 하나님이 그에게 명하신 대로 들어가매 여호와께서 그를 들여보내고 문을 닫으시니라"(창 7:16)

방주의 문이 항상 열려 있는 것은 아니었습니다.

방주에 들어갈 수 있는 시간이 정해져 있었습니다.

문이 닫히는 때가 있습니다.

예수님은 사도들에게 "교회를 세우라"고 분부하신 다음 "교회를 사람들로 가득히 채우라"고 분부했습니다.

> "주인이 종에게 이르되 길과 산울타리 가로 나가서 사람을 강권하여 데려다가 내 집을 채우라"(눅 14:23)

그런데 사람들은 교회 안으로 들어가지 않고 밭으로 가고, 들로 가고 또는 신혼여행 갔다고 했습니다.

예수님은 '마지막 때에도 사람들이 방주로 들어가지 않을 것'이라고 경고했습니다.

> "노아의 때에 된 것과 같이 인자의 때에도 그러하리라 노아가 방주에 들어가던 날까지 사람들이 먹고 마시고 장가들고 시집가더니 홍수가 나서 그들을 다 멸망시켰으며…인자가 나타나는 날에도 이러하리라"(눅 17:26-27, 30)

오늘날도 사람들이 사업 핑계, 골프 핑계, 또는 집안 일 핑계로 교회에 들어오는 것을 거부하거나 미루고 있습니다.

그러나 문이 닫힐 때가 있습니다.

들어오고 싶어도 들어오지 못할 때가 있습니다.

그래서 예수님께서 노아의 일을 말씀하신 다음 이렇게 경고했습니다.

> "두 여자가 함께 맷돌을 갈고 있으매 하나는 데려감을 얻고 하나는 버려둠을 당할 것이니라"(눅 17:35)

오늘날도 방주에 들어가는 것이 재미없다고 생각하는 사람들이 많이 있습니다. 답답하다고 생각하는 사람들도 많이 있습니다. 그러나 사실 방주 안에 들어 온 사람들은 방주 안이 재미가 없거나 답답하다고 생각하지 않습니다.

방주 안에는 먹을 것도 충분히 있었습니다.
방주 안에는 사랑하는 가족들이 있었습니다.
방주 안에는 마치 에덴동산에서처럼 각양각색 동물들이 옹기종기 모여 있었습니다.

비가 오고 홍수가 왔을 때 방주를 운전할 필요도 없었습니다.
방주는 배가 아니었고 그저 물 위에 떠 있는 집이었기 때문입니다.
방주의 운전은 하나님이 하시고 있었습니다.
비가 오고 홍수가 왔을 때, 하나님의 심판이 임할 때 방주 안에서 하나님이 하시는 일을 구경하는 일이 재미가 없고 답답한 일은 아니었을 것입니다.
방주는 안전한 곳입니다.
하나님의 품입니다.
방주 안에 들어가는 일이 중요합니다.

"너와 네 온 집은 방주로 들어가라!"

이것이 하나님의 분부요 명령입니다.
교회 안으로 들어오는 일이 중요하다는 말씀입니다.

한편 방주에 들어간 사람과 짐승들은 모두 구원을 얻었고 방주에 들어가지 않았던 생물들은 모두 심판을 당했습니다.
교회 안에 들어 온 사람은 구원을 얻고 교회 안에 들어오지 않은 사람은 구원을 얻지 못합니다. 그래서 '키프리안'이라는 초대교회의 지도자는 다음과 같은 유명한 말을 남겼습니다.

"교회 밖에는 구원이 없다."

이 말은 틀림이 없는 진리입니다.

교회에 들어와서 세례를 받고 예배와 교제와 봉사의 삶을 살지 못하는 사람은 구원을 받을 수 없습니다.

교회 밖에는 구원이 없습니다. 왜냐하면 교회는 하나님이 세우시고 예수님이 세우신 이 세상에 하나밖에 없는 구원의 집이기 때문입니다.

노아와 그의 집은 방주에 들어가서 구원을 얻었고, 모세는 미니어처 방주라고 할 수 있는 조그만 갈대 상자에 들어가서 구원을 얻었으며, 우리들은 교회 안에 들어와서 구원을 얻습니다.

하나님께서 노아를 구원하신 다음 그를 축복하시면서 그에게 새로운 사명을 부여하셨습니다.

> "하나님이 노아와 그 아들들에게 복을 주시며 그들에게 이르시되 생육하고 번성하여 땅에 충만하라"(창 9:1)

아담과 하와에게 말씀하신 것과 같은 축복과 사명이었습니다.

하나님께서 아담과 하와에게 이렇게 말씀하신 일이 있습니다.

> "하나님이 그들에게 복을 주시며 하나님이 그들에게 이르시되 생육하고 번성하여 땅에 충만하라, 땅을 정복하라, 바다의 물고기와 하늘의 새와 땅에 움직이는 모든 생물을 다스리라 하시니라"(창 1:28)

여기서 "땅에 충만하라"는 부분 가운데는 "땅을 정복하고 땅을 다스리라"는 내용이 포함되어 있다고 생각합니다.

하나님께서 노아에게 땅에 충만하고 땅을 정복하고 땅을 다스리라는 세계 선교의 사명을 새롭게 부여하셨습니다.

이 사명은 앞으로 우주 선교의 사명으로 확대될 것입니다.

> "온 우주를 정복하고 다스리라!"

이것이 방주 안에서 그리고 교회 안에서 구원함을 받은 하나님의 백성들이 수행하여야 할 사명입니다.

칼과 창으로 땅을 정복하고 우주를 다스리는 것이 아니라 하나님의 사랑과 공의의 법칙으로 땅을 정복하고 우주를 다스리라는 말입니다.

교회는 구원의 방주입니다.
하나님께서 노아와 모세와 그리고 예수님을 믿는 우리 모두를 심판과 멸망에서 구원하시기 위해서 만드신 구원의 방주가 교회입니다.
하나님께서는 우리에게 세 가지 사명을 주셨습니다.

첫째는, 방주 곧 교회를 지으라는 사명입니다.

둘째는, 방주 안으로 들어가라는 것입니다. 내가 들어가고 내 가족과 내 이웃이 들어가도록 하라는 것입니다.

셋째는, 하나님께 복을 받고 그 받은 복을 가지고 세상을 정복하고 다스리라는 것입니다. 이 세상을 변화시키라는 사명입니다.

거짓말하는 한국 사회를 정직한 사회로 바꾸고, 불친절한 사회를 친절한 사회로 바꾸고, 사치하는 사회를 검소한 사회로 바꾸고, 악한 사회를 선한 사회로 바꾸는 것이 구원받은 우리들이 해야 할 사명입니다.

교회는 은혜를 베푸는 시은소입니다.

교회는 하나님의 돌보시는 손길이 있는 곳입니다.
교회는 하나님이 베푸시는 은혜가 있는 곳입니다.

'시은소'란 말은 '은혜를 베푸시는 곳'이란 말입니다.
교회는 은혜를 베푸시는 시은소입니다.
성경에 보면 하나님께서 이스라엘에게 이슬과 같은 은혜를 베푸신다고 말씀했습니다.

"내가 이스라엘에게 이슬과 같으리니 그가 백합화 같이 피겠고 레바논 백향목 같이 뿌리가 박힐 것이라"(호 14:5)

여기서 '이스라엘'은 '성도들', '교회'를 가리키고, '이슬'은 '고요하고 세미하게 내려 주시는 하나님의 은혜'를 가리킵니다.

하나님께서 교회에 이슬과 같은 고요하고 세미한 은혜를 날마다 내려 주신다는 말씀입니다.

대지와 산천초목은 새벽마다 고요하고 세미한 이슬을 받아먹어야 싱싱하게 살아납니다. 이슬을 받아먹지 않으면 사막이 되어 죽고 맙니다.

반대로 대지와 산천초목이 폭우와 같은 너무 많은 물을 한꺼번에 받으면 오히려 뿌리와 가지가 썩어서 죽습니다.

산천초목이 건강하고 아름답고 싱싱하게 자라려면 새벽마다 고요하고 세미하게 내리는 이슬을 받아먹어야 합니다.

우리들도 마찬가지입니다.

하나님이 내려 주시는 고요하고 세미한 이슬과 같은 은혜를 매일 매일 받아먹어야 삽니다. 과거에 한 번 은혜를 받았다고 몇 달 동안 이슬과 같은 은혜를 받아먹지 않으면 사막처럼 심령이 메말라져서 죽고 맙니다. 그렇다고 왕창 큰 은혜를 한꺼번에 다 받아먹으려고 하다가는 물에 빠져서 뿌리와 가지가 썩어서 죽을 수도 있습니다.

우리는 매일 매일 조금씩 고요하고 세미하게 내려 주시는 이슬과 같은 은혜를 받아먹어야 합니다.

그런데 이와 같은 은혜를 시온에 부어 주시고 교회에 부어 주십니다.

"헐몬의 이슬이 시온의 산들에 내림 같도다 거기서 여호와께서 복을 명령하셨나니 곧 영생이로다"(시 133:3)

그러므로 이슬 같은 은혜를 받아먹기 위해서는 매일 새벽 하나님의 집 시온에 올라와서 기도의 제단을 쌓아야 합니다.

이슬을 받아먹으면 백합화 같이 피어납니다.

'백합화 같이 피겠다'는 말은 '아름답고 향기로워진다'는 말입니다.

백합은 아름다움과 향기를 지니고 있습니다.

방 안에 백합화가 있으면 방이 아름다워지고 향기로워집니다.

새벽에 교회에 나와서 이슬과 같은 은혜를 머금은 신자들은 아름답고 향기로운 백합화처럼 피어납니다.

새벽에 나오는 성도들은 모두 백합화처럼 아름답고 향기롭습니다.

이슬을 받아먹으면 또한 백향목 같이 힘 있고 멋지게 자랍니다.

"레바논 백향목 같이 뿌리가 박힐 것이라!"

백향목은 나무 중에서도 귀한 나무입니다.

성전의 재료로 쓰였던 곧고 굳고 향기로운 나무입니다.

'백향목 같은 사람이 된다'는 것은 '모든 곳에서 귀하게 쓰임을 받는 곧고 굳고 멋진 사람이 된다'는 것을 말합니다.

새벽에 나와서 이슬과 같은 은혜를 받아먹는 사람들은 우리 사회 어느 곳에 가든지 귀하게 쓰임 받는 곧고 굳고 멋진 사람들이 됩니다.

그래서 시편 110편 3절에서는 은혜를 받아 거룩한 옷을 입은 헌신자들을 가리켜 '새벽이슬 같은 주의 청년들'이라 노래하고 있습니다.

"주의 권능의 날에 주의 백성이 거룩한 옷을 입고 즐거이 헌신하니 새벽이슬 같은 주의 청년들이 주께 나오는도다"

그렇습니다.

교회와 사회 안에서 귀하게 쓰임 받는 백향목 같은 일꾼들이 되기 위해서는 새벽마다 하나님의 집 시온에 올라와서 하나님이 내려 주시는 이슬 같은 은혜를 사모하면서 받아먹어야 합니다.

사모해야 은혜를 받습니다.

하나님께서 때로는 비와 같은 은혜를 내려 주신다고 했습니다.

"내가 그들에게 복을 내리고 내 산 사방에 복을 내리며 때를 따라 소낙비를 내리되 복된 소낙비를 내리리라"(겔 34:26)

여기서 '그들'은 하나님께서 구원하시고 인도하시는 양 무리들을 가리킵니다.
즉, '교회의 성도들'을 가리킵니다.
하나님께서 때때로 교회에 비와 같은 흡족한 은혜를 내려 주신다는 말씀입니다.
호세아 6장 3절에서도 하나님께서 이스라엘에게 비와 같은 은혜를 베푸신다고 말씀했습니다.

"그러므로 우리가 여호와를 알자 힘써 여호와를 알자 그의 나타나심은 새벽 빛 같이 어김없나니 비와 같이, 땅을 적시는 늦은 비와 같이 우리에게 임하시리라 하니라"

대지와 산천초목이 힘 있게 자라고 풍성한 열매를 맺기 위해서는 이슬만 받아먹어서는 안 됩니다.
때로는 흡족한 비를 맞아야 합니다.
봄비와 여름비도 맞아야 하고, 소낙비도 맞아야 하고, 가을비(늦은 비)도 맞아야 합니다.
비를 맞아야 산천초목이 힘 있게 자라서 풍성한 열매를 맺습니다.
비를 맞지 않으면 열매를 맺지 못합니다.

우리들도 마찬가지입니다. 하나님이 내려 주시는 이른 비와 늦은 비와 같은 흡족한 은혜를 때때로 받아 마셔야 풍성한 삶을 살게 됩니다.
이것은 때때로 특별한 은혜를 받는 것을 말합니다.
우리는 비와 같은 흡족한 은혜를 때를 따라 받아야 합니다.
사모해야 은혜를 받게 되는 것입니다.

하나님께서 이스라엘에게 은혜를 베푸시되 날마다 이슬과 같은 은혜를 베푸시고, 때로는 비와 같은 은혜를 내려 주시고, 때로는 바람과 같은 은혜를 보내 주신다고 했습니다.
에스겔 37장 5절에 보면 '하나님께서 이스라엘에게 바람과 같은 은혜를 보내시겠다'고 말씀했습니다.

"주 여호와께서 이 뼈들에게 이같이 말씀하시기를 내가 생기를 너희에게 들어가게 하리니 너희가 살아나리라"

여기서 '생기'라는 말은 '루아흐', 즉 '바람'이라는 말입니다.

하나님께서 생기 즉, 생명이 넘치는 성령의 바람을 이스라엘에게 보내 주셔서 그들이 살아나게 하시겠다고 말씀했습니다.

사람은 본래 하나님의 생기가 충만하도록 지음을 받았습니다.

하나님의 생명이 충만하도록 지음을 받았습니다.

그런데 죄를 지으므로 하나님의 생기가 점점 죽어갔습니다.

하나님의 생명이 점점 죽어 갔습니다.

그래서 하나님께서 생기를 다시 부어 주시는 은혜를 주시겠다고 약속했습니다.

그 약속이 사도행전 2장 2절 말씀에서 이루어졌습니다.

"홀연히 하늘로부터 급하고 강한 바람 같은 소리가 있어 그들이 앉은 온 집에 가득하며"

성령의 바람이 120명에게 불어와서 임했을 때 저들이 모두 생기로 충만하고 성령으로 충만하게 된 것입니다.

영적인 사람으로 살아나게 된 것입니다.

그래서 기도가 뜨거워지고 찬양이 뜨거워지고 전도가 뜨거워지고 봉사가 뜨거워지게 되었습니다.

하나님께서 바람과 같은 은혜를 교회에 보내 주셨습니다.

예루살렘 교회에 보내 주셨고, 사마리아 교회에 보내 주셨고, 고넬료 집의 가이사랴 교회에 보내 주셨고, 에베소 교회에 보내 주셨고, 이 시대 우리들의 교회에도 보내 주셨습니다.

교회는 은혜를 부어 주시는 곳입니다.

교회는 이슬과 같은 은혜를 내려 주시고, 비와 같은 은혜를 부어 주시고, 바람과 같은 은혜를 보내 주시는 곳입니다.

우리는 교회에 나와서 이슬과 같은 은혜를 받아먹어야 합니다.
우리는 교회에 나와서 단비와 같은 은혜를 흡족히 받아 마셔야 합니다.
우리는 교회에 나와서 바람 같은 성령의 은혜를 충만히 받아야 합니다.

교회는 세상의 소금과 빛입니다.

예수님께서 자기를 따르는 제자들을 보시고 이렇게 말씀했습니다.
"너희는 세상의 소금이니 … 너희는 세상의 빛이라…"(마 5:13-16)

이 말씀은 그 당시 주님을 따르던 제자들뿐 아니라 오늘날 예수님을 믿고 따르는 우리 성도들에게도 해당되는 말씀입니다.
우리 믿는 성도들이 함께 모여 있는 오늘의 교회를 향해서도 하시는 말씀입니다.
예수님은 지금 이 시간에도 주님을 믿고 따르는 여러분들과 저를 향해서 그리고 우리 교회를 향해서 이렇게 말씀하실 것입니다.
"너희는 세상의 소금이니, 너희는 세상의 빛이라."
"너희 교회는 세상의 소금이니, 너희 교회는 세상의 빛이라."

이 말씀은 교회의 사회적 책임을 지적하시는 말씀입니다.

교회는 세상의 소금과 빛입니다.
교회는 세상에서 사회적 책임을 수행하는 신앙 공동체입니다.
만일 교회가 세상에 대해서 무관심하고 사회에 대한 책임을 수행하지 않는다면 그런 교회는 참된 교회가 아닐 것입니다.

소금이 하는 일에는 세 가지가 있습니다.
소금이 하는 첫 번째 일은 썩는 것을 막는 것입니다.

생선에 소금을 뿌리면 생선이 썩지 않습니다.
삶은 콩에 소금을 뿌리면 콩이 썩지 않습니다.
무와 배추에 소금을 뿌리면 무와 배추가 썩지 않습니다.
소금은 썩는 일을 방지합니다.

소금이 하는 두 번째 일은 맛을 내는 일입니다.
생선에 소금을 뿌리면 맛있는 굴비도 되고 맛있는 고등어도 됩니다.
삶은 콩에 소금을 뿌리면 맛있는 된장이 됩니다.
무와 배추에 소금을 뿌리면 맛있는 김치가 됩니다.
소금은 맛을 내는 일을 합니다.

소금이 하는 세 번째 일은 스스로 없어지는 것입니다.
소금은 자기의 모습을 드러내지 않습니다.
녹아서 없어지고 맙니다.

성도와 교회의 사회적 책임도 마찬가지입니다.
첫째, 성도와 교회는 썩어져 가는 사회를 썩지 않도록 막는 일입니다.
    이 세상과 사회는 그대로 놔두면 썩을 수밖에 없습니다.
    가정도 썩고 학교도 썩고 사업도 썩고 정치도 썩을 수밖에 없습니다.
    거짓과 부정부패, 그리고 폭력과 향락과 퇴폐가 판을 치고 있는 곳이 이 세상이요 사회이기 때문입니다.
    130여 년 전 복음이 한국에 들어왔을 때 교회는 소금의 역할을 했습니다.
    썩어져 가는 한국의 사회가 썩는 것을 막는 일을 했습니다.
    정직 운동이 일어났고, 절제 운동이 일어났고, 사랑 운동이 일어났습니다.

둘째, 성도와 교회는 맛이 없는 삶을 맛있게 만드는 역할을 합니다.
    복음이 이 땅에 들어왔을 때 교회는 사람들의 삶에 보람과 의미를 부여해 주었습니다.

사명의식과 소명의식을 부여해 주었습니다.

가정을 돌보는 일을 비롯해서 노동하는 일, 공부하는 일, 사업하는 일, 정치하는 일에 보람과 의미를 부여해 주었습니다.

그래서 사람들은 삶의 맛을 누리며 살게 되었습니다.

찬란한 기독교 문화를 창조했습니다.

셋째, 성도와 교회는 어느 곳이나 가서 녹아 없어지는 일을 합니다.

'없어진다'는 것은 '희생'을 의미합니다.

손해를 보는 것을 의미합니다.

돈도 좀 손해를 보고, 시간도 좀 손해를 보고, 건강도 좀 손해를 보고, 마지막에는 생명도 좀 손해를 보는 것을 의미합니다.

손해를 보지 않으려는 사람은 소금이 될 수 없습니다.

소금이 된다는 것은 인정과 높임을 받는 것보다는 오히려 멸시와 천대를 받는 것을 말합니다. 특히 봉사와 전도하는 일을 할 때 신자와 교회는 무시를 당하는 경우가 많습니다.

그렇다면 지금 우리 교회의 모습은 어떠합니까?

썩는 것을 막고 있습니까? 함께 썩어져 가고 있습니까?

맛을 내고 있습니까? 오히려 맛이 없어지게 하고 있지는 않습니까?

스스로 없어지며 희생하고 있습니까?

아니면 오히려 자신을 드러내며 이익을 챙기고 있습니까?

우리 교회가 참된 교회가 되려면 여러분들과 제가 우리 지역 사회에서 썩는 일을 막아야 합니다.

정직 운동, 절제 운동, 사랑 운동을 실천해 나아가야 합니다.

삶의 맛을 내는 일을 해야 합니다.

우리 교회를 크게 선전하는 일보다는 차라리 녹아서 없어지도록 힘써야 할 것입니다.

빛이 하는 일에도 세 가지가 있습니다.

첫째, 어두움을 비춥니다.
> 숨어 있던 것들을 밝히 드러냅니다.
> 그러면 더러운 것도 드러나고 잘못된 것도 드러납니다.
> 그러면 어두움이 물러갑니다.

둘째, 빛은 밝음과 따뜻함을 가져다줍니다.
> 빛이 비치면 마음에 평안함과 기쁨이 생깁니다.
> 빛이 비치면 아름답고 좋습니다.

셋째, 빛은 방향을 제시하는 일을 합니다.
> 등대의 불빛은 배가 항해하는 방향을 제시하고 자동차의 전조등은 자동차가 운전할 방향을 제시합니다.
> 빛은 방향을 제시합니다.

성도와 교회의 사회적 책임도 마찬가지입니다.
첫째, 성도와 교회는 어두움을 비춥니다.
> 세상의 어두움을 드러내는 심판의 역할을 합니다.
> 이 세상의 죄악을 드러내는 심판의 일을 합니다.
> 130여 년 전 복음이 이 땅에 들어왔을 때 한국교회는 이 땅에 존재하던 도덕적·사회적 죄악을 드러내는 일을 했습니다.
> 미신을 타파했습니다.
> 첩 제도를 타파했습니다.
> 남녀 차별제도를 타파했습니다.
> 그렇다면 오늘 우리 한국교회의 모습은 어떠합니까?
> 불의를 심판하고 있습니까?
> 오히려 불의와 타협하며 불의를 범하고 있지는 않습니까?

둘째, 성도와 교회는 밝고 따뜻한 빛을 비추는 역할입니다.
> 여기서 '빛'은 물리적인 빛이 아니라 '도덕적인 착함의 빛'을 말합니다.

이에 성경은 다음과 같이 증거합니다.

"이같이 너희 빛이 사람 앞에 비치게 하여 그들로 너희 착한 행실을 보고 하늘에 계신 너희 아버지께 영광을 돌리게 하라"(마 5:16)

교회는 어둡고 차가운 이 세상에 밝고 따뜻한 착함과 사랑의 빛을 비추는 역할을 합니다.
빛의 근원이 되시는 예수님의 모습을 비추는 역할을 한다는 말입니다.
그러면 이 세상은 아름다운 곳이 됩니다.

그렇다면 어떻게 빛을 비춥니까?
우선 얼굴에 웃음을 나타내며 빛을 비춥니다.
그리고 부드러운 말과 칭찬의 말을 하면서 빛을 비춥니다.

부드러운 칭찬의 말을 서로 나눠 보십시오.
그 다음 아름다운 영혼의 노래를 부르므로 빛을 비춥니다.
그 다음에는 착함과 사랑을 실천할 때 주님의 빛이 밝게 비칩니다.
교회가 세상에 착함과 사랑의 빛을 비출 때 세상은 아름다워지고 따뜻해지고 즐거워집니다. 교회가 할 일이 이와 같이 착함과 사랑의 행실의 빛을 세상에 비추는 일입니다.

그렇다면 오늘의 한국교회의 모습은 어떠합니까?
밝고 따뜻한 착함과 사랑의 빛을 비추는 역할을 하고 있습니까?
오히려 추악한 모습을 드러내고 있지는 않습니까?

세상은 지금 방향을 잃고 있습니다.
공부하는 학생들은 왜 공부를 하고 있는지 그 이유와 목적과 방향을 알지 못하고 있습니다. 현대인들은 삶의 목표가 무엇인지를 알지 못하고 있습니다.
교회는 현대인들에게 삶의 목표와 방향을 보여주는 안내자의 역할을 해야 합니다.
길을 보여주어야 합니다.

그렇다면 어디로 가는 방향을 보여주어야 합니까?

어디로 가는 길을 보여주어야 합니까?

하나님께로 가는 길과 방향을 보여주어야 합니다.

하나님을 바라보면서 사는 삶을 보여주어야 합니다.

공부를 하든지 사업을 하든지 하나님을 바라보면서 살아야 하는 삶의 방향을 보여주어야 합니다.

하나님을 바라보면서 하면 모든 일이 더 잘됩니다.

모든 일이 보람과 의미가 있고 기쁜 일이 됩니다.

이에 성경은 "이같이 너희 빛이 사람 앞에 비치게 하여 그들로 너희 착한 행실을 보고 하늘에 계신 너희 아버지께 영광을 돌리게 하라"(마 5:16)고 결론을 내립니다.

성도와 교회는 하나님을 밝히 보여주는 일을 해야 한다는 것입니다.

빛은 자기 자신을 나타내지 않고 어떤 사물을 밝히며 드러냅니다.

마찬가지로 교회는 자기 자신을 비추며 자기 자신을 드러내지 않고 교회의 주인이신 예수 그리스도와 하나님 아버지를 드러냅니다.

교회는 하나님을 바라보면 사는 삶의 방향을 보여주어야 합니다.

하나님께 영광을 돌리며 사는 삶이 가장 값지고 가장 보람되고 가장 행복한 삶임을 보여주어야 합니다.

성경은 이 같은 삶을 살게 하도록 "너희 빛을 비추라"고 하십니다.

교회는 이 같은 사명을 제대로 수행하고 있는지 돌아보아야 합니다.

우리 교회가 이와 같은 사명을 수행할 수 있기를 바랍니다.

어두운 세상에 빛을 비추므로 사람들로 하여금 하나님을 바라보게 하고, 하나님께 영광을 돌리며 살게 하는 일을 수행할 수 있기를 바랍니다.

교회가 어떤 곳입니까?

교회는 세상에서 소금과 빛의 역할을 수행하면서 사는 신앙 공동체입니다.

따라서 교회는 교회 안에만 머물러 있으면 안 됩니다.
세상으로 나아가야 합니다.
소금과 같이 세상 어디에나 들어가 녹아서 없어져야 합니다.
교회가 없어져도 소금의 역할을 수행하면 됩니다.
빛과 같이 세상 어디에나 비치므로 죄악을 드러내고 그리고 밝음과 따뜻함의 빛을 비추어야 합니다.
교회를 비추면 안 됩니다.
우리 주님의 아름다운 모습을 비추며 주님을 드러내야 합니다.

그렇다면 우리가 어떻게 소금이 되고 빛이 될 수 있습니까?
주님의 생명을 받아먹으므로 소금이 될 수 있습니다.
빛이 되시는 예수님을 바라보므로 빛이 될 수 있습니다.

교회는 만민이 기도하는 집입니다.

'교회가 만민의 기도하는 집'이라는 말은 옛날 선지자 이사야가 한 말이고, 그 다음에 예수님께서 하신 말씀입니다.

"내 집은 만민이 기도하는 집이라"(사 56:7)

"내 집은 만민이 기도하는 집이라"(막 11:17)

교회는 누구든지 와서 하나님을 만나고 기도하는 집이라는 말입니다.
사람이 살아가는 데 있어서 서로 만나고 서로 말하는 것보다 반갑고 즐거운 일은 없습니다.

인생은 만남이요 대화입니다.
교회는 만남의 방이요 대화의 방입니다.

하나님과 만나는 곳이고 하나님과 말하는 곳입니다.
성경은 분명하게 증거합니다.

"내 집은 만민이 기도하는 집이라"

교회는 '만민이' 기도하는 집이라고 했습니다.
'모든 사람이' 기도하는 집이라는 말입니다.

교회는 누구나 나올 수 있는 곳입니다.
믿음이 있는 사람도 나올 수 있고 믿음이 없는 사람도 나올 수 있는 곳입니다.
누가복음 18장에 '바리새인도 성전에 올라왔고 세리도 성전에 올라왔다'고 했고,
마태복음 21장에도 '장사하는 사람도 성전에 올라왔고 맹인과 저는 자들도 성전에 올라왔다'고 했습니다.
교회는 누구나 나올 수 있는 '만민의 집'입니다.
흑인은 올 수 없고 백인만 올 수 있는 교회는 참 교회가 아닙니다.

또한 교회는 '만민이 기도하는 집'입니다.
교회에서 물론 여러 가지 일을 할 수 있습니다.
교회에서 성도들이 모여서 교제도 하고, 구제도 하고, 전도도 하고, 선교도 하고, 회의도 할 수 있습니다.
그러나 교회는 근본적으로 기도하기 위해서 만들어진 곳입니다.
그리고 '기도하는 집'이란 말은 '교회에서 교제를 하든지, 구제를 하든지, 전도를 하든지, 무엇을 하든지 기도하면서 하라'는 말입니다.

교회는 하나님을 만나서 하나님과 말하기 위해서 만들어진 기도하는 집입니다.
솔로몬이 성전을 지어서 봉헌했을 때 하나님께서 솔로몬에게 이렇게 말씀했습니다.

"내가 이미 네 기도를 듣고 이곳을 택하여 내게 제사하는 성전을 삼았으니 … 이제 이곳에서 하는 기도에 내가 눈을 들고 귀를 기울이니 이는 내가 이미 이 성전을 택하고 거룩하게 하여 내 이름을 여기에 영원히 있게 하였음이라 내 눈과 내 마음

내 눈과 마음이 항상 여기에 있으리라"(대하 7:12, 15-16)

교회는 '기도하는 집'입니다.
하나님을 만나서 하나님과 말하는 집입니다.
그렇다면 어떻게 해야 하나님과 말을 잘할 수 있겠습니까?
어떻게 해야 하나님께 기도를 잘할 수 있겠습니까?

먼저 '아버지'라고 불러야 합니다.
예수님도 기도를 가르치실 때 제일 먼저 '아버지'라고 부르라고 말씀했습니다.
성령님도 우리의 기도를 도와주실 때 "아바 아버지여!"라고 부르도록 가르쳐 주신다고 했습니다.

첫째로, 찬양을 하면 기도가 잘됩니다.
둘째로, 감사를 하면 기도가 가볍게 하늘로 올라갑니다.
셋째로, 회개를 하면 기도가 하나님께 직통합니다.
넷째로, 타인을 위해 중보의 기도를 하면 기도가 힘이 있게 됩니다.
그리고 제일 마지막 다섯 번째로, 자기를 위한 간구의 기도를 하면 그 기도는 저절로 하늘로 올라갑니다.

교회는 '기도하는 집'입니다.
일주일에 한 번이 아닌 언제나 사람들이 나와서 하나님을 만나는 곳이고, 하나님께 말하는 곳입니다.
그래서 교회에는 새벽기도회가 있습니다.
예수님께서도 이른 새벽에 기도하셨습니다.
새벽마다 기도하는 것이 쉬운 일은 아닙니다.
그래서 기도는 싸움이라고 말합니다.
이는 여러 가지 핑계와 장애물과 싸워서 이겨야 기도할 수가 있기 때문입니다.

교회는 성도들이 기도하는 집이고 교회는 하나님께서 성도들의 기도를 들으시는 곳입니다. 그래서 성경은 성도들이 성소에 들어가서 기도하라고 말합니다. 때를 따라 돕는 은혜를 받기 위해서 은혜의 보좌 앞으로 나아가라고 분부합니다.

그렇다면 기도하는 사람이 누리는 축복은 무엇입니까?

기도하는 사람은 하나님의 은혜를 받습니다.
하나님이 나와 함께 하심을 항상 느끼면서 사는 은혜를 받습니다.
항상 기쁘고 즐겁고 감사하고 여유 있게 사는 은혜를 받습니다.
하나님의 뜻을 이루면서 사는 은혜를 받습니다.

반대로 기도를 게을리 하는 사람은 하나님의 은혜를 받지 못합니다.
하나님의 임재를 체험하지 못합니다.
기쁨과 감사 대신 불평과 불만 가운데서 삽니다.
하나님의 뜻을 이루는 대신 자기의 뜻을 이루면서 삽니다.
그러므로 우리는 만민의 기도하는 집으로 만들어 주신 교회에 날마다 나와서 하나님께 기도하기를 힘써야 합니다.

한편 성경은 '교회'를 '집'이라 말하고 있습니다.
건물이 아니라 집이란 말입니다.
가정과 같은 곳이란 말입니다.

그렇습니다.
교회는 집입니다.
그래서 초대교회는 집에서 교회가 시작했습니다.
교회가 집에 있었습니다.
이에 대한 성경의 증거입니다.

"아시아의 교회들이 너희에게 문안하고 아굴라와 브리스가와 그 집에 있는 교회가 주 안에서 너희에게 간절히 문안하고"(고전 16:19)

"라오디게아에 있는 형제들과 눔바와 그 여자의 집에 있는 교회에 문안하고"(골 4:15)

그래서 어린 아기도 나오고 할머니 할아버지도 함께 나옵니다.

예수님이 성전 안에 들어갔을 때 성전 안에는 장사하는 사람들, 매매하는 사람들, 즉 물건을 사고파는 사람들이 많이 있었습니다.
돈을 바꾸는 사람들도 많이 있었습니다.
예수님은 성전 안에서 장사하고 매매하는 사람들의 상과 의자를 둘러엎으시고 그들을 성전에서 내쫓으시고 이렇게 말씀하셨습니다.

"그들에게 이르시되 기록된바 내 집은 기도하는 집이라 일컬음을 받으리라 하였거늘 너희는 강도의 소굴을 만드는도다 하시니라"(마 21:13)

강도의 소굴을 만들었다는 말입니다.
그들이 성전에 나온 목적이 하나님을 만나고 하나님께 기도드리기 위해서 나온 것이 아니라 사업하기 위해서 나왔다는 말씀입니다.
교회를 사업의 도구로 삼기 위해서 교회에 나오는 사람도 있습니다.
교회를 정치의 도구로 삼기 위해서 교회에 나오는 사람도 있습니다.
교회를 자기 취미와 인기의 수단으로 삼기 위해서 교회에 나오는 사람도 있을 수 있고, 교회에 나와서까지 장사하는 일과 사업하는 일을 생각하는 사람도 있습니다.

교회에 나와 앉아서도 하나님 만날 생각보다는, 하나님께 기도드릴 생각보다는, 교회의 행정과 교회의 사업에 관심을 기울일 수도 있습니다. 만약 우리가 교회에 나와 앉아 있으면서도 기도하는 일에 관심을 기울이지 않고 다른 일에 관심을 기울인다면 우리도 주님의 책망을 들을 수밖에 없을 것입니다.

"내 집은 기도하는 집이라 일컬음을 받으리라 하였거늘 너희는 강도의 소굴을 만드는도다"

하나님의 집인 교회를 어떻게 대하시겠습니까?

만민이 기도하라고 하신 하나님의 집을 어떻게 대하시겠습니까?
날마다 하나님의 집에 올라와서 기도하기를 힘쓰면서 사시겠습니까?
한평생 사업에만 열을 올리면서 기도하는 집에 올라오는 일을 게을리 하면서 사시겠습니까?

마태복음 21장에 보면 대부분의 사람들은 성전에 올라와서 장사를 했지만 맹인과 저는 자들 몇 사람이 성전에 올라와서 예수님 앞에 무릎을 꿇었다고 했습니다.
"맹인과 저는 자들이 성전에서 예수께 나아오매 고쳐주시니"(마 21:14)

결국 그들은 은혜를 받았습니다.
병 고침 받는 은혜를 받았습니다.

누가복음 18장에 보면 두 사람이 성전에 올라왔습니다.
한 사람은 자기를 과시하다가 은혜를 받지 못했고, 다른 한 사람은 자기를 부끄러워하면서 자기를 낮추다가 은혜를 받았습니다.

여러분들은 모두 '만민의 기도하는 집'에 올라와서 하나님의 은혜를 받으시기를 바랍니다.
하나님이 함께 하시는 은혜를 받으시기를 바랍니다.
기쁘고 즐겁고 감사하며 사시는 은혜를 받으시기를 바랍니다.
하나님의 뜻을 이루며 사시는 은혜를 받으시기를 바랍니다.
병 고침을 받는 은혜를 받으시기를 바랍니다.
의롭다 하심을 받는 은혜를 받으시기를 바랍니다.

제2장 행사를 통해 본 용기총의 역사

경용수 목사
- 총신대학교 신학과 졸업(BA) 제19회
- 총신대학교 신학대학원 졸업(M.Div) 제85회
- 칼빈대학교 대학원 신학석사 신약전공(Th.M) 학위 취득
- 現 총신대학교 목회신학대학원 신학박사 설교학전공 (Th.D. candi)
- 안양양문교회 교육전도사 ▪ 신창동교회 강도사, 부목사
- 경기노회 주일학교 연합회 총무 ▪ 원남교회 교구목사
- 분당한울교회(김근수 목사) 교구목사
- 용인한울교회 담임목사

■ **용인시기독교총연합회(용기총) 주최 목회자 부부 초청 세미나**

주제: 참된 거룩함을 회복하자
일시: 2015년 2월 5일 오전 10시
장소: 새에덴교회 1층 비전홀
주최: 용인시기독교총연합회

2015년 2월 5일 오전 10시 수지구 죽전동 1312 새에덴교회 1층 비전홀에서 진행되었다. 용인지역에서 목회를 담당하는 담임목사와 사모들이 참석했는데 약 300여 명이 참석하여 은혜로운 강의와 뜨거운 기도가 이어졌다. 세미나 후에는 새에덴교회에서 준비한 애찬을 함께 나누며 그동안 못다 한 교제를 가지며 즐거운 시간을 가졌다.

2부 세미나 강의를 진행한 소강석 목사(새에덴교회 담임목사)는 레위기서를 통해 참된 거룩함을 회복하자는 주제로 강의했는데 "모든 교회가 거룩으로 연합하고 하나가 되어야 된다"고 강조했다.

이번 세미나는 용기총 공동회장 김영환 목사 사회, 용기총 부회장 이승준 목사 대표기도, 용기총 상임회장 정연진 목사 설교, 용기총 고문 서욱환 목사 축도로 1부가 진행되었고, 2부는 용기총 실무회장 이철수 목사 사회, 용기총 공동회장 이진상 목사 기도, 용기총 명예회장 소강석 목사 강의로 진행되었으며, 3부 기도회는 용기총 총무 김정민 목사가 기도회를 인도했으며, 폐회기도는 용기총 공동회장 최신식 목사가 담당했다.

■ 용인시 복음화 대 성회를 위한 부부세미나

일시: 2015년 3월 16일 오전 10시
장소: 성산수양관(윤호균 목사원장)

용인은 600년의 역사와 전통을 자랑하는 수도권의 도농 중심 도시이다.
역사와 전통 그리고 문화와 산업, 관광과 교육이 발달된 도시로 수도권의 모델 도시로 발전되고 있다.
도시의 성장과 함께 용인지역교회도 많은 성장을 가져왔다.
그러나 지역교회들은 급변하는 사회, 타락문화, 자살문제, 가정 붕괴 등으로 우리 사회의 많은 어려움을 다 감당할 수 없음을 느끼게 되었다.

연합회는 용인 전 지역의 교회들이 연합하여 하나님의 말씀으로 무장하고, 함께 기도하고, 함께 성령 충만함을 회복하기를 소망한다고 했다. 5월 17일을 용인시복음화대성회로 선포하고 용인의 모든 교회들과 주의 종들이 일어나 먼저 회개하고, 하나되어 성도들의 공동체적인 회개운동이 함께 일어나기를 소망한다고 했다.

대 성회를 위해 1차 목회자부부세미나가 새에덴교회(소강석 목사시무)에서 모여 진행되었고, 2차 기도회와 세미나가 2015년 3월 16일 오전 10시에 성산수양관(윤호균 목사원장)에서 진행되었다.

약 300여 명이 참석하여 진행된 행사는 은혜와 기도 그리고 연합과 사랑이 넘쳤다. 이 날 사회는 황재열 목사 사회로 진행되었는데, 기도는 권영호 목사, 환영사는 임오길 목사, 동서화합이라는 강의는 소강석 목사가 맡아 진행했고, 성산수양관 원장 윤호균 목사는 인사말씀을 진행했다. 5월 17일 대 성회를 위한 기도회는 실무회장 이철수 목사가 맡아 다함께 뜨겁게 기도했다. 마지막으로 대 성회 준비위원장인 김정민 목사 광고와 변우상 목사의 축도로 순서를 마쳤다.

이 날 기도회를 마친 후 풍성한 점심식사로 화광교회(윤호균 목사시무)에서 뷔페로 식사를 준비해서 모두가 즐거운 식사로 함께 즐거움을 나눴다.

▪ 5.17 용인시 복음화 대 성회

주제: 예수 그리스도!
일시: 2015년 5월 17일
장소: 용인 시청광장

용인 10개 지역 연합회 회장들의 선창과 1만 명의 대답은 하나였다.
"예수 그리스도"
이 땅을 창조한 분도 "예수 그리스도"
인류를 구원한 분도 "예수 그리스도"
죽음을 이기신 분도 "예수 그리스도"
죄에서 자유를 주신 분도 "예수 그리스도"

성도들과 영원히 함께 하는 분도 "예수 그리스도"
성도에게 능력 주시는 분도 "예수 그리스도"
교회에 머리가 되시는 분도 "예수 그리스도"
용인지역 20만 성도를 가장 사랑하는 분도 "예수 그리스도"
용인지역 100만 영혼을 가장 귀히 여기는 분도 "예수 그리스도"
이 땅에 다시 오실 분도 "예수 그리스도"라는 구호제창이 있었는데 감동과 일치, 연합과 사랑, 결단과 믿음이 담긴 고백이었다.

용인지역 800교회와 20만 성도는 하나였다. 예수 그리스도가 머리가 되시고 용인지역교회는 예수 그리스도와 한 몸이 되었다.
기독교의 본질을 회복하는 시간이었고, 한국교회에 모델을 보여주는 시간이 되었다.

대 성회 공동대회장 김종원 목사 인도로 시작된 대 성회는 대표대회장 임오길 목사의 개회선언을 통해 "하나님은 출애굽기 20장 6절에서 '나를 사랑하고 내 계명을 지키는 자에게는 천대까지 은혜를 베푸느니라'고 약속하셨다."면서 "이번 대 성회를 통해 개인과 가정, 용인시, 대한민국이 복을 받길 바란다."고 말했다.

명예대회장 박영규 목사의 환영사로 진행되었으며, 2,000명 연합성가대가 찬양하는 "할렐루야" 찬양이 울려 퍼질 때 대 성회에 참석한 1만 명이 모두 일어나 함께 하나님께 영광 돌렸다.

전주 바울교회 원팔연 목사가 '선민이여 꿈을 가집시다'란 제목으로 말씀을 전하였다. 설교에서 원 목사는 요셉이 꿈을 꾸면서부터 핍박이 시작됐지만 끝까지 유혹을 물리치고 믿음으로 승리하게 된 것처럼 우리 성도들도 꿈을 가지고 승리하므로 하나님께 영광 돌리자고 하였다.

이날 특별기도회 순서는 준비부위원장 임병선 목사 인도로 진행되었는데 민규식 목사, 김종우 목사, 곽승욱 목사, 조복희 목사, 박은조 목사가 각각 진행하였으며 교역자 부부찬양대가 '보라 내가 새 일을'이란 찬양을 불렀다.

감사와 환영순서는 공동준비위원 신용수 목사가 인도했는데 명예대회장 소강석 목사는 축사를 통하여 용인시 기독인들이 함께 뭉쳐야 하기에 힘을 합하기 위하여 주일 저녁예배를 교회에서 안 드리고 이 자리에서 함께 드리게 됐다고 말했다.

상임대회장 윤호균 목사는 격려사를 통하여 성도들이 함께 하나님을 섬기며 연합하여 나아갈 때 용인시 복음화를 앞당길 수 있다고 말하였다.

정찬민 용인시장은 인사말을 통하여 영적 성장과 지역안정을 위한 복음의 빛을 전달하는 복된 자리가 되기를 바란다고 하였으며, 신현수 용인시의회 의장은 인사말을 통하여 100만 도시로 성장을 앞두고 있는 용인시에 성도들의 기도는 용인시를 희망과 사랑이 넘치는 도시가 될 수 있게 할 것이라고 행사를 축하하고 격려하였다.

이날 성금 전달식도 있었다. 용인시기독교총연합회(이하 용기총)에서 용인시청에 이웃에 써달라고 1천 만 원을 용기총 실무회장 이철수 목사가 정찬민 용인시장에게 전달하였다.

특별순서로는 테너 박주옥, 팝페라 가수 임지은, 찬양사역자 송정미, 그리고 라이즈 업워십밴드 등이 함께하여 행사를 더욱 다채롭고 은혜스럽게 하였으며 대표고문 변우상 목사의 축도로 은혜스럽게 대 성회를 성황리에 마무리하였다.

대 성회 대회장 이철수 목사는 환영사 글을 통해 '금 번 5·17 용인시 복음화 대성회야말로 용인의 영적 구도를 바꿀 수 있는 좋은 기회'라고 말했고, 준비위원장 김정민 목사는 감사의 글을 통해 '대성회를 위해 힘써주신 모든 분께 감사드리며 무엇보다 지난 5개월 동안 준비를 위해 함께 해주신 대회장 이철수 목사님을 비롯하여 우리 실무임원 전형주 목사님, 신동권 목사님, 김태진 목사님, 임병선 목사님, 유석윤 목사님, 이병희 목사님, 김현기 목사님, 최광희 목사님께 진심으로 감사드립니다.'라고 감사의 글을 전했다.

■ **용인시기독교총연합회, 이웃돕기 후원금 전달**
　일시: 2015년 5월 27일
　장소: 용인시청 예배실

용인시기독교총연합회(대표회장 임오길)는 지난 27일 시장실을 방문, 불우이웃돕기 후원금 1,000만원을 정찬민 용인시장에게 전달했다.

후원금은 지난 5월 17일 용인시 복음화 대 성회 행사에서 불우이웃을 돕기 위해 모금한 것으로, 용인시는 이웃돕기 후원금으로 접수해 관내 불우이웃에게 전달할 계획이다.

이날 전달식에는 용인시기독연합회 임오길 대표회장을 비롯, 임원 8명이 참석했다.

정찬민 용인시장은 "용인시기독교총연합회는 800여개의 교회를 중심으로 신도가 20만 여명으로, 우리 지역에서 나눔의 문화를 선도하며 많은 선행활동을 하고 있는 것으로 알고 있다."면서 "성금 기탁에 감사드리며, 앞으로도 어려운 이웃들을 위해 많은 지원을 바란다."고 말했다.

■ **용인시 발전을 위한 국회 탐방 기도회**
  일시: 2015년 10월 29일
  장소: 용인시청 예배실

용인시기독교총연합회 소속 목회자 가족들이 2015년 10월 29일에 용인시 발전을 위한 국회 탐방 기도회를 가졌다. 이날 탐방은 한 해 동안 임원으로 수고했던 실무 임원들의 주선으로 이루어졌는데 많은 목회자 가족들이 참여하여 아름다운 탐방이 되었다.

오전 11시에 본청 예배 실에 모여 예배를 드리고 뜨거운 기도회를 가졌다. 이날 설교를 맡은 용인시기독교총연합회상임회장 윤호균 목사는 창세기 41장 38절 말씀을 통해 '하나님이 세우신 정치가 요셉'이라는 제목으로 설교를 진행하면서 용인지역 국회의원들이 요셉 같은 정치가가 되기를 소망한다고 하였다.

예배를 마치고 용인지역 국회의원들의 인사가 있었다.

■ 2015 한 해 하나님 사랑 말씀 준행의 한 해를 보내며

용인시기독교총연합회(이하 용기총)에서 1년 동안 대표회장을 담당한 임오길 목사를 만났다. 한 해 동안 용기총을 섬기게 하신 하나님께 감사와 찬송 영광을 돌린다고 하였다.

다음은 임오길 대표회장의 인사 글입니다.

하나님의 구원 역사는 중단되지 않고 예수님 재림 때까지 지속되고 있습니다.
용인지역에 110여 년 전에 선교사들에 의해 복음이 들어와 지금은 성령님의 인도하심으로 800여 교회 20만 성도로 부흥되었습니다.
부족한 종은 34대 대표회장이란 중책을 맡아 한 해 동안 하나님의 은혜로 섬길 수 있어 함께 하신 임원들과 선후배 동역자님들, 성도님들과 기관장님들과 협력해 주신 모든 분들에게 진심으로 감사드립니다.

중책을 맡으니 두려움과 중압감이 몰려왔습니다.
하나님께 무릎 꿇고 간절히 기도하며 이짐을 주님께서 져주시고 용기총을 이끌 믿음과 영감 그리고 돕는 일꾼과 필요한 물질을 달라고 매달렸습니다.
신구약 성경의 구속사를 살피고 묵상하며 하나님께서 쓰시는 지도자들의 신앙과 영성을 살펴보았습니다.
성경은 구속사적 사건으로 이어져 있으면서 그 사건들의 배후에는 사람들이 있었고, 그 사람들의 중심에는 하나님의 일관된 언약의 말씀이 있었습니다.
그 말씀이 바로 출애굽기 20장 6절입니다.

"나를 사랑하고 내 계명을 지키는 자에게는 천 대까지 은혜를 베푸느니라."

저는 이 언약의 말씀을 붙잡고 1년 동안 설교할 때나, 기도할 때나 가는 곳마다 만나는 사람마다 외쳤습니다.
교회에서도 하나님 사랑 말씀 준행을 전하였습니다.
하나님께서는 이 말씀이 이루어지도록 사람과 환경과 물질을 통해 도와주셨습니다.
1만 명이 운집하고, 1억 4천여만 원이 들어간 용인시청 광장에서 진행된 5·17 용인시 복음화 대 성회를 은혜 가운데 마치고, 이웃을 위해 이웃돕기 성금 1,000만 원과 네팔 지진 피해자를 돕기 위해 200만 원을 성금할 수 있었던 것은 하나님의 큰 은혜였습니다.

한 해 동안 실무회장과 총무 서기 등 모든 임원들이 열과 성을 다하여 수고해 주셨고, 크고 작은 모든 교회와 선후배 동역자님들, 그리고 성도와 기관장들, 많은 사람들이 용기총을 위해 헌신해 주셨습니다.
모두에게 감사를 드립니다.
그리고 말씀을 깨닫게 하신 하나님, 말씀대로 이루어 주신 하나님께 감사드리며 찬송과 영광을 돌립니다.

■ 용기총 실무회장을 마무리하면서

올 한 해 동안 부족한 사람이 용인시기독교총연합회(이하 용가총) 실무회장을 맡아 1년 동안 잘 마무리하게 됨을 하나님께 감사드리고 영광 올려 드립니다.

무엇보다도 실무 임원들이 팀웍이 잘 되어 무슨 일이든지 척척 해 나갈 수 있었어 기뻤고 또한 총무님의 탁월한 지도력과 포용력에 찬사를 보내지 않을 수가 없습니다.

또한 실무임원들에게 미안한 것은 너무 일을 많이 해서 목회에 많은 지장이 되고, 힘들었을 텐데 아무 불평 없이 잘 따라와 줘서 감사할 따름입니다. 저는 실무회장이 되고 나서 1년 동안 해야 할 일들에 대해서 분명하게 선을 긋고 일을 해 왔습니다.

'어떻게 하면 용인의 영적인 분위기를 바꿀 수 있을까?' 하는 문제였습니다.

지난 5월 17일은 용인 땅에 사상 초유의 일 만명 집회를 개최하였습니다. 이 집회를 통해 믿는 사람들에게 뿐만 아니라, 믿지 않는 자들에게도 기독교의 힘을 보여주었습니다. 너무나도 중요하고 귀한 대 성회였다고 생각됩니다. 이런 모습을 통해 용인은 영적인 분위기가 서서히 바뀌게 되는 것입니다.

또한 우리 임원들은 대 성회 이후를 많이 생각하고 의논을 했습니다.

그래서 생각한 것은 용인의 목회자들을 움직이고 그들에게 영향력을 줄 수 있는 모임을 가지게 해야겠다는 결론을 내리고, 그 일을 진행하게 됩니다. 다행히 총무목사님의 열정으로 전체 임원수련회, 지역별 체육대회, 국회의사당 방문 등으로 목사님들과 사모님들이 함께 모이는 친교시간들을 많이 가지게 되었습니다.

그 뿐 아니라 각종 열린 세미나를 통해 은혜 받고 도전 받는 시간들을 준비했습니다. 많은 분들이 각종 세미나를 통해 은혜도 받고, 도서비도 받고, 너무나도 목회에 유익이 되었다고 고백해서 참으로 다행으로 생각했습니다.

우리는 일을 할 때 "어떤 공로나 공과를 뛰어 넘는 정말 주의 일을 하자"고 했습니다. 아쉬운 것은 '좀 더 열심히 해서 목회자들에게 많은 유익을 주는 모임을 더 많이 가질 걸' 하는 생각이 듭니다.

목회자 한 사람이 바뀌면 교회가 바뀝니다. 교회가 바뀌면 동네가 바뀝니다. 동네가 바뀌면 도시가 바뀝니다. 도시가 바뀌면 나라가 바뀌는 것입니다.

한 해 동안 용기총 사업을 한다고 했지만 지나고 보니까 너무 부족한 점도 많았고 아쉬운 것도 많이 남습니다. 하지만 끝까지 목회를 끝나는 순간까지 용인 땅을 위해 기도하고, 용기총을 위해 기도할 것입니다.

■ 국민문화신문과 용인시기독교총연합회가 MOU를 체결하다.

국민문화신문사와 용인시기독교총연합회(이하 용기총)가 2015년 12월 18일(금) 오전 11시에 국민문화신문 사무실에서 MOU를 체결하여 서로의 협력과 발전을 위해 노력하기로 하였다.

좌로부터 국민문화신문 최정수 대외협력국장, 이충일 광고국장, 지문일 홍보국장, 이시용 기획국장, 유석윤 대표, 용기총 전형주 실무회장, 임오길 직전 대표회장, 안중학 총무, 김현기 서기

용기총은 용인시 전역에 분포해있는 교회들을 중심으로 조직된 연합단체로 산하에 800교회가 있으며, 성도는 약 20만 명으로 추산하고 있다.

현재 화광교회를 담임하는 윤호균 목사가 대표회장으로 있으며, 명지교회를 담임하는 전형주 목사가 실무회장을 맡고 있다.

용기총은 2006년 2월 21일 용인시기독교총연합회 사무실 현판식 및 감사예배를 드림으로 시작되었고, 초대 대표회장으로 2006년 2월 25일 변우상 목사가 취임하여 시작하게 되었다. 용기총 산하에는 10곳의 연합회가 있는데 수지, 기흥, 구성, 중앙, 이동, 원삼, 백암, 양지, 포곡, 모현 연합회가 있다. 용기총은 매년 대 성회를 진행하여 이웃돕기 성금과 장학사업을 활발하게 진행하고 있으며, 매년 3개(처인·기흥·수지) 구에서 성탄트리를 세워 이웃에 그리스도의 빛을 비추고 있다.

용기총은 2016년 사업으로 장학사업과 대 성회를 기획하고 있고, 또한 축구선교축제와 청소년 축제를 기획하고 있다.

■ 용인시 지도자 초청 2016 신년하례조찬기도회

용인시기독교총연합회 주최로 2016년 1월 5일 용인시청 3층 컨벤션홀에서 용인시 지도자 초청 2016 신년하례조찬기도회가 열렸다.

용기총 명예대표회장 소강석 목사의 '거룩한 도성, 살기 좋은 도시'라는 제목의 설교를 시작으로 기도회가 진행되었다.

소강석 목사는 설교를 통해 "성장주의, 세속주의가 만연한 사회분위기 속에서 한국교회의 위상을 되찾고, 정체성을 회복하기 위해서 모두의 노력이 필요하다."며 "특히 살기 좋은 도시, 용인의 발전을 위해 용인 내 교회들의 부단한 노력이 요구되고, 지역사회와 교인 간의 네트워크 구축을 통해 상호 발전할 수 있는 방안들을 모색해야 한다."고 말했다.

묵도로 시작한 1부 예배는 실무회장 전형주 목사가 사회를 담당하였으며, '나라와 용인의 발전'이란 주제로 이철수 목사 등 네 명의 목사가 특별기도를 진행하였다.

신년사 및 축사는 대표회장 윤호균 목사를 시작으로 정찬민 용인시장과 신현수 시의회의장이 수고해주었다. 그리고 명예회장 임오길 목사의 축도를 끝으로 조찬 기도회의 1부 행사가 마무리되었다.

이어진 2부는 케익커팅과 신년인사를 포함한 하례회를 시작으로 기도회에 참가한 인원들 전원이 식사기도와 사진촬영을 마친 후 식사를 진행하며 조찬 기도회가 마무리되었다.

- **2016 용인시청 부활절 감사예배**

  일시: 2016년 3월 29일
  장소: 용인시청사 컨벤션홀

  예수 그리스도 부활의 의미를 되새기는 부활절 감사예배가 29일 오전 7시 용인시청사 컨벤션홀에서 열렸다. 용인시청 시목위원회(위원장 신동권 목사)가 주최한 이날 행사에서 정찬민 용인시장을 비롯해 지역 국회의원, 시·도 의원, 용인시기독교총연합회 관계자, 공무원과 시민 등 내빈들이 참석해 부활의 의미를 되새겼다.

예배는 황규식 목사(용인시청 시목 고문)의 사회로 이승준 목사(시목 부위원장) 기도, 용인시청 기독선교회 특별찬양, 윤호균 목사 설교, 임오길 목사(용인시청 시목 상임고문) 축도, 신동권 목사(용인시청 시목 위원장) 환영사, 이용현 목사(용인시청 시목 총무) 내빈 소개 등으로 진행됐다.

설교를 맡은 윤호균 목사(용인시기독교총연합회 대표회장·화광교회 담임목사)는 예수님을 만나 변화된 11제자의 순교의 역사를 증거했는데 "가나안 시몬 최초 영국복음화(순교), 도마 인도복음화(순교), 마태 이디오피아(순교), 빌립(순교), 바돌로매 인도복음화(순교), 베드로 로마복음화(순교), 야고보 헤롯에 의해 순교(순교), 요한 밧모 섬 유배, 안드레 십자가 순교(순교), 유다 시리아에서 순교(순교), 야고보 시리아에서 순교(순교)" 이러한 제자들의 신앙처럼 진정한 제자가 되어 사회를 변화시키는 일꾼이 되자고 강조했다. 이어 나라와 민족복음화, 지역사회 성시화, 지역 일꾼들과 용인시민의 행복 등을 위해 특별기도가 이어졌다.

특별찬양을 한 용인시청 기독선교회는 지역사회와 용인시 발전을 위한 선교, 교육, 봉사를 목적으로 회원 132명이 활동하고 있으며, 정기모임은 월 1회, 소모임은 본청 매주 화요일 점심, 기흥구 월 1회 개최하고 있다. 부활절이 돌아오는 주에는 맥반석 계란을 구입하여 전 직원에게 전달하여 부활의 의미를 함께 나누고 있는데 직원수와 비례하여 늘어나다 보니 3,000여 개에 이르고 있다. 시설방문과 외국인근로자들을 돌아보고 위로하는 지역사회 섬김 활동도 함께 하고 있다.

■ 2016 용인시 복음화 대 성회

일시: 2016년 4월 3일
장소: 용인 명지대 채플관

'복음! 연합! 기도!'라는 주제로 2016 용인시 복음화 대 성회가 용인시기독교총연합회(이하 용기총. 대표회장 윤호균 목사, 실무회장 전형주 목사) 주최로 2016년 4월 3일 오후 3시 30분부터 용인 명지대 채플관에서 열렸다.

이번 대 성회의 목적은 용인시 전 교회가 다 함께 모여 복음으로 연합하고, 영성회복과 지역복음화를 위해 기도하며, 함께 힘을 모아 소외되고 어려운 이웃과 교회를 섬기고 나누는 사랑을 실천하며, 분열과 실책으로 실추된 교회의 위상을 회복하고 나라를 패망하게 하는 반 기독교적 사회 악법을 강력 저지하며, 가정과 사회를 파괴하는 이단, 사이비를 척결하고 건강한 교회, 거룩한 도시를 만들어 가기를 소망하는 대 성회로 진행되었다.

용기총에서는 2016년 4월 2일 대 성회 하루 전날 (동성애 법과 테러집단 유입 저지를 위한) 성명서를 통해 용기총에 입장을 분명히 하였다. 동성애를 합법화 시키려는 어떠한 입법도 반대하며, 종교의 자유와 다문화 제도를 빙자한 세계와 국가와 사회 평화를 파괴하는 테러집단 이슬람 세력의 음모가 숨겨진 할랄 식품 유치와 이슬람채권 수쿠크법을 반대한다고 하였다.

대성회는 명지대 채플관을 가득 메운(3000여 명) 목회자와 성도들이 기쁨의 교회 바라뉴송 찬양팀의 찬양에 맞춰 찬양하므로 시작되었다.

용인시 800교회가 연합하여 드리는 예배는 감동과 은혜가 있었으며, 배려와 연합이 묻어있고, 말씀과 기도가 살아 있었으며, 결단과 확신이 가득하였다.

이날 설교를 맡은 대표 대회장 윤호균 목사는 말씀을 통해 복음을 확인하게 하였으며, 명예대회장 소강석 목사는 설교를 통해 연합의 필요성과 이유를 설명하였다.

말씀과 비전 순서의 사회는 대회장 전형주 목사가 진행했는데, 환영사는 명예대회장 임오길 목사가, 대표 기도는 공동준비 위원 신동권 목사가, 성경봉독은 공동준비위원 이용현 목사가, 특별찬양은 수지 연합회 성가대가, 설교는 대표 대회장 윤호균 목사가 '십자가를 자랑하라'는 제목으로 설교했으며, 헌금 기도는 준비부위원장 임병선 목사가, 헌금 특송은 늘푸른주님의 교회 김연빛나라 성도가 각각 맡아 인도했다.

기도와 응답 순서에서는 상임 대회장 김종원 목사가 진행했는데 용인시 발전과 용인시 복음화를 위해 공동대회장 권영호 목사가, 국가안보와 평화통일을 위하여는 공동대회장 송기철 목사가, 국가지도자들과 제20대 국회의원 선거를 위하여는 공동대회장 김영환 목사가, 반 기독교적 악법 저지를 위해서는 공동대회장 김수읍 목사가 맡아 진행했으며, 성경봉독은 공동준비 위원 조용구 목사가, 설교는 '지금은 사상전, 영전을 해야 할 때'라는 제목으로 명예대회장 소강석 목사가 설교했으며, 선언문 낭독은 공동준비 위원 이승준 목사가, 축사는 정찬민 용인시장이, 내빈 소개는 공동준비 위원 김정민 목사가, 광고는 준비 위원장 안중학 목사가, 축도는 공동대회장 배성식 목사가 각각 맡아 진행했다.

대 성회는 4월 4일 저녁 7시 30분에 용인 성산수양관에서 계속 진행된다. 강사는 명예대회장 변우상 목사와 전 법무장관 김승규 장로가 맡아 진행한다.

■ 제20대 용인시 국회의원 후보자 정책 발표회

2016년 4월 8일 오전 10시에 용인 교회에서 제20대 용인시 국회의원 후보자 정책 발표회가 열렸다. 용인시기독교총연합회(이하 용기총 대표회장 윤호균 목사, 실무회장 전형주 목사)와 국민문화신문이 공동으로 주최한 이번 정책 발표회는 용인지역 용인갑·용인을·용인병·용인정 후보들을 초청하여 용기총에서 질의한 답변을 발표하고, 각 후보의 정책을 발표하게 하였으며, 국민문화신문 대표가 참고적인 발언을 하도록 하였다.

오늘 참석한 국회의원 후보는 용인갑 지역구에서는 새누리당 이우현 후보, 더불어민주당 백군기 후보, 국민의당 조성욱 후보가 참석했고, 용인을 지역구에서는 새누리당 허명환 후보, 국민의당 권오진 후보가 참석했으며, 용인정 지역구에서는 새누리당 이상일 후보가 유일하게 참석하였다. 다른 후보들은 개인 사정상 참석하지 못하였다.

이날 정책 발표회는 부회장 신동권 목사 사회로 진행되었는데, 먼저 용기총 질의에 답변을 진행했고, 그리고 후보 개인 정책을 발표하도록 하였다.

제20대 국회의원 후보자 정견발표 질의사항

1. 동성애 옹호, 동성 결혼 합법화, 차별 금지법에 대하여

    동성애 옹호 법안 및 동성 결혼 합법화 시도, 성적 지향(동성애)을 차별 금지 사유로 포함한 차별 금지법에 대해
    1) 본인이 찬성인지 반대인지, 국회 등원하여 어떤 입장을 취하실 것인 말씀해 주시고, 2) 귀 정당에 당규, 강령 등에 성적 지향 차별 금지조항이 있다면 바람직하다고 생각하는지, 혹은 시정되어야 한다고 생각하는지, 시정하실 것인지 말씀해 주십시오.

2. 국가인권위원회 법과 국가인권위원회에 대하여

    현재 국가인권위원회 법 제2조 3항은 19가지 차별 금지 사유 중에 성적 지향으로 포장된 동성애를 포함하고 있으므로, 국가인권위원회가 합법적으로 동성애 옹호 활동을 할 수 있도록 하고 있습니다. 국가인권위원회 법의 차별 금지 사유에서 성적 지향(동성애)을 삭제하는 개정을 해야 합니다.
    동의하고 앞장서 주실 수 있는지 말씀해 주십시오.

3. 급진 이슬람 유입과 이슬람채권 수쿠크 법, 할랄 식품 단지 유치에 대하여

    종교의 자유는 보장되어야 하나 국민의 안전을 위협하는 급진 테러 이슬람 세력의 유입은 막아야 합니다. 과거 정부는 경제 논리로 이슬람의 합법적 침투를 허용하는 이슬람채권 수쿠크 법 제정을 추진한 바 있고, 현 정부는 전북 익산에 할랄 식품 단지를 추진하다 잠정 중단한 바 있습니다. 위와 같은 국가정책에 있어서 상당한 주의와 제한이 필요합니다.

이에 본인의 의견과 각별한 협력을 해주실 수 있는지 말씀해 주십시오.

용기총의 3가지 질의에 대하여 참석한 모든 후보가

1. 동성애 옹호, 동성 결혼 합법화, 차별 금지법에 대하여

    (반대 의사를 분명히 하였고)

2. 국가인권위원회 법과 국가인권위원회에 대하여

    (국가인권위원회 법의 차별 금지 사유에서 성적 지양(동성애)을 삭제하는 개정)
    (법 개정의 필요성을 동의하였다)

3. 급진 이슬람 유입과 이슬람채권 수쿠크 법, 할랄 식품 단지 유치에 대하여

    (반대하였다.)

제20대 용인시 국회의원 후보들이 개인 정책에 대하여 발표했는데

- 용인갑 이우현 국회의원 후보는 일자리 창출, 체류 도시, 교육도시를 만들겠다고 했고, 용인갑 백군기 국회의원 후보는 국가안보와 일자리 창출에 역점을 두겠다 했으며, 용인갑 조성욱 국회의원 후보는 일자리 창출과 지역 발전을 위해 노력하겠다고 했다.
- 용인을 허명환 국회의원 후보는 의료 서비스와 역사 문화 관광서비스를 발전시키겠다 했고, 용인을 권오진 국회의원 후보는 국민을 위한 정치를 펼치며, 서민 경제 회복에 힘쓰겠다 했다.
- 용인정 이상일 국회의원 후보는 열심히 일하는 국회의원, 영동고속도로에 동백 I.C 설치를 추진하겠다고 하였다.

정책 발표회를 마친 후 국민문화신문 유석윤 대표는 제20대 용인시 국회의원 후보들이 당선되면 당선자는 국회의원을 마칠 때까지 본인들이 내놓은 정책을 잘 실천하기를 요청했고, 또한 용인지역에는 기독교 대학이 7곳이나 있기 때문에 기독교문화관이 필요하다고 했고, 100만 용인 시민과 관광객을 위해 각 지역마다 문화거리가 있어야 한다고 말했다.

- **용기총 목회자 부부 체육대회**

    일시: 2016년 5월 30일 오전 9시 30분
    장소: 용인실내체육관

2016년 5월 30일 오전 9시 30분에 용인실내체육관에서 2016 용인시기독교총연합회(이하 용기총 대표회장 윤호균 목사, 실무회장 전형주 목사) 목회자 부부 체육대회가 열렸다. 용인지역에서 목회하는 목회자 부부가 모여 3팀으로 구성하여 체육대회를 진행하였다.

수지 구성 지역이 한 팀이 되고, 기흥지역이 한 팀이 되고, 처인구 7지역이 연합으로 한 팀이 되어 체육대회를 진행하였다.

이날 경기 전 하나님께 먼저 예배로 영광을 돌렸다. 예배는 대회장 전형주 목사가 인도했고, 기도는 부대회장 신동권 목사가, 축사는 정찬민 용인시장이 내빈 소개는 준비위원 김정민 목사가, 광고는 준비위원장 안중학 목사가, 축도는 고문 변우상 목사가 맡았다. 이날 체육대회는 경기의 승패보다 목회자 부부가 함께 모여 운동을 통해 친선을 다지는 시간이 되었고, 서로 격려하며 힘을 주는 시간이 되었으며, 행사 후 경품 추천 시간을 통해 푸짐한 선물도 전달받았다.

용기총은 타 지역이 부러워할 만큼 연합 활동이 잘 되고 있다.

또한 교회 간에 우의가 아주 깊다. 이번 4월 대 성회를 통해 준비된 물질은 각 지역에 미자립교회들을 위해 사용되었다.

용기총 산하 800교회가 더 단합하고 하나 되어 용인 발전과 경기도 발전에 큰 힘이 되리라 기대해본다.

■ 용인시기독교총연합회 회장기 축구 선교 축제

경기도 용인시 처인구 원삼면에 위치한 용인시 축구센터에서 2016년 10월 8일 오전 8시부터 용인시기독교총연합회(이하 용인총, 대표회장 윤호균, 실무회장 전형주) 주최, 용인시 목회자 체육 선교회 주관으로 제10회 용인시기독교총연합 회장기 교회 대항 축구선교축제가 열렸다.

이번 대회 진행 순서로는 1부 개회예배와 2부 개회식으로 진행되었다. 1부 예배에서는 신동권 목사가 사회를 맡았고, '일어나라'라는 제목으로 윤호균 목사가 설교를 하였다. 2부 개회식에는 전형주 목사의 환영사와 정찬민 용인시장, 이우현 국회의원의 축사가 있었다. 이후 김한글(남서울비전교회) 선수와 정준영(생명샘교회) 선수의 선수 선언으로 축제가 시작되었다.

이번 축제에 참석한 팀들은 총 17개 팀으로, 모두 용인시에 위치한 교회 팀들로 구성되어 있으며, 35세 이하 임마누엘조 6개 팀과 36세 이상 할렐루야조 11개 팀이 출전하여 기량을 펼쳤다.

이번 축구 축제에 공정을 기하기 위해 대한축구협회 심판진들이 심판을 보았다.

선수들의 안전을 위해 월의료센터(119응급구조대원)와 용인서울병원에서 도움을 주었고, 행사의 원활한 진행을 위해 용기총 임원들과 칼빈대학교(총장 최광욱) 축구팀 선수들이 수고해 주었다.

　대회장 전형주 목사는 인터뷰를 통해 "이번 행사가 잘 진행 되도록 도움을 준 기업체, 교회, 용인시청과 용인시 축구센터에 감사를 드리고, 또한 축구축제를 통해 교회와 선수 간에 아름다운 교제가 이뤄지기를 소망한다."고 하였다. 아울러 "한국교회는 현재 교회 간에 단절, 교제 문제, 소속감 문제로 몸살을 앓고 있는데 이러한 축제를 통해 각 교회 간 상호 연합이 되기를 원한다. 또 규칙을 지키며, 멋진 경기가 되기를 소망하고, 마지막으로 진행을 위해 애써주신 조직위원회와 용기총 임원들에게 감사한다."고 전했다.

　봉화성심 축구팀 선수로 출전한 55사단 사단장 이창효 소장은 인터뷰를 통해 "주님 안에서 믿음의 식구들이 함께 만나 축구 축제에 참여하게 됨을 매우 뜻 깊고, 감사하게 생각한다. 기독교정신과 군인정신은 나라를 사랑한다는 점에서 동일하며 높이 평가할만하다고 생각한다. 앞으로도 계속 민·관·군이 하나 되는 이런 의미 있는 행사가 많이 개최되고 이런 행사에 우리 팀이 지속적으로 참여하기를 소망한다."라고 하였다. 이번 축제 경기 결과는 임마누엘조에서는 용인제일교회팀이 우승했으며, 준우승은 남서울비전교회로 돌아갔다. 할렐루야조에서는 WE ONE팀이 우승했으며, 준우승은 시온교회팀으로 돌아갔다.

임마누엘조 (뒷줄)우승팀 용인제일교회, (앞줄)준우승팀 남서울비전교회 할레루야조 (좌로부터)우승팀 WE ONE, 준우승팀 시온교회

올해로 10번째를 맞는 용인시기독교총연합회 회장기 축구 선교 축제를 진행하게 되는 목적은 1) 축구선교 문화로의 하나님 나라의 확장 2) 용인지역 용기 총 회원교회 축구선교 임의 친교의 단합 3) 지역교회의 올바른 축구선교 정보교환 및 선교의 인프라 구축에 있다고 한다.

■ **용인시민 100만 돌파 기념 특별감사기도회 개최**

용인시민 100만 돌파 기념 용인시 & 용기총 발전을 위한 특별감사기도회가 10월 13일(목) 오전 11시 화광교회 비전센터(목사 윤호균, 용인시 처인구 유방동 688-38)에서 열렸다.

용인시기독교총연합회(이하 용기총, 대표회장 윤호균, 실무회장 전형주) 주관으로 진행된 기도회에는 용기총 소속 각 교회 목회자 부부와 많은 내빈들이 참석하였다.

용인시 인구는 2016년 8월 1일부로 100만 명을 돌파하였다. 이로써 용인시는 수원시(122만 명), 창원시(108만 명), 고양시(104만 명)에 이어 전국에서 4번째로 100만 명을 넘긴 기초자치단체가 되었다. 용인시 인구는 매년 2%대 증가율을 보이고 있다.

실무회장 전형주목사의 사회로 시작된 특별감사기도회는 부회장 신동권 목사의 기도, 서기 김현기 목사의 성경봉독에 이어, '성령을 좇아 행하라'는 주제로 대표회장 윤호균 목사의 설교가 있었다. 이어 '국가안보와 정치안정을 위하여' 공동회장 이진상 목사, '용인시 발전과 안정을 위하여' 상임회장 김종원 목사, '용기총 발전과 총회를 위하여' 공동회장 송기칠 목사의 특별기도가 있었다.

정찬민 용인시장과 고문 변우상 목사의 축사에 이어, 웨스트민스터신학대학원 정인찬 총장의 격려사가 있었고, 대표회장 윤호균 목사가 정찬민 용인시장에게 용인시민 100만 돌파 기념 감사패를 증정하였다.

대외협력위원장 김정민 목사의 내빈 소개, 총무 안중학 목사의 광고에 이어, 명예대표회장 임오길 목사의 축도로 기도회는 마감되었다.

■ 나라와 민족을 위한 기도

대통령 탄핵과 관련된 이야기들이 언론에서 보도되고 국민들이 촛불을 들고 거리로 나오는 갑작스러운 나라의 혼란 앞에서 구성 동백 기독교연합회 임원들이 밤늦은 시간에 모여 자정이 넘도록 '갑작스럽게 혼란 가운데로 빠진 나라를 위해 기도해야 되지 않겠느냐'는 생각을 나누고 매일 아침 7시-8시까지 모여 기도하기로 결정을 하고, 기간은 나라가 안정될 때까지로 정하고 기도를 시작하게 되었다.

2016년 11월 목회자들이 함께 모여 기도회를 시작했고 이 소문이 용인시기독교총연합회 실무회장 신동권 목사와 김태진 사무총장에게 전달되어 함께 기도하게 되었고, 이 기도회는 2016년 12월 31일까지 계속되었다.

기도의 참 의미를 깨달은 용인기독교총연합회(대표회장 윤호균 목사 실무회장 신동권 목사)에서 2017년부터 매주 월요일 아침 7시-8시까지 목회자들이 모여 지역을 돌며 기도하기로 정하고 먼저 이동연합회 용인중앙교회(신동권 목사 시무)에서 진행하게 되었다. 이어서 구성 동백연합회 지구촌교회(최성균 목사시무), 구성중앙교회(이기봉 목사시무), 기흥연합회 포도나무교회(여주봉 목사시무)에서, 양지연합회 주북제일교회(조동욱 목사시무)에서, 포곡연합회 포곡제일교회(김종원 목사시무)에서 기도하고 있다.

앞으로도 용인기독교총연합회에서는 지역연합회를 돌며 계속 기도할 계획이며, 5월 14일(주일)에 용인 명지대 채플관에서 오후 3시에 용인지역 목회자들과 성도들이 다 함께 모여 대 성회를 개최하여 3,000여 명이 함께 '나라와 민족을 위해' 기도할 예정이다.

■ 2017 용인시 복음화 대 성회

일시: 2017년 5월 14일(주일) 오후 3시
장소: 용인 명지대 채플관

'예수 안에서 우리는 하나'라는 주제로 2017 용인시 복음화 대 성회가 용인시기독교총연합회(이하 용기총. 대표회장 윤호균 목사, 실무회장 신동권 목사) 주최로 2017년 5월 14일(주일) 오후 3시부터 용인 명지대 채플관에서 열렸다.

이번 대 성회의 목적은 8천만 민족을 복음화하기 위하여 백만 용인시 복음화 대성회를 개최하게 되었다. 용인시 안에 있는 820여 교회의 연합을 도모하고, 23만 성도들을 이단으로부터 보호하고, 예수 그리스도 안에서 우리가 하나임을 천명하며, 이 시대의 답은 복음밖에 없음을 선포하여 생명을 구하고, 느헤미야 시대의 수문 앞 광장의 부흥과 미스바 대각성운동의 현장과 평양 대 부흥의 역사를 재현하고자 이 성회를 개최하게 되었다.

대성회는 명지대 채플관을 가득 메운(3000여 명) 목회자와 성도들이 용인제일교회 찬양팀과 함께 찬양함으로 시작되었다.

용인시에 있는 820여 교회가 연합하여 드리는 예배는 순서 하나하나가 감동과 은혜의 시간이 되었고, 결단과 회개가 있었으며, 생명의 능력과 성령의 충만함이 가득한 대 성회가 되었다.

'교회여 연합하라'는 제목으로 새에덴교회 소강석 목사의 설교와 '참 교회'라는 제목으로 남서울비전교회 최요한 목사의 설교가 있었으며, 5번의 합심기도회가 있었다.

국가안보, 평화통일 새로운 대통령을 위하여(고림제일교회 조용구 목사), 국회의원과 경제회복을 위하여(용인성결교회 송도현 목사), 반기독교적 악법이 법제화 되지 않도록(주사랑교회 오경근 목사), 경기도와 용인시의 발전을 위하여(목신교회 윤상철 목사), 용인시 복음화를 위하여(소망교회 이동호 목사) 또한 성령 충만을 위해 화광교회 윤호균 목사가 뜨겁게 기도회를 인도했다.

이날 대 성회는 1부와 2부로 드려졌는데 1부는 '말씀으로 돌아가기', 2부는 '회개와 성령 충만'이라는 제목으로 진행되었다.

1부 사회는 대회장 용인중앙교회 신동권 목사 인도로 시작되었는데, 대표기도는 용인교회 권영호 목사, 성경봉독은 전대중앙교회 황재열 목사, 특별찬양은 연합성가대의 '면류관가지고'(지휘 류형길) 찬양이 있었다.

2부 사회는 상임대회장 포곡제일교회 김종원 목사 인도로 진행되었는데, 기도는 기흥중앙교회 이승준 목사, 성경봉독은 주북제일교회 조동욱 목사, 헌금기도는 주보라

교회 김준성 목사, 헌금찬양은 백기현 교수가 찬양하였고, 이어 남경필 경기도지사, 정찬민 용인시장의 축사와 8천만 민족복음화대성회 총재 이태희 목사의 격려사가 이어졌고, 기흥제일교회 김정민 목사의 내빈 소개, 다사랑교회 안중학 목사의 MOU소개(용인시기독교총연합회와 MOU체결 단체), 준비위원장 김태진 목사의 광고 그리고 임원소개와 선서식이 있었으며, 용인제일교회원로 변우상 목사의 축도로 모든 순서를 마쳤다.

■ 제1회 용인시기독교총연합회장기 교회대항족구선교축제

일시: 2017년 6월 10일 오전 8시
장소: 용인시청 광장

용인시기독교총연합회(이하 용기총 대표회장 윤호균, 실무회장 신동권)는 6월 10일 오전 8시부터 제1회 용인시기독교총연합회장기 교회대항족구선교축제를 용인시청 광장에서 개최하였다.

이번 족구대회는 용기총이 주최하고, 용기총 족구분과위원회가 진행하였으며, 19개 팀 150여 명의 선수들과 응원팀 등이 광장을 가득 메우고 그동안 갈고닦은 기량을 선보였다. 이번 대회는 용기총 산하 교회들이 참여하여 선의의 경쟁과 교류를 통해 둥근 족구 공으로 하나가 되는 시간을 가졌다.

대회 결과 박진감 넘치는 경기력을 선보인 용인영락교회가 우승했으며, 준우승은 남서울비전교회, 3등은 용인제일교회와 생명샘교회가 각각 차지했다.

이번 족구대회를 축하하기 위해 정찬민 용인시장과 도의원, 시의원들이 찾아 선수

들을 격려해 주었으며, 용기총 실무회장 신동권 목사와 임원들이 축제에 참석해 선수들을 응원했다. 이번 축제를 위해 운영 및 진행위원장을 맡은 이용현 목사는 이번 행사를 개최할 수 있도록 은혜를 베풀어 주신 하나님께 감사와 영광을 돌리며, 참석하신 모든 분들과 후원하신 분들께 감사하다고 전했다.

족구는 한국에서 생겨난 유일한 구기 종목으로 장소, 인원에 부담 없이 언제나, 누구든지 즐길 수 있는 매력을 가지고 있다. 특히 족구는 네트를 사이에 두고 경기를 진행하기 때문에 선수 간 몸싸움이 없어 부상으로 인해서 실제 생업에 영향을 주는 일이 거의 드물어 생활 체육으로서의 최고의 운동이라 할 수 있다.

■ 용인시사회복지협의회와 용인시기독교총연합회 나눔문화 확산을 위한 협약

일시: 2017년 8월 1일 오후 2시
장소: 중앙신학대학원대학교
사회복지법인 용인시사회복지협의회(이하 협의회, 회장 홍성로)는 8월 1일(화) 처인구에

위치한 중앙신학대학원대학교에서 용인시기독교총연합회(이하 용기총, 실무회장 신동권 목사)와 '용인시 나눔문화 확산을 위한 업무협약식'을 진행하였다.

본 협약은 협의회와 용기총이 보유하고 있는 인적·물적 자원의 교류·협력을 바탕으로 다양한 사회공헌활동을 조장하고, 지역내 소외된 이웃을 위한 복지서비스 증진을 위한 목적을 가지고 체결되었다.

두 기관의 구체적인 지원협력분야는 '용기총 산하회원 교회와 협의회원간의 공동복

지 참여', '용기총이 지향하는 맞춤형 복지프로그램에 대한 협의회의 전문 프로그램 개발 및 연계지원', '용인시 나눔문화 확산을 위한 상호간의 능동적 참여의 공동노력' 등이다. 복음과 복지를 실천하는 용기총과 용인시 민간복지 중추기관인 협의회와의 공동협력은 용인시 복지증진에 시너지효과를 가져올 것으로 기대된다.

■ 용인시기독교총연합회 새빛 요한의 집에 후원금 전달

일시: 2018년 4월 18일
장소: 처인구 원삼면 새빛요한의집(원장 방병문)

용인시기독교총연합회(대표회장 윤호균 목사, 실무회장 조동욱 목사)와 용인시사회복지협의회(회장 홍성로)와 함께 4월 18일 처인구 원삼면에 위치한 시각장애인생활시설 새빛요한의집(원장 방병문)에 후원금 일백만원을 전달하였다.

이번 후원금은 용기총의 신년하례식에서 모아진 헌금으로 마련되었으며, 전달된 후원금은 곧 다가오는 4월 20일 '장애인의 날'과 5월 8일 '어버이날'의 사업비로 소중하게 사용될 예정이다.

용기총과 협의회는 전년도 8월 나눔을 주제로 한 업무협약을 체결하였으며, 향후

지역에서 다양한 프로그램으로 의미 있는 공헌활동을 함께 추진하기로 하였다.

■ 8천만 민족복음화를 위한 백만 용인시 복음화대성회

일시: 2018년 4월 22일 오후 3시 30분
장소: 용인 명지대 채플관

'용인 복음화! 민족복음화! 세계 복음화!'라는 주제로 2018 용인시 복음화 대 성회가 용인시기독교총연합회(이하 용기총, 대표회장 윤호균 목사, 실무회장 조동욱 목사) 주최로 2018년 4월 22일 오후 3시 30분부터 용인 명지대 채플관에서 3,000여 명이 참석한 가운데 열렸다.

대 성회를 진행한 용인시기독교총연합회는 용인시 전 지역에 분포해 있는 교회들을 중심으로 조직된 연합 단체로, 산하에 10개 연합회가 있다(구성 동백기독교연합회, 기흥기독교연합회, 모현기독교연합회, 백암기독교연합회, 수지기독교연합회, 양지기독교연합회, 원삼기독교연합회, 이동기독교연합회, 중앙기독교연합회, 포곡기독교연합회).

또한 전체교회는 800여 교회로 추산하며, 성도는 약 23만 명으로 추산하고 있다.

이번 대 성회의 목적은 용인시 전 교회가 다 함께 모여 복음으로 연합하고, 영성회복과 지역복음화를 위해 기도하며, 함께 힘을 모아 소외되고 어려운 이웃과 교회를 섬기고 나누는 사랑을 실천하며, 분열과 실책으로 실추된 교회의 위상을 회복하고 나라를 패망하게 하는 반 기독교적 사회 악법을 강력 저지하며, 가정과 사회를 파괴하는 이단, 사이비를 척결하고 건강한 교회, 거룩한 도시를 만들어 가기를 소망하는 대 성회로 진행되었다.

대 성회는 다음세대 찬양으로 시작되었는데, 사회는 용인교회 서동현 청년과 오하리 청년의 사회로 시작되었다.

CCM 디바 소울과 남서울비전교회 디키즈의 축하공연, 용인제일교회 임병선 목사의 축하메시지, 그리고 기쁨의 교회 바라뉴송의 경배와 찬양으로 진행되었다.

이어 1부 예배와 2부 강의 및 기도회로 진행되었다.

　대 성회에서 '우리는 무엇으로 세상을 이기는가?'라는 제목의 설교를 한 이승희 목사는 기독교인들이 하나님을 절대적으로 신뢰하는 믿음을 바탕으로 승리하는 삶을 살아가길 당부했다.

　예배 후 이어진 강의 및 기도회에서는 소강석 목사가 강사로 나서 '건강한 용인시와 한국교회를 위한 제언'을 했다. 소 목사는 "지금 기독교가 위기다. 문화적으로 포스트모더니즘, 정치적으로는 네오막시즘이 득세해 한국교회가 공격받고 있다. 기독교는 절대진리를 사수하기 때문에 세상과 부딪칠 수밖에 없는 상황이다."라며 "이를 타개하기 위해서는 기독교인들이 연합해서 한 목소리를 내야 한다. 또한 세상에서 올바른 지도자가 나올 수 있도록 기독교인들이 잘 판단해야 한다."고 역설했다.

　윤호균 목사는 인사를 통해 용인의 기독교인들이 뜨겁게 하나님을 구해 놀라운 역사를 일으키길 기원했다. 윤호균 목사의 인도로 목회자들이 단상에 올라 무릎 꿇고 뜨겁게 기도하는 시간을 가졌다. 이들은 한국 기독교계가 순결한 신앙을 회복하고 다시 한 번 부흥의 역사를 경험하며 하나님께 영광돌리길 기원했다.

　대 성회 참석자들은 용인시 복음화를 염원하는 마음으로 '이 산지를 내게 주소서' 찬양을 함께 부르는 시간을 가졌고, 대 성회는 최요한 목사의 축도로 마무리됐다.

한편 대 성회 순서자로 참여한 이들은 다음과 같다.
- 임오길 목사(명예대회장, 양지제일교회) ■ 조동욱 목사(대회장, 주북제일교회)
- 신동권 목사(공동대회장, 용인중앙교회) ■ 황재열 목사(공동대회장, 전대중앙교회)
- 김영환 목사(공동대회장, 수지중앙교회)
- 이철수 목사(공동대회장, 용인명성교회) ■ 최요한 목사(상임대회장, 남서울비전교회)
- 김종원 목사(상임대회장, 포곡제일교회) ■ 김정민 목사(부대회장, 기흥제일교회)
- 임병선 목사(공동부대회장, 용인제일교회) ■ 유석윤 목사(준비위원장, 용인사랑교회)
- 김태진 목사(대외협력위원장, 서부교회) ■ 최성균 목사(재정위원장, 동백지구촌교회)
- 박종진 목사(행정위원장, 보라한마음교회) ■ 경용수 목사(중앙연합회 회장, 한울교회)
- 양희춘 목사(기흥연합회 회장, 열방교회) ■ 이동호 목사(모현연합회 회장, 소망교회)

- 영화 '바울' 용인시사회 성황

일시: 2018년 10월 17일(수) 오후 2시
장소: 동백 CGV

CBS 기독교방송과 용인시기독교총연합회가 10월 17일(수) 오후 2시에 동백 CGV에서 마련한 영화 '바울' 목회자 초청 VIP시사회가 성황리에 진행되었다.

이날 시사회에는 용인시기독교총연합회 임원진과 연합회 소속 교회 목회자와 사모 등 100여 명이 참석한 가운데 용기총 유석윤 사무총장의 인사와 용기총 김정민 부회장의 기도, CBS 관계자의 영화소개가 있은 후 107분 동안 상영되었다.

시사회에 참석한 목회자와 사모, 성도들은 예수 그리스도의 사도 바울과 초대교회 성도들의 가슴 뜨거운 희생과 기적 같은 삶을 담은 영화 '바울'을 관람한 후 "그동안 귀로만 듣고 성경으로만 접했던 사도 바울의 생애를 영화를 통해 실감하면서 참된 그리스도인의 모습을 되돌아보게 됐다."며 "이 시대를 살고 있는 크리스천들 물론 모든 사람들이 꼭 봐야할 영화하며 영화가 개봉되면 이 영화를 꼭 봤으면 좋겠다."는 소망들을 피력했다.

특히, 시사회에 참석한 김정민 목사는 "믿음 앞에 죽음도 두렵지 않았던 사도 바울과 크리스천들의 놀라운 역사를 담은 영화 '바울'은 성경 역사상 가장 뜨거운 마지막 여정처럼 오직 복음과 진정한 사랑을 전해주고 있어서 감명 깊었다."며 "상업영화의 틈바구니 속에서 기독교 영화 '바울'이 당당하고 의연하게 이 시대 복음을 전하는 강력한 도구가 됐으면 좋겠다."고 말했다.

오는 31일 전국에 걸쳐 정식 개봉을 앞둔 이 영화는 네로 황제 시대에 극심한 박해와 핍박 속에서도 오직 믿음으로 인내한 크리스천들과 참혹한 감옥 속에서도 끝까지 복음을 지키며 성도를 격려하는 바울의 담대함을 그렸다. 바울 역에는 영화 벤허와 왕좌의 게임에서 좋은 연기를 펼쳤던 제임스 폴크너가 맡았고, 누가 역에는 패션 오브 크라이스트에서 예수 역할을 맡았던 제임스 카비젤이 열연했다.

영화 '바울'은 10월 31일부터 CGV와 롯데시네마, 메가박스에서 상영된다.

한편, 용인시기독교총연합회와 CBS는 용인지역 목사님께서 교회주보를 통한 홍보와 독려를 통해서 성도들이 영화 '바울'을 반드시 관람할 수 있도록 해줄 것을 요청 드리고 가능한 한 교회가 단체 관람해줄 것을 당부하고 있다고 한다. 30명 이상 단체 관람을 신청할 경우에는 할인혜택을 주고, 60명 이상 단체 관람을 신청하실 경우에는 할인혜택과 함께 단독으로 영화관을 제공할 계획이다. 단체관람을 원하는 교회는 CBS 시네마국(담당: CBS 이기완 국장 010-3646-2450)으로 연락하면 된다.

■ 한국교회를 위해 매주, 매월 지속되는 월요기도회

한국교회는 지금 무엇을 해야 하는가?

함께 모여 기도하고 하나님의 뜻을 찾아야 한다. 그리고 세상 사람들이 교회를 향해 무엇을 요구하는지 귀를 기울여 보아야 할 때이다. 용인시기독교총연합회(이하 용기총 대표회장 윤호균 목사, 회장 김정민 목사)는 한국교회부흥과 나라와 민족의 안정과 경제회복, 그리고 용인시복음화를 위해 매주, 매월 지역교회를 순회하며 기도회를 갖고 있다.

2017년에 시작된 기도회는 2018년, 2019년에도 지속되고 있다. 매주 월요일 오전 7시에 용기총 산하 지역연합회 회원들과 용기총 임원들이 중심이 되어 기도회를 진행하고 한 달에 1번은 월요 목회자 부부 조찬기도회로 진행되는데 이때에는 용인지역의 목회자 부부가 참석하여 함께 기도하는데 매달 100여 명씩 모여 기도하고 있다.

왜 용기총에 속한 목회자들이 연합하여 기도하는가?

성경은 문제와 해결책을 분명히 답하고 있다.

"너는 내게 부르짖으라 내가 네게 응답하겠고 네가 알지 못하는 크고 은밀한 일을 네게 보이리라"(렘 33:3)

한국교회의 위기 앞에서 기도하자는 것이다. 또한 기도를 통해 한국교회의 교회의 본질을 회복시킬 답을 깨닫자는 것이다. 전적으로 인간의 방법, 전략, 계획이 아닌 하나님의 뜻을 깨닫고, 하나님께 순종하여 하나님이 기뻐하는 교회로 회복시키자는 것이다. 지난 2월 매주 진행되는 월요기도회는 포곡연합회 주관으로 말씀동산교회(담임 김승도 목사)에서 열렸고, 매월 1회씩 진행되는 용인시 목회자 부부 조찬기도회는 2월 18일(월) 오전 7시에 비전교회(담임 신현모 목사)에서 진행되었다.

3월에 진행될 용인시 목회자 부부 조찬기도회는 기흥구 보라하갈로 67번지에 위치한 백향목교회(담임 박상완 목사)에서 3월 4일 오전 7시에 진행될 예정이며, 매주 드리는 월요기도회는 기흥연합회 주관으로 드려질 예정이다.

경기도 용인시는 요즘 하루가 다르게 아파트 숲으로 변모하고 있다.

이같이 빠르게 변화하고 있는 주변 환경에 맞춰 교회들도 용인시기독교총연합회 중심으로 시역복음화를 앞낭기기 위해 연합사역을 활발하게 별쳐가고 있다.

■ 5.19 용인시 복음화 대 성회

일시: 2019년 5월 19일 오후 2시 30분
장소: 용인시민체육공원 주경기장

'온 땅의 주인 되신 하나님'이라는 주제로 5·19 용인시 복음화 대 성회가 용인시기독교총연합회(대표회장 윤호균 목사, 회장 김정민 목사) 주최와 산하 지역 기독교 연합회 공동주관으로 2019년 5월 19일 오후 2시 30분부터 용인시민체육공원 주경기장에서 봄비 가운데 13,500여 명의 성도들이 참여한 가운데 은혜롭게 진행되었다.

주일 아침부터 시작된 비는 그치지 않고 계속 내렸다. 하지만 하나님의 역사는 멈추지 않았고, 더욱 뜨거웠다. 하나님은 비오는 중에도 목회자들과 성도들을 감화 감동 시켜 은혜의 자리로 이끌어 인도하셨다. 또한 성회에 참석한 목회자들과 성도들에게 은혜를 주셔서 비가 오는 중에도 행사를 마칠 때까지 함께 하도록 역사하셨다.

찬양으로 시작된 성회는 말씀을 들으며 은혜 받게 하셨고, 모두 일어서서 뜨겁게 기도하게 하셨고, 특별히 결의문을 통하여 이 땅의 주인은 오직 하나님 한 분뿐이라고 결단하게 하셨다.

한편 성회를 진행한 용인시기독교총연합회는 용인시 전 지역에 분포된 교회들을 중심으로 조직된 각 지역 단체로, 산하에 10개 연합회가 있으며, 전체교회는 850여 교회로 추산하고, 성도는 약 25만 명으로 집계하고 있다.

설교를 맡은 이동원 목사는 누가복음 15장 25-32절을 통해 '아버지의 명령'이라는 제목으로 메시지를 선포했다.

결의문 낭독

100만 용인 시민의 행복과 거룩한 도시 용인을 만들기 위해 우리는 다음과 같이 결의한다.

하나. 우리는 대대로 지켜온 가정이 하나님의 창조 질서를 따라 세워진 인류 보편의 가치임을 믿는다. 따라서 동성애, 동성혼을 합법화하는 차별 금지법 제정을 신앙과 양심에 따라 결사반대할 것을 결의한다.

하나. 우리는 태아에게도 생명권이 있음을 믿는다. 따라서 태아의 생명권을 유린하는 낙태 합법화를 반대하며, 세상에서 가장 약자인 태아의 생명권을 지키고 보호하는 생명 존중 풍토를 만들어 갈 것을 결의한다.

하나. 우리는 대한민국 헌법이 충분히 사회적 약자를 보호하고 배려한다고 믿는다. 따라서 동성애 합법화 의도를 숨긴 별도의 인권조례안을 제정하려는 모든 시도를 거부할 것을 결의한다. 고 낭독했다.

이번 대 성회 대표 대회장 윤호균 목사(용인시기독교총연합회 대표회장)는 대회사를 통해 "교회가 무너지고 복음이 쇠퇴하고 있는 시대입니다. 이때야말로 교회가 다시 사회적 역량을 발휘하고 오직 말씀과 기도로 세상의 소망이 되어야 할 때입니다. 하나님의 창조질서를 무너뜨리는 동성애 합법화와 교회를 무기력하게 하는 차별금지법 제정을 막아내고 우리의 자녀들에게 건전한 환경을 물려주어야 합니다. 오늘 용인 땅에 임하시는 성령님의 역사가 드높은 파도가 되어 대한민국과 온 열방을 뒤덮기를 간절히 소망합니다."라고 선포하였다.

이번 행사를 준비한 용인시기독교총연합회 회장 김정민 목사는 감사의 글을 통해 "5·19 용인시 복음화 대 성회를 허락하시어 온 땅의 주인이 하나님이심을 선포케 하심을 감사드리며 모든 영광과 찬양을 하나님께 올려 드립니다. 시작부터 지금까지 이 모든 것이 하나님의 은혜임을 고백합니다."라고 하였다.

한편 대 성회 순서자로 참여한 이들은 다음과 같다.
- 버스킹 공연: 버스킹덤·다비드
- 사전공연: 김 브라이언
- 찬양과 경배: 연합찬양단(인도 이신애 간사)
- 특별연주: 송솔나무 & 독일 H.E.I.M.앙상블
- 개회선언: 윤호균 목사

"주의 영광을 보이소서"
- 인도 – 김종원 목사
- 대표기도: 여주봉 목사
- 성경봉독 – 권준호 목사
- 찬양: 연합성가대(지휘 류형길)
- 메시지: '아버지의 명령'(이동원 목사)
- 헌금기도: 권영호 목사
- 특송: 목회자 부부 찬양대 : 여호와께 돌아가자
- 특별찬양: 송정미 사모
- 기도인도: 임병선 목사
- 합심기도: 각 지역 연합회회장
- 결의문 낭독: 신현모 목사
- 인사말: 윤호균 목사
- 축사: 용인시 백군기 시장
- 임원 및 내빈 소개와 광고(김현기 목사)
- 축도: 최요한 목사

"온 땅이여 주를 찬양하라"
진행 – 이승준 목사
틴즈엘, 알리, 헤리티즈 등이 각각 순서를 맡아 진행하였다.

기도와 사랑으로 세우는 생명공동체 **용기총** 용인시기독교총연합회
The Christian Council of Yongin-si

제9부

용기총의 나아갈 길

제1장
용기총의 나아갈 길

박상완 목사

침례신학대학교 목회신학대학원 졸업
크리스챤 치유상담연구원 졸업(현 치유상담대학원 대학교)
Southwestern Baptist Theological Seminary(D.Min)
목회상담 및 가정 사역 전공
전) 수도침례신학대학 목회 상담학 교수
전) 크리스챤 치유상담연구원 겸임교수
전) 크리스챤 치유영성훈련원 교수
현) 백향목교회 담임목사
현) 백향목교회 가정상담센터 대표

이제까지 용인기독교회사를 기록하면서 기독교 이전의 한국 종교와 사회, 초기 한국교회의 시작, 한국교회의 부흥과 성장, 그리고 용인지역 교회의 흔적을 역사적으로 분석하면서 드라마틱한 한국교회의 성장 과정을 살펴보았습니다.

어쩌면 용인지역 교회와는 조금은 동떨어진 내용도 있겠지만 이 모든 흔적들이 우리 용인지역 교회가 존재하게 된 근거라는 생각에 서술하였습니다.
이러한 의미에서 한국교회와 함께한 우리 용인지역의 모든 교회와 성도 한 사람 한 사람이 우리에게는 참 자랑스럽고, 사랑합니다.

'역사는 만들어 가는 사람의 것'이라고 했습니다.

우리 용기총(용인기독교총연합회)의 역사도 이제 우리가 만들어 가야 합니다.

이에 용기총의 모든 교회는 앞선 믿음의 선배들의 흔적들을 보면서 우리 용기총이 나아갈 방향에 대하여 제시해 봅니다.

부흥은 하나님의 말씀에 대한 반응입니다.

따라서 부흥의 원리와 선포는 성경 중심이어야 합니다.

말씀에 대한 신뢰와 기대, 그리고 반응이 부흥을 가능케 합니다.

그러므로 하나님께 겸손히 나아갈 때 부흥운동이 있었습니다.

칼빈은 "하나님은 그의 택하신 자들 안에서 역사하시는데, 당신의 성령을 통해서, 그리고 성경말씀을 통하여 역사하신다."고 말합니다.

시편 기자 또한 "주의 구원의 즐거움을 내게 회복시켜 주시고 자원하는 심령을 주사 나를 붙드소서 그리하면 내가 범죄자에게 주의 도를 가르치리니 죄인들이 주께 돌아오리이다"(시 51:12-13)라고 하는 고백을 통해서 참된 부흥이 하나님의 말씀에 대한 생각과 태도의 변화와 더불어 시작된다고 하였습니다.

하나님께서는 우리에게 말씀하시는 분이십니다.

교회의 부흥과 성장을 위한 전략은 다양하지만, 어느 시대를 막론하고 교회의 부흥과 성장은 하나님의 말씀에 의한 영적 각성과 기도모임이 그 근간을 이루었습니다. 따라서 교회가 부흥하고 성장하기 위한 모든 전략에는 신학적 전략 및 실천적 전략이 있어야 합니다.

성경적인 교회관 회복

예수 그리스도의 성육신 사역의 궁극적인 목적은 하나님 나라의 복음을 선포하고 전파하는 데 있었습니다.

그럼에도 우리는 하나님 나라에 대한 잘못된 이해로 세상과 이원화시켜 극단적으로 그리스도 안에서 택함을 받은 장소로만 생각합니다. 하나님 나라를 현실 세계와는 아무 관계가 없는 미래지향적인 세계로 생각하는 것입니다.

하나님 나라에 대한 예수님의 가르치심과 그 배경을 이해한다면, 성경적인 교회관을 수립할 수 있을 것입니다.
왜냐하면 하나님의 나라가 교회의 출발점이요 또한 그 목적지이기 때문입니다.
이런 관점에서 하나님 나라 선포와 활동은 하나님 나라 '확장 운동'이라고 말할 수 있습니다. 이처럼 하나님 나라와 교회는 불가분 밀접한 관계를 맺고 있으며, 하나님 나라에 대한 이해에 따라 교회관이 결정지어집니다.

하나님 나라의 현재성이 약화될 때 이신득의(以信得義) 사상과 하나님의 전적인 은혜보다는 물량주의와 공덕주의적인 교회관이 팽배해지고, 인간의 노력과 헌신이 자신의 구원을 이룩하는 것으로 유도되고 있습니다.
성경보다는 인간의 합리성과 교회의 전통이 우리 신앙을 탈 신앙화 시키고 있는 형편이며, 카리스마적인 교권주의 때문에 만인제사장설은 점차 퇴색해지고 있습니다.

초대교회는 오순절 성령강림을 통해 예수 그리스도에 대한 충성과 더불어 성령을 체험함으로써 하나가 된 종말론적인 새로운 공동체였습니다. 예수 그리스도의 부활 사건처럼 오순절 사건은 초대 교인들로 하여금 '종말의 전조'를 생각하게 하고, 구속사에 있어 새 시대가 시작되는 것으로 여기게 하였습니다.
본질적으로 초대교회는 성령의 공동체였으며, 그 초기부터 '마지막 날의 추수'를 체험하였으며, 세상의 종말에 대한 복음을 선포하였습니다. 이 같은 초대교회의 종말론적인 신앙은 유대인이나 헬라인이나 막론하고 복음의 빚진 자로서 사명을 다하며, 생명을 다해 복음을 증거하는 가장 큰 원동력이 되었습니다.

한국교회 초기의 놀라운 성장과 생명력의 가장 중요한 요소는 종말론적인 교회관이었습니다. 이 종말론적인 교회관은 길선주 목사와 같이 널리 알려진 부흥운동과 사경회 인도자들에 의해 확대되어 전국적인 현상으로 확장되었습니다.

길선주 목사님께서는 기회가 있을 때마다, 또한 부흥회나 사경회를 인도할 때마다 종말론을 주제로 메시지를 전하였습니다. 이러한 종말신앙은 3·1운동을 겪으면서 절망적인 현실 가운데 있는 교회와 민족을 위로하고 용기와 소망을 부여하였습니다.

오늘 우리 교회가 갖고 있는 많은 문제들은 현재의 삶에 너무 취해 있기 때문에 발생한 것인데, 마음에 종말론적인 신앙을 품고 살기보다는 세상이 주는 가치관에 너무 많은 관심을 갖고 살기 때문입니다. 한마디로
오늘날 우리 교회의 여러 가지 부정적이고 타락한 모습은 종말론적인 신앙의 부재에서 기인한 것이라 할 수 있습니다.

종말론적인 신앙은 오늘을 절대화하기보다는 다가올 미래를 생각하고 오늘을 인내하는 것이며, 이것이 하나님의 뜻을 이루도록 작용하는 것입니다.

교회가 세속적인 가치관과 삶의 방식을 종말론적인 신앙으로 갱신시켜 새롭게 될 때 교회는 이 세상을 변화시킬 뿐만 아니라 하나님 나라를 확장하는 예수 그리스도의 대 명령을 수행할 수 있을 것입니다.

따라서 한국교회 부흥의 중요한 요인은 종말론적인 교회관을 회복하는 것입니다.

영적 부흥을 위한 예배공동체 회복

교회는 하나님께 예배드리기 위해 부름 받은 하나님 백성의 공동체입니다.
예배는 교회의 가장 중심적인 활동이며 본질적 요소입니다.
또한 예배는 교회의 존재 이유이자 원동력입니다.
무엇보다도 교회의 모든 사역과 삶은 예배를 위해 존재합니다.

이러한 점에서 예배는 교회의 존재 이유이며, 사명이자 특권이며, 하나님의 백성을 개

혁하고, 갱신하고, 부흥을 시킴으로써 교회성장을 가져오는 가장 탁월한 수단입니다.

그런데 오늘날 우리 교회의 예배는 많은 문제점을 지니고 있습니다.

우리의 예배 행위에서 문제가 되는 것은 교회에서 일정한 시간에 드리는 '모이는 예배'와 흩어져 나가 세상을 섬기기 위해서 삶으로 드리는 '흩어지는 예배'와의 괴리 현상입니다. 또한 하나님께 최고의 값진 것을 드리려는 것이 아니라 오히려 하나님께로부터 무엇을 받으려는 기복적인 예배입니다.

그 외에도 예배 전체를 목회자가 지배하고 독주하는 예배, 역동성의 결여로 정체되고 의식화되어지는 예배, 그리고 성찬이 소홀히 된 예배입니다.

이와 같이 화석화되어지고 무기력해진 예배, 기복으로 가득한 미신적인 예배를 갱신하려는 것은 개혁자들의 노력이었으며, 개혁교회 예배 전통에서 꾸준히 추구해 왔습니다. 이러한 의미에서 예배의 개혁은 예배의 부흥과 연결된 용어입니다.

에베소 교회의 부흥이 일어났을 때에도 그들 속에 예배의 회복이 일어났으며(행 19:17-29), 예루살렘 교회의 부흥이 있을 때에도 그들 속에 예배를 위한 모임의 열망이 가득했고, 예수 그리스도의 이름을 높여 드리는 일과 하나님의 말씀을 경청하는 아름다운 예배 부흥이 있었습니다.

예배의 회복과 예배의 부흥이 목회의 중심이 되어야 합니다.

하나님의 임재 가운데 들어가는 예배, 하나님의 신비 앞에서 즐거워하는 그런 예배를 실천해야 합니다.

이를 위해서는 목회자가 먼저 예배의 중요성을 인식해야 합니다.

예배의 본질에 대한 올바른 이해가 있어야 합니다.

복음이 중요하기에 문화를 고려하는 것입니다.

그래서 사람들의 취향이나 필요성에 대하여 관심을 기울이는 것입니다.

그렇지만 언제나 예배는 예수 그리스도 사건이 중심을 이루어야 합니다.

예배자들이 어떻게 예배를 이해하느냐에 따라서 예배는 달라집니다.
예수 그리스도를 나타내는 것이 성경적인 예배입니다.
예배는 그리스도의 삶과 죽음과 부활을 선포하고 또한 행하는 것입니다.
예배는 예수 안에서 행하신 하나님의 구속을 찬양하는 것입니다.

이러한 점에서 예배는 목표 지향적이기보다는 예수 그리스도를 지향해야 합니다.
예배의 중심이 예수가 될 때 예배를 위한 모든 목표가 성취됩니다.
그러므로 말씀과 성만찬의 균형을 이루어야 하고, 증인의 삶으로 이어지는 예배여야 합니다. 잃어버린 영혼을 구원하는 일은 아무리 강조해도 지나침이 없지만, 전도와 예배를 동일시해서는 안 됩니다.
불신자를 위한 것이 전도이지만 예배는 하나님을 위한 것입니다.

예배는 회중의 참여와 역동성이 있어야 합니다.
오늘 우리 예배는 여전히 회중들을 관람자로 만들고 있습니다.
그러므로 목회자는 회중들로 하여금 어떻게 적극적으로 예배참여자가 되게 할 것인가를 고민해야 합니다.

목회자의 예언자적 의식 회복

'예언자'란 일반적으로 '하나님의 계시를 전달하거나 해석하되 자신의 생각이 아닌 외부에서 오는 계시를 말하는 사람'이란 뜻입니다. 그들은 자신에게서 나오는 것을 말하지 않고 하나님의 뜻을 깨닫고 전하는 자로서 하나님을 위하여 하나님의 뜻을 전하는 자요, 하나님의 뜻을 알기 쉽게 전하는 자입니다.
예언자는 현재와 미래를 위하여 말하는 자며 하나님의 통치에 대한 불멸하는 원리를 시간 속에서 보여줍니다.
그러므로 원리는 영원하지만 표현은 현세적이고 시간적입니다.

이런 방법으로 예언자는 하나님의 성격을 과거와 현재, 그리고 미래를 통하여 표현하였습니다.

현대 교회는 물량주의와 성장주의, 그리고 기복주의와 서로 야합하면서 목회자의 예언적 의식이 뚜렷하게 사라지고 있습니다. 이질적이고 비본질적인 요소들이 작용하면서 하나님의 말씀을 선포하기보다는 사람을 모으고자 사람의 비위를 맞추기 위해 현세적이고 물량적인 메시지, 인기에 야합하는 메시지, 성경 본문을 떠난 메시지 등 비본질적인 요소가 강단을 지배하는 현상입니다.

한국교회에 필요한 것은 회개와 변화를 촉구하는 예언자 의식입니다.
여기서 '예언자적 의식'이란 '살아 계신 하나님을 믿고 그의 뜻을 그의 백성들에게 전하는 것'을 의미합니다. 이러한 예언자적 의식은 모세에게서 발견할 수 있습니다. 모세는 영감을 받아 절망에 빠진 사람들에게 지금까지 불가능하다고 생각하는 사람들에게 세상이 변할 수 있다는 사실을 일깨워주었습니다. 하나님으로부터 받은 예언과 꿈을 과감하게 주장함으로써 자기민족을 일으키는 데 성공했습니다.

예언자들은 그 시대의 부패한 정치와 종교, 그리고 지도자들을 책망하고, 안일한 제사장들을 꾸짖었습니다. 예언자들이 정치와 종교들을 책망하는 것은 사람을 미워해서라기보다는 그들이 하나님의 뜻대로 순종하는 삶을 살지 못하였기 때문이고, 하나님의 말씀이 선포되어질 때 그들이 듣고 회개함으로 하나님의 심판이 그들에게서 옮겨지고 자비가 베풀어지기를 원했기 때문입니다.
이처럼 예언자로서 목회자는 자신의 메시지가 성령에 의하여 자기에게 주어진 것이라는 확신이 요구됩니다. 거룩한 하나님의 공동체로 한국교회가 갱신되기 위해서는 목회자들의 예언자적인 의식이 회복되어야 합니다. 교회의 부흥과 성장이 목회자에게 있다면, 종말론적인 하나님의 종으로서 목회자가 예언자적인 의식을 회복하는 것이 한국교회의 부흥과 성장의 중요한 요인이 됩니다.

용·기·총

제2장
평신도의 영적 갱신운동

정의호 목사

- David Chung
- 풀러신학교(D.Min)
- 합동신학대학원대학교
- 선교한국94 조직위원장
- ESF(한국기독대학인회) 대표 역임
- JYM 대표
- 기쁨의교회 담임목사

　예수 그리스도의 몸으로서 교회는 살아 계신 예수 그리스도의 유기체적인 존재로서 성장해야 합니다. 교회가 오순절 성령강림으로 탄생하였고, 항상 성령의 활동은 교회의 성장을 위한 활동이었습니다.
　성경에 나타난 교회성장의 과정을 보면 몇 가지 중요한 요소들이 있습니다.
　성령의 역사에 따라 복음의 말씀이 전파되어졌고, 말씀을 가르친 지도자들과 열심 있는 평신도들에 의해 교회성장은 이루어졌습니다. 또한 성령의 능력을 힘입어 그들이 말씀을 전파하고 가르친 결과 양적으로나 질적으로 믿는 무리가 더해가고 성장하는 교회가 되었습니다.

　오늘날 교회가 정체되고 쇠퇴하는 가장 중요한 원인은 지도자와 각각의 그리스도인들이 사역자로 부름을 받았다는 사실을 깨닫지 못하고 있기 때문입니다. 교회의 일을 독주하는 목회자들을 향해서 '조지 피터스'(George Peters)는 "교인들을 수동적 입장에 머물게 하거나 방치하는 일은 목회를 실패하게 하는 것일 뿐 아니라, 교회를 향한 하나님의 특별한 부르심과 계획에 대항하여 범죄하는 것이다."라고 하였습니다.

병든 교회에 나타나는 증상들에 대하여 '헤리 엘 리더'(Harry L. Reeder)는 '프로그램 의존·특정 기질의 리더십 고집·과거 존속·나쁜 평판·현상유지에 만족·피해의식' 등을 들고 있습니다. 이들은 단번에 교회를 확 바꿀 프로그램을 기대합니다. 지역과 환경이 다른 성장하는 교회의 프로그램을 그대로 자기 교회에 도입하려 하고, 여기에 교회성장의 승패를 봅니다. 그러나 평신도를 키우지 않은 상태에서는 모든 것이 실패로 끝나며, 결국 교회의 본질과 복음의 능력을 상실할 수밖에 없습니다.

훌륭한 사역자로 키우는 것은 평신도의 잠재력을 개발하고, 훈련시켜 건강한 교회를 세우는 데 절대적인 요인입니다.

'평신도'란 말은 결코 경시하기 위한 의미에서 한 말이 아닙니다. 목회자와 구분하기 위한 표현일 뿐입니다. 목회자와 평신도는 엄밀하게 구별하면서도 분리할 수 없는 친밀한 관계를 가지고 있습니다.

성경에 따르면, '하나님의 백성'은 '모든 그리스도인'을 포함합니다. 따라서 성경에 충실하기 위해서는 모든 그리스도인이 평신도이며 하나님의 사역자여야 합니다.

이제 교회는 '모이는 교회'(Ecclesia)에서 일하는 교회인 '흩어지는 교회'(Diaspora)가 되어야 합니다. 이런 의미에서 평신도는 선교를 위해 세상으로 나아가는 '흩어지는 교회'입니다.

교회가 세상에 존재하는 이유는 하나님의 백성을 양육하는 것과 주의 복음을 세상을 향해 증거함으로 하나님의 뜻이 이 땅에 이루어지게 하는 일입니다. 교회가 세상에 접근하는 길은 오직 평신도를 통해서입니다. 이처럼 평신도는 이 세상에 침투해 있는 교회의 대표이며 교회 자체입니다. 교회의 생명과 승패를 좌우하는 것은 평신도의 일상생활 자체이며, 이들의 영적 갱신은 곧 교회성장의 지름길입니다.

그리스도인의 일상생활이 영적으로 성숙해지도록 돕고, 재생산하도록 키우는 평신도의 훈련이 필요합니다. 옥한흠 목사는 "제자훈련 외에 평신도 지도자를 만들어 낼 수 있는 다른 길은 없다."고 하였습니다.

다음의 내용은 교회에서 실시하는 제자훈련 성경공부 교재의 성격으로 성경공부와 기도운동, 그리고 전도를 위한 프로그램을 위한 내용입니다. 이후 내용을 수정하고 보완하여 교단과 교파를 초월하여 모든 교회에서 활용하였으면 좋겠습니다.

성경적인 성경공부 교재를 개발하라

성경공부 교재는 'S.M.A. 양육시스템'이어야 합니다.
'S.M.A'란 '관찰·해석·적용'이라고 하는 귀납적 연구방법의 첫 머리 글자입니다.
- S - 관찰(Say) - 무엇을 말하고 있는가?(What the Says)
- M - 해석(Mean) - 무엇을 의미하는가?(What the Means)
- A - 적용(Apply) - 어떻게 적용할 것인가?(What it Say the Apply)

'귀납적 방법'이란 '과학적 눈으로 사물을 있는 그대로 정확히 보자'는 발견의 논리입니다. 즉, 성경을 볼 때 성경에 관한 해석서로부터 시작하는 것이 아니라 성경의 해석을 성경 그 자체에서 찾고 적용하자는 성경 중심주의입니다. 왜냐하면 성경의 가장 좋은 주석은 성경 그 자체이기 때문입니다.

이에 필자는 부흥운동을 위한 양육시스템을 연구함에 있어 관찰·해석·적용이라고 하는 귀납적인 연구방법이 이 시대에 꼭 필요한 연구방법이라 생각합니다.

귀납적 연구방법은 세 가지 과정이 따릅니다.
'관찰'과 '해석'과 '적용'입니다.

첫째, '관찰'에서는 '성경이 무엇을 말하고 있는가'를 알게 합니다. 이는 일종의 탐정가로서 머리로 이해함으로 지적인 변화를 가져오는 단계입니다. 관찰한다는 것은 여행을 하기 위해 지도를 보는 것과 같습니다. 정확한 해석과 적용은 관찰을 얼마나 잘했느냐에 달려 있습니다.

둘째, '해석'에서는 '성경이 무엇을 뜻하고 있는지'를 깨닫게 합니다. 결단하는 자로서 가슴으로 받아들여 정적인 변화를 가져오게 하는 단계입니다. 해석의 목적은 성경의 중심 메시지를 이해하는 것입니다. 따라서 정확한 해석을 위해서 깊이 생각하십시오. 그리고 발견한 사실들의 의미를 분석하십시오.

셋째, '적용'에서는 '성경이 가르치고 있는 진리를 적용하고 활용'하게 합니다. 말씀에 따라 의지적인 변화와 모험적 자세로 나아갈 수 있도록 하는 단계입니다. 적용이란 배운 진리에 대한 개인적인 반응입니다. 적용이 없을 때 성경은 무가치하게 될 것입니다.

이처럼 성경을 가르치거나 양육시스템을 운영하는 목적이 바로 여기에 있습니다. 이렇게 성경은 머리·가슴·발, 즉 지·정·의로 하는 온 몸으로의 양육과정이 되어야 합니다.

교재의 구성은 다음과 같습니다.

제1과 하나님은 누구신가?

제2과 예수님은 누구신가?

제3과 성령 하나님은 누구신가?

제4과 구원이란 무엇인가?

제5과 죽음 이후 내세(천국)는 있을까?

하나님의 교회가 교회되게 하는 기준은 예수 그리스도와 제자들, 그리고 초대교회가 증거했던 복음이며, 교회는 이 복음의 증거자들로 위임을 받았습니다. 즉 사도들을 통해 받은 복음이 교회로 하여금 그 영광을 잃지 않도록 하게 해 주는 표준이 됩니다. 따라서 교회는 언제나 오류 가운데 떨어질 가능성이 있으므로 그 자신을 새롭게 갱신해 나갈 준비를 하여야 합니다.

이러한 갱신을 위한 기준이 있다면 그것은 하나님의 말씀, 곧 성경입니다.

성경과 교회사에서 나타난 영적 부흥운동이 일어났던 때에는 언제나 하나님의 임재를 경험하는 예배와 영혼을 깨우는 복음적인 말씀이 선포되었으며, 능력 있는 설교자들이 있었습니다. 초대교회에 나타났던 초자연적인 은사가 동일하게 나타난 것은 아니었지만 그들 가운데 성령의 나타남이 있었고, 하나님의 말씀에 대한 거룩한 부담을 가졌던 설교자들이 있었습니다. 이러한 의미에서 참된 말씀 전파의 부흥은 언제나 교회 역사상 위대한 부흥운동을 가져왔습니다. 이러한 측면에서 교회는 설교에 의하여 존립할 수도 있으며 무너질 수도 있습니다.

그렇다면 오늘날 교회의 무너진 강단을 회복하고 교회의 부흥을 위해 추구해야 할 설교와 성경공부는 무엇입니까? 그것은 복음 중심성입니다.

교회 설교는 처음부터 복음을 선포하는 것이었으며, 복음이 그 중심을 이루었습니다. 제자들과 초대교회가 가장 힘썼던 것은 예수 그리스도의 탄생과 교훈과 삶, 예수 그리스도의 대속의 죽음과 부활, 예수 그리스도의 승천과 재림을 통해서 역사 속에 '이미' 시작되었으나 '아직'은 완성되지 않은 하나님 나라를 선포하는 말씀운동입니다.

기도운동을 위한 교재를 개발하라

교회에서는 기도운동이 일어나야 합니다.

이를 위해 기도학교 프로그램을 개발하여 교단과 교파를 초월하여 모든 교회에서 활용할 수 있도록 하는 것입니다.

성령 안에서 하나 되어 가는 공동체가 되는 것이 교회의 본질입니다(요 13-17장).

이러한 교회의 공동체성을 강화하기 위해서는 공동체 안의 구성원들이 영향을 서로 주고받는 역동적인 공동체적인 교회를 개발하여야 합니다.

필자는 이러한 기도운동으로 교회가 하나 될 수 있다고 생각합니다.

제1과 기도란 무엇인가?
제2과 어떻게 기도할 것인가?
제3과 기도와 성령의 역할
제4과 기도의 장애요소
제5과 기도에서의 성령의 활동
제6과 기도가 영적 성장에 미치는 영향
제7과 기도에 대한 예수의 교훈

기도란 하나님과의 대화를 의미합니다.

즉, 예수 그리스도를 믿고 거듭나 하나님의 자녀가 된 그리스도인들이 자기 안에 거하는 그리스도의 영을 통하여 하나님을 아버지로 부르면서(롬 8:15), 그 아버지께 구하고(눅 11:9), 부르짖고(렘 33:3), 교제하는 것을 뜻합니다.

우리말에 '기도'라고 하는 말은 '하나님께 예수의 이름으로 감사와 찬미와 희구를 드려 비는 일'이라고 하였습니다.

현대 사회는 사람들이 어느 곳에 있든지 깊은 인간관계에 목말라 합니다. 사람들은 급박하게 변하는 대중사회 속에서 자신들에게 안정감과 소속감을 줄 수 있는 그러한 관계를 필요로 합니다. 소그룹은 수백, 수천 명의 군중들 속에서는 절대로 발견할 수 없는 사랑과 용납의 인간관계를 제공해 줄 수 있습니다.

이러한 의미에서 교회가 회중적 구조와 소그룹 세포 구조가 맞물려 돌아가는 교회는 많은 평신도를 사역자로 양성하고 있습니다.

그렇다면 이 시대에 소그룹을 중요시하는 이유는 무엇입니까?

소그룹은 성경에 나타난 하나님의 뜻이기 때문입니다. 소그룹은 하나님의 속성에서 기인합니다. 아담과 하와의 가정·노아의 가정·모세의 가정 형태에서 기원합니다.

소수의 남은 자인 소그룹·예수님의 제자인 소그룹·초대교회의 소그룹·바울 사도의 팀 전도사역의 소그룹에 이르기까지 소그룹은 성경에 나타납니다.

이러한 의미에서 소그룹은 그 목적을 불신자를 전도하여 구원하는 일에 두어야 합니다. 전도 지향적인 소그룹이 될 때 교회는 성장하게 됩니다. 이름만의 그리스도인이 생겨나는 원인은 예배만 참석하기 때문입니다. 지금 교회에 치명적인 영향을 주는 개인주의적 영성은 소그룹에서 얼마든지 극복될 수 있습니다. 소그룹에서는 상호 섬김·상호 영향·상호 치유를 통하여 영적인 성장을 이루게 합니다.

지금과 같이 교회공동체의 일치가 어렵고, 개인주의와 세속화가 만연한 지금의 교회에 필히 요구되는 목회 전략은 신약성경 시대의 가정교회에서처럼 확고한 공동체

영성을 지닌 작은 교회가 필요합니다. 교인들과 교역자간에, 그리고 교인들 간에 친밀한 교제가 이루어지고 공동체 의식을 가질 수 있는 소그룹은 교회성장의 버팀목입니다. 하나님의 나라에 대한 비전을 함께 공유하면서 교인들이 하나가 되고, 변화하고, 치유되며, 함께 봉사하는 교회가 공동체 교회입니다.

전도를 위한 프로젝트를 개발하라

전도란 무엇입니까?
전도란 길이요 진리요 생명 되신 예수 그리스도의 도를 전하는 행동입니다.

"예수께서 이르시되 내가 곧 길이요 진리요 생명이니 나로 말미암지 않고는 아버지께로 올 자가 없느니라"(요 14:6)

전도는 영생을 주시기로 작정된 자, 예비 된 영혼을 찾아 나서는 것입니다.

"이방인들이 듣고 기뻐하여 하나님의 말씀을 찬송하며 영생을 주시기로 작정된 자는 다 믿더라"(행 13:48)

전도는 불순종한 죄인들을 창조주 하나님에게로 다시 돌아가도록 인도하는 것입니다.

"예수께서 나아와 말씀하여 이르시되 하늘과 땅의 모든 권세를 내게 주셨으니 그러므로 너희는 가서 모든 민족을 제자로 삼아 아버지와 아들과 성령의 이름으로 세례를 베풀고 내가 너희에게 분부한 모든 것을 가르쳐 지키게 하라 볼지어다 내가 세상 끝 날까지 너희와 항상 함께 있으리라 하시니라"(마 28:18-20)

전도는 내가 하는 것이 아니고 100% 하나님의 주권입니다.
전도는 상대방의 마음 문을 열고 내가 만난 예수님과 체험한 하나님의 은혜와 지극한 사랑과 삶의 변화를 다른 사람에게 간증하는 것입니다.
즉, 전도는 내가 만난 예수를 전하는 것입니다.
전도는 보물찾기와 같습니다.
하나님이 숨겨 놓으시고 우리 믿는 성도들에게 찾으라는 것입니다.

우리가 전도해야 할 이유는 하나님이 우리가 천국의 기쁜 소식을 전하는 것을 가장 기뻐하시기 때문입니다. 하나님께서는 이 세상의 한 사람 한 사람을 위해서 독생자 예수를 아끼지 아니하시고 십자가에 피 흘려 돌아가시게 하셨습니다. 그러므로 한 영혼이 하나님의 사랑과 구원의 도를 깨닫고 믿음으로 돌아올 때는 천국에서는 기쁨의 잔치가 벌어지고 하나님께서는 잃은 양 한 마리를 찾은 목자처럼 기뻐하실 것입니다.

우리가 전도할 때 하나님께 큰 영광이 됩니다.

한 영혼 한 영혼이 계속해서 하나님께 돌아오는 것은 그만큼 원수 마귀의 세력이 약화되어 하나님 나라가 속히 이루어지는 결과가 됩니다.

제1과 전도란 무엇인가?

제2과 전도하는 이유

제3과 무엇을 전하는가?

제4과 누구에게 전하는가?

제5과 어떻게 전하는가?

제6과 전도자의 생활

제7과 전도자의 축복

제8과 풍성한 열매

하나님께서 주시는 풍성함을 위하여 섬기도록 교회는 부름을 받았습니다.

신약시대의 교회는 '섬김을 받으러 온 것이 아니라 오히려 섬기고 많은 사람을 대신해서 자기 목숨을 내어주러 왔다'는 예수의 가르침을 기억하고 있었습니다.

이에 상호적인 섬김의 공동체가 최초의 교회였습니다.

예수님은 최후의 심판에 대한 양과 염소의 비유(마 25:35-36)를 통하여 극히 미미한 신자 하나를 돕는 것이 바로 그리스도를 돕는 것이며, 그 일은 누구나 할 수 있는 일임을 밝힙니다. 이 비유를 통해서 예수님은 '가장 작은 형제들·목마른 자들·주린 자들·나그네들·헐벗은 사람들·병든 사람들·옥에 갇힌 사람들을 만날 때 예수님 자신을 만나는 것이요, 그들을 섬김으로써 그리스도 자신을 섬기는 것이라고 가르치십니다.

만약 그리스도의 교회가 십자가에 달리신 분과의 친교를 가난한 자들 안에서 찾지 않는다면, 교회는 그리스도의 현재와 진리 안에 존재할 수 없습니다. 그러나 교회사에서 그리스도는 대부분 교회와 사회의 문 밖에 계셨습니다.

마태복음 25장 40절 주석에서 칼빈은 "불쌍한 사람들을 돕는 일을 주저할 때마다 하나님의 아들의 모습을 마음에 생각해야 한다. 왜냐하면 그분에게 무엇을 거절한다는 것은 더 없이 깊은 차원의 모독이다. 배고픈 자들·나그네들·헐벗은 자들·포로들, 곧 되돌려 받을 가망이 없는 자들에게 선을 베풀라는 명령을 들을 때마다 자신을 우리에게 그저 맡기시는 그분을 바라보아야 한다."라고 함으로써 나눔과 섬김을 그리스도와 동일시하고 있습니다.

교회의 머리되시는 예수님이 세상에 오신 목적이 '인자가 온 것은 섬김을 받으러 온 것이 아니라 도리어 섬기러 왔고 자기 목숨을 많은 사람의 대속물로 주기 위한 것'(마 20:28; 막 10:45)이라면, 필연적으로 섬김과 나눔의 삶이 교회의 사명입니다.

오늘날 교회는 영혼 구원에 몰두하고 있습니다.

예수는 단순히 영혼 구원만이 아니라 하나님 나라를 선포하였다는 것을 한국교회는 잊지 말아야 합니다. 한국교회는 나눔과 섬김을 말했지만 자기를 포기하는 사랑을 실천하지 못했음을 회개하고, "너희가 여기 내 형제 중에 지극히 작은 자 하나에게 한 것이 곧 내게 한 것이라"(마 25:40)는 주님의 말씀을 기억해야 할 것입니다.

한국교회는 철저한 자기 갱신을 통한 도덕적인 삶과 섬김의 삶으로 변화되어야 합니다.

용·기·총

제3장

코로나 19 이후 한국교회의 방향

임병선 목사
- 총신대학교 신학과(B.A.)
- 총신대학교 신학대학원(M.Div)
- 아세아 연합신학 대학원(Th.M)
- Southwestern Baptist Theological Seminary(Th.M. 설교학, 신약학 전공)
- Liberty University(D.Min 교회성장학 박사)
- 전, 신반포교회 청년부 총괄목사
- 전, 총신대학교 출강
- 현, 크리스찬타임즈 방송설교
- 현, CTS 두란노 성경교실 메인강사
- 현, 용인제일교회 담임목사

코로나 19 사태는 지금까지 한국교회가 전혀 경험하지 못한 엄청난 충격을 던져 주었습니다. 한국의 각 교회 성도들이 함께 모여 예배드릴 수 없어, 각 가정에서 영상으로 예배를 드릴 수밖에 없을 뿐만 아니라, 한국교회는 교회가 주요 감염원이 되고 있다는 언론 보도를 통해 엄청난 사회적 비판을 받게 되었습니다.

이런 결과는 두 가지 측면에서 한국교회에 큰 타격을 던져 주고 있습니다.

첫째는, 교회 내에 문제로서, 교회와 성도들이 가지는 신앙적 위축입니다.
코로나 19 바이러스를 통해 성도들은 교회에 모일 수 없게 되었고, 모일 수 없는 이 상황은 교회 예배뿐만 아니라, 사역에 큰 위축을 가져올 수밖에 없는 결과를 초라

하게 되었습니다.

결국 이것이 장기화되면 많은 성도들은 교회를 떠나게 되고, 교회는 코로나 이전보다 이후 예배와 사역을 온전히 진행하는 기초가 흔들리게 된다는 것입니다.

둘째는, 선교 사역에 대한 위축입니다.

이는 교회 외적인 문제로서 교회가 주요 감염원으로 사회적으로 인식되어 세상을 향한 교회의 선교 사역을 크게 위축되게 하고 있습니다.

사실의 옳고 그름과 상관없이 언론에서 보도된 내용 그 자체만으로 교회 밖에 많은 사람들은 코로나 이후, 이제 교회를 위험한 집단으로 인식하게 되고 그들을 교회로 이끄는 데 교회는 더 큰 한계와 벽에 직면하게 될 것입니다.

그렇다면, 이런 한국교회에 부정적이고, 좋지 않은 코로나 사태 이후 과연 한국교회는 어떤 방향과 태도로 나아가야만 할 것인가?

첫째, 한 사람에 집중하는 사역이 필요합니다.

코로나 이후 한국교회는 분명 인원, 규모 면에서 축소될 수밖에 없는 상황이 놓이게 될 것입니다.

한국교회 안에 이것을 우려하는 많은 목소리들이 있습니다.

하지만, 이것을 단순히 우려의 눈길로만 바라볼 필요는 없습니다.

교회 역사를 통해 볼 때, 하나님의 역사는 인원의 많고 적음, 규모의 크고 작음에 의해 움직인 적이 없습니다.

하나님은 늘 한 사람에 주목하시고, 한 사람을 통해 일을 시작해 가십니다.

초대교회의 사도 바울!
루터의 종교 개혁!

한국교회 선교 역사를 통해 볼 때도 사람의 많고 적음에 있지 않았습니다.
규모의 크고 적음에 의해 교회는 움직이지 않았습니다.

복음에 붙들린 한 사람!
하나님의 사명에 불타오르는 한 사람이 결국 교회의 부흥과 개혁을 이끌었습니다.
이러한 사람들을 통해 교회의 역사는 지금까지 이어져 온 것입니다.

그렇게 본다면, 오히려 심각한 코로나 사태를 통해 남겨진 성도와 교회는 그 한 사람, 그 한 교회가 될 가능성이 커졌다고 볼 수 있습니다.
문제는 그 한 사람을 어떻게 키우느냐는 것입니다.
그 한 교회를 어떻게 만들어 갈 수 있느냐는 것입니다.

목회자는 교회 규모와 인원을 늘리는 사역이 아닙니다.
복음에 붙들린 한 사람을 어떻게 키워낼 것인가에 주목하고 집중하는 사역입니다.
'시대를 향한 하나님의 사역을 온몸으로 감당하고자 하는 복음에 붙들린 한 사람을 키워낼 수 있는 대안과 방법이 있는가?' 를 깨닫고 그들을 키워낼 수만 있다면, 코로나 사태는 한국교회의 위기가 아니라, 더 큰 도약을 위한 또 다른 과정이 될 것입니다.

둘째, 작지만 강한 강소교회의 등장이 필요합니다.

교회는 교회마다 특징과 사역의 방향이 있습니다.
규모가 큰 교회는 큰 교회로서, 규모가 작은 교회는 작은 교회로서의 각자의 역할과 사역의 방향이 존재합니다.
그런데 오늘 우리 한국교회에 문제가 있습니다.
규모가 큰 교회나 작은 교회나 역할이나 사역 면에서 큰 분별력이 없다는 것입니다.

지금 한국교회는 중대형교회 중심의 사역과 특징이 교회를 주도해 가고 있습니다.

작은 교회들은 그 흐름을 뒤따라가는 버거운 현실 속에 있었습니다.
그러나 코로나 이후에는 한국교회에 중형교회는 점점 줄어들 것입니다.
교회는 대형화되든지, 소형화하는 과정을 겪게 될 것입니다.

왜냐하면 한국교회는 유럽 교회의 흐름을 따르기보다는 미국 교회의 흐름 속에 함께하고 있기 때문입니다.
미국 교회가 교회 위기를 겪으면서 걸었던 그 과정을 우리도 걸어갔기 때문입니다.

여기서 우리가 주목할 것은 작은 교회가 가져가야 할 사역의 방향과 흐름입니다.
사고의 전환입니다.
한국교회가 새로운 발전의 길로 가기 위해서는 작은 교회가 마치 대형 마트 옆에 슈퍼마켓 같은 소형화 길이 아니라, 대형 마트를 이길 명품 숍을 만드는 길입니다.

작은 교회는 결코 대형교회를 따라 갈 수 없습니다.
그러나 작은 교회에는 대형교회에서는 부족한 결속력과 끈끈함이 있습니다.
따라서 작은 교회가 결코 대형교회가 흉내 낼 수 없는 교제의 끈끈함과 하나의 분명한 사역의 방향을 일관성 있게 정하고 그 길을 우직하게 걸어 나가 사역의 열매를 맺어 나간다면, 그 교회는 분명 작지만 강한 교회, 강소교회가 될 것입니다.
앞으로 이런 교회가 지역교회 안에서 더 큰 힘을 영향력을 발휘하게 될 것입니다.
이것이 코로나 이후 한국교회가 주목해야 할 사역의 길이 되어야 할 것입니다.

셋째, 사회, 지역과 소통하는 사역, 소통하는 창구가 필요합니다.

코로나 사태를 겪으면서 우리는 한국교회가 이 사회와 지역과 소통이 얼마나 부실했고, 소통하는 창구조차 유명무실했음을 눈으로 목도했습니다.
교회는 세상의 빛입니다.
교회는 세상의 소금입니다.

교회는 세상 속에 존재해야 합니다.
왜, 고려 시대 그렇게 흥왕했던 한국 불교가 조선 시대 쇠락의 길을 갔습니까?
세상을 등지고 다 산 속으로 들어가 그들만의 신앙에 심취했기 때문입니다.

그렇다면 코로나 사태 이후 한국교회는 어떠해야 할까요?
코로나 사태 이후 한국교회는 조금 더 세련된 방법으로 세상과 소통해야 합니다.
조금 더 훈련되어진 방법으로 세상과 함께하는 방법을 연구하고 대안을 마련해야만 합니다.

한국교회에는 비둘기의 순결함 동시에 뱀의 지혜로움이 절실히 필요한 때입니다.
우리가 아무리 옳은 진리를 갖고 있다고 해도, 그 진리가 효과적으로 설득되어지는 방법을 우리가 갖고 있지 않다면, 그것은 우리만의 진리일 뿐입니다.
하나님은 우리를 통해 많은 영혼이 구원의 길로 나아오기를 원하십니다.

하나님의 뜻이 이러하다면 우리는 어떻게 해야 합니까?
우리는 하나님의 진리를 더욱 더 이 시대에 걸 맞는 방법으로 설득해야 합니다.
하나님의 진리를 선포하는 방법을 고민하고, 그 대안을 만들어 가야만 합니다.

이단 집단들을 보십시오.
심지어 이단 집단들도 자신의 교단지가 아닌 일반 언론을 스스로 만들어 자신들의 당위성을 마치 객관적인 양 보도하고 있습니다.
그런데 우리 한국교회는 너무 단순한 생각으로 이 사회 속에 자신의 옳음만을 내세우고 있지 않은지 점검해 봐야 합니다.

그렇습니다.
이제 한국교회는 이러한 문제의식을 가지고 사회와 지역과 원활하게 소통할 수 있는 대안들을 만들어야 합니다.
세상과 소통하고, 그들을 설득하여 우리의 옳음을 전달해야 합니다.

이를 위한 방법으로 다양한 매체를 활용할 줄 알아야 합니다.
다양한 콘텐츠를 계발해야 합니다.
다양한 시도를 해야 하는 것입니다.
이러한 방법을 통해 하나씩 잘못된 교회에 대한 인식을 전환시켜 나가야 합니다.

이것이 코로나 이후 한국교회가 집중하여 나아가야 할 사역의 한 방향입니다.

코로나 사태는 한국교회를 위기로 이끌었습니다.
그러나 위기는 위험이기도 하지만, 기회이기도 합니다.

한국교회는 이 위기를 새로운 도약을 위한 기회로 삼아야 합니다.
코로나 사태는 한국교회를 어렵게 하는 재앙이 아닌, 한국교회를 한 단계 도약하게 만드는 디딤돌이 될 것입니다.

우리 함께 코로나 이 사태를 재앙으로 끝내지 말고 도약의 발판으로 삼읍시다!
코로나 이후 한 사람에 집중하는 사역!
작지만 강한 강소교회의 등장!
사회와 지역과 소통하는 한국교회로 거듭나게 하는 선각자가 됩시다!

기도와 사랑으로 세우는 생명공동체 **용기총** 용인시기독교총연합회
The Christian Council of Yongin-si

부록: 지역을 섬기는 교회들의 형극의 생생한 현장

용인의 100 대교회들

대한예수교장로회 용인한울교회

경기도 용인시 처인구 중부대로 1154 5층 Tel 031-335-0965

담임목사 **경용수**

- 고등학교 졸업 자격검정고시 합격 (서울교육청)
- 총신대학교 신학과 졸업(BA) 제19회
- 총신대학교 신학대학원 졸업(M.Div) 제85회
- 칼빈대학교 대학원 신학석사 신약전공(Th.M) 학위 취득
- 現 총신대학교 목회신학대학원 신학박사 설교학전공 (Th.D. candi)
- (주) 동양스텐레스 생산관리사원
- 안양양문교회 교육전도사
- 신창동교회 강도사, 부목사
- 경기노회 주일학교 연합회 총무
- 원남교회 교구목사
- 분당한울교회(김근수 목사) 교구목사

주님이 함께 하시는 당신을 사랑하고 축복합니다.

용인한울교회는
크지 않은 교회지만 알차고 기본에 충실한 교회가 되도록 "설교목회"를 지향하고 있습니다.
우리 교회 가족이 되시면 **용인한울교회**를 통해 꿈꾸게 하신 크고 작은 꿈을 함께 이루실 수 있습니다.

무엇보다도 아름다운 섬김의 기회를 갖게 되십니다.
바로 성도님이 하나님을 자랑하는 간증의 주인공이 되도록 기도하며 섬기겠습니다.
멀지 않아 많은 사람(153)을 기쁨으로 섬기시는 성도님을 기대합니다.

용인시 복음화가 되는 그날까지!
흔들리지 않는 한 울타리 **용인한울교회**는
말씀 중심의 교회! 은혜 중심의 교회! 선교 중심의 교회로 자리하겠습니다.

사랑과 도움의 손길이 필요한 이들을 위하여 작지만 알찬 일들을 준비할 것입니다.
이곳 공간에서 모든 성도가 기쁘고 즐겁게 소통하고 대화할 수 있기를 바랍니다.

용인한울교회는?

용인한울교회는 하나님의 은혜로 용인시 삼가동에 비교적 접근성이 좋은 곳에 세워졌습니다.
복음을 따르며 하나님의 주권을 인정하는 장로회 합동교단에 소속한 교회입니다.
기쁨을 드리고 행복을 나누는 누림! 섬김! 나눔의 공동체이며, 예수님이 꿈꾸시는 교회를 나타내고 있습니다.
"HW153"은 '하나의 큰 울타리에 다양한 사람들(153)이 모였다'는 의미를 담았습니다.

용인한울교회의 목표와 방향

용인한울교회는 다음의 비전을 가지고 사명의 가치를 추구하며, 5대 공동체를 이루고 있습니다.

- **교회비전:** 하나님을 기쁘시게 사람들을 행복하게
- **목회비전:** 기도와 말씀으로 영적으로 깨어 있는 목회자가 된다. | 귀납적성경연구로 강해설교를 지향한다. 목회자들을 돕고 섬기기 위해 노력한다.
- **목회철학:** 한 영혼을 주님께로 인도한다. | 평신도 한 사람 한 사람을 깨운다. 그들을 그리스도의 제자로 양육한다.
- **다섯공동체:** 주시는 복 받아 누리며 기꺼이 바치고 나누는 축복공동체 | 사람을 살리고 변하게 하는 말씀을 간직하는 말씀공동체 | 상한 마음을 치유하고 가족과 이웃을 섬기는 치유공동체 | 공동체 예배와 개인 경건으로 함께 세워가는 예배공동체 | 인성과 영성의 삶을 자녀 세대에게 전해주는 가족공동체

용인한울교회는 하나님 중심, 성경 중심, 교회 중심의 신앙을 신조로 삼고, 예수 그리스도의 사역과 명령에 따라 지역과 나라와 민족과 세계를 복음화 하고자 합니다. 이를 위하여 **용인한울교회**는 주님의 기뻐하심과 우리의 복된 삶을 바라며 성령님의 힘을 입어 사람을 살리고(**선교와 전도**), 사람을 고치고(**치유와 섬김**) 사람을 키우는(**교육과 훈련**) 생명사역에 헌신할 것입니다(마 9:35).

다음세대들: 다음세대가 다른 세대가 되지 않도록 합니다. 세상에 있는 모든 컨텐츠(도구)를 가지고 감사하게 하고 하나님을 찬양하는 자녀가 되게 합니다. 주일에 함께하는 예배와 평일 가족과 또는 혼자 하는 예배로 하나님을 만나게 합니다. 들은 말씀나누기(하브루타식), 성경말씀암송하기, 실천행동 결정하여 발표하고 행하기 등으로 하나님과 함께 가는 자녀들이 되게 합니다. 저희 다음세대 교사들은 복음의 씨앗을 뿌리고, 눈물과 땀의 물을 주며, 기도의 거름을 주도록 하려 합니다. 당장 열매를 거두려 조급해 하기 보다는 하나님의 때에 맺혀질 열매를 기다리고 기대하며 가르치며 섬기겠습니다.

다세기단: 다세기자는 교회안과 밖에 감동적이고 훈훈한 이야기들을 전하는 메신저입니다. 질문하고 들은 답과 관찰한 것들을 육하원칙에 따라 적어서 알리는 일입니다. 좋은 답을 얻을 수 있는 질문하는 법과 바르고 시각적인 글쓰기를 배울 수 있습니다.

하브루타: HAVRUTA는 유대인 교육방법입니다. 동화(그림), 만화로 그려진 성경이야기, 성화(그림)와 짧은 글을 읽고 질문(사실질문, 상상질문)하기와 느낌을 말하는 일은 창조적인 사고를 갖게 합니다. 좋은 성품과 기질을 가진 하나님의 자녀들이 하나님의 마음을 시원케 하는 도구로 세상에서 영향력을 드러낼 인재양성을 기대하셔도 좋습니다. 하나님께서 지으신 좋은 것을 발견하고 모난 것은 다듬어 하나님의 마음에 합한 사람이 되게 합니다.

상갈소망교회 소개

🏠 상갈소망교회는
2001. 11. 4 용인시 기흥구 상갈동 금화마을 5단지 지층(51평)상가에서 부부 목사가 함께 개척한 교회로서 대한예수교장로회(백석) 서울노회에 소속된 교회로서 신앙노선이 검증된 건강하고 성령 충만한 은혜로운 교회입니다.
축복받을 만한 생각을 품고, 축복받을 만한 말을 하며, 축복 받을 만한 신앙생활을 하는 교회

🏠 상갈소망교회는
01 예배가 감동적입니다.　　02 말씀이 살아있습니다.　　03 기도가 뜨겁습니다.　　04 찬양이 은혜롭습니다.

🏠 상갈소망교회의 영원한 표어는
01 축복받을만한 생각을 품고 (잠 4:23)　　　　02 축복받을만한 말을 하며 (민 14:28)
03 축복받을만한 신앙생활하자 (신28:1-6) 입니다.

🏠 상갈소망교회의 영원한 비전은
하나님의 가장 큰 관심사인 인류구원을(벧후 3:9)을 위해 구약의 지상명령(창 18:19인) **"부모가 자녀에게 말씀을 지손대대로 대물림하는 쉐마"** 에 올인하고, 신약의 지상명령(마 28:19-20)인 **"예수님의 복음을 열방에게 전파하는 선교"** 에 올인하는 것입니다.

인 사 말

Hallelujah!

🏠 **상갈소망교회**는 이웃에 소재한 수원명성교회(유만석 목사)와 화광교회(윤호균 목사)는 우리 교회와 같은 백석교단에 속한 교회입니다.
천안 백석대학교는 우리교단 소속으로서 세계적인 기독교 대학교입니다.

예수님께서는 이 땅에 오셔서 영혼 살리고 사람 살리는 일에 올인하셨습니다(요10:10). 저희 교회도 예수님의 사역을 본받아 영혼 살리고 사람 살리는 사역에 매진하고 있습니다.

이를 위해
- 국내(섬+도시) 미자립교회(21개소)들에게 선교비 후원
- 국내 미자립교회에 쌀(70개소)+김치(35개소)+김(40개소) 지원
- 기흥동+상갈동 어려운 이웃 위해 쌀(42가정)+김치(40가정)+김(34가정) 지원
- 해외 선교사님(22개소)들에게 선교비 지원
- 병원(미얀마 달라:1개소)사역+고아원(미얀마:24명+인도20명)사역 후원
- 일시 귀국하시는 선교사님 힐링 위해 선교관(아파트 35평)+차량(모닝) 지원
- 해외(태국 치앙마이) 선교관(성도 단기선교+동남아 선교사님 힐링) 7월1일 운영 예정입니다.

날마다 지옥 가는 숫자를 줄여가는 것이 주님의 소원이요 교회의 사명입니다.

🏠 **상갈소망교회**는 교회의 주인되시는 주님의 소원과 교회의 사명을 바르게 감당하기 위해 주님 다시 오시는 그날까지 교회 본연의 임무를 충실히 감당해 나가겠습니다.

"내가 여호와께 간구하매 내게 응답하시고
내 모든 두려움에서 건지셨도다"　　상갈소망교회 공동 담임목사
시34:4　　　　　　　　　　　　고강은 · 송송희

상갈소망교회의 교회학교

상갈소망교회 유아부

유아들의 눈높이에서 하나님을 만나고 하나님의 말씀을 알 수 있도록 돕고 있습니다. 또한 다양한 말씀 놀이와 활동으로 아이들이 신앙 안에서 잘 성장할 수 있도록 지도하고 있습니다. 아직 언어구사도 잘 안 되는 하얀 도화지와 같이 예쁘고 깨끗한 우리 아이들 마음에 지식보다는 지혜로운 아이로 사랑하며 감사하는 아이로 성장하도록 예배 속에 찬양과 기도로 저희 엄마 선생님들이 사명감을 갖고 아이들을 양육하고 있답니다.

상갈소망교회 유치부

유치부에서는 5세~7세의 아이들을 대상으로 하나님의 말씀을 가르치고 있습니다. 복음의 기초 (하나님은 누구신가, 예수님은 누구신가, 성경은 무엇인가)를 비롯하여 십계명, 주기도문, 사도신경의 암송등 기본적인 기독교 교육에 중점을 두었습니다. 특별히 하나님께서 명하신 쉐마 교육과 문답 교육을 통해 아이들에게 영성 및 지성의 성장을 추구합니다. 우리 유치부에서는 20년 이후의 한국을 바라보며 어린이들을 섬기고 있습니다. 하나님께서 다음세대의 한국에서 우리 어린이들을 통해 크게 일하실 것을 기대하고 기도합니다.

상갈소망교회 유초등부

예수님처럼 키와 지혜가 자라도록 선생님들이 하나님 말씀을 가르치며 공과 시간을 통해 아이들에게 말씀이 마음에 새겨지도록 하여 세상에 나가 복음을 전하는 작은 예수가 되게 합니다. 하나님께 영광 돌리고 영향력 있는 어린이로 세상을 변화시키는 사람으로 자라게 될 것입니다.

상갈소망교회 청소년부

현대 청소년들은 여러 가지 대중매체와 인터넷 게임 등 유해한 상황에 노출되어 있습니다. 부모님의 세대와 청소년 세대간의 문화적 차이, 정신문화의 발달이 물질문화의 발달을 따라잡지 못하는 문화지체 현실 속에서 청소년들은 정체성의 혼란을 경험하고 있습니다. 따라서 저희 청소년부에서는 오직 하나님을 의지하라는 절대적인 진리로 학생들을 지도하고 있습니다. 오늘날 중,고등학생이 가장 받고 싶어하는 선물 1위가 '감동'이라고 합니다. 감동의 부재 속에서 외롭고 방황하는 청소년들이 이곳에서 진정으로 하나님을 만나고 경험한다면, 하나님의 말씀만이 줄 수 있는 '참된 감동'을 받게 될 것입니다. 아울러 감동을 통해 비전을 세우고, 나아가 21세기를 책임지는 비전을 가진 인물로 성장하게 될 것을 기대합니다.

상갈소망교회 청년부

청년부는 예수 그리스도를 향한 사랑과 복음의 열정이 숨쉬는 곳입니다. 열방을 품고 기도하며 영혼을 사랑하고 시대를 예수님의 사랑으로 변화시키는 제자들을 양육하는 곳입니다. 예수님의 모든 민족으로 제자 삼으라는 말씀을 붙잡고 전도하며 말씀으로 육성하여 예수님의 제자로 살게 하는 일에 힘쓰는 믿음의 공동체입니다. 세상가운데 작은 예수로 살아가기를 소망하는 행복한 청년부는 매주 공동체 예배와 소그룹 모임을 통하여 청년의 때에 하나님이 주시는 은혜와 사명을 깨닫고 본인의 삶을 주님께 헌신하는 새벽이슬같은 청년들이 되기를 힘쓰고 있습니다.

대한예수교장로회 양지제일교회

경기도 용인시 처인구 양지면 양지로 94-1 Tel 031-338-9915

Hallelujah!

이 땅의 희망은 오직 예수 그리스도 한 분 뿐입니다.
우리의 열정도 아니고 우리의 도덕이나 선함도 우리의 희망이 될 수 없습니다.

우리 **양지제일교회**는 소망이 되신 예수님을 노래합니다.
냉혹한 도시를 향해 희망을 노래합니다.
낙망한 영혼, 상한 심령, 깨진 가정, 무너진 캠퍼스, 처절한 직장에서 오늘도 견디는 모든 이들에게 희망을 노래합니다. 아직 소망이 있습니다.
누구라고 예수 앞에 나오면 절망은 소망으로 바뀝니다.

그리고 동행을 이야기 하고 싶습니다.
가난한 영혼, 소외된 이웃과 함께 희망의 길을 걷고 싶습니다.
예수님께서 열어놓으신 생명의 길을 함께 걷고자 합니다.
이를 위해 저희 **양지제일교회**는 낮은 자리로 더 내려가겠습니다.
말씀에 충실하며, 본질을 붙들고, 예배에 목숨 걸며,
지역을 섬기는 교회가 되려고 합니다.

우리는 행복한 예수님의 사람입니다.
이 자리에 여러분을 초대합니다.

담임목사 고 재 국

- 호원대학교법경찰학부
- 칼빈신학교
- 총신대학교신학대학원
- 전. 새가나안교회 강도사
- 전. 재송제일교회 선임부목사, 청년부담당목사
- 현. 양지제일교회 4대 목사

양지제일교회의 비전과 사명

예수 / 선교 / 교육 / 치유 / 섬김

양지제일교회는 하나님 중심, 성경 중심, 교회 중심의 신앙을 신조로 삼고, 예수 그리스도의 마음으로 영혼을 사랑하며 수직전도로 대를 이어 신앙의 명문가정을 세우는 것과 수평전도로 지역과 나라와 민족과 세계를 복음화 하고자 합니다. 이를 위하여 **양지제일교회**는 진리로 가르치고 말씀을 전파하며 영혼을 치료하는 교회로서 가치관을 변화시키고 섬김과 봉사를 통해 지역을 변화시키는 일에 헌신할 것입니다.

1. 하나님의 얼굴을 구하는 공동체
2. 본질을 붙드는 공동체
3. 기본에 충실한 공동체
4. 예배를 사모하는 공동체
5. 부흥을 갈망하는 공동체

우리는 행복한 예수님의 사람! / 말씀과 기도로 훈련받는 공동체! / 나눔과 섬김으로 사랑을 심는 공동체

양지제일교회 목장소개

목장이란?

"**목장은 모든 성도들의 예배와 교제, 그리고 양육이 이뤄지는 공동체(소그룹)입니다.**"

목자(소그룹 리더)의 인도로 예배드리며 말씀과 삶을 나누는 모임입니다. 성령의 인도를 따라 자신의 죄됨과 연약함을 고백하며 말씀과 공동체의 도움으로 이겨내며 다시 회복되는 공동체입니다. 삶의 고난과 역경을 말씀 속에서 이겨낸 이야기 그리고 지금도 여전히 옛 습관에 허덕이면서도 말씀대로 살아내려는 이야기를 통해 또 다른 고난 중에 있는 성도를 이해하고 함께 하나님의 지체로 연결되어가는 공동체입니다.

부부목장은 주일 오후(교회)와 평일저녁(가정)에 모이는 모임으로 두 종류가 있습니다. 말씀 나눔을 통한 남성성도들의 교제와 불신 남편 전도를 목적으로 하는 부부 모임입니다.
(격주 목요일 저녁7시30분 또는 토요일 오후 주일오후)

여성목장은 여성들로만 구성되어 있는 목장입니다. 깊이 있는 큐티를 나누면서 서로를 돌보고 영적으로 함께 성장해 나아가는데 그 목적이 있습니다. 주중 낮 시간을 이용해서 모임을 갖습니다. 깊이 있는 큐티 나눔을 통한 양육을 그 목적으로 하고 있습니다.

직장목장은 직장 생활 또는 타 지역의 성도들을 중심으로 편성되어 나눔을 하며 주일 교회에서 모입니다.
매주 토요일 또는 주일, 부부 목장과 겹치는 경우 부부 목장으로 모임

청년목장은 장년목장에 편성되지 않는 36세 이하 미혼 청년들이 모여 큐티 양육을 통해 건강한 결혼관과 가정관 그리고 하나님의 손 안에 붙들린 미래를 그려가는 공동체입니다. 장년목장에 편성 되지 않는 36세 이하 미혼 청년들이 모입니다.

목장스케치

목장예배에는 직분으로 호칭하지 않고 목자 또는 부목자 또는 목원으로 통일하여 호칭하며 언제나 존대합니다. 목자는 목장예배를 인도하며 목원들의 이야기를 듣고 적절한 처방을 내립니다. '처방'이란 목자와 목장 구성원들이 나눔한 사람의 다양한 문제에 대해 듣고 필요하다고 생각되고, 당사자가 받아들일 준비가 되어 있을 경우 지혜를 모아 사랑으로 권면하는 것을 말합니다. 주로 목자가 처방을 내리지만 권찰 또는 목원들도 자유롭게 참여할 수 있습니다. 그러나 세상적인 가치 기준으로 처방을 내리는 것은 절대 하지 않습니다. 성경적이며 말씀 속에서 처방전을 찾아 영혼을 살리는 처방을 내립니다.

목장의 구성은 소그룹의 리더의 역할을 하는 목자, 목자의 아내를 권찰, 부목자, 목원으로 구성됩니다.

주일오전예배	1부 8시 / 2부: 10시 / 3부 12시 / 4부 2시 30분		
주일저녁예배	저녁 7시 30분	금요영성집회	금요일 저녁 8시
주일오전예배	저녁 7시 30분	새벽기도회	오전 5시 (월-금, 본당)
유치부	주일오후 12시 (키즈홀)	중고등부	주일오후 2시 30분 (본당)
유초등부	주일오전 10시 (드림홀)	청년부	주일오후 2시 30분 (본당)
드라이브 인 예배	3부 12시 (교회 주차장)		

양지제일교회 | 양지제일교회에 오신 것을 진심으로 환영합니다.
주일예배부터 교회학교까지 모든 예배시간을 확인하실 수 있습니다. 궁금한 사항은 언제든지 전화주세요.
경기도 용인시 처인구 양지면 양지로 94-1 Tel 031-338-9915

대한예수교장로회 용인중앙교회

경기도 용인시 처인구 백옥대로 1397　TEL 031-321-2228

용인중앙교회 곽승욱 담임목사는 미래를 바라보는 사역자입니다.
그는 용인중앙교회 2대 담임목사로서, 1대 곽기언 목사님의 목회 비전 아래 교회를 새로 건축한 목사입니다.
그래서 그의 사역은 언제나 2030 3대 비전과 함께 나아갑니다.
그는 예배를 생각하는 사역자! 언제나 예배중심으로 걸어가는 사역자입니다.
많은 프로그램보다는 신앙의 본질, 예배생활을 강조하며, 함께 예배하는 목사입니다.
곽승욱 목사는 용인과 함께 한 사역자입니다.
유년 시절부터 용인에서 성장하여, 지역을 섬기는 생활을 합니다. 그래서 지역주민들의 고충을 알고, 과거부터 현재, 그리고 미래를 아우를 수 있는 목회자입니다.

CENTER CHURCH

CENTER Church's Story

중앙교회 이야기

용인중앙교회는

1977년 10월 무수막 마을회관에서 곽기언 원로목사가 개척하였습니다. 이후 1982년 11월에 현 위치에서 교회가 건축되어 총 2차례에 걸친 증축과 함께 성장했습니다.

용인중앙교회는

하나님의 은혜로 2002년에 이르러 비전센터를 완공하게 되었고, 2005년 1대 곽기언 원로목사에서 2대 곽승욱 담임목사로 위임되었습니다. 이후 2008년도에 새 성전 건축을 선포하고 2010년 1월에 새 성전에 입당하게 되었습니다.

용인중앙교회는

새 계명과 지상명령에 대한 온전한 헌신이 용인중앙교회를 만든다고 믿습니다.

예배하는 교회	가르치는 교회	전파하는 교회
나누는 교회	봉사하는 교회	

Education an

양육 프로그램

용인중앙교회는 교인들이 성도로만 사는 것에 만족하지 않고,
가정, 교회 그리고 세상에 영향을 미치는 리더로 성장하는 평신도 목회철학을 가지고 있습니다.
훈련과정은 단순하면서도 매우 강력한 메시지와 같은 영성이 숨 쉬고 있습니다.

교육시스템

"같은 말, 같은 마음, 같은 뜻, 같은 어깨"

더욱 건강한 교회로 나아가기 위해서 제자대학을 진행하고 있습니다.

새 가족 교육과정

용인중앙교회에 등록하시면 4주 동안 새 가족 교육과정을 이수하게 됩니다.
새 가족 교육과정은 용인중앙교회 훈련프로그램의 입문과정으로 교회생활의 안내, 기초신앙교육으로 이루어지고 초신자의 경우 세례교육과정까지 이어지게 됩니다.

제자대학

용인중앙교회 양육프로그램의 핵심으로, 등록된 성도들은 이 과정을 통해 다시금 예수님과 하나님에 대하여 바로 알게 되고, 교회의 일꾼으로 세워지는 교육과정입니다.

우리는 교회가 **'주님의 몸'**이며, 교회의 본질적 사명은 **'그리스도의 지상명령에 순종'**하는 것이라고 믿습니다.

우리는 새 계명과 지상명령에 대한 온전한 헌신이
용인중앙교회를 만든다고 믿습니다.

- 예배하는 교회
- 가르치는 교회
- 전파하는 교회
- 나누는 교회
- 봉사하는 교회

한국기독교 장로회 용인교회

경기도 용인시 처인구 마평동 566번지
TEL 031-336-0691 FAX 031-336-0191

SHALOM!

안녕하십니까?
저는 **용인교회**를 섬기는 권영호 목사입니다.
용인교회 홈페이지에 오신 여러분을 예수 그리스도의 이름으로 진심으로 환영합니다.

저희 용인교회는 '성령님의 충만, 오직 예수, 하나님 경외'를 지향합니다.
저희 용인교회는 '우리들은 구원받기 위해 태어났다. 우리들은 예배드리기 위해 구원받았다'는 사실을 믿습니다.

'성령의 하나 되게 하신 것을 힘써 지키는 교회'가 되어 '모두가 행복한 교회'를 목표로 합니다.
'예수님을 만나면 인생의 방황이 끝나고 좋은 교회를 만나면 신앙의 방황이 끝난다' 고 합니다.

저희들은 누군가의 신앙의 방황을 끝내줄 수 있는 좋은 교회가 되기 위하여 최선을 다하고 있습니다. 혹시 교회를 잃어버리고 방황하시는 분들이나 아직 예수님을 믿지 않는 분들을 저희 용인교회로 정중히 초대합니다.

저희들과 함께 하나님께 영과 진리의 예배를 드리며, 예수 그리스도의 피로 물든 복음을 나누고, 예배의 행복을 누리시기 바랍니다.
신실한 제자로서 예수 그리스도를 따르는 믿음, 희망, 사랑의 대열에 동참하시기를 간절히 바랍니다.

용인교회 당회장 권영호 목사

사 명 선 언 문

*"우리는 구약과 신약의 지상명령을 따라
가정에서 자녀들에게 말씀을 전수하고 일터에서 모든 사람에게 복음을 전하겠습니다."*

행복한 예수님의 제자입니다.

교회 복한 유아부를 소개합니다

말씀으로 세워지는 교회(고후2:17)

행복한 유아부는 영, 유아들이 선생님과 부모님의 사랑 안에서 어려서부터 **신앙의 좋은 토대**를 형성할 수 있도록 하는데 중점을 두고 있습니다.

가족과 같은 분위기 속에서 우리 아이가 아니어도 내 아이처럼 보듬어 안을 수 있는 유아부 부모님들과 선생님들의 기도 속에서 유아들이 예수님을 닮아가도록 최선을 다해 교육하고 있습니다.

우리는 행복한 예수님의 제자입니다.

용인교회 행복한 유치부를 소개합니다

말씀으로 세워지는 교회(고후2:17)

우리 행복한 유치부는 유아들이 **교회에서 행복한 예배**를 드릴 수 있길 원합니다. 유아기 때 교회가 경직되고 재미없는 곳으로 기억되는 것이 아니라, 따뜻하고 신나는 곳으로 남을 수 있도록 예배 활동을 구성하였습니다. 그래서 훗날 저들이 세상으로 잠시 떠난실지라도 교회에 대한 첫사랑의 추억 한 토막 때문에 다시 주님 품으로 돌아올 수 있는 **신앙의 홈그라운드**를 만들고자 합니다. 말씀을 듣고 말씀대로 살아가는 것이 그리스도인의 사명임을 알고, 우리의 유아가 가장 느리고 약한 친구의 속도에 발맞추어 나갈 줄 아는 믿음의 다음세대로 성장하도록 오늘도 최선을 다해 노력하고 있습니다.

교회 유년부 소개합니다

"님의 사랑을 배우는 유년부"
(요13:13)

유년부는 초등학교 1~3학년으로 이루어져 있으며, 예배를 통해 하나님과 가까워지는 믿음의 공동체입니다.
의 눈높이에 맞는 교육과 훈련을 하고 있으며, 이를 통해 **말씀 안에 있는 사랑을 깨닫고 실천해 가도록 교육**하고 있습니다.
보다 효과적으로 배우기 위해 어와나(Awana)를불을 운영하고 있으며,
, 핸드북(말씀암송), 말씀선포, 순서로 진행되고 있습니다.
안에서 하나님의 사랑을 배우고 경험하며, 참 된 주님의 제자로 양육하는 것을 목표로 하고 있습니다.

용인교회 초등부 를 소개합니다

"꿈이 있는 초등부, 꿈을 꾸는 초등부"
(창37:6)

꿈과 비전을 잃어버린 세대에 어려서부터 나를 부르신 하나님의 뜻을 깨달아 **말씀 안에서 꿈을 향해 달려가는 어린이**로 교육합니다.
4학년부터 6학년으로 구성된 용인교회 초등부는 4가지 큰원칙을 가지고 사역합니다.
① 하나님은 꿈(비전)을 주시는 분임을 알게 합니다.
② 어린이에게 꿈(비전)을 주시는 분임을 알게합니다.
③ 어린이가 꿈(비전)을 구체적으로 세울 수 있도록 도와줍니다.
④ 하나님 안에서 세운 꿈을 향해나아갈 수 있도록 미래를 계획하게 합니다.

인교회 중고등부 를 소개합니다

"오직 마음을 새롭게 함으로"
롬12:1-2

용인교회 청년부 를 소개합니다

"오직 마음을 새롭게 함으로"
롬12:1-2

인교회 중고등부는 주님을 비전으로 삼고 성장해가는 사랑의 공동체입니다.
주님의 길을 따라 갈 수 있도록 이끌어 바른 기독청소년으로 교육하고,
청소년들을 예배와 교제로 치료해 주는 공동체입니다.

용인교회 청년부는 하나님의 일꾼으로서의 비전을 품고,
예수 그리스도의 삶을 따라 살아가며, 성숙한 신앙인으로서 발돋움할 수 있도록,
오직 믿음으로 변화와 성숙을 꿈꾸는 새벽이슬과 같은 청년 공동체 입니다.

담임목사 권영호 목사, 유은정 사모 ◎ **학력** •1970 용산고등학교 졸업 •1974 서울대학교 사범대학 과학교육학과 졸업 •1989 한신대학교 신학대학원 졸업(M.Div) •1994 미국 Claremont School of Theology 목회학 박사 취득 ◎ **약력** •1977~1990 이화여자고등학교 교사 •1989~1991 한국기독교장로회 용인교회 전도사, 준목, 부목 •1995~2000 LA 나성영락교회 교육부 한국학교 담임목사 •1996~2007 Bethesda Christian University 설교학교수, 학생처장, 대학원장 •2000~2007 미국 향기로운 교회 담임목사 •2007.10~ 現 한국기독교장로회 용인교회 담임목사 ◎ **저서** •본회퍼의 제자직 (한신대학교 신학대학원 석사 논문) •A Theological Reformation of Preaching for Reforming the Korean Church(Claremont School of Theology, 목회학 박사 논문) •글향기 (도서출판 광야) •꿈을 찾는 그대에게 1,2권 (쿰란출판사)

송전교회

영혼구원, 다음세대, 셀 교회 번식을 통한 사역확장

Hallelujah!

Pastor 권준호 목사

권준호 목사는 100년의 역사적 전통을 가진 송전교회를 기도하며 '하나님이 디자인한 역동적인 젊은 교회'로 개선시키고 '영혼 구원, 다음 세대, 셀 교회 번식을 통한 사역확장'이라는 3대 핵심가치와 송전교회만의 차별화된 course work을 실시하여 건강한 대그룹과 소그룹이 있는 '두 날개로 날아오르는 건강한 교회'의 모델을 제안, 교회를 전혀 모르는 분들에게 '해피코스'라는 양육코스를 제안 및 시행하였습니다.

또한 다음 세대의 리더로도 성장할 수 있도록 아이들에게 그리스도의 꿈을 심어주어 송전교회를 '꿈과 사랑과 행복이 샘솟는 교회'로 만들며 지금도 하루를 마지막처럼 하나님 앞에 헌신하며 나아가고 있습니다.

GoodTV 설교방송
시간: 매주 월요일 오후 9시
링크: http://sermon.goodtv.co.kr/

담임목사님 CBS 설교방송
시간: 매주 화요일 오후 3시 30분-3시 50분
링크: http://www.cbs.co.kr/sermon/tv/

담임목사님 워싱톤 미주방송
시간: 매주 금요일 오전 8시 30분
링크: http://washingtonkbc.com

송전교회가 걸어온 History

개척의 시기
1910 ~ 1996

부흥과 열방을 향한 사역확장
2005 ~

도약과 성장의 시기
1997 ~ 2004

History

송전교회를 향한 하나님의 비전

영혼구원, 다음세대, 셀교회 번식을 통한 사역확장

송전교회 비전 선언문
우리 송전교회의 비전은 하나님 아버지의 마음으로 영혼(VIP, 태신자)을 구원하며, 다음 세대를 세계 경영의 인재로 준비하며, 셀 교회 번식을 통한 사역으로 하나님 나라의 확장을 이루어 예수님이 보고 싶어 하시는 그 교회를 세우는 것이다.

송전교회 목적 선언문
우리 송전교회의 목적은 말씀과 성령의 능력으로 제자가 되어 12300(12개 교회, 12선교사, 300명 셀 리더, 300개 선교후원) 세계 비전을 성취하는 생명의 공동체가 되는 것이다.

송전교회 사명 선언문
우리 송전교회의 사명은 예배를 통한 감동과 치유와 축복을 체험하고 훈련을 통해 교회의 일꾼이 되며 사역의 모든 영역을 영혼구원 위한 전도로 삼아 가족공동체를 이루고 삶의 목표는 세상을 변화시키기 위한 봉사자로 쓰임을 받는 교회가 되는 것이다.

송전교회가 추구하는 5가지 모델교회
하나님이 디자인한 역동적인 젊은 교회
두 날개로 날아오르는 건강한 교회
꿈과 사랑과 행복이 샘솟는 교회
영혼을 구원하여 제자 삼아 번식하는 교회
사도행전의 꿈(12300)을 이루는 교회

송전교회 셀 교회 번식을 통한 사역 확장

송전교회가 추구하는 3대 셀 교회 공동체
셀은 영혼을 구원하는 전도공동체이다.
셀은 치유가 있는 가족공동체이다.
셀은 상호 책임을 다하는 봉사공동체이다.

송전교회가 추구하는 셀 교회란 무엇인가?
셀 교회는 개척교회와 같다.
셀 교회는 그 자체가 교회이다.
셀 교회는 담임목사님의 비전을 같은 마음, 같은 뜻, 같은 말로 나아가는 교회이다.
셀 교회의 주된 활동은 삶을 나누는 것이다.
셀 교회는 안 믿는 사람들이 대상이고 그들로 하여금 예수님을 만나도록 하는 목적을 가지고 있다.
셀 교회는 대그룹의 교회가 하는 모든 사역을 골고루 다 하는 대그룹 교회와 같은 교회이다.

송전교회가 추구하는 셀 교회 선언문
셀 교회 비전 선언문
셀 교회 비전은 영혼 구원하여 제자 삼아 번식하여 사업을 확장하는 것이다.
셀 교회 목적 선언문
셀 교회 목적은 성도가 셀 교회에 참여하여 성도의 교제와 영적 성장을 이루는 것이다.
셀 교회 사명 선언문
셀 교회 사명은 두 날개로 날아오르는 건강한 교회를 믿음과 순종으로 이루는 것이다.

송전교회 영혼구원, 다음세대, 셀교회 번식을 통한 사역확장

송전교회 경기도 용인시 처인구 이동면 경기동로 687번길 17-3
(구)경기도 용인시 처인구 이동면 송전리 727-2 목회지원실: 031)336-7444

용인중앙감리교회
이 땅에 심은 하나님의 소망

경기 용인시 처인구 중부대로 1522, 3 - 4층   TEL 031-333-9493

Hallelujah!

하나님께 영광돌립니다

주님이 명령하신 (마 16:18)
"새 교회 세움"(New Church Planting)의 꿈을 사랑하는 🛡️ 용인중앙교회 가족들과 께 이 땅에 써 내려가는 기쁨을 허락하신 주님께 감사드립니다.

하나님의 거룩한 그림을 성취해 나가는 이야기가 온 성도들 마음마다 깊이 새겨지기 소원합니다.

🛡️ **용인중앙교회**는
서로에게 친구가 되어주고 서로에게 주님의 향기를 전해주는
사랑의 공동체입니다.

🛡️ **용인중앙교회**는
성령 임재의 기도와 말씀과 찬양으로 충만한
열정의 공동체입니다.

🛡️ **용인중앙교회**는
세계를 가슴에 품고 하나님 나라 완성의 비전을 위해 달려가는
기적의 공동체입니다.

🛡️ **용인중앙교회**는
놀라운 내일이 기다리고 있습니다.
다음 페이지 (Next Page)가 준비되고 있습니다.
주님께서는 모든 것을 이루십니다.

여러분도 🛡️ 용인중앙교회에서 동일한 꿈과 기적을 경험하시고 누리시길 바랍니다.

사랑하고 축복합니다.

🛡️ **용인중앙교회** 담임목사 권요섭

담임목사 권 요 섭

용인중앙감리교회 소개

🛡️ **용인중앙감리 교회 비전**
우리는 하나님 중심, 성경 중심, 교회 중심의 신앙을 신조로 삼고 그리스도의 마음으로 영혼을 사랑하며 수직전도로 대를 이어 신앙의 명문가정을 세우는 것과 수평전도로 지역과 나라와 민족과 세계를 복음화 하고자 한다.

🛡️ **용인중앙감리 교회 사명**
진리로 가르치고 말씀을 전파하며 영혼을 치료하는 교회로서 가치관을 변화시키고 선교와 전도를 통해 지역을 변화시키기는 일에 헌신한다.
1. 예배하는 공동체
2. 가정을 회복하는 공동체
3. 기본에 충실하고 다음세대를 살리는 공동체
4. 이웃을 사랑하는 공동체
5. 땅 끝까지 복음 증거하는 공동체

용인중앙감리교회 교육

사랑과 행복과 섬김의 공동체에 여러분을 초대합니다.

용인중앙감리 교회 영유아·유치부
- 부서표어 : 하나님과 함께 쑥쑥 자라는 어린이!
- 주제성구 : "여호와가 너를 항상 인도하여 메마른 곳에서도 네 영혼을 만족하게 하며 네 뼈를 견고하게 하리니, 너는 물댄동산 같겠고 물이 끊어지지 아니하는 샘 같을 것이라"(사 58:11)
- 목적 : 1) 예배를 통해 하나님과 더욱 가까워지며 예배를 세우기! 2) 사랑과 섬김을 통해 하나 되는 공동체 세우기!
  3) 예배와 섬김을 통해 믿음의 어린이로 자라기!
- 예배시간 : 주일 오전 11시   예배장소 : 1층 영유아·유치부실

용인중앙감리 교회 아동부
- 부서표어 : 건강한 영성, 성품, 삶으로 하나님께 영광 돌리며 이웃에게 복음을 전하는 어린이
- 주제성구 : "그러므로 너희는 가서, 모든 민족을 제자로 삼아라. 아버지와 아들과 성령의 이름으로 세례를 주어라. 내가 너희에게 말한 모든 것을 지키도록 가르쳐라. 보아라, 내가 너희와 세상 끝날까지 항상 함께 있겠다"(마 28:19-20)
- 목적 : 1) 건강한 영성으로 하나님께 예배하고 영광 돌리자 2) 예수의 성품을 닮은 아이로 성장하기
  3) 성령의 능력으로 이웃과 친구들에게 천국복음을 전하자
- 어린이제자훈련 : 아동부 제자훈련은 매주 금요일 오후 9시~10시 아동부 교사회의실에서 3개월 과정으로 진행되고 있습니다. 하나님, 구원, 교회, 신앙생활 등에 대해 재미난 활동과 함께 배웁니다. 또한 아동부에서는 매월 1,3주 오전 11:00 아동부실에서 문화센타를 운영합니다.
- 예배시간 : 주일 오전 11시 예배장소 : 지하 아동부실

용인중앙감리 교회 학생부
- 부서표어 : 하나님의 임재를 경험한 예배자들이, 예수님의 말씀으로 훈련된 제자가 되어 성령의 능력으로 지역과 세상을 섬긴다
- 주제성구 : "너를 낮추시며 너를 주리게 하시며 또 너도 알지 못하며 네 조상들도 알지 못하던 만나를 네게 먹이신 것은 사람이 떡으로 사는 것이 아니요 여호와의 입에서 나오는 모든 말씀으로 사는 줄을 네가 알게 하려 하심이니라"(신 8:3)
- 목적 : 1) 하나님의 말씀을 마음에 새기며 순종하는 것을 알게 한다. 2) 예배를 통해서 예수님의 사랑을 경험하게 한다.
  3) 하나님의 말씀과 예수님의 사랑을 친구들과 세상에 실천하게 한다.
- 예배시간 : 주일 오전 11시,   예배장소 : 비전홀

용인중앙감리 교회 청년부
- 부서표어 : 주님 안에서 묻고, 믿고, 하자!
- 주제성구 : "오직 너 하나님의 사람아 이것들을 피하고 의와 경건과 믿음과 사랑과 인내와 온유를 따르며 믿음의 선한 싸움을 싸우라 영생을 취하라 이를 위하여 네가 부르심을 받았고 많은 증인 앞에서 선한 증언을 하였도다"(딤전 6:11-12)
- 목표 : 1) 믿음의 훈련을 통해 신앙의 기초를 바르게 세우자 2) 복음적 가치관과 세계관을 가지고 생활하자
  3) 하나님 나라의 복음을 전하고, 가르치고, 지키게 하자
- 예배시간 : 주일 오후 1시 40분 , 예배장소 : 비전홀

용인중앙감리 교회 찬양팀
- 팀장 : 한상이 매주 청년 주일예배 섬김(주1회 연습)

용인중앙감리 교회 문화센타
- 팀공예, 쿠킹, 북아트, 레크레이션 / 월 2회 토요일 오후2시~3시30분 / 신청은 사무실로 해 주세요(상세한 시간은 선생님과 상의)

용인중앙감리 교회 문화교실
용인중앙교회는 현재 피아노, 첼로, 바이올린, 플롯, 아동미술 강사를 초청 매주 수업을 진행하고 있습니다.

용인중앙감리 교회 찬양팀
용인중앙교회는 격주로 펠트, 양금, 비즈 공예를 재료비만 받고 진행하고 있습니다.

대한예수교장로회 **동백동산교회**
DONGBAEK DONGSAN CHURCH

다음 세대를 준비하는 교회

17001) 경기도 용인시 기흥구 동백동 606-7
TEL : 031-8005-5611~2 담임목사 김 광

담임목사 김 광 철

welcome!

어린 시절 강대상에 올라가면 큰일 나는 줄 알았습니다.
구원받았으나 두려움과 불안함도 있었습다.
기쁨보다는 심각함이 신앙인의 표정인 것처럼 배웠습니다.

어느 날 아니구나!
천국과 교회는 기쁨, 즐거움, 잔치, 진정한 행복을
보여주는 곳이구나,
보여주는 곳이어야 하는구나를 알게 되었습니다.

왜 구원이 그렇게 기쁘고 즐겁고 좋은 것인지
무엇이 성숙함과 거룩함인지
참 좋은 신자들이
무엇을 생각하며, 어떻게 생활하는지
자연스럽게 보여주고 나누고 싶습니다.

교회 '다움'의 모습을 구현하는 교회가 되고 싶습니다.
이동백동산교회에서 그런 모습 그런 표정과 미소를 만나십시오

동백동산교회 담임목사 김 광 철 목사

동백동산교회 소개

🏠 동백동산교회의 **사명**
하나님을 사랑하고 이웃을 사랑하는 교회
성경을 기초로 하고()
그리스도를 중심으로 하며()
성령의 능력을 통해()
변화의 열매를 경험하는 교회를 만든다.

🏠 동백동산교회 **비전**
3하나()의 교회지만, 바로 그() 교회로 서 가기를 원하는 우리의 비전은 다음과 같다
  1. 따뜻한 교회

다음 세대를 준비하는 교회

동백동산교회의 어와나(AWANA)

동백동산교회 주일학교 아이들을 대상으로 주일 오후에 모여 말씀 암송하고, 즐거운 게임과 교제시간을 갖는 프로그램입니다.

Awana 의미는? '부끄러울 것이 없는 인정된 일꾼'이라는 뜻으로 영어 성경(KJ Version, 1950)의 디모데후서 2장 15절 말씀에서 첫 글자를 따온 이름입니다.

"나는 진리의 말씀을 옳게 분별하며 부끄러울 것이 없는 일꾼으로 인정된 자로 자신을 하나님 앞에 드리기를 힘쓰라" (딤후 2:15)

"Approved Workmen Are Not Ashamed" (2 Timothy 2:15)

어와나의 5가지 사역원리

1. 복음중심 Gospel-centered
Awana 사역의 첫 번째 원리이자, 전부입니다. 복음중심은 하나님께서 65년 이상의 시간 동안 전 세계 약 100여개의 국가에서 Awana를 사용하고 계신 이유입니다. 만일 Awana 의 사역과 Awana의 사역자, 선교사, 동역자에게 복음의 정신이 없다면, Awana의 모든 사역은 의미 없는 사역이 될 것입니다.

2. 성경암송 Bible Verses
Awana 사역의 두 번째 원리이자, 핵심입니다. Awana 클럽은 클럽원들이 스스로 진리의 말씀을 암송하고 그 의미를 분별하며 삶에 적용할 수 있도록 돕습니다. 클럽원들은 각 클럽의 핸드북을 통하여 매년 약 50-100개의 성경구절을 암송합니다.
* 퍼글단 아이들은 아직 말이 서투르기 때문에 부모님이 성경을 읽어줍니다.

3. 재미있고, 흥미진진 Fun & Exciting
Awana 사역의 세 번째 원리이자, 방법입니다. Awana는 게임 시간뿐만 아니라 모든 클럽 활동 시간 동안 창의적이고 흥미로운 방법으로 복음을 전달합니다.

4. 지도자 양성 Training to Serve Jesus Christ Steadily
Awana 사역의 네 번째 원리이자, 목표입니다. Awana는 클럽의 모든 어린이와 청소년들이 하나님을 알고, 사랑하게 되기를 원합니다. 또한 하나님을 알고 사랑하는 것이 반드시 다른 사람을 섬기는 행동으로 나타날 수 있도록 클럽원들을 격려합니다.

5. 지도자 훈련 Strong Leadership Development
Awana 사역의 다섯 번째 원리이자, 동력입니다. Awana는 각 클럽의 사역자와 교사들을 위해 다양하고 탁월한 교사 훈련과정을 제공합니다. Awana 클럽의 교사들이 성장하는 만큼 어린이와 청소년 클럽원들도 자라날 수 있기 때문입니다.

한국Awana 트렉클럽은 하루 24시간, 일주일 7일, 일년 365일 하나님의 말씀을 읽고, 쓰고, 암송하고 토론하며 하나님의 말씀을 통해 자신에게 주신 소명(Destiny)을 발견해가는 중학생들(14~16세까지의 청소년)3년간의 영적 여행Trek입니다.

동백동산교회의 어와나(AWANA)의 트렉

한국Awana 트렉클럽은 하루 24시간, 일주일 7일, 일년 365일 하나님의 말씀을 읽고, 쓰고, 암송하고 토론하며 하나님의 말씀을 통해 자신에게 주신 소명Destiny을 발견해가는 중학생들(14~16세까지의 청소년)3년간의 영적 여행Trek입니다.

동백동산교회의 어와나(AWANA)의 티앤티

티앤티 클럽은 초등학교 3학년부터 6학년 아이들을 위한 클럽입니다. Truth(진리)는 하나님의 말씀을 Trainig(훈련)은 현재의 삶 속에서 그리스도의 은혜Grace를 따라가게 만드는 영적인 훈련을 의미합니다. 자신의 생각을 구체적으로 표현할 수 있는 시기로 하나님은 누구인지, 예수님은 누구인지, 우리는 어떻게 살아야 하는지 등 신앙생활을 하며 갖게 되는 궁금증에 대한 성경적 기준을 배우고 구원과 훈련을 통해 매일의 삶 속에서 만나게 되는 다양한 친구들에게 분명하게 그리스도의 복음을 전할 수 있습니다.

동백동산교회의 어와나(AWANA)의 불티단

불티단은 7세부터 초등학교 2학년까지 3년 과정 프로그램입니다. 클럽원들은 성경의 인물들과 사건들을 통해 예수 그리스도를 알고, 사랑하고, 섬기기 위한 성경적 가치관과 지혜Wisdom 의 기초를 세웁니다. 또한 넘치는 에너지와 호기심을 마음껏 발산할 수 있도록 흥미진진한 게임으로 몸과 마음을 건강하게 합니다.

대한예수교장로회
용인사랑의교회

용인사랑의교회 4대비전
- 12명 셀리더 ■ 생육하는 셀리더 ■ 번성하는 셀리더 ■ 정복하고 다스리는 셀리더

용인사랑의교회 표어
- 평신도가 사역하는 교회!(행 1:8) ■ 리더가 있는 리더가 되게 하소서!

용인사랑의교회는 12명 셀리더, 생육하는 셀리더, 번성하는 셀리더, 정복하고 다스리는 셀리더를 세우는 교회입니다.

평신도가 사역하는 교회!
리더가 있는 리더가 되게 하소서!

앞으로도 예수 그리스도의 마음으로 지역과 나라와 민족을 품고 더 나아가 세계를 말씀과 성령의 능력, 사랑으로 섬기길 소망합니다.
이를 위해 불가능을 가능케 하시는 하나님께서 도와주셔서 승리할 줄 믿습니다. 무엇보다 전도하고 기도하는 일에 힘쓰며, 모든 것에 풍성하신 하나님의 은혜가 함께하시기를 바랍니다.

담임목사 김 동 문

용인사랑의교회 사명선언문

용인사랑의교회 사명은 위대한 계명(마 22:37-40)과 위대한 명령(마 28:19-20)에 순종하며, 위대한 성경의 원리(엡 4:11-12)를 따라 사역하는 주님이 세우기 원하시는 바로 그 교회를 이루는 것입니다. 이 사명에 근거하여 다음과 같은 다섯 가지 사명에 따른 선언문을 선포합니다.

- 용인사랑의교회는 지역사회를 섬기는 교회입니다.
- 용인사랑의교회는 평신도가 사역하는 교회입니다.
- 용인사랑의교회는 셀 목회를 추구하는 교회입니다.
- 용인사랑의교회는 기도 목회를 추구하는 교회입니다.
- 용인사랑의교회는 다음세대를 걸러내는 교회입니다.

교회는 하나님의 부름을 받아
예수 그리스도를 통하여
구원받는 무리를 말합니다

용인사랑의교회연혁

■ 용인사랑의교회 개척교회 이야기

김동문 목사가 부교역자 생활을 사임하고 경북 영주에 있는 시골교회 담임목사로 내려가려고 준비하던 중 한 교회에서 나온 성도들이 오전 예배는 주변에 큰 교회들을 찾아 가서 예배를 드리고 오후에는 가정집에서 예배를 드리며 교회 개척을 준비하던 당분간 김동문 목사에게 설교를 부탁하는 계기가 되어 함께 교회를 개척하기로 하고 담임목사 가정을 포함 5가정이 민속촌 맞은 편 가정집 1.5평 정도가 되는 지하 창고에서 교회를 시작하다(2003년 3월 9일).

함께 모여 기도하면 벽에 습기가 맺혀 물이 흐르는 가정집 지하에서 교회부흥을 꿈꿀 수 없어 상가를 월세를 얻어 나가기로 하며 기도하던 중 땅을 사서 교회 건축을 하겠다는 비전을 가지고 기도하던 중 기흥구 상하동 133-3번지 194평을 2003년 8월 21일 매입하다.

(매입 당시 교회부지)

- 2003년 10월 1일 건축을 착공하여 2003년 12월 19일 입당예배를 드리다(1층 40평 2층 40평).
- 2006년 6월 1일 상하지역아동센터를 신고하고 지역사회를 섬기는 교회로 거듭나다.
- 2007년 4월 10일 3층 40평을 증축하다.
- 2011년 12월 31일 안수집사3명 권사 2명 임직식을 거행하다.
- 2015년 11월 14일 담임목사 위임식 및 장로 권영헌 임직식을 거행하다.

지역사회를 섬기는 사랑의교회
상하지역 아동센터 운영(무료공부방)

상하지역 아동센터에서는,
지역사회의 가정형편이 어려운 자녀들의 대리부모 역할로
무료 방과 후 교실을 통하여 학습지도, 특기적성, 상담, 현장학습,
급식과 간식을 제공하는 아동복지기관입니다.

두창성결교회

경기 용인시 처인구 원삼면 원설로 51 (두창리 1307-7)
담임목사 김 동 혁

두창성결교회는

항아리 모양으로 빚어낸 전원교회
하나님 말씀 담긴 꿀 단지 … 아늑하고 편안한 쉼터 역할십자가와 종탑이 있어 교회라고 인정하게 되지만 우리 **두창교회**는 푸르른 농촌마을에 선 카페 건물 같습니다. 지나가다가 문득 차 한 잔 생각이 나 들어가고 싶은 그런 건물입니다. 멀리서 보면 '**도자기 모양의 둥근 항아리**' 또는 버섯이 3개 달려 있는 모양입니다. 우리는 교회를 꿀단지라고 말합니다. '달고 오묘한 하나님의 말씀이 담겨 있는 꿀단지'라는 것입니다.

두창성결교회는

새 계명과 지상명령에 대한 온전한 헌신이 **두창성결교회**를 만든다고 믿습니다.
예배하는 교회   가르치는 교회   전파하는 교회   나누는 교회   봉사하는 교회

Hallelujah!

담임목사 이야기

두창성결교회 김동혁 입니다.
김동혁 목사는 **미래를 바라보는 사역자**입니다.
김동혁 목사는 **예배를 생각하는 사역자**입니다.
김동혁 목사는 **언제나 예배중심으로 걸어가는 사역자**입니다.
많은 프로그램보다는 신앙의 본질, 예배생활을 강조하며, 함께 예배하는 목사입니다.

두창교회는 항아리 형상화하여 부드럽고 자연스런 이미지를 강조하며 농촌 속 전원교회로 지역 사회의 명물로 자리 잡고 있습니다.

용인시 처인구 원삼면 두창리는 농촌 마을이지만
서울 도심에서 가깝고 자연 경관이 뛰어납니다.
그래서 인근 두창리 안골마을은
연예인을 비롯한 예술가들의 보금자리로 별장과 펜션들이 들어서 있습니다.

포근하고 아늑한 느낌이 드는 두창 저수지는 낚시꾼도 자주 찾아들고 사진가들도 가끔 찾는 곳입니다. 자연히 이들의 발걸음이 **두창교회**를 지나치기 어렵습니다.
지붕은 붉은색으로, 벽은 연한 아이보리 색으로 옷을 입었습니다.
교회 본당으로 올라가는 계단도 깨끗하게 정리되어 있었고 본당은 어제 리모델링한 것처럼 깨끗합니다.
세련되고 멋있는 어느 도시교회에 와 있는 것 같은 착각이 들 정도입니다.

두창리의 가장 아름다운 명물로 떠오르고 있는 것이 바로 **두창교회**(김동혁 목사)입니다.

두창성결교회 이야기

자그마한 농촌교회인 두창교회가 어떻게 지금의 모습을 갖추게 된 것일까?
사실 두창교회는 작은 교회로 농촌교회 성도들이 함께 모여 신앙생활을 해 왔다. 2000년 오래된 예배당을 새롭게 신축하기로 한 이상규 장로(현 원로장로)와 성도들은 여러 건축설계사 사무소를 찾아 좋은 건물 모양을 찾았다고 한다. 하지만 딱히 맘에 맞는 것이 없었다. 그 과정에서 교회에 나온 지 얼마 안 된 한 성도가 좋은 설계 아이디어와 모양을 제안하게 됐다. 조경 등의 일을 했던 그 성도는 "교회하면 딱딱하고 경건한 분위기를 연상하기 쉬운데 편안한 카페와 같은 건물을 지으면 어떻겠는가?" 제안했고 성도들은 그 아이디어를 좋게 여겨 2001년 건축을 시작하게 된 것이다.

사실 건축은 농촌교회 입장에서는 새로운 도전이었다. 당시 건축 풍토는 전통적인 입장이 강했고 교회 대부분이 고딕 양식이 많았기 때문이다. 특히 당시 조립식 건축도 인기를 끌어 재정자립도가 높지 않은 농촌교회에서 새로운 모양의 건축을 하기 쉽지 않았기 때문이다.

건축 설계가 되면서 부드럽고 편안한 이미지를 강조하는 모습이 하나둘씩 완성되어 갔다. 지붕 모양이 둥근 형태로 만들어졌고 건물 모서리도 부드럽게 타원형으로 설계됐다. 본당 문도 둥근 형태의 미닫이 문으로 만들고 2층 본당으로 오르는 길은 계단과 함께 노약자를 위한 둥근 형태의 길이 완성되었다. 편안하고 부드러운 교회로 두창교회는 하나둘씩 완성되어가고 있었던 것이다.

그런 과정을 거쳐 2001년 건축은 시작됐고 2002년 9월 본당을 완공, 입당할 수 있었다. 1층은 담임목사실과 주방, 소회의실, 유초등부 예배실이, 2층은 240여명이 함께 예배드릴 수 있는 본당과 담소를 나눌 수 있는 사무실이 마련되었다. 1층 유초등부 예배실은 새벽에는 성도들이 무릎을 꿇고 함께 기도할 수 있는 공간으로, 주일예배 후에는 함께 식사를 나눌 수 있는 공간으로도 활용되도록 건축되었다.

2002년 완공 당시 두창교회는 건물만 완공한 상황이었다. 페인트를 칠할 엄두도 내기 어려웠고 교회 내부 음향시설이나 인테리어도 한 번에 완료할 수 없었다. 건물 외벽 페인트를 칠하고 십자가 종탑도 세우는 등 성도의 노력은 계속되었고 지금은 마을 주민 모두 아름답다고 동의할 정도가 됐다.

건축이 진행되면서 교회를 이끌어갈 김동혁 목사도 부임했다. 건축과 이어진 김 목사의 부임은 교회에 새로운 활력을 일으켰고 교회의 사역도 확대됐다. 햇곡식 감사예배도 매년 드리고 마을 경로당 간식은 자주 제공하고 있다. 매일 정오에는 교회 종을 타종해 논밭에서 일하는 주민들에게 잠깐의 여유를 누리도록 하고 있으며 바쁜 농사철에는 논과 밭을 찾아 마을 주민에게 시원한 냉수와 냉차를 대접하는 '논 심방'(?)도 진행하고 있다. 모두 성전 건축 후 생긴 여유인지 모른다.

두창리는 전통적인 농촌마을이지만 최근 조금씩 변화하고 있다. 인근 지역 개발과 자연풍광이 좋은 곳에서 살고 싶은 사람들도 하나둘씩 터전을 삼으면서 인구구성도 조금씩 변화하고 있다. 이러한 변화는 교회 성도의 구성에도 일정한 변화를 주고 있다. 농촌교회로서 신앙생활을 해 온 성도와 새로 도시에서 들어온 성도들이 하나의 교회 공동체를 구성하고 있는 상황이다.

전통적 신앙과 젊은 신앙이 함께 섞여 있는 것도 사실이다. 김동혁 목사는 그래서 하나의 공동체로 조화를 이루는 것을 꿈꾸고 있다. 농촌교회의 따뜻함과 순수함, 그리고 도시에서 들어온 이들의 젊음과 열심의 조화가 중요하기 때문이다.

두창교회는 앞으로 지금껏 그래왔듯이 교회 밖 조경을 하고 본당 내 스피커 두 개가 전부인 음향시설도 보완하는 등 하나둘씩 다듬어 갈 것으로 기대된다. 그렇게 아름다운 교회에서 더욱 아름다운 교회로 조금씩 발전하는 것이 전원교회인 두창교회의 변화 방향일 것이다.

우리는 교회는 '주님의 몸'이며, 교회의 본질적 사명은 '그리스도의 지상명령에 순종'하는 것이라고 믿습니다.

"오직 너희는 그리스도의 복음에 합당하게 생활하라"

(빌립보서 1장 27절)

담임목사 김 민 석

안녕하세요?
동행하는교회 홈페이지를 방문해주신 모든 분들께 감사 드립니다.

동행하는교회는 주님과 함께 동행하는 자가 되도록 거룩을 사모하는 공동체입니다.
동행하는교회는 성도들과 함께 동행하는 자가 되고자 서로를 소중하게 여기는 공동체입니다.
동행하는교회는 이 세상과도 함께 동행하기 위해서 그리스도의 마음으로 섬기고 베푸는 공동체입니다.

동행은 사랑입니다.
동행은 책임입니다.
동행은 용기입니다.
동행은 미래입니다.

그렇기에 우리는 누구와도 동행할 수 있는 존재가 되기 위해서 먼저 복음에 합당한 자가 되기 위해 노력하려고 합니다.

거창한 목표나 비전 대신 소박하지만 누군가가 우리를 믿을 수 있는 신앙인이 되고자 합니다.

교회 크기나 규모가 곧 내 신앙이라는 생각을 버리고 주님과 동행할 수 있는 한 성도로서 자신을 준비시키고 다른 성도들과 동행하기 위해서 성장하는 한 해로 보내고자 합니다.

우리는 같은 공간에 있지 않더라도 주님 안에서 얼마든지 함께 동행하고 동역할 수 있습니다.
그리스도의 복음에 합당하게 생활함으로서 모든 이들에게 존경받는 하나님의 사람이 되길 바랍니다.

담임목사 김 민 석

목회 윤리선언 | 샬롬! 주님의 이름으로 환영합니다.

"무궁화꽃 피우기 위해서"

한 번 피어 오랫동안 피어 있는 무궁화처럼, 피고 지고 또 피는 무궁화처럼, 한 때 반짝하는 목회가 아닌 우리 시대에 거룩한 목회의 꽃을 지속시키고 더 나아가 우리는 지더라도 다음 세대의 또 다른 꽃이 피어나 이 땅에 복음의 꽃이 만개할 그 날을 바라보면서 지금 오늘 여기에서 거룩한 땀을 흘리는 마음으로 목회에 임합니다.

영아부(0세 ~ 4세)

"말씀으로 쑥쑥"

"또 어려서부터 성경을 알았나니 성경은 능히 너로 하여금 그리스도 예수 안에 있는 믿음으로 말미암아 구원에 이르는 지혜가 있게 하느니라"(딤후 3:15)

예배시간	주일 오전 10시
예배장소	영유아부실(본당 1층)
담 당	김 관 희 목사
부 장	이 진 원 집사

아동부 (8세~13세)

"하나님의 어린이, 세상의 빛"

너희가 전에는 어둠이더니 이제는 주 안에서 빛이라 빛의 자녀들처럼 행하라 (엡 5:8)

청소년부 (14세~19세)

"하나님과 함께 걸어가는 청소년부"

너희는 이 세대를 본받지 말고 오직 마음을 새롭게 함으로 변화를 받아 하나님의 선하시고 기뻐하시고 온전하신 뜻이 무엇인지 분별하도록 하라 (롬12:2)

유치부(5세 ~ 7세)

"예수님을 닮아가요"

예수는 지혜와 키가 자라가며 하나님과 사람에게 더욱 사랑스러워 가시더라 (눅2:52)

대한예수교장로회 생명샘교회

경기도 용인시 기흥구 용인향교로 20 (언남동 333-1) (비전센터: 용구대로 2315)
담임목사 김병진, 031)288-9900, www.lifesam.net

세상을 이기는 믿음을 키우는 교회!
왕 같은 제사장으로 사역케 하는 교회!
복의 근원으로 역사하는 교회!

생명샘교회는 말씀과 훈련, 섬김을 세우는 교회입니다.
왕 같은 제사장으로 사역하는 교회! 복의 근원으로 역사하는 교회! 세상을 이기는 믿음을 키우는 교회!

앞으로도 그리스도의 심장으로 이 나라와 민족을 품고 더 나아가 세계를 말씀과 성령의 능력, 사랑으로 섬기길 소망합니다. 하나님 나라를 살기 위해 말씀을 배우고 익혀 그리스도인으로서의 삶으로 선한 영향력을 나타내고 이웃을 섬기며 복음을 증거하는 교회로 성장하기를 소망합니다.

담임목사 **김 병 진**

생명샘교회가 걸어온 길

- **말씀으로 교회 창립을 준비하다**
  - 1990.1.8 제1차 목회자성경연구원 말씀세미나
  교회 창립 이전, 성언운반일념(聖言運搬一念)을 목표로 목회자에게 세미나와 교재 편찬 등을 통해 말씀을 전하고 나누는 사역을 시작하다

- **교회 창립 후 빠른 성장의 은혜를 허락하시다**
  - 1994.7.17 서울 송파구 오금동 개척 (박승호 원로목사)
  - 1994.8.14 성남 분당동 건영상가 2층 임대 입주 (47평)
  - 1995.9.10 성남 수내동 장터프라자 이전 (150평)
  - 1998.12.20 성남 정자동 한솔프라자 이전 (700평)

- **말씀으로 거듭나라**
  - 1995.2.14 제1차 고린도후서 말씀수련회 (주제: 새언약의 일꾼)
  하나님의 말씀으로 양육된 자는 시냇가에 심은 나무처럼 철을 따라 열매를 맺으며 흔들리지 않는다.

- **부단히 섬기는 해외사역**
  - 1996.1.28 첫열매선교회 발족
  - 2009.11.30 캄보디아 생명샘교회 헌당 및 희망학교 준공
  주님의 사랑을 아직 잘 모르는 피폐한 땅에 희망과 사랑을 나누기 위해 선교사 파송 및 후원 그리고 기도로 돕는 자가 된다.

- **이웃을 섬기려 노력하다**
  - 1998.7.12 창립 4주년 기념 전교인 헌혈
  - 2007.7.22 창립 13주년 기념 장기 기증 서약식
  창립을 기념하여 북한동포돕기, 헌혈, 장기기증 서약 등 예수님처럼 이웃 사랑을 실천하고자 하였다.

- **변화의 시작에 서다**
  - 2002.3 아버지학교 1기 개강 (아버지가 바로서야 가정이 산다)
  - 2010.6 어머니학교 1기 개강 (주님, 제가 어머니입니다)
  - 2003.5 샘파 1기 시작 (신앙의 기초를 다지며 교회 정착을 도움)
  초신자 뿐만 아니라 불신자도 참여할 수 있어 가정과 신앙을 살리는 그 출발점에 서도록 돕는다.

- **마북동 라마나욧 성전 시대를 열다**
  - 2002.8.18 용인 구성 마북, 기공 예배

- 2003.5.25 마북동 라마나욧 성전 입당 예배 (건평 730평)
- 2003.11 장로 1명 장립

- **중보기도로 무장하라**
  - 2004.3.10 제1회 중보기도학교 시작
  - 2008.1.8 화요중보기도 시작 (매주 화요일 오전 10시)
  출석교인의 10%가 매주 모여 나라와 민족과 교회를 위해 합심으로 부르짖다.

- **전 세계에 말씀을 전하다**
  - 2004.6.15 홈페이지 개편과 함께 설교 동영상 시청 가능
  교인뿐만 아니라 전세계 목회자들이 온라인으로 말씀을 듣고 위로 받으며 힘을 낼 수 있도록 돕는다.

- **셀 교회로 나아가다**
  - 2005.6.27 셀 G-12 컨퍼런스 개최
  - 2006.3.12 번식 셀 모임 시작
  셀(Cell)은 그리스도인의 기초 공동체로 작은 교회의 기능을 한다. 이 역할을 감당하기 위해 셀 리더의 훈련과 교육이 매우 중요하며, 오랜 기간 준비 끝에 셀 교회로 한걸음씩 나아가고 있다.
  - 2007.12 장로2명 장립

- **여호수아 프로젝트로 제3기 부흥을 준비하다**
  - 2011.6.3 1기 발대식 (약 1년간 354일 전투)
  여호수아 프로젝트란 구속사의 두 기둥 'Sonship(전도)과 'Kingship(양육)'을 이루기 위한 가나안 땅 정복 전략이다.
  - 2012.6 장로2명 장립
  - 2017.3 장로2명 장립

- **언남동 성전 시대를 열다**
  - 2017.11.5 용인 구성 언남동 성전 입당 예배
  - 2018.10.21 비전센터(교육관) 입당
  - 2018.12.9 생명샘교회 2대 담임목사 청빙 (김병진 목사)
  - 2019.9 캄보디아 희망학교 교육부 법인 등록 완료
  - 2019.5 장로6명 피택
  - 2020   사역자훈련원 강사 (말씀 사역자:52명, 치유 사역자:51명)
  - 2020.7.13 비전진(교회학교) 여름 랜선 수련회 시작

"온 교회여 쿰! 일어나라 빛을 발하라!"
(이사야 60:1)

1. 쿰! 예배와 기도로 일어나라 (10분전 예배오기, 금요기도회)
2. 쿰! 샘들이여 일어나라 (겸손함으로, 돌아봄으로, 함께 함으로)
3. 쿰! 말씀과 전도로 일어나라 (일대일)

생명샘교회는 말씀과 훈련, 섬김으로 사람을 세우는 교회입니다.

" 말씀사역 "

생명샘교회의 목회적 비전은 성도들을 말씀으로 훈련시키고 왕 같은 제사장으로 세우는 것이다.

생명샘교회의 목회적 비전은 성도들을 말씀으로 훈련시키고 왕 같은 제사장으로 세우는 것이다. 성경을 기초로 믿음을 바르게 세울 때 하나님을 깊이 깨닫고 풍성한 삶을 누릴 수 있습니다. 그 배운 말씀을 또 다른 이에게 가르칠 수 있도록 훈련하는 말씀사역입니다.

- 1년에 봄, 가을 2학기로 운영하며 각 학기마다 20여 강좌를 개설하여 과목수료, 인턴, 사역자의 과정을 밟아 사역자로 세우게 됩니다.
- 출애굽기 새 가족반을 이수한 모든 성도는 수강이 가능합니다.

이를 위해 매년 봄, 가을 2회에 걸쳐 전체 성도들을 대상으로 말씀세미나를 개최하고 있다. 주일 저녁부터 수요일 저녁까지 오전, 저녁에 총 7회 강의를 한다. 모든 성도들이 성경말씀을 이해하고 10권 이상 공부하고 가르칠 수 있도록 돕는다.
하나님의 말씀으로 양육된 자는 시냇가에 심은 나무처럼 철을 따라 열매를 맺으며 흔들리지 않는다. 이 비전을 위해 개척하는 해부터 지금까지 매년 봄, 가을 2회에 걸쳐 전체 성도들을 대상으로 말씀세미나를 개최하고 있다. 모든 성도들이 또 다른 사람을 말씀으로 양육하는 말씀사역자가 되도록 돕는다.

" 말씀세미나 "

생명샘교회의 목회적 비전은 성도들을 말씀으로 훈련시키고 왕 같은 제사장으로 세우는 것이다.

" 치유사역 "

예수를 믿고 예배를 드려도 말씀대로 행하는 삶의 실천은 쉽지 않다. 왜곡된 나의 생각, 나의 관점, 나의 고정관념의 틀을 부수는 치유과정이다.

성화의 과정이 더디고, 결단해도 인격적 결실로 지속하지 못하고 갈등하는 이유는 '마음'의 문제이다. 씨앗이 잘 자라서 30배, 60배, 100배의 열매를 맺기 위해서는 밭이 중요하며 마음 밭을 기경하여 좋은 밭을 만들기 위해 바로 치유가 필요하다.

내적치유: 기질과 양육패턴을 통해서 나를 알고 남을 이해하면서 딱딱해진 마음을 옥토와 같은 마음으로 만드는 과정
인지치유: 왜곡된 나의 고정관념의 틀을 부수고 그리스도인으로 합당한 성경적 사고를 할 수 있도록 돕는 사고전환 훈련
감성/변화테라피: 왜곡된 채 굳어있는 내면의 감정들을 치유·회복하여 하나님 및 사람과의 관계를 재정비하도록 돕는다.
공감소통대화법: "당신의 언어로 세상을 정복하라!" 삶의 현장에서 습관화된 부정적 언어, 비난의 표현들을 정화하는 훈련

목회자 성경연구원 사역

- 성언운반일념(聖言運搬一念)의 비전으로 하나님 나라의 확장과 번성을 돕는다.
- 국내와 국외의 목회자, 선교사님들과 교회, 선교지를 말씀으로 섬기고 각 사역지마다 말씀의 흥왕함을 이루도록 한다.
- 사명과 비전 : 구속사의 두 기둥, 두 엔진, 3대 스피릿
  구원받은 한 영혼을 그리스도의 몸인 교회로 세워가고 연합시켜, 이 세상 나라를 하나님 나라로 바꾸어가는 구속사를 위해 왕 같은 제사장으로 쓰임 받게 한다!
- 국내 : 4대 권역(서울, 중부, 영남, 호남) 42지회
- 해외 : 72국가 150여 지회

HyangSang Church
우리교회

건강한 성도, 건강한 교회, 건강한 사회
'영혼 구원하여 제자 삼는 신약교회 회복'

향상교회는 서울의 잠실중앙교회가 **분립 개척**한 교회이다.

기도로 세우는 생명공동체 향상교회 HyangSangChurch

경기도 용인시 기흥구 언동로 140(상하동) Tel. 031)282-2311 Fax. 031)282-2315 담임목사 김석홍

향상교회 모토 motto

건강한 성도 건강한 교회 건강한 사회

하나님의 영광과 주권에 충성된 교회,
사람을 소중히 여기는 교회, 행복한 교회 생활

예수님이 이 세상에 오신 목적
곧 '영으로 하여금 생명을 얻게 하고 풍성히 얻게 하려 하심'이
바로 향상교회의 존재 목적이요, 사역의 목표이다.

"교회여 일어나라!"

2020년 우리 향상교회의 표어입니다.
요한계시록 2-3장에 보면 소아시아 일곱 교회에 예수님께서 보내신 편지 내용이 나옵니다.

저는 일곱 교회를 향한 예수님의 말씀은 "교회여 일어나라!"고 하는 이 한마디로 요약할 수 있다고 생각합니다.

예수님은 일곱 교회를 향해서 칭찬도 하셨지만 책망도 하셨습니다. 교회를 향한 예수님의 칭찬을 묵상해보면 우리가 무엇을 잘해야 할지를 배우게 됩니다. 교회를 향한 예수님의 책망을 되새겨보면 우리가 무엇을 하지 말아야 하는지를 깨닫게 됩니다. 저는 우리 향상교회가 다른 것은 잘 못해도 이것 하나만큼은 잘하면 좋겠습니다. 그것은 바로 예수님을 기쁘시게 해드리는 것입니다.

"이제 내가 사람들에게 좋게 하랴 하나님께 좋게 하랴 사람들에게 기쁨을 구하랴 내가 지금까지 사람들의 기쁨을 구하였다면 그리스도의 종이 아니니라" (갈 1:10)

그렇습니다. 예수님께서 칭찬하실 만한 일은 열심히 잘하고, 예수님께서 책망하실 만한 일은 하지 않으려고 노력함으로 예수님을 늘 기쁘시게 해드리는 우리 교회, 예수님께 늘 칭찬받는 향상교회가 되면 좋겠습니다.

우리는 지금 힘든 시기를 보내고 있습니다.
개인적으로뿐만 아니라 한국교회 성도로서, 대한민국 국민으로서도 힘든 상황에 직면하고 있습니다.

하나님을 대적하는 일들이 한국 사회 여러 영역에서 일어나고 있는 것이 최근의 문제만은 아닐 것입니다. 그러나 요즘은 하나님의 말씀이 믿지 않는 사람들이 아니라 믿는 사람들에 의해서 짓밟히는 상황이 너무 공공연하게 벌어지고 있습니다.

"한국교회가 이러다가 정말 망하는 것 아닌가? 하나님께서 한국교회를 얼마나 더 참아주시겠는가?"

비단 저만의 걱정은 아니겠지요. 그러나 절망의 끝은 새로운 시작입니다. 소아시아 일곱 교회를 향해서 예수님은 똑같은 말씀을 반복하십니다.

"귀 있는 자는 성령이 교회들에게 하시는 말씀을 들을지어다!" (계 2:1-3:22)

교회의 주인은 담임목사가 아닙니다. 성도들도 아닙니다.
교회의 주인은 오직 우리 예수 그리스도 한 분이십니다.
교회가 교회의 주인이신 예수님의 말씀을 잘 듣고 그대로 순종하면 절망의 골짜기를 헤쳐 나와 반드시 살아날 줄 믿습니다.
주님께서 말씀하십니다.

"교회여 일어나라!"
"향상교회여 일어나라!"
"한국교회여 일어나라!"

주님의 음성에 귀 기울여 주님께서 칭찬하실 만한 일은 열심히 최선을 다합시다. 주님께서 책망하실 만한 일은 가려서 하지 않으려고 노력합시다. 그리하여 이 어두운 세상 속에서 한줄기 빛으로 환하게 일어나는 우리 향상교회가 되기를 기원합니다.

담임목사 김 석 홍
연세대학교(B.A)
고려신학대학원(M.Div)
향상교회 전도사부임(2005)
수도남교회 목사 장립(2008)
향상교회 부목사(2008-2013)
향상교회 담임목사(2013.11)
E-mail : amos2008@hanmail.net

HyangSangChurchVision

개혁주의 교회상 정립

우리의 비전은 하나님이 이미 계시하신 교회상을 바로 찾는 것이며 또한 모든 타락과 침체로부터 교회를 갱신하고 지키는 표준이다. 그리고 하나님께서 교회를 통하여 이루시고자 하시는 일, 곧 교회가 받는 사명을 위해 준비하고 수행해 나가는 목표이다.

■ **우리의 모토는 건강한 성도, 건강한 교회, 건강한 사회이다.**

● **건강한 성도**
우리는 성경적인 바른 신앙고백을 가진 성도로서 훌륭한 예배자일 뿐 아니라 어디에서든지 충성되고 능력 있는 하나님의 일꾼이 된다.

● **건강한 교회**
우리는 교회의 본질적인 신앙의 내용을 수호하고 아름다운 예배와 성도의 교제를 추구하며 사랑의 섬김과 복음전도의 사명을 충성되이 감당하는 교회다. 그리고 말씀을 따라 항상 자신과 교회를 갱신하여 개혁주의 교회상을 정립한다.

● **건강한 사회**
건강한 교회는 건강한 사회를 만든다. 교회가 사랑으로 지역사회를 섬기며 세상의 빛과 소금이 되며 그들에게 본을 끼치고 지역사회를 아름답게 가꾸어 함께 건강한 공동체를 이루어간다.

■ **우리의 목표는 신약교회의 회복이다.**

신약교회는 성령으로 충만하였고, 성도의 교제가 혈육을 뛰어넘는 그리스도의 사랑 안에서 이루어졌다. 그들은 성전에서도 모이고 집에서도 모여 하나님을 찬미하고, 말씀을 배우며, 기도하고, 삶을 공유하였다. 그리고 복음을 전하여 이웃을 그리스도에게로 인도하는 일에 최선을 다하였다. 교회지도자들은 성도들을 훈련하며 그리스도의 일꾼으로 세웠으며, 성도들은 섬김을 통하여 그리스도의 몸인 교회를 세웠다. 우리는 이러한 신약의 초대교회를 회복하는 일, 특별히 잃어버린 한 축인 가정교회(목장)를 회복하는 일을 목표로 삼는다.

■ **우리의 사역초점은 영혼 구원하여 제자 삼는 것이다.**

교회의 존재목적은 대 계명(마 22:37-40)과 대 사명(마 28:19-20)을 실천하고 완수하는 것이다. 이를 한마디로 요약하면 영혼 구원하여 제자 삼는 일이다. 복음은 인류를 구원하시기 위한 하나님의 완전하고 최종적인 은혜로운 대책이다. 따라서 이 복음을 전하는 일은 이웃을 섬기는 가장 큰 사랑의 실천이며, 가장 효과적인 섬김이다. 그리고 이 사명의 영역은 땅 끝까지이며 그리스도의 재림 때까지이다. 복음은 모든 민족에게 전파되어야 하고, 모든 세대에 전수되어야 한다.

사명선언문

"우리는 구약과 신약의 계명명령을 따라 가정에서 자녀들에게 말씀을 전수하고 밖에서 모든 사람에게 복음을 전하겠습니다."

우리는 이상의 비전을 실현하기 위해 당회 직속으로 다음과 같은 기관을 둔다.

● 가정교회사역원 : 각 가정교회(목장)들을 지원하며 섬긴다.
● 쉐마교육사역원 : 차세대의 전도와 양육에 헌신한다. ● 비전센터운영위원회 : 지역사회를 섬기는 일에 집중한다.

말씀과 기도로 든든히 서가는 교회
(딤전4:5)

경기 용인시 처인구 포곡읍 곡현로114번길 22-2 유운리 85-1 / 031-332-0491 | 담임목사 김 승 도

Hallelujah!

이 땅의 희망은 오직 예수 그리스도 한 분 뿐입니다.
우리의 열정도 아니고 우리의 도덕이나 선함도 우리의 희망이 될 수 없습니다.

우리 아이네오교회는 소망이 되신 예수님을 노래합니다.
냉혹한 도시를 향해 희망을 노래합니다.
낙망한 영혼, 상한 심령, 깨진 가정, 무너진 캠퍼스, 처절한 직장에서 오늘도 견디는 모든 이들에게 희망을 노래합니다. 아직 소망은 있습니다.
누구라고 예수 앞에 나오면 절망은 소망으로 바뀝니다.

담임목사 김 승 도

그리고 동행을 이야기 하고 싶습니다.
가난한 영혼, 소외된 이웃과 함께 희망의 길을 걷고 싶습니다.
예수님께서 열어놓으신 생명의 길을 함께 걷고자 합니다.
이를 위해 저희 아이네오교회는 낮은 자리로 더 내려가겠습니다.
말씀에 충실하며, 본질을 붙들고, 예배에 목숨 걸며, 지역을 섬기는 교회가 되려합니다.
우리는 행복한 예수님의 사람입니다. 이 자리에 여러분을 초대합니다.

주요약력 :

말씀동산교회의 비전선언문

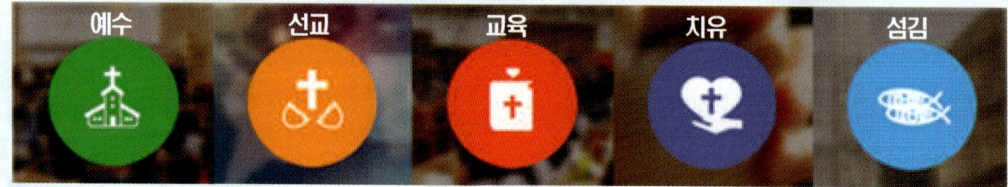

예수 · 선교 · 교육 · 치유 · 섬김

말씀동산교회는 하나님 중심, 성경 중심, 교회 중심의 신앙을 신조로 삼고, 예수 그리스도의 사역과 명령에 따라 지역과 나라와 민족과 세계를 복음화 하고자 합니다. 이를 위하여 **말씀동산교회**는 진리로 가르치고 말씀을 전파하며 영혼을 치료하는 교회로서 가치관을 변화시키고 섬김과 봉사를 통해 지역을 변화시키는 일에 헌신할 것입니다.

말씀동산 교회 비전
우리는 하나님 중심, 성경 중심, 교회 중심의 신앙을 신조로 삼고 그리스도의 마음으로 영혼을 사랑하며 수직전도로 대를 이어 신앙의 명문가정을 세우는 것과 수평전도로 지역과 나라와 민족과 세계를 복음화 하고자 한다.

말씀동산 교회 사명
진리로 가르치고 말씀을 전파하며 영혼을 치료하는 교회로서 가치관을 변화시키고 선교와 전도를 통해 지역을 변화시키는 일에 헌신한다.
1. 하나님의 얼굴을 구하는 공동체
2. 본질을 붙드는 공동체
3. 기본에 충실한 공동체
4. 예배를 사모하는 공동체
5. 부흥을 갈망하는 공동체

말씀동산 교회 신앙 강령 7훈
- 신령과 진정으로 예배를 생명처럼 여기는 성도
- 성령 충만으로 하나님의 뜻과 영광된 일을 우선하는 성도
- 매일 말씀 읽고 매일 기도하며 매일 전도하는 성도
- 거룩함으로 온전한 주일성수를 이루는 성도
- 하나님 것을 구별하는 청지기성도
- 날마다 나는 죽고 예수님이 사는 성도
- 전도와 선교를 위해 늘 준비된 성도

하나님의 뜻을 이루어 가는 말씀동산교회

■ 비전선언문 ■

우리는 예배를 통해 하나님을 만나고, 교제를 통해 서로를 돌보며
훈련을 통해 교회와 지역사회에 봉사하는 일꾼이 되어
사람들을 그리스도께 인도하여 하늘 사람으로 가정과 삶을 행복하게 한다.

■ 영적인 훈련으로 하나님의 일꾼을 세우는 교회
- **사람을 새롭게!** | 믿지 않는 사람을 거듭나게 하는 사역 | 종교인을 새롭게 하는 사역
  | 어린 신앙을 영적 군사로 세워주는 사역
- **교회를 새롭게!** | 종교와 세상이 틈타지 못하도록 막아서는 영적 사역
  | 교회의 지도자들을 깨우는 새 생명 사역
- **세계를 새롭게!** | 선교 지도자 양성, 무장사역 | 훈련 받은 일꾼들로 교회 개척과 섬김 사역
  | 교회 연합 Net-work 사역

말씀동산교회의 비전과 목회철학

말씀동산교회는 하나님 중심, 성경 중심, 교회 중심의 신앙을 신조로 삼고, 예수 그리스도의 사역과 명령에 따라 지역과 나라와 민족과 세계를 복음화 하고자 합니다. 이를 위하여 **말씀동산교회**는 진리로 가르치고 말씀을 전파하며 영혼을 치료하는 교회로서 가치관을 변화시키고 섬김과 봉사를 통해 지역을 변화시키기는 일에 헌신할 것입니다.

저는 목회의 주체는 하나님이시라고 믿습니다. 인간인 제가 아이디어를 내어 일을 해나가기 보다는 **"살아계신 하나님께서 하고자 하시는 일을 하시도록 하는 것"**이 저의 사역 방향입니다. 이를 위해 저는 늘 기도함으로 하나님의 음성을 듣고 순종함으로 하나님의 영이신 **"성령으로 살아 숨 쉬는 교회"**를 이루어가는 것입니다. **"사랑을 실천함으로 살아 숨 쉬는 교회"** 저의 목회 방향이며 모토입니다. 이를 위해 저는 말씀과 기도와 전도라는 주제를 가지고, **"말씀에 대한 체험", "기도를 통한 은혜", "전도를 통한 생명 살림 운동"**을 추구해가고자 합니다.

말씀동산교회 예배시간안내

주일오전예배	1부: 9시 / 2부: 11시(1층 대예배실)		
주일오후예배	오후 2시(1층 대예배실)	금요성령집회	금요 저녁 9시(4층 소예배실)
수 요 예 배	저녁 7시 30분(1층 대예배실)	새벽기도회	오전 5시(1층 호산나실)
유 치 부	주일오전 11시(2층 유치부실)	청소년부	주일오전 11시(4층 소예배실)
아 동 부	주일오전 9시(5층 소예배실)	청년부	주일오후 2시(4층 소예배실)
제자 1반 / 2반	화요일 오전 11시 / 저녁 7시(4층 소예배실)		
지도자반	주일 오후 3시(4층 소예배실)		
전도대	토요일 오후 2시(1층 호산나실)		
구역인도자	수요일 저녁 8시 30분(1층 대예배실)		

■ **말씀동산교회**에 오신 것을 진심으로 환영합니다.
주일예배부터 교회학교까지 모든 예배시간을 확인하실 수 있습니다.
궁금한 사항은 언제든지 전화주세요
경기 용인시 처인구 포곡읍 곡현로114번길 22-2 유운리 85-1 / 031-332-0491

행복의 시작 예수 그리스도
세상에 생명의 말씀을 전하는 은혜샘교회

대한예수교장로회
은혜샘교회

왜 사람들은 그토록 갈망하는 '행복한 삶'을 누리지 못하는 것일까요? 마음속에 계신 예수님을 모르기 때문입니다.
많은 사람들이 교회를 다니지만 교회를 다니기만 한다고 행복을 누리는 것이 아닙니다.
진정한 행복은 예수님을 믿고 예수님과 친밀한 관계를 맺고 살아갈 때 가능한 것입니다.

담임목사 김 영 욱

총신대학교 신학대학원
네덜란드 캄펜신학대학 신학석사, 박사
현, 두란노 바이블 칼리지 구약 주강사
현, 총신대학교 신학대학원 교수

은혜샘교회는
하나님의 기쁨이 되는 교회를 지향합니다.
한 영혼을 그리스도 안에서 온전한 사람으로 세우기 위해 제자 훈련에 힘쓰고,
복음을 온 세계 모든 민족과 열방가운데 전파하며, 소외된 이웃을 사랑으로 돌보는 교회입니다.

은혜샘교회는
하나님의 은혜가 예수 그리스도의 몸인 교회에 충만하여
복음이 널리 전파되고, 성도들이 그리스도 안에서 자유를 누리며,
성령과 함께 행복한 삶을 살기를 소망합니다.

은혜샘교회는
모든 재정의 입출금을 투명하게 공개합니다.
예산의 30%이상을 선교, 구제, 장학금으로 집행합니다.
절기헌금은 전액 구제비로 사용합니다.
물질을 공급하신 하나님께서는 영광을, 봉헌한 성도들에게 보람을, 받는 이웃들에게는 기쁨이 되게
집행합니다.

은혜샘교회 사명선언문

일만 가정 이상을 천국의 모형으로 만드는 교회! 우리나라에서 전도비를 가장 많이 지출하는 교회!
우리나라에서 구제비를 가장 많이 지출하는 교회! 우리나라에서 장학금을 가장 많이 지출하는 교회!
100명 이상의 선교사를 파송하는 교회! 100명 이상의 맹인과 고아의 생활비를 후원하는 교회!
100명 이상의 장애인의 생활비를 후원하는 교회!

행복의 시작 예수 그리스도

세상에 생명의 말씀을 전하는 은혜샘교회 비전

은혜가 있는 교회
마르다 보다 마리아가 예수님께 칭찬 받았던 것을 기억하면서(눅 10:38~42) 하나님 말씀의 은혜를 사모합니다. 말씀의 은혜가 있을 때 교회는 평안하며, 성도들은 서로를 품어주고, 사랑으로 허물을 덮어 줄 것입니다.
이 땅에서 살아가는 동안 천국을 미리 경험하는 교회가 될 수 있습니다.

자유함이 있는 교회
우리는 예수 그리스도를 믿음으로 구원을 받았습니다.
이 구원은 우리에게 참된 자유를 가져 다 주었습니다(갈 5:1).
예수 그리스도께서 주신 자유는 방종이 아니라 은혜가운데 질서가 있는 자유입니다. 십자가의 능력이 율법의 저주와 속박, 그리고 불필요한 교회의 관습과 전통으로부터 우리를 해방시켜 주었습니다.

행복을 누리는 교회
예수님을 만나야 행복합니다. 참된 행복의 근원은 예수 그리스도이기 때문입니다.
삶이 힘들고 어려울 때, 진정한 도움을 주실 수 있는 분이 바로 예수님입니다.
예수님은 인생의 모든 문제를 위한 해답을 갖고 계십니다. 그분을 체험하는 교회가 되기를 바랍니다.

주일오전예배	1부: 10시 / 2부: 11시 30분		
주일오후예배	오후 2시	금요기도회	저녁 9시
수요저녁예배	오후 7시 30분	새벽기도회	오전 5시 15분(월-금)

은혜샘교회 모임안내

유치부	주일오전 11시 30분 (1층 유아실)	중고등부	주일오전 11시 30분 (별관)
유초등부	주일오전 11시 30분 (1층 예배실)	청년부	주일오전 11시 30분 (별관)

은혜샘교회 모임안내

순모임	부부순, 지역 중심, 여성순 등
순장모임	매 주일 오후 3시 10분

은혜샘교회 예배시간안내
은혜샘교회에 오신 것을 진심으로 환영합니다. 주일예배부터 교회학교까지 모든 예배시간을 확인하실 수 있습니다. 궁금한 사항은 언제든지 전화주세요
경기도 용인시 기흥구 동백죽전대로 556번길 31(동백동) Tel. 031.8005.9191

2020년 목양교회 표어
생명을 살리는 교회
핵심가치 **영혼구원**하여 **제자삼는** 교회

목양교회

담임목사 김환중

목양교회 (16824) 경기도 용인시 수지구 고기로 67번길 31
Tel. 031-263-0990 Fax. 031-263-2743

담임목사 김 완 중

Hallelujah!

이 땅의 희망은 오직 예수 그리스도 한 분 뿐입니다.

목양 교회 비전과 선언문

비전: 생명을 살리는 교회
우리는 하나님 중심, 성경 중심, 교회 중심의 신앙을 신조로 삼고 그리스도의 마음으로 영혼을 사랑하며 수직전도로 대를 이어 신앙의 명문가정을 세우는 것과 수평전도로 지역과 나라와 민족과 세계를 복음화 하고자 한다.

비전선언문: 하나님의 임재를 경험한 예배자들이 말씀으로 양육받고 훈련받아 섬김과 나눔을 통해 세상을 변화시킨다.

목양 교회 사명 : 영혼 구원하여 제자 삼는 교회

진리로 가르치고 말씀을 전파하며 영혼을 치료하는 교회로서 가치관을 변화시키고 선교와 전도를 통해 지역을 변화시기는 일에 헌신한다.

사랑과 행복과 섬김의 공동체에 여러분을 초대합니다.

목양 교회는 가정을 회복하는 공동체입니다.
현대의 무너진 신앙교육을 회복하여, 가정이 행복하고, 신앙생활이 즐겁고 행복한 믿음의 4대 가문을 이루는 것입니다.

목양 교회는 예배하는 공동체입니다.
영과 진리로 예배하고, 삶 속에서 예배도 승리하여, 세상에서 빛과 소금의 역할을 감당하는 것입니다.
"나의 밤 낮 간구하는 가운데 쉬지 않고 너를 생각하여 청결한 양심으로 조상 적부터 섬겨오는 하나님께 감사하고 네 눈물을 생각하여 너 보기를 원함은 내 기쁨이 가득하게 하려 함이니 이는 네 속에 거짓이 없는 믿음을 생각함이라"(딤후 1:3~5)

목양 교회는 훈련하는 공동체입니다.
복음을 삶 속에서 살아내기 위해서 하나님과 관계훈련, 인간과의 섬김훈련으로, 끊임없이 가르치고 배우고 훈련하는 것입니다.

목양 교회는 다음세대들 살리는 공동체입니다.
믿음의 2세들을 양육하고 (기독교대안학교), 청소년과 청년들을 말씀으로 양육하여(학사관, 선교관) 자신의 전문성과 영성을 가지고 세상으로 나아가는 것입니다.

목양 교회는 이웃을 사랑하는 공동체입니다.
지역사회의 연약한 자를 섬기고, 비신자들을 편하게 교회에서 쉴 수 있는 문화를 선도하는 교회가 되는 것입니다. (문화센터)

목양 교회는 땅 끝까지 복음 증거하는 공동체입니다.
하나님의 사랑과 이웃 사랑의 비전을 가지고, 수지 지역사회와 북한, 중국, 땅 끝까지 복음 증거하는 일에 쓰임 받는 교회가 되는 입니다.

목양교회의 가정교회 소개

가정교회(HOUSE CHURCH)란?

가정교회란 역사상 교회가 가장 아름다웠던, 신약시대의 초대교회를 회복해보겠다는 운동입니다. 목장은 안 믿는 사람과 믿는 사람이 함께 가족을 이루어 하나님의 사랑에 감사하고 성경대로의 삶을 실천해보려고 고민하며 노력하는, 가족공동체이며 작은 교회입니다.

초대교회 때 있었던 사랑의 역사와 극적인 성령의 역사들이 오늘날 교회에서는 왜 자주 일어나지 않는 것일까? 저희는 그 부재의 이유가 가정교회와 깊은 연관이 있다고 생각합니다.

많은 사람들이 교회 건물에 모여서 예배드리고 헤어지는 오늘날의 교회와는 달리, 신약시대에는 평신도가 주축이 된 작은 규모의 가정교회들이 있었고, 이 가정교회들이 서로의 집에서 모여서 예배를 드리고, 서로 가족처럼 삶을 나누고, 친밀한 가운데 서로 기도했던 그 모습이 역사를 이루어낸 것입니다.

하나님을 믿는다는 것은 신나는 일인데, 많은 분들이 하나님에 대한 오해 때문에 선뜻 교회 문을 열고 들어오지 못합니다. 교회를 다니는 경우에도, 성경공부나 설교만을 중심으로 돌아가는 수동적인 신앙생활은 실제로 예수님의 제자가 된다는 것이 무엇인지에 관하여 알려주지 못합니다.

가정교회는 이러한 한계들을 뛰어넘습니다.
가정교회, 즉 목장은 지금 철저히 분리되고, 단절된 사회에서, 안 믿는 사람들과 믿는 사람들이 함께 가족을 이루어 하나님의 사랑을 고마워하고 실천해 보려고 고민하며 노력하는, 가족 공동체이며 작은 교회입니다.

목장은 가족이기 때문에 서로 삶을 깊이 나눌 수 있고, 이러한 나눔과 서로의 관심을 통해 목장식구들은 그동안 가지고 있던 상처나 기독교에 대한 오해를 풀게 됩니다.

하나님 소원대로 살아보겠다고 노력하는 목장 식구를 보면서, 또 다른 목장 식구의 일에 자신의 일처럼 관심을 보이는 목장 식구를 통해, 하나님을 전혀 모르던 식구들의 마음도 열리기 시작하고, 나눔과 섬김, 기도를 통해 놀라운 치유가 일어납니다. 솔직한 나눔과 구체적인 기도 응답을 통해 하나님을 모르던 목장식구들은 서서히 하나님을 경험하게 되며, 삶의 변화가 일어납니다. 교회에도 오게 되면서, 삶 공부를 통해 하나님에 대한 오해를 풀고, 주일 설교말씀을 통해 가치관 정립도 하게 되면서 이들의 행복한 신앙생활이 시작됩니다.

그래서 목장에는 간증과 감동이 있습니다.
삶이 변해가고 진정한 기쁨을 알아가는 것처럼 놀라운 감동이 없기 때문입니다.
이러한 간증과 감동 때문에 주위에 믿지 않는 분들도 자연스럽게 목장으로 인도가 되고, 행복한 신앙생활의 기쁨이 퍼져가는 것입니다. 이렇게 목장에서는 영혼구원과 제자양육이 이루어지며, 또 현장에서의 생생한 제자양육과 성경적인 사역 분담이 이루어집니다.

또 목장은 서로 섬겨주고 기도하면서 도와주는 예수님의 리더십이 매일 치열하게 고민되며 연습되는 곳이기도 합니다.

가정교회(HOUSE CHURCH)의 세 축과 네 기둥

가정교회는 역사상 교회가 가장 교회다웠던, 신약시대의 초대교회를 회복하고자 합니다.
목장은 여러 가정이 함께 공동체를 이루어 하나님을 경험하는 삶을 나누고 말대로 살아가기 위해 기도하며 서로 돕는 작은 교회입니다

義 하나님의 임재를 체험하는 예배
구체적으로 삶에 적용시킬 수 있는 설교

보고 배우며 실제적인 제자가 되어 가는 현장
섬기는 삶의 연습장, 내적 치유가 이루어 지는 곳

- 주일 연합예배
- 목장모임
- 담임목사 리더십
- 삶 공부

비신자, 새신자에게
복음을 명확하게 전달
적인 삶을 구체적으로 제시

1. 교회의 존재 목적
한 영혼을 구원하여 제자를 만드는 것에 있습니다. (마 28:19-20)

2. 제자 양육 방식
지식 전달보다는 능력을 기르는 것에, 교실 교육 보다는 현장 실습에, 말로 가르치기 보다는 행동으로 보여주는데 초점을 맞춥니다. (막 3:15-15)

3. 사역 분담
목사는 무엇보다 말과 기도에 힘써 평신도를 가르치며 교회 전체를 이끌어갑니다.
평신도 리더는 목양 사역을 감당하고 예수님의 몸된 교회, 지체들을 세워갑니다. (엡 4:11-12)

4. 성경적인 리더십
진정한 리더십은 섬김에서 나오며 무엇보다 하나님과 공동체의 필요를 우선에 두는 종의 마음을 가집니다. (마 20:27-28)

반석 위에 세워지는 교회

또 내가 네게 이르노니 너는 베드로라 내가 이 반석 위에 내 교회를 세우리니 음부의 권세가 이기지 못하리라 (마16:18)

대한예수교장로회
기흥제일교회

446903 경기 용인시 기흥구 구갈동 383-6
TEL : 031-281-7797

담임목사 **김 정 민**

기흥제일교회는 1992년 12월 초에 김정민 목사님과 사모님 둘이서 처음 시작하여 하나님의 은혜로 지금은 교회건축을 하였고, 청장년 200명의 중소형 교회로 성장한 교회입니다.

기흥제일교회는
예수님께서 하셨던 3가지 사역
가르치고!
전파하고!
치료하신 원칙과

장로교 3대 핵심교리인
하나님 중심,
교회 중심,
말씀 중심의
생명력 넘치는 교회가 되기를 힘쓰고 있습니다.

이것이 이 시대의 최대 사명임을 인식하고
우리 예수님의 심장으로 예수님께서 오시는 그 날까지 기도하며 나아갈 것입니다.

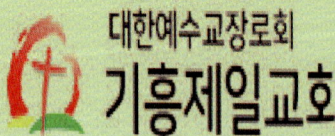
대한예수교장로회
기흥제일교회

세상에 생명의 말씀을 전하는
기흥제일교회 비전

하나님이 제일 기뻐하시는 교회가 되기를 소망하는 교회!

기흥제일교회는 하나님의 임재가 충만한 예배 속에서 주님 오실 길을 예비하고, 영향력 있는 사람을 세우고, 섬김과 나눔을 실천하며, 다음 세대를 준비하는 교회입니다.

- **3대 비전**
  - 선교하는 교회 ■ 다음세대를 세우는 교회 ■ 세상의 이웃이 되는 교회

- **사명선언문**
  나는 성숙한 주님의 제자가 되어 사람들을 그리스도께로 인도하고, 섬김과 나눔으로 하나님이 기뻐하시는 세상을 만드는데 헌신할 것을 다짐합니다.

건강한 교회! 행복한 성도!

믿음과 사랑으로 땅 끝까지 선교하는 기흥제일교회

교회의 뜻
교회(Church)는 히브리어로 **"카할"**, 헬라어로 **"에클레시야"**라고 합니다. 이는 **"하나님의 부름을 받아 예수 그리스도를 통하여 구원받은 무리"**를 말합니다. 하나님께서 이스라엘 백성을 애굽에서 불러낸 것처럼 죄에서 의로, 죽음에서 생명으로, 어두움에서 빛으로, 세상에서 천국으로 '부름 받은 무리들'이 교회입니다.

교회의 가치
교회는 그리스도의 몸이며(엡 1:22), 그리스도의 신부입니다(엡 5:31-33).
교회는 굳건한 믿음의 반석입니다.
교회는 영혼의 시냇가입니다. 교회는 구원의 방주입니다.

나와 교회와의 관계
나와 교회와의 관계는 주님과 나와의 관계입니다. 주님은 교회의 머리이시고, 나는 교회의 지체입니다.
그러므로 우리는 교회를 사랑해야 합니다. 교회를 귀히 여겨야 합니다.
교회를 가까이 해야 합니다. 교회를 유익하게 해야 합니다. 교회를 채워야 합니다.
교회에 충성해야 합니다. 교회를 위하여 일할 수 있는 기회를 빼앗기지 말아야 합니다.
마귀는 교회를 멀어지게 합니다. 교회를 떠나지 않도록 기도해야 합니다.

주일오전예배	1부: 9시 / 2부: 11시(본당)		
주일오후예배	오후 2시(본당)	금요성령집회	저녁 9시 10분(본당)
가정교회(Cell)	수요저녁 7시 30분(각 가정)	새벽기도회	새벽 5시(교육관)

기흥제일교회 모임안내
유치부	주일오전 11시(교육관)	중고등부	오전 9시(본당), 오후3:30(교육관)
유초등부	주일오후 3시(교육관)	대학·청년부	토요일 오후 6시 (교육관)

기흥제일교회 모임안내
어머니 기도회	부수요일 오전 10시 30분
비전스쿨	토요일 오전 9시

기흥제일교회 예배시간안내
기흥제일교회에 오신 것을 진심으로 환영합니다. 주일예배부터 교회학교까지 모든 예배시간을 확인하실 수 있습니다. 궁금한 사항은 언제든지 전화주세요
경기도 용인시 기흥구 구갈동 383-6 Tel. 031.281-7797

받자! 은혜! 섬기자! 기쁘게!

협동목사	장정훈 (칼빈대 교수)			
파송선교사	허대영	김여명		
부 목 사	이생명	강신구	홍민유	김대은
전 도 사	정경철			
원로장로	빈병옥	송용범	조영희	최광도
시무장로	김성수	김홍섭	윤석민	김점용
	서영선	허기선		
은퇴장로	정혁진	이종영		
지 휘 자	서정식	이홍식	이상현	
피 아 노	허유나	이슬기	윤주은	
오 르 간	김용희	홍란희		

담임목사
김종원

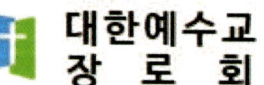 대한예수교 장로회 **포곡제일교회**

17028 경기도 용인시 처인구 포곡읍 포곡로 272번길 17
교회: 031)322-9182, 322-9183 팩스: 322-9185, 목사관: 322-9184

- **영적인 훈련으로 하나님의 일꾼을 세우는 교회**
  - **사람을 새롭게!** | 믿지 않는 사람을 거듭나게 하는 사역 | 종교인을 새롭게 하는 사역
    | 어린 신앙을 영적 군사로 세워주는 사역
  - **교회를 새롭게!** | 종교와 세상이 틈타지 못하도록 막아서는 영적 사역
    | 교회의 지도자들을 깨우는 새 생명 사역
  - **세계를 새롭게!** | 선교 지도자 양성, 무장사역 | 훈련 받은 일꾼들로 교회 개척과 섬김 사역
    | 교회 연합 Net-work 사역

포곡제일교회의 예배당으로 본 아름다운 스토리

1. 천막교회
1956년 3월경 용인군 포곡면 삼계리 면소재지 부근에서 10평 정도의 천막을 치고 집회가 시작되었다.

2. 초가집교회
1960년 12월 25일 청년들이 중심이 되어 흙벽돌 초가집 예배당을 짓고 '**포곡교회**' 간판을 걸었다. 김장환 목사님(현/극동방송 이사장)을 모시고 첫 번 성탄절 예배를 드렸고, 1961년 1년 정도 김장환 목사님(당시 수원중앙침례교회 협동목사)께서 주일과 수요일 마다 오셔서 말씀을 전하셨다.

- **훈훈한 이야기 하나/**
  김장환 목사님께서 청년들에게 송아지 한 마리를 사주셨는데, 공동 사육하여 팔아 논 두 마지기(400평)를 사서 공동 경작으로 교회 운영에 사용하다가 그 논을 팔고 성도들이 협력하여 예배당 터를 구입한 것이 현재 포곡제일교회 위치이다.

3. 블록과 함석 교회
1971년 10월에 49평의 본당과 18평의 사택을 블록과 함석으로 지어 준공예배를 드렸다. 당시 교역자는 변우상 전도사님(현/ 용인제일교회 원로목사님)이셨다.

4. 현재 교회
1993년 8월에 총 건평 330평의 예배당과 사택(25평), 식당(26평)을 건축하고 헌당예배를 드렸다. 당시 교역자는 고 이근석 목사님(본 교회 원로목사님)이셨다.

- **교회 이름에 얽힌 이야기/**
  본래 '**포곡교회**'였으나 같은 지역에 동일한 이름으로 개척한 교회가 생김으로 여러 가지 혼란이 잦아서 우리가 양보하는 마음으로 교회 명칭을 '**포곡제일교회**'로 변경했다(1995. 4. 4).

5. 교육관
2014년 10월 195평의 교육관을 신축했다.

포곡제일교회의 목표와 방향

포곡제일교회는 하나님 중심, 성경 중심, 교회 중심의 신앙을 신조로 삼고, 예수 그리스도의 사역과 명령에 따라 지역과 나라와 민족과 세계를 복음화 하고자 합니다.

1. **예배하는 교회:** 신앙생활의 핵심은 예배이기에 하나님을 경외하는 마음으로 예배하는 교회, 예배를 통하여 하나님을 만나는 교회, 예배를 통하여 은혜를 받는 교회입니다.
2. **다음 세대를 세우는 교회:** 수직적(세대간) 복음 전수의 사명 감당을 위하여 다음 세대를 위하여 기도하며 가르치기에 힘쓰는 교회, 다음 세대를 세우는 교회입니다.
3. **섬기는 교회:** 예배로 하나님을 섬기고, 양육과 돌봄으로 성도를 섬기고, 예수 그리스도를 전하는 일로 세상을 섬기는 교회입니다.
4. **선교하는 교회:** 수평적 복음 전파의 사명 감당을 위하여 국내외적으로 선교하는 교회입니다. 해외 선교(파송 선교사 1가정, 협력 선교 11가정), 교회 개척(1개 교회/ 제주/ 온새미로교회), 미래자립교회 섬김 (22개 교회), 기관 선교(10개 기관)

그리스도의 대사들 교회

경기도 용인시 기흥구 구성로 50(구 마북동 323-4) T. 031-8005-8894(6)

■ 그리스도의 대사들 교회를 섬기는 담임목사 소개

김진호 담임목사, 최순애 사모

김진호 목사는 충북 제천 출생, 고등학교 3학년 시절 동생의 전도로 회심. 1975년 육사졸업, 육군소위로 임관함(B.A.), 1980년 육군대위로 예편 후 2년간의 사우디 현장 건설회사에서 근무(통역 및 보험업무처리), 1982년 미국으로 유학 매디슨 소재 위스컨신대학원에서 시스템분석과 설계를 전공(M.S.). 유학 중 미국 교회에서 "성령세례" 체험후 목회 소명을 확신하게 됨, 1985 오랄 로버츠 신학대학원 입학 - 1988년 필립스 신학대학원 졸업(M.Div.), 국 연합 감리교 오클라호마 연회에서 안수 받고 귀국. 1989년 10월 8일 울 송파구 가락동에서 선교하라고 복 주신 교회 "예닮교회" 개척. 현재까지 시

1999년 8월 안식년 동안 미국 오클라호마 "레마성경훈련소(Rhema Bible Training Center)"에서 수학

최순애 사모는 평생 교육자인 아버지와 어머니 사이에서 태어났으며, 믿지 않는 가정에서 자라나서 결혼 후 남편의 인도로 예수 믿게 되었다. 미국 유학중인 남편과 함께 오순절 은사주의 교회에 나가서 성령세례를 받고 난 후부터 은혜로운 신앙생활을 시작였다. 1989년 남편과 함께 교회를 개척하였고, 2000년에는 미국 털사에 있는 케네스 해긴 목사님 가르치는 레마 성경훈련소 졸업하였다. 최순애 사모는 현재 그리스도의 대사들 교회의 양육반 교사, 신앙상담, 기도학교 교사, 예수 선교 사관학교 교사로 역하고 있다.

■ 그리스도의 대사들 교회가 믿는 것

우리 교회의 비전은 하나님의 말씀과 하나님의 인간을 향한 선한 뜻, 즉 모든 사람을 하나님께 화목케 하는 것에 일 한다. 그러므로 우리의 신앙고백은 성경의 교리와 같은 고백이다. 이 신앙고백은 성경을 근거로 하며 그리스도 교리 기초 원리와 완전히 동일하다.

E. W. 케년 | 스미스 위글스워스 | 잔. G. 레이크 | 씨무어, 보스워스,레이크 | 케네스 헤긴 | T. L. 오스본

■ 믿음의 말씀이란?(The Word of Faith)

케네스 해긴(Kenneth E. Hagin) 목사님을 중심으로 말씀의 능력과 믿는 자의 권세, 말씀을 읊조리기와 고백하는 능력 등 강조하는 가르침으로 새로운 피조물의 실체를 확실하게 가르쳐서 승리하는 그리스도인이 되게 하는 말씀입니다. 현재 믿음의 말씀을 발전시켜서 미국에서 큰 사역의 열매를 맺는 분들으로는 세계적인 전도인 티 엘 오스본(T. Osborn), E. W. 케년, 각종 TV 매체를 통해 말씀을 가르치는 케네스 코플랜드(Kenneth Copeland)가 있습니다.

■ 믿음의 말씀 본부

그리스도의 대사들 교회는 2000년부터 믿음의 말씀사라는 출판사를 통해 믿음의 말씀 관련서적을 번역·출판하고 있니다. 책을 통해 우리 교회를 방문하고 등록하는 성도들도 새가족의 많은 비중을 차지하고 있습니다.
2005년부터는 '예수 선교 사관학교'를 개교하여 새로운 피조물의 계시로 훈련된 사역자를 배출하고 있습니다. 지난해 지 총 1,379명의 졸업생이 배출되었고, 약 471명의 목회자가 과정을 마치셨습니다. 선교지에 나가 있는 선교사님들 직장인을위해 온라인 e-JMA(www.ejma.kr)를 개설하여 정규반과 함께 운영하고 있습니다. 현재 그리스도의 대사들 교 전 성도가 함께 보면서 말씀 양육에 일조하고 있는 이 묵상집은 552여 개 언어로 번역·출판되고 있으며 한국에 4,000부가 보급되고 있습니다.
이 학교를 졸업한 그리스도의 대사들 교회 교인은 셀 리더와 각 부서 사역자로서 현장에서 열매를 맺으며 훈련을 받 됩니다. 교회 사역자들의 경우에는 자신이 섬기는 교회에서 담임목사로서 배운 것들 직접 적용해 봄으로써, 신학교 취약점인 사역 훈련 결여 문제를 보충하고 도제 제도의 장점을 보완하는 형태를 갖추게 되었습니다. 이 외에도 예수 교 사관학교(JMA) 네트워크 목회자들에게 말씀을 공급하는 〈목회자 컨퍼런스〉, 새로운 피조물의 계시의 메시지로 이 어지는 청소년 대상 전국 수련회인 〈AFC연합 청소년 비전캠프〉등의 사역이 연 2-3회에 걸쳐 이루어지고 있습니다.

JMA (예수 선교 사관학교 JESUS MISSION ACADEMY)

미국 레마 성경 훈련소
(케네스 E. 해긴)

Dominion Bible Institute
(커리 R. 블레이크)

\+

새로운 피조물의 계시의 사역자들
(E.W.케년 · T.L.오스본 · J.G.레이크)

열매로 검증된 JMA졸업생 사역자들의 사례들

새로운 피조물의 계시는 믿는 자를 향한 하나님의 완전한 뜻이자 최고의 계시입니다.

■ **예수 선교 사관학교**(Jesus Mission Academy)는

마지막 때 교회에 열린 최고의 계시이자 복음의 정수인 **"새로운 피조물"**의 계시를 한국 땅에 전파하여, 이 복음으로 무장된 강력한 그리스도인 성도와 사역자를 배출하고자 설립된 말씀과 성령의 훈련소입니다.

■ **훈련목표** Goals

우리에게 주신 하나님의 생명을 최대치로 살아내는 그리스도인을 세웁니다. 이는 그리스도 안에서 내가 누구인지에 대한 정확한 말씀과 성령의 사역이 함께 할 때 가능합니다. 말씀과 성령의 균형 잡힌 메시지를 통해, 성도들의 삶에서 영·혼·몸을 포괄하는 전인적 변화와 능력의 증가, 부르심의 발견과 사역의 열매가 일어나는 것을 목표로 합니다.

■ **비전** Vision

능력 있는 복음으로 개인 삶의 변화를 경험한 후, 나아가 셀을 개척하고 교회를 세움으로써 국내와 아시아 전역에 하나님 나라를 확장하는 것이 예수 선교 사관학교의 큰 그림입니다.

■ **담임목사 저서**

- **김진호 목사** : 믿음의 말씀 운동의 뿌리, 1인 기업가 마인드, 내 양을 치라, 새로운 피조물, 영혼구원, 그리스도의 교리, 왕과 제사장
- **최순애 목사** : 존중하는 삶, 믿음의 반석, 복음의 신조, 말씀묵상과 고백, 성경의 세가지 접근, 성령인도, 새언약의 기도, 새로운피조물 고백기도집

■ **그리스도의 대사들 교회 소개**

선교하라고 복 주신 교회
그리스도의 대사들 교회 사명선언문
2020 Vision : 2020년까지 300개 교회를 세운다.

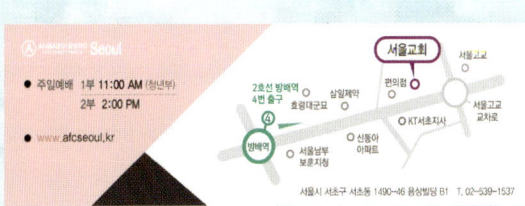

대한예수교장로회 수지남부중앙교회

Hallelujah!

"우리는 세상으로부터 부름 받은 하나님의 백성입니다."

담임목사 김찬섭

김찬섭 목사는 수지남부중앙교회를 개척(1984년 7월 20일)한 이래 지금까지 시무하면서 부흥과 성장을 거듭해왔으며, 총회합동 부흥사회 실무회장으로서 교회들에게 은혜를 끼치고 있습니다.
총신대학신학대학원과 목회대학원에서 신학과 목회학을,
연세대학교연합신학대학원과 명지대학교에서 상담학전공을,
총신대학교 목회신학박사원 및 미국 리폼드신학대학원에서 목회학박사과정을 수학하였으며, 동대학원에서 「구역관리를 통한 목회적 돌봄의 사역」이란 논문으로 목회학 박사학위(D.Min)를 취득하였습니다.

지역복지를 위해서 서울 기독대학교 사회복지대학원에서 "사회복지석사전공"(M사회복지사취득)하셨습니다.

지금은 장기요양원시설운영과 가정방문요양시설과 수지남부중앙교회 당회장으로 있고 있습니다.

수지남부중앙교회 소개

"수지남부중앙교회"는
두 날개로 날아오르는 건강한 셀 교회의 비전을 품는
대한예수교장로회 합동에 소속된 교회입니다.

수지남부중앙 교회는 두 날개로 날아오르는 건강한 교회입니다.
한 날개는 소그룹으로 모이는 셀가족 모임입니다. 셀가족 모임은 예수 그리스도의 생명으로 하나 된 가족모임입니다. 가족 같은 가족이 아닌 진정한 가족으로 사랑과 돌봄, 치유와 회복이 일어나는 곳입니다.
다른 한 날개는 대그룹으로 모이는 영감 넘치는 예배입니다. 하나님의 사랑과 은혜에 감격하며 하나님을 향한 기쁨이 울려 퍼지는 예배! 예배를 통한 성령의 임재를 경험하며 살아있는 말씀을 통해 삶이 변화됩니다.

수지남부중앙 교회는 다음 세대를 세우는 교회입니다.
어린이, 청소년, 청년들은 우리의 미래이며 소망입니다.
그래서 어린이, 청소년, 청년들이 우리의 미래이며 소망입니다.
수지남부중앙교회는 다음 세대를 세우는 꿈을 가지고 달려가고 있습니다.
이들에게 교회는 더 이상 지루한 곳이 아니라 하나님의 사랑을 느낄 수 있고 꿈과 비전을 제시해줄 수 있는 곳이어야 합니다.
수지남부중앙교회는 새로운 세대에 맞는 찬양과 다양한 문화사역, 캠퍼스 사역들을 통하여 다음 세대를 일으키고 있습니다.

수지남부중앙 교회는 치유와 회복이 있는 교회입니다.
현대인의 삶은 공허하며 마음은 상처투성이입니다. 수지남부중앙교회는 전문적으로 공부하고 훈련 받은 사역자들을 세우고 이들을 통한 상담과 치유를 통해서 주님께서 주신 풍성한 삶으로 인도합니다. 또 성령님의 임재 아래 이루어지는 전인치유를 통해서 우리의 인생 깊숙이 뿌리를 내리고 있는 견고한 진들을 파쇄하고 치유하여 승리하는 삶으로 인도합니다.

사명선언문

우리 수지남부중앙교회는
말씀과 **성령**으로 **제자**가 되어,
1백, 1천, 수지지역과 세계 비전을 이루는
"생명의 공동체"입니다.

이같이 너희 빛이 사람 앞에 비치게 하여 그들로 너희 착한 행실을 보고 하늘에 계신 너희 아버지께 영광을 돌리게 하라. (마태복음 5:16)

셀리더

셀리더는 하나님을 사랑하고 믿음으로 변화된 삶을 통하여 예수님의 복음을 전파하는 사랑과 믿음의 공동체입니다. 한나의 간절한 기도, 룻의 애틋한 섬김, 에스더와 같은 담대함을 본받아 아름다운 하나님의 나라가 이 땅에 세워질 수 있도록 최선으로 쓰임 받겠습니다.

 ### 선교와 구제

선교와 구제는 하나님이 명령하신 성도의 사명입니다. 선교는 가는 선교와 보내서는 선교가 있습니다. 수지남부중앙교회 여선교팀은 어느 위치에 있던 기쁘게 받으시는 하나님 나라의 확장을 위하여 최선으로 섬기겠습니다. 그리고 이웃을 돌아보고 구제하는 일을 통해서 그리스도의 향기를 풍기는 성도로 살기 원합니다. 빈 손을 채우는 손길이 되기를 원합니다.

 ### 위로와 치유

이 시대에는 위로와 치유가 필요한 사람들이 얼마나 많은지요. 예수님이 그 마음에 없는 사람들은 마음에 평강이 없습니다. 오직 예수님이 그 안에 계셔야만 근본적인 위로와 치유가 이루어지는 것입니다. 예수님의 마음으로 세상을 향한 치유자가 되기를 소원합니다. 그 눈의 눈물을 닦아줄 수 있는 참된 위로자가 되기를 원합니다.

 ### 영성의 회복

영성은 뜬 구름을 잡는 신비한 무언가가 아닙니다. 영성은 하나님과의 관계를 의미합니다. 예배 없는 영성, 기도 없는 영성, 말씀 없는 영성은 상상할 수도 없습니다. 온전한 예배를 통하여 하나님을 충만하게 찬양하기 원합니다. 깊은 기도로 영적인 성숙을 이루기 원합니다. 말씀으로 신앙의 균형을 이루기 원합니다. 그래서 시대를 향한 참된 영성의 회복을 외치기 원합니다.

대한예수교창로회
도창교회

경기도 용인시 처인구 양지면 평창리 674-20 TEL 031-336-3295

예수님의 지상 명령에 집중하는 도창교회

도창교회입니다.

인생의 방황은 예수님을 만나면 끝나고, 신앙의 방황은 좋은 교회를 만나면 끝난다는 말이 있습니다.
신학과 신앙의 출발점은 그리스도론이며 종착역은 교회론입니다.
건강한 신앙생활을 하기 위해서 반드시 점검해야 할 질문은 다음과 같습니다.

교회를 어떻게 할 것인가? 교회를 어떻게 섬길 것인가?

우리는 교회가 '주님의 몸'이며, 교회의 본질적 사명은 '그리스도의 지상명령에 순종'하는 것이라고 믿습니다.
이것을 위해 훈련이 필요하며 모든 성도를 예배자, 중보자, 전도자로 세워 땅 끝까지 만민에게 복음을 전파하고 다음 세대에게 신앙을 전수하여 주님이 다시 오실 때까지 교회를 세워나가는 것이 우리의 소망입니다.
우리는 교회를 영원한 영적인 하늘 가족이라고 믿으며, 성령의 하나 되게 하신 것을 힘써 지키는 사랑 공동체가 되기 위해 헌신할 것입니다.
당신을 그리스도에게로, 그분의 몸이신 교회로 초대합니다.

도창교회 사명 선언문

하나님이 창세전에 계획하사 때가 차매 세우신 예수 그리스도의 몸 된 도창교회는 새로운 교회사를 쓰시는 하나님의 목회가 이루어짐으로써 재림하실 그리스도의 지상명령을 우리의 최우선 관심사로 삼고 훈련을 통해 모든 성도를 예배자와 중보자와 전도자로 세워 땅 끝까지 이르러 만민에게 복음을 전파하고 전수하여 영혼을 살리고 제자 삼는 성령 충만한 그리스도의 강한 군사와 거룩한 신부가 될 것을 성부와 성자와 성령의 이름으로 선언합니다.

양육훈련

전도폭발 사역은 지난 1963년 미국의 제임스 케네디 목사님이 플로리디의 포트로더테일에 있는 코럴릿지 장로교회에서 시작하여 큰 결실을 맺은 것을 계기로 세계 각국에 이 사역이 소개, 실시되고 있습니다.

기존의 전도방법들이 단순히 믿지 않는 사람들에게 자기 안에 있는 그리스도를 증거하는 데에만 관심이 집중되었다면 케네디 목사의 전도폭발훈련은 교회 안의 지속적인 훈련과정을 통해 훈련된 지도자들을 배출해 냄으로, 실질적인 배가사역으로서의 전도폭발 제자훈련 사역을 창출해 낸 것입니다.

이 훈련의 열매는 무엇보다도 이 훈련을 받은 성도들이 먼저 자기 자신의 신앙을 정리하여 일상적인 생활 속에서 자연스럽게 전도할 수 있는 자신감을 가진다는 점입니다.
두 번째 열매는 실제 복음전도의 현장에서 감격적인 일이 수없이 일어나서 훈련의 성과를 계속하여 높여주는 것입니다. 복음제시 내용을 외우다가 구원의 확신을 갖게 되는 훈련생, 아내와 엄마가 외우고 있는 복음제시 내용을 듣다가 결신하는 남편과 자녀들, 훈련생들의 복음제시를 듣고 친척, 이웃, 스승, 동료들이 주님을 구주로 영접하는 감격적인 현장들이 끊임없이 보고되기 때문입니다.

교회는 개척과 동시에 13명이 전도폭발훈련을 시작하여 현재 제9기 전도폭발훈련이 진행되고 있으며, 어린이, 청소년, 시니어에 이르기까지 전 세대가 훈련받고 있습니다.

교회 중보기도

교회의 모든 사역은 중보기도 사역을 통해서 이루어지고 있습니다.
아울러 교회의 핵심훈련 중 하나는 중보기도입니다.
전교인들이 중보기도자로 서길 소망하여 훈련하고 있으며, 특별히 중보기도세미나와 새벽예배, 목요성령집회, 토요축복기도회, 매일밤 기도회를 통해서 중보기도자로 성도들을 훈련하고 있습니다.
또한 전도폭발훈련 가운데 전도를 위한 중보기도 역시 중보기도자로서는 중요한 훈련의 일부입니다.

교회 중보기도실 사역
교회 중보기도실은 오전 6시부터 오후 10시까지 중보기도 헌신자들에 의해서 운영되고 있습니다. 이 중보기도실은 중보기도세미나를 수료한 자들만이 중보기도로 섬길 수 있습니다. 교회의 기도제목들은 중보기도실로 전달이 되고, 그 기도제목들을 체계적으로 분류하여 중보기도자들에 의해 기도로 하나님께 올려집니다.

교회 기도 경호단
매일 1시간씩 교회와 담임목사님을 위해서 중보 기도하는 기도 경호단이 있습니다. 기도 경호단 사역에 관심이 있으신 분들은 교회사무실에 문의하시면 안내를 받으실 수 있습니다.

교회 예배를 위한 중보
매주 토요일 오후 12시에 본당에서 담임목사님 인도로 주일예배를 위한 기도모임을 가지고 있습니다. 누구나 참여하실 수 있습니다.

교회 중보 기도함
교회에 중보기도 요청(또는 기도응답)을 할 수 있는 함이 본당 뒤편에 설치되어 있습니다. 이곳에 비치된 노란색의 '기도해주세요' 카드를 작성해서 함에 넣으시면 적어주신 기도제목으로 중보기도를 하게 됩니다. 기도카드의 유효기간은 3개월이며 3개월이 지나면 기도카드는 폐기됩니다. 기도제목에 대한 응답을 받으셨다면 분홍색의 '기도응답' 카드를 작성해서 하나님께서 기도응답 하셨음을 나누어 주십시오.

예수님의 지상 명령에 집중하는 교회

용인동광교회

경기도 용인시 처인구 금령로140번길 8-8 (마평동) | TEL : 031-335-4414

Welcome
우리와 늘 함께하시는
주님의 이름으로 환영합니다!

용인동광교회는 기독교대한감리회에 소속된 교회로서 1980년 3월 10일에 설립되어 현재까지 용인지역에 복음전파에 앞장서 온 건강한 교회입니다.

하나님께 예배하며 행복한 신앙생활을 나눌 수 있길 원합니다.
함께 예배하길 원하는 분은 누구나 오십시오.

세상의 죄악된 유혹으로부터 자신을 지키며, 자신의 신앙을 성장시키고, 주님의 사랑을 실천하는 아름다운 신앙생활을 하기 원하시는 분 모두를 환영합니다.

1. 2층 대예배실 입구에서 안내위원을 통해 등록하시면 됩니다.
2. 등록을 하면 환영의 시간을 갖고 교회 생활에 대한 자세한 안내를 해드립니다.
3. 담임목사의 심방 후 교구로 연결됩니다.

용인동광교회의 비전

사랑과 행복과 섬김의 공동체에 여러분을 초대합니다.

- **용인동광 교회는 가정을 회복하는 공동체입니다.**
  현대의 무너진 신앙교육을 회복하여, 가정이 행복하고, 신앙생활이 즐겁고 행복한 믿음의 4대 가문을 이루는 것입니다.
- **용인동광 교회는 예배하는 공동체입니다.**
  영과 진리로 예배하고, 삶 속에서 예배도 승리하여, 세상에서 빛과 소금의 역할을 감당하는 것입니다.
- **용인동광 교회는 훈련하는 공동체입니다.**
  복음을 삶 속에서 살아내기 위해서 하나님과 관계훈련, 인간과의 섬김 훈련으로, 끊임없이 가르치고 배우고 훈련하는 것입니
- **용인동광 교회 비전**
  우리는 하나님 중심, 성경 중심, 교회 중심의 신앙을 신조로 삼고 그리스도의 마음으로 영혼을 사랑하며 수직전도로 대 이어 신앙의 명문가정을 세우는 것과 수평전도로 지역과 나라와 민족과 세계를 복음화 하고자 한다.
- **용인동광 교회 사명**
  진리로 가르치고 말씀을 전파하며 영혼을 치료하는 교회로서 가치관을 변화시키고 선교와 전도를 통해 지역을 변화시키는 일에 헌신한다.

❶ 하나님의 얼굴을 구하는 공동체 ❷ 본질을 붙드는 공동체 ❸ 기본에 충실한 공동체 ❹ 예배를 사모하는 공동체

담임목사 김 춘 식

목회철학

1. 영과 진리로 예배드리는 교회
우리교회는 영과 진리로 예배드리며 하나님이 주시는 은혜를 경험하는 감격적인 예배를 꿈꾸며 기도합니다.

2. 예수님의 제자되는 교회
우리교회는 예수님의 제자로 훈련된 성도를 세우기 위해 힘씁니다.

3. 복음을 전하는 교회
예수님의 십자가 사랑을 이웃에게 전하며 나아가 열방을 향해 복음을 전하는데 힘씁니다.

4. 가정을 살리며 돕는 교회
가정을 회복하고 믿음의 유산을 전하는데 힘쓰며, 부모가 자녀를 신앙의 제자삼는 가정이 될 수 있도록 힘씁니다.

5. 다음세대에게 초점을 맞추는 교회
다음세대 어린이들과 청소년 그리고 청년들에게 초점을 맞추어 예수님의 제자로, 세상의 빛과 소금으로 살아가도록 교육합니다.

대한예수교장로회 상미교회

대한예수교장로회 상미교회
교회 표어 : 말씀으로 든든히 세가는 교회 (딤후 3:16)

- 설립자 : 김옥선 전도사   담임목사 : 김태영 목사
- 시무장로 : 조연원 장로, 이기철 장로.   협동장로 : 조영호 장로.
- 상미교회에서 선교하는 곳   에디오피아 김진용 선교사   캄보디아 정병설 선교사
- 인도네시아 박선병 선교사   구리 드림교회   교도소선교

담임목사 김 태 영 목사

할렐루야
은혜와 평강이 여러분 모두에게 임하길 기도합니다.
상미교회를 섬기는 김태영 목사입니다.

인생의 방향은 하나님을 만나면 해결이 되고,
신앙의 방향은 좋은 교회를 만나면 끝이 납니다.

그런 의미에서 **상미교회**는 건강하고 정말 좋은 교회입니다.
왜냐하면 **상미교회**는 통하는 교회이기 때문입니다
상미교회는 하늘과 통하고 사람과 통하고 세상과 통하는 교회입니다
그래서 건강한 가정을 꿈꾸며, 치유와 회복을 맛보는 교회!
주님이 주인 되신 건강한 교회! 그 교회가 바로 **상미교회**입니다

상미교회의 설립 배경

상미교회는 하나님의 소명을 받고 평생토록 교회를 위해 헌신의 길을 걸어오신 김옥선 전도사님을 통해서 설립 되어진 교회입니다.

1978년 12월에 현재의 부지에 교회당을 건축하여 설립예배를 드렸고, **대한예수교 장로회 합동측 함남노회**에 소속 되어 42년 동안 묵묵히 하나님의 인도하심만 믿고 따라 온 교회입니다.

현재 담임목사인 김태영 목사는 8년 전에 부임하여 영혼에 대한 관심과 사랑하는 마음으로 사역을 해오는 동안 지역이 개발되고 아파트가 세워지면서 본 교회 부지는 종교부지로 선정이 되면서 자연스럽게 새로 건축을 하게 된 것 또한 하나님의 은혜입니다.

상미교회는 한 영혼을 소중히 여기는 마음으로 복음을 전하는 일에 최선을 다하는 교회입니다.
특별히 모든 예배 가운데 성령의 임재를 갈망하며 사모하는 교회입니다.
무엇보다 한 사람 한 사람이 하나님 중심으로 바르게 세워져 하나님을 경험하고 성숙해져 가는 교회가 되길 소망하며 기도합니다.

행복한 가정! 즐거운 교회생활!

윌리암 케리의 "하나님으로부터 위대한 일을 기대할, 하나님을 위하여 위대한 일을 시도하라."는 말처럼 상미교회는 하나님 아버지의 마음을 헤아려 지역의 영성을 책임지는 교회가 되고자 노력하고 있습니다.

■ 상미교회의 핵심가치

상미교회는 믿음과 사랑으로 땅 끝까지 선교하는 교회입니다.

■ 하나님 사랑

하나님을 사랑하는 것이 모든 계명 중에 으뜸이 되는 계명입니다.

예수께서 이르시되 네 마음을 다하고 목숨을 다하고 뜻을 다하여 주 너의 하나님을 사랑하라 하셨으니 이것이 크고 첫째 되는 계명이요 (마 22:37~38)

■ 이웃 사랑

하나님을 사랑하는 것은 이웃 사랑으로 나타나야 합니다.

둘째도 그와 같으니 네 이웃을 네 자신 같이 사랑하라 하셨으니 (마 22:39)

■ 교회 사랑

하나님과 이웃 사랑은 교회 사랑을 통해 구체화 되어야 합니다.

그리스도께서 교회를 사랑하시고 그 교회를 위하여 자신을 주심 같이 하라 (엡 5:25)

■ 상미교회의 사명선언문

상미교회는
은혜의 공동체라는 비전을 가지고 하나님의 나라를 섬기는 교회입니다.
  예배를 통해 하나님의 부르심을 따라 모인 이들이 참 예배자로 세워지는 교회가 되자
  예배를 통해 하나님의 백성으로서의 가치관을 형성하고 사랑을 실천하는 교회가 되자
  하나님을 향한 사랑과 열정이 형제, 자매들에게도 흘러가는 가족과 같은 공동체를 세워가자
  성도 각자가 먼저 변화하고 또한 가정과 교회를 변화시키며 더 나아가 사회의 복의 근원되자

이 땅에 온전하거나 진정 거룩한 교회는 없습니다.
하지만 하나님께서는 종말의 때, 완성의 때를 바라보시며 우리를 성도라고 부르십니다.
그리고 하나님의 부르심으로 모인 이들을 교회라고 말씀하십니다.
비록 우리 눈에는 부족한 개인이고 공동체이지만 하나님께서 우리를 복의 근원 삼으신 그 언약을 의지하여 하루하루를 살아가길 원합니다.

상미교회는 위대한 꿈이 있습니다. 성령으로 살아 숨 쉬는 교회가 되어, 성령의 생수의 강이 흘러넘치는 꿈입니다. 성령을 통한 예배의 기쁨과 감격이 흘러 넘쳐서, 죽어가는 영혼들이 살아나고, 상하고 지쳐있는 영혼들이 주께 돌아오고, 상처 난 가정들이 회복되는 꿈입니다. 또, 이 영혼 구원과 회복의 역사를 땅 끝까지 이루어가는 꿈입니다. 상미교회를 통해 이 원대한 꿈을 함께 이루어 가시길 기원합니다.

대한예수교장로회 열린교회

경기도 용인시 기흥구 영덕동 흥덕4로 15번길 12 TEL 031-212-0545

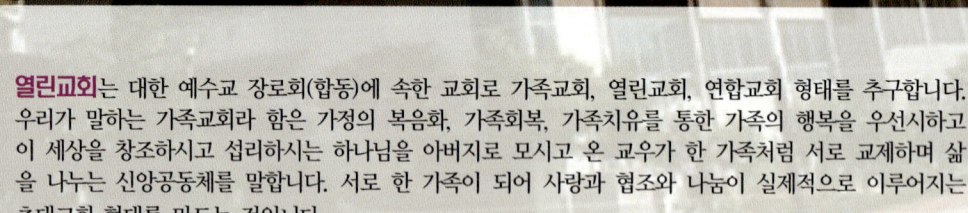

열린교회는 대한 예수교 장로회(합동)에 속한 교회로 가족교회, 열린교회, 연합교회 형태를 추구합니다. 우리가 말하는 가족교회라 함은 가정의 복음화, 가족회복, 가족치유를 통한 가족의 행복을 우선시하고 이 세상을 창조하시고 섭리하시는 하나님을 아버지로 모시고 온 교우가 한 가족처럼 서로 교제하며 삶을 나누는 신앙공동체를 말합니다. 서로 한 가족이 되어 사랑과 협조와 나눔이 실제적으로 이루어지는 초대교회 형태를 만드는 것입니다.

담임목사 김 필 곤
총회신학대학원
리폼드 신학대학원 목회학
사단법인 만만만 생명운동 대표
시인

환영합니다.
열린교회는 예수 그리스도를 구주로 믿는 성도들이 모여 **'성숙한 성도, 행복한 가정, 건강한 교회, 아름다운 세상'**이라는 목표를 가지고
하나님을 사랑하고 이웃을 사랑하는 교회입니다.
열린교회에 오시면 인생의 주인이신 예수님을 만나 소망 있는 인생으로 일어나게 될 것입니다.
교회에서 시행되는 제자훈련과 각종 성경공부에 참여하면 기독교적 인생관과 세계관을 가지고 성숙한 성도가 될 것입니다.
뿐만 아니라 **열린교회**에서 시행되는 각종 가정 사역 훈련에 참여하면 하나님을 아버지로 모시는 행복한 가정으로 온 가족이 기쁘게 살 수 있을 것입니다.
열린교회는 성부·성자·성령 하나님이 주인이신 건강한 교회를 지향합니다.
열린교회 식구들은 세상의 소금과 빛의 역할을 감당하여 세상을 아름답게 만들어 갈 것입니다.
열린교회의 한 식구가 되어 **'성숙한 성도, 행복한 가정, 건강한 교회, 아름다운 세상'**을 만드는 주인공이 되시길 바랍니다.

열린교회는 하나님 중심, 성경 중심, 교회 중심의 신앙을 신조로 삼고, 예수 그리스도의 사역과 명령에 따라 지역과 나라와 민족과 세계를 복음화 하고자 합니다. 이를 위하여 **열린교회**는 진리로 가르치고 말씀을 전파하며 영혼을 치료하는 교회로서 가치관을 변화시키고 섬김과 봉사를 통해 지역을 변화시키기는 일에 헌신할 것입니다.

성숙한 성도! 행복한 가정! 건강한 교회! 아름다운 세상!

열린교회는 가족교회, 열린교회, 연합교회 형태를 추구합니다.
열린교회라 함은 우리 주이신 예수 그리스도를 머리로 복음 중심과 하나님 중심, 성경 중심으로 예배하는 교회, 가르치는 교회, 치유하는 교회, 봉사하는 교회, 전도하는 교회 등의 교회의 기본적 활동을 함에 있어 진리의 본질을 파수하면서 방법의 개방을 통하여 전통에 매몰되지 않고 새로운 시대를 이끌어가는 교회를 만드는 것입니다. 그럼으로써 하나님을 향하여 하늘의 문을, 자신을 향하여 마음의 문을, 세상을 향하여 세상의 문을 여는 교회, 가정과 사회를 변화시키는 힘을 갖춘 교회를 만들어가는 것입니다.

연합교회라 함은 성령의 인도함 받는 교회로, 한 목사가 왕이 되어 경영하는 교회가 아니라 양이 목자를 알고 목자가 양을 아는 수준의 교회의 형태를 횡적으로 확대하여 여러 목회자가 지역 지역에서 성도와 함께 가족처럼 더불어 살아가는 교회연합체를 만드는 교회 형태입니다.

우리 **열린교회**가 적정수준의 교인이 되어 모범적인 교회가 되면 이 교회를 분리시켜 또 다른 **열린교회**를 지역에 만들고, 또 다른 **열린교회**는 제3·4대의 **열린교회**를 확대하여 그 모든 교회들이 연합체를 이루어 서로 함께 모여 같은 목회철학을 가지고 같은 목회프로그램을 적용하고 연합 사업을 시행하는 것입니다.
뿐만 아니라 만만만 생명운동과 해외 교회건축을 통해 열방을 향해 문을 열고 제3세계 아이들을 초청하여 그들을 우리의 열린 공동체에 흡수시켜 함께 생활하게 하고, 공부를 시켜 파송시킴으로 세계 곳곳에 우리와 같은 교회를 만들게 하는 것입니다.

이런 뜻을 성취하기 위하여 1997년 5월 10일 분당에 설립, 2009년 12월 20일 흥덕에 예배당을 건축하고 입당한 **열린교회**는

1. 온 성도가 하나님을 중심으로 교회 직분을 계급화 시키는 교회가 아니라 모든 성도가 영적인 한 가족이 되어 함께 하나님과 이웃을 섬기는 교회입니다.
2. 물질과 교인을 소유하는 교회가 아니라 교회의 수적 성장보다 가정의 복음화와 행복을 우선시하는 교회이며, 믿지 않는 사람들에 대하여 뜨거운 생명에 대한 열정을 가진, 나누는 교회입니다.
3. 교회 건물보다 인재를 양성하기 위하여 최선을 다하는 교회이며, 가난한 제3세계 아동들을 위하여 기금을 마련하고, 그들을 구체적으로 도와주기 원하는 교회입니다.
4. 장애인과 가난한 자, 소외된 이웃과 함께 하는 교회이며, 구체적으로 그들을 위한 삶을 실천하는 교회입니다.
5. 역사의식을 가지고 역사 속에서 책임 있는 교회로 민족과 세계 선교를 향하여 열려 있는 교회이며, 가정과 교회, 사회를 행복하게 만들기를 원하는 교회입니다.
6. 타락한 문화 속에 안주하여 향유하는 교회가 아니라 문화변혁의 사명을 가지고 기독교적인 문화운동을 전개하는 교회입니다.
7. 예수 그리스도의 주 되심과 하나님의 살아계심을 진실한 마음으로 고백하고, 풍성한 성경공부와 영성훈련, 온 가족이 함께 하는 축제의 예배를 통하여 신앙적 결단을 삶의 현장에서 구체적으로 실천하는 교회입니다.
8. 대교회를 지향하여 이동교인을 수용하는 교회가 아니라 성도와 삶을 함께 나누는 적당한 공동체를 지향하는 교회로 영혼 구원을 통한 영적 재생산과 교회의 재생산, 연합교회 운동에 열정을 가진 교회입니다.
9. 삶의 현장에서 지친 영혼에게 무거운 짐을 지어주는 교회가 아니라 지친 영혼이 삶의 안식을 누리고, 복음을 통하여 치유와 회복, 기쁨과 행복을 이루는 교회입니다.
10. 그리스도의 참 제자를 양육하여 땅 끝까지 이르라는 주님의 지상명령과 이 땅을 정복하라는 하나님의 문화명령을 적극적으로 수행하여 하나님 나라가 구체적으로 이 땅에 실현되는 데 쓰임 받는 교회입니다.

말씀과 기도가 충만하고 찬양의 열기가 가득한
순복음늘푸른교회

순복음늘푸른교회 사명선언문
- 말씀과 성령으로 충만한 교회
- 땅 끝까지 복음을 전하는 교회
- 십자가 사랑을 실천하는 교회

순복음늘푸른교회 기도문
- 이런 성도 되게 하소서
- 예수님의 푸른 마음을 닮기 원합니다.
- 푸른 마음의 청년들을 사랑합니다.
- 진실하고 신실한 푸른 공동체가 되길 원합니다.

순복음늘푸른교회 예배안내

주일오전예배	1부 9시 / 2부: 11시 ㅣ 4층 대성전
수요예배	오전 10시 30분 ㅣ 4층 대성전
금요기도회	저녁 9시
새벽기도회	주일오후 12시 (키즈홀)
청년부	주일 오후 1시 ㅣ 4층 대성전
중고등부	주일 오전 11시(2층 중 고등부실)
교회학교	주일 오전 11시 (각 부서 예배실)
목요성경공부	오전 10시 30분 ㅣ 4층 대성전

담임목사 : 김 현 기 목사

순복음늘푸른교회입니다.

순복음늘푸른교회는 **기독교대한하나님의 성회**에 소속된 교회로 저희 **늘푸른교회**는 **푸른목회**를 지향합니다.

예수님의 푸른 마음을 닮기 원하고
푸른 마음의 청년들을 사랑하며
진실하고 신실한 푸른 믿음의 공동체가 되길 소망합니다.

순복음늘푸른교회는
말씀과 기도가 충만하고 찬양의 열기가 가득한 예배를 드리고 있습니다.

땅 끝까지 복음을 전하라는 예수님의 명령 따라서
현재 국내외 선교지와 선교사들을 후원하고 있으며
100개의 교회와 100명의 선교사를 후원하기를 소망합니다.

- **우리교회가 선교하는 곳**
  - 필리핀(세부) - 한소리미션 선교센터
  - KB국 - 정베드로, 윤고백선교사
  - NK국 - 양데이빗선교사
  - T국 - 장다윗, 구물매돌선교사

담임목사 김현기   주소 경기도 용인시 기흥구 마북로 165
전화 031-284-1020   팩스 031-284-1345   이메일 hyunki153@hanmail.net
순복음늘푸른교회(기독교대한 하나님의 성회)

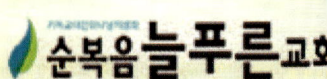

교 육 훈 련

- **새신자**
  - **목표** : 새가족반은 처음 교회에 발을 들여놓으신 분들과 다른 교회에서 옮겨오신 분들을 위한 교육과정입니다. 구원의 확신과 복음에 대해서 다시 정리할 수 있는 과정으로 교회에 소속감을 가지고 정착하도록 도와드리며 교회 생활과 신앙 발전을 돕고자 하는데 목적이 있습니다.
  - **개요** : 5주 과정으로 구원의 확신, 두 개의 끈, 새 생명, 말씀과 기도, 순복음영성에 대해 교육하며 교육 후 수료식을 갖습니다.
  - **교육기간** ■ **기간** : 새가족 등록후 2개월 이내 5주간   ■ **시간** : 매주일 오후 1:10~1:50 (40분간)
     ■ **교육** : 담임목사 및 담당교역자

- **평신도**
  - **목표** : "모든 민족으로 제자를 삼아"라고 하신 예수님의 명령에 따라 성경말씀의 바른 이해와 생활의 적용을 통해 성숙한 주님의 제자로 양육을 받으며 성도들 간의 공동체적 훈련을 경험하는 과정입니다.
  - **과정** : **성장반 [14주]** ┃ **제자반 [14주]** : 성장반의 다음 과정으로 예수님의 모습을 닮아 가며 평신도 리더로 훈련받는 과정. ┃ **QT반** : 매 주 소그룹 모임으로 하나님의 말씀을 묵상하고 삶을 적용하는 모임.

교 회 학 교   소 개

- **꿈이 자라는 예배 유치부**
  우리 아이 첫 예배 유치부 예배를 드리며 하나님을 알아갑니다. 부모님을 알아갑니다. 이웃을 알아갑니다.
  - **주제성구** : 너희가 돌이켜 어린 아이들과 같이 되지 아니하면 결단코 천국에 들어가지 못하리라 (마 18:3)
  - **예배시간** : 주일 11시, 1시 30분 ┃ 신나는 찬양과 율동, 말씀 암송, 말씀 연극 활동, 즐거운 만들기 체험, 세계 나라 이야기

- **꿈을 키우는 예배 초등부**
  주일은 축제의 날로 기쁘고 즐거운 초등부가 되도록 노력하고 있습니다. 마지막 주에 있는 전도대회에는 천국에 대한 소망을 가지고 사랑하는 친구들에게 기쁘게 복음을 전하며, 초등부의 지체들이 서로를 사랑하며 솔선수범하여 가족이상으로 협력하고 있습니다. 다음세대를 이끌 우리 초등부 아이들을 많이 보내주세요.
  - **모임시간**   ■ **예배** : 주일 11시, 1시 30분
     ■ **프로그램** : 오후 1:30~2:30 공과교육 2:30~3:00 전도성경 암송, 달란트시장, 레크레이션 등

- **꿈을 배우는 예배 청소년부**
  - **표어** : Young한 세대를 준비하는 늘푸른 청소년부
  - **예배시간** : 오전 11시 중고등부실(2층)
    늘푸른 청소년부에는 Young한 예배가 있습니다. Young한 예배에는 찬양이 있고, 열정이 있고, 기쁨이 있고, 영적인 삶이 있으며, 무엇보다도 Young한 예배에는 주님이 있습니다.
    분명한 목적을 향해 가는 Young한 세대 / 적을 이루어 가는 Young한 세대 / 목적을 이루어 가는 Young한 세대 / 세상을 이겨내는 성경교육 / 우리 주변에 관심과 기도로 중보하는 Young한 세대
  - **주제성구** : 즐거워하는 자들과 함께 즐거워하고 우는 자들과 함께 울라(로마서 12장 15절)

- **꿈을 성취하는 예배 청년부**
  저희 청년부는 다가올 세대를 대비하고 주역이 될 청년들로 구성이 되어있으며 다른 세대로 전락해 가는 안타까운 현실속에서 다른 세대가 아닌 다음 세대로 하나님의 복음을 온전히 지킬 사명을 가지고 믿음을 키워가는 청년부입니다. 모두가 세상의 현상과 발전에만 관심을 갖고 따라갈 때, 저희는 하나님께 기도하고 하나님을 더욱 알고 알리는 일에 힘쓰고 하나님 말씀을 온전히 알기 위해 매주일 성경공부와 기독교 기초교리 학습을 통하여 시로 함께 하나님을 더 깊이 알기 위해 힘쓰고 있습니다. 저희가 견고한 반석 위에 서서 이 세대를 능히 감당할 수 있도록 성도님들과 여러분들의 기도가 필요합니다.

예수교대한성결교회
자연교회

담임목사 김 형 석

이 땅의 희망은 오직 예수 그리스도 한 분 뿐입니다.
우리의 열정도 아니고
우리의 도덕이나 선함도 우리의 희망이 될 수 없습니다.

자연교회는 지역사회에 비전을 가지고 섬기는 교회입니다.
또한 복음정신과 예수정신을 가지고 지역을 영적으로 변화시켜나가는 교회입니다.
하나님의 말씀으로 돌아가 교회의 거룩함과 순수성을 회복하는 교회입니다.

그래서 저희 자연교회는 소망이 되신 예수님을 노래합니다.
냉혹한 도시를 향해 희망을 노래합니다.
그래서 이제 여러분과 동행을 이야기 하고 싶습니다.
가난한 영혼, 소외된 이웃과 함께 희망의 길을 걷고 싶습니다.
예수님께서 열어놓으신 생명의 길을 함께 걷고자 합니다.
이를 위해 저희 자연교회는 낮은 자리로 더 내려가겠습니다.

이 자리에 여러분을 초대합니다.

자연교회의 비전선언문

첫번째	두번째	세번째	네번째	다섯번째
JESUS	MISSION	EDUCATION	HEALING	SERVICE
우리 주님 예수 그리스도의 사역과 명령을 따라	모든 민족에게 복음을 전파하며 선교하는 교회	새 시대를 준비하여 가르쳐 제자삼아 교육하는 교회	성도를 전인적으로 건강케 하여 치유하는 교회	지역사회를 섬기는 봉사하는 교회입니다.

자연교회는 하나님 중심, 성경 중심, 교회 중심의 신앙을 신조로 삼고 그리스도의 마음으로 영혼을 사랑하며 수직전도로 대를 이어 신앙의 명문가정을 세우는 것과 수평전도로 지역과 나라와 민족과 세계를 복음화 하고자 합니다. 이를 위하여 **자연교회**는 진리로 가르치고 말씀을 전파하며 영혼을 치료하는 교회로서 가치관을 변화시키고 선교와 전도를 통해 지역을 변화시키기는 일에 헌신할 것입니다.

사랑으로 온전히 성장하는 자연성결교회

■ 영구 4대 목표 ■

매일 **15분** 하나님 말씀 읽기   매일 **15분** 하나님과 대화하기
매일 **15분** 하나님에 대하여 이야기 하기   매일 **15분** 하나님 사랑 실천하기

자연교회 목회자의 목회와 교육철학

■ **목회사역 방향과 목회철학**

저는 목회의 주체는 하나님이시라고 믿습니다.
인간인 제가 아이디어를 내어 일을 해나가기 보다는 **"살아계신 하나님께서 하고자 하시는 일을 하시도록 하는 것"** 이 저의 사역 방향입니다. 이를 위해 제가 늘 기도함으로 하나님의 음성을 듣고 순종하려고 합니다. 저의 목회철학은, 하나님의 영이신 **"성령으로 살아 숨 쉬는 교회"**를 이루어가는 것입니다.

■ **목회의 장·단기 계획**

저는 목회의 중심은 예배라고 생각합니다.
저의 장기적 목회 계획은 예배를 통해 온 성도들이 사랑으로 살아 숨 쉬는 행복을 맛보도록 하는 것입니다.
"사랑을 실천함으로 살아 숨 쉬는 교회"가 제 목회 모토입니다. 이를 위해 단기적으로는 말씀과 기도와 전도라는 주제를 가지고, **"말씀에 대한 체험"**, **"기도를 통한 은혜"**, **"전도를 통한 생명 살림"**을 추구해가고자 합니다.

■ **지역사회에서 교회의 역할과 신앙인들의 자세**

저는 지역사회에서 교회와 성도는 진정한 **"이웃"**이 되어야 한다고 생각합니다.
또 진정한 이웃이 되려면, 상대방에 대해, 마음에서 우러난 **"관심"**과 **"사랑"**을 갖고 있어야 한다고 생각합니다.
또 관심과 사랑은 특별한 때가 아니라, 평소에 실천되어야 한다고 생각합니다.
자연교회가 이미 사랑을 실천하고 있는 다양한 활동과 교육 등은 좋은 예라고 생각합니다.

■ **10년 후 자연교회에 대한 기대**

10년 후의 **자연교회**는 더욱 예배의 감격이 살아있는 교회,
청년들과 젊은 부부들이 모든 사역을 활기차게 주도하는 젊은 교회,
다음 세대 청소년들이 새싹처럼 파릇파릇 자라나는 교회,
용인 시민들의 진정한 이웃이 되는 교회가 될 것을 기대하고 기도하며 소망합니다.

자연교회는 1984년도 11월 23일 영문리에 조립식건물 30평으로 **김위정 목사**에 의해 설립 되었다.
1992년 6월10일 3대 담임목사로 **김석형 목사**가 부임하여 지금까지 29년간 목회를 하고 있다.
자연교회는 2004년 10월에 300평 대지에 건평 120평을 건축하여 이전하게 되었다.
김석형 목사는 용인시기독교총연합회 총무, 회장을 거쳐 현재는 **공동회장**으로 섬기고 있다.

대한예수교장로회 만남의교회

경기도 용인시 수지구 동천로 99번길 36 만남의 교회

Hallelujah!

만남의교회는 대한예수교장로회(총신대학교, 합동)에 속한 교회로서, 1980년에 양재동에 정평수 원로목사(고, 은보 옥한흠 목사와 교회갱신협의회 활동)의 35년간의 헌신과 성도들의 기도로 세워진 건강한 교회입니다.

현재는 2015년 4월부터 후임 나영진 목사와 성도들이 분당과 용인 수지지역의 복음화를 위하여 제자훈련과 다음 세대를 위한 교육 그리고 북한과 세계선교의 비전을 가지고 날마다 성장해 가는 교회입니다.

나영진 담임 목사

사랑과 행복과 섬김의 공동체에 오신 여러분을 환영합니다.
인생에 있어서 가장 중요한 것은 만남입니다.
자녀는 부모와 친구를 잘 만나야 하고, 성도는 교회와 목자를 잘 만나야 합니다.
만남의교회는 참 된 목자이신 예수님과 진실된 성도들의 만남이 있는 곳입니다.
만남의교회에서 하나님과의 관계 그리고 이웃과의 관계가 회복되어지는 여러분 되시길 바랍니다.

백동조 목사(목포사랑의교회)

35년전, 정평수 원로목사님과의 만남을 시작으로, 지성과 인성을 갖춘 나영진 목사님을 담임목사로 만나게 된 것을 축하드립니다. 이제 만남의교회 성도들 모두가 한마음 한 뜻이 되어 나영진 담임목사를 세우고, 기도할 수 있기를 축복합니다.

박성규 목사(부전교회)

영혼을 사랑할 줄 아는 참 목자인 나영진 목사님의 위임예배를 축하드립니다.
제가 지켜본 나영진 목사님은 교회의 사역을 추진하는 스케일이 있고, 그 가운데 세밀하게 살필 줄 아는 디테일을 갖추신 분입니다. 나영진 목사님을 통해 이루어가실 하나님의 사역이 기대됩니다.

이찬수 목사(분당우리교회)

만남의교회 성도 여러분, 하나님의 은혜 가운데 좋은 목자이신 나영진 목사님을 담임목사로 만나게 된 것을 주님의 이름으로 축복합니다. 나영진 담임목사님을 중심으로 온 성도가 하나되어 세상에서 빛과 소금의 역할을 감당하는 만남의교회가 될 수 있기를 기도하고 소망합니다.

정평수 원로목사

우리 **만남의교회**는 1980년 창립되어 오늘에 이르기까지 하나님의 은혜로 꾸준히 부흥 성장하였습니다. 우리 **만남의교회**는 예배를 중심하여 은혜 충만한 교회로서, 선교, 구제, 봉사를 목적으로 하여 최선을 다하고 있습니다.

교회는 항상 교인들만의 교회가 되어서는 안 되며, 지역 사람들이 필요로 하는 교회가 되어야 하기에 이를 위해 우리 교회는 복지와 환경, 구제와 사랑에 힘쓰고 있습니다. 우리 **만남의교회**를 통해 여러분들의 진정한 영혼의 안식처가 되기를 진심으로 바라고 있습니다.

교회는 이 사회와 이 민족의 희망입니다. 이제 여러분 모두를 우리 교회의 한 가족으로 초청합니다. 그리하여 열심히 기도하고 전도하고 봉사하는 성숙한 성도가 되어 교회를 세워 가는 데 함께 합시다. 여러분 모두에게 하나님의 크신 축복이 임하시기를 기도드립니다.

만남의교회 비전소개

사랑과 행복과 섬김의 공동체에 여러분을 초대합니다.

만남의 교회는 가정을 회복하는 공동체입니다.

현대의 무너진 신앙교육을 회복하여, 가정이 행복하고, 신앙생활이 즐겁고 행복한 믿음의 4대 가문을 이루는 것입니다.

만남의 교회는 예배하는 공동체입니다.

영과 진리로 예배하고, 삶 속에서 리하여, 세상에서 빛과 소금의 역할을 감당하는 것입니다.

"나의 밤 낮 간구하는 가운데 쉬지 않고 너를 생각하여 청결한 양심으로 조상 적부터 섬겨 오는 하나님께 감사하고 네 눈물을 생각하여 너 보기를 원함은 내 기쁨이 가득하게 하려 함이니 이는 네 속에 거짓이 없는 믿음을 생각함이라"(딤후 1:3~5)

만남의 교회는 훈련하는 공동체입니다.

복음을 삶 속에서 살아내기 위해서 하나님과 관계훈련, 인간과의 섬김훈련으로, 끊임없이 가르치고 배우고 훈련하는 것입니다. 하여, 가정이 행복하고, 신앙생활이 즐겁고 행복한 믿음의 4대 가문을 이루는 것입니다.

만남의 교회는 다음세대를 살리는 공동체입니다.

믿음의 2세들을 양육하고 (기독교대안학교), 청소년과 청년들을 말씀으로 양육하여(학사관, 선교관) 자신의 전문성과 영성을 가지고 세상으로 나아가는 것입니다.

만남의 교회는 이웃을 사랑하는 공동체입니다.

지역사회의 연약한 자를 섬기고, 비신자들을 편하게 교회에서 쉴 수 있는 문화를 선도하는 교회가 되는 것입니다. (문화센터)

만남의 교회는 땅 끝까지 복음 증거하는 공동체입니다.

하나님의 사랑과 이웃 사랑의 비전을 가지고, 수지 지역사회와 북한, 중국, 땅 끝까지 복음 증거하는 일에 쓰임 받는 교회가 되는 것입니다.

대한예수교장로회 성암제일교회

담임목사 민규식

총신대학교 졸업
에스라 부흥협의회 회장역임
제33대 한장총부흥사협의회 회장 역임
바울목회 연구회 대표회장
해외 복음 선교협의회 강사단장
수원 기독교문화원 운영이사
경기도 사단법인 기독교 연합회 운영이사
명예 목회학 박사 (Christian Bible College and Seminary)
한국기독교성령100주년대회 100교회 100인 선정(2007년)
성암제일교회 당회장(1976~ 현재)

성암제일교회 7대 기도제목

❶ 이 나라의 장래에 복을 주옵소서

❷ 당회장 목사님의 목회계획이 형통하게 하여 주옵소서

❸ 전성도가 십일조와 감사생활 잘하여 풍성한 복을 받게 하여 주옵소서

❹ 화목하여 전진하는 교회가 되게 하여 주옵소서

❺ 교육에 열정을 주사 기관마다 부흥케 하여 주옵소서

❻ 구역관리가 체계화되어 열매 맺게 하여 주옵소서

❼ 세계복음화를 위한 선교가 확장되게 하여 주옵소서

세계를 향하여 도전하는 성암제일교회

성장하며 선교하는 교회! 이웃과 아픔을 함께 하는 교회!

성암제일교회는 성암제일교회는 1976년 10월 현 당회장 민규식 목사가 전도사 시절 기도하던 중 성령의 인도하심을 따라 단신으로 천막을 치고 개척함으로 시작된 교회 입니다.

성암제일교회는 대한예수교장로회(합동) 측에 소속되어 하나님 중심, 말씀 중심, 교회 중심의 목회철학으로 하나님의 거룩하신 뜻과 계획을 아름답게 이루어 가기 위하여 힘쓰고 있습니다.

성암제일교회는 담임목사님을 중심으로 단합하고 순종하는 성도들의 헌신으로 4번의 교회를 건축하며 지역사회와 민족 그리고 세계를 바라보는 굳건한 교회로 성장하였습니다.

성암제일교회의 교육기관으로서는 영아부, 유치부 유초등부, 중고등부, 청년부, 남/여 전도회, 가정들이 모여진 구역 등이 있어 전 인격적인 신앙의 삶을 위하여 힘쓰고 대외적으로는 세계복음화를 위해 힘쓰고 있습니다.

성암제일교회의 비전선언문

세계를 향해 도전하는 성암제일교회는 예배를 통해 하나님을 만나고, 교제를 통해 서로를 돌보며, 훈련을 통해 교회와 지역사회에 봉사하는 일꾼이 되어 사람들을 그리스도께 인도하여 가정과 삶을 행복하게 한다.

1. 예수 2. 선교 3. 교육 4. 치유 5. 섬김

성암제일교회는 하나님 중심, 성경 중심, 교회 중심의 신앙을 신조로 삼고, 예수 그리스도의 사역과 명령에 따라 지역과 나라와 민족과 세계를 복음화 하고자 합니다. 이를 위하여 **성암제일교회**는 진리로 가르치고 말씀을 전파하며 영혼을 치료하는 교회로서 가치관을 변화시키고 섬김과 봉사를 통해 지역을 변화시키기는 일에 헌신할 것입니다.

성암제일교회의 연혁과 목회철학

■ **성암제일교회가 걸어온 길**

성암제일교회는 1976. 09. 03 구성면 상하리 갈곡부락 천막집에서 **어정제일교회**라는 이름으로 민규식 전도사 개척 시작 │ 1977. 03. 구성면 상하리 이전 │ 1978. 04. **성암제일교회**로 교회이름 변경함 │ 1980. 05. 교회대지 구입 대지추가구입 165평 │ 1980. 11. 04 입당예배 │ 1983. 10. 민규식 전도사 수원노회에서 강도사 인허 받음 │ 1984. 10. 민규식 강도사 수원노회에서 목사 안수 받음 │ 1989. 11. 150평 대지구입(구갈리 398-2) │ 1990. 01. 구성면 상하리(고인돌)에서 신갈로 이전 예배드림 │ 1990. 06. 08 기공예배 │ 1991. 12. 12 성전 건축 완공(기흥읍 구갈리) │ 1995. 12. 민규식 목사 위임식 │ 1997. 09. 기흥읍 신갈리 157-1번지를 토지공사로부터 매입 │ 2001. 05. 20 새 성전 기공예배 │ 2001. 12. 06 성전 상량 예배 │ 2002. 05. 12 에벤에셀 감사예배 │ 2002. 09. 15 새성전에서 여호와이레 감사예배 │ 2002. 10. 13 새성전에서 예배드리기 시작 │ 2003. 05. 18 성전봉헌 감사예배 │ 2003. 09. 28 민규식 목사 christian Bible College & Seminary로부터 목회학 명예박사학위취득

이처럼 **성암제일교회**는 당회장 민규식 목사를 중심으로 부교역자 8인과 그 외 직원 8인과 시무장로 8인, 안수집사 15인, 권사 19인, 서리집사 732명이 봉사하며 유치부에서 장년부에 이르기까지 1200 여명의 성도가 하나님을 뜨거운 헌신으로 섬기는 교회입니다.

앞으로도 **성암제일교회**는 하나님의 영이신 **"성령으로 살아 숨 쉬는 교회"**를 이루어 갈 것입니다.
"사랑을 실천함으로 살아 숨 쉬는 교회"가 될 것입니다.
이를 위해 성암의 가족 모두는 말씀과 기도와 전도라는 주제를 가지고, **"말씀에 대한 체험"**, **"기도를 통한 은혜"**, **"전도를 통한 생명 살림"**을 추구할 것입니다.
이제 **성암제일교회**는 더욱 예배의 감격이 살아있는 교회, 청년들과 젊은 부부들이 모든 사역을 활기차게 주도하는 젊은 교회, 다음 세대 청소년들이 새싹처럼 파릇파릇 자라나는 교회, 용인 시민들의 진정한 이웃이 되는 교회가 될 것을 기대하고 기도하며 소망합니다.

성암제일교회 예배시간안내

주일오전예배	1부: 9시 / 2부: 오전 11시 / 3부 2시 30분 (2층 대예배실) 4부 7시 (1층 은혜채플실)		
수요저녁예배	저녁 8시 (2층 대예배실)	새벽예배	새벽 5시 30분(2층 대예배실)
영아부	오전 10시 20분(4층 영아부실)	중등부	오전 11시(5층 중등부실)
유치부	오전 11시(4층 유치부실)	고등부	오전 11시(5층 고등부실)
유년부		청년부	오후 1시 30분(7층 청년부실)
초등부			

경기도 용인시 기흥읍 신갈리 157-1 TEL 031-281-5612

대한예수교 장로회 수지제일교회

경기도 용인시 수지구 상현동 385-1 TEL 031-263-4002, 4021 (Fax) 262-9912

수지제일 교회는 진리로 가르치고 말씀을 전파하며 영혼을 치료하는 교회로서 가치관을 변화시키고 선교와 전도를 통해 지역을 변화시키기는 일에 헌신한다.
하나님의 얼굴을 구하는 공동체 | 본질을 붙드는 공동체 | 기본에 충실한 공동체
예배를 사모하는 공동체 | 부흥을 갈망하는 공동체

우리는 예배를 통해 하나님을 만나고, 교제를 통해 서로를 돌보며
훈련을 통해 교회와 지역사회에 봉사하는 일꾼이 되어
사람들을 그리스도께 인도하여 하늘 사람으로 가정과 삶을 행복하게 한다.

담임목사 **박 경 남**

반갑습니다.
그리고 주의 이름으로 환영합니다.

1. 소속 교단
대한 예수교 장로회 총회(합동)

2. 소속 노회
수원 노회 / 수기 시찰

3. 신앙 노선
본 교회는 하나님의 절대 주권을 믿으며 칼빈주의 정통개혁 신앙을 추구합니다.

4. 창립 비전 (이사야 60:12~22)
"그 작은 자가 천을 이루겠고 그 약한 자가 강국을 이룰 것이라.
  때가 되면 나 여호와가 속히 이루리라"

5. 평신도를 사역자로 세우는 교회
성도를 온전케 하며(성숙한 제자), 봉사의 일을 하게 하여
(탁월한 사역자인 목자) 그리스도의 몸을 세우는 교회(가정교회)

6. 신약적 원형 교회의 회복 [두 비전 두 날개로 비상하는 교회]
두 비전(전도, 분가) 두 날개(주일 연합예배, 목장모임)를 통해 예수님의 지상 명령인 마
복음 28:19-20을 이루는 교회

수지제일교회의 사역의 목표와 방향

성장하며 선교하는 교회! 이웃과 아픔을 함께 하는 교회!

수지제일교회는 하나님 중심, 성경 중심, 교회 중심의 신앙을 신조로 삼고, "모든 족속으로 **제자삼고, 세례를 주고, 가르쳐 지키게 한다**"는 사역의 목표에 따라 그리스도의 마음으로 영혼을 사랑하며, 전도를 통하여 지역과 나라와 민족과 세계를 복음화 하고자 합니다. 이를 위하여 **수지제일교회**는 진리로 가르치고 말씀을 전파하며 영혼을 치료하는 교회로서 가치관을 변화시키고 선교와 전도를 통해 지역을 변화시키기는 일에 헌신할 것입니다.

수지제일교회 삶 공부

수지제일교회는 5개의 필수과정과 9개의 선택과정으로 총 14개 course의 성경 공부를 제공합니다.

필수과정으로는 생명의 삶, 새로운 삶, 경건의 삶, 하나님을 경험하는 삶, 이상 4개의 Group 공부와 확신의 삶, 이상 1개의 일대일 양육으로 되어 있습니다.

이 필수과정은 믿음의 기초에서부터 차근 차근 훈련받아 믿음을 굳게 하는데 목표를 둔 것으로 5개의 course를 다 마치면 정식 목자로 안수 받을 수 있는 자격이 주어지며, 따라서 하나님을 경험하는 삶은 목자의 직분을 앞두고 있는 성도에게만 권하고 있습니다.

선택과정은 부부의 삶, 부모의 삶, 말씀의 삶, 교사의 삶, 중보기도의 삶, 구약네비게이션, 찬양의 삶, 목자목녀의 삶, 예비 부부의 삶 등 9개의 Group 공부로 되어있습니다.

이 선택과정들은 각 분야에 필요한데로 실제적이면서도 성경적인 훈련을 시켜주는 과정이며, 특히 Premarital 교육인 예비 부부의 삶은 본 교회에서 담임 목사님 주례하에 결혼을 하기 원하는 Couple들은 반드시 이수해야 합니다.

삶공부는 생명의 삶 --> 새로운 삶 --> 경건의 삶 의 순서를 밟아서 이수하기를 권하고 있으며, 부부의 삶, 부모의 삶, 교사의 삶, 등 선택과목을 필요에 의해서 듣는 경우는 생명의 삶을 마친 뒤에 들으실 수 있습니다.

전체 삶 공부 안내

- **생명의 삶**: 13주 구원에 대한 확신이 있는지, 지금 죽는다 해도 천국에 갈수 있는지, 신앙의 근본을 바로 잡는 이 과정을 통해 많은 사람이 하나님과의 관계를 분명히 정립하고 있다. 구원의 확신을 얻는다. 성경을 읽고 스스로 이해하는 능력을 배양한다. 신앙적인 의문에 대한 답을 얻는다.

- **새로운 삶**: 13주 예수님을 믿어 구원을 얻은 새로운 삶에 맞는 성경적인 가치관을 형성한다.

- **경건의 삶**: 13주 기도는 어떻게 하고, 금식은 어떻게 하고, 예배는 어떻게 드리는가? 등등, 기독교인에게 필수적인 신앙 훈련을 연습해 보며 소그룹이 친밀한 나눔을 통하여 내적치유를 꾀한다.

- **하나님을 경험하는 삶**: 13주 사람 중심으로 하나님을 바라보지 않고 하나님 중심에서 과연 그가 나를 통해 하시고자 하는 일이 무엇인가를 체험적으로 깨닫는 일대일 훈련이다.

- **부부의 삶**: 13주 다른 사람과 나의 삶을 나눌 때에 행복을 느낀다. 나의 삶을 나눌 수 있고 가장 가까운 사람은 나의 배우자이다. 우리는 배우자와 더불어 "나를 알아주고 내가 그를 알아주며, 이해해주고 또 이해 받으며, 사랑하고 사랑을 받으며, 도와주고 도움을 받기"를 원한다. 그런데 많은 부부가 이러한 친밀한 관계에까지 가지 못한다. 이 성경 공부를 통해서 그러한 단계에 이르는 방법을 배우는 훈련이다.

- **부모의 삶**: 13주 아이들을 보다 영적으로 가르치기 위해서는 부모가 먼저 하나님과의 관계가 확실해야 하고, 아이들에게 영적인 본을 보여야 한다. 부모님들은 이 과정을 통해 생활 가운데 자녀를 하나님의 방법으로 훈육하고 가르치는 법을 상세히 배우게 된다. 성서적 자녀 양육방법을 공부하고 훈련한다.

- **예비부부의 삶**: 6주 결혼에 대한 막연한 환상을 없애고, 본인과 상대방, 그리고 결혼에 대한 실제적인 개념을 갖게 한다.

- **교사의 삶**: 13주 어린이를 양육하는 법, 교사로서 가져야 할 사명과 교수 방법을 상세히 배운다. 교사들에게 필수 과정이다. 유치부 교사훈련은 현 교사나 혹은 유치·유년부에 관심 있는 분들을 위하여 13주간 동안 다음의 내용을 가지고 훈련을 한다. 어린이들에 대한 이해를 증진시켜, 어린이를 다루는데 자신이 붙도록 함으로, 부모로써, 혹은 교사로써 어린이들을 잘 양육시킬 수 있도록 한다.

- **풍성한 삶**: 주 건강한 그리스도인으로서 금전을 다루는 문제에 있어서 하나님과 사람들 앞에서 깨끗하고 능력 있는 삶을 살 수 있도록 하기 위해서, 저축, 투자, 예산, 소비, 그리고 빚 문제 등 현실 속에서 부딪치는 문제를 하나님의 관점에서 이해하고 실행하도록 훈련하고, 하나님의 재정원리를 배워서 예수 그리스도를 더 깊이 알고 주님을 섬기는데 자유롭게 되는 귀한 삶을 사는 것을 배운다.

- **확신의 삶**: 6주 갓 예수님을 영접한 사람을 대상으로 일대일 양육 과정을 통해 이미 받은 구원을 확실하게하여 영적으로 성장해서 활찬 삶을 살아가는 것을 배웁니다.

- **제자의 삶**: 13주 좀 더 깊은 주제별 성경공부, 매일 성경 읽는 것과 묵상하는 것의 습관화, 매일의 묵상에서 받은 교훈의 생활화, 하나님의 주재권에 대한 인식과 나의 성찰

기독교 한국침례회 백향목교회

백향목교회의 비전

백향목교회는 성령 충만한 영성으로 영혼을 구원하기 위하여 훈련하며, 회복하며, 행복한 가정, 건강한 교회, 복 받는 기업을 만들어 아름다운 세상을 만들어 나간다. 그 열매로 200개국 이상의 나라에 선교사를 파송하고, 200개 이상의 국내 **백향목교회**를 개척하여 주님의 재림을 준비하는 공동체가 된다.

교회는 친정 부모님의 품처럼 평안함과 위로가 넘쳐야 합니다.

백향목교회를 통해서
평안함과 위로가 넘쳐나는 은혜의 장이 되기를 바라며,
더불어 추운 겨울날 따뜻한 사랑방처럼 함께 모여
가슴과 가슴이 만나는
자연스럽고 정겨운 대화와 만남이 이루어지기를 소망합니다.

참 생수를 주시고
예배의 본질을 가르쳐주셨던
예수님과 수가성 여인의 만남처럼
거룩한 만남, 행복한 만남, 치유와 회복의 만남이 되기를 기도합니다.

좋은 곳을 즐겨 찾아가는 것처럼
많은 성도님들과 이웃들이 기뻐서 찾아오고
행복해지는 만남의 장이 되기를 소망합니다.

담임목사 **박 상 완**

백향목교회의 비전

백향목교회는 예수 그리스도의 전도 명령과 사랑의 명령에 순종함으로 예수님을 닮아 민족을 치유하고 세상을 변화시키는 교회가 되고자 한다.

백향목교회의 특징

첫째, 젊은 교회이자 남성 중심의 교회입니다.
현재 저희 교회는 성도들의 3분의 2가 20-40대의 젊은 성도들로 구성되어 있으며, 다음세대를 책임지기 위해서 저희 교회는 젊은이들에 대한 사역에 초점을 맞추고 있습니다. 때문에 청·장년층의 활동이 활발할 뿐 아니라, 불신 남편들조차 남성 위주의 분위기로 교회에 적응하여 아버지학교와 부부학교를 통해 건강한 남성으로 변화되어져 가고 있습니다.

둘째, 가정 사역 중심의 교회입니다.
저희 교회에 오시는 분들의 한결같은 고백은 교회의 분위기가 너무 좋다는 것입니다. 저희 교회에 오시면 교인들의 대부분이 부부가 함께 예배드리는 모습을 쉽게 볼 수 있을 것입니다. 교회 안에 이런 분위기가 형성되기까지는 담임목사님의 끈질긴 기도와 헌신이 있었기 때문에 가능했지만, 무엇보다도 깨진 가정들을 회복하는 것이 저희 교회에 주신 하나님의 큰 은혜 가운데 하나입니다. 현재 가정 사역 상담센터가 운영되고 있어 깨진 가정들을 효과적으로 회복시키도록 운영되고 있습니다.

셋째, 담임목사님의 설교가 탁월합니다.
목사님의 설교를 들으신 분들은 무엇보다도 설교자의 삶에서 우러나오는 설교에 깊은 감동을 받습니다. 솔직한 설교! 가정의 아픔을 치료하는 설교! 성도들에게 행복을 주는 교회! 무엇보다도 탁월한 복음해석은 어려운 시대를 살아가는 성도들에게 삶의 지표를 주고 있습니다.

넷째, 진정한 교제(코이노니아)를 이루는 교회입니다.
형제를 위해, 자매를 위해 평생을 책임져 줄 수 있는 삶! 이것이 저희 교회 성도들의 표어입니다. 저희 교회 성도들로 하여금 목장(구역) 모임을 통해 새 신자들의 정착이 잘 이루어지고 있습니다. 목자들의 헌신된 사랑과 뜨거운 기도를 통해 새 신자들의 웃는 모습을 볼 수 있을 것입니다. 또한 각 동아리별 모임을 통해 성도의 교제를 함께 이루어가고 있습니다.

마지막으로, 지역사회의 필요를 채우는 교회입니다.
저희 교회는 다음세대를 책임지기 위해서 천 평의 대지 위에 새로운 성전을 건축하였습니다. 지역의 어린이들을 위한 독서실, 청소년들을 위한 체육시설 및 댄스실, 주부들을 위한 문화교실, 어르신들을 위한 노인대학 등을 마련하였고, 또 마련 중에 있습니다. 무엇보다도 저희 교회의 강점인 가정 사역을 통해 깨지고 상처받은 가정들을 치유하는 데 노력하고 있습니다.

한 번 와보세요!
성도들의 향기로운 신앙생활과 성경을 통해 하나님이 감동하시고 사람이 칭찬하는 좋은 교회로!
한 영혼이라도 주께 인도하여 양육하고, 치유하고 훈련하면서, 그리스도의 향기로운 삶을 살아가도록 부단히 노력하고 있는 교회입니다.
더 나아가 소외된 영혼, 갈급한 영혼, 방황하는 영혼들에게 밝은 빛이요 등대인 예수 그리스도를 가슴속에 심어주는 교회가 되고자 합니다.
"언제든지 오십시오. 기다리고 있습니다. 할렐루야!"

■ **가정상담센터 설립목적**
소리 없이 아파하며 신음하고 있는 현대의 가정을 치유하고, 무너지는 가정을 회복함을 목적으로 하며, 가정회복사역과 전인치유사역을 펼침으로써 행복한 가정을 이루고, 건강한 교회로 성장시키며, 나아가 아름다운 세계를 이루어 가는 데 중점을 두고 있습니다.

■ **가정상담센터 운영철학**
행복한 가정 : 소리 없이 신음하며 아파하는 가정을 치유하고, 회복시킵니다.
건강한 교회 : 경건과 사랑과 치유의 모양은 있으나 능력이 없는 교회를 훈련합니다.
아름다운 세상 : 물질우선주의와 개인주의로 점차 병들어가는 세상을 화목하고 아름답게 만들어갑니다.

대한예수교장로회 용인명지교회

경기도 용인시 처인구 백옥대로 687-22 Tel 031-322-0321

1990년 11월 29일 용인시 김량장에 초석을 놓은 용인명지교회는 30년이 된 장년교회입니다.
대한예수교 장로회 총회(서울 대치동 본부 합동교단, 용인노회, 총신대학교 사당,양지캠퍼스)에 소속되어 역사적 기독교의 신앙고백, 종교개혁의 표준교리와 신학 위에 서 있는 바르고 건강한 교회입니다.
지난 30년간 전형주 원로목사님(전 용인시기독교총연합회장, 4대 용인노회장)을 통해 신실한 뿌리를 내린 교회가 앞으로의 30년을 2019년 12월 7일 위임한 2대 담임 박유경 목사와 더불어 힘차게 달려가고자 합니다.
우리 교회는 하나님의 말씀인 성경을 바르게 가르치고 공교회의 원리를 따릅니다.
또한 신자의 경건한 삶과 인격적 성숙을 지향하며 한 영혼 한 영혼을 소중히 여기어 지역 사회의 필요와 사회적 책임을 감당하는 교회입니다.

담임목사 : **박 유 경 목사**
- 총신대학교 종교교육과(B.A.)
- 총신대학교 신학대학원(M.Div.)
- 고신대학교 신학대학원 교의신학석사(Th.M)
- 고신대학교 일반대학원 박사(Ph.D) 과정
- 서울 신암교회(sinaminter.net) 교육전도사
- 서울 옥인교회(okin.or.kr) 교육전도사
- 평촌 열린교회(yullin.org) 전임전도사
- 분당 에드림교회(ye-dream.org) 전임강도사
- 분당 두레교회(doore.or.kr) 전임목사
- 부산 온천제일교회(ofc.or.kr) 교구목사, 행정목사
- 하남교회(hanam.or.kr) 교구목사

"진리를 알지니 진리가 너희를 자유롭게 하리라" [요 8:32]

샬롬~
용인명지교회입니다.
푸르른 나무와 아름다운 꽃들이 만발하고,
묵묵한 산과 고요한 시내가 어우러진 **용인명지교회**는
역사를 흘러온 성삼위 하나님의 선명한 뜻을 선포하고
그 진리 안에서 누려지는 참 평안과 복됨을 나누는 교회입니다.

혼탁한 사상과 현란한 언변으로 온전한 사람됨, 바른 교회됨이 흐려지는 시대를 살고 있습니다.
소박한 이 공간이 내가 서 있는 자리, 살아가야 할 일상 한 복판에서 진실한 신앙, 순전한 삶,
인격적인 교회생활이 무엇일까 고민하는 이들의 친절한 이정표가 되기를 바랍니다.

용인명지교회 담임목사 **박 유 경**

하나님의 뜻(志)을 밝히(明) 드러내는 순전한 교회

용인명지교회 핵심사역

용인명지교회가 품고 있는 비전을 함께 공유하여 하나님의 나라를 세워 갑니다.

가정교회
용인명지교회는 초대교회가 가정에서 말씀의 떡, 교제의 떡을 떼며 기쁨과 사랑을 누렸듯이 가정교회를 통하여 주일말씀을 되새김질하고 주어진 교재를 가지고 각자의 고민과 기도제목에 적용하며 진리 안에서의 사랑을 나누고 있습니다.

양육과정
- **매일성경 큐티반**: 성서유니온 선교회에서 격월 발간하는 매일성경 교재를 바탕으로 매일 큐티 묵상을 하고 토요일마다 모여 말씀의 은혜를 나누며 GBS를 통해 성경의 교리와 신앙적 삶의 체계를 세워가는 공동체입니다.
- **당회 스터디**: 공교회의 치리회 대표기구인 당회가 스터디 및 책 나눔을 통해 말씀과 상황에 근거한 교회의 바른 가치관 및 운영방향을 기도하고 모색합니다.
- **토요 경건회**
  - **오전 남성**: 대한민국 40-50대 남성으로서 신실한 남편 됨, 자녀와 소통하는 아버지상을 그려가는 공동체입니다. (교재 : 김성묵, 남자 아버지가 되다, 두란노)
  - **오전 여성**: 언약 자손을 양육하는 가정의 성숙한 어머니로서 신앙적 원리를 배우고 관계의 지혜를 나누며 소그룹 안에서의 섬김을 체득하는 공동체입니다. (교재 : 드니스 글렌, 김진선 역, 마더와이즈, 디모데)
- **매월 독서모임**: 매월 첫 주 추천도서를 요약하고 서평하는 독서공동체입니다.

새신자 등록 안내

저희 용인명지교회에 오신 것을 주님으로 이름으로 환영합니다.
저희 교회는 성도님과 신실한 영적 관계를 수립하여 주님의 교회를 함께 이루어 가길 소망합니다.

저희 교회는 등록을 강요하지 않습니다.
충분한 시간과 여유를 가지고 자유로이 예배에 참석하시되 말씀의 강조점과 교회의 방향이 본인의 신앙관에 부합하는지 기도하며 인도함 받으시기 바랍니다. 목사에게 질문은 언제나 열려 있습니다. 성도님들도 친절하게 대답해 주실 것입니다. 주께서 선한 마음을 주실 때 인격적인 방식으로 등록 신청하시면 됩니다.

등록 카드
교회 입구에 서 있는 안내위원에게 말씀하시면 등록 카드 작성에 도움을 드리겠습니다. 등록 카드에 내용을 기입하시고 헌금함에 넣으셔도 됩니다.

성찬식 참여
저희 교회는 매월 첫 주 주일 1,2부 예배 시 성찬을 시행합니다. 교단 헌법과 교회 정관에 따라 등록 세례, 입교 교인이 아니면 참관만 하실 수 있습니다. 등록 후 담임목사와의 면담 후에 성찬에 참여하실 수 있습니다.

담임목사 만남 및 등록 심방
교회를 선택하는 것은 영의 양식인 말씀을 받고 영혼의 목회적 관리를 담임목회자와의 목양관계를 수립하는 것입니다. 등록하시면 조속한 시일 안에 담임목사 및 심방 위원과의 인격적인 만남을 하게 됩니다. 주일에도 2층에서 점심 식사를 하시고 요청하시면 담임목사와 편안히 면담하실 수 있습니다. 면담이나 심방 시 신앙생활 및 교회생활에 대해 친절히 안내해 드릴 것입니다.

주일오전예배	1부: 9시 / 2부: 11시		
주일찬양예배	오후 2시	금요가정교회	가정교회별
수요저녁예배	오후 7시 30분	새벽기도회	오전 5시(주일-금요일)
유치부	주일오후 1시 30분 (교육실, 별관)	중고등부	주일오후 1시 (별관 중고등부실)
유초등부	주일오후 1시 (3층 유초등부실)	청년부	주일오전 11시 30분 (별관)
토요 경건회(남성)	오전 10시		
토요 경건회(여성)	오후 2시		

용인명지교회 예배시간안내

용인명지교회에 오신 것을 진심으로 환영합니다. 주일예배부터 교회학교까지 모든 예배시간을 확인하실 수 있습니다. 궁금한 사항은 언제든지 전화주시기 바랍니다.
경기도 용인시 처인구 백옥대로 687-22 Tel. 031-322-0321

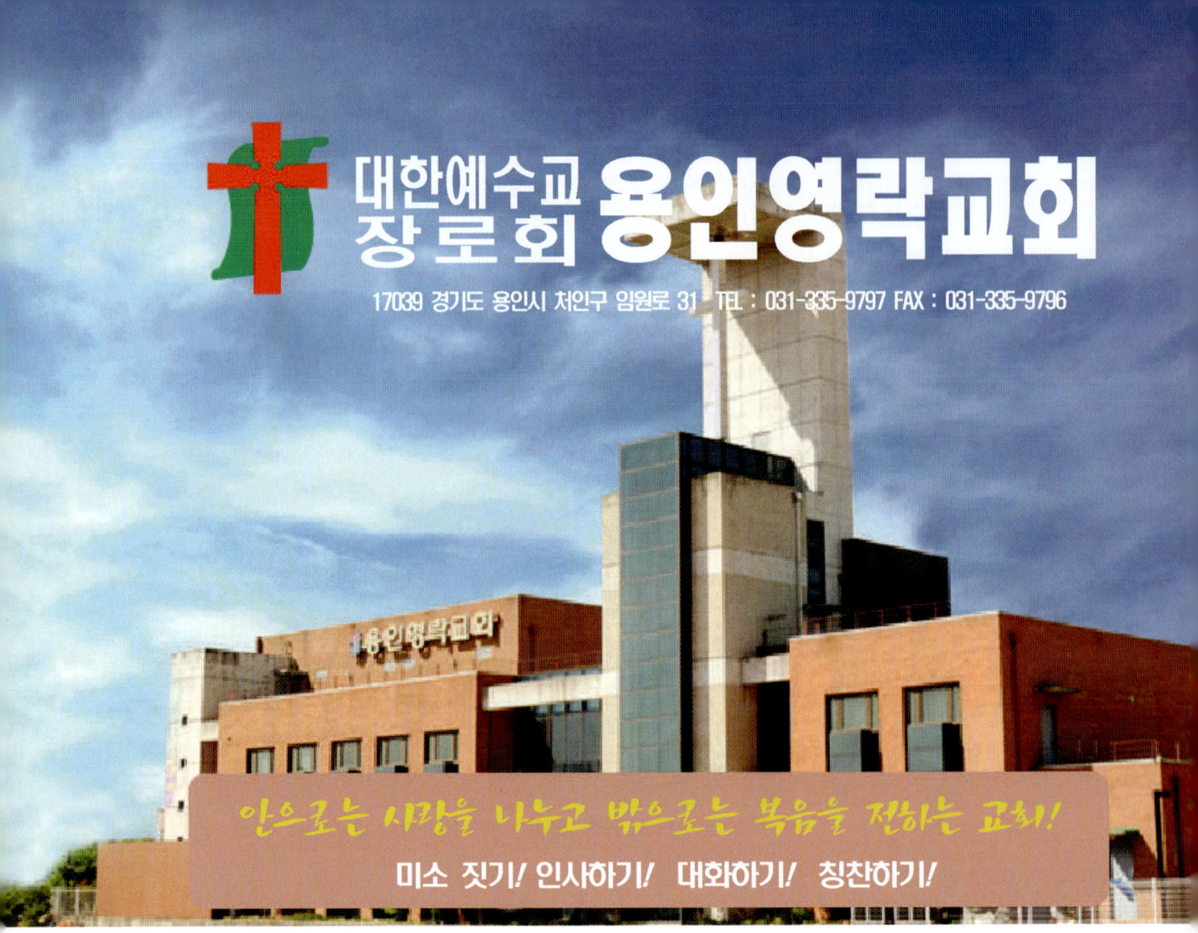
대한예수교 장로회 용인영락교회
17039 경기도 용인시 처인구 임원로 31 TEL : 031-335-9797 FAX : 031-335-9796
용인영락교회
안으로는 사랑을 나누고 밖으로는 복음을 전하는 교회!
미소 짓기! 인사하기! 대화하기! 칭찬하기!

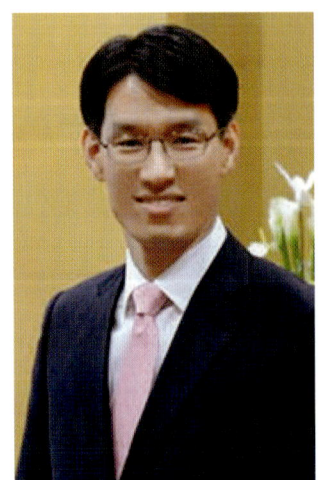

담임목사 배 덕 환

에덴교회 교육전도사
장위중앙교회 전임전도사
장위중앙교회 부목사
교척교회 부목사
용인영락교회 담임목사

주님의 이름으로 환영하며 축복합니다.

용인영락교회는 전인목회를 지향합니다.
그리스도 안에서 한 사람을 영적 · 지적 · 정신적 · 신체적 · 사회적 영역이 통합된 온전한 인격자로 세워 하나님 나라의 사역을 감당할 수 있는 일꾼을 세우는 생명력 있는 교회입니다.

용인영락교회는 균형목회를 추구합니다.
전인목회를 실현하기 위해 교회생활과 사회생활(가정생활)의 균형을 잡아주며, 성령의 열매(인격)와 은사(사역)가 조화된 삶을 추구하고, 복음전도와 사회봉사의 책임이 균형 있게 강조되며, 예루살렘(국내선교)과 땅끝(해외선교)을 동시에 실천하는 선교적 교회입니다.

용인영락교회는 교육목회를 실천합니다.
균형과 헌신은 지속적이고 일관성이 있는 교회 교육과 훈련에 의해서 가능합니다. 이를 위해 성도들에게 성경에 근거한 체계적인 교육의 장을 베풀어 삶의 현장에서 실천적 삶을 살아낼 수 있도록 돕는 신앙공동체입니다.

잘 오셨습니다. 기다렸습니다.
여러분을 사랑하고 축복합니다.

안으로는 사랑을 나누고
밖으로는 복음을 전하는 교회!
미소짓기. 인사하기. 대화하기. 칭찬하기
용인영락교회
YONGINYOUNGRAKCHURC

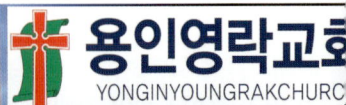

예수를 깊이 생각하라!

용인영락교회는 하나님의 임재를 경험한 예배자들이 말씀으로 훈련된 제자가 되어
사랑으로 세상을 섬기고 치유하는 영적 공동체입니다.

7대 핵심가치

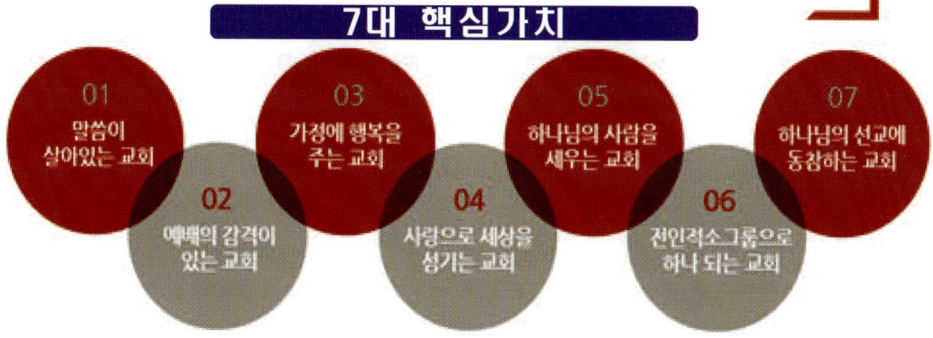

01 말씀이 살아있는 교회
02 예배의 감격이 있는 교회
03 가정에 행복을 주는 교회
04 사랑으로 세상을 섬기는 교회
05 하나님의 사람을 세우는 교회
06 전인적 소그룹으로 하나 되는 교회
07 하나님의 선교에 동참하는 교회

■ 말씀이 살아있는 교회(딤후 3:16-17)

용인영락교회는 온전하며, 모든 선한 일을 행할 수 있는 능력을 갖춘 하나님의 사람을 세우기 위해 말씀을 스스로 읽고 묵상하는 Q.T목회를 지향하고 있습니다.

■ 예배의 감격이 있는 교회(요 4:24)

용인영락교회는 상한 영혼을 회복시키며, 강한 믿음의 용사로 거듭나게 하는 영감있는 예배, 즉 성령님의 임재가 있는 예배를 제공하는 것에 역량을 집중하고 있습니다.

■ 가정에 행복을 주는 교회

용인영락교회는 인격이 형성되며, 지치고 상한 마음이 회복되는 장소인 가정이 작은 천국이 되도록 상한 가정은 회복시키고, 건강한 가정은 더욱 견고히 세우는 노력을 하고 있습니다.

■ 사랑으로 세상을 섬기는 교회

용인영락교회는 상한 영혼을 회복시키며, 강한 믿음의 용사로 거듭나게 하는 영감있는 예배, 즉 성령님의 임재가 있는 예배를 제공하는 것에 역량을 집중하고 있습니다.

■ 하나님의 사람을 세우는 교회

용인영락교회는 세속화된 문화 속에서 살아가는 다음세대를 이 시대의 '사무엘'로 양성하며, 각 사람을 그리스도의 장성한 분량에 이르는 제자가 되도록 양육하며 훈련하고 있습니다.

■ 전인적 소그룹으로 하나 되는 교회

용인영락교회는 서로의 이야기를 들어주고, 함께 기도해 주며, 서로를 섬기고 다른 사람을 통해 도전 받는 과정을 통해 삶의 문제가 해결되고 치유되는 전인적인 소그룹을 지향합니다.

■ 하나님의 선교에 동참하는 교회

용인영락교회는 불신자들이 교회에 오기만을 기다리는 교회가 아니라 각자가 평신도 선교사로서 불신자의 삶으로 들어가 그리스도의 제자로 삼는 성육신적 선교에 동참하고 있습니다.

대한예수교장로회 흥덕향상교회

경기도 용인시 기흥구 흥덕1로 62번길 25(영덕동 998-)
T. 031-211-9182 | F. 031-211-9183

흥덕향상교회는 용인 상하동에 소재한 **향상교회**(정주채 시무)에서 분립 개척한 교회입니다. 이미 **향상교회**도 2000년에 서울의 **잠실교회**에서 분립 개척하여 꾸준히 성장해 오는 중, 성인기준 출석교인이 2,000명에 이르면 교회를 분립 개척한다는 미래 과제의 일환으로 **흥덕향상교회**를 개척하게 되었습니다. **향상교회**에서 사역하던 목사2명, 전도사2명, 시무장로2명, 안수집사 15명, 권사 10명등 약 170여명의 성인 성도가 자발적으로 자원하여 분립개척하게 되었습니다.

교회의 모든 모토는 **'건강한 성도 건강한 교회 건강한 사회'** 입니다.

예수님이 이 세상에 오신 목적 곧 '양으로 생명을 얻게 하고 더 풍성히 얻게 하려하심' 이 바로 **흥덕향상교회**의 존재 목적이요 사역의 목표입니다.

담임목사 **배 상 식**

흥덕향상교회 사명선언문

흥덕향상교회는 사랑을 실천합니다.
1. 주어진 역량을 극대화하여 지역사회에 복음을 전한다.
2. 한 사람의 영혼을 뜨겁게 사랑한다.
3. 영적 성숙 프로그램을 개발하여 성도들의 영혼을 무장시킨다.
4. 지역사회에 문화 활동과 대민 봉사를 활발하게 전개하여 교회에 대한 교역자의 팀 사역과 평신도의 자원봉사를 강화한다.
5. 다음세대의 복음화 및 인재양성을 위해 집중 투자한다.
6. 교파와 지역을 초월하여 연합정신으로 교회의 일치와 협력에 앞장선다.
7. 21C를 역동적으로 추진하여 용인과 경기권, 더 나아가 온 세계를 복음으로 선교하는 선교센터가 되게 한다.

흥덕향상교회 로고 VISION

전체 컨셉은 십자가 모양에 하트가 여섯 개 입니다. **흥덕향상교회**의 글자 안에도 하트가 6개입니다

1. 십자가는 기독교의 상징이자 관계성을 가장 잘 보여주는 것입니다.
   먼저는 수직적인 하나님과의 관계를 보여주며,
   다음은 수평적인 사람과의 관계를 보여 줍니다 곧 그것이 신앙입니다.
   그리고 그 관계의 핵심은 하트가 보여주듯이 사랑입니다.
2. 여섯 개의 하트는 교회의 핵심가치 6개를 표현합니다.
3. 로고의 형태를 보면 세상으로 부터 달려와야 하고,
   교회를 통해 훈련된 그리스도인들이 세상을 향하여 달려가야 합니다.
4. 오렌지색은 혼합과 어울림을 상징합니다. 교회하는 곳은 다양한 가락들이 모입니다.
   누구든지 같은 목적을 갖고 공동체에 들어온다면 그곳에서 어울리고 혼합 될 수 있는 구조를 가져야 합니다.
5. 로고 밑에 그림자가 있습니다. 우리의 행동, 우리의 모습이 아름다운 그림자로 남고 싶습니다.
   빛 되신 하나님이 우리를 향해 비추일 때 그 빛을 받은 우리들이 세상 속에서 아름다운 그림자를 남길 수 있어야 합니다.

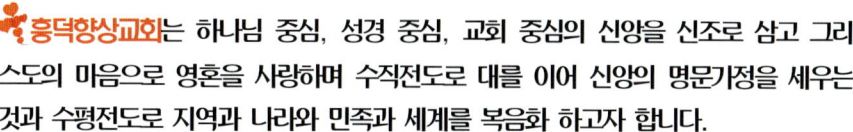

"서로 돌아보아 사랑과 선행을 격려하는 교회" (히 10:24)

🌸 **흥덕향상교회**는 하나님 중심, 성경 중심, 교회 중심의 신앙을 신조로 삼고 그리스도의 마음으로 영혼을 사랑하며 수직전도로 대를 이어 신앙의 명문가정을 세우는 것과 수평전도로 지역과 나라와 민족과 세계를 복음화 하고자 합니다.

🌸 **흥덕향상교회**는 하나님의 뜻을 이루는 교회가 될 것입니다(살전 5:16-18).

하나님의 뜻이라면 순종해야 합니다.
우리는 살아가면서 무엇이 하나님이 뜻인가를 많이 찾고 있습니다.
그런데 성경에서는 분명하게 하나님의 뜻이라고 말씀하신 내용이 있습니다.
바로 항상 기뻐하고, 쉬지 말고 기도하고, 범사에 감사하는 것이 하나님의 뜻입니다.
기쁨과 **기도**와 **감사**는
흥덕향상에서 피어나는 세송이의 아름다운 장미꽃이며.
흥덕향상에서 캘 수 있는 아름다운 세 종류의 보석이며.
흥덕향상에서 만날 수 있는 세 사람의 멋진 친구입니다.
항상 **기기감**(기뻐하고 기도하고 감사하는) 하는 성도들을 꿈꿉니다.

🌸 **흥덕향상교회**는 영적예배를 드리는 교회가 될 것입니다(롬 12:1-2).

"너희 몸을 하나님이 기뻐하시는 거룩한 산제물로 드리라. 이는 너희의 드릴 영적예배니라."
하나님은 우리들에게 살아있는 예배를 드리라고 하십니다.
구약적인 죽은 제물을 드리는 것이 아니라 현재 살아있는 나 자신을 드리라고 하십니다.
즉 삶을 통해 우리를 하나님 앞에 드려야 합니다.
교회 안에서 우렁찬 함성과 열기보다도 삶의 현장 속에서 능력 있게 살아가길 꿈꿉니다.
교회 안에서 변화된 모습을 보여주기보다 삶속에서 마음껏 보이기를 소망합니다.
교회 안에서 인정과 사랑을 받기보다, 살아가는 그곳에서, 가정에서나 직장에서 주변 사람들에게 인정을 받기를 꿈꾸며 소망한다. 바로 그것이 영적예배이기 때문이다.
이 세대를 본받지 말고 오직 마음을 새롭게 함으로 변화를 받아 하나님의 선하시고 기뻐하시고 온전하신 뜻을 삶의 현장 속에서 펼치는 꿈을 꿉니다.

🌸 **흥덕향상교회**는 함께 지어져가는 교회가 될 것입니다(엡 2:22).

예수님이 모퉁이 돌이 되시고 우리 모든 성도들이 작은 벽돌이 되어 아름다운 성전을 만들어 가야 합니다. 하나님이 주신 각자의 은사와 장점은 다릅니다.
내가 부족한 부분을 다른 사람이 채워주고 다른 사람의 부족한 부분을 내가 채워 준다면 그 공동체는 멋있게 지어져 갈 수 있습니다.
우리는 하나님 앞에서 함께 부름을 받은 존재들이며 함께 아름답게 만들어 가야 합니다.
서로의 가치를 인정하고 은사를 존중하며 장점을 최대한 활용할 수 있는 현장을 만들어 주어야 합니다.
서로를 격려하며, 서로를 인정하며, 때로는 기대며, 때로는 안아주며, 때로는 약한 지체들은 업고 같이 달려가는 모습이 얼마나 귀하고 아름답습니까?
함께 지어져 가기 위하여 주님이 부르셨습니다.
서로의 힘을 합쳐 100점을 만드는 공동체가 되어야 합니다.
우리는 함께 만들어져가는 공동체를 우리는 꿈꿉니다.

16861 경기도 용인시 수지구 심곡로 92 이룸교회 담임목사 배성식 erumcc@naver.com
T 031-265-9191, 031-265-9192 F 031-276-9193

당신을 위한 특별한 초대
Special Invitation

새로운 날을 열어가는 하나님의 사랑이 보랏빛 새벽으로 밝아오는 **이룸교회**를 이렇게 방문해 주심에 감사드립니다.

2000년 2월 마지막 주일 창립교인 한 사람 없이 조그만 상가 5층에서 시작된 교회가 이렇게 놀라운 은혜를 받게 된 것은 **이룸교회**를 향한 이 시대의 하나님의 계획이었기에 오직 주님께 영광을 돌립니다.

우리 **이룸교회**는 "하나님을 사랑하고 이웃을 사랑하며 지역을 섬김으로 세상을 변화시킨다."는 사명을 성령님 안에서 이루어가고 있는 교회입니다.

이룸교회가 여러분과 함께 만나고 어울리는 만남의 장으로 활용되길 원합니다.
이룸교회를 통해 더 많은 행복한 이야기와 아름다운 주님의 모습, 그리고 놀라운 하나님의 사랑이 흘러 넘쳐나길 원합니다.

이룸교회를 방문하고 참여하는 모든 분들의 삶에 주님의 은혜가 아침 빛 보다 더 환하게 빛나길 기원합니다.

이룸교회 담임목사 배성식

약력 • 아주대학교 • 장로회 신학대학원 (M.Div)
• 아세아 연합신학 대학원 (Th.M) • Fuller Theological Seminary (D.Min cand)
• 영락교회 행정수석목사 • 한국대학생선교회(CCC) 이사 • 성경적소그룹연구원장

God's Love, the love of God

> "하나님을 사랑하고,
> 이웃을 사랑하며 섬김을 통해 세상을 변화시킨다"

양육시스템
예수님께 헌신된 리더를 세우는 교회

새가족 교육
새가족 교육은 이룸교회에 등록한 새가족에게 구원의 확신과 이룸교회의 비전과 핵심가치를 전달하는 필수 양육 훈련입니다.

바이블 칼리지
신앙생활에 필요한 영적, 지적 소양을 갖추고 이를 통해 예수 닮고 예수 전하는 신앙 교육(양육) 프로그램입니다.

기도학교
기도에 대한 열망과 하나님을 찾고 기대하는 성도님의 삶의 자리에 체계적인 기도의 훈련과정을 통해 영적인 힘을 회복하는 기도훈련 교육과정입니다.

산상기도회
하나님의 역사하심을 기대하며 산속 기도원에서 깊고 뜨겁게 기도하기 원하시는 모든 성도님들을 위한 기도훈련입니다.

셀부리더교육
셀교회의 DNA인 셀공동체의 리더십을 세우는 과정으로 예수님의 임재, 능력, 목적을 이루는 셀 인도법과 4W, 만나, 은사에 대해 교육합니다.

수요리더모임
성경적공동체 '셀' 교회를 세우는 '코치,리더,부리더'를 하나님의 말씀과 기도를 통하여 성령충만을 경험하게 하는 훈련모임이며, 하나님의 임재가 있는 4W를 리더 소그룹 안에서 나누는 모임입니다.

셀부코치교육
리더를 세우는 리더의 코칭 리더십 과정으로 경청, 질문, GROW의 코칭기술을 교육하며 영혼구원의 사명을 공유합니다.

코치수련회
셀 및 오이코스 사역을 담당하는 '코치' 훈련 모임으로서 이룸교회의 부르심, 코치의 정체성을 세우고 영적충만을 경험하는 수련회입니다.

코칭셀교육
예수님이 주신 사명을 재확인하고 리더와 각셀, 오이코스를 집중적으로 케어하는 훈련을 합니다.

"주님의 이름으로 환영합니다!
첫 교회 방문부터 새가족 등록 및 오이코스 신청 방법까지
자세하게 안내해 드리겠습니다"

STEP 1
새가족 등록신청 및 오이코스 신청 카드 작성
각 성전 새가족 영접실에서 등록신청 및 오이코스 신청카드 작성(이룸성전:4층 / 하늘성전:2층)

STEP 2
새가족 교육 안내/담당교역자 면담
예배 시작 전, 후에 각 성전 새가족 영접실에서 교육안내 및 담당교역자와 면담 후 사진촬영

STEP 3
24시간내 전화심방
등록(오이코스) 신청환영 및 인사
각 교구 담당교역자

하나님의 은혜와 사랑이 여러분들과 함께 하시기를 기도합니다.
새에덴교회는 하나님의 찬란한 약속과 꿈이 있는 교회입니다.

대한예수교장로회
새에덴교회

3M(맨손, 맨몸, 맨땅)으로 시작된 새에덴교회의 역사

프라미스 콤플렉스시대 개막과 함께
한국교회의 영적 장자교회를 꿈꾸며,
통일한국시대를 준비하는 민족성전으로 발돋움하고 있다.

■ 1991년 가락동에서 3M 이노베이션의 시작
1000만원 보증금, 월세 48만원의 지하 23평짜리 건물에서 시작한 3M, 맨손 맨몸 맨땅에서 새에덴교회는 시작되었다.

■ 3단계 전도전략(3M: 준비전도, 간접전도, 직접전도)을
세워 1차로 1500명을 목표로 한 총동원 주일을 기획, 새에덴의 새로운 지평이 열리는 계기를 마련하다.

■ 1994년 교회성장의 한계를 넘어 분당으로!
교회가 300명 이상을 뛰어넘지를 못하자 교회 건축을 결단, 가장 발전 가능성이 있고, 미래 지향적인 분당 신도시에 성전 건축계획하고 분당에 종교부지를 구입하다.

■ 1995년 정자동 시절
정자동에 130평짜리 건물을 계약, 분당교회들 중 가장 늦게 시작하였으나 분당에 간 지 몇 달 만에 출석 성도 600명이 넘어 3부 예배를 드리게 되었고, 수많은 우여곡절 속에 1995년 9월 24일! 마침내 성전 건축 기공 예배를 드리다.

■ 시온의 영광이 빛나는 아침
분당에서의 성전 건축은 교회 건물에 찬란한 약속을 상징으로 담았다. 그 찬란한 약속을 무지개를 나타내는 아치형 포물선 철탑으로 표현하여 특수한 모습으로 건축을 한 것이다. 무지개 형상을 한 아취빔을 찬란한 약속의 상징으로 삼았으며 그 두 개의 아치 빔에 달려있는 722개의 줄은 하나님의 축복의 줄, 은혜의 줄의 표현으로 상징했다. 분당 시대의 본격적인 개막과 함께 새에덴교회는 찬란한 약속의 꿈과 비전의 나래를 펼치게 되었다.

■ 2000년 통일한국시대 지도자 양성의 꿈
분당 시대의 개막과 함께 순식간에 부흥하기 시작한 성도들은 5000여 명에 달하게 되었다.

■ 2001년 3월 평양 방문과 통일한국시대 지도자 양성의 꿈
평양 방문 후 통일한국 시대의 비전을 보게 되고, 다음세대를 위한 교육관, 문화관, 예술관 등 시설을 중심으로 하는 프라미스 콤플렉스(Promise Complex)의 성전 건축을 용인시 죽전동 산 50번지에 1만여 평 규모의 프라미스 콤플렉스 건축을 계획하고 시작하다.

■ 2005년 7월 3일 감격의 첫 예배, '여호와 삼야' 의 축복

■ 찬란한 약속과 꿈의 랜드마크, 프라미스 콤플렉스 입당
2005년 10월 22일은 새에덴교회 역사에 가장 찬란하게 빛나는 날로 기록될 것이다. 저 가락동 지하에서 시작하였던 새에덴교회의 역사는 이제 1만 여평 규모의 프라미스 콤플렉스 성전 완공과 입당에 이르기까지 실로 장엄한 약속과 꿈의 파노라마였다.

3M(맨손, 맨몸, 맨땅)으로 시작된 새에덴교회의 역사는 이제 장엄한 프라미스 콤플렉스의 역사로 다시 이어지고 있다. 새에덴교회는 프라미스 콤플렉스 시대 개막과 함께 한국교회의 영적 장자 교회를 꿈꾸며, 통일한국시대를 준비하는 민족 성전으로 발돋움하고 있다. 대지를 향하여 달려가는 야생마처럼 불타는 소명감 하나로 달려온 소강석 목사의 끊임없는 로드 쉽의 열정과 헌신은 새에덴교회 모든 성도들의 가슴, 가슴 위에 불씨로 옮겨져 활활 불타오르고 있다. 이제 더 높은 꿈의 고도를 향하여 새에덴교회는 비상할 것이다.

빛나래로 비상하게 하소서

- 새에덴교회 새 성전 입당에 부쳐 -

새 언약의 땅에
다듬고 기둥을 세워
의 거룩한 전을 드립니다.

이신 주님의 터전 위에
이의 머릿돌을 놓았습니다.
은 진리의 말씀 위에 세운
은 기도의 향기 위에 엮은
은 감사의 찬양 속에 담은
부신 은총의 나래입니다.

이 역사를 이루었으랴
랴 능이랴
주의 영으로 이루었거니
소서 주님의 엄위로운 임재를
소서 이 전에 가득한 영광을
소서 이 전에 빛나는 참빛을
하소서 새에덴의 회복을서
부터 주어진 생명의 말씀을
흥왕되게 하소서
오는 새날들을 향해
나래로 비상하게 하소서

주님의 전을 시작한 지 수 개월
되돌아보면 그것은 축복의 계절이었습니다.
마침내 의의 흉배를
진리의 허리띠를
구원의 투구를 찾았습니다.
그리고 믿음의 방패를
성령의 검을 잡았습니다.

이전을 찾는 자
다시는 목마르지 않게 하소서
이 전을 사랑하는 자
영혼의 부요를 얻게 하소서
이 전에 조아리는 자
세미한 음성을 듣게 하소서
이전을 사모하는 자
그 기쁨을 출렁이게 하소서
이전을 나서는자
땅끝을 향하게 하소서
이 전을 향한 만민의 기도소리
늘푸른 메아리로 구비치게 하소서

한 주님 안에서 비전 공동체인 우리
밤이 깊고 낮이 가까웠으니
일어나 빛의 갑옷을 입게 하소서
태초부터 주어진 생명의 말씀을
점점 흥왕되게 하소서
오고 오는 새날들을 향해
은빛 나래로 비상하게 하소서

성서교회
대한예수교장로회

[16866] 경기도 용인시 수지구 용구대로2772번길 17 [죽전동, 성서교회] TEL : 031-265-4001

Hallelujah!

성서교회는 여러분을 주님의 이름으로 사랑하고 환영합니다.

세상이 갈수록 어두워져 가고 있는 현실을 바라보며
"교회가 여전히 세상의 유일한 희망"임을 믿습니다.
오직 하나님께서 주인 되시는 교회로!
옳고 그름을 따지는 논리보다는 주님이 보여주셨던 사랑을 더 실천하는 교회로!
복음의 능력, 말씀의 능력이 나타나는 교회로!
그렇게 성서교회가 세워질 수 있도록 성서교회 온 교우들을 섬기는 종이 되겠습니다.
하나님의 마음을 시원케 해 드리는 성서교회로
천하보다 귀한 여러분들을 기쁨으로 초대합니다.

성서교회는 대한예수교장로회 합동측(총신)에 속한 교회입니다.
"함께 울고 함께 웃는" 교회가 되기를 꿈꾸며,
세상에서 맛볼 수 없는 평안과 기쁨을 누리며
하나님을 사랑하고 이웃을 섬기기 위해 애쓰는 교회입니다.

성서교회를 섬기는 송대진 목사

성서교회 담임목사인 송대진 목사는 총신대학교 신학대학원을 졸업하였고,
동광교회(5년), 분당우리교회(8년)를 섬겼으며, 2016년 12월에 담임목사로 부임하였습니다.
한 사람 철학을 가지고, 그리스도 안에서 한 사람을 주님의 제자로 세우는 것을 목회사명으로 알고 섬기는 종입니다.

성서교회의 비전

하나님께서 우리에게 베풀어주신 풍성한 사랑을 누리며, 함께 나누는 공동체가 되는 꿈을 가지고 있습니다.

1. **한 사람을 소중히 여기는 교회**
   한 영혼을 천하보다 귀히 보시는 하나님의 마음으로
   성도 한 사람을 소중히 여기는 교회의 꿈

2. **기도와 말씀으로 성장하는 교회**
   영적 호흡인 기도와 생명의 양식인 하나님의 말씀을 가까이하며
   신앙 안에서 성장하는 교회의 꿈

3. **다음 세대를 든든히 세워가는 교회**
   이 땅의 다음 세대인 우리의 자녀들을
   신앙 안에서 하나님의 신실한 자녀로 세워가는 교회의 꿈

4. **소그룹이 역동적으로 움직이는 교회**
   홀로여서 외로운 것이 아니라, 함께 울어주고 함께 웃어주는
   건강한 소그룹의 지체로서 하나되는 교회의 꿈

5. **평신도를 동역자로 세우는 교회**
   우리 모두를 왕 같은 제사장으로 부르신 주님의 거룩한 뜻을 이루어드리는 교회의 꿈

  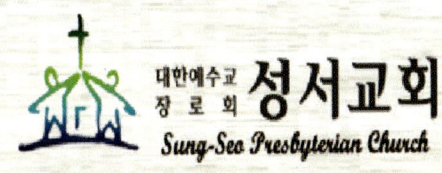

449-840 경기도 용인시 죽전2동 513-6
Tel:031)265-4004 Fax:031)265-4003

성서교회의 엠블렘

하나님을 중심으로 온 성도가 즐거이 모여
서로 힘을 합하여 공동체를 이룬다는 모티브로 형상화하였습니다.

1. 가운데 십자가는 하나님을 중심으로 한다는 의미입니다.

2. 좌우의 사람은 하나님을 중심으로 모인 우리를 의미합니다.
   손은 십자가를 향합니다. 서로 힘을 모아 십자가를 받치고 있습니다.
   그 모습은 조화를 이루어 교회의 형상을 만듭니다.
   힘들고 지친 모습이 아니라 기쁘고 활기찬 모습입니다.

3. 가운데 문은 세상을 향하여 열려있는 교회를 의미합니다.
   세상에 속하지는 않았으나 세상을 향하여 열려 있는 교회,
   낮아짐과 섬김을 실천하는 교회입니다.

4. 바닥의 선은 이 땅에 살고 있는 우리를 의미합니다.
   하늘의 소망을 가지고 빛의 자녀이지만
   이 땅의 현실에서 힘을 다하여 살아감을 의미합니다.

5. 전체의 모습은 하나에서 넷까지의 의미가 모두 모여 조화를 이루었을 때
   하나님이 기뻐하시는 교회의 모습을 만든다는 의미입니다.
   정형적인 직선이나 원이 아니라 프리스타일의 선은
   정형화된 신자가 아니라 각자가 다른 모습이지만
   하나님 앞에 바르게 서고 서로에게 좋은 우리가 될 때 따뜻한 교회되는 의미를 담았습니다.

6. 교회 글자체는 프리스타일 로고와 대비하여 정형화된 글씨체를 사용하였습니다.
   미려한 곡선의 '아이리스체'는 부드럽고 따뜻하면서도 바르게 서있는 교회를 의미합니다.

양육훈련 — 성서교회의 교회학교 프로그램

🏛 유치부
표어: 예수님을 닮아가는 성서 유치부 어린이
주제성구: 예수는 지혜와 키가 자라가며 하나님과 사람에게 더욱 사랑스러워 가시더라.(눅 2:52절)
표어설명: 예배를 통해 하나님의 뜻을 알고 하나님의 뜻대로 가장 온전한 삶을 사셨던 예수님처럼 우리 어린이들도 지혜와 키가 자라가며 하나님과 사람(세상)에게 더욱 사랑스러워 가기를 바랍니다.

🏛 유초등부
주제: 진리로 하나 되는 우리
주제말씀: 우리가 다 하나님의 아들을 믿는 것과 아는 일에 하나가 되어 온전한 사람을 이루어 그리스도의 장성한 분량이 충만한 데까지 이르리니(엡 4:13)

🏛 중고등부
주제: 사랑으로 하나되며 예수님께로 자라나라!
주제말씀: 오직 사랑 안에서 참된 것을 하여 범사에 그에게까지 자랄지라 그는 머리니 곧 그리스도라(엡 4:15)

🏛 청년드림공동체
주제: 구원의 하나님으로 인하여 기뻐하는 청년드림공동체
주제말씀: 여호와께서 너희를 위하여 싸우시리니 너희는 가만히 있을지니라(출 14:14)

대한예수교장로회 용인중앙교회

경기도 용인시 처인구 이동면 천리 558-3 노루실
Tel: 031-333-7651, 334-7658, 339-2601, 어린이집 336-1482

담임목사 신 동 권
성결대학교
한국외국어대학교 대학원
총신대학교 신학대학원
한영대학교 대학원
안양대학교 신학대학원
코헨대학교 신학박사
온석대학원대학 ph.d
전)행정공무원및고교교사25년
현)용인중앙교회 담임목사
현)온석대학원대학교 교수

용인중앙교회는 지역사회에 비전을 가지고 섬기는 교회입니다.
또한 복음정신과 예수정신을 가지고 지역을 영적으로 변화시켜나가는 교회입니다.
하나님의 말씀으로 돌아가 교회의 거룩함과 순수성을 회복하는 교회입니다.

그래서 저희 **용인중앙교회**는
소망이 되신 예수님을 노래합니다. 냉혹한 도시를 향해 희망을 노래합니다.
낙망한 영혼, 상한 심령, 깨진 가정, 무너진 캠퍼스, 처절한 직장에서 오늘도 견디어내는
이들에게 희망을 노래합니다.

우리에게는 아직 소망은 있습니다.
누구라고 예수 앞에 나오면 절망은 소망으로 바뀝니다.

이제 여러분과 동행을 이야기 하고 싶습니다.
가난한 영혼, 소외된 이웃과 함께 희망의 길을 걷고 싶습니다.
예수님께서 열어놓으신 생명의 길을 함께 걷고자 합니다.
이를 위해 저희 **용인중앙교회**는 낮은 자리로 더 내려가겠습니다.
말씀에 충실하며, 본질을 붙들고, 예배에 목숨 걸며, 지역을 섬기는 교회가 되려고 합니다

이 자리에 여러분을 초대합니다.

용인중앙교회의 비전선언문

용인중앙교회는 하나님 중심, 성경 중심, 교회 중심의 신앙을 신조로 삼고 예수 그리스
도의 마음으로 영혼을 사랑하고, 예수 그리스도의 사역과 명령에 따라 지역과 나라와 민족
과 세계를 복음화 하고자 합니다.
이를 위하여 **용인중앙교회**는 진리로 가르치고 말씀을 전파하며 영혼을 치료하는 교회로
서 가치관을 변화시키고 선교와 전도를 통해 지역을 변화시키기는 일에 헌신할 것입니다

용인중앙교회

하나님만이 주인이신 교
(마16:

용인중앙교회는?

❶ 목회사역 방향과 목회철학

저는 목회의 주체는 하나님이시라고 믿습니다.
인간인 제가 아이디어를 내어 일을 해나가기 보다는 **"살아계신 하나님께서 하고자 하시는 일을 하시도록 하는 것"**이 저의 사역 방향입니다.
이를 위해 제가 늘 기도함으로 하나님의 음성을 듣고 순종하려고 합니다.
저의 목회철학은, 하나님의 영이신 **"성령으로 살아 숨 쉬는 교회"**를 이루어가는 것입니다.

❷ 목회의 장·단기 계획

저는 목회의 중심은 예배라고 생각합니다.
저의 장기적 목회 계획은 예배를 통해 온 성도들이 성령으로 살아 숨 쉬는 행복을 맛보도록 하는 것입니다.
"성령으로 살아 숨 쉬는 교회"가 제 목회 모토입니다.
이를 위해 단기적으로는 말씀과 기도와 전도라는 주제를 가지고, **"말씀에 대한 체험"**, **"기도를 통한 은혜"**, **"전도를 통한 생명 살림"**을 추구해가고자 합니다.

❸ 지역사회에서 교회의 역할과 신앙인들의 자세

저는 지역사회에서 교회와 성도는 진정한 **"이웃"**이 되어야 한다고 생각합니다.
또 진정한 이웃이 되려면, 상대방에 대해, 마음에서 우러난 **"관심"**과 **"사랑"**을 갖고 있어야 한다고 생각합니다.
또 관심과 사랑은 특별한 때가 아니라, 평소에 실천되어야 한다고 생각합니다.
용인중앙교회가 이미 실천하고 있는 용인중앙어린이집 보육시설과 교육 프로그램 등은 좋은 예라고 생각합니다.

❹ 10년 후 용인중앙교회에 대한 기대

10년 후의 **용인중앙교회**는 더욱 예배의 감격이 살아있는 교회,
청년들과 젊은 부부들이 모든 사역을 활기차게 주도하는 젊은 교회,
다음 세대 청소년들이 새싹처럼 파릇파릇 자라나는 교회,
용인 시민들의 진정한 이웃이 되는 교회가 될 것을 기대하고 기도하며 소망합니다.

중보기도는,

하나님의 마음을 가지고 누군가를 위해 기도하는 것이며 누군가를 대신하여
하나님께 나가는 것입니다. 중보기도의 모델은 다름 아닌 예수님이시며,
주님은 공생애 사역동안 제자들을 위해, 영혼들을 위해 누구보다도 간절하게
기도하셨습니다. 베드로가 주님을 부인할 것을 아셨지만 또 그가 그러한 침체에서
벗어나 제자의 길을 가도록 중보기도 하신 분도 역시 주님이십니다.

그러므로 중보기도는 우리가 할 수 있는 가장 적극적인 사랑입니다. 중보기도
할 때 우리는 하나님의 마음을 더욱 가깝게 느끼며 하나님의 일하심을 체험하기
때문입니다. 우리 모두 하나님이 기뻐하시는 중보기도자로 쓰임받길 바랍니다.

성령을 따라 행하는 교회

말씀과 기도로 새롭게 하시는 성령님
전도와 나눔으로 생명 살리시는 성령님

용인비전교회

용인비전교회는 용인읍 역북리 423-25번지에 지하 18평을 임대(보증금 20만원에 월세 3만원)를 받아서 당시 서울 신학교 재학중인 신현근 전도사님(현 명예 목사님)께서 기독교 대한 성결교회 용인 벧엘교회 이름으로 개척한 교회입니다.

담임목사 신 용 수

아주대학교 사회과학대학 행정학과 졸업
서울신학대학교 신학대학원 M. Div 졸업
캘리포니아 신학대학원 신학박사과정(Th. D) 과정(상담)
Fuller Theological Seminary 목회학 박사(D.Min)과정(리더십)
서울신학대학교 신학대학원 졸업시 총회장상 수상
경기도지사상 수상 (환경부분)
경기지방 경찰청장 표창
前 용인시 기독교 중앙연합회 회장 ┃ 前 경기남지방회 지방회장
前 경기남지방회 교역자회장 ┃ 前 용인시 기독교 총연합회 공동회장
前 용인경찰서 경목위원장 ┃ 前 용인시청 시목
現 본 국제신학교 교수 ┃ 現 호성신학교 명예학장
現 (사) 글로벌비전(NGO) 이사장

비전교회는 하나님께서 주인이 되시고, 예수님께서 머리되시며 성령님께 이끌리는 교회입니다.
모든 성도는 그 안에서 연결되어 성삼위 하나님께 충만히 거하시는 그분의 성전(聖殿)이 되어갈 것입니다.

교회 홈페이지를 통해서 성도 간의 격려와 응원, 위로가 더욱 풍성해지기를 바랍니다.
사랑과 선행으로 서로 격려하는 공간, 따뜻한 응원의 말로 서로를 세워주는 공간, 그리고 가슴 뭉클한 위로로 가득 채워지는 공간이 되었으면 좋겠습니다.

하나님께서 성도 한 사람 한 사람을 홀로 내버려두지 않고 공동체로 묶어주셨음을 기억합니다.
이곳이 비전교회 공동체 안에 우리 각 사람을 부르셔서 하나되게 하신 하나님의 목적과 이유, 그분의 비밀한 섭리와 뜻을 확인하는 장(場)이 되길 소망합니다.
더불어 이곳에서 모든 성도가 유쾌하고 즐겁게 소통하고 대화할 수 있었으면 합니다.

또한 이 세대를 본받지 않고 하나님의 뜻을 분별하고, 하나님의 꿈을 마음에 품어 이 세상을 섬기듯 살아가는 하늘 순례자로 준비되는 현장이 되길 기대합니다.
궁극적으로 우리 각 성도와 공동체가 선교적 제자요, 선교적 공동체로 우뚝 서서 주님 앞에 귀하게 쓰임 받는 은혜를 누리길 간절히 기도 드립니다.

예수님이 정답인 교회
With Jesus everything

하나님과 함께하는 용인비전교회!

인생의 방황은 예수님을 만나면 끝나고, 신앙생활의 방향은 좋은 교회를 만나면 끝납니다.
좋은 분을 섬기고 좋은 말씀을 섬기는 교회 용인비전교회!

비전교회 제자훈련의 목표는
모든 성도를 주님의 제자로 만들자는 주의입니다.

■ 새가족 일대일 교육
신앙생활의 중심은 예배입니다. 예배는 하나님을 섬기는 행위이며, 구원받은 사람들이 즐기는 감사의 축제로서 성도는 예배를 통하여 하나님을 만납니다. 예수그리스도의 교회 예수사랑교회의 성도들은 감사함으로 성전에 나아와 기쁨으로 예배드리며 말씀과 찬양을 통하여 넘치는 은혜를 체험하고 있습니다.

■ 제자훈련
일대일 제자훈련 | QT학교 | 부부학교 | 결혼예비학교 | 전도폭발 훈련 | 성경통독

■ 성경대학
주님의 제자로서 훈련은 멈추지 않습니다.
비전교회 성경대학은 이후 지속적인 영적성장 사역을 위한 훈련입니다.

Church Time
예배시간 안내

주일예배
주일예배 1부	주일예배 2부	주일예배 3부	주일예배 4부
오전 7:30	오전 9:00	오전 11:00	오후 2:00
소예배실	본당	본당	본당

주중예배
새벽예배	수요불기둥기도회	365기도회
오전 5:00	수요일 저녁 9:00	매일 저녁 9시-10시
본당 (목요일 제외)	본당	소예배실

교회학교
영아부	유치부	유년부	초등부
오전 11:00	오전 11:00	오전 11:00	오전 11:00
영아부실	유치부실	유년부실	초등부실

학생부	청년공동체	영어예배 (어린이)
오전 10:30	오후 2:00	토요일 오전 11:00
소예배실	소예배실	유치부실

성령의 역사로 함께 부흥하는 공동체

대한예수교장로회 글로리아교회

담임목사 안 요 셉

글로리아교회는 글로리아교회는
하나님의 영광을 위해 존재하는 교회입니다.

하나님께서 이 땅 가운데 이루시는 놀라운 뜻과 섭리를 기대하며,
하나님 나라의 회복을 위해 힘쓰고 애쓰는 교회이며,
말씀과 기도를 바탕으로 전도와 찬양, 양육과 섬김을 통하여
하나님께 영광 돌리는 교회입니다.

이 방향과 목적을 위해
1998년 11월 22일을 기점으로 끊임없이 달려왔으며
앞으로도 지역 가운데 복음의 가치를 실현해내는 교회로서
나아가길 소원하고 기대합니다.

글로리아교회 상담센터

"고통 받는 이웃을 섬기는 상담"

- 상담시간: 월 10:00-16:00 교육관 4층
- 전화상담: 031-262-9440

글로리아교회 가정상담소는
개인의 가슴 아픈 상처, 왜곡된 사고방식, 파괴적인 행동,
가족 간의 갈등 등으로 삶이 흔들리고 위기를 겪고 있는
모든 이들에게 위로를 전해주고,
상담을 통해 도움을 드리는 곳입니다.

- **가정상담 핵심목표**
  고통받는 이웃에게 성령과 말씀으로 상담하여 치유 한다.
  복된 가정으로 회복하여 하나님의 일을 하게 한다.

글로리아교회의 비전선언문

첫번째 예수 / 두번째 선교 / 세번째 교육 / 네번째 치유 / 다섯번째 섬김

글로리아교회는 하나님 중심, 성경 중심, 교회 중심의 신앙을 신조로 삼고, 예수 그리스도의 사역과 명령에 따라 지역과 나라와 민족과 세계를 복음화 하고자 합니다. 이를 위하여 **글로리아교회**는 진리로 가르치고 말씀을 전파하며 영혼을 치료하는 교회로서 가치관을 변화시키고 섬김과 봉사를 통해 지역을 변화시키는 일에 헌신할 것입니다.

2020 VISION
성령의 역사로 함께 부흥하는 공동체

빌기를 다하매 모인 곳이 진동하더니 무리가 다 성령이 충만하여 담대히 하나님의 말씀을 전하니라 (사도행전4:31)

1. 말씀을 읽자
2. 쉬지 말고 기도하자
3. 영혼구원을 위해 전도하자
4. 주중 예배 한번 더 드리자

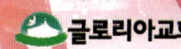

글로리아교회 교육목회비전

글로리아 교회 유치부
"예수님을 기쁘시게 하는 예꼬터"(엡 2:10)
대상: 3-7세 아동 | 예배시간: 주일 오전 11시 | 장소: 본관 1층 예꼬터실
본 교회의 유아유치부(예꼬터: 예수님의 꼬맹이로 자라가는 터)는 '하나님을 기쁘시게 하고 영화롭게 하는 아이들'로 양육하는 것을 목적으로 두고, 하나님의 말씀을 기초로 한 바른 예배를 지향합니다. 현재 "파이디온" 프로그램을 예배에 활용하여 아이들이 즐겁게 하나님의 말씀과 가까워질 수 있도록 하고 있으며 이를 위해 많은 교사들이 아이들의 바른 양육을 위해 헌신하고 있습니다.
유아 유치부 핵심목표: 예수님의 지혜와 사랑이 가득한 어린이로 자라기

글로리아 교회 유초등부
Be the STAR! "하나님 나라의 스타가 되자"
대상: 초등학교 1-6학년 | 예배시간: 주일 오전 10시50분 | 장소: 교육관 2층 예배실
"지혜있는 자는 궁창의 빛과 같이 빛날 것이요 많은 사람을 옳은 데로 돌아오게 한 자는 별과 같이 영원토록 빛나리라"(다니엘 12장 3절)
꿈땅(꿈이 자라는 땅)은 초등학교 1학년부터 6학년 어린이들과 기도, 말씀, 사랑으로 가득한 교사들이 모여 함께 예배드립니다. 기쁨의 찬양과 율동으로 하나님께 영광 돌리고, 진리의 복음을 통해 예수님을 만납니다. 또 어려서부터 성경을 바르게 알고 배워서 성인이 되어서도 흔들리지 않는 바른 세계관을 갖고, 꾸준한 훈련으로 신앙적 습관을 체득할 수 있도록 합니다.
유·초등부 핵심목표 ① 하나님의 자녀라는 정체성을 갖도록 복음과 사랑으로 가르치며 성경적 세계관을 기르게 합니다. ② 하나님을 경외하는 지혜로운 사람이 되도록 기도와 말씀으로 무장하게 합니다. ③ 예수 믿는 사람으로서 선한 영향력을 끼쳐 많은 사람을 하나님께 이끄는 어린이가 되게 합니다.

글로리아 교회 비터 중고등부
예배시간: 주일 오전 10시50분 | 장소: 교육관 4층
교육 주제: 하나님을 알자!
주제성구: "그러므로 우리가 여호와를 알자 힘써 여호와를 알자"(호 6:3)
교육목표: With Worship - 예배로 함께한다.
　　　　　 With Bible - 말씀으로 함께한다.　 With Pray - 기도로 함께한다.

글로리아 교회 청년부
"복음 안에서 바른 믿음의 뿌리를 내리는 하비창공 청년부"(골2:6-7)
대상: 20세 이상-미혼자 | 예배시간: 주일 오후 1시 20분 | 장소: 교육관 3층(주일 3부예배로 드립니다)
하비창공(하나님의 비전을 담은 창조의 공간) 청년부는 20세 이상에서부터 미혼자 청년들로 구성된 신앙공동체로써 하나님의 은혜로 말미암아 우리에게 주어진 믿음을 삶으로 입증하며 살기를 소원하는 청년 공동체입니다.
청년부 핵심목표
하나님과 교제하는 매일의 삶 | 진리를 사모하는 마음 | 이웃을 향한 배려

글로리아 교회 사랑부
"장애인에게 복음의 소망을! 완전 참여와 평등을!"
예배시간: 주일 오후 1시-3시 | 장소: 교육관2층, 4층(상담실 T.031-262-9440)
글로리아교회 사랑부는 중증장애인이 절망 중에서도 자립생활을 할 수 있는 길을 안내해드리며, 동아리 모임을 통하여 삶의 기쁨을 누리게 합니다. 더불어 복음 안에서 회복은 은혜를 나눌 수 있는 사랑의 공동체입니다.
사랑부 핵심목표: 거듭난 장애인으로서 예수 그리스도의 장성한 분량까지 성장하는 것(엡4:13)
중증장애인이지만 가치 있는 역할을 하는 자립생활

기흥지구촌교회
은혜를 누리고 소망을 나누는 교회

담임목사 : 안용호 목사

서울 양정고, 서울대 졸업
서울 경동제일 교회 장로 시무
합동신학대학원(목회학 석사)
미국 리버티 신학대학원(설교학, 신학석사)
평택 새 생명교회 개척, 시무
분당 지구촌교회 목사
기흥지구촌교회 개척, 시무(현재)
예수제자운동(JDM)이사

기흥지구촌교회 로고

우리 교회가 있는 지역인 기흥의 영어 이니셜 G와 H의 중심에 십자가를 두어 우리 삶의 중심에 예수 그리스도 있음을 보이고, G는 Grace(은혜)의 이니셜이고, H는 Hope(소망)의 이니셜로 은혜를 누리고 소망을 나누는 교회라는 뜻을 보입니다.

기흥지구촌교회는

지구촌교회의 개척지원을 받아 2007년 6월 24일 설립한 교회입니다.
복음만이 나라와 민족을 치유하고 세상을 변화시킬 수 있다는 사실을 믿고 성도들이 하나님 나라의 비전과 사명을 가지고 선교사적 삶을 살도록 파송하는 비전을 가지고 설립한 교회입니다.
그래서 성도들의 신앙의 성숙과 경건한 삶을 훈련하고 세우는 교회입니다.
성도가 인격적으로 예수 그리스도를 만날 뿐 아니라 예수님께 헌신하여 가정과 사회에서 그리스도인답게 살도록 힘쓰는 교회입니다.

기흥지구촌교회(기독교한국침례회)

우리는 예수 그리스도의 전도 명령과 사랑의 계명에 순종함으로써 민족을 치유하고 세상을 변화시키는 교회가 되고자 한다.

사랑의 계명

마태복음 22:37~40
예수께서 이르시되 네 마음을 다하고 목숨을 다하고 뜻을 다하여 주 너의 하나님을 사랑하라 하셨으니 이것이 크고 첫째 되는 계명이요 둘째도 그와 같으니 네 이웃을 네 자신 같이 사랑하라 하셨으니 이 두 계명이 온 율법과 선지자의 강령이니라

전도의 명령

마태복음 28:18~20
예수께서 나아와 말씀하여 이르시되 하늘과 땅의 모든 권세를 내게 주셨으니 그러므로 너희는 가서 모든 민족을 제자로 삼아 아버지와 아들과 성령의 이름으로 세례를 베풀고 내가 너희에게 분부한 모든 것을 가르쳐 지키게 하라 볼지어다 내가 세상 끝날까지 너희와 항상 함께 있으리라 하시니라

기흥지구촌교회의 사역의 목표와 방향

성장하며 선교하는 교회! 아픔과 아픔을 함께 하는 교회!

기흥지구촌교회는 하나님 중심, 성경 중심, 교회 중심의 신앙을 신조로 삼고, **"모든 족속으로 제자삼고, 세례를 주고, 가르쳐 지키게 한다"**는 사역의 목표에 따라 그리스도의 마음으로 영혼을 사랑하며, 전도를 통하여 지역과 나라와 민족과 세계를 복음화 하고자 합니다.
이를 위하여 **기흥지구촌교회**는 진리로 가르치고 말씀을 전파하며 영혼을 치료하는 교회로서 가치관을 변화시키고 선교와 전도를 통해 지역을 변화시키기는 일에 헌신할 것입니다.

교 육 훈 련

새 신 자
목표: 새가족반은 처음 교회에 발을 들여놓으신 분들과 다른 교회에서 옮겨오신 분들을 위한 교육과정입니다. 구원의 확신과 복음에 대해서 다시 정리할 수 있는 과정으로 교회에 소속감을 가지고 정착하도록 도와드리며 교회 생활과 신앙 발전을 돕고자 하는데 목적이 있습니다.
개요: 5주 과정으로 구원의 확신, 두 개의 끈, 새 생명, 말씀과 기도, 교회에 대해 교육하며 교육 후 수료식을 갖습니다.
교육기간: ○ 기간 : 새가족 등록 후 2개월 이내 5주간
　　　　　○ 시간 : 매주일 오후 1:10~1:50 (40분간)
　　　　　○ 교육 : 담임목사 및 담당교역자

평 신 도
목표: "모든 민족으로 제자를 삼아"라고 하신 예수님의 명령에 따라 성경말씀의 바른 이해와 생활의 적용을 통해 성숙한 주님의 제자로 양육을 받으며 성도들 간의 공동체적 훈련을 경험하는 과정입니다.
과정: 성장반 (14주) / 제자반 (14주) : 성장반의 다음 과정으로 예수님의 모습을 닮아 가며 평신도 리더로 훈련받는 과정입니다. / QT반 : 매 주 소그룹 모임으로 하나님의 말씀을 묵상하고 삶의 적용하는 모임.

교육부서 소개
꿈이 자라는 예배 유치부
우리 아이 첫 예배 유치부 예배를 드리며 하나님을 알아갑니다. 부모님을 알아갑니다. 이웃을 알아갑니다.
주제성구: 진실로 너희에게 이르노니 너희가 돌이켜 어린아이들과 같이 되지 결단코 천국에 들어가지 못하리라 (마태복음 18:3)
예배시간: 주일 11시, 1시 30분 / 유치부 활동 신나는 찬양과 율동, 말씀 암송, 말씀 연극 활동, 즐거운 만들기 체험, 세계 여러 나라 이야기

초등부
주일은 축제의 날로 기쁘고 즐거운 초등부가 되도록 노력하고 있습니다. 마지막 주에 있는 전도대회에는 천국에 대한 소망을 가지고 사랑하는 친구들에게 기쁘게 복음을 전하며, 초등부의 지체들이 서로를 사랑하며 솔선수범하여 가족이 상으로 협력하고 있습니다. 다음세대를 이끌 우리 초등부 아이들을 많이 보내주세요.
모임시간 : 예배 : 주일 11시, 1시 30분 / 프로그램 : 오후 1:30~2:30 공과교육
2:30~3:00　전도 성경암송, 달란트시장, 레크레이션 등

청소년부
표어: Young한 세대를 준비하는 청소년부
예배시간: 오전 11시 중 고등부실(2층)
청소년부에는 Young한 예배가 있습니다. Young한 예배에는 찬양이 있고, 열정이 있고, 기쁨이 있고, 영적인 삶이 있으며, 무엇보다도 Young한 예배에는 주님이 있습니다.
분명한 목적을 향해 가는 Young한 세대 / 적을 이루어 가는 Young한 세대 / 목적을 이루어 가는 Young한 세대 / 세상을 이겨내는 성경교육 / 우리 주변에 관심과 기도로 중보하는 Young한 세대
"즐거워하는 자들과 함께 즐거워하고 우는 자들과 함께 울라" (로마서 12장 15절)

청년부
저희 청년부는 다가올 세대를 대비하고 주역이 될 청년들로 구성이 되어있으며 다른 세대로 전락해 가는 안타까운 현실 속에서 다른 세대가 아닌 다음 세대로 하나님의 복음을 온전히 지킬 사명을 가지고 믿음을 키워가는 청년부입니다. 모두가 세상의 현상과 발전에만 관심을 갖고 따라갈 때, 저희는 하나님께 기도하고 하나님을 더욱 알고 알리는 일에 힘쓰고 하나님 말씀을 온전히 알기 위해 매주일 성경공부와 기독교 기초교리 학습을 통하여 서로 함께 하나님을 더 깊이 알기 위해 힘쓰고 있습니다. 저희가 굳건한 반석 위에 서서 이 세대를 능히 감당할 수 있도록 성도님들과 여러분들의 기도가 필요합니다.

담임목사 : 안용호　주소 : 경기도 용인시 기흥구 사은로 217 (지곡동 456-2)
　전화번호 : 031-283-7991 fax : 031-283-7993

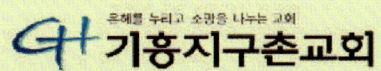

경기도 용인시 기흥구 흥덕중앙로 41, 10층(영덕동, 웰스프라자)
Tel : 031-262-9191

흥덕남서울비전교회는 용인 수지구 동천동에 위치한
남서울비전교회 지교회로써
'행복한 교회, 행복한 가정, 행복한 흥덕'을 꿈꾸는 교회입니다.
남서울비전교회의 영성과 건강한 사역 시스템을 통해
건강하게 성장하는 교회입니다.

흥덕남서울비전교회는 지역교회의 사명을 충실히 감당하기위해
기도하며 애쓰고 있습니다.
어려운 이웃들과 함께 나누며 다음세대인 아이들을 위해
교육에 힘쓰는 교회입니다.

축복과 사랑이 있는 흥덕남서울비전교회 와 함께하세요!

담임목사 양용전

흥덕남서울비전교회 소개

흥덕남서울비전 교회의 비전
우리는 하나님 중심, 성경 중심, 교회 중심의 신앙을 신조로 삼고 그리스도의 마음으로 영혼을 사랑하며 수직전도로 대를 이어 신앙의 명문가정을 세우는 것과 수평전도로 지역과 나라와 민족과 세계를 복음화 하고자 한다.

흥덕남서울비전 교회의 사명
진리로 가르치고 말씀을 전파하며 영혼을 치료하는 교회로서 가치관을 변화시키고 선교와 전도를 통해 지역을 변화시키기는 일에 헌신한다.
1. 하나님의 얼굴을 구하는 공동체
2. 본질을 붙드는 공동체
3. 기본에 충실한 공동체
4. 예배를 사모하는 공동체
5. 부흥을 갈망하는 공동체

평화, 화해, 고요함
그리고 쉼이 있는 곳

사랑나눔!

들의 마음과 정성이 담긴 돼지저금통과 후원금을 통해
의 나눔을 실천하고 있습니다.
밀알복지재단과 결연을 맺고 장애아동의
훈련 및 수술비 지원을 하고 있습니다.
영덕동에 거주하는 저소득층 10가정에게 쌀 10kg을
고 지역 주민에게 장학금을 나누는 등
사회의 소외되고 힘든 이웃들을 돌보는 일에 힘쓰고 있습니다.
부활절에는 낙도 어린이들을 초청하여
랜드 견학 및 홈스테이를 통해 섬기는 사역을 진행하고 있습니다.

11월 29일(금)-12월 1일(주일) 남서울비전교회
2013 완도다문화가정자녀 초청행사

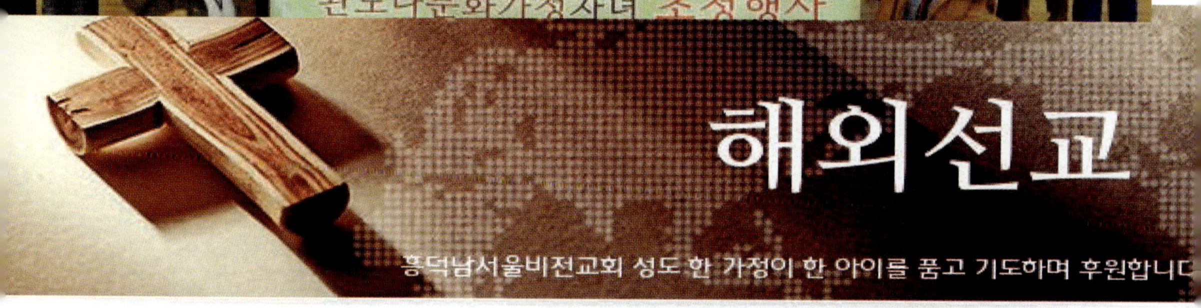

해외선교

흥덕남서울비전교회 성도 한 가정이 한 아이를 품고 기도하며 후원합니다

동남아시아의 작은 나라,
캄보디아에서 꿈을 키우는 아이들을 후원합니다.

열악한 경제상황과 2%에 불과한 기독교인수를 가진 캄보디아에서
매주 예배를 드리며 영어공부를 하는 우리 아이들에게 더 큰 힘이 되고자 합니다.
캄보디아의 대부분의 아이들은 중학교를 졸업하면 공장으로 취업을 하게 됩니다.
많은 기회를 누리고 꿈꿔야 할 아이들이 고된 노동과 삶의 무게에 짓눌리며 힘들어 하는 것이 아니라
더 나은 미래를 꿈꾸고 무엇보다 캄보디아 교회의 리더로써
우리 아이들이 자라도록 기도해주시고 응원해 주세요.

기독교한국침례회
포도나무교회

경기도 용인시 기흥구 신정로 123-1 (구.신갈동371-1) T 031-282-1001 (F) 031-284-6300

담임목사 여 주 봉

• 1954년 생 • 나경순 사모님과의 사이에서 3남(명훈·명준·명재).

학력 • 덕수 중·고등학교 졸업 • 미 캘리포니아 침례대학 졸업 • 미 사우스웨스턴 침례신학대학원 졸업 • 미 프린스턴 신학대학원에서 수학

경력 • 수도침례신학대학 강사 • 침례신학대학교 강사 • 하늘빛교회 담임목사 •(現) 포도나무교회 담임목사 •(現) (사)새물결선교회 회장 •(現) GoodTV 기독교복음방송 이사 •(現) FEBC 극동방송 용인지회 지도목사 •(現) 한국기독교군선교연합회 법인이사 •(現) 기독교학술원 부이사장 •(現) 한국복음주의협의회 중앙위원 •(現) 한국세계선교협의회(KWMA) 이사

저서 • 회복 • 중보기도 • 십자가의 복음 • 예배회복 • 믿음에 의한 삶 • 거짓 신앙체계 • 성령이 역사하는 교회 • 다가오는 하나님의 군대 • 세 부대의 교회를 위한 다섯 기둥 등 다수

포도나무교회는
한국교회의 회복과 하나님의 부흥을 위한 하나님의 비전을 따라 1994년 10월, 성남시 분당에 세워졌고,
2005년 7월, 현재 위치한 용인시 기흥구 신갈동으로 신축, 이전한,
기독교한국침례회에 속한 교회입니다.

포도나무교회의 이름은 요한복음 15장의 포도나무의 삶을 사는 교회와 성도를 세우시려는 뜻에서 비롯되었습니다.
그 포도나무의 삶의 핵심은 예수님과의 친밀한 교제,
그리고 우리가 하나님의 행하심을 보고 그 일에 온 삶으로 동참하는 것이며
우리가 그러한 삶을 살 때 하나님의 놀라운 뜻이 이루어지는 열매가 맺어지게 됩니다.

포도나무교회의 비전은 "회복과 부흥" 입니다.
하나님의 교회가 하나님께서 의도하신 교회의 모습으로 회복되는 것과 하나님의 부흥이 임할 수 있도록 길을 예비하는 것입니다.
교회 안에 십자가의 복음과 성령의 사역이 회복되고, 하나님의 임재와 생명이 충만해지기를 원합니다.
그리고 **포도나무교회**는 하나님이 이 땅에 주실 부흥을 일으키시고 우리에게 두 번째 유업을 주시기를 기대하면서 밤낮 기도하며 부흥의 길을 예비하고 있습니다.

2009년부터 **포도나무교회**의 비전은 오는 세대들과 열방을 향한 비전으로 구체화 되었습니다.
다가올 하나님의 부흥을 준비하고 담아낼 세대를 훈련하여 세워가는 일, 그리고 그들을 통해 세계 많은 사람들을 하나님께로 돌아오게 하는 일입니다.
이 일을 위한 인프라와 제도들이 세워지고 있으며, **포도나무교회**와 **새물결선교회**가 협력하여 하나님의 이러한 사역들에 동참하고 있습니다.

새물결선교회

청년선교

사단법인 청년선교(Y Mission)는 지역교회를 중심으로 군선교와 캠퍼스선교를 서로 연결하고 그것을 다시 직장선교와 해외선교로 연결하여 우리나라 청년세대를 하나님께로 돌이키고 그들을 열방으로 보내는 일들을 감당하고 있습니다.

먼저는 육, 해, 공 전군을 대표하는 핵심적인 교회들(지상작전사령부, 문무대, 상무대, 3사관학교, 해군사관학교, 공군사관학교, 공군교육사령부, 부사관학교 등)을 예배, 집체교육, 찬양학교, 자매결연, 학군단신우회 등으로 섬기고 있습니다. 그리고 군과 연결되는 캠퍼스 사역을 위해 청년선교 내 YMC(Y Misson Campus)라는 조직을 세웠습니다.

2019년 12월 말 기준, 전국 409개 캠퍼스 중 188개의 캠퍼스에 205명의 YMC 간사가 활동하고 있으며, 군에서 제대한 청년들을 캠퍼스에서 돌보고 지역교회에 연결시키고 있습니다.

또한 포도나무교회에서는 오이코스별로 캠퍼스와 1:1 결연을 맺어 기도와 물질로 사역을 지원하고 있습니다.

이렇게 세워진 청년들이 직장과 해외로 나아가며 열방에 하나님 나라를 전파하게 됩니다. 그 중 하나가 2+2 인턴선교사 플랫폼인데, 두 명을 한 조로 1년씩, 6개월 간격으로 지속적으로 파송함으로써 한 곳에서 4명이 한 팀을 이루어 섬기며 온전한 선교사로서 모든 영역에서 훈련받고 하나님 나라를 확장하는 일꾼을 키우는 것을 목표로 하는 체계입니다. 청년선교는 매년 1,000명의 청년 인턴선교사를 모든 열방에 빠짐없이 파송하려는 목표를 가지는데, 이를 위해 매달 1만 원씩 후원하는 회원 15만 명을 모집하고 있습니다.

새물결기독학교

오는 세대들을 어려서부터 신앙의 본질 가운데서 양육하는 일을 위해, 2015년 3월에 새물결기독학교가 개교하였으며 2020년 현재, 초등학교 1학년부터 고등학교 3학년까지 12개 학년, 100여 명의 학생들이 있습니다. 새물결기독학교는 '십자가 복음의 삶을 사는, 인성과 창의융합적인 사고를 겸비한 미래 인재 양성'이라는 교육 비전을 가집니다. 4차 산업혁명이라는 새로운 물결 가운데서 십자가 복음을 통한 영성과 성품 훈련을 기본으로 하여, 시대의 변화에 발맞춘 STEM교육(Science, Technology, Engineering, Math) 및 예술과 인문학을 통한 창의 융합 교육, 글로벌 리더십 교육, 각자의 은사에 따라 배우는 학생 주도적인 교육 등으로 지속적인 교육 혁신을 이루어가고 있습니다. 이런 교육 과정을 통해 학생들은 무엇보다 하나님을 알아가고 하나님의 비전을 찾으며, 그에 따라 학업에 대한 열정이 생겨나고 있습니다.

하나님의 역사는 여기에서 멈추지 않을 것입니다. 앞으로 세워질 새물결국제기독학교와 새물결대학교를 통해서 하나님 나라의 일꾼들이 양성되고, 사회 각 분야에서 하나님의 창조명령과 문화명령을 감당해 나갈 것입니다.

오는 세대들의 문화선교사역

새물결기독학교의 교육 혁신은 하나님 나라 확장의 사역들과 긴밀하게 연결됩니다. 아동 사역에 대해서는 K Mission(Kid Mission), 그리고 10대 청소년 사역에 대해서는 T Mission(Teen Mission)이 세워져서 오는 세대들의 삶과 학교들을 기반으로 하나님 나라를 확장해 가고 있습니다. 특히 10대들을 하나님께로 돌이키기 위해서 '문화적 접근 방식'을 취했습니다. 십자가 복음의 핵심을 10대들의 문화 코드로 다양하게 변주해내어 10대들을 하나님께로 돌이키고자 합니다. 학생들로 구성된 전문 워십팀(New Wineskin, 새부대)을 양성하고, 문화선교아카데미가 세워져서 워십댄스, 드라마, 뮤지컬, 찬양, 사진 인문학 등의 과정이 개설될 예정입니다. 또한 국내적으로 왕성하게 활동 중인 문화사역팀들과 연결하여 문화예술공연, 디지털컨텐츠 제작 등을 준비하고 있으며, 오는 세대들의 교육과 사역을 위한 공간인 미래관(5개 층, 연면적 약 900평)이 건축되고 있습니다.

일터사역과 BAM

2019년 말부터 하나님께서는 일터사역에 관한 설교와 여러 책들을 통해 일터사역의 중요성을 집중적으로 가르치셨습니다. 성도들은 하나님 중심적인 가치관을 바탕으로 세상의 일과 문화를 바라보는 관점을 가지게 되었고, 그 관점을 모든 일의 영역에 실제적으로 적용하였습니다. 또한 일터사역 중의 한 분야인 BAM(Business As Mission)의 길들을 배워가게 하셨으며, IBA(International BAM Alliance)의 이사그룹으로 포도나무교회가 참여하게 되면서 일터사역의 외연이 확장되고 있습니다.

아프리카 프로젝트

아프리카프로젝트는 이제까지 각기 흩어져서 따로 진행되던 컨퍼런스 사역, 신학교 사역, 교회개척 사역, 어린이 사역, 농업 사역, 기술학교 사역, 의료선교 사역 등을 서로 연결하고 통합하여 아프리카 56개국을 섬기기 위한 프로젝트입니다. 특히 2020년 초, 세계적으로 코로나19바이러스가 확산되면서 아프리카의 많은 나라들이 극심한 어려움에 있었는데, 아프리카 프로젝트를 통해 모금된 후원금으로 남아공을 비롯한 아프리카 13개국 등에 1억 2천여만 원을 지원하였습니다. 또한 각 분야에서 섬길 수 있는 사람들과 단체들과 연결되면서, 아프리카를 하나님께로 돌이키기 위한 길들이 마련되고 있습니다.

사랑으로 하나되어
땅끝까지 복음을

지역을 품고 세계로 향하는
신갈축복교회
singal blessing church

담임목사 오 동 삼

교역자 : 하진옥 윤대근
장로 : 김현식 김기종 박명철 조영안 조종식
　　　 박재회 김만수 이상배
성가대지휘 : 김정광
반주 : 김정덕 오희락 조은희 원지혜 오한희
남/여전도회회장 : 박재희 고정란
파라다이스 : 이옥단 안순덕

신갈축복교회는

선교적 사명과 복음전파의 열정으로 설립되어 오직 하나님의 영광을 높이고 아버지의 뜻을 이 땅에 이루기 위한 목적으로 세워진 교회입니다. 모든 성도가 하나님의 사랑으로 하나 되어 세상 땅 끝까지 예수 그리스도의 십자가와 생명의 복음을 전하는 것을 목표로 교회 주변에는 지역 복음 복지를 위한 어린이와 청소년 교육 지원 사역 및 어르신 무료급식 사역을 실천하고, 세계 열방을 향하여 빈민국가의 미전도 민족에게 구원의 복음을 전하기 위한 학교설립 사역과 선교 지원 사역에 헌신하며, 이 땅에 아름답고 행복한 하나님의 나라의 비전을 이루는 사명을 가지고, 성령의 능력으로 '지역을 품고 세계를 향하여' 나아가는 아름다운 교회입니다.

주소
경기 용인시 기흥구 신갈로58번길 29-12
전화 031-282-0441

신갈축복교회의 목표와 방향

성장하며 선교하는 교회! 이웃과 아픔을 함께 하는 교회!

신갈축복교회는 하나님 중심, 성경 중심, 교회 중심의 신앙을 신조로 삼고 그리스도의 마음으로 영혼을 사랑하며 수직전도로 대를 이어 신앙의 명문가정을 세우는 것과 전도를 통하여 지역과 나라와 민족과 세계를 복음화 하고자 합니다. 이를 위하여 **신갈축복교회**는 진리로 가르치고 말씀을 전파하며 영혼을 치료하는 교회로서 가치관을 변화시키고 선교와 전도를 통해 지역을 변화시키기는 일에 헌신할 것입니다.

하나님의 뜻을 이루어 가는 신갈축복교회

■ 비전선언문 ■

우리는 예배를 통해 하나님을 만나고, 교제를 통해 서로를 돌보며
훈련을 통해 교회와 지역사회에 봉사하는 일꾼이 되어
사람들을 그리스도께 인도하여 하늘 사람으로 가정과 삶을 행복하게 한다.

신갈축복교회 목회자의 목회와 교육철학

■ 목회사역 방향과 목회철학

저의 목회 주체는 **하나님**이십니다.
인간인 제가 아이디어를 내어 일을 해나가기 보다는 "살아계신 하나님께서 하고자 하시는 일을 하시도록 하는 것"이 저의 사역 방향입니다. 이를 위해 저는 늘 기도함으로 하나님의 음성을 듣고 순종하려고 합니다. 저의 목회철학은, 하나님의 영이신 "성령으로 살아 숨 쉬는 교회"를 이루어가는 것입니다.

■ 목회의 장·단기 계획

저의 목회 중심은 **예배**입니다.
저의 장기적 목회 계획은 예배를 통해 온 성도들이 사랑을 실천함으로 행복을 맛보도록 하는 것입니다.
"사랑을 실천함으로 살아 숨 쉬는 교회"가 제 목회 모토입니다. 이를 위해 단기적으로는 말씀과 기도와 전도라는 주제를 가지고, "말씀에 대한 체험", "기도를 통한 은혜", "전도를 통한 생명 살림"을 추구해가고자 합니다.

■ 지역사회에서 교회의 역할과 신앙인들의 자세

저는 지역사회에서 교회와 성도는 진정한 "이웃"이 되어야 한다고 생각합니다.
또한 진정한 이웃이 되려면, 상대방에 대해, 마음에서 우러난 "관심"과 "사랑"을 갖고 있어야 한다고 생각합니다.
또한 관심과 사랑은 특별한 때가 아니라, 평소에 실천되어야 한다고 생각합니다.
신갈축복교회가 이미 사랑을 실천하고 있는 다양한 활동과 교육 등은 좋은 예라고 생각합니다.

■ 10년 후 신갈축복교회에 대한 기대

10년 후의 신갈축복교회는 더욱 예배의 감격이 살아있는 교회,
청년들과 젊은 부부들이 모든 사역을 활기차게 주도하는 젊은 교회,
다음 세대 청소년들이 새싹처럼 파릇파릇 자라나는 교회,
용인 시민들의 진정한 이웃이 되는 교회가 될 것을 기대하고 기도하며 소망합니다.

신갈축복교회 예배시간안내

주일오전예배	1부: 9시 / 2부: 11시			
주일오전예배	오후 2시		금요기도회	저녁 9시
주일오전예배	오후 7시 30분		새벽기도회	오전 5시 15분(월-금)
유치부	주일오전 11시 30분 (교육관)		중고등부	주일오전 11시 30분 (교육관)
유초등부	주일오전 11시 30분 (교육관)		청년부	주일오전 11시 30분 (교육관)
순모임				부부순, 지역 중심, 여성순 등

■ **신갈축복교회**에 오신 것을 진심으로 환영합니다.
주일예배부터 교회학교까지 모든 예배시간을 확인하실 수 있습니다.
궁금한 사항은 언제든지 전화주세요
경기도 용인시 기흥구 신갈로 58번길 Tel. 031-282-0441

대한예수교장로회
율리교회
사랑과 선을 목적으로!

담임목사 오정원

교회창립: 1910년 10월 8일
은퇴장로: 김재각
장　　로: 임홍빈, 이우희
반　　주: 오주영, 오새영

율리교회는 지역사회에 비전을 가지고 섬기는 교회입니다.
또한 예수정신을 가지고 말씀대로 믿고 살고 누리면서 지역을 영적으로 변화시켜 나가는 교회입니다.
하나님의 말씀으로 돌아가 교회의 거룩함과 순수성을 회복하는 교회입니다.

그래서 저희 율리교회는 소망이 되신 예수님을 노래합니다.
냉혹한 도시를 향해 희망을 노래합니다.
낙망한 영혼, 상한 심령, 처절한 직장에서 오늘도 견뎌내는 모든 이들에게 희망을 노래합니다.

우리에게는 아직 소망은 있습니다.
누구라고 예수 그리스도 앞에 나오면 절망은 소망으로 바뀝니다.

이제 여러분과 함께 동행하면서 이 기쁨을 함께하고 싶습니다.
가난한 영혼, 소외된 이웃과 함께 희망을 이야기하면서 함께 걷고 싶습니다.
예수님께서 열어놓으신 생명의 길을 함께 걷고자 합니다.
이를 위해 저희 율리교회는 낮은 자리로 더 내려가겠습니다.
말씀에 충실하며, 본질을 붙들고, 예배에 목숨 걸며, 지역을 섬기는 교회가 되려고 합니다.

우리는 행복한 예수님의 사람입니다.
율리교회와 함께하지 않겠습니까?

율리교회의 목표와 방향

성장하며 선교하는 교회! 이웃과 아픔을 함께 하는 교회!

율리교회는 하나님 중심, 성경 중심, 교회 중심의 신앙을 신조로 삼고 그리스도의 마음으로 영혼을 사랑하며 수직전도로 대를 이어 신앙의 명문가정을 세우는 것과 진도를 통하여 지역과 나라와 민족과 세계를 복음화 하고자 합니다. 이를 위하여 율리교회는 진리로 가르치고 말씀을 전파하며 영혼을 치료하는 교회로서 가치관을 변화시키고 선교와 전도를 통해 지역을 변화시키기는 일에 헌신할 것입니다.

하나님의 뜻을 이루어 가는 율리교회

■ 비전선언문 ■

우리는 예배를 통해 하나님을 만나고, 교제를 통해 서로를 돌보며
훈련을 통해 교회와 지역사회에 봉사하는 일꾼이 되어
사람들을 그리스도께 인도하여 하늘 사람으로 가정과 삶을 행복하게 한다.

율리교회 목회자의 목회와 교육철학

■ 목회사역 방향과 목회철학

저의 목회 주체는 **하나님**이십니다.
인간인 제가 아이디어를 내어 일을 해나가기 보다는 **"살아계신 하나님께서 하고자 하시는 일을 하시도록 하는 것"**
이 저의 사역 방향입니다. 이를 위해 저는 늘 기도함으로 하나님의 음성을 듣고 순종하려고 합니다. 저의 목회철학
은, 하나님의 영이신 **"성령으로 살아 숨 쉬는 교회"**를 이루어가는 것입니다.

■ 목회의 장·단기 계획

저의 목회 중심은 **예배**입니다.
저의 장기적 목회 계획은 예배를 통해 온 성도들이 사랑을 실천함으로 행복을 맛보도록 하는 것입니다.
"사랑을 실천함으로 살아 숨 쉬는 교회"가 제 목회 모토입니다. 이를 위해 단기적으로는 말씀과 기도와 전도라는 주
제를 가지고, **"말씀에 대한 체험"**, **"기도를 통한 은혜"**, **"전도를 통한 생명 살림"**을 추구해가고자 합니다.

■ 지역사회에서 교회의 역할과 신앙인들의 자세

저는 지역사회에서 교회와 성도는 진정한 **"이웃"**이 되어야 한다고 생각합니다.
또한 진정한 이웃이 되려면, 상대방에 대해, 마음에서 우러난 **"관심"**과 **"사랑"**을 갖고 있어야 한다고 생각합니다.
또한 관심과 사랑은 특별한 때가 아니라, 평소에 실천되어야 한다고 생각합니다.
율리교회가 이미 사랑을 실천하고 있는 다양한 활동과 교육 등은 좋은 예라고 생각합니다.

■ 10년 후 율리교회에 대한 기대

10년 후의 **율리교회**는 더욱 예배의 감격이 살아있는 교회,
청년들과 젊은 부부들이 모든 사역을 활기차게 주도하는 젊은 교회,
다음 세대 청소년들이 새싹처럼 파릇파릇 자라나는 교회,
용인 시민들의 진정한 이웃이 되는 교회가 될 것을 기대하고 기도하며 소망합니다.

율리교회 예배시간안내

주일오전예배	1부: 9시 / 2부: 11시			
주일오전예배	오후 2시	금요기도회	저녁 9시	
주일오전예배	오후 7시 30분	새벽기도회	오전 5시 15분(월-금)	
유치부	주일오전 11시 30분 (교육관)	중고등부	주일오전 11시 30분 (교육관)	
유초등부	주일오전 11시 30분 (교육관)	청년부	주일오전 11시 30분 (교육관)	
순모임	부부순, 지역 중심, 여성순 등			

■ **율리교회**에 오신 것을 진심으로 환영합니다.
주일예배부터 교회학교까지 모든 예배시간을 확인하실 수 있습니다.
궁금한 사항은 언제든지 전화주세요.
경기도 용인시 처인구 백암면 용천리 202-1번지(율리길 37-45) Tel. 031.332-4888

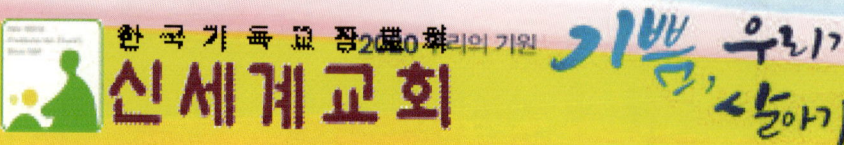

신세계교회

경기도 용인시 기흥구 기흥로 38번길 19(구갈동 271-1) Tel : 031-281-8531 FAX. 031-281-8532

이 시대에 교회는 참 많습니다.

사람이 많이 모이고 재정이 어마어마하고 무수한 일들을 하는 교회들은 이미 많습니다.
그러나 예수 그리스도의 십자가가 드러나는 교회,
복음의 능력이 살아 움직이고 삶이 변하는 교회는 얼마나 될까요?
이 질문이 하나님께서 기뻐하시는 건강한 교회를 향해 달려가는 신세계교회의 출발점입니다.

복음의 본질과 말씀의 능력이 없는 교회는 더 이상 생명력이 없습니다.
교회는 반드시 복음의 본질에 매달려야 합니다.
경건의 모양이 아니라 능력을 회복해야 합니다.
부르심에 합당한 삶을, 사명을 감당해야 합니다.
이것이 이 시대에 요청되며 하나님께서 기뻐하시는 교회의 모습이라고 확신합니다.
우리 신세계교회는 이러한 교회가 되기를 소망하며 꿈꾸는 교회입니다.

복음의 능력이 나타나면 믿음으로 세상을 이길 수 있습니다.
믿음으로 진정한 행복을 누릴 수 있습니다.
신세계교회에서 이 행복의 주인공이 되시기를 축복합니다.

담임목사 유성암

신세계교회의 비전

오직예수(Only Jesus)	오이코스(Oikos)	셀 처치(Cell Church)
하나님을 향해 열려있는 공동체	서로를 향해 열려있는 공동체	세상을 향해 열려있는 공동체

신세계교회의 비전

예배 WO...

선교 MISSION   사역 SERVE   가정 FAMAILY   다음세대 YOUNG

환영합니다! 축복합니다!

세계교회 새가족 등록 | 2020 우리의 가훈 기쁨, 우리가 살아가는 힘! (엡 1:3-8, 4:4)

신세계교회의 가족이 되시는 모든 분들을 환영합니다.

✚ 등록 안내

01 교회에 출석하시는 분과 교인의 차이점은 영적인 돌봄에 달려 있습니다.

02 교인이 되는 것은 신세계교회라는 영적 가족의 일원이 되는 것입니다.
가족의 일원이므로 돌봄, 중보기도, 보호, 양육 등 교회가 줄 수 있는 혜택을 누리게 됩니다.

03 등록을 하시면 이러한 돌봄을 통해 영적으로 성장하고 영적인 기쁨과 행복을 누릴 수 있습니다.

✚ 등록 과정

신세계교회의 **등록교인**이 되기 위해서는 몇 가지 **등록과정**을 거쳐야 합니다.

STEP 01	새가족안내위원의 도움을 받아 **등록카드**를 작성
STEP 02	예배 후 **담임목사님과의 특별한 만남**
STEP 03	정착을 위한 ① 바나바돌봄(5주) ② 신세계가족성경공부(5주) ③ 새가족심방(4주내)

바나바 돌봄(5주)

신세계가족성경공부(5주)

새가족심방(4주내)

신세계교회의 다음세대를 향한 비전

다음세대는 세상과 교회의 미래입니다.
신세계교회 교회학교는 하나님 나라를 이루어갈 다음 세대를 위해
교회학교뿐만 아니라 교회의 모든 구성원이 가정과 협력하여 함께 양육합니다.

교회의 밭에서 자라는

아부
예수 4세까지의 다음세대가
비처럼 따뜻한 환경에서 믿음의 씩을 틔우고 자라납니다.
양육자가 함께 신앙의 공동체가 되어
하나님의 사랑을 등록 누릴 수 있도록 돕습니다.

품안에서 맘껏 상상하는

치부
터 7세까지의 다음세대가 교사의 다정한 눈 맞춤으로
주님의 사랑을 경청하는 곳입니다.
경험을 통해 하나님을 만나고, 오이코스를 통해 서로 사랑하고,
전하는 유아로 자라날 수 있도록 돕습니다.

매일 함께하는 하나님의 기쁨 유초등부

초등부
터 13세까지의 다음세대가 기쁨으로 예배드리며
을 만나는 곳입니다.
는 예배를 통해 하나님과 가까워지는 기쁨을 느끼고,
전하는 하나님의 어린이가 될 수 있도록 돕습니다.

기도하고 기대하며 사람을 세우는

소년부
터 19세까지의 다음세대가 하나님이 주시는 꿈을 품고
살아가는 곳입니다.
모든 삶의 자리에서 선한 영향력을 펼치며 자라나길
하여 살아가는 곳입니다.

"**신세계교회 세상을 바꾸는 청년부**"

신세계교회 세상을 변화시키는 청년부, **신세계청은 하나님의 기준으로 살아가는 주의 청년**입니다.
말씀을 배우고 기도하고 무엇보다 "실천"합니다.
이 땅 위에 하나님 나라를 세워가고자 노력하는 공동체입니다.
신세계청은 사랑과 평화의 공동체가 어떤 곳인지 맛 볼 수 있는 곳입니다.

여기가 바로 신세계 교회 다음 세대!

- **꿈과 비전**: 하나님의 꿈과 비전으로 삶의 방향을 설정하고 세상을 바꾸어 가는 곳
- **예배**: 하나님을 느끼고 만나는 시간
- **오이코스**: 만남과 교제하여 하나님 안에 가족이 되는 곳
- **하나님의 기준**: 삶의 가장 중요한 가치와 기준을 배우는 곳
- **사랑의 실천**: 사랑을 실천하고 나눔의 기쁨을 누리는 곳
- **가정**: 부모와 가정이 협력하여 이루어가는 신앙교육

동백사랑의교회
DongBack SaRang Community Church
대한예수교장로회

경기 용인시 기흥구 동백중앙로 57 (중동)
TEL. 031-285-9000

담임목사 유 정 기

Hallelujah!

"인생의 방황은 하나님을 만나면 끝이나고,
신앙의방황은 좋은 교회를 만나면 끝이 납니다."

동백사랑의 교회는 살아있는 생명의 메시지가 있는 교회입니다.
성도의 삶을 변화시키는 제자훈련이 있는 교회입니다.
성도를 행복하게 만들어주어 영적으로 건강하게 해주는 교회입니다.
영혼을 살리는 복음과 고통 받는 자를 치유하는 교회입니다.

인생의 의미와 삶의 목적지를 찾는 이들에게 귀한 안내자가 되어드리며 삶의 동반자가 되어드릴 것입니다.
동백사랑의 교회 모든 가족들은 모두 한 마음이 되어 하나님이 기뻐하시는 아름답고 행복한 공동체를 이루어 나갈 것입니다.

당신도 우리와 함께 하나님의 비전을 이루어 가는 동반자가 되길 소원합니다.

하나님의 종, 유정기 목사 드림

동백사랑의교회 소개

동백사랑의교회 사명
내가 온 것은 양으로 생명을 얻게 하고 더 풍성히 얻게 하려는 것이라
1. 불신자를 예수 그리스도의 제자로!
2. 고통받는 자를 풍성한 삶으로!

동백사랑의교회 비전
동백사랑의교회는 세상으로부터 부름받은 하나님의 백성인 동시에 세상으로 보냄받은 그리스도의 제자들의 모임으로 가르치는 교회, 전파하는 교회, 치료하는 교회라는 비전을 가지고 있습니다.
이 비전을 좀더 구체적으로 이루기 위해
1. 평신도를 동역자로 세우는 교회 (평신도훈련)
2. 다음 세대를 준비하는 교회 (주일학교 교육)
3. 지역사회를 책임지며 세계선교를 감당하는 교회 (전도와 선교)
4. 고통받는 자를 치유하는 교회 (치유와 회복)가 되고자 한다.

동백사랑의교회 추구하는 교회상
1. 하나님의 임재를 체험하는 예배의 공동체
2. 하나님의 능력으로 고통받는 자를 자유하게 하는 치유의 공동체
3. 성도들을 말씀으로 세워 개인과 가정과 직장을 변화시키는 훈련의 공동체
4. 다음세대(어린이 · 청소년)에게 복음을 전하고 키우는 비전의 공동체
5. 지역사회와 이 민족과 세계를 변화시키는 선교의 공동체

동백사랑의교회 핵심가치
1. 동백사랑의교회는 예배를 최우선으로한다.
2. 동백사랑의교회는 한 영혼 구원을 위하여 어떤 댓가라도 지불한다.
3. 동백사랑의교회는 전성도를 그리스도의 제자화를 한다.
4. 동백사랑의교회는 가정을 천국으로 만드는데 최선의 노력을 한다.
5. 동백사랑의교회는 다음세대를 세우기 위해 기꺼이 물질을 투자하고 사람을 세운다.
6. 동백사랑의교회는 육체적, 정신적, 영적으로 고통받는 자를 치유하는데 최선을 다한다.
7. 동백사랑의교회는 모든 일에 말씀과 기도와 성령님의 능력으로 사역한다.

동백사랑의교회 훈련 프로그램

동백사랑의교회 새가족 모임안내

새가족이란 초신자를 의미하는 것이 아니라 동백사랑의교회에 새로 들어온 가족을 의미한다. 새가족모임은 새가족모임은 처음 교회에 나오는 초신자들과 타교회에서 이동해오는 이동 신자들을 위해 마련된 프로그램으로 본 교회 등록하시는 분은 누구나 필수적으로 거쳐야 하는 과정입니다.

새가족모임에 참여하려면 - • 시간: 주일 오후 1시 • 장소: 새가족실

1과에서 5과까지 매주 돌아가면서 교육이 진행되기 때문에 진도에 관계없이 어느 과나 시작하여 5주를 마치면 된다.
5주간의 새가족모임을 통해 기독교 기본진리와 교리를 배우고 기본적인 신앙훈련, 교회생활 훈련을 받아 교회공동체의 한 지체로 활동하게 된다.
타 교회에서 신앙생활을 오랫동안 했고 직분을 받았어도 새가족모임을 이수해야 모든 프로그램을 참여할 수 있다.

동백사랑의교회 신구약 파노라마

구약, 신약의 파노라마 세미나는 송이 꿀 보다 더 단 하나님의 말씀을 6시간(구약, 신약 각각 6시간)에 걸친 여행을 통해 알게 해준다. 구약,신약 파노라마는 효과적인 이해와 기억을 위해, 그리고 강의의 재미를 위해 모션(motion)을 사용해서 구약과 신약의 흐름을 익히게 되는데 모두 154개(구약, 신약 각 77개)의 모션(율동)을 통해 세미나 참가자들은 하나님의 말씀의 놀라움을 경험하게 된다. 그뿐 아니라 강의 사이사이에 재미있고 기억하기 쉬운 시청각 자료 (구약 100여 개, 신약 70여 개)를 보여줌으로 말미암아 이해를 돕고 지루함을 몰아내므로 참가자들은 시간 가는 줄 모르고, 성경을 흥미진진하게 배운다.
구약의 파노라마 세미나를 통해서 참석자들은, 혼란스러웠던 사건의 역사적 전개 순서와 그 이유, 주요한 인물들의 의미와 장소, 사건들을 연대순으로 정리하면서 하나님께서 보내신 사람들을 통해서 계획하신 구원의 역사를 배우게 된다. 아울러 구약의 전체적인 흐름을 역사의 구조와 함께 핵심 단어로 묶으면서 구약을 정리하게 한다.
신약의 파노라마 세미나를 통해서 참석자들은 이제까지 잘 알지도 못했고 배우지도 못했던 가장 위대한 이야기의 믿기지 않는 결론인 구약과 신약 중간에 위치한 400년 침묵기의 내용을 배우게 되며, 예수님께서 걸으셨던 곳을 함께 걸으며 복음서의 흐름을 정리한다. 그리고 초대교회의 기원과 성장에 따른 고통들을 다시 체험하고 바울과 함께 땅 끝까지 전해지는 복음 전파의 현장에 함께 하게 된다.

동백사랑의교회 목장모임 안내

동백사랑의교회에 등록된 성도들이 소그룹으로 모여서 잘 훈련된 목자의 인도에 따라 귀납적으로 성경을 공부할 수 있도록 제작된 교재를 가지고 말씀을 나누고 삶에 적용하며 성도의 교제를 갖는 양육모임입니다. 모임의 성격에 따라서 남자목장, 여자목장, 여자직장인목장, 부부목장등으로 나누어져 있습니다. 어느 모임이든지 원하는 곳에서 양육을 받을 수 있으며, 사랑의 공동체의 소속감과 인격적인 관계형성을 이루어 가는 모임입니다. 목장모임은 동백사랑의교회 등록한 성도라야 참여할 수 있으며, 5주간의 새가족 모임을 마친 후 목장모임을 통해서 체계적으로 양육을 받으시면 교회의 소속감을 갖게 되고 동백사랑의교회 공동체의 일원으로서 행복한 신앙생활을 할 수 있습니다.
목장 참여방법: 목장은 동백사랑의교회의 생명을 유지시키는 말씀과 사랑의 공동체입니다. 목장을 통해서 함께 비전을 공유하고 삶을 나누고 함께 사역하므로 변화와 치유가 일어나는 곳입니다. 목장에 참여하기 원하시는 분은 담당교역자와 목자들에게 연락을 주시기를 바랍니다.

동백사랑의교회 결혼코스

1오늘날의 결혼제도는 위기에 처해 있다. 요즘은 결혼한 다섯 쌍의 부부 중 두 쌍이 이혼을 하며, 그들 중 35%가 6년 안에 이혼을 하는 추세이다. 어떤 이들은 평생 동안 유효한 전통적인 결혼을 '짝짓기'와 '헤어지기'가 최대한 쉽게 이루어질 수 있는 계약으로 대치되어야 한다고 말한다.
결혼 코스의 목적은 결혼한 부부들이 평생 동안 지속될 강하고 친밀한 결혼을 건축해 갈 수 있도록 도와주는데 있다. 함께 여덟 번의 저녁 시간을 보내면서, 부부들은 서로에 대해 그리고 자기 자신에 대해 새로운 사실을 발견한다. 매일의 일상적인 생활에 파묻혀 카펫 밑에 감추어 졌던 문제점들을 끄집어 내어 이야기할 기회를 가지게 된다.

결혼코스는 누구를 위한 것입니까?
결혼코스는 관계 회복을 위해 노력하는 모든 부부를 위한 것이다. 결혼코스에 참가한 부부들은 결혼한 지 2년이 안 된 부부도 있는 반면에 30 이상 된 부부들도 있다.
결혼 코스는 이미 행복한 결혼 생활을 누리고 있는 부부들에게도 유익하고 즐거운 시간이 될 것이다. 또한 어려움을 겪고 있는 부부들을 도울 수도 있다. 부부들은 안전하고 건설적인 방법으로 대화의 문을 열게 된다. 별거 중이거나 혹은 이혼을 했던 부부들이 재결합을 위한 방법으로 이 코스에 참여하기도 했다.
결혼준비코스는 멋지게 결혼을 시작하고자 하는 모든 결혼 예정 커플들에게 열려 있다. 약혼 기간이 얼마나 되었는지 결혼 예정일을 잡았는지 여부는 중요하지 않다.
결혼준비코스에서는 결혼의 진정한 본질을 강조하고 설명하기 때문에 이미 결혼해서 함께 살고 있거나 결혼에 대해서 좀 더 알고 싶은 사람들도 환영한다.

은혜샘물교회

은혜샘물교회는 서울 영동교회에서 담임목사로 사역하다가 모든 것을 내려놓고 분당에 샘물교회를 개척해 나왔던 박은조 목사가 샘물교회에서의 14년 임기를 마치면서 2010년 판교에 분립개척한 판교샘물교회와 2012년 동백에 분립 개척한 은혜샘물교회가 기흥구 상하동 506번지에 학교와 교회공간을 마련하여 하나로 합쳐진 교회입니다.

반갑습니다.
저는 **은혜샘물교회**를 섬기고 있는 **윤만선 목사**입니다.
저희는 저희 자신들이 기쁘게 신앙생활 할 수 있는 교회를 세우고자 합니다.
그렇게 되면 하나님과 성도들에게도 기쁨이 되는 교회가 될 것이기 때문입니다.
어떻게 하면 저와 성도들이 기쁘게 신앙생활 할 수 있을까 고민하겠습니다.
함께 신앙생활 할분들 특히 VIP 여러분들을 환영합니다.

- 학력 : 한양대학교 영어영문학과 졸업(B.A.)
  고려 신학대학원 목회학 석사 졸업(M.DIV.)
  Stellenbosch University 신학석사 졸업(Th.M.)
  Midwestern Baptist Theological Seminary(D.Min. 과정 중)

윤만선 목사는

1990년 서울영동교회 청년회에서부터 박은조 목사님과의 만남이 이어져왔습니다.

한양대를 졸업하고 3년간 기업체에서 사회생활을 하다가 1998년 분당의 샘물교회 개척에 함께 동참하면서 목회자로서 부르심을 받고 1999년 고려 신학대학원에 입학하였습니다.

1999년부터 샘물교회의 교육전도사로 청년과 청소년을 섬겼으며, 2005년 목사안수를 받은 후 샘물교회의 전임 사역자로서 교구, 새 가족부, 중보기도와 선교사역 등을 담당하여 건강한 공동체를 세워가는 일에 박은조 목사님의 동역자로서 섬겼습니다.

2006년부터 공부와 훈련을 위해 남아프리카공화국 스텔렌보쉬에서 수학했고, 공부를 마치고 귀국하여 2010년에 샘물교회의 '주님의 몸 된 교회를 세워가는 분립개척교회'로 세워진 판교샘물교회를 섬길 수 있는 은혜를 받았으며, 2013년 판교샘물교회의 동사목사로 세워져 섬겨왔습니다.

2014년부터 판교샘물교회와 은혜샘물교회가 하나로 합쳐지면서 지금의 상하동에 세워진 은혜샘물교회에서 주님의 나라와 복음을 위해 맡겨주신 사명을 감당하며 오늘 이 자리까지 달려왔습니다.

가족으로는 아내(정혜욱)와 두 자녀(하원·가원)가 있습니다.

은혜샘물교회 그 위대한 꿈

은혜샘물교회는
모든 사람을 예수 그리스도의 제자로 삼기 위해 존재한다는 사명을 가지고
건강한 주님의 몸 된 교회를 세워가는 **분립개척운동의 꿈**을 이어갑니다.
성경적 교회의 모습을 회복해 가는 **가정교회의 꿈**을 이어갑니다.
섬기는 예수님의 제자를 키워가는 **기독교학교 운동의 꿈**을 이어갑니다.
순교자의 정신을 이어 **땅 끝까지 복음을 전파하는 꿈**을 이어갑니다.

은혜샘물교회 가정교회 (목장)

■ **양육과정**
- **입교과정** : 새 가족(등록과정), 예수영접모임
- **필수과정** : 생명의 삶(필수), 새로운 삶, 경건의 삶, 하나님을 경험하는 삶
- **선택과정** : 커피 브레이크, 마더와이즈, 성경 각 권, 청지기의 삶 등
  - 어린이와 청소년 과정도 있습니다.
  - 매년 2월과 8월에 접수합니다.

■ **삶 공부**

삶 속에서 실천하고 하나님의 능력을 경험하여 변화해 가는 크리스천의 삶.
삶 공부가 지적인 만족에서 끝나는 것이 아니라,
목장 안에서 실제 섬기고 사랑하는 방법의 실천으로 연결될 때,
우리는 배움이 삶을 바꾸는 과정을 경험하며 성숙해져 갑니다.

삶 공부는
지식 위주의 기존 성경공부에서 벗어나 삶 속에서 실천하고
하나님의 능력을 경험하며 변화해가는 크리스천의 삶을 목표로 합니다.
성경 지식이 많아지는 크리스천이 아니라, 직접 목장 속에서 부딪히며 보고 배우는
현장실습을 통해 능력이 삶 속에 나타나는 크리스천의 모습을 기대하는 것입니다.

※ 삶 공부는 생명의 삶(신앙의 기초와 구원의 확신) → 새로운 삶(가치관의 변화) → 경건의 삶(습관의 변화) → 하나님을 경험하는 삶(하나님 경험하기)의 순서를 밟아서 이수하기를 권하고 있으며, 선택과목을 필요에 의해서 듣는 경우는 적어도 생명의 삶을 마친 뒤에 들으실 수 있습니다.

은혜샘물교회에서는 2009년 샘물중학교로 시작한 샘물학교가 올해로 설립 12년 차를 맞이했습니다. 2012년 샘물고등학교, 2016년 은혜샘물유치원과 은혜샘물초등학교 개교를 거쳐 현재 약 500여 명의 학생들이 샘물학교에서 섬기는 예수제자로서의 자긍심과 정체성을 키워가고 있습니다. 또한 은혜샘물교회에서는 2018년부터 본격적인 복지사역에 대한 다양하고 구체적인 그림을 그리고 있습니다.

열린문교회에 오신 여러분을 환영합니다.
Welcome to OPENDOORCHURCH!!

경기도 용인시 수지구 수풍로 131번길 3   Tel. 031-263-3669   Fax. 031-264-5940

Hallelujah!

열린문교회는 지역교회와 세계 선교 그리고 삶의 풍성을 위한 모든 공간에서 섬기 원합니다.
점점 힘들어가는 세상사에서 안식을 잃어버린 분들, 무엇을 해도 만족감을 느끼지 분들, 마음을 열고 참 이웃을 필요로 하시는 분들, 이사하셔서 정착할 교회가 필요한 들은 언제든지 환영입니다

예수 그리스도 안에서 새롭게 재창조하여 시간과 공간을 뛰어넘는 디지털 복음 선 의 역할들을 할 수 있기를 바랍니다.
그리스도의 사랑가운데 서로 서로 사랑을 실천하는 공간이 되기를 소망합니다.
현대 사회는 가족들 끼리 그리고 성도들 간에 충분히 교제를 나누지 못하는 시대? 었습니다 믿음, 사랑, 소망의 나눔들이 풍성히 나누어지고 나아가서 주님의 거룩 몸된 교회 안에서 그 열매를 더욱 크게 맺어나갈 수 있기를 소망합니다.
그리고 함께하는 교회, 다 같이 참여하는 신앙인이 되기를 소망합니다.
우리 교회의 홈페이지를 통해 자신이 섬기고 참여할 수 있는 기회를 찾아서 신앙생 교회 봉사에 참여하여 아름다운 섬김의 열매가 맺혀지는 자리가 되길 원합니다.
이제 교회 홈페이지를 이용하여 시간과 장소를 넘어선 성도간의 교제와 정보 나눔 성화되기를 기원합니다.

윤여성 목사는
1957년에 충남 서천군 화양면 화촌리에서 출생하여 성장했다.
어렸을 적에 마을의 화촌교회 주일학교에 다녔으나 청소년 시절 고향 교회를 떠나 회지에서 중,고등 기간 동안 교회를 떠나있었고 고등학교를 졸업 할 무렵 폐결핵이 견되어 요양하던 중 부흥회에 인도되어 극적으로 주님을 다시 영접하였다.

국문학을 공부하다가 뜻한 바가 있어 총신대학교로 옮기고 종교교육과에 진학하9 며 기독교 교육학 연구를 통해 기독교교육에 평생을 헌신코자 하였다.
총신대학 졸업 후 합동신학 대학원 대학교에서 신학을 마쳤고, 연세대학 교육대학(서 종교교육을 전공하였다.
사랑의 교회 전임 사역자로서 부목사로서 문서사역자로서 옥한흠 목사를 돕다가 : 받아 안식년을 갖게 되어 영국에서 현대선교연구소 ICC(교장: 존 스토트 목사)를 쳤다.
1996년 말씀 중심 선교비전의 목회철학을 가지고 열린문교회를 개척 오늘에 이르렀 용인 수지 동천동의 대한예수교 장로회(합신) 열린문 교회 담임목사이며 수원노회 GMF 산하 크림선교회 이사장을 역임했고, 중국 할빈 청도 장춘 길림 상해등지 : 자 신학원을 현재까지 섬기면서 선교사명을 감당하도록 최선의 노력을 다하고 있디

섬김의 정신과 진실로서 성도님 여러분을 사랑하며 기도하는 목사가 되겠습니다.

가정은 위로 모친 차순자 권사를 모시고 김은혜 사모와 함께 단란한 작은 천국을 루고 교회의 사택에서 살아가고 있다.

열린문교회에서의 훈련과 교육

새가족반

자격요건: 새가족반에는 우리 교회에 처음 등록교우가 되기 위해서는 초신자나 타 교회에서 신앙 생활하신 분이나 심지어 타 교회 직분자라 할지라도 누구나 의무적으로 참석해야 합니다.
교재: "유일한 구원자 예수 그리스도"
기간: 5주, 5주 동안에 5가지 주제가 진행됩니다. 반드시 1주부터 해야 되는 것이 아니고 언제든지 수강하여 5주의 내용을 이수할 수 있습니다. 매주 주일 2부 예배 후 2층 새가족 영접실에서 오후 12시 30분부터 오후 1시 30분까지 모이며, 매주 언제든지 등록할 수 있습니다.
새가족반 5주 과정표: 1주차 유일한 구원자 예수 그리스도 2주차 믿음이란 무엇인가?
3주차 어떻게 하면 신앙생활을 잘 할 수 있는가? 4주차 성경은 하나님의 말씀이다. 5주차 교회와 그 중요성

제자훈련

소개: 제자훈련은 마태복음28장 18절-20절의 말씀에서 시작된 그리스도인의 기초 양육과정입니다. 주님은 제자를 친히 찾고 세우셨으며 사명을 부여하셨습니다. 주님은 작은 자가 천을 이루고 약한 자가 강국을 이루리라고 예언한 이사야 60장 22절의 말씀을 확신하고 그들을 세상에 보내신 것입니다. 신앙의 기초를 32주에 걸쳐 공부하게 됩니다. 예수님, 구원, 하나님의 속성, 성경, 기도, 전도, 성령, 시험, 순종, 사역 등 훈련 기간 동안 신약 성경을 1독하게 되며 22구절의 성경 암송을 합니다. 그리고 경건의 시간(QT)에 대한 기초 훈련과 성경 목록을 외우게 됩니다. 서로 기도 제목을 나누고 기도함으로서 서로를 위한 중보 기도의 시간을 갖습니다. 훈련을 마친 후에는 졸업 간증문을 제출해야하며, 결석하거나 지각해서는 안 됩니다. 모든 훈련생은 섬기는 교역자를 위하여 기도해야 합니다.
교재: 1,2,3권으로 구성된 제자훈련 교재(옥한흠 목사님 저, 국제제자훈련원 출판)를 사용합니다.
자격요건: ① 본 교회에 등록된 성도로서 새 가족 모임을 수료한 자
② 세례 받은 지 1년 이상 된 자로 3회 이상 결석하지 않을 자
③ 순 모임과 선교회에 동참하고 있는 자   ④ 배우자의 동의를 받은 자

사역훈련

소개: 제자를 만들라고 명령하신 분은 전 우주의 권세를 가지신 예수 그리스도이십니다. 그리고 제자를 만들 대상은 모든 족속이며, 제자가 되기를 원하는 사람은 예수를 믿고, 교회에서 세례를 받아야 합니다. 그러므로 제자 훈련은 교회를 통해서 실시되어야 합니다. 예수님께서는 3년 동안 불과 몇 십명의 제자를 만드는데 힘쓰셨으며 이들을 통해 이 세상을 구원하고 하나님 나라를 세우기를 원하셨습니다. 그러므로 제자 훈련은 소수 정예화 전략이며 그 소수를 통해 다수를 동력화 시키려는 것입니다. 오랫동안 교회는 예수님이 제자를 만들라고 하신 말씀의 진의를 바로 파악하지 못하고 단지 전도하라는 말로만 이해하였습니다. 그러나 선교 단체들을 통해 제자 훈련에 대한 새로운 이해와 도전이 시작되었으며 세월이 흐름에 따라 그들이 바로 보았다는 증거가 나타나고 있다. 이제 지역 교회 안에서도 제자 훈련을 시켜야 할 숙제가 남아 있습니다. 그리스도의 제자가 되지 않으면 현대 사회를 감당할 수 없을 것이며 제자 훈련을 통해 소수 정예화, 전 교회의 총력화를 시도할 수 있습니다.
자격요건: ① 제자훈련을 마친 자 ② 순장으로 봉사할 자 ③ 배우자의 동의를 받은 자

Without God life makes no sense (하나님 없이는 삶을 이해할 수 없다).
No matter how you may feel, You are who you are for a reason. (당신이 어떻게 느끼든, 당신이 당신이 된 것은 이유가 있습니다)

열린문교회의 비전

열린문 교회 비전
우리는 하나님 중심, 성경 중심, 교회 중심의 신앙을 신조로 삼고 그리스도의 마음으로 영혼을 사랑하며 수직전도로 대를 이어 신앙의 명문가정을 세우는 것과 수평전도로 지역과 나라와 민족과 세계를 복음화 하고자 한다.

열린문 교회 사명
진리로 가르치고 말씀을 전파하며 영혼을 치료하는 교회로서 가치관을 변화시키고 선교와 전도를 통해 지역을 변화시키는 일에 헌신한다.
  1. 하나님의 얼굴을 구하는 공동체
  2. 본질을 붙드는 공동체
  3. 기본에 충실한 공동체
  4. 예배를 사모하는 공동체
  5. 부흥을 갈망하는 공동체

경기도 용인시 처인구 양지면 양지로 163
교회전화 : 031-338-5357

Hallelujah!
꿈과 사랑의 햇볕이 가득한 양지교회

💙양지교회를 방문하신 모든 분들을 환영하며 주님의 은혜가 여러분의 가정과 사업 위에 충기를 바랍니다.

💙양지교회는 하나님의 꿈과 사랑의 햇살로 따뜻한 교회가 되기를 소원합니다.
성령님의 인도하심으로 기쁨과 웃음이 가득한 행복한 교회가 되기를 소원합니다.
상처 받고 소외된 심령 가운데 치유의 바람이 불어 소생케 하는 위로의 교회가 되기를 소원합

담임목사 윤 성 진

믿음의 선진들과 진실된 사역자들로 지금까지 이어져 나온 💙양지교회에 이제 새로운 소망의 기초석을 얹고자 합니다.
첫 걸음은 낯설고 어렵고 힘들겠지만 그러나 여럿이 함께 하면 설레고 흥분되고, 기쁨과 은혜가 가득하리라 믿습니다.
목회자 혼자도 아니고 몇몇 직분자 소수도 아니고 온 교우가 믿음의 형제와 자매로서 함께 나아가 각 가정과 일터와 이 에 새 바람을 일으키는 양지교회가 되기를 바랍니다.

이사야 11장의 말씀처럼 "이리가 어린양과 함께 거하며 표범이 어린 염소와 함께 누우며, 젖 먹는 아이가 독사의 구멍에서 난하며 젖뗀 어린 아이가 독사의 굴에 손을 넣는" 하늘 천국과 같은 교회!

삶의 모습과 형편은 달라도 함께 기뻐하고 함께 축복하고 함께 위로하는 그런 교회, 그런 가정, 그런 삶의 지경을 이루기 소원합니다.

하나님께서는 이를 위해 부르십니다!
저와 여러분을 부르십니다!!
저와 여러분을 이 양지동산으로 부르셔서 함께 이 일을 하시기를 원하십니다.

부름 받은 청지기로, 성령님의 인도하심에 따라 기쁨과 감사로 행복한 신앙생활을 할 수 있기를 바랍니다.

감사합니다.

담임목사 윤성진 목사

사진으로 본 양지교회 발자취

양지교회 교육과 양육
꿈과 사랑의 햇살이 가득한 양지교회

💙 **양지교회**는 주님이 주신 목적에 의해 움직이는 교회입니다.
💙 **양지교회**는 양육시스템으로 전도, 정착, 양육, 훈련, 재생산을 이루어 참된 신앙과 온전한 고백, 건강하고 행복한 신앙생활로 이끌어 가고자 합니다.

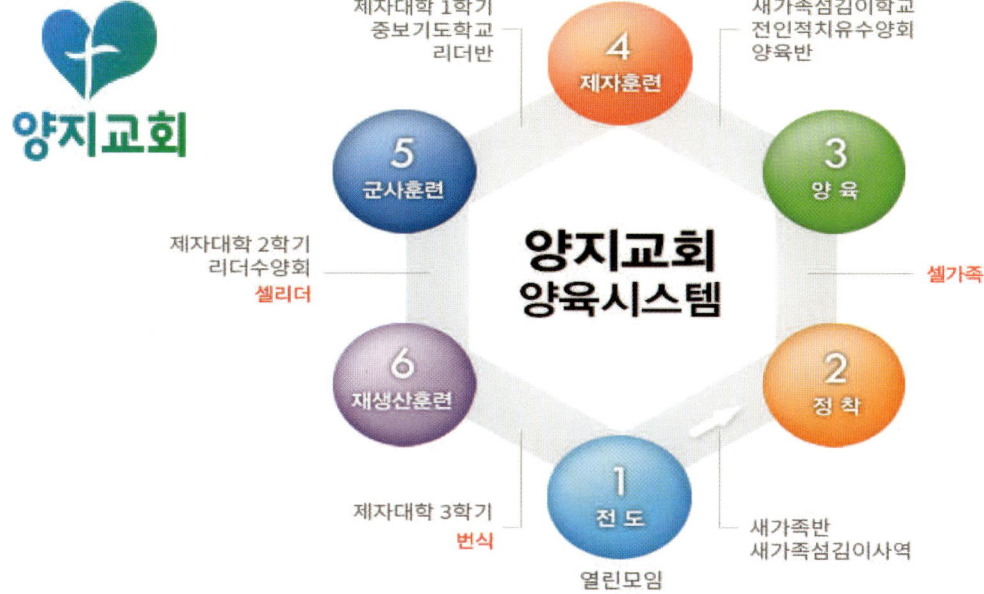

사랑과 행복과 섬김의 공동체에 여러분을 초대합니다.

💙 **양지교회 새가족반**

그리스도인으로서 구원받은 것에 대한 기쁨을 회복시켜주고, 다시 한번 구원의 확신을 갖도록 하며 교회생활의 중요성을 알게 되는 매우 중요한 과정입니다. 5주 동안 말씀으로 함께 하는 시간이 정말 알차고 소중한 경험으로 남을 것입니다.

💙 **양지교회 제자반 사역자반**

성경말씀을 통해서 교회 본질을 알게 되며, 잠자던 그리스도인의 소명감이 회복됩니다. 또한 그리스도인의 정체성이 더욱 확고해지며 그리스도인의 복음의 사명자로 한걸음 더 나아가게 될 것입니다. 양육과정 동안 목사님과 함께 하면서 예수 그리스도의 청지기로 조금씩 변화되는 자신을 발견하게 될 것입니다.

- 💙 **신구약 파노라마** : 신구약 파노라마는 잘 이해하기 힘든 이스라엘 역사의 이야기, 즉 성경을 전체적인 틀 안에서 그 흐름을 전달하고 있어 그나마 큰 틀의 성경을 가늠할 수 있는 귀한 자리가 됩니다. 혼란스러웠던 성경의 말씀을, 주요한 인물들의 의미와 장소, 사건 등을 연대순으로 정리하면서 하나님께서 보내신 사람들을 통해서 계획하신 구원의 역사를 배우게 됩니다. 또한 신약에서는 예수님께서 걸으셨던 곳을 함께 걸으며 복음서의 흐름을 익히고 초대교회의 기원과 성장을 배우는 시간이 될 것입니다.

- 💙 **성경통독** : 말씀은 생명이고 말씀은 능력입니다. 성경은 한번 보고 이해가 되는 영역이 아닙니다. 그러나 통독을 통하여 말씀을 이해하고 깨닫도록 하나님께서 인도하십니다. 그러므로 한번 통독의 기쁨을 통해 2~3번의 통독으로 쉽게 갈 수 있는 인도자 구실을 할 수 있을 것입니다.

- 💙 **전도학교** : 전도학교는 우리에게 주시는 이 땅의 가장 귀한 사명인 영혼 구원에 대해서 깊이있게 성찰하도록 하고 있습니다. 전도는 막연하게나마 하는 것도 아니고 달란트가 있어서 하는 것도 아닙니다. 주신 지혜와 은혜로 감당하는 것이며 영혼 구원을 통하여 본인의 영적 열매까지 주시는 은혜를 체험케 하십니다. 귀한 시간 함께 하시기 바랍니다.

- 💙 **중보기도학교** : 중보기도학교는 기도의 축복자들을 세우는 과정입니다. 기도는 성도의 의무이자 특권입니다. 우리는 기도를 통해 하나님의 능력과 그 삶의 주인되시는 하나님의 임재를 경험할 수 있습니다. 또한 중보기도는 하나님의 역사를 이루는 거룩한 사명입니다. 중보기도자는 영적 전쟁에 있어 기도의 용사로서 역할을 감당하는 귀한 사명을 갖고 있습니다. 그러한 영적 용사가 되어 각자의 삶과 가정과 일터, 교회에서 하나님의 기적을 일궈나가기를 소원합니다.

- 💙 **부부행복학교** : 부부행복학교는 건강하고 행복한 가정을 세우는 데 목적이 있습니다. 행복한 가정을 세우는 가장 확실하고도 성공적인 방법은 바로 하나님께서 제시한 결혼 생활의 청사진을 따르는 것입니다. 그러므로 하나님이 말씀하신 원칙을 통하여 우리의 삶과 가정에 적용을 시켜나갈 때 변화되는 가정의 모습을 경험하게 될 것입니다. 이 과정은 젊은이들과 이미 가정을 이룬 부부들 모두에게 하나님께서 주시는 은혜의 장이 될 줄로 믿습니다.

대한예수교 장로회 화광교회

(16979) 경기도 용인시 기흥구 강남동로123 | Tel: 031-281-9192~3

여러분에게 주님의 은총이 가득하기를 기도합니다.

담임목사 윤 호 균
전세계 230 여개국에 복음을 전하는 세계적인 방송설교가
● 칼빈대학교 석좌교수 ● 성산수양관 원장
● 화광교회 당회장

사랑합니다!
화광교회를 통해 만나는 많은 손길과 아름다운 교제 속에 하나님의 사랑이 전해지기를 소망해 봅니다.

독수리 타법을 시작으로 화광 21의 시작을 함께 했습니다.
많은 시간이 지나고, 화광 21이 새로운 모습으로 몇 번인가 옷을 갈아입고, 많은 이야기들과 추억을 쌓았습니다.

독수리 타법도 조금씩 발전하여 지금은 불편함 없이 온라인의 문화적 혜택을 누리게도 되었습니다. 바쁜 일정탓에 매일은 못 들어오지만 화광21을 통해 중보와 상담 요청의 많은 게시물들을 보고 답변하며 오프라인에서는 또 다른 시선과 마음으로 다가가게 됨을 느낍니다.

교회가 부흥을 거듭하고, 많은 발걸음들이 함께하며 시간이 없고, 한정적인 조건들로 화광의 가족들을 한 분 한 분 보듬지 못하는 것은 아닐까 하는 염려들이 있습니다. 하지만, 화광21을 통해 그런 아쉬움들과 염려들을 조금이나마 덜 수 있을 것이라 소망합니다.

화광21! 화광교회의 또 다른 아름다운 교제를 통해 화광의 가족들이 더욱 굳건하게 하나 되고, 서로의 관계를 아름답게 펼쳐나가며, 모습들이 하나님의 사랑과 평안을 전할 수 있는 또 하나의 장으로 거듭날 수 있기를 바랍니다.
앞으로 화광21의 발걸음이 많은 이들에게 말씀을 전하고, 사랑을 전하고, 아름다운 관계의 모습을 보이고 선한 영향력을 세계 열방에 할 수 있기를 간절히 기도하고 소망하겠습니다.

사랑 목회
개인주의가 팽배하고 극단적인 이기주의로 인해 현 시대는 많은 어려움과 문제를 갖고 있습니다. 사랑의 목회를 통하여 가족 구성원과의 사랑과 이웃 간의 사랑과 전 세계 열방과의 사랑으로 주님의 영광을 나타내고자 합니다.

나눔 목회
세상의 많은 자들은 항상 더 갖기를 원합니다. 남보다 더 많이 갖고자 노력합니다. 또한 두 손 가득 갖고 있는 것을 쉽게 펴 보이지도 않습니다. 그러나 나눔 목회를 통하여 나의 것을 나누고, 교회 것을 아낌없이 나눔으로 인하여 전 세계 열방과의 어려운 모든 족속에게 주님의 말씀 사랑과 도움을 나누어 줄 것입니다.

실천목회
머리속에 심령 속에 아무리 뛰어난 계획과 지혜를 품고 있다 할지라도 실천하지 않는다면 그 모든 것은 헛 될 뿐입니다. 실천목회를 통하여 모든 설교 말씀은 행할 수 있는 믿음으로 이어지고 성도의 생활 속에서 주님의 향기를 품은 자들이 될 수 있도록 인도할 것입니다.

중보기도
나와 내 가족만을 위하여 기도를 하는 것이 아니라 넘어진 자를 위하여 교회와 목사님을 위하여 선교를 위하여 기도하여 중보기도의 뜨거운 체험을 통해 개인주의적인 기도를 버리며 기도와 축복 또한 나누는 것임을 알아가는 것입니다.

목회철학 사랑목회 / 나눔목회 / 실천목회 / 중보기도
"사랑하는 자들아, 하나님이 이같이 우리를 사랑하셨은즉 우리도 서로 사랑하는 것이 마땅하도다."

화광교회

화광교회의 예배는 현대의 정서와 다양한 음악적 표현과 경배를 통해 이루어집니다.
뜨거운 찬양과 더불어 살아있는 하나님의 말씀이 선포되는 역동적인 예배를 추구합니다.
즉, 성경 말씀에 든든히 기초를 두면서 생생한 삶의 현장에 직접 연결되는 메시지가 선포되는 예배인 것입니다.

화광교회는 체계적인 성경공부와 NANUM의 비전 행함으로 성도들을 훈련하고 양육합니다. 화광의 성도들은 누구나
NANUM(나누미)가 되어 지역사회와 이웃을 향한 봉사와 헌신을 통하여 진정한 성도로 거듭나기 위해 노력하고 있습니다.
화광교회는 오직 하나님께서 주신 성령과 말씀에 따라 운영되어지고 섬기는 보수적인 교회입니다.
화광교회는 교회와 교회 성도만을 위해 존재하는 것이 아니라 사회 심층의 약한 자를 위해 존재하며 주님을 알지 못하는
자들에게 도움의 손을 내밀어 잡아줄 수 있는 사랑이 가득한 교회가 되도록 노력하는 곳입니다.
화광교회는 모든 사역에 있어 가정복음화를 우선으로 합니다.
현대 문명의 발달로 인해 많은 가족들이 눈을 마주하고 앉아 이야기하고,
사랑을 나누는 것보다 서로의 세계와 공간에 빠져 가정 속에서의 아름다움을

화광교회는 가정이 살아야 교회가 살 수 있다고 생각합니다.
그렇기에 모든 사역의 시작이 가정이라는 것에 중점을 두고 가정 복음화를
위해 기도하고 활동하고 있습니다.
가정이 온전해야 교회도 온전하다는 것을 목표삼아 각 가정의 구성원들이
하나님의 사랑 안에 하나가 되고 나아갈 수 있도록 말씀과 교육과
훈련으로 발맞추고 있습니다.
가정복음화를 통해 민족 복음화와 세계 복음화를 추구하는 것이
화광교회가 꿈꾸는 모습입니다.

또한, **화광교회**는 민족복음화와 세계복음화를 위해 700명의
선교사 파송을 기도하고 준비하고 있습니다.
우리의 꿈은 주님의 복음을 전파하기 위해 우리가 가진 것을
아낌없이 내어주고 좌절하고 절망과 고통가운데 있는
세상 모두의 형제들에게 격려와 희망과 용서와 용납으로
그들 심령 속에 다가가는 것입니다. 우리는 믿습니다.
우리의 꿈이 화광의 꿈이 주님의 뜻 안에서 이루어지고
아름답게 빛날 것임을 말입니다.

화광교회 예배는
현대의 정서와 다양한 음악적 표현과 경배를 통해 이루어집니다.
뜨거운 찬양과 더불어 살아있는 하나님의 말씀이 선포되는 역동적인
예배를 추구합니다. 즉, 성경 말씀에 든든히 기초를 두면서 생생한
삶의 현장에 직접 연결되는 메시지가 선포되는 예배인 것입니다.

세상을 향한 큰 발걸음 비전센타

화광교회가 걸어 온 길은 **하나님의 기적**이라 말 할 수 있습니다.
하나님의 축복이라 말 할 수 있습니다.

모든 것이 다 **하나님이 우리에게 보이신 기적**이었기에
화광교회는 언제나 뛰는 가슴으로 그 역사 속에 함께 하였습니다.

화광 비전센터는
화광의 VISION인 NANUM이
현실적이고도 가까운 체감 온도로 다가가는 곳으로 운영될 것입니다.
함께 자연 속에서 뛰놀고, 함께 웃고 웃으며
상한 마음과 지친 일상을 은혜로이 풀어내며
아픈 이들의 상처를 보듬고, 다친 이들에게 위로를 전하는 곳이 되어
누구에게나 즐겁고 유쾌한 기독교 문화의 장으로 다가설 것입니다.

새로이 격변하는 세상 속에서
언제나 우직하게 말씀과 그 성령 가운데 뿌리박은 영성으로
세상의 작지만 큰 빛이 되는
화광 비전센터가 될 것을 약속드립니다.

한국기독교장로회 신갈장로교회

담임목사 이광수
- 한신대학교 신학과 졸업
- 한신대학교 신학대학원 졸업
- 영국 버밍햄 Saly Oak(셀리옥)대학 선교대학원 수료
- 한신대학교 신학전문대학원 졸업 목회학박사(D.Min)
- 백석포교회 전도사역임
- 목사임직(대전노회)
- 전주중앙교회 부목사역임
- 태양교회 담임목사
- 새샘교회 담임목사
- 전 한신대학교 신학대학원 외래교수 역임
- 현 신갈장로교회 담임목사
- 저서: 소그룹이 살아야 교회가 건강해진다

신갈장로교회는 우리 영혼의 안식처입니다.
그러므로 좋은 교회를 만난다는 것은 인생의 큰 축복입니다.
신갈장로교회는 이 세상 속에서 지친 영혼, 피곤한 영혼, 상처받은 영혼들에게 평안한 안식과 쉼을 주는 곳이며, 말씀과 찬양으로 세우고 회복시키고 치유하는 교회입니다.
신갈장로교회는 큰 비전을 가진 교회입니다.
신갈장로교회의 비전은 아래와 같습니다.

> *영적인 감동이 충만한 예배 공동체*
> *사랑이 풍성히 넘치는 친교 공동체*
> *주님의 제자로 세우는 훈련 공동체*
> *미래의 리더를 키우는 양육 공동체*
> *복음을 전하여 살리는 생명 공동체*
> *주님의 사랑을 나누는 섬김 공동체*
> *기독교 문화를 만드는 문화 공동체*
> *하나님의 나라를 일구는 선교 공동체*

신갈장로교회는 대그룹과 소그룹의 두 날개로 비상하는 건강한 교회이며, 성령의 아홉가지 열매를 주렁주렁 맺는 멋있는 성도들이 가득하며, 즐거움과 기쁨 그리고 감사와 자원함으로 행복한 사역을 하는 성도들로 넘칩니다.

여러분을 신갈장로교회로 초대합니다.
여러분 인생의 좋은 동반자가 되길 원합니다.
여러분의 비전을 이루기 위한 좋은 안내자가 되길 원합니다.

신갈장로교회의 가정교회 비전 선언문

세상을 품고 세상을 살리는 교회!

- **공동체 회복 운동** : 우리는 가정교회를 통하여 하나님이 원하시는 아름다운 공동체를 회복합니다.
- **평신도 사역 운동** : 우리는 가정교회를 통하여 전교인이 함께 동등한 사역을 합니다.
- **전교인 제자 운동** : 우리는 가정교회를 통하여 예수님의 참된 제자가 되기를 원합니다.
- **하나님 나라 운동** : 우리는 가정교회를 통하여 생명살림 운동과 사랑나눔 운동을 합니다.

한국기독교 장로회 신갈장로교회

■ 선교적 공동체 운동을 지향하는 교회 ■

아버지께서 나를 보내신 것 같이 나도 너희를 보내노라
(요한복음 20:21; 마 5:13-16, 요 3:16)

1) 세상을 품는 교회 : 타자를 위한 교회(흩어지는 교회 강조).
2) 살리는 교회 : 사랑과 정의, 화해와 평화 그리고 생명이 살아 숨 쉬는 샬롬의 공동체.
3) 교회 : 건물이 아닌 공동체 운동 강조.
   * 교회란 무엇인가? 교회는 예수 그리스도를 주(主)로 믿는 사람들의 공동체이다.
     (에클레시아 : 대중 속에서 불러냄을 받은 사람들이라는 뜻이다)
     -) 즉 교회는 '건물'이 아니라 '믿음의 공동체'이다.

교회는 항상 갱신하고 변화되어야 한다.
그렇지 않으면, 썩은 고인물이 되게 마련이다. 내년(2020)은 교회창립 90주년이다.
90주년이라고 하면, 왠지 모르게 정체된 교회의 이미지가 강하게 느껴진다.
교회는 본질에 충실하면서 동시에 비본질적인 부분에서는 끊임없는 변화가 시도되어야 한다.

또한 향후 100주년(신갈비전 2030)을 내다보면서 신갈장로교회는 늙어가는 교회, 과거를 추억만 하는 교회가 아니라 '오늘보다 미래가 더 희망적인 교회'가 되기 위해 더욱 더 '본질을 추구하는 교회'를 지향하고자 한다.
그래서 '하나님의 선교'(missio dei)에 동참하여 이 땅에서 하나님의 나라를 이루어가는 '선교적 공동체'가 되어 '하나님께는 영광'을 돌리고, '세상에는 소망'을 주는 교회가 되고자 한다.

신갈장로교회의 2030 선교비전 - 5대 사역운동

■ **예수 닮기 운동 : 신앙의 본질 추구**
  • 말씀을 통해 하나님의 뜻 분별하기
  • 기도를 통해 하나님과의 친밀한 교제 나누기
  • 예수님처럼 성숙한 신앙과 인격 형성하기

■ **신앙 계승 운동 : 다음 세대 세우기**
  • 하나님 나라의 가치관을 가진 다음 세대 세우기
  • 하부루타를 통한 가정신앙교육 형성
  • 교회학교 활성화: 다음 세대들이 신앙의 전통 이어가기

■ **생명살림 운동**
  • 영혼을 구원하기
  • 생명의 문화를 만들기
  • 창조질서를 보전하기

■ **사랑 나눔 운동**
  • 그리스도의 사랑을 내가 먼저 누리기
  • 그리스도의 사랑을 이웃에게 나누기
  • 신갈종합복지센타를 통해 구체적으로 실천하기

■ **하나님 나라 운동: 선교적 공동체 지향**
  • 사랑과 정의, 화해와 평화가 넘치는 세상만들기
  • 더불어 살아가는 샬롬의 공동체 형성
  • 내 삶의 자리를 하나님 나라로 만들기
  • 세상을 하나님 나라로 만들기(가정, 직장, 사업장, 세상)

대한예수교장로회 구성중앙교회

하나님의 말씀과 성령의 역사가 흐르는
구성중앙교회는
대한 예수교 장로회(합동, 총신대학교)
용인노회에 소속된 건강한 교회입니다
담임목사 **이 기 봉**

구성중앙교회의 푯대

구성중앙교회는 하나님 중심, 성경 중심, 교회 중심의 신앙을 신조로 삼고, 예수 그리스도의 사역과 명령에 따라 지역과 나라와 민족과 세계를 복음화 하고자 합니다. 이를 위하여 **구성중앙교회**는 진리로 가르치고 말씀을 전파하며 영혼을 치료하는 교회로서 가치관을 변화시키고 섬김과 봉사를 통해 지역을 변화시키기는 일에 헌신할 것입니다.

Preaching
전도하는 교회
우리는 복음을
전파하고

Teaching
가르치는 교회
우리는 말씀을
가르치고

Healing
치료하는 교회
우리는 사람을
치유한다.

구성중앙교회는 예수님의 대위임명령(Great Commission)을 이룰 것입니다.
모든 족속으로 제자삼고, 세례를 주고, 가르쳐 지키게 할 것입니다.

대한예수교장로회(합동)
구성중앙교회

(16919) 경기도 용인시 기흥구 구성로 64번길 9-5 구성중앙교회

 구성중앙교회의 비전

영적인 훈련으로 하나님의 일꾼을 세우는 교회
사람을 새롭게 하자!
교회를 새롭게 하자!
세계를 새롭게 하자!

 구성중앙교회의 사역소개

전도와 양육 (천하보다 귀한 한 영혼을 하나님께로 인도하고, 예수님의 마음을 품고 한 영혼을 양육한다.)

전도 폭발 훈련(개척기-2002년까지)
"인자가 온 것은 잃어버린 자를 찾아 구원하려 함이니라." (누가복음 19:10)
주님의 지상명령(복음전파)을 이룹니다. 교회 내 평신도들로 하여금 개인전도 사역을 감당케 하는 전도훈련입니다.

Alpha & COME (2002-2005년까지)
새 가족 초청을 위한 전도프로그램입니다.
새 가족을 위한 아름다운 데코와 하나님, 예수님, 성령님에 대한 토크 후 편안한 교제와 다과를 나누며 예수님의 사랑과 복음을 전합니다.

컴(COME) (2006년-현재까지)
우리 가까이에 있는 사람에게 예수님의 사랑을 전합니다. 관계성 전도모임으로 관계 맺기를 하고, 컴 공과모임(4주)을 이루어서 돕습니다. 컴이 끝나고, 주일 C & S(Come & See) 데이에 초청하여 예수님을 영접하고 교회에 등록하도록 하는 관계 맺기 전도방법입니다. 동키전도, 와 보라 전도, 311전도를 통해서 교회주변 지역에 복음을 전하므로 선한 영향력을 미칩니다.

구성중앙교회는 예수님께서 공생애 사역기간에 하신 것처럼
전도하고 가르치고 치유하는 교회가 되는 목표를 실현함으로 주님을 기쁘시게 하는 교회가 되고자 합니다.
특히 구성중앙교회는 전도를 통하여
회에 정착한 새 가족들이 잘 양육 받아 예수님의 또 다른 제자로 세워지도록 체계적인 양육훈련을 합니다.

1단계: 우리 교회 알아가기
컴을 통해 교회에 정착하고 6개월 간 꾸준히 교회와 셀에 출석한 성도님들을 대상으로 교회의 비전과 하나님의 부르심, 교회생활에 대해 담임목사님과 함께 5주간의 〈우리 교회 알아가기〉를 진행하게 됩니다.

2단계: 성령치유회복 수련회 (Healing and Restoration : HR)
Come을 통해서 예수님의 복음을 듣고 Come & See day에 예수님을 영접한 분들은 1박 2일의 HR(성령치유회복 Healing and Restoration) 수련회로 인도하게 됩니다.

3단계: 일대일 성경공부
구성중앙교회에서 제자가 되기 위한 양육과정에 있어서 일대일 성경공부는 매우 큰 비중을 차지합니다. 교재로는 신앙과 제자훈련의 기초를 바르게 세워주는 「머릿돌」이 있고, 우리의 구원을 위해서 그리고 우리 인생의 모든 실제적인 문제를 해결 받을 수 있도록 도와주는 「예수님을 만난 사람들(일명 예만사)」이 있습니다. 또한 교회 생활을 잘할 수 있도록 안내해주는 「교회생활 가이드」가 있습니다.

4단계: 동역자 가이드와 5단계: 리더수련회
제자훈련 양육을 위해서 강조되는 것은 어떤 규격화된 프로그램 식 훈련보다도 매 주간 예배를 통해서 선포되는 말씀을 받고 사역현장인 셀(Cell) 안에서 부딪히면서 이전 자신들의 틀과 습관들이 깨뜨려지고 예수님의 제자로 준비되어 가는 것입니다. 또한 1년에 1-2회 셀 리더들을 대상으로 하는 리더 수련회는 리더로 섬기는 것이 일이 되지 않고 하나님의 기쁨과 상급이 될 수 있도록 인도해 줍니다.

정암교회
주소 : 경기도 용인시 기흥구 동백5로 92번길 3-17
전화번호 : 031-897-0191

Hallelujah!

담임목사 이 동 환

이 땅의 희망은 오직 예수 그리스도 한 분 뿐입니다.
우리의 열정도 아니고 우리의 도덕이나 선함도 우리의 희망이 될 수 없습니다.

우리 **정암교회**는 소망이 되신 예수님을 노래합니다.
냉혹한 도시를 향해 희망을 노래합니다.
낙망한 영혼, 상한 심령, 깨진 가정, 무너진 캠퍼스, 처절한 직장에서 오늘도 견뎌내는 모든 이들에게 희망을 노래합니다.
아직 소망은 있습니다.
누구라고 예수 앞에 나오면 절망은 소망으로 바뀝니다.

그리고 동행을 이야기 하고 싶습니다.
가난한 영혼, 소외된 이웃과 함께 희망의 길을 걷고 싶습니다.
예수님께서 열어놓으신 생명의 길을 함께 걷고자 합니다.
이를 위해 저희 **정암교회**는 낮은 자리로 더 내려가겠습니다.
말씀에 충실하며, 본질을 붙들고, 예배에 목숨 걸며, 지역을 섬기는 교회가 되려고 합니다.
우리는 행복한 예수님의 사람입니다.
이 자리에 여러분을 초대합니다.

정암교회 소개

정암교회는 '기독교 대한 감리회' 교단에 소속된 교회입니다
우리는 하늘 가는 사람들
정암교회는 경건의 능력을 가지고 있으며,
경건의 능력을 구하는 이들이 함께 기도하고,
권면의 말씀을 듣고, 사랑 안에서 서로 살펴
"구원을 이루는 데 서로를 돕기 위해 연합한 모임"에 다름 아니다.

정암 교회 비전
우리는 하나님 중심, 성경 중심, 교회 중심의 신앙을 신조로 삼고 그리스도의 마음으로 영혼을 사랑하며 수직전도로 대를 이어 신앙의 명문가정을 세우는 것과 수평전도로 지역과 나라와 민족과 세계를 복음화 하고자 한다.

정암 교회 사명
진리로 가르치고 말씀을 전파하며 영혼을 치료하는 교회로서 가치관을 변화시키고 선교와 전도를 통해 지역을 변화시키는 일에 헌신한다.

1. 하나님의 얼굴을 구하는 공동체
2. 본질을 붙드는 공동체
3. 기본에 충실한 공동체
4. 예배를 사모하는 공동체
5. 부흥을 갈망하는 공동체

정암교회 소개

사랑과 행복과 섬김의 공동체에 여러분을 초대합니다.

정암 교회는 가정을 회복하는 공동체
현대의 무너진 신앙교육을 회복하여, 가정이 행복하고, 신앙생활이 즐겁고 행복한 믿음의 4대 가문을 이루는 것입니다.

정암 교회는 예배하는 공동체
영과 진리로 예배하고, 삶 속에서 예배도 승리하여, 세상에서 빛과 소금의 역할을 감당하는 것입니다.
"나의 밤 낮 간구하는 가운데 쉬지 않고 너를 생각하여 청결한 양심으로 조상 적부터 섬겨오는 하나님께 감사하고 네 눈물을 생각하여 너 보기를 원함은 내 기쁨이 가득하게 하려 함이니 이는 네 속에 거짓이 없는 믿음을 생각함이라" (딤후 1:3~5)

정암 교회는 훈련하는 공동체
복음을 삶 속에서 살아내기 위해서 하나님과 관계훈련, 인간과의 섬김 훈련으로, 끊임없이 가르치고 배우고 훈련하는 것입니다.

정암 교회는 다음세대들 살리는 공동체
믿음의 2세들을 양육하고, 청소년과 청년들을 말씀으로 양육하여 자신의 전문성과 영성을 가지고 세상으로 나아가는 것입니다.

정암 교회는 이웃을 사랑하는 공동체
지역사회의 연약한 자를 섬기고, 비신자들을 편하게 교회에서 쉴 수 있는 문화를 선도하는 교회가 되는 것입니다.

정암 교회는 땅 끝까지 복음 증거하는 공동체
하나님의 사랑과 이웃 사랑의 비전을 가지고, 기흥 지역사회와 북한, 중국, 땅 끝까지 복음 증거하는 일에 쓰임 받는 교회가 되는 것입니다.

HIS (한 인터네셔날 스쿨)

Han International School(이하 HIS)은 말레이시아의 유엔 난민 기구 산하에 있는 국제 난민 학교입니다.
유엔과 난민 보호 협정을 체결하고 있는 말레이시아에는 현재 미얀마, 방글라데시, 카자흐스탄, 네팔 등 여러 나라의 난민들이 넘어와 거주하고 있습니다.
종교, 정치, 사회적인 문제로 인하여 가장 기본적인 안전에 대한 위협과 폭행, 불확실한 미래로부터 새로운 삶에 대한 희망을 품고 넘어온 사람들입니다.

이러한 난민들에게 있어 교육의 중요성은 아무리 강조해도 지나치지 않을 것입니다. 그런데 문제는 난민 신분으로써는 말레이시아의 학교에는 입학이 되질 않습니다.
그래서 자신들의 자녀들을 위해서 학교를 스스로 운영해 왔습니다. 하지만 난민들이 스스로 학교를 운영하다 보니, 학교에 따라서 교육이 제대로 이루어지지 않는 실정입니다.
이러한 가운데, HIS는 경기연회 정암교회의 기도와 후원으로 지난 2016년 6월, 새롭게 설립된 학교입니다.

하나님을 의미하는 '한',
앞으로 여러 나라의 난민 학생들로 채워질 학교가 **하나님의 사랑으로 하나가 되기를 의미하는 '한'**,
한 민족인 한국 교회와 선교사의 헌신으로 세워졌다는 의미를 가지고 '한 국제 학교'가 설립되었습니다.
현재 약 80여명의 학생들이 HIS에서 교육을 받고 있으며, 기독교의 사랑 안에서 하나님의 귀한 일꾼으로 성장해 갈 수 있도록 열심히 교육해 나가고 있습니다.

말레이시아에는 도움의 손길을 기다리고 있는 난민 학교들이 많이 있습니다.
배고픔에 시달리는 아이들도 있고, 질병 때문에 고통당하는 아이들도 있습니다.
비록 지금은 난민이라는 신분으로 인해 많은 불이익과 불평등, 어려움 등을 겪고 있지만 이들을 우리 주님의 마음과 사랑으로 잘 가르칠 수만 있다면 이들을 통해 많은 일들을 이루실 줄 믿습니다.

Han Internarional School in Malaysia(Refuge School under UNHCR)
Director of HIS. Daniel Han. 한희석 선교사

소망과 꿈이 살아 기쁨의 춤을 추는 교회

아름다운우리교회
Our Beautiful Church

경기도 용인시 기흥구 동백7로 87(동백동 597-2)
전화 : 031-284-7919, 031-755-0691 팩스 : 031-889-7913

Hallelujah!

주님의 이름으로 사랑하고 축복합니다.
아름다운우리교회는 복음이 실재가 된 청년들이 중심이 되어
움직이는 청년 중심의 젊은 교회입니다.

2007년 18명의 헌신된 청년들과 함께 개척해서
마지막 이 세대에 교회를 교회되게 하고 예배를 예배되게 하며
민족과 열방에 복음을 전하는 선교 중심의 교회로 성장했습니다.

필리핀을 중심으로 한 아시아 선교와
이태리를 중심으로 한 유럽선교의 사명을 감당하고 있으며
주님 다시 오시는 그날까지 복음 전하는 것을 사명으로 여기며
지금도 각 나라에 선교센터와 교회를 개척하며 걸어가고 있는
성령 충만한 교회입니다.

특별히 청년사역에 중점을 두어 열방의 청년들과 함께
각 나라와 지역의 교회들을 섬기고 예배를 세우며
복음이 없는 지역을 다니며 복음을 전하는
사역에 목숨을 걸고 있습니다.

또한 유럽 교단들과 연합하여 유럽 재복음화에 힘을 쓰고 있으며
흩어진 한인 디아스포라 사역을 위해서도 일하고 있습니다.
현재 한국에서는 무너져가는 청년 사역과 예배 사역을 세우는 데
사명을 두고 걸어가고 있습니다.

아름다운우리교회는 소망과 꿈이 살아 기쁨의 춤을 추는 교회이며
예배 가운데 하나님과의 멋진 만남과 감격이 있는
성령 충만한 교회입니다.
이 교회에 당신을 초대합니다.
그리고 당신과 함께 하나님의 나라를 세워가는 축복이 있길
간절히 소망합니다.

담임목사 이 동 훈

아름다운우리교회 담임목사

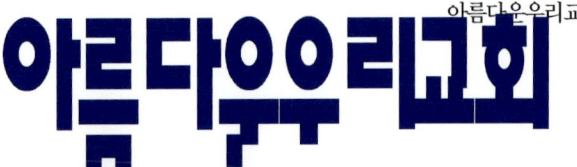

기독교대한하나님의성회(순복음)
아름다운우리교회
Our Beautiful Church

> 성령이 너희에게 임하시면 너희가 권능을 받고
> 예루살렘과 온 유대와 사마리아와 땅 끝까지 이르러
> 증인이 되리라 하시니라.
>
> 사도행전 1장 8절

아름다운우리교회 사역소개

아름다운우리교회는 민족과 열방의 사도로서의 사명을 받고 세워진 교회

아름다운우리교회는 민족과 열방의 사도로서의 사명을 받고 세워진 교회입니다. 개척 초기부터 필리핀을 시작으로 인도네시아, 싱가포르, 일본, 말레이시아, 대만, 이탈리아 등 많은 나라를 예배로 선교하고 있습니다. 2007년 필리핀에서 첫 'Korea Worship Festival (KWF)'을 개최한 이래, 매년 선교를 위하여 밟는 땅에서 이 예배로 하나님나라를 선포하며 복음을 전하고 있습니다. 필리핀 지성전(OBCP)과 이탈리아 성전(OBCI)을 베이스기지로 하여 지속적으로 아시아, 유럽 및 아프리카, 그리고 미국 등 전 세계에 이 예배 사역을 세워 나갈 것입니다.

현지 목사님과 선교사님들을 돕는 사역과 더불어 현지 가난한 어린이들을 교육시키는 사역

그리고 현지 목사님과 선교사님들을 돕는 사역과 더불어 현지 가난한 어린이들을 교육시키는 사역을 감당하고 있습니다. 현재 필리핀 지성전의 'Education Mission for Global Leaders (EMGL)' 사역이 그 중 하나입니다. 2008년 1기로 양육된 어린이들이 자라나 지금은 대학생이 되어 교회학교 교사로서 다음 기의 EMGL 어린이들을 가르치고 있습니다.

가난하고 소외된 자들에게 복음과 구제사역

또한, 가난하고 소외된 자들에게 복음과 함께 음식과 의복, 의료 서비스를 제공하는 구제 사역도 감당하고 있습니다. 특히, 필리핀 성도님들의 경제적 자립을 위하여 사업자금을 대출해주는 사회적기업(OBCSE) 사역이 진행 중에 있습니다. 계속적으로 가난한 나라들을 섬기며 그들이 예수로 말미암아 복된 삶을 살 수 있도록 기도할 것입니다.

하나님의 문화를 만들어 세상에 전하기

하나님은 우리 크리스천들이 문화를 정복하길 원하십니다. 아름다운우리교회는 아름다운 하나님의 문화를 만들어 세상에 전함으로써 이 세상을 아름답게 변화시키길 소망합니다. 현재 OBC Choir의 자선음악회, 유럽에서의 Gospel Music Festival(GMF), 워십스튜디오를 통한 워십교육, 음반녹음 등 많은 문화사역을 감당하고 있습니다. 앞으로도 복음이 녹아 든 문서와 서적, 영상과 음반 제작을 통하여 예수를 증거함으로 거룩한 문화를 회복시켜 나갈 것입니다.

이 아름다운 사역에 함께 동역할 하나님의 사람들이 필요합니다.
기도와 물질로 함께 동역하기 원하시는 분들은 교회로 연락주시기 바랍니다.

E.M.G.L Ministry
(Education Mission for Global Leaders)

EMGL 사역은 아시아의 가난한 나라 아이들을 대학까지 공부시켜 열방에 크리스천 리더들로 세우는 교육선교 사역입니다.

2007년 교회가 개척되고 어려운 가운데 있었지만 하나님께서는 필리핀 선교를 명령하셨고 그 곳에서의 첫 사역의 시작을 바로 이 EMGL사역으로 하게 하셨습니다.

한국성도들이 1대1로 아이들을 위해 기도하며 장학금을 지급하고 우리 청년들이 평신도 사역자로 현지에 날아가 자비량 장기 선교사로 1년 2년씩 헌신하며 아이들을 위한 Saturday School 을 열어 영어, 수학, 과학, 음악, 한글 등을 가르치며 공부를 돕고 또 그 아이들의 가정을 돌보며 예배를 세우는 사역입니다.

현재는 총 29명의 EMGL아이들이 훈련되고 있으며, 이 중에는 필리핀 최고 대학에서 신학을 비롯한 경제, 의학, 과학 등 다양한 분야를 전공하는 대학생들도 있습니다.

현재 이 사역은 다른 아시아 지역으로 이어지고 있으며, 온 열방에 EMGL 사역을 통한 크리스천 리더들이 세워지고 이들이 자신의 민족과 나라를 뛰어넘어 열방의 선교사로 일어서게 될 줄 믿습니다.

여러분 중 이 사역에 기도와 물질로 함께 동역하길 원하시는 분들이 계시다면 교회로 연락주시기 바랍니다.
하나님 나라의 많은 동역자들이 필요합니다.

대한예수교장로회 모현소망교회

모현소망교회 경기도 용인시 처인구 모현면 오산리 2332번지
Tel

Hallelujah!

담임목사 이 동 호

이 땅의 희망은 오직 예수 그리스도 한 분 뿐입니다.
우리의 열정도 아니고 우리의 도덕이나 선함도 우리의 희망이 될 수 없습니다.

우리 아이네오교회는 소망이 되신 예수님을 노래합니다.
냉혹한 도시를 향해 희망을 노래합니다.
낙망한 영혼, 상한 심령, 깨진 가정, 무너진 캠퍼스, 처절한 직장에서 오늘도 견뎌내는 모든 이들에게 희망을 노래합니다. 아직 소망은 있습니다.
누구라고 예수 앞에 나오면 절망은 소망으로 바뀝니다.

그리고 동행을 이야기 하고 싶습니다.
가난한 영혼, 소외된 이웃과 함께 희망의 길을 걷고 싶습니다.
예수님께서 열어놓으신 생명의 길을 함께 걷고자 합니다.
이를 위해 저희 아이네오교회는 낮은 자리로 더 내려가겠습니다.
말씀에 충실하며, 본질을 붙들고, 예배에 목숨 걸며, 지역을 섬기는 교회가 되려고 합니다.
우리는 행복한 예수님의 사람입니다. 이 자리에 여러분을 초대합니다.

모현소망교회의 비전과 사명

모현소망 교회 비전
우리는 하나님 중심, 성경 중심, 교회 중심의 신앙을 신조로 삼고 그리스도의 마음으로 영혼을 사랑하며 수직전도로 대를 이어 신앙의 명문가정을 세우는 것과 수평전도로 지역과 나라와 민족과 세계를 복음화 하고자 한다.

모현소망 교회 사명
진리로 가르치고 말씀을 전파하며 영혼을 치료하는 교회로서 가치관을 변화시키고 선교와 전도를 통해 지역을 변화시키기는 일에 헌신한다.

1. 하나님의 얼굴을 구하는 공동체
2. 본질을 붙드는 공동체
3. 기본에 충실한 공동체
4. 예배를 사모하는 공동체
5. 부흥을 갈망하는 공동체

모현소망교회는?

MOHYEON SOMANG CHURCH

우리 **모현소망교회**는
'**모든 족속으로 제자를 삼으라**'는 주님의 지상명령에 순종하여
2001년 12월 20일에 설립되어 대한 예수교 장로회 합동측(서울 사당동 총신대학교) 용인노회에 속한 교회입니다.

복음전파를 주님의 명령으로 알고 지역사회가 행복한 예수님 가정, 예수님 마을이 되기를 기도하는 거룩한 소망을 가지고 세워졌습니다.
예수님의 온전한 제자 되어 세상을 변화시키는 생명의 공동체로서 이웃의 진정한 소금과 빛이 되어 참 행복을 주는 교회이고자 합니다.

담임목사는 총신대 신학대학원과 미국 FAITH 신학(교육학 박사)을 졸업하고
서울 청량교회와 분당 남서울비전교회 등 중대형 교회에서 부목 사역을 했으며,
한국통신 본사 신우회 예배인도 및 일대일 제자양육 성경공부를 담당하기도 했습니다.

모현소망교회를 개척하여 오늘까지 평범한 그리스도인을 그리스도의 강한 용사로 세워 주님의 3대 사역(영육치유·제자양육·복음전파)을 완성하고자 달려가는 이 시대의 영적 지도자입니다. 또한 용인경찰서 경목과 용인시청 시목으로 수고하였고, 지금은 모현 기독교연합회를 섬기고 있습니다.

교회 섬김이

담임목사: 이동호   협동목사: 최영규
전도사: 우민   교육전도사: 이주영
장로: (협동)장기수 · 김국형
성가대 지휘: 우민   반주: 김희자 · 김순옥 · 이예슬
간사: 이천성

사랑방 섬김이: 이동호 · 우민 · 김국형 · 문석원 · 김향순 · 최경순 · 이정순 · 박영자

모현소망교회 사명선언문

- 말씀과 성령으로 충만한 교회
- 땅 끝까지 복음을 전하는 교회
- 십자가 사랑을 실천하는 교회

모현소망교회 목회 방향

모현소망교회는 하나님 중심, 성경 중심, 교회 중심의 신앙을 신조로 삼고, 예수 그리스도의 사역과 명령에 따라 지역과 나라와 민족과 세계를 복음화 하고자 합니다. 이를 위하여 **모현소망교회**는 진리로 가르치고 말씀을 전파하며 영혼을 치료하는 교회로서 가치관을 변화시키고 섬김과 봉사를 통해 지역을 변화시키기는 일에 헌신할 것입니다.

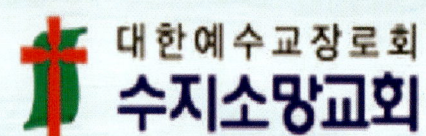

대한예수교장로회 수지소망교회

경기도 용인시 수지구 진산로 98, 교회동 대한예수교장로회
전화. 031) 263-2633 | 팩스. 031) 263-8298

담임목사 이 상 엽

Hallelujah!

샬롬! 주님의 이름으로 환영합니다.

우리 모두 길을 가고 있습니다.
지나온 길과 가야 할 길 위에 서 있습니다.

짐이 무거워 더는 내딛을 힘이 없을 때 이 길에 끝이 있으니
조금만 더 가보자고 하는 이가 있다면
지친 숨을 고르고 다시금 걸음을 뗄 수 있을 것입니다.

길이 보이지 않아 내딛기가 망설여질 때
앞 길을 비춰주는 마음의 별 하나 있다면
칠흑 같은 어둠 속에서도 동터오는 새벽을 맞이할 수 있을 것입니다.

때로 상승과 하강, 직선과 곡선의 길이어도 끝이 있다는 믿음으로,
그 끝에 영원한 안식이 있다는 소망으로
손잡고 함께 간다면 가끔은 웃을 수 있을 것입니다.

작은 자들이 모인 이곳에, 함께 걸어가는 천국 순례의 길에
하늘 꿈이 자라나길,
밝은 미소가 피어나길,
아이들의 재잘거림이 가득하길,
주님의 영광과 은총의 햇살이 비추시길 소망합니다!

여러분의 가정에 주님의 평강이 함께 하시길 기도합니다.

담임목사 이 상 엽

수지소망교회 소개

수지소망 교회 비전
우리는 하나님 중심, 성경 중심, 교회 중심의 신앙을 신조로 삼고 그리스도의 마음으로 영혼을 사랑하며 수직전도로 대를 이어 신앙의 명문가정을 세우는 것과 수평전도로 지역과 나라와 민족과 세계를 복음화 하고자 한다.

수지소망 교회 사명
진리로 가르치고 말씀을 전파하며 영혼을 치료하는 교회로서 가치관을 변화시키고 선교와 전도를 통해 지역을 변화시키는 일에 헌신한다.
1. 하나님의 얼굴을 구하는 공동체
2. 본질을 붙드는 공동체
3. 기본에 충실한 공동체
4. 예배를 사모하는 공동체
5. 부흥을 갈망하는 공동체

수지소망교회 교회학교

✟ 수지소망 교회 영아 유치부

사랑스럽고 귀여운 영아·유치부반입니다.
예배시간: 주일 오전 11:00 | 장소: 비전성전 (1층)
교육 주제: 온 마음을 하나님께 드려요!
교육 목표: 하나님을 가장 기쁘시게 하는 일이 예배임을 알게 하고 말씀을 통해 완전한 하나님의 사랑을 알고, 생활 가운데 이웃에게 사랑을 전함으로 하나님의 사랑이 유치부를 통해 흘러가는 역사를 보게한다.
주제 말씀: 이스라엘아 들으라 우리 하나님 여호와는 오직 유일한 여호와이시니 너는 마음을 다하고 뜻을 다하고 힘을 다하여 네 하나님 여호와를 사랑하라(신 6:4-5)

✟ 수지소망 교회 유소년부

교육 주제: 말씀과 사랑으로 자라나는 어린이
예배시간: 주일 오전 11:00 | 장소: 벧엘성전
대상: 초등학생
주제 말씀: "예수는 지혜와 키가 자라가며 하나님과 사람에게 더욱 사랑스러워 가시더라" (누가복음 2:52)
교육 목표:
- 매일 어린이 매일성경 큐티를 통해 하나님의 말씀을 가까이 한다.
- 학습한 말씀을, 학교와 가정에서 실천하는 다음세대로 세워간다.
- 하나님을 사랑하는 것과 이웃을 사랑하는 것. 균형감을 갖은 크리스천 리더로 양육한다.

✟ 수지소망 교회 중고등부

비전 / 사명: The Living GOD! 살아 계신 하나님께 소망을 두자!
예배시간.: 주일 오전 9:00 | 장소: 벧엘성전
대상: 중, 고등학생
주제 말씀: "이를 위하여 우리가 수고하고 힘쓰는 것은 우리 소망을 살아 계신 하나님께 둠이니 곧 모든 사람 특히 믿는 자들의 구주시라"(딤전4:10)
교육 목표:
1. 살아 있는 "예배"의 기쁨을 맛보는 공동체
2. 서로 "배움"으로 함께 성장하는 공동체
3. 공의와 사랑을 "실천"하고 실천 속에서 성찰하는 공동체

✟ 수지소망 교회 대학청년부

교육 주제: 공감하시네!
예배 시간: 주일 오후 2:00 | 장소: 본당; 대상.: 대학. 청년부
주제 말씀:
"긍휼히 여기는 자는 복이 있나니 그들이 긍휼히 여김을 받을 것임이요"(마 5:7)
교육 목표:
1. "예배"의 회복과 갱신을 우리의 삶 속에 자리 잡게 하는 청소년 "예배 공동체"가 되게 한다.
2. "진리"되신 하나님의 말씀을 온전하게 가르치며 배우게 하는 "교육 공동체"가 되게 한다.
3. "사랑"의 참 의미를 깨닫고 실천하며 전하는 "나눔 공동체"가 되게 한다.

✟ 수지소망 교회 양육반 강좌안내

소망양육반에서 실시하는 강좌 안내입니다.
소망양육과정은?
하나님 나라의 제자와 증인이 되기까지 연속적으로 진행되며, 수지소망교회의 모든 성도님을 대상으로 진행되는 교육과정으로 [자녀/제자] 과정입니다.
학항존직들께서는 성경파노라마(창세기) 과정에 필히 참석하시기 바랍니다.
1. 구역 리더 훈련 영상은 홈페이지에서 참여하실 수 있습니다.
2. 실시간 온라인 방송과 오프라인으로 참여할 수 있습니다.

동백순복음교회

동백순복음교회 경기도 용인시 기흥구 어정로 100

담임목사 이 용 현

동백순복음교회는 2014년에 6월 14일에 설립된 교회입니다.

Hallelujah!

이 땅의 희망은 오직 예수 그리스도 한 분 뿐입니다.
우리의 열정도 아니고 우리의 도덕이나 선함도 우리의 희망이 될 수 없습니다.

우리 **동백순복음교회**는 소망이 되신 예수님을 노래합니다.
냉혹한 도시를 향해 희망을 노래합니다.
낙망한 영혼, 상한 심령, 깨진 가정, 무너진 캠퍼스, 처절한 직장에서 오늘도 견뎌내는 모 이들에게 희망을 노래합니다. 아직 소망은 있습니다.
누구라고 예수 앞에 나오면 절망은 소망으로 바뀝니다.

그리고 동행을 이야기 하고 싶습니다.
가난한 영혼, 소외된 이웃과 함께 희망의 길을 걷고 싶습니다.
예수님께서 열어놓으신 생명의 길을 함께 걷고자 합니다.
이를 위해 저희 **동백순복음교회**는 낮은 자리로 더 내려가겠습니다.
말씀에 충실하며, 본질을 붙들고, 예배에 목숨 걸며, 지역을 섬기는 교회가 되려고 합니다.
우리는 행복한 예수님의 사람입니다. 이 자리에 여러분을 초대합니다.

동백순복음교회의 사명선언문

동백순복음교회는 하나님 중심, 성경 중심, 교회 중심의 신앙을 신조로 삼고, 예수 그리스도의 사역과 명령에 따라 지역과 나라와 민족과 세계를 복음화 하고자 합니다. 이를 위하여 **동백순복음교회**는 하나님이 말씀으로 가르치고 말씀을 전파하며 영혼을 치료하는 교회로서 가치관을 변화시키고 섬김과 봉사를 통해 지역을 변화시키기는 일에 헌신할 것입니다.

동백순복음교회 목장소개

동백순복음교회 목장이란?

"목장은 모든 성도들의 예배와 교제, 그리고 양육이 이뤄지는 공동체(소그룹)입니다."

동백순복음교회는 목자(소그룹 리더)의 인도로 예배드리며 말씀과 삶을 나누는 모임입니다. 성령의 인도를 따라 자신의 죄 됨과 연약함을 고백하며 말씀과 공동체의 도움으로 이겨내며 다시 회복되는 공동체입니다. 삶의 고난과 역경을 말씀 속에서 이겨낸 이야기 그리고 지금도 여전히 옛 습관에 허덕이면서도 말씀대로 살아내려는 이야기를 통해 또 다른 고난 중에 있는 성도를 이해하고 함께 하나님의 지체로 연결되어가는 공동체입니다.

부부목장 — 주일 오후(교회)와 평일저녁(가정)에 모이는 모임으로 두 종류가 있습니다. 말씀 나눔을 통한 남성성도들의 교제와 불신 남편 전도를 목적으로 하는 부부 모임입니다. (격주 목요일 저녁7시30분 또는 토요일 오후 주일오후)

여성목장 — 여성목장은 여성들로만 구성되어 있는 목장입니다. 깊이 있는 큐티를 나누면서 서로를 돌보고 영적으로 함께 성장해 나아가는데 그 목적이 있습니다. 주 중 낮 시간을 이용해서 모임을 갖습니다. 깊이 있는 큐티 나눔을 통한 양육을 그 목적으로 하고 있습니다.

직장목장 — 직장 생활 또는 타 지역의 성도들을 중심으로 편성되어 나눔을 하며 주일 교회에서 모입니다. 매주 토요일 또는 주일, 부부 목장과 겹치는 경우 부부 목장으로 모인다.

청년목장 — 장년목장에 편성되지 않는 36세 이하 미혼 청년들이 모여 큐티 양육을 통해 건강한 결혼관과 가정관 그리고 하나님의 손 안에 붙들린 미래를 그려가는 공동체입니다. 장년목장에 편성 되지 않는 36세 이하 미혼 청년들이 모입니다.

목장스케치

목장예배에는 직분으로 호칭하지 않고 목자 또는 부목자 또는 목원으로 통일하여 호칭하며 언제나 존대합니다.
목자는 목장예배를 인도하며 목원들의 이야기를 듣고 적절한 처방을 내립니다.
'**처방**'이란 목자와 목장 구성원들이 나눔한 사람의 다양한 문제에 대해 듣고 필요하다고 생각되고, 당사자가 받아들일 준비가 되어 있을 경우 지혜를 모아 사랑으로 권면하는 것을 말합니다.

주로 목자가 처방을 내리지만 권찰 또는 목원들도 자유롭게 참여할 수 있습니다.
그러나 세상적인 가치 기준으로 처방을 내리는 것은 절대 하지 않습니다. 성경적이며 말씀 속에서 처방전을 찾아 영혼을 살리는 처방을 내립니다.

목장예배순서지는 홈페이지를 통해 다운 받거나 교회에 비치되어 있는 순서지를 사용합니다.
식사교제가 이뤄집니다.
식사가 끝나면 정리하고 함께 사도신경으로 신앙을 고백하고 찬양을 부릅니다.
지난 주일 설교 성경본문을 돌아가면서 봉독합니다. 말씀을 읽고 나면 목자는 요약된 문서를 나누어주고 그것을 토대로 말씀을 전달합니다.

목자의 설교 요약이 끝나면 설교 전체에 대한 적용 질문 2-3가지를 토대로 돌아가면서 나눕니다.
나눔 시간은 목자가 진행하는데, 내용 중 필요한 경우 목자가 질문을 하거나 처방을 내리기도 합니다.
가능한 질문을 중심으로 나누고 질문에서 벗어나지 않도록 주의합니다.

목장의 구성은 소그룹의 리더의 역할을 하는 목자, 목자의 아내를 권찰, 부목자, 목원으로 구성됩니다.

기흥중앙교회는 작지만 크고 강한 교회입니다. 작지만 크고 강한 기흥중앙교회는 지역사회에 비전을 가지고 섬기는 교회입니다. 복음정신과 예수정신을 가지고 지역을 영적으로 변화시켜나가는 교회입니다. 하나님의 말씀으로 돌아가 교회의 거룩함과 순수성을 회복하는 교회입니다.

기흥중앙교회의 꿈과 비전

목사 가정의 사랑이 넘쳐 온 교회로! 교회의 사랑이 흘러 넘쳐 지역사회로!

교회를 담임하는 목사가 어떤 사람이냐가 중요하다고 생각합니다. 그 사람의 됨됨이가 일하기 때문입니다. 목사는 하나님과의 친밀한 교제! 성도들을 사랑하는 마음! 지역을 향한 긍휼의 마음을 갖춰야 한다는 생각입니다. 목회는 성도가 하나님을 사랑하고 성도들이 서로 사랑하고 이웃을 사랑하게 하여 열매 맺도록 돕는 것이기 때문입니다.
교회가 서로 사랑하면 세상이 주님의 제자들을 볼 것이고 제자들을 본 지역사람들이 교회 공동체로 돌아올 것입니다.

행복한 가정! 건강한 교회!

사회가 팬데믹으로 코로나 이전과 이후로 나뉜다고 하지만 포기할 수 없는 게 주일 공동체 예배입니다.
예배로 하나님께 영광 돌리고 성령의 충만을 받아 한 주간 동안 세상에 나가 빛과 소금의 역할을 하기 때문입니다.

케리그마! 말씀이 말씀되게 일직선으로 선포하는 하는 것이 교회의 일차적 사명입니다.
하루에 성경 10장씩 읽어 1년 2독하여 평생 100독 이상하도록 하여 하나님을 알고 말씀대로 살도록 합니다.
매일새벽기도와 개인기도와 권사님들을 중심으로 중보기도 팀을 운영하여 하나님께서 기도를 들으시고 일하시록 영적 권위있는 교회가 되도록 하려고 합니다.

코이노니아! 노니아라는 말은 재물이라는 말입니다.
성도들끼리 말과 혀로만 사랑하지 않고 행함과 진실함으로 물질로 섬기고 나누는 것으로 소그룹모임을 통하여 은혜도 나누지만 필요를 섬겨 서로 돌보게 할 것입니다.
기흥중앙교회는 주일 헌금에 '00에게 전해 주세요'라는 연보가 자주 올라와 성도들의 필요를 채웁니다. 왜냐하면 교회는 사랑으로 가득해야 하기 때문입니다.

디아코니아! 코니아는 먼지라는 말로 유럽에서 노인들만 사는 집에 먼지를 뒤 집어 쓰고 헛간 청소를 하던 말에서 봉사라는 말이 나왔듯이 **기흥중앙교회**는 지금까지 해오던 일을 중심으로 지역사회의 필요를 돌아보고 섬겨 성도의 재능으로 이웃을 섬기면서 전도의 기회로 삼을 것입니다.
기흥중앙교회는 무료급식소를 15년째 운영해 오면서 어르신들의 필요를 채우고 돌보면서 불교도인 용인시장님, 도의원, 봉사자들을 전도했으며 어르신들도 많이 구원하였습니다.
루터대학교 총장님을 비롯한 교직원들과 학생들이 수년간 지속적으로 봉사하며 학교 등급을 최우수등급으로 올리게 되었다는 보고도 받았습니다.

디아코니아를 통해 만난 사람들이 웬 천사들인가 하여 소그룹에 오고 소그룹에서 필요를 채우는 코이노니아를 경험한 사람들이 주일 공동체 예배에 와서 하나님의 임재와 살아계신 그분의 말씀을 듣고서 저런 말씀을 들으니 이 사람들이 이렇게 살수 밖에 없구나 하여 회개하고 예수 믿어 공동체의 일원이 되는 것이 선순환의 구조입니다.

기흥중앙교회는 이제까지 이런 교회로 걸어 왔고 앞으로도 더 풍성한 교회가 될 것을 믿어 의심치 않습니다.

목사 가정의 사랑이 넘쳐 온 교회로!
교회의 사랑이 흘러 넘쳐 지역사회로!

어린 시절 충남 부여의 고향교회에서 어린이 예배를 마치면 집에 가지 않고 어른예배를 드리며 목사님 설교를 외워서 오가는 길에 나무나 풀들을 보며 똑같이 설교하며 다닌 기억이 즐겁게 다가옵니다.
목사님 부재중이던 시골교회에 집사(후에 장로로 시무)로 강단을 지키시던 부친을 보고 자란 저와 동생들은 작은 아버지들을 따라 목사, 사모, 선교사로 헌신하게 되었습니다.
교회 어른들은 '작은 목사님'이라는 별명을 붙여 주셨고 할머니의 '훌륭한 목사가 되라'는 격려 때문에 '어떻게 하면 훌륭한 목사가 될 수 있을까?'를 고민하던 중 중2-3학년때쯤 '목사라는 타이틀을 떼고 인간 대 인간으로 만나서 존경 받을만 하면 되겠구나. 빈약한 인격과 실력을 목사라는 직임 뒤에 감춰서는 안되겠구나!'라는 생각을 하게 되었고 그게 삶의 모토가 되었습니다.
고교 졸업 후 1986년에 인쇄, 인장 사업을 시작하여 당시 하루 50만원의 수익을 올려 사업적 소질도 검증되었지만 미련없이 전도사의 길을 갔습니다. 한달 사례비가 20만원으로 사업할 때 반나절이면 버는 금액이지만 너무나 행복했습니다. 사업을 계속 했더라면 선교사업을 엄청 크게 했을 것 같습니다.
부모님의 서원으로 목사가 꿈이었던 저는 고3때 주님을 인격적으로 만났고 구원의 확신 이후에 모든 사람들을 구원해야 겠다는 구원의 열정이 주저없이 신학교를 가게하고 주님께 재 헌신 하는 계기가 되었습니다.
전도는 삶이 되었으며 청년시절 고1남반 담임 때는 우리 반이 94명이 되어 학교별 담당 선생님을 배치하는 경우도 있었습니다.
청소년 시절에 모친을 잃고 가정이 얼마나 중요한지를 체험했고 둘째 아이를 교통사고로 잃고 나서는 아이 잃은 것은 사람의 어떤 말도 위로가 되지 않는 것을 경험하고 오직 하나님만을 신뢰하게 되었습니다.

창조언약을 기억하여 주님이 주시는 대로 자녀를 낳아 기르자고 주주가 의기투합해 제왕절개 수술(큰딸이 4.7kg으로 태어남)을 4번한 아내 덕에 4남매를 낳았는데 한 아이를 사고로 천국에 먼저 보냈습니다.
섬기는 교회에가 100여명이 출석하는 교회지만 출산을 장려하여 19가정이 3명 이상의 자녀를 낳아 2017년 국회의 보건복지부로 부터 '다자녀출산 기관상'을 수상하고 저희부부는 11명을 낳은 부부와 함께 리마인드웨딩을 국회에서 올려줬습니다.
국회의원 조찬기도회에서 말씀을 전하여 설교 내용이 국회의원 조찬기도회 자료집에 오르기도 하였습니다.

가정이 건강해야 교회도 건강하기에 가정 사역으로 100여 가정을 회복시키고 가정을 테마로 한 생방송 KBS아침마당에 부부가 출연하고 수영로교회, 온누리교회, 아버지학교 등에 가정세미나와 결혼예비학교에서 가정의 중요성을 나누어 오고 있습니다.

지적 소양을 위해 15년째 매주 책 한권씩 읽고 독후감 써 와서 나누고 기도하는 모임을 해 오던 중 총신대 박용규 교수로 부터 당장 역사학박사과정에 입학하라는 권고를 받아 놓은 상황입니다.
5개 언어에 능통했던 루터와 칼빈처럼 주님 앞에 서는 날까지 지적 훈련을 계속 해야 한다고 생각합니다.
목회자의 지적 수준이 교회를 규정하기도 하기 때문입니다.
건강한 교회들이 연합하여 이단을 막아내고 교회 생태계를 파괴하는 동성애차별금지법 시도등을 무효화 시키는 것들이 개교회를 건강하게 하는 것이라 믿고 섬기던중 용인시 109만 시민 850개 교회 26만 성도를 대표하는 회장으로 가장 젊은 나이에 만장일치로 추대되어 섬기게 되었고 시장님과 면담하여 자발적 선제 대응으로 용인시 교회들은 코로나 19 상황에서 당국의 최소한의 행정 도움속에 위축되지 않고 예배드리는 풍토를 조성하기도 하였습니다.

목사의 삶은 갈수록 외식과는 뗄레야 뗄 수 없는 삶임을 고백합니다.
그래서 아들이 연기를 전공한게 아닌가 하는 남모르는 두려움이 있습니다.
구원 받은 이후 성화를 이루는 것이 지상 성도의 숙제이기에 성도의 한사람으로서 진실과 외식사이를 기도와 말씀으로 좁혀가고 미약하지만 남은 한번의 생애를 주의 몸된 교회를 위해 재 헌신하는 것이 현재의 저임을 소개해 드립니다.
솔리 데오 글로리아!

기흥중앙교회는를 섬기는 작은 종 이승준 목사 부부

대한예수교 장로회 용인명성교회

담임목사 이 철 수

한신신학대학원 졸업
용기총 실무회장
태성중고등학교 교목실장
용인 동부경찰서 경목위원장
용인명성교회 담임목사

십자가를 지고, 말씀으로 사는 교회!
하나님이 제일 기뻐하시는 교회가 되기를 소망하는 교회!

주님의 이름으로 여러분을 초대합니다.
용인명성교회는 정통 장로교 개혁신앙에 기반을 두고 ○○○○년 ○○월에 용인시 ○○에서 출발하여 오늘에 이르고 있으며, 우리 도시와 민족, 그리고 세계를 주님께 인도하자는 꿈을 품고 소외된 이웃을 찾아, 세계선교를 위해 기도하면서 전력하고 있습니다.

용인중부교회에 오셔서 예수 그리스도를 통해 하나님의 백성이 되는 기쁨을 누리시고, 예수 그리스도의 복음을 증거하는 주역이 되실 수 있기를 진심으로 바랍니다.

- 말씀·찬양 기도로 드리는 **예배**
- 사랑과 복음을 심어주는 **교육·선교**
- 사람과 사람을 이어주는 **친교봉사**

용인명성교회의 사역의 목표와 방향

성장하며 선교하는 교회! 이웃과 아픔을 함께 하는 교회!

용인명성교회는 하나님 중심, 성경 중심, 교회 중심의 신앙을 신조로 삼고, "**모든 족속으로 제자삼고, 세례를 주고, 가르쳐 지키게 한다**" 는 사역의 목표에 따라 그리스도의 마음으로 영혼을 사랑하며, 전도를 통하여 지역과 나라와 민족과 세계를 복음화 하고자 합니다. 이를 위하여 **용인명성교회**는 진리로 가르치고 말씀을 전파하며 영혼을 치료하는 교회로서 가치관을 변화시키고 선교와 전도를 통해 지역을 변화시키기는 일에 헌신할 것입니다.

하나님의 뜻을 이루어 가는 용인명성교회

▪ 비전선언문 ▪

우리는 예배를 통해 하나님을 만나고, 교제를 통해 서로를 돌보며
훈련을 통해 교회와 지역사회에 봉사하는 일꾼이 되어
사람들을 그리스도께 인도하여 하늘 사람으로 가정과 삶을 행복하게 한다.

행복한 가정! 즐거운 교회생활!

■ 성수주일
- 주님의 날로 성별해야 합니다.
- 모든 예배에 정성으로 참석해야 합니다.
- 이 날은 이웃에게 전도하며, 구제하며, 병자를 위문하는 일에 더욱 힘써야 합니다.
- 경건하게 지내야 합니다.
- 개인의 오락이나 사사로운 일로 예배에 불참하는 일은 삼가해야 합니다.
- 구약의 안식일(출16:23)을 신약시대에는 안식 후 첫날은 주일로 지킵니다.

■ 헌금
- 예배로서의 헌금: 헌금은 나 자신의 전체 생활을 하나님께 헌신하는 표로서 드리는 예배이며 제물입니다.
- 감사와 신앙으로서의 헌금: 하나님의 은혜에 대한 감사이며 하나님을 진심으로 믿는 신앙고백의 실제적인 행위로 드리는 것입니다.
- 헌금은 신앙적 조직집단이며 공동체인 교회생활의 임무인 동시에 그리스도의 피와 살을 통하여 이루어진 우주적 교회로서의 사명을 위하여 드리는 임무인 것입니다.

■ 예배
- 예배는 살아 계신 하나님 아버지와의 인격적, 영적 교제이며, 마음과 뜻과 힘과 성품을 다하여 신령과 진정으로 하나님을 기쁘시게 하는 봉사입니다.
- 예배는 하나님께서 성령으로 임재하심을 확인하는 시간입니다.
- 예배는 사죄의 은혜에 대한 감격과 찬미로 가득차 있어야 합니다.
- 예배는 인간 중심, 자기 중심적인 생활을 하나님 중심적인 생활 방식으로 바꾸는 것입니다.
- 예배는 세상에 끌려 나태한 심령이 다시 참회하여 새로운 힘을 하나님께로부터 받는 것입니다.

■ 성경읽기
- 성경을 읽음으로 성령의 인도함을 따라 하나님의 뜻을 알고, 예수 그리스도를 믿어 생명을 얻게 됩니다. (요20:30)
- 성경을 읽음으로 신자는 경건한 생활을 할 수 있습니다.(시119:111)
- 성경을 읽을 때는 거룩한 마음과 기쁘게 가르침을 받고자 하는 순종의 정신으로 읽어야 합니다.
- 성경은 각자 자신이 매일 봉독하여야 합니다.
- 성경을 읽을 때는 기도하며 일정한 양(평일은 3장, 주일은 5장)을 읽어야 합니다.
- 성경을 억지로 풀거나 내 생각대로 해석해서는 안되며 성령의 조명을 받아 성경으로 해석해야 합니다.

■ 기도
- 신앙의 생명은 기도에 있으며 기도는 신자의 호흡입니다.
- 기도를 쉬는 것은 큰 죄이며 기도는 하나님과의 대화입니다.
- 기도는 단순히 사람의 호소라기보다 성령의 감동으로 우리 마음속에서 역사하시는 하나님의 뜻을 찾는데 있습니다. 그러므로 성령에 의한 기도여야 참된 기도입니다.
- 기도는 믿음으로 할 수 있는 하나님과의 영적 교제입니다. 그러므로 믿음 없는 기도는 하나님으로부터 응답을 못 받습니다.
- 기도는 감사와 찬양, 참회와 고백, 소원과 간구로 아뢰는 것이 순서입니다.

기독교 대한성결교회 백암성결교회

경기도 용인시 처인구 백암면 삼백로 1047 (근창리) Tel 031-333-4341

90년의 전통과 고귀한 순교정신을 이어온 교회! **백암교회**는 1950년 제4대 담임목사인 서두성 목사가 공산당에게 순교를 당했습니다. 그는 외사고등공민학교를 설립하여 오늘의 백암중학교와 고등학교로 발전케 한 장본인이기도 합니다. 이러한 아름다운 전통과 순교정신을 본받아 그리스도의 사랑으로 세상을 변화시키는 교회! 바로 그 교회가 **백암교회**입니다.

담임목사 **이초균**

- 대전보문고등학교 졸업
- 서울신학대학교 신학과(B.A.)
- 서울신학대학교 신학대학원 석사(M.Div.)
- 서울신학대학교 신학전문대학원 석사(Th.M.)
- 서울신학대학교 일반대학원 철학박사(Ph.D.) 설교학 전공
- 서울서 지방회에서 전도사 승인(아현교회)
- 제 6년차 경인지역총회 목사안수
- 전북지방회 중동교회 부목사 시무
- 서울 강남지방회 충무교회 부목사 시무
- 前 백암지역 기독교 연합회장
- 現 중부신학교 교수
- 現 용인동부경찰서 경목위원장
- 現 용인시청 시목실장
- 現 글로벌사중복음 연구소 이사
- 現 백암지역아동센터 대표

이제 **백암교회**는 여러분과 함께 지역사회에 비전을 가지고 섬기고자 합니다. 예수님의 심장을 가지고 말씀대로 믿고 살고 누리면서 지역을 영적으로 변화시키고자 합니다. 하나님의 말씀으로 돌아가 교회의 거룩함과 순수성을 회복하겠습니다.

우리 함께 **백암교회**의 이름 아래 모여 소망이 되신 예수님을 노래합시다. 우리 함께 냉혹한 도시를 향해 희망을 노래합시다. 낙망한 영혼, 상한 심령, 처절한 직장에서 오늘도 견뎌내는 모든 이들에게 희망을 전합시다.

아직 우리에게는 소망이 있습니다. 누구라고 예수 그리스도 앞에 나오면 절망은 소망으로 바뀝니다. **백암교회**는 여러분과 함께 이 기쁨을 나누고자 합니다. 가난한 영혼, 소외된 이웃과 함께 희망을 이야기하면서 예수님께서 열어놓으신 생명의 길을 함께 걷고자 합니다. **백암교회**와 함께하지 않겠습니까?

백암교회의 목표와 방향

성장하며 선교하는 교회! 이웃과 아픔을 함께 하는 교회!

백암교회는 하나님 중심, 성경 중심, 교회 중심의 신앙을 신조로 삼고 그리스도의 마음으로 영혼을 사랑하며 수직전도로 대를 이어 신앙의 명문가정을 세우는 것과 전도를 통하여 지역과 나라와 민족과 세계를 복음화 하고자 합니다. 이를 위하여 **백암교회**는 진리로 가르치고 말씀을 전파하며 영혼을 치료하는 교회로서 가치관을 변화시키고 선교와 전도를 통해 지역을 변화시키는 일에 헌신할 것입니다.

예수 안에서
행복을 더해 가는 교회

90년을 넘어
100년을 향해!

내가 이미 얻었다 함도 아니요 온전히 이루었다 함도 아니라
오직 내가 그리스도 예수께 잡힌 바 된 그것을 잡으려고 달려가노라
(빌3:12)

백암교회 목회자의 목회와 교육철학

■ 목회사역 방향과 목회철학

저의 목회 주체는 **하나님**이십니다.
인간인 제가 아이디어를 내어 일을 해나가기 보다는 **"살아계신 하나님께서 하고자 하시는 일을 하시도록 하는 것"** 이 저의 사역 방향입니다. 이를 위해 저는 늘 기도함으로 하나님의 음성을 듣고 순종하려고 합니다. 저의 목회철학은, 하나님의 영이신 **"성령으로 살아 숨 쉬는 교회"**를 이루어가는 것입니다.

■ 목회의 장·단기 계획

저의 목회 중심은 **예배**입니다.
저의 장기적 목회 계획은 예배를 통해 온 성도들이 사랑을 실천함으로 행복을 맛보도록 하는 것입니다.
"사랑을 실천함으로 살아 숨 쉬는 교회"가 제 목회 모토입니다. 이를 위해 단기적으로는 말씀과 기도와 전도라는 주제를 가지고, **"말씀에 대한 체험"**, **"기도를 통한 은혜"**, **"전도를 통한 생명 살림"**을 추구해가고자 합니다.

■ 지역사회에서 교회의 역할과 신앙인들의 자세

저는 지역사회에서 교회와 성도는 진정한 **"이웃"**이 되어야 한다고 생각합니다.
또한 진정한 이웃이 되려면, 상대방에 대해, 마음에서 우러난 **"관심"**과 **"사랑"**을 갖고 있어야 한다고 생각합니다.
또한 관심과 사랑은 특별한 때가 아니라, 평소에 실천되어야 한다고 생각합니다.
백암교회가 이미 사랑을 실천하고 있는 다양한 활동과 교육 등은 좋은 예라고 생각합니다.

백암교회 예배시간안내

주일오전예배	1부: 9시 / 2부: 11시(본당)		
주일오후예배	오후 2시(본당)	금요성령집회	금요 저녁 9시(교육관)
수요예배	오후 7시 30분(교육관)	새벽기도회	오전 5시(교육관)
유치부	주일오전 11시(교육관)	중고등부	주일오후 2시 40분 (교육관)
유초등부	주일오전 11시(교육관)	청년부	토요일 저녁 7시(청년부실)
사랑전도대	수요일 오전 11시 30분(교육관)		
교사기도회	수요일 저녁 8시 30분(교사실)		
제자훈련(학생)	토요일 오후 2시(학생회실)		
제자훈련(청년)	토요일 저녁 7시(청년부실)		

■ **백암교회**에 오신 것을 진심으로 환영합니다.
　주일예배부터 교회학교까지 모든 예배시간을 확인하실 수 있습니다.
　궁금한 사항은 언제든지 전화주세요
　경기도 용인시 처인구 백암면 삼백로 1047(근창리) Tel. 031.333-4341, FAX: 031-333-4349

대한예수교 장로회 **용인제일교회**

[17153] 경기도 용인시 처인구 중부대로 1262번길 68
전화 031)321-6001~4 팩스: 031)321-6005

원로목사 **변 우 상**　　담임목사 **임 병 선**

창립일 1973년 4월 22일

부흥 있으리라

YONGIN LEADING PRESBYTERIAN CHURCH

대한예수교 장로회 **용인제일교회**
YONGIN LEADING CHURCH

용인시의 랜드마크로서 자리 잡고 싶은 **용인제일교회**는 자연과 지역, 교회가 잘 어우러지도록 건축되었습니다. **용인제일교회**는 복음의 능력 안에서 지역과 세계를 품고 다음세대를 세우기 위해 끊임없이 소통하고 준비하는 교회가 되겠습니다.

이러한 의미에서 **용인제일교회** 마크는 설계되어졌습니다. 중앙의 빨간 색은 '예수 그리스도의 복음'을, 연두색은 '자연', 오렌지색은 '지역', 파란색은 '교회'를 상징합니다. 예수 안에서 이 셋이 잘 어우러졌을 때 파생되는 효과를 나머지 3가지 색으로 표현했습니다. 노란색은 풍요와 활력을, 초록색은 생명과 소망을, 민트색은 평화와 안정을 의미합니다.

주요약력

- 총신대학교 신학과(B.A)
- 총신대학교신학대학원(M.Div)
- South Western Baptist Theological Seminary(Th.M 설교학, 신약학전공)
- Liberty University(D.Min 교회성장학 박사)
- 전. 신반포교회 청년부 총괄목사
- 전. 총신대학교출강(Public Speech)
- 현. 크리스천타임즈 방송설교
- 현. CTS두란노성경교실 메인강사 [방송 바로가기]
- 현. 용인제일교회 담임목사

Hallelujah!

용인제일교회를 찾아주신 여러분 모두를 진심으로 환영합니다.

어떤 이유로 이 글을 읽게 되셨든지, 저는 많은 사람들이 용인제일교회서 삶의 진정한 기쁨과 행복을 발견하기를 소망합니다.

외로움에 힘들어 하는 분들이 누군가 함께 있다는 따뜻함을 느끼고, 삶의 의미와 방향을 잃고 방황하는 분들이 이곳에서 삶의 의미와 방향을 정하고, 질병과 물질의 문제, 또 다른 여러 가지 문제로 아파하는 분들이 말씀과 기도로 문제 해결의 방법을 찾고, 삶의 고비 속에서 좌절과 절망을 경험하는 분들이 다시 일어설 용기와 소망을 깨닫는 장소가 되기를 기대합니다. 소통하는 교회, 나누는 교회, 담이 없는 열린 교회, 행복과 기쁨을 나누는 교회, 용인제일교회가 되겠습니다.

용인제일교회 담임목사 임병선

용인제일교회 소개

용인제일 교회는
용인제일교회는 1973년 4월 22일 용인에 세워진 교회로서 대한예수교 장로회(합동–총신대학교) 용인노회에 소속된 교회이며, 감격이 있는 예배, 기도의 능력을 체험하는 교회, 다음 세대를 세우는 교회, 세계와 지역 가운데 복음을 전하는 교회로 부흥 성장하는 교회입니다.

용인제일 교회 비전(YONGIN JEIL CHURCH VISION)
예배의 감격이 있는 교회! 복음 전하는 교회! 다음세대를 키우는 교회! 지역과 민족 세계를 품는 교회!

용인제일 교회 목양사역
살아 있는 예배를 위한 사역! 다음세대를 세우는 사역! 지역사회를 섬기는 사역! 세계열방을 품는 사역!

용인제일 교회 교육훈련을 통한 양육과정
성장반 성장반은 용인제일교회에 등록하시고 등반하신 모든 성도들에게 열려 있습니다.
전체 9주의 과정을 통해 성장하는 그리스도인이 되는 좋은 계기가 될 것입니다. **교재: 영적 성장의 길**(저자: 양승언)
제자반 제자반은 성장반을 수료하신 분들에게 열려 있습니다.
전체 28주 과정을 통해 예수 그리스도를 닮아가는 귀한 시간이 될 것입니다. **교재: 제자훈련**(저자: 옥한흠)
사역반 사역반은 제자반을 수료한 모든 분들에게 열려 있습니다.
전체 12주 과정을 통해 사역자로 성장하는 분들에게 귀한 시간이 될 것입니다. **교재: 변화의 삶**(저자: 랄프 W)

용인제일 교회 교육훈련을 통한 신앙강좌
용인제일교회는 신앙강좌를 통해 성도와 교회로 든든히 세워지는 과정을 준비하였습니다.
신구약파노라마 신약과 구약의 효과적인 이해를 돕기 위한 과정으로 신약과 구약의 전체의 흐름을 익히고 정리하는 것에 목표를 두고 진행되는 과정입니다.
교리반 교리반은 기독교신앙의 핵심 진리들을 주제별로 체계적으로 배우게 되며 이를, 삶 속에 어떻게 적용할지를 구체적으로 배우는 과정입니다.
전도폭발훈련 누구든지 다른 사람들에게 전도하는 현장을 보면서 전도훈련을 받을 수 있습니다. 전도폭발훈련은 전도가 생활화된 전도자들의 오랜 경험의 노하우와 생애를 바꾸어 놓은 많은 헌신자들의 체험 속에서 효과적은 전도법을 훈련받는 프로그램입니다.
성경통독반 성경통독반은 하나님의 말씀이 꿀송이 보다 달다고 고백했던 성경의 저자들과 같이, 하나님의 말씀을 나의 등불과 생명으로 삼는 것을 목표로 함께 성경을 통독해 가는 과정입니다.
큐티반 큐티반은 큐티생활을 통해 경건생활을 중요성을 깨닫고 이를 통해 실제로 삶을 변화가 나타나는 성도로 살아가도록 하는 과정입니다.

대한예수교 장로회 아름다운성산교회

10분전 예배자리, 100배의 은혜자리

담임목사 임 성 택

한국외국어대학교(B.A.)	총신대학교 신학대학원(M.Div)
연세대학교 교육대학원(M.Ed)	미국 풀러신학대학원(D.Min.Cand)
목사안수(1999년)	서울홍성교회
서울르네상스호텔신우회	성남성산교회
현 아름다운성산교회 담임	현 성남신학교 출강

언제나 함께 하시는 주님을 찬양합니다.

하나님께서 아름다운성산교회와 모든 성도들의 가정을 어떤 길로 인도하실지 궁금하기도 하며 기대가 됩니다. 분명한 것은 내가 나를 인도하는 것보다 하나님이 나를 인도하시는 것이 훨씬 더 안전하며 확실하다는 것입니다. 하나님의 인도하심 속에 평안함을 누리시기를 축복합니다.

우리가 살아가는 이 시대는 참으로 모든 것이 빠르게 바뀌어 가는 시대입니다. 그 빠름에 적응하지 못하는 자는 뒤로 밀려나, 시대를 이끌지 못할 것 같은 시대입니다. 그렇게 우린 세상의 빠름에 익숙해져, 같이 분주해집니다.

분주함 속에서 하늘 한번 제대로 보지 못하며 살아가는 시대입니다.
지나온 날들을 되돌아보기 어려운 시대, 아니 지나온 길을 되돌아 보았자 별로 즐겁지 못해서 애써 앞만 보고자하며 달려가는 시대입니다. 그러나 빨리 달려가면 갈수록 작은 것을 놓치기 쉽습니다. 길가의 작은 풀, 벌레, 나뭇잎은 눈에 들어오지도 않습니다. 목표를 위해 달려가기만 하면 그 목표 이외에는 모든 것이 의미 없는 것이 되고 맙니다. 이렇게 살면 살벌한 눈으로 적을 바라보는 투사처럼 인생을 사는 것이지요.

아무쪼록 하나님이 계획해 놓으신 길을 즐기면서 걸어가길 바랍니다.
하나님의 일하심을 하나하나 만져가면서 그 의미를 깨닫고 그 분과 대화하며 살았으면 좋겠습니다. 나의 별 의미 없는 분주함이 하나님과의 중요한 관계를 방해하지 못하도록 말입니다. 하나님은 우리를 사랑하십니다.
하나님이 세우신 아름다운성산교회를 축복하십니다.
하나님께서 사랑하시고 축복하시는 성도님을 진심으로 사랑하며 축복합니다.

생각이 젊은 교회! 가슴 벅찬 교회!

2005년 6년 18일에 설립된 아름다운 성산교회는 대한예수교장로회(합동) 성남노회에 소속된 건전하고 복음적인 교회입니다.

평신도 양육과정

주님의 마지막 명령인 '제자삼아 가르쳐 지키게 하라'는 지상명령을 따라 성도들이 공동체적 훈련을 경험하는 과정입니다. 이 기간 동안 주님을 따르는 제자로서 갖추어야 할 인격과 삶을 배우게 됩니다. 말씀대로 살며 예수님처럼 살기를 소망하는 간절한 성도들이 동역자와 함께 하는 훈련을 통해 실제 삶으로 구현되는 것을 경험하실 수 있습니다. 부름 받은 성도이자 보냄을 받은 제자로서 그리스도인의 정체성을 확립하는 훈련을 통해 평신도 지도자로 새롭게 사역하기를 사모하는 많은 분들의 참여를 기대합니다.

과정	대상 / 일시	담당
새가족공부(5주)	등록성도 / 수시로	새가족 교사
성장반(15주)	새가족수료자 / 연2회	임성택 목사
예비제자훈련반(6주)	성장반수료자 / 연1-2회	임성택 목사
제자훈련반(26주)	예비제자수료자 / 연1회	임성택 목사
사역훈련반(16주)	제자훈련수료자 / 연1회	임성택 목사
학습,세례교육(3주)	대상자 / 세례시	담당 교역자
크로스웨이(20주)	등록성도 / 연1회	담당 교역자
책별성경연구(6-8주)	등록성도 / 연2회	임성택 목사
목자반	목자 / 매주 주일, 수요일	임성택 목사

기도는
하나님과 교제하는 것입니다. 이 기도가 없으면 하나님과 서먹서먹하게 되는 것입니다. 또한 기도를 통하여 하나님께서 우리와 함께 하심을 알게 되며 우리를 얼마나 사랑하시는지 깨닫게 될 것입니다.
중보기도학교 수료생들로 구성된 중보기도팀은 매주 금요일마다 모여서 성도들의 가정과 사업장, 환자들, 교회와 민족을 위해 기도하고 있으며, 이미 중보기도팀의 기도를 통하여 많은 기도의 응답을 경험하고 있습니다.
아울러 교회를 섬기는 리더들이 자신의 맡은 직분을 잘 감당할 수 있도록 기도하는 것은 교회를 든든히 세우는 매우 중요한 일입니다.

기도/전도모임	일시/장소	내용
중보기도모임	매주 금요일 19:30 아름다운땅(2F)	나라와 교회, 성도들을 위한 기도
리더기도회	매월 첫주 토요일 06:00 꿈이자라는땅	교회와 직분 감당을 위한 기도
전도주일	격월 주일 2부 예배 후	전교우 전도 동참
목요전도	매주 목요일 15:30 벽산3단지입구	차, 전도지를 통한 전도

전도는
그리스도의 몸 된 교회에게 명하신 예수님의 마지막 명령입니다. 예수님은 잃어버린 양을 찾길 원하시며, 그 사명을 교회에게 맡기셨습니다. 그래서 우리는 복음 증거하는 일에 게을리 해서는 안됩니다.
매주 목요일에 목요전도팀과 격월에 목장별로 교회 주변 지역에서 복음을 증거하고 있습니다.

그러므로 너희는 가서 모든 민족을 제자로 삼아 아버지와 아들과 성령의 이름으로 세례를 베풀고 내가 너희에게 분부한 모든 것을 가르쳐 지키게 하라 볼지어다 내가 세상 끝 날까지 너희와 항상 함께 있으리라 하시니라 (마 28:19-20)

기도전도모임

아무것도 할 수 없어서 기도하는 것이 아니라, 기도 없이는 아무것도 하지 말아야 합니다.

Hallelujah!

하나님은 거룩하시며 그 영광이 온 땅에 충만하시며
우리를 통해 찬양 받으시기에 합당하십니다.

수지방주교회는
하나님으로 충만한 교회(사 6:1)
말씀을 맡김 받는 교회(삼상 3:1,10)
성령께서 주관하시는 교회(고전2:4)
되도록 세우신 하나님의 교회입니다.

수지방주교회를 통해 하나님은 우리들을 부르시고 치유와 회복을 주시며, 또한 생명의 운동, 변화와 기적을 보이십니다. 그리고 하나님의 성품에 참여케 하시는 거룩한 역사를 행하고 계십니다.

이러한 구원과 생명의 방주 안으로 여러분을 초대합니다.

수지방주교회 담임목사 장권태

장권태 담임목사

- 아세아연합 신학대학교(BA)
- 미국제네바대학교 신학부(BA)
- 미국 BILICAL THEOLOGICAL SAMINARY(M.
- 대한예수교 장로회 신승교회 교육목사
- 대한예수교 장로회(백석) 서울송파노회
- 미국뉴저지 제일장로교회 청소년담당 강도사
- 미국뉴저지 제일장로교회 영어중설교담당
- 현 수지방주교회 담임목사

수지방주교회의 비전

사랑과 행복과 섬김의 공동체인 수지방주교회에 여러분을 초대합니다.

수지방주교회는 오래전부터 예비된 교회입니다.
교회는 성도의 헌신과 기도와 수고를 통해 하나님의 영이 세우십니다(슥 4:6).
수지방주교회도 오래전부터 하나님의 섭리에 따라 예비된 이곳에 오랫동안의 기도와 거룩한 헌신으로 비로소 세워졌습니다.
수지지역의 중심된 이곳은 앞으로 지역사회와 전국을 넘어 전 세계 복음화의 중심이 될 것입니다.

수지방주교회는 복음과 진리, 말씀에 충실한 교회입니다.
하나님은 당신의 종들에게 당신의 뜻을 계시해 보이셨습니다.
예수님은 제자들에게 말씀을 맡기셨고 교회를 통해 말씀을 선포하게 하셨습니다.
본 교회는 예수님의 제자된 교회로서 하나님의 진리의 말씀, 곧 예수 그리스도를 중심으로 한 참복음이 성령의 나타남과 능력으로 선포되는 교회입니다.

수지방주교회는 하나님이 주신 거룩한 비전을 가진 교회입니다.
수지방주교회를 통해 나타내실 하나님의 VISION은 거룩합니다.
구원의 방주로서 하나님의 구원사업을 강력하게 펼쳐 나갈 것이며 동시에 가정회복, 지역 복음화를 통한 참된 기독교문화를 거룩하게 세워나갈 것입니다.
또한 하나님의 마음과 지혜를 받아 이 나라와 민족을 이끌고 세계를 주도할 주역들이 거룩하게 길러지며, 그들을 통해 하나님의 이름이 거룩하게 세워질 것입니다.

섬김 Service

그리스도의 사랑으로
를 품고
를 사랑합니다.

수지방주교회에 오신 여러분을 환영합니다, 사랑합니다.

01 교회 안내
자가용을 이용하시는 분들을 위해 지하 1층과 지상 1층에 새신자 주차장이 준비되어 있습니다. 교회 차량을 이용하실 분께서는 사무국(031-896-9190)으로 연락주시면 친절히 안내해드립니다.

02 새가족 환영
3층 본당에서 방문카드를 기록해 주시면 4주동안 새가족을 섬겨주실 섬김이의 인도를 받게 됩니다. 예배 후 섬김이의 인도로 2층 새가족 환영실로 오셔서 목사님과 인사를 나눕니다.

03 교회 생활 안내
새가족 섬김 3주 동안 섬김이의 인도로 교회생활 안내를 받습니다.

04 새가족 등록
새가족 섬김 4주차에는 2층 새가족 환영실로 오셔서 등록하신 후 목사님의 축복 기도를 받게 됩니다.

05 셀 가족 활동 및 양육
등록을 마치시면 셀 가족으로 편성됩니다. 셀 가족 모임을 통해 성도간의 깊은 교제를 누리게 됩니다. 또한 12주간의 양육반을 통해 하나님을 바르게 알고 신앙생활을 누리는 삶을 체험하게 됩니다.

수지방주교회의 엠블렘

 **수지방주교회**의 엠블렘은
본 교회의 설립목적과 비전을 담고 있습니다.

중간의 그림 형상은 본 교회의 특징인 두 개의 첨탑을 형성화 한 것입니다.
왼쪽에 십자가 달린 첨탑은 전능하신 하나님을,
오른쪽의 작은 첨탑은 하나님께 항상 경배하는 성도를 의미 합니다.

항상 하나님을 경외하고 경배하는 교회, 곧 **수지방주교회**의 모습이며
늘 하나님을 향하는 성도들의 **'기도하는 손'**이기도 합니다.

교패는 이 엠블렘에 **'언약의 무지개'**를 더한 형상입니다.
하나님의 인도하심을 받는 **수지방주교회**와 방주에 승선한 성도들에게 주시는
하나님의 언약과 축복의 약속을 담고 있습니다.

대한예수교장로회 용인명지교회

경기도 용인시 처인구 백옥대로 687-22 TEL 031-322-0321

1990년 11월 29일 용인시 김량장에 초석을 놓은 용인명지교회는 30년이 된 장년교회입니다. 대한예수교 장로회 총회(서울 대치동 본부 합동교단, 용인노회, 총신대학교 사당,양지캠퍼스)에 소속되어 역사적 기독교의 신앙고백, 종교개혁의 표준교리와 신학 위에 서 있는 바르고 건강한 교회입니다. 지난 30년간 전형주 원로목사님(전 용인시기독교총연합회장, 4대 용인노회장)을 통해 신실한 뿌리를 내린 교회가 앞으로의 30년을 2019년 12월 7일 위임한 2대 담임 박유경 목사와 더불어 힘차게 달려가고자 합니다. 우리 교회는 하나님의 말씀인 성경을 바르게 가르치고 공교회의 원리를 따릅니다. 또한 신자의 경건한 삶과 인격적 성숙을 지향하며 한 영혼 한 영혼을 소중히 여기어 지역 사회의 필요와 사회적 책임을 감당하는 교회입니다.

하나님의 뜻(志)을 밝히(明) 드러내는 순전한 교회
"진리를 알지니 진리가 너희를 자유롭게 하리라"(요 8:32)

담임목사 전 형 주

샬롬~
용인명지교회가 여러분을 진심으로 환영합니다.
푸르른 나무와 아름다운 꽃들이 만발하고 묵묵한 산과 고요한 시내가 어우러진 **용인명지교회**는 역사를 흘러온 성삼위 하나님의 선명한 뜻을 선포하고 그 진리 안에서 누려지는 참 평안과 복됨을 나누는 교회입니다.

혼탁한 사상과 현란한 언변으로 온전한 사람됨!
바른 교회됨이 흐려지는 시대를 살고 있습니다.

소박한 이 공간이 내가 서 있는 자리!
살아가야 할 일상 한 복판에서 진실한 신앙!
순전한 삶!
인격적인 교회생활이 무엇일까 고민하는 이들의 친절한 이정표가 되기를 바랍니다.

용인명지교회 담임목사 박 유 경

용인명지교회의 목표와 방향

성장하며 선교하는 교회! 이웃과 아픔을 함께 하는 교회!

용인명지교회는 하나님 중심, 성경 중심, 교회 중심의 신앙을 신조로 삼고 그리스도의 마음으로 영혼을 사랑하며 수직전도로 대를 이어 신앙의 명문가정을 세우는 것과 전도를 통하여 지역과 나라와 민족과 세계를 복음화 하고자 합니다. 이를 위하여 **용인명지교회**는 진리로 가르치고 말씀을 전파하며 영혼을 치료하는 교회로서 가치관을 변화시키고 선교와 전도를 통해 지역을 변화시키는 일에 헌신할 것입니다.

하나님의 뜻을 이루어 가는 용인명지교회

■ 새 가족 양육 ■

교회에 처음 나오신 분과 다른 교회에서 오신 분을 구분하여 4주간 새 가족 교육을 진행합니다.
새 가족 교재 나눔을 통해 교회 안내, 예수 그리스도의 복음, 성경과 교리,
교회 생활에 대한 양육을 받을 수 있습니다.
이 시간을 통해 기독교 신앙이나 교회의 여러 가지 문제에 대해 자유로이 질문하실 수 있습니다.

용인명지교회 목회자의 목회와 교육철학

■ 목회사역 방향과 목회철학

저의 목회 주체는 **하나님**이십니다.
인간인 제가 아이디어를 내어 일을 해나가기 보다는 **"살아계신 하나님께서 하고자 하시는 일을 하시도록 하는 것"** 이 저의 사역 방향입니다. 이를 위해 저는 늘 기도함으로 하나님의 음성을 듣고 순종하려고 합니다. 저의 목회철학은, 하나님의 영이신 **"성령으로 살아 숨 쉬는 교회"** 를 이루어가는 것입니다.

■ 목회의 장·단기 양육 프로그램

저의 목회 중심은 **가정교회**입니다.
초대교회가 가정에서 말씀의 떡, 교제의 떡을 떼며 기쁨과 사랑을 누렸듯이 **용인명지교회** 가정교회에서는 주일말씀을 되새김질하고 주어진 교재를 가지고 각자의 고민과 기도제목에 적용하며 진리 안에서의 사랑을 나누고 있습니다. 이에 저는 **"사랑을 실천함으로 살아 숨 쉬는 교회"** 를 목회의 모토로 삼고, 이를 위해 단기적으로는 말씀과 기도와 전도라는 주제를 가지고, **"말씀에 대한 체험"**, **"기도를 통한 은혜"**, **"전도를 통한 생명 살림"** 을 추구하고 있습니다.

- **매일성경 큐티반:** 성서유니온 선교회에서 격월 발간하는 매일성경 교재를 바탕으로 매일 큐티 묵상을 하고 토요일마다 모여 말씀의 은혜를 나누며 GBS를 통해 성경의 교리와 신앙적 삶의 체계를 세워가는 공동체입니다.
- **당회 스터디:** 공교회의 치리회 대표기구인 당회가 스터디 및 책나눔을 통해 말씀과 상황에 근거한 교회의 바른 가치관 및 운영방향을 기도하고 모색합니다.
- **토요 경건회:** 오전 남성 = 대한민국 40-50대 남성으로서 신실한 남편됨, 자녀와 소통하는 아버지상을 그려가는 공동체입니다. (교재 : 김성묵, 남자 아버지가 되다, 두란노)
오후 여성 = 언약 자손을 양육하는 가정의 성숙한 어머니로서 신앙적 원리를 배우고 관계의 지혜를 나누며 소그룹 안에서의 섬김을 체득하는 공동체입니다. (교재 : 드니스 글렌, 김진선 역, 마더와이즈, 디모데)
- **매월 독서모임:** 매월 첫 주 추천도서를 요약하고 서평하는 독서공동체입니다.
- **맥체인성경읽기:** 맥체인 성경읽기표는 원래 19세기 스코틀랜드의 목사였으며 교회역사상 가장 경건하고 거룩한 인물 중 한 사람으로 평가받고 있는 로버트 머리 맥체인이 만든 것입니다. 그는 자신이 목회하던 스코틀랜드 성 베드로 교회 성도들의 성경 읽기를 위해 1842년에 처음으로 인쇄하였고, 이 읽기표를 따라가다 보면, 매일 4장의 성경을 읽으며 1년에 구약은 1회, 신약과 시편은 2회를 읽게 됩니다. 자신이 좋아하는 부분만 반복해서 읽기가 쉬운 우리에게 성경을 빠짐없이 읽게 해 주고, 성경을 4부분으로 나누어 읽으므로 성경 전체를 볼 수 있게 해 줍니다.

■ 지역사회에서 교회의 역할과 신앙인들의 자세

저는 지역사회에서 교회와 성도는 진정한 **"이웃"** 이 되어야 한다고 생각합니다.
또한 진정한 이웃이 되려면, 상대방에 대해, 마음에서 우러난 **"관심"** 과 **"사랑"** 을 갖고 있어야 한다고 생각합니다.
또한 관심과 사랑은 특별한 때가 아니라, 평소에 실천되어야 한다고 생각합니다.
용인명지교회가 이미 사랑을 실천하고 있는 다양한 활동과 교육 등은 좋은 예라고 생각합니다.

■ 10년 후 용인명지교회에 대한 기대

10년 후의 **용인명지교회**는 더욱 예배의 감격이 살아있는 교회,
청년들과 젊은 부부들이 모든 사역을 활기차게 주도하는 젊은 교회,
다음 세대 청소년들이 새싹처럼 파릇파릇 자라나는 교회,
용인 시민들의 진정한 이웃이 되는 교회가 될 것을 기대하고 기도하며 소망합니다.

Joyful Church 기쁨의교회

하나님나라를 세워가는
기쁨의교회를 소개합니다!

기쁨의교회

Pastor 정 의 호 목사

David Chung | 풀러신학교(D.Min) | 합동신학대학원대학교 | 선교한국94 조직위원장
ESF(한국기독대학인회) 대표 역임 | JYM 대표 | 기쁨의교회 담임목사

기쁨의교회는 캠퍼스 선교단체 사역을 하던 정의호 목사님을 중심으로 1996년 4월 7일 몇 명의 성도들이 첫 예배를 드림으로 하나님이 기뻐하시는 새 시대의 새 교회를 위해 시작되었습니다.

기쁨의교회는 성령의 능력을 의지하는 지역의 복음화, 캠퍼스 및 세계 선교의 비전을 위해 말씀, 기도, 찬양, 전도에 힘쓰는 교회입니다.

기쁨의교회는 예배, 셀 모임, 1:1의 삼중 사역을 중심으로 예수님이 하신 사역인 말씀을 전파하고, 제자를 가르치며, 약한 자들을 치료하는 사역을 하고자 합니다.

기쁨의교회 푯대

예수께서 모든 도시와 마을에 두루 다니사 그들의 회당에서
가르치시며 천국 복음을 전파하시며 모든 병과 모든 약한 것을 고치시니라 (마태복음 9:35)

예수님께서 오셔서 하신 일을 본받아서
전도하는 교회 (Preaching Church) 우리는 복음을 전파하고
가르치는 교회 (Teaching Church) 우리는 말씀을 가르치고
치료하는 교회 (Healing Church) 우리는 사람을 치유한다.

기쁨의교회 사역 목표

너희는 가서 모든 민족을 제자로 삼아 아버지와 아들과 성령의 이름으로 세례를 베풀고 내가 너희에게 분부한 모든 것을 가르쳐 지키게 하라! 볼지어다! 내가 세상 끝 날까지 너희와 항상 함께 있으리라 (마 28:19-20)

예수님의 대위임명령 (Great Commission)**을 이룬다.**

모든 족속으로 제자삼고, 세례를 주고, 가르쳐 지키게 한다.

기쁨의교회 사역 전략

"한 사람이면 패하겠거니와 두 사람이면 맞설 수 있나니 세 겹줄은 쉽게 끊어지지 아니하느니라"(전도서 4:12)
예배로 하나님께 경배하고, **셀그룹**으로 공동체 훈련을 하여 **1:1**로 인격적인 훈련을 한다.

기쁨의교회 History

도약기: 1996, 1997, 1998, 1999,
1996. 04. 07 첫 주일 예배드림(16명), 04. 28 '기쁨의 교회'라는 좋은 이름 주심

성장기: 2000, 2001, 2002, 2003, 2004, 2005, 2006, 2007
2000. 01. 02. 2000년부터 구역을 셀 시스템으로 전환(매주 목요일은 "셀모임하는 날")

부흥기: 2008, 2009, 2010, 2011, 2012, 2013, 2014, 2015, 2016,
2017, 2018, 2019, 2020
2008년 신년말씀 "더 깊은 데로 나아가자" (여호수아 14:5-15)

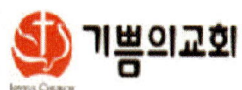 **기쁨의교회**

영적인 훈련으로 하나님의 일꾼을 세우는 교회

(16919) 경기도 용인시 기흥구 구성로 96 대표번호 : 031-713-0691(영육구원)

기쁨의교회의 비전

영적인 훈련으로 하나님의 일꾼을 세우는 교회

사람을 새롭게!
- 믿지 않는 사람을 거듭나게 하는 사역
- 종교인을 새롭게 하는 사역
- 어린 신앙을 영적 군사로 세워주는 사역

교회를 새롭게!
- 종교와 세상이 틈타지 못하도록 막아서는 영적 사역
- 교회의 지도자들을 깨우는 새 생명 사역

세계를 새롭게!
- 선교 지도자 양성, 무장사역
- 훈련 받은 일꾼들로 교회 개척과 섬김 사역
- 교회 연합 Net-work 사역

기쁨의교회 사역소개

전도와 양육 (천하보다 귀한 한 영혼을 하나님께로 인도하고, 예수님의 마음을 품고 한 영혼을 양육한다.)

전도 폭발 훈련(개척가-2002년까지)
"인자가 온 것은 잃어버린 자를 찾아 구원하려 함이니라." (누가복음 19:10)
주님의 지상명령(복음전파)을 이룹니다. 교회 내 평신도들로 하여금 개인전도 사역을 감당케 하는 전도훈련입니다.

Alpha & COME (2002-2005년까지)
새 가족 초청을 위한 전도프로그램입니다. 새 가족을 위한 아름다운 데코와 하나님, 예수님, 성령님에 대한 토크 후 편안한 교제와 다과를 나누며 예수님의 사랑과 복음을 전합니다.

컴(COME)(2006년-현재까지)
우리 가까이에 있는 사람에게 예수님의 사랑을 전합니다. 관계성 전도모임으로 관계 맺기를 하고, 컴 공과모임(4주)을 이루어서 돕습니다. 컴이 끝나고, 주일 C & S(Come & See) 데이에 초청하여 예수님을 영접하고 교회에 등록하도록 하는 관계 맺기 전도방법입니다. 동키전도, 와 보라 전도, 311전도를 통해서 교회주변 지역에 복음을 전하므로 선한 영향력을 미칩니다.

기쁨의교회는 예수님께서 공생애 사역기간에 하신 것처럼 전도하고 가르치고 치유하는 교회가 되는 목표를 실현함으로 주님을 기쁘시게 하는 교회가 되고자 합니다. 특히 기쁨의교회는 전도를 통하여 교회에 정착한 새 가족들이 잘 양육 받아 예수님의 또 다른 제자로 세워지도록 체계적인 양육훈련을 합니다.

1단계: 우리 교회 알아가기
컴을 통해 교회에 정착하고 6개월 간 꾸준히 교회와 셀에 출석한 성도님들을 대상으로 교회의 비전과 하나님의 부르심, 교회생활에 대해 담임목사님과 함께 5주간의 〈우리 교회 알아가기〉를 진행하게 됩니다.

2단계: 성령치유회복 수련회 (Healing and Restoration : HR)
Come을 통해서 예수님의 복음을 듣고 Come & See day에 예수님을 영접한 분들은 1박 2일의 HR(성령치유회복 Healing and Restoration) 수련회로 인도하게 됩니다.

3단계: 일대일 성경공부
기쁨의교회에서 제자가 되기 위한 양육과정에 있어서 일대일 성경공부는 매우 큰 비중을 차지합니다. 교재로는 신앙과 제자훈련의 기초를 바르게 세워주는 「머릿돌」이 있고, 우리의 구원을 위해서 그리고 우리 인생의 모든 실제적인 문제를 해결 받을 수 있도록 도와주는 「예수님을 만난 사람들(일명 예만사)」이 있습니다. 또한 교회 생활을 잘 할 수 있도록 안내해주는 「교회생활 가이드」가 있습니다.

4단계: 동역자 가이드와 5단계: 리더수련회
제자훈련 양육을 위해서 강조되는 것은 어떤 규격화된 프로그램 식 훈련보다도 매 주간 예배를 통해서 선포되는 말씀을 받고 사역현장인 셀(Cell) 안에서 부딪히면서 이전 자신들의 틀과 습관들이 깨뜨려지고 예수님의 제자로 준비되어 가는 것입니다. 또한 1년에 1-2회 셀 리더들을 대상으로 하는 리더 수련회는 리더로 섬기는 것이 일이 되지 않고 하나님의 기쁨과 상급이 될 수 있도록 인도해 줍니다.

수지대광교회

대광교회

다음 세대에 '성경적 가치관'을 심어주는 교회
Church that instills Biblical values into Future Generations

[16810] 경기도 용인시 수지구 신봉1로 47 [신봉동, 대광교회]
TEL. 031-261-0691 / Fax. 031-261-6285   수지 대광교회

기독교 대한감리회 대광교회는

초대 담임이신 유강신 목사님께서 1980년 3월 29일
서울 금천구 시흥동에서 '새빛교회'로 개척된 교회입니다.

'교회 중에 교회되고, 성도중의 성도 되어 온 세상에 불붙이자' 라는
비전으로 말씀과 기도, 전도와 제자훈련에 힘쓰다가,
'세계선교 비전'을 품고 1997년 9월 7일 기공예배를 시작으로
1998년 10월에 용인시 수지 현 위치에 성전을 건축을 마치고 교회를 이전했습니다.

교회를 이전하면서
'큰 빛을 발하라'는 뜻으로 교회이름을 '대광교회'로 바꾸고
생명과 풍성함을 주는 교회가 되기 위해 말씀, 찬양, 기도, 제자훈련, 전도, 선교,
봉사에 힘쓰고 있습니다.

하나님은 당신을 사랑하십니다.
하나님은 당신을 택하시고 부르셨습니다.
하나님은 당신에게 큰 복을 주시고 크게 쓰십니다.
하나님은 지금도 살아계셔서 역사하십니다.

대광교회 2대 담임목사 조광희

수지대광교회의 비전

영혼구원
복음을 온 세상에 증거하는 교회

양육과 훈련
성도들을 주님의 제자로 양육하는 교회
가정을 행복하게 만드는 교회
자녀들을 주님의 일꾼으로 양육하는 교회

선교와 봉사
교회들을 돕는 교회, 이웃에 봉사하는
민족 복음화와 세계 선교에 공헌하는

주님과 함께 살며, 신앙†생활 잘 하는 교회
Church that lives with the Lord and lives the Faithful † Life

수지대광교회의 새가족 교육

대광교회에 처음 오시는 모든 분들은 신앙생활 여부를 떠나 모두 '새가족'입니다. 새가족 교육은 지루한 교리공부 시간이 아니라 대광교회가 어떤 교회인지 배우고 대광교회 성도가 되겠다는 확신을 얻는 시간입니다. 새가족이 되기 위한 절차는 다음과 같습니다.

 >  >  >  >

새가족 카드 작성 · 새가족교육 · 등록카드 작성 · 예수영접모임 · 입교식

01. 새가족 카드 작성
새가족 교육을 위한 기본정보를 작성합니다.

02. 새가족교육
새가족 교육은 4주동안 진행됩니다.
1주차 – 행복한 교회
2주차 – 행복한 목회자
3주차 – 행복한 예배
4주차 – 행복한 성도 & 새가족 환영회

03. 등록카드 작성
4주 과정을 모두 참석한 분은 새가족 환영회 시간에 '등록카드를 작성'합니다.

04. 예수영접모임
예수 그리스도를 나의 구세주임을 고백하기 위한 시간입니다.
예수영접모임에 참석하신 분들만 입교와 봉사 자격을 얻습니다.

05 대광교회 입교식
처음 믿는 분은 세례식 후 입교식
입교식은 '**나는 대광교회 성도임을 선포**'하는 예식입니다.
세례를 받지 않은 분들은 감리교 교리와 장정에 따라 세례예식을 먼저 하고 입교예식을 합니다.
또한 입교식은 교회 구성원으로써 헌신, 봉사, 선교사역에 적극 동참하기 위한 결단의 시간입니다.
따라서 새가족 교육의 마지막은 입교식을 통한 헌신의 다짐입니다.

대광교회 예수영접모임

교회를 다니면서 '예수님이 나의 구세주이신 것'을 정말로 믿지 못한다면 진짜 그리스도인이라고 할 수 있을까? 라는 질문으로 시작하는 "**예수영접모임**"은 새가족 뿐만 아니라 대광교회 모든 성도들이 반드시 해결해야 할 주제입니다.
예수님만이 나를 구원하실 유일한 분이시며, 예수님을 내 삶의 중심에 모시면서, 어떻게 예수님과 함께 살 수 있을지를 고민하고 결단하는 시간입니다.

대광교회는 두 가지 신앙 목표가 있습니다.

01. 주님과 함께 사는 삶입니다.
"두려워하지 말라 내가 너와 함께 함이라 놀라지 말라 나는 네 하나님이 됨이라 내가 너를 굳세게 하리라 참으로 너를 도와 주리라 참으로 나의 의로운 오른손으로 너를 붙들리라"(이사야 41:10)
"예수께서 우리를 위하여 죽으사 우리로 하여금 깨어 있든지 자든지 자기와 함께 살게 하려 하셨느니라"(데살로니가전서 5:10)

02. 신앙†생활을 잘 하는 것입니다.
나를 가르치시고 주의 뜻을 알게 해 주소서. 주는 나의 하나님이십니다. 주의 선하신 성령으로 나를 바른 길로 인도하여 주소서."(시편 143:10, 쉬운성경)
주께서 이르시되 가라 이 사람은 내 이름을 이방인과 임금들과 이스라엘 자손들에게 전하기 위하여 택한 나의 그릇이라"(사도행전 9:15)

주님과 함께 살며 신앙†생활을 잘 하기 위해서는 어떻게 해야 하는지를 깨닫고 훈련하는 모임입니다.

대한예수교장로회 주북제일교회

조동욱 목사

주북제일교회 담임목사
오사카신학대학 후원이사장
용인동부경찰서 선도심사위원
용인시인재육성재단고문위원

주북제일교회 연혁

교회 설립(1974. 8.15)
1995. 5. 조동욱 목사 부임(제6대)
2008. 10.26 이종옥 목사 선교사 파송(필리핀)
2019.4.22. 필리핀 선교센터 헌당

주북제일교회는 지역사회에 비전을 가지고 섬기는 교회입니다.
또한 복음정신과 예수정신을 가지고 지역을 영적으로 변화시켜나가는 교회입니다.
하나님의 말씀으로 돌아가 교회의 거룩함과 순수성을 회복하는 교회입니다.

그래서 저희 **주북제일교회**는 소망이 되신 예수님을 노래합니다.
냉혹한 도시를 향해 희망을 노래합니다.
낙망한 영혼, 상한 심령, 깨진 가정, 무너진 캠퍼스, 처절한 직장에서 오늘도 견뎌내는 모든 이들에게 희망을 노래합니다.

아직 소망은 있습니다.
누구라고 예수 앞에 나오면 절망은 소망으로 바뀝니다.

이제 여러분과 동행을 이야기 하고 싶습니다.
가난한 영혼, 소외된 이웃과 함께 희망의 길을 걷고 싶습니다.
예수님께서 열어놓으신 생명의 길을 함께 걷고자 합니다.
이를 위해 저희 **주북제일교회**는 낮은 자리로 더 내려가겠습니다.
말씀에 충실하며, 본질을 붙들고, 예배에 목숨 걸며, 지역을 섬기는 교회가 되려고 합니다.

우리는 행복한 예수님의 사람입니다.
주북제일교회에서 여러분을 초대합니다.

주북제일교회의 비전선언문

주북제일교회는 하나님 중심, 성경 중심, 교회 중심의 신앙을 신조로 삼고 그리스도의 마음으로 영혼을 사랑하며 수직전도로 대를 이어 신앙의 명문가정을 세우는 것과 전도를 통하여 지역과 나라와 민족과 세계를 복음화 하고자 합니다. 이를 위하여 **주북제일교회**는 진리로 가르치고 말씀을 전파하며 영혼을 치료하는 교회로서 가치관을 변화시키고 선교와 전도를 통해 지역을 변화시키기는 일에 헌신할 것입니다.

주님의 명령을 따라 | 선교하는 교회 | 교육하는 교회 | 치유하는 교회 | 봉사하는 교회

하나님의 뜻을 이루어 가는 주북제일교회

영구 4대 목표

매일 **15분** 하나님 말씀 읽기   매일 **15분** 하나님과 대화하기
매일 **15분** 하나님에 대하여 이야기 하기   매일 **15분** 하나님 사랑 실천하기

주북제일교회 목회자의 목회와 교육철학

■ **목회사역 방향과 목회철학**

저의 목회 주체는 **하나님**이십니다.
인간인 제가 아이디어를 내어 일을 해나가기 보다는 **"살아계신 하나님께서 하고자 하시는 일을 하시도록 하는 것"**이 저의 사역 방향입니다. 이를 위해 저는 늘 기도함으로 하나님의 음성을 듣고 순종하려고 합니다. 저의 목회철학은, 하나님의 영이신 **"성령으로 살아 숨 쉬는 교회"**를 이루어가는 것입니다.

■ **목회의 장·단기 계획**

저의 목회 중심은 **예배**입니다.
저의 장기적 목회 계획은 예배를 통해 온 성도들이 사랑을 실천함으로 행복을 맛보도록 하는 것입니다.
"사랑을 실천함으로 살아 숨 쉬는 교회"가 제 목회 모토입니다. 이를 위해 단기적으로는 말씀과 기도와 전도라는 주제를 가지고, **"말씀에 대한 체험"**, **"기도를 통한 은혜"**, **"전도를 통한 생명 살림"**을 추구해가고자 합니다.

■ **지역사회에서 교회의 역할과 신앙인들의 자세**

저는 지역사회에서 교회와 성도는 진정한 **"이웃"**이 되어야 한다고 생각합니다.
또한 진정한 이웃이 되려면, 상대방에 대해, 마음에서 우러난 **"관심"**과 **"사랑"**을 갖고 있어야 한다고 생각합니다.
또한 관심과 사랑은 특별한 때가 아니라, 평소에 실천되어야 한다고 생각합니다.
주북제일교회가 이미 사랑을 실천하고 있는 다양한 활동과 교육 등은 좋은 예라고 생각합니다.

■ **10년 후 주북제일교회에 대한 기대**

10년 후의 **주북제일교회**는 더욱 예배의 감격이 살아있는 교회,
청년들과 젊은 부부들이 모든 사역을 활기차게 주도하는 젊은 교회,
다음 세대 청소년들이 새싹처럼 파릇파릇 자라나는 교회,
용인 시민들의 진정한 이웃이 되는 교회가 될 것을 기대하고 기도하며 소망합니다.

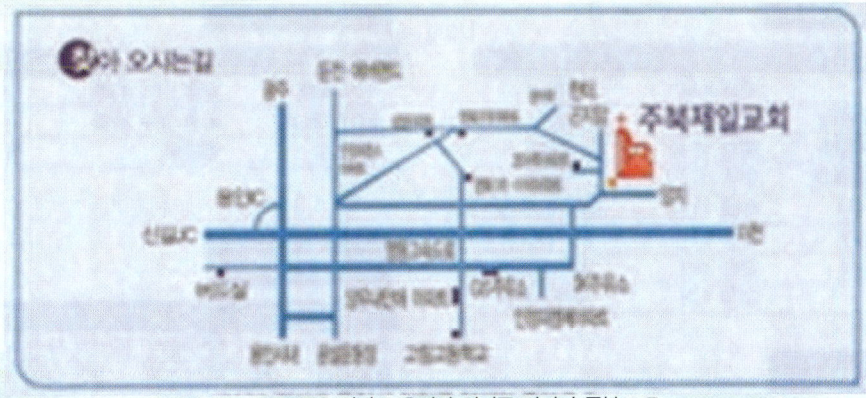

17039 경기도 용인시 처인구 양지면 주복로 7

주북제일교회는 대한예수교장로회(합동) 용인노회에 소속된 교회로서 1974년 8월 15일에 설립되어 지역사회와 조국과 세계열방의 복음화를 목적으로 말씀과 기도와 구제 중심의 성령 충만한 예배를 꿈꾸는 사랑의 공동체입니다.

대한예수교장로회 백암중앙교회

경기도 용인시 처인구 백암면 덕평로 26번 길 5번지

담임목사 조복희

조복희 목사는 용인시 처인구 백암면에 위치한 백암중앙교회(예장합동)를 담임목사로 섬기고 있다. 목사로서의 비전은 예수님의 말씀에 따라 "빛과 소금이 되어 세상을 더 아름답게 만들자"이며, 이러한 꿈을 가지고 1980년 백암중앙교회를 개척하여 오늘에 이르기까지 영혼을 구원하고, 하나님의 뜻을 찾아 실천하여 신 사도행전적 교회를 이루고자 노력하고 있다.
어린이 선교원, 사회복지관, 경로대학 등을 운영하면서 '나'의 축복뿐 아니라 '남'의 축복도 함께 제공하는 활동을 통하여 "이웃이 행복해할 때 나도 행복해 질 수 있다는 것"이 바로 주님이 원하시는 이웃에 대한 진정한 사랑이라 여기며, '이웃을 내 몸처럼 사랑하라'고 말씀하신 주님의 뜻을 실천하고 있다.
박옥순 사모와 함께 주님과 동행하는 행복한 목회를 하면서 하나님께서 허락하신 아들 조성목, 그리고 아들을 통해 삶의 일부가 되어준 사랑스런 며느리 김미진과 그를 통해 하나님께서 주신 선물인 아이들(유은·유현), 딸 조지연과 행복한 가족을 이루고 있다.

주요경력
- 대한예수교 장로회 경성노회장
- 용인기독교 총연합회 실무회장
- 경기경찰청 교경협의회 운영위원
- 용인시청 시목실장
- 백암면 기독교 교역자 연합회 회장
- 민주평화통일 자문회의 자문위원
- 대한기독교장로회총회(합동) 실행위원
- 용인시기독교총연합회 대표회장(현재)
- 백암중앙교회 담임목사(현재)

백암중앙교회가 걸어온 길 (연혁)

■ 개척기
- 1980. 3. 3. 조복희 전도사 백암중앙교회 창립예배를 드리다.
- 1981. 3. 어린이 선교원 설립 허가받아 개원하다.
- 1981. 4.12. 조복희 강도사 목사 안수 받다.
- 1982. 3. 3. 주산 교육원(용인 교육청 허가) 설립운영
- 1983. 6. 1. 대지 50평 임대
- 1983. 6. 7. 성전건축 기공예배, 성전건축 착공(7.29)
- 1984. 7.20. 1차 공사 완공하고, 건축 준공 검사 필하다(9.10).
- 1985.11.29. 대지 50평 임대한 것을 매입하다.

■ 중흥기 (도약기)
- 1987. 8.11 제2차 본당 공사 착공(2층 증축)
- 1987.10.23 본당 성전 건축완공하고, 입당예배 드리다(25일)
- 1988. 1. 5 대지 10평 매입하다.
- 1988. 3. 1 창립 8주년 기념하여 성전봉헌, 임직예배를 드리다.
  최규한, 원용재 안수집사로 박정숙, 박인숙 권사 취임하다.
- 1988. 4. 5 김정채 협동장로와 고복순 협동권사 시무장로와 시무권사로 취임
- 1988. 8 교회차량 구입하다(베스타 12인승).
- 1989. 6.29 용인군청에서 교회등록 번호 부여받다
- 1990. 3.4-5 교회창립10주년 감사예배 및 집회(여전도회 주최 복음가수초청집회)
- 1991. 3.11-14 창립기념부흥성회
- 1991. 7. 8 교회 옆 주택 약 60평 대지 교육관으로 사용하기로 임대하다.
- 1992. 3-5 교회창립 12주년 기념부흥성회
- 1992. 4.27 목사 위임 및 장로 집사 권사 취임 예배
  (목사위임: 조복희, 장로집사: 원용재, 권사취임: 하자순)
- 1994. 6.15 공원묘지 매입하다
- 1994. 7-8 본당 계단 샷시 공사하고, 교회 3층 사택 증축하다
- 1994.10. 2 증축완공 감사예배 드리다
- 1995. 1 정홍모 장로(협동장로 임명), 김명애 권사(협동권사 임명)
- 1996. 3.4-6 교회창립 16주년 기념성회
- 1996. 8. 4 교육관 대지구입
- 1997. 4.27 복지관 건축기공 예배
- 1997.11. 9 안수집사 임직 및 복지관 준공감사예배(조규태, 김만수, 정동식)
- 1998. 2.23-26 창립19주년 기념성회(강사: 김정국 목사)
- 2000. 3. 8 선교원 무상교육 실시(45명 무상)
- 2000. 4. 22 복지관 조경(나무심기, 타이어 옹벽공사)
- 2000. 5.28 권한공 목사 러시아 선교 파송예배
- 2000. 7.20 지역신문 '백암 이야캐'를 창간하다
- 2003. 3. 2 창립 23주년 기념 심령대부흥회 및 임직식(안수집사: 문충길, 박상은, 박회진, 권사: 양옥자, 전금자, 안순덕, 윤복동, 김주순, 전총임, 원장순)
- 2003. 7. 13 교회 건축대지 구입(백암면 173-4, 503평)
- 2004. 5. 9 새성전 기공감사예배

■ 발전기
- 2004.11.28 입당감사예배
- 2005. 3. 1 새성전 입당 및 임직 축하예배
- 2005. 7.25 교회준공허가
- 2006. 3. 3 창립 26주년 기념감사예배
- 2006. 3.23 효도관광(강진 매화 마을)
- 2006. 8.18 교회 스테인드 글라스 공사
- 2006.12.17 교회 소나무 조경, 뒷마당 주차장 자갈공사 완료
- 2007. 3. 4 창립 27주년 기념 감사예배, 교회사랑방 완공(2.18)
- 2007. 7.29 교회 휴게실 및 사무실 증축
- 2007. 7.29 조성목 교육전도사로 시무하게 하다.
- 2007. 9. 30 뒷마당 포장 공사, 농구대, 탁구장 설치
- 2009. 2. 1 중층확장공사 및 유아실 공사완료
- 2009.12.13 할렐루야 오카리나 선교단 창단(지도: 배순희, 단장: 장동석)
- 2010. 3. 3 창립 30주년 감사새벽예배
- 2010. 5.23 교회 탁구장 완공
- 2010.12.26 시무 안수집사, 권사 취임 및 장로 은퇴예배
- 2011. 3.13 식당, 주방 확장공사 완공
- 2011.10.10 조성목 전도사 강도사로 인허
- 2012. 2.19-25 학생회 필리핀 단기선교(인도: 조성목, 학생: 정태양, 윤선인)
- 2012. 7.12 복지관 외벽 벽돌공사 완료
- 2012. 9. 9 담임목사님 회갑감사예배
- 2012.10.21 조성목 강도사, 목사안수 받고 교육, 행정목사로 시무케 함.
- 2013. 1. 8 교회엘리베이터 공사시작, 완공(2.24)
- 2013. 4. 7 교회 뒷마당 국유지 매입
- 2013. 8.11 교회CCTV설치
- 2014. 3. 1 임직식
- 2014. 5.11 교회창립 35주년 기념문집 편집위원회 구성
- 2014. 6 복지관 3층 확장 건축함
- 2015. 3.1~3 교회창립 35주년 기념성회, 35주년 기념 문집 출판(백암중앙 가족 믿음 이야기)
- 2016.10.11 교회주차장 확장공사
- 2017. 8. 6 양지병원 환우예배 시작(매 주일 오후3시)
- 2018. 2.11 교회 장학금 지급(이은재, 박성목 학생)
- 2018. 5.13 박종길 목사 협동목사로 임명
- 2018.10.14 조군희 장로 이명(서울 새문안교회)
- 2019. 2.10 40주년 기념사업 중앙교회 장학위원회 설립추진(위원장: 원용재 장로)
- 2019.12.19 담임목사님 용인시 기독교 총연합회 대표회장 취임
- 2020. 3. 8 창립 40주년 새성전 헌당 및 임직 감사예배(명예권사: 김순남, 이정순, 이돈녕, 윤석만, 은퇴권사: 윤복동, 김정환, 배순희), 창립 40주년 은혜의 찬양 100곡 편곡집 발간(김성한 집사)
- 2020.10.5~10 교회지붕보수 및 확장공사

행복한 가정! 즐거운 교회생활!

우리 백암중앙교회의 행정구역은 경기도 용인시 처인구 백암면 덕평로 26번 길 5번지이다. 용인시 처인구 백암면 입구 지방도 17번 길 죽양대로와 덕평로가 교차하는 근곡 사거리에서 동북쪽으로 고개를 돌리면 유난히 눈에 잘 들어오는 우뚝 선 건물이 보인다. 이것이 바로 우리들의 정신적인 안식처이자 성령으로 가득한 교회로 조복희 목사님이 사무하는 대한예수교 장로회 소속 성전이다. 교회 창립 45주년을 맞이한 우리 교회의 특징과 그동안 걸어온 발자취이다.

첫째, 우리 교회는 강소교회(强小敎會)이다.
한마디로 설명해서 작지만 크고 강한 강소교회(强小敎會)이다.
출석 교인 100여명 남짓한 작은 교회이지만 따지고 보면 구성원과 시설이 알찬 교회이다. 대내외 활동이 훌륭한 당회장 목사, 화목한 성도 교제, 복지관과 묘지 공간 확보, 일반 성가대 외에 오카리나 선교단을 운영하고 있으며, 교회 재정규모에 비해 많은 해외 선교지원을 하고 있는 사실들을 챙겨 볼 때 작지만 크고 강한 교회라 아니할 수 없다. 우리 교회의 표어는 '행복한 가정 즐거운 교회생활'이다. 물고기가 물을 떠나서 살 수 없는 것처럼 믿음생활도 가정을 떠나서 영위할 수 없다. 가끔씩 행해지는 야외 기도회나 성지답사, 척사대회 등도 표어에 맞게 잘 운영되고 있다. 낮 예배 후의 점심시간도 성도간의 친교에 큰 보탬이 되고 있다. 아담하게 꾸며진 사랑방에서는 오후 예배를 기다리는 시간 틈새에 서로 주고받는 이야기들은 마음에 풍성함을 주고 있다. 세상 돌아가는 민심을 들으니 귀를 즐겁게 해주기에 안성맞춤이다. 우리 교회에는 색소폰, 아코디언, 플루트, 드럼 등 악기를 잘 다루는 교인들이 있어서 특별기도회나 헌신 예배 시에 특송을 통해서 강소교회를 만드는 데 힘을 보태고 있다.
이러한 활동들을 일일이 사진이나 동영상을 통해 보여줌으로써 교회 분위기를 조화롭게 하고 있다.

둘째, 경로대학과 어린이 선교원(백암중앙선교원)을 운영하였다.
어린이는 국가의 미래는 물론 교회의 앞날을 전망하는 데 중요한 척도가 된다. 어린이 선교원은 1981년 설립허가를 받아 개원하였다. 이 지역 어린이들에게 자연학습을 통해서 정서적인 감각을 익히고 창의력과 판단력, 표현력 함양을 통해서 으뜸이 되는 어린이로 자라는 데 도움이 되도록 다양한 프로그램을 가지고 기획·운영하였고, 출석 교인 수나 교회 재정규모를 감안해 볼 때 경로대학을 4년 여 간이나 운영하였다는 사실은 시골교회로서는 정말 어려운 사업이다. 실로 무모한 짓에 가까운 일이었지만 하나님의 도움으로 1999년 경로대학을 개강하여 2기에 걸쳐 모범적인 경로대학을 독자적으로 운영하여 훌륭한 많은 졸업생을 배출한 뒤 계속해서 백암면과 공동으로 2년을 더 지속하였는데 정부차원 노인복지 활동이 강화되면서 아쉽게도 우리 교회의 경로대학 운영은 문을 닫았다. 그러나 경로대학을 통해서 신앙생활도 좋아지고, 또 사회적으로 저명한 인사를 초빙하여 건강강좌, 교양강좌를 개설·운영함으로써 경로효친 윤리관과 전통적 가족제도를 발전시켰고, 아울러 청소년 선도운동을 펼침으로써 지역사회 발전에 기여한 바가 컸다고 자부한다.

셋째, 해외 선교활동에 정성을 쏟고 있다.
조그마한 시골교회의 재정사정으로 해외 선교사를 파송한다는 것은 현실적으로 매우 어려운 일임에 틀림없다. 그러나 우리 교회는 2000년 5월부터 목사님 한 분을 러시아에 파송하여 지금까지 교회 재정상 힘겨울 정도의 후원금을 매월 지원하고 있으며, 아프리카 우물파기 운동지원, 학생회의 필리핀 단기선교활동 지원, 인근 지역 외국인 근로자를 종종 초청하여 위로예배를 통한 선교활동을 펼치고 있다.

넷째, 복지관을 확보하고 있다.
지역주민과 더불어 살아가는 교회를 만들기 위해서 어떻게 할 것인가를 검토한 결과 지역의 연로하신 어르신들이나 어린이를 위하는 사업을 벌리기 위해서는 복지관이 있어야 된다는 신념하에 줄기차게 노력한 끝에 1997년 11월 복지관을 준공하였다. 처음 복지관을 지을 때 주민들이 교회를 먼저 크게 짓지 않고 복지관을 짓는다고 질책성 말을 하기도 하였었다. 2억이 넘게 소요된 복지관 건축이 어떻게 이루어졌는지 모를 정도로 하나님의 은혜와 교인들의 적극적인 협력이 뒷받침되었다. 그 뒤 복지관은 어린이 선교원과 경로대학을 운영하는 데 잘 쓰여 졌다. 현재 복지관에는 다섯 가정이 복지혜택을 받고 있으며, 합동 구역예배나 교회 특별행사에 유용하게 쓰여지고 있다. 규모가 작은 시골교회에서 이만한 규모의 복지관을 가지고 있다는 것 또한 우리 교회의 강점이자 특징이다.

다섯째, 당회장 조복희 목사님의 활발한 활동을 들 수 있다.
조복희 목사님은 낙스 신학교에서 '사회봉사를 통한 교회 성장에 관한 연구'로 박사학위를 받고 하나님이 기뻐하시는 지역교회를 만들기 위한 분명한 비전을 가지고 백암중앙교회를 섬기고 있다. 목사님은 원만하신 성품, 성도를 최우선으로 생각하는 목회활동, 소외계층을 먼저 배려하는 생활 습관 등으로 성도들이 목사님을 잘 따르는 이유라 생각된다. 특히 용인 성시화를 위해서 남다른 관심과 노력을 기울이고 있다. 예를 들면 용인시 기독교총연합회 회장직을 성공리에 마치셨고, 시청공무원이나 경찰공무원들의 신앙생활 활성화를 위해서 시목·경목을 맡는 것을 주저하지 않았다. 이 밖에도 총신대학교 이사, 대한예수교장로회 수원 노회장 등을 역임한바 있고, 현재 대한예수교장로회 총회 실행위원을 맡아서 봉사하고 있어서 성도들은 뿌듯하게 생각하고 있다.

고림제일교회는 대한예수교장로회 합동교단에 속한 보수적 복음주의 교회입니다.
1999년 2월 14일 설립되어,
큰 비전을 가지고 현 위치에 제3성전을 건축하여 2007년 11월 29일에 입당한 부흥하는 교회입니다.
고림제일교회는 "꿈을 이루며 사랑으로 나누는 교회"입니다.

담임목사 조용구

고림제일교회는 한 사람을 존귀히 여기고 하나님과의 관계,
사람과의 관계를 건강하게 만드는 교회로서 세상 속에서 교회의 올바른 사명을
감당하며, 빛과 소금의 역할을 다하는 교회입니다.

고림제일교회는 지역사회에 비전을 가지고 섬기는 교회입니다.
또한 예수정신을 가지고 말씀대로 믿고 살고 누리면서 지역을 영적으로 변화시
켜 나가는 교회입니다.
하나님의 말씀으로 돌아가 교회의 거룩함과 순수성을 회복하는 교회입니다.

우리에게는 아직 소망은 있습니다.
누구라고 예수 그리스도 앞에 나오면 절망은 소망으로 바뀝니다.
이제 여러분과 함께 동행하면서 이 기쁨을 함께하고 싶습니다.
가난한 영혼, 소외된 이웃과 함께 희망을 이야기하면서 함께 걷고 싶습니다.
예수님께서 열어놓으신 생명의 길을 함께 걷고자 합니다.
이를 위해 저희 고림제일교회는 말씀에 충실하며, 본질을 붙들고, 예배에 목숨
걸며, 지역을 섬기는 교회가 되려고 합니다.
고림제일교회와 함께하지 않겠습니까?

고림제일교회의 목표와 방향

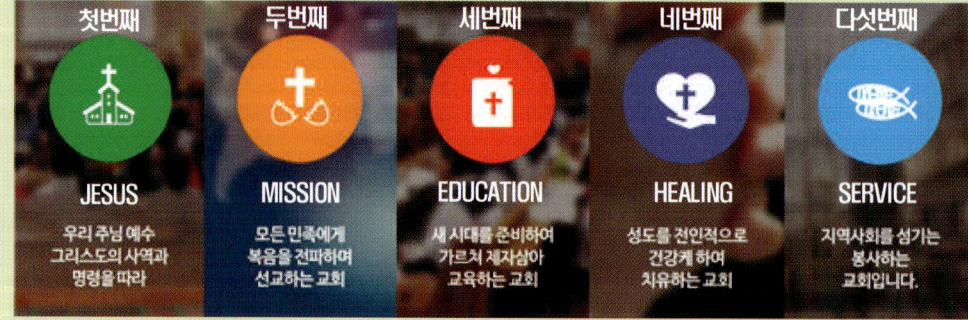

첫번째	두번째	세번째	네번째	다섯번째
JESUS	MISSION	EDUCATION	HEALING	SERVICE
우리 주님 예수 그리스도의 사역과 명령을 따라	모든 민족에게 복음을 전파하며 선교하는 교회	새 시대를 준비하여 가르쳐 제자삼아 교육하는 교회	성도를 전인적으로 건강케 하여 치유하는 교회	지역사회를 섬기는 봉사하는 교회입니다.

성장하며 선교하는 교회! 이웃과 아픔을 함께 하는 교회!

고림제일교회는 하나님 중심, 성경 중심, 교회 중심의 신앙을 신조로 삼고 그리스도의 마음으로 영혼을 사랑하
며 수직전도로 대를 이어 신앙의 명문가정을 세우는 것과 전도를 통하여 지역과 나라와 민족과 세계를 복음화 하
고자 합니다. 이를 위하여 고림제일교회는 진리로 가르치고 말씀을 전파하며 영혼을 치료하는 교회로서 가치관
을 변화시키고 선교와 전도를 통해 지역을 변화시키기는 일에 헌신할 것입니다.

꿈을 이루며 사랑으로 나누는 고림제일교회

■ 주님을 사랑하는 예배를 드리는 교회 ┃ 가정과 이웃을 사랑으로 섬기는 교회 ┃ 사랑으로 교제하고 전도하고 가르치는 교회 ■

우리는 예배를 통해 하나님을 만나고, 교제를 통해 서로를 돌보며 훈련을 통해 교회와 지역사회에 봉사하는 일꾼이 되어 사람들을 그리스도께 인도하여 하늘 사람으로 가정과 삶을 행복하게 한다.

고림제일교회 목회자의 목회와 교육철학

■ **목회사역 방향과 목회철학**

저의 목회 주체는 **하나님**이십니다.
인간인 제가 아이디어를 내어 일을 해나가기 보다는 **"살아계신 하나님께서 하고자 하시는 일을 하시도록 하는 것"**이 저의 사역 방향입니다. 이를 위해 저는 늘 기도함으로 하나님의 음성을 듣고 순종하려고 합니다. 저의 목회철학은, 하나님의 영이신 **"성령으로 살아 숨 쉬는 교회"**를 이루어가는 것입니다.

■ **목회의 장·단기 계획**

우리 **고림제일교회**는 사랑을 키우며 꿈이 있는 비전교회, 필요를 채우며 앞서가는 미래교회, 다음 세대를 준비하는 열정적인 젊은 교회를 추구할 것입니다.
이를 위한 **고림제일교회**의 장기적 목회 계획은 온 성도들이 사랑을 실천함으로 행복을 맛보도록 하는 것입니다.
"사랑을 실천함으로 살아 숨 쉬는 교회"가 **고림제일교회**의 목회 모토입니다.
이를 위해 단기적으로는 말씀과 기도와 전도라는 주제를 가지고, **"말씀에 대한 체험"**, **"기도를 통한 은혜"**, **"전도를 통한 생명 살림"**을 추구해 갈 것입니다.

■ **지역사회에서 교회의 역할과 신앙인들의 자세**

저는 지역사회에서 교회와 성도는 진정한 **"이웃"**이 되어야 한다고 생각합니다.
또한 진정한 이웃이 되려면, 상대방에 대해, 마음에서 우러난 **"관심"**과 **"사랑"**을 갖고 있어야 한다고 생각합니다.
또한 관심과 사랑은 특별한 때가 아니라, 평소에 실천되어야 한다고 생각합니다.
고림제일교회가 이미 사랑을 실천하고 있는 다양한 활동과 교육 등은 좋은 예라고 생각합니다.

■ **사명과 비전**

우리는 생명의 예수를 전하는 일꾼이 되어 그리스도의 계절이 오게 할 것입니다. 이를 위해 우리 **고림제일교회**의 비전은 예배를 통한 감동과 치유와 축복을 체험하고 훈련을 통해 교회의 일꾼이 되며, 사역의 모든 영역을 영혼구원을 위한 전도로 삼아 가족공동체를 이루고, 삶의 목표는 세상을 변화시키기 위한 봉사자로 쓰임 받는 교회가 되는 것입니다.

고림제일교회 예배시간안내

주일오전예배	1부: 9시 / 2부: 11시		
주일오후예배	오후 2시	금요기도회	저녁 9시
수 요 예 배	오후 7시 30분	새벽기도회	오전 5시 30분(월-금)
영유치부	주일오전 11시 (교육관)	중고등부	토요일오후 3시 (교육관)
유초등부	주일오전 11시 (교육관)	청년부	토요일오후 5시 (교육관)

■ **고림제일교회**에 오신 것을 진심으로 환영합니다.
　주일예배부터 교회학교까지 모든 예배시간을 확인하실 수 있습니다.
　궁금한 사항은 언제든지 전화주세요
　경기도 용인시 처인구 고림로 158(고림동 665-4) TEL: 031-321-5080

하나님의 영광!(Soli Deo Gloria!)과
인생의 즐거움(행복)!이
제일 목적이 되는 교회

신령한 교회(Spiritual Church)
건강한 교회(Healthy Church)
성장하는 교회(Growing Church)

경기도 용인시 기흥구 구성로 488번길 3-12(청덕동)
T. 031-284-3927

Hallelujah!

하나님의 영광!(Soli Deo Gloria!)과 인생의 즐거움(행복)!이 제일 목적이 되는 교회
신령한 교회(Spiritual Church)
건강한 교회(Healthy Church)
성장하는 교회(Growing Church)

그리스도의 사랑으로 지역사회를 섬기는 교회!
예수 그리스도께로 인도하여 함께 가족공동체를 이루고
그들이 하나님께 예배하며 그들이 성숙한 그리스도인이 되도록 훈련하고
그들이 교회에서 헌신하는 세상에서 선교하는 일꾼으로 양육함을 목적으로 한다.

♪ 주의 손과 발 되어 세상을 치유하며 주 섬기는 교회!
예수 그리스도께로 인도하여 함께 가족공동체를 이루고
그들이 하나님께 예배하며 그들이 성숙한 그리스도인이 되도록 훈련하고
그들이 교회에서 헌신하는 세상에서 선교하는 일꾼으로 양육함을 목적으로 한다.

하나님이 의도하시고, 예수님께서 말씀하시고, 성령님께서 이끄시는 사도행전적 교회를 꿈꾸는 사람들!
예수 그리스도의 지상 대명령을 사명으로 수행하여 실제로 이루어져 가는 과정과 성취된 사실을 기록한 것이 사도행전 28장이다. 이제 우리는 말씀과 성령이 이끄시는 사도행전 29장의 교회를 계속 꿈꾸며 세워나가고자 한다.

1. 귀중한 자의 삶, 축복 비전!
2. 활동, 지역, 영역 비전!
3. 어떤 시험 환란 근심 승리 비전!
4. 응답받는 기도, 예배, 믿음, 섬김, 전도, 헌신의 비전!

담임목사 지 태 일

- 총신대학교 기독교교육(B.A)
- 총신대학교 대학원 기독교교육(M.A)
- 서울성경신학대학원대학교(M.Div.eq)
- 미국 ITS(D.Min)
- 칼빈대학교 대학원 조직신학(Ph.D)
- 서울성경신학대학원대학교 조직신학 교수(현)
- 서울 영암교회 부교역자로, 강원도 영천교회 담임교역자로, 서울 대천교회 담임목사로 섬기던 중 1997년 12월 9일 용인 구성에 새빛중앙교회를 개척, 2007년 9월 7일 용인시 청덕동 298-17번지에 예배당을 신축 이전하여 사랑하는 동역자들과 성도들과 함께 목양일념 중.

새빛중앙교회앙 교회 비전
우리는 하나님 중심, 성경 중심, 교회 중심의 신앙을 신조로 삼고 그리스도의 마음으로 영혼을 사랑하며 수직전도로 대를 이어 신앙의 명문가정을 세우는 것과 수평전도로 지역과 나라와 민족과 세계를 복음화 하고자 한다.

새빛중앙 교회 사명
진리로 가르치고 말씀을 전파하며 영혼을 치료하는 교회로서 가치관을 변화시키고 선교와 전도를 통해 지역을 변화시키기는 일에 헌신한다.
1. 하나님의 얼굴을 구하는 공동체
2. 본질을 붙드는 공동체
3. 기본에 충실한 공동체
4. 예배를 사모하는 공동체
5. 부흥을 갈망하는 공동체

성경대로 믿는 개혁신앙을 통하여
다음 세대를 준비, 가르치며 양육, 주님의 제자삼는 교회!

영혼의 양식인 말씀과 또 말씀과 함께
울려 퍼지는 영혼의 찬양과 간증!

새빛중앙교회 소개

대한 예수교 장로회 새빛중앙교회는 1997년 12월 9일, 용인시 기흥구 마북동 352번지 우림A 상가 3층(76평 분양)에서 교회 설립 이후, 10년만에 용인 구성지구(5,300세대) 물푸레 마을 8단지 앞에 교회부지(창덕동 298-17)를 마련하여 크지도 작지도 않은 땀과 눈물의 아름다운 예배당 건축을 시작(07.3 착공)하여 07.9.7 입당예배를 드렸습니다.
에벤에셀의 하나님께! 여호와 이레의 하나님께! 큰 감사와 영광을 돌립니다.

앞에는 물푸레 마을 5,300여세대의 아파트와 뒤에는 88CC의 푸른 산이 둘려져 있는 176평 대지위에, 본당 반지층 90평, 지상 140평을 건축하였습니다. 주변의 녹생 환경과 조화를 이루는 전원교회같은 새빛중앙교회는 몸과 마음 그리고 영혼의 안식처로서의 교회입니다.
본당은 엘리베이터를 갖춘 230여석의 극장식 의지와 영상시설, 1층은 용인시 작은 도서관, 북카페, 선교회 친교실, 1층 오른쪽은 식당 애찬실, 탁구시설, 2층은 중고등부실, 성가대 연습실, 3층은 유초등부실,목양실, 4층은 사택입니다.
그 동안 상가 개척교회의 어려운 세월 10년동안 말씀 앞에 끝까지 순종하며 땀과 눈물로 인내했던 새빛의 사랑하는 많은 지체들, 장로님들, 권사님들, 집사님들, 성도님, 청년부들, 중고등부 청소년들, 유치,유초등부 아이들에게도 진심으로 감사를 드립니다.
2008년 6월부터 삶의 꿈과 희망의 보금자리인 창덕동 구성지구의 물푸레 마을 9개 단지 아파트와 일반 택지 지역으로 입주하는 가운데 만난 귀한 성도님들, 동역자들 또한 앞으로 계속 만나게 될 모든 성도들 여러분! 진심으로 환영하며 감사와 기쁨을 전합니다.

우리 새빛중앙교회는 성경을 신앙과 행위에 대하여 하나님의 영감으로 기록된 정확무오하고 유일한 법칙인 하나님의 말씀으로 믿는 진리위에 세워져 있는 하나님 중심의 교회입니다. 다른 요소들(예컨대 잘못된 유형의 신유의 능력, 고상한 인격, 심금을 울리는 예화, 대중을 선동하는 기술, 빼어난 입담, 지나친 대형 교회화 같은 것으로 일정한 성과를 얻어내려는 모습)이 더욱 강조되는 시대 가운데서도 힘들지만 끊임없이 하나님의 말씀 중심으로 주님의 교회를 세워 나갈 것입니다. 새빛중앙교회는 웨스트민스터 소요리문답 제1문의 대답처럼 "하나님의 영광(Soli Deo Gloria!)과 인생의 즐거움(행복)" 이라는 인생의 제일되는 목적만이 이끌어가는 교회를 만들어 나갈 것입니다.

다음은 우리 새빛중앙교회(Sebit Presbyterian Church)가
계속적으로 지향하는 모습들입니다

하나님의 임재하심을 경험하는 예배 공동체
예수님의 구원하심으로 거듭난 사랑 공동체
성령님의 은사. 능력따라 섬기는 나눔 공동체
지역 사회와 함께 하는 문화봉사 사역 공동체

새빛중앙 교회 비전선언문

우리 새빛중앙교회는 사람들을 예수 그리스도께로 인도하여 함께 가족 공동체를 이루고, 그들이 하나님께 예배하며 그들이 성숙한 그리스도인이 되도록 훈련하고, 그들이 교회에서 헌신하고 세상에서 선교하는 일꾼으로 양육함을 목적으로 한다.

새빛중앙 교회 CI

심볼마크 : 중앙의 십자가는 교회의 몸된 주님을 상징.
아름다운 동산 중앙에 반짝이는 3개의 십자가 : 성부, 성자, 성령 하나님이 임재하시는 새빛중앙교회를 의미
교회를 둘러쌓은 뿌리깊은 무성한 푸른 나무들 : 성도들을 의인화하여 지역사회를 복음화하려는 의지를 상징.

기독교한국침례회
동백지구촌교회

경기도 용인시 기흥구 동백중앙로 213(삼성타워 2층) 동백지구촌교회
TEL : 031-693-8291 | FAX : 031-285-8209

담임목사 최 성 균

Hallelujah!

동백지구촌교회입니다.

인생의 방황은 예수님을 만나면 끝나고,
신앙의 방황은 좋은 교회를 만나면 끝난다는 말이 있습니다.

신학과 신앙의 출발점은 그리스도론이며 종착역은 교회론입니다.
건강한 신앙생활을 하기 위해서 반드시 점검해야 할 질문은 다음과 같습니다.

교회를 어떻게 할 것인가?
교회를 어떻게 섬길 것인가?

우리는 교회는 '주님의 몸'이며, 교회의 본질적 사명은 '그리스도의 지상명령에 순종'하는 것이라고 믿습니다. 이것을 위해 훈련이 필요하며 모든 성도를 예배자, 중보자, 전도자로 세워 땅 끝까지 만민에게 복음을 전파하고 다음 세대에게 신앙을 전수하여 주님이 다시 오실 때까지 교회를 세워나가는 것이 우리의 소망입니다.
우리는 교회를 영원한 영적인 하늘 가족이라고 믿으며
성령의 하나 되게 하신 것을 함께 지키는 사랑 공동체가 되기 위해 헌신할 것입니다.
당신을 그리스도에게로, 그분의 몸이신 교회로 초대합니다.

사역활동:
- 대전침례신학대학교 기독교교육학과 B.A 졸업 • 대전침례신학대학교 기독교교육학과 M.A 석사과정 수료(성인교육 전공)
- 평택대학교 피어선신학대학원 M.Div 목회학 석사과정 졸업 • 평택대학교 피어선신학대학원 Th.M 석사과정 졸업(역사신학 전공)
- 미국 리버티신학대학원 Th.M 석사과정 졸업(강해설교 전공) • 평택대학교 피어선신학대학원 Ph.D 박사과정 수료(역사신학 전공)
- 1986년 4월 목사 안수 • 1986년 4월-2002년 10월 육군 군목 • 2003년 1월-2008년 12월 지구촌교회 목양사역 및 국내선교부 담당목사
- 중보기도, 전도폭발, 군선교 • 국내선교 : 농어촌, 교도소, 북한, 스포츠, 병원 • 문서선교, 금요심야 설교목사 • 2009년 1월 동백지구촌교회 개척

동백지구촌교회 소개

동백지구촌 교회 사명 선언문

하나님이 창세전에 계획하사 때가 차매 세우신 예수 그리스도의 몸 된 동백지구촌교회는 새로운 교회사를 쓰시는 하나님의 목회가 이루어짐으로써 재림하실 그리스도의 지상명령을 우리의 최우선 관심사로 삼고 훈련을 통해 모든 성도를 예배자와 중보자와 전도자로 세워 땅 끝까지 이르러 만민에게 복음을 전파하고 전수하여 영혼을 살리고 제자 삼는 성령 충만한 그리스도의 강한 군사와 거룩한 신부가 될 것을 성부와 성자와 성령의 이름으로 선언합니다!

동백지구촌 교회 비전
30만 명의 예배자! 6만 명의 중보자! 3만 명의 전도자 훈련 파송! (올해 500명의 예배자를 주옵소서!)

동백지구촌 교회가 추구하는 공동체상
- **예배공동체:** 예배에 목숨을 걸고 성령님의 임재를 체험하는 예배공동체
- **선교공동체:** 예수님의 지상명령을 최우선 관심사로 삼는 선교공동체
- **가족공동체:** 영적 권위에 순종하며 교회 사랑으로 하나 된 가족공동체
- **훈련공동체:** 하나님이 주신 3630의 꿈을 향해 헌신하는 비전공동체
- **교육공동체:** 다음 세대를 하나님의 실력자로 양육하는 교육공동체
- **봉사공동체:** 섬김과 나눔으로 지역사회를 이롭게 하는 봉사공동체

전도폭발훈련   양육훈련

전도폭발 사역은 지난 1963년 미국의 제임스 케네디 목사님이 플로리다의 포트로더데일에 있는 코랄릿지 장로교회에서 시작하여 큰 결실을 맺은 것을 계기로 세계 각국에 이 사역이 소개, 실시되고 있습니다.

기존의 전도방법들이 단순히 믿지 않는 사람들에게 자기 안에 있는 그리스도를 증거하는 데에만 관심이 집중되었다면 케네디 목사의 전도폭발훈련은 교회 안의 지속적인 훈련과정을 통해 훈련된 지도자들을 배출해 냄으로, 실질적인 배가사역으로서의 전도폭발 제자훈련 사역을 창출해 낸 것입니다.

이 훈련의 열매는 무엇보다도 이 훈련을 받은 성도들이 먼저 자기 자신의 신앙을 정리하여 일상적인 생활 속에서 자연스럽게 전도할 수 있는 자신감을 가진다는 점입니다.

두 번째 열매는 실제 복음전도의 현장에서 감격적인 일이 수없이 일어나서 훈련의 성과를 계속하여 높여주는 것입니다. 복음제시 내용을 외우다가 구원의 확신을 갖게 되는 훈련생, 아내와 엄마가 외우고 있는 복음제시 내용을 듣다가 결신하는 남편과 자녀들, 훈련생들의 복음제시를 듣고 친척, 이웃, 스승, 동료들이 주님을 구주로 영접하는 감격적인 현장들이 끊임없이 보고되기 때문입니다.

동백지구촌교회는 개척과 동시에 13명이 전도폭발훈련을 시작하여 현재 제9기 전도폭발훈련이 진행되고 있으며, 어린이, 청소년, 시니어에 이르기까지 전 세대가 훈련받고 있습니다.

동백지구촌교회 중보기도

교회의 모든 사역은 중보기도 사역을 통해서 이루어지고 있습니다. 아울러 동백지구촌교회의 핵심훈련 중 하나는 중보기도입니다. 전교인들이 중보기도자로 서길 소망하여 훈련하고 있으며, 특별히 중보기도세미나와 새벽예배, 목요성령집회, 토요축복기도회, 매일밤기도회를 통해서 중보기도자로 성도들을 훈련하고 있습니다.
또한 전도폭발훈련 가운데 전도를 위한 중보기도 역시 중보기도자로서는 중요한 훈련의 일부입니다.

동백지구촌 교회 중보기도실 사역
교회 중보기도실은 오전 6시부터 오후 10시까지 중보기도 헌신자들에 의해서 운영되고 있습니다. 이 중보기도실은 중보기도세미나를 수료한 자들만이 중보기도로 섬길 수 있습니다. 교회의 기도제목들은 중보기도실로 전달이 되고, 그 기도제목들을 체계적으로 분류하여 중보기도자들에 의해 기도로 하나님께 올려집니다.

동백지구촌 교회 기도 경호단
매일 1시간씩 교회와 담임목사님을 위해서 중보기도하는 기도경호단이 있습니다. 기도경호단 사역에 관심이 있으신 분들은 교회사무실에 문의하시면 안내를 받으실 수 있습니다.

동백지구촌 교회 예배를 위한 중보
매주 토요일 오후 12시에 본당에서 담임목사님 인도로 주일예배를 위한 기도모임을 가지고 있습니다. 누구나 참여하실 수 있습니다.

동백지구촌 교회 중보 기도함
교회에 중보기도 요청(또는 기도응답)을 할 수 있는 함이 본당 뒤편에 설치되어 있습니다. 이곳에 비치된 노란색의 '기도해주세요' 카드를 작성해서 함에 넣으시면 적어주신 기도제목으로 중보기도를 하게 됩니다. 기도카드의 유효기간은 3개월이며 3개월이 지나면 기도카드는 폐기됩니다. 기도제목에 대한 응답을 받으셨다면 분홍색의 '기도응답카드를 작성해서 하나님께서 기도응답 하셨음을 나누어 주십시오.

예수님의 지상 명령에 집중하는 교회

지구촌교회는
복음전도와 이웃사랑으로 민족을 치유하고 세상을 변화시킵니다

분당 정자동 시대
1995.8 ~ 1998.3

분당 정자동 성실빌딩의 지하 본당과 4층의 교육관으로 교회를 확장 이전하면서 지구촌교회의 분당 시대가 열리게 되었습니다.
이 기간에 장년 교인 출석은 1,000명에서 4,000여 명으로 늘어났으며 주일학교가 크게 부흥하여 인접한 4층 빌딩 전체를 교육관으로 임대할 정도로 폭발적으로 성장한 기간이었습니다.
또한 이 시기는 지구촌교회의 제자훈련 프로그램의 틀이 확립된 시기로서 이동원 목사가 직접 만든 교재로 새생명, 새가족, 새공동체반 등이 운영되어 전 교우가 일론으로 훈련되었습니다.
아울러 이웃사랑축제를 위시한 연례적인 교회 프로그램과 의욕적인 세계 선교 전략의 그림이 그려진 기간이었습니다.

수지 신봉리 시대
1998.4 ~ 2003.3

분당으로 거처를 옮긴 지 2년이 못되어 주일 다섯 번의 예배로도 감당이 안될만큼 폭발적인 성장이 계속되자 지구촌교회는 다시 수지 신봉리 언덕의 신학교 건물을 매입함으로써 또 한 번의 이전을 하였습니다. 아직 개발되기 전의 신봉리 논밭 사이에 들어선 교회는 또 다시 힘찬 행군을 이어갔습니다.
1999년에 부설기관으로 목회리더십연구소를 발족하여 한국 목회자의 리더십과 영성, 설교의 증진을 위한 실질적인 커리큘럼을 운영하기 시작했으며 2002년 1월에는 교회의 의무이자 권한인 예배, 선교, 봉사, 친교의 모임을 소그룹 목장에 위임하여 교회와 목장이 동역하는 목장교회 시스템으로 대전환을 시도하였습니다.

수지와 분당 두 날개 성전시대
2003.4 ~ 2010.12

수지의 예배당이 다시금 포화 상태에 이르자 지구촌교회는 2003년 4월, 분당 미금의 쇼핑몰 건물에 또 하나의 성전을 마련하고 비전센터로 명명하였습니다. 수지 신봉리 성전과 분당 비전센터에 광케이블을 통한 쌍방향 송수신으로 동시예배를 드리는 두 날개 성전시대가 도래한 것이었습니다. 목장교회가 본격적으로 활성화 되면서 교우들은 이제 목장을 중심으로 전도와 봉사를 시도하고 국내 및 해외 단기선교를 다녀오기 시작했습니다. 교회가 아니라 목장이 주도하는 부흥이 시작된 시기였습니다.

아름다운 동역 시대
2011.4 ~ 2013.12

지구촌교회를 개척하여 17년간 사역해 온 이동원 목사는 2010년 65세로 조기은퇴를 준비하며 2009년 청빙위원회를 조직하여 1년 이상 민주적인 프로세스에 따른 청빙 과정을 통하여 후임자를 물색하였습니다. 이러한 과정을 통해 선출된 진재혁 목사는 2010년 12월 26일 이동원 원로목사 추대 및 진재혁 목사 제2대 담임목사 취임 예배를 통해 지구촌교회 제2대 담임목사로 취임, 이동원 원로목사와 진재혁 담임목사는 아름다운 리더십 승계의 본을 보이고 있습니다.

3N 3G 시대
2014.1 ~ 2019.5

진재혁 목사는 지구촌교회 공동체에게 주신 민족치유, 세상변화의 비전을 구체적으로 실현해 나가기 위해 3N 3G 비전을 선포하였습니다. 민족치유를 위한 3N은 "North Korea, New Generation, New Family"이고, 세상변화를 위한 3G는 "Great Commission, Global Church, Godly Leaders"입니다. 진재혁 목사는 비전의 완수를 위해 목장교회와 사역의 접을 3N 3G에 맞추어 민족을 치유하고 세상을 변화시키는 교회, 이 비전을 완수하기 위해 3N 3G의 구체적 사역을 품고 지구촌교회의 힘찬 행보를 이끌고 있습니다.

제2대 진재혁 담임목사 케냐 선교사 파송
2019.5

2019년 5월 26일 'Great Commission(지상 대명령)'의 비전에 따라 제2대 진재혁 담임목사가 파송 감사예배를 드렸습니다. 하나님의 부르심과 떠남에 대한 순종으로 아프리카 케냐로 향하는 발걸음은 한국교회의 큰 모범이 되었고, 'ATMN 사역'을 통해 앞으로 케냐뿐 아니라 건강한 목회자와 교회들이 아프리카 곳곳에 세워질 선교적 계기가 마련되었습니다.

제3대 최성은 담임목사 취임
2019.9 ~ 현재

최성은 목사는 진재혁 목사의 아프리카 선교를 위한 사임 발표 이후, 제3대 담임목사로 추천되어 청빙위원회와 목회지원회의 만장일치 동의를 거쳐 2019년 4월 7일 제직회와 공동의회서 96% 찬성으로 지구촌교회 제3대 담임목사로 청빙되었습니다. 최성은 목사는 2019년 9월 8일 취임 감사예배를 통해 지구촌교회 제3대 담임목사로 취임하였습니다.

최 성 은 담임목사

가슴에서 우러나오는 호소력 있고 진정성 있는 그의 설교는
해박한 성경 지식과 함께 많은 영혼들의 갈급한 마음을 깨우고 도전하고 있습니다.
겸손한 삶의 태도와 인격적인 나눔,
소외된 이웃을 향한 특별한 열정을 가진 그는
교계 내외에서 인정받고 있는 따뜻한 섬김의 리더입니다.

지구촌교회는 민족을 치유하고 세상을 변화시키는 하나님나라의 비전을 실현하는 교회입니다.

- **민족 치유**는 **3N**으로 이루어집니다.
  North Korea(북한 땅을 향한 하나님의 계획)
  Next Generation(다음 세대를 위해)
  New Family(변화하는 사회속의 새로운 가족들을 향해)

- **세상 변화**는 **3G**로 이루어집니다.
  Great Commission(지상대명령인 선교/전도)
  Global Church(세계교회를 향한 섬김과 나눔/영향력)
  Godly Leaders(경건한 리더들)

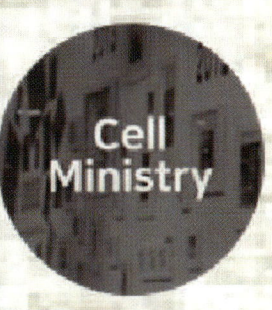

- **지구촌교회**는 **목장 사역**(Cell Ministry)을 최우선의 가치로 삼습니다.
  목장은 크게 다섯으로
  교육목장, 젊은이 목장, 장년목장, 시니어목장, 글로벌 다문화목장으로 이루어집니다.
  목장교회는 7~12명으로 이루어진 소그룹으로
  목자와 예비목자 목장원으로 이루어집니다.
  마을은 7-10개의 목장교회로 이루어진 목장교회의 모임을 뜻합니다.
  지구는 7-12개의 마을로 이루어진 공동체입니다.

- **지구촌교회 사역**의 **10가지 핵심가치**(Core Value)
  셀교회공동체 : 목장사역(셀 사역)을 최우선 가치로 삼는다.
  훈련공동체 : 말씀공부와 말씀 나눔을 통한 훈련을 중요한 사역가치로 삼는다.
  치유공동체 : 가정사역과 직장사역을
   교회의 궁극적인 사역의 가치 실현의 장으로 이해한다.
  비전공동체 : 청소년과 젊은이를 중요한 사역자산으로 이해한다.
  선교공동체 : 타문화권 선교와 국내선교,
   사회봉사를 지구촌교회 대외 사역의 우선순위를 삼는다.
  중보공동체 : 사역실현의 도구로 중보기도를 중시한다.
  큐티공동체 : 개인 영성의 핵심으로 큐티(Quiet Time)를 중시한다.
  자율공동체 : 자유와 책임을 사역자의 사역 태도의 방식으로 이해한다.
  은혜공동체 : 모든 사역자가 서로를 정죄하지 않고 이해하고 존중함으로 사역한다.
  복음주의공동체 : 지구촌교회는 전 세계의
   복음주의적 교회들과 연대하는 협력 사역을 지지하고 지원한다.

이 동 원 원로목사

이 시대의 대표적인 복음 설교가!
민족을 치유하고, 세상을 변화시키는 교회를 모토로
지구촌 땅 끝까지 복음을 전하는 선교공동체를 꿈꾸는 이동원 목사

밝은 지성과 유머, 예리한 통찰력으로
현장감 넘치는 적용을 이끌어내는 말씀풀이는 그의 주특기이자 탁월한 은사

그가 복음의 흡입력, 도전과 위로를 가장 현대적인 단어로 표현해내는 이 시대의 걸출
한 스토리텔러로 소개되는 이유이기도 합니다.

남서울비전교회
NAMSEOUL VISION COMMUNITY CHURCH
경기도 용인시 수지구 신수로 783번길 7 TEL.031-276-9191

일천 셀, 일천 선교사 지원을 통해 세계선교의 비전을 꿈꾸는 교회!
차세대 지도자들을 양육, 교육하여 글로벌 리더로 세우는 교회!

총신대신학대학원
연세대연합신학대학원
풀러신학대학원 목회학 박사
국제신학대학원 부총장역임
칼빈대학교 석좌교수 역임
비라카미사랑의선교회 이사장(현)
남서울비전교회 담임목사(현)

우리 **남서울비전교회**는 세상의 주류를 쫓아가지 않고 이 땅에 교회를 세우신 본연의 뜻을 쫓아가는 교회입니다.
첫째, 영혼 구원에 전심을 다하는 교회입니다.
해마다 전 교인이 Vip 3명을 작정해 1명을 인도하는 전도 사역을 실천하고 있습니다.
아울러 해외에 나가 있는 선교사들을 열심히 지원하고 있습니다.

둘째, 기도의 불이 꺼지지 않는 교회입니다.
우리 교회는 기도를 통해 성장한 교회이기에 기도에 가장 큰 역점을 두고 있습니다.
그 누구라도 기도할 수 있도록 24시간 교회를 개방하고 있고, 기도의 불이 꺼지지 않도록 수많은 교인들이 기도의 제물이 되고 있습니다.

셋째, 미래를 여는 믿음의 교회입니다.
우리 교회는 한국교회의 회복과 부흥을 위해 노력하는 교회이며, 차세대 인재를 발굴 양육하여 나라와 민족을 책임지는 내일의 지도자를 세우는데 역점을 두고 있습니다.

최고의 것들은 아니지만 정성을 다한 사역과 아름다운 교제가 준비되어 있는 **남서울비전교회**에서 주님과의 만남을 시작해보시고 신앙의 성숙을 이루어 가시기를 축복합니다.

담임목사 **최 요 한**

남서울비전교회가 걸어온 발자취

1992년 1월 26일, 분당 서현동 한신상가 2층(33평)에서 개척하였습니다.
계속되는 성장으로 동진프라자(92년 12월, 70평), 동신코아(93년 6월, 100평), 한라프라자(94년 9월, 170평)로 이전하였다가 96년 6월 구미동 성전(560평)에 입당하였습니다.
지속적인 성장 용인, 수지 지역의 복음화를 위해 2004년 7월, 수지 동천동에 새롭게 건축한 성전으로 입당해 오늘에 이르게 되었습니다.

첫 번째 큰 걸음
● **개척기[92년~200년]-기도목회**
최요한 목사는 개척의 소명을 받고 집중적으로 기도하던 중, **"분당으로 가라"**는 하나님의 음성을 듣고 1992년 1월 26일 서현동 한신상가 2층(33평)에서 개척하였습니다. 개척한 후, 교인들과 함께 영혼구원을 위해 전력을 다해 기도하며 전도하여 94년도에는 7부 예배를 드리며 재적 4500명의 성도들을 이루었습니다. 기도를 통해 놀라운 부흥의 역사가 일어났습니다. 하나님께 생명을 드리는 일사각오의 목회사역을 통해 급성장하게 되어 4번의 성전 이전을 통해 96년 6월, 구미동 성전에 입당하게 되었습니다.

두 번째 큰 걸음
● **성장기[2001년~2007년]-은혜목회**
하나님의 은혜를 절실히 느꼈던 시기였습니다.
하나님의 기적의 역사를 통해 수지 성전이 건축되어 2004년 7월 17일 입당할 수 있었고, 자라나는 청소년들을 위한 비전교육관도 세워질 수 있었습니다. 은혜 가운데 안으로는 질적, 양적으로 교회가 성장하게 되어 예배, 선교, 교육 행정 전산화 및 교회 전반적인 부분들이 체계화되었고, 밖으로는 지역사회를 섬기는 교회로 소문나 보건복지부 장관상(2005년) 및 여러 가지 상 등을 상하여 한국교회가 주목하는 교회가 되었습니다.

세 번째 큰 걸음
● **성숙기[2008년~현재]-비전목회**
새로운 도약과 평신도 사역화를 위해 셀교회를 지향하는 한편 성도들이 영적 성장을 위하여 성도 개개인의 은사를 발견해 전교인의 1인 1사역을 감당하게 하는 운동을 전개해 나가고 있습니다. 성숙기를 맞이해서 세 가지 큰 비전(**건강한 도! 건강한 가정! 건강한 교회!**)을 세우고 달려가고 있습니다.

축복의 주인공이 되자
건강한 성도! 건강한 가정! 건강한 교회

남서울비전교회가 품고 있는 비전을 함께 공유하여 하나님의 나라를 세워갑니다.

남서울비전교회

남서울비전교회 핵심사역

가치 중심의 사역 - 성부/성자/성령 삼위일체 하나님 중심
가장 중요한 가치는 영적가치다. 영적 가치는 거룩한 영성과 건강한 교회의 토대가 되기에, 남서울비전교회는 가치 중심의 사역에 초점을 맞추고 있다.
예배 중심 - 성부: 예배는 성부 하나님께 영광을 돌리는 것으로 예배를 통해 거룩한 영성이 충만해진다.
말씀 중심 - 성자: 말씀이신 성자 예수님께 순종하고 말씀을 주야로 묵상하므로 풍성하고 윤택한 삶을 살게 된다.
기도 중심 - 성령: 능력의 근원이 되시는 성령의 도우심을 구할 때 뜨거운 영성을 소유하게 된다.

사명 헌신의 사역 - 영혼 구원
주님께서 우리에게 맡겨주신 최고, 최대의 사명은 영혼구원에 있다. 사명에 대한 헌신이 이루어질 때 강력한 영혼구원의 역사가 나타난다.
은사 발견: 각자의 은사를 발견하여 은사의 목적을 깨달을 때 영혼구원의 소명을 갖게 된다.
사명 교육: 사명에 대한 교육을 통해 최고의 사명은 생명을 구원하는 것임을 알게 된다.
사명 헌신: 사명이 생명이라는 것을 깨닫고 사명에 헌신하여 복음전도에 생명을 걸게 된다.

비전 실천의 사역
교회나 성도는 비전만큼 성장한다. 비전을 실천 할 수 있도록 하나님의 능력을 의지하면서 우리의 최선을 다한다.
일천 선교사 및 북한선교: 전 교인들을 복음에 앞장서는 셀 리더로 양육하여 1천 셀을 이루고, 나아가서는 세계선교를 위해 각 셀마다 1명의 현지인 선교사를 담당하게 하여 1천 선교사와 북한선교의 비전을 이룬다.
차세대 지도자 양성: 교회의 미래는 다음 세대를 책임지게 될 차세대 지도자들을 키우는 데 달려있다. 영아부에서 청년부에 이르기까지 그리스도의 말씀으로 신앙교육을 행하여 이 나라와 세계를 책임지는 뛰어난 지도자들을 양성한다.
건강한 가정 만들기: 부부세미나, 아버지학교 등 다양한 프로그램을 지원하고, 교회에서 성도들이 하나님의 임재를 경험하고 주신 은사를 따라 기쁨으로 봉사하며, 감사함으로 생활하게 하여 건강한 가정을 이루도록 한다.

차세대지도자들을 양육, 교육하여 글로벌 리더로 세우는 교회!

새가족교육: 남서울비전교회 교인으로서 모든 특권을 누리려면 꼭 거쳐야 하는 과정이 있습니다. 바로 "새가족교육"입니다. 우리 남서울비전교회를 등록하신 모든 성도님들은 새 가족 교육을 통해 우리교회를 알아가고 신앙생활의 낯설음을 빨리 잊혀지게 할 것입니다. 총 4주의 과정(자녀됨의 시작, 형제됨의 시작, 들음의 시작, 말하기의 시작, 제거함의 시작, 채움의 시작)을 통해 신앙생활의 기초를 마련하고 구원을 확신하고 예수님을 알아가는 기쁨을 누리기 시작할 것입니다.

셀 양육: 우리 남서울비전교회는 셀로 이루어진 교회입니다. 각 셀들이 모여서 교회를 이루고 있습니다.
개인의 신앙을 이제 소그룹 안에서 공동체신앙으로 훈련해 가는 과정입니다. 이 과정을 통해 하나님을 위해 헌신을 다짐하고 신앙의 성숙을 이루어가게 될 것입니다. 셀 양육은 셀 양육 3권으로 매 주일 10주 과정으로 양육 받게 됩니다.
본 양육을 통해 신앙의 현 주소를 알게 되고 또 신앙의 목표를 갖게 합니다.

은사발견세미나: 신앙생활을 하면서 "나에게 어떤 은사가 있을까?"라는 고민을 하게 됩니다.
하나님께서는 우리 모두에게 하나님나라를 섬길 수 있는 은사들을 각각 주셨습니다.
그러나 그 은사들은 크고, 작음과 귀하고 천함이 존재하지 않습니다. 어떤 은사든지 귀하고 감사한 것입니다.
그 은사들을 알고 교회를 섬기고 성도를 섬긴다면 그 기쁨이 훨씬 더하겠지요. 은사발견세미나는 은사테스트를 통해 하나님이 주신 은사를 찾는 시간입니다. 그래서 합당한 은사의 자리로 사역을 안내 해 줄 것입니다.

모세대학: 모세대학은 65세 이상의 모든 어르신들이 참여할 수 있습니다.
교인들만을 위한 프로그램이 아니며, 이웃에게 늘 열려있는 성도와 이웃을 위한 프로그램이 되겠습니다.
매년 2학기로 운영되어지며 각종 취미반과 건강특강을 준비해서 어르신들이 인생의 후반기에 역전의 기쁨을 누리고, 건강한 노후생활을 해 나갈 수 있도록 돕습니다. 노년 건강에 필요한 각종 건강강좌는 모든 어르신들에게 유익한 시간이 될 것이며 레크레이션과 야외나들이를 통해 도시생활의 답답함과 무료함을 달래 줄 것입니다.

어머니학교: 어머니가 살아야 가정이 삽니다. 이 땅의 어머니들이 회복될 수 있도록 돕는 프로그램입니다.
다양하고 검증 된 가정사역자들이 강사로 참여하고 훈련되어진 스텝들을 통해서 성도뿐만 아니라 가정생활의 어려움을 겪고 있는 이땅의 어머니들을 초청하여 하나님께서 원하시는 가정의 모습을 회복하고 그 회복의 중심에 어머니가 있음을 깨닫게 합니다. 또한 간증과 특별한 강의들을 통해 참된 어머니상을 만들어가고 다듬어져 가는 시간이 될 것입니다.
어머니가 회복되면 가정이 천국이 되고, 남편과 자녀들이 힘을 얻을 것입니다.

유튜브 YouTube 남서울비전교회

대한예수교장로회
용인중부교회

경기도 용인시 처인구 성산로 128-1(역북동) TEL 031-321-2111

용인중부교회는 대한예수교 장로회 통합 교단 소속으로, 용인 지역 복음화를 통한 세계 선교의 비전을 가지고 1982년에 천막교회로 창립되었습니다.

하나님의 말씀과 기도 그리고 찬양이 살아있어 하나님의 임재 하심과 소망 속에 지역복음화의 전도사명을 충실히 감당하며 소외된 이웃에게 소망을, 병든 자에게 치유함과 영생의 길을 제시하고, 새로운 시대를 향한 주님의 비전을 실천하는 교회가 되기 위하여 오늘도 기도하며 달려갈 길을 가고 있습니다.

담임목사 최 창 수

Hallelujah!

용인중부교회입니다.

인간의 삶 속에서 만남이란 매우 중요합니다.

좋은 부모님, 훌륭한 교사, 그리고 믿음직한 배우자를 만나는 것도 매우 중요하지만, 우리가 반드시 만나야 할 분이 있는데 그분이 바로 우리 예수 그리스도이십니다.

예수님을 만나면 인생이 달라지기 때문입니다.

그렇다면 그분 예수 그리스도를 어디서 만날 수 있습니까?

예수 그리스도는 교회를 통해서 만날 수 있습니다.

그러므로 어떤 계기를 통해서든 통해서 교회를 만나고, 예수님을 만나고, 멀리 떨어져 있는 분들이라 할지라도 주님 안에서 함께 만나 사랑과 기쁨을 서로 나눌 수 있기를 간절히 바랍니다.

우리 교회는 복음적인 교회, 영혼을 살리는 교회, 이웃에 봉사하는 교회로 나가기 위해 노력하고 있습니다.

그런 의미에서 우리 **용인중부교회**가 아름답게 쓰여 질 수 있기를 간절히 바랍니다. 이 험한 인생길을 함께 걸어가면서, 좋은 만남의 장이 되고, 하나님의 나라가 우리 가운데서 이루어지기를 기도드립니다.

용인중부교회 연혁

- 1982. 05. 04. 용인시 김량장동 102-1번지 땅을 빌려 최창수 전도사가 27평의 천막교회 개척
- 1984. 03. 31. 용인시 김량장동 현 구청옆 건물 지하실을 임대하여 교회 이전
- 1986. 05. 31. 용인시 처인구 김량장동 350-6번지 위치에 예배당 신축기공예배 드림
- 1986. 11. 16. 용인시 처인구 김량장동 350-6번지, 예배당을 완공하고 입당예배 드림.
- 2016. 03. 27. 새성전건축위원선정(위원장:박기덕 장로, 위원: 엄주공 장로, 조승행 집사)
- 2017. 10. 17. 새성전 기공예배(용인시 처인구 성산로 128-1외 4필지)
- 2020. 03. 01. 새성전으로 이전(용인시 처인구 성산로 128-1)
- 2020. 03. 13. 새성전 준공(용인시 처인구 성산로 128-1)
- 2020. 04. 05. 코로나19로 인해 새 성전에서 첫 번째 예배 드림(용인시 처인구 성산로 128-1)
- 2020. 06. 14. 입당예배

담임목사 최 창 수

- 장로회 신학대학원 졸업
- 연세대연합 신학대학원 졸업
- 미국 콜럼비아 신학대학원 수료
- 미국 트리니티 신학대학원 목회학 박사(D. Min)
- 경기노회장 역임
- 총회 연금재단 이사장 역임
- 現, 경기부흥전도단장
- 現, 일본 민족복음화운동 공동회장
- 現, 일본 오사카 유니온 신학대학 교수
- 現, 뉴욕 장신대 객원교수
- 現, 1982년 천막교회로 개척 후 현재까지 시무 중

용인중부교회의 비전과 목회철학

1. 예수　2. 선교　3. 교육　4. 치유　5. 섬김

용인중부교회는 하나님 중심, 성경 중심, 교회 중심의 신앙을 신조로 삼고, 예수 그리스도의 사역과 명령에 따라 지역과 나라와 민족과 세계를 복음화 하고자 합니다. 이를 위하여 **용인중부교회**는 진리로 가르치고 말씀을 전파하며 영혼을 치료하는 교회로서 가치관을 변화시키고 섬김과 봉사를 통해 지역을 변화시키는 일에 헌신할 것입니다.

저는 목회의 주체는 하나님이시라고 믿습니다. 인간인 제가 아이디어를 내어 일을 해나가기 보다는 **"살아계신 하나님께서 하고자 하시는 일을 하시도록 하는 것"**이 저의 사역 방향입니다. 이를 위해 저는 늘 기도함으로 하나님의 음성을 듣고 순종함으로 하나님의 영이신 **"성령으로 살아 숨 쉬는 교회"**를 이루어 가는 것입니다. **"사랑을 실천함으로 살아 숨 쉬는 교회"** 저의 목회 방향이며 모토입니다. 이를 위해 저는 말씀과 기도와 전도라는 주제를 가지고, **"말씀에 대한 체험"**, **"기도를 통한 은혜"**, **"전도를 통한 생명 살림 운동"**을 추구해가고자 합니다.

용인중부교회 예배시간안내

주일오전예배	1부: 9시 / 2부: 11시(1층 대예배실)		
주일오후예배	오후 2시(1층 대예배실)	금요성령집회	금요 저녁 9시(4층 소예배실)
수 요 예 배	저녁 7시 30분(1층 대예배실)	새벽기도회	오전 5시(1층 호산나실)
유 치 부	주일오전 11시(2층 유치부실)	청소년부	주일오전 11시(4층 소예배실)
아 동 부	주일오전 9시(5층 소예배실)	청년부	주일오후 2시(4층 소예배실)
제자 1반 / 2반	화요일 오전 11시 / 저녁 7시(4층 소예배실)		
지도자반	주일 오후 3시(4층 소예배실)		
전도대	토요일 오후 2시(1층 호산나실)		
구역인도자	수요일 저녁 8시 30분(1층 대예배실)		

- **용인중부교회**에 오신 것을 진심으로 환영합니다.
  주일예배부터 교회학교까지 모든 예배시간을 확인하실 수 있습니다.
  궁금한 사항은 언제든지 전화주세요.
  경기도 용인시 처인구 성산로 128-1(역북동) TEL 031-321-2111

대한예수교장로회
수지성산교회

경기도 용인시 수지구 수지로 489번길 12 | 수지성산교회 | 031-262-9181

이 땅의 희망은 오직 예수 그리스도 한 분 뿐입니다. 우리의 열정도 아니고 우리의 도덕이나 선함도 우리의 희망이 될 수 없습니다. 이런 의미에서 예수 그리스도의 복음 앞에 역전의 은혜를 경험하는 인생이 있습니다.

믿음을 행함으로 이 땅에 하나님 나라를 세워가는 인생! 소망을 기대하며 고귀한 가치에 도전하는 인생!
사랑의 나눔을 실천함으로 세상의 소금과 빛이 되는 인생!

수지성산교회는 지역사회에 비전을 가지고 섬기는 교회입니다. 또한 복음과 예수정신을 가지고 지역을 영적으로 변화시켜나가는 교회입니다. 하나님의 말씀으로 돌아가 교회의 거룩함과 순수성을 회복하는 교회입니다.

그래서 저희 수지성산교회는 말씀의 능력으로 회복의 은혜를 경험하는 예배를 통하여 소망이 되신 예수님을 노래합니다. 냉혹한 도시를 향해 희망을 노래합니다. 이제 여러분과 동행을 이야기 하고 싶습니다. 가난한 영혼, 소외된 이웃과 함께 희망의 길을 걷고 싶습니다. 예수님께서 열어놓으신 생명의 길을 함께 걷고자 합니다.

이 자리에 여러분을 초대합니다.
행복의 시작 예수 그리스도를 만나며, 하나님의 꿈을 꾸는 수지성산교회로 오십시오.
당신이 바로 이 간증의 주인공이 될 것입니다.

수지성산교회의 비전선언문

수지성산교회는 하나님 중심, 성경 중심, 교회 중심의 신앙을 신조로 삼고 그리스도의 마음으로 영혼을 사랑하며 수직전도로 대를 이어 신앙의 명문가정을 세우는 것과 수평전도로 지역과 나라와 민족과 세계를 복음화 하고자 합니다. 이를 위하여 수지성산교회는 진리로 가르치고 말씀을 전파하며 영혼을 치료하는 교회로서 가치관을 변화시키고 선교와 전도를 통해 지역을 변화시키는 일에 헌신할 것입니다.

믿음 소망 사랑으로 온전히 성장하는 수지성산교회 사명선언문

수지성산교회는 하나님의 임재가 충만한 예배 속에서 주님 오실 길을 예비하고, 영향력 있는 사람을 세우고, 섬김과 나눔을 실천하며, 다음 세대를 준비하는 교회로서 우리는 성숙한 주님의 제자가 되어 사람들을 그리스도께로 인도하고, 섬김과 나눔으로 하나님이 기뻐하시는 세상을 만드는데 헌신할 것을 다짐합니다.

수지성산교회 목회자의 목회와 교육철학

■ 목회사역 방향과 목회철학

저는 목회의 주체는 하나님이시라고 믿습니다.
인간인 제가 아이디어를 내어 일을 해나가기 보다는 "살아계신 하나님께서 하고자 하시는 일을 하시도록 하는 것"이 저의 사역 방향입니다. 이를 위해 제가 늘 기도함으로 하나님의 음성을 듣고 순종하려고 합니다. 저의 목회철학은, 하나님의 영이신 "성령으로 살아 숨 쉬는 교회"를 이루어가는 것입니다.

■ 목회의 장·단기 계획

저는 목회의 중심은 예배라고 생각합니다.
저의 장기적 목회 계획은 예배를 통해 온 성도들이 사랑으로 살아 숨 쉬는 행복을 맛보도록 하는 것입니다. "사랑을 실천함으로 살아 숨 쉬는 교회"가 제 목회 모토입니다. 이를 위해 단기적으로는 말씀과 기도와 전도라는 주제를 가지고, "말씀에 대한 체험", "기도를 통한 은혜", "전도를 통한 생명 살림"을 추구해가고자 합니다.

■ 지역사회에서 교회의 역할과 신앙인들의 자세

저는 지역사회에서 교회와 성도는 진정한 "이웃"이 되어야 한다고 생각합니다.
또 진정한 이웃이 되려면, 상대방에 대해, 마음에서 우러난 "관심"과 "사랑"을 갖고 있어야 한다고 생각합니다.
또 관심과 사랑은 특별한 때가 아니라, 평소에 실천되어야 한다고 생각합니다.
수지성산교회가 이미 사랑을 실천하고 있는 다양한 활동과 교육 등은 좋은 예라고 생각합니다.

■ 10년 후 수지성산교회에 대한 기대

10년 후의 수지성산교회는 더욱 예배의 감격이 살아있는 교회,
청년들과 젊은 부부들이 모든 사역을 활기차게 주도하는 젊은 교회,
다음 세대 청소년들이 새싹처럼 파릇파릇 자라나는 교회,
용인 시민들의 진정한 이웃이 되는 교회가 될 것을 기대하고 기도하며 소망합니다.

수지성산교회는 영혼 구원하여 제자 삼는 교회이며(마 28:19), 예수님이 행하신 가르치며, 전하며, 치유하신 일을 사명으로 하고 있습니다(마 9:35)
한성필 담임목사님은 예장합동 총신대학교 신학대학원, 동 목회대학원을 졸업하셨고, 연세대학교 연합신학대학원을 수료하셨으며, 예장 합신 목회대학원을 졸업하셨습니다.

높은뜻 하늘교회

Pastor 한용 목사

높은뜻 정신

하나님이 주인되시는 교회
하나님께 신령과 진정으로 예배하는 교회
하나님의 싹과 법을 고집하며 하나님의 뜻을 이 땅에 이루는 교회
하나님이 기뻐하시는 일, 즉 사역에 힘쓰는 교회
올바른 장로정치를 통하여 민주적인 교회가 되기를 힘쓰는 교회
십일조 정신과 화헌 정신을 실천하는 교회
교인들을 세상의 왕 같은 제사장으로 키우는 교회

높은 뜻 하늘교회 예배시간안내

주일오전예배	1부: 8시 / 2부: 오전 10시 / 주일3부 정오 12시 (본당)		
주일오후예배	오후 2시(1층 대예배실)	금요성령집회	금요 저녁 9시(4층 소예배실)
수요예배(사경회)	저녁 7시 30분(본당)	새벽기도회	오전 5시 30분(하늘2실)
수요예배(여성)	오전 10시 30분(하늘1실)	유년부(8-10세)	오전 11시 40분(하늘2실)
영아부(1-3세)	오전 12시 00분(자모실1)	소년부(11-13세)	오전 9시 30분(하늘2실)
유아부(4-5세)	오전 11시 40분(하늘3실)	청소년부(14-19)	오전 9시 30분(하늘1실)
유치부(6-7세)	오전 11시 40분(하늘1실)		

■ **높은뜻하늘교회**에 오신 것을 진심으로 환영합니다.
주일예배부터 교회학교까지 모든 예배시간을 확인하실 수 있습니다.
궁금한 사항은 언제든지 전화주세요
경기도 용인시 기흥구 동백중앙로 273 훼미리프라자Ⅱ 8-9층 TEL 031-287-3291

높은뜻하늘교회 양육을 위한 교육훈련 프로그램
하늘교회 쓰리원

■ '하늘교회 쓰리원'이란 필수, 선택, 맞춤형 과정과 새가족 교육을 합친 말입니다.

■ 교육 훈련 프로그램 ❶ | 하늘을 품고 땅을 사는 그리스도인 | 6주 과정

하나님의 마음과 뜻을 품고 이 땅을 살아가는 우리들, 어떻게 하면 삶의 자리에서 그리스도인으로 설 수 있을까요? 우리 하늘교회는 어떤 모습으로 세상을 살아가야 할까요? "하늘을 품고 땅을 사는 그리스도인"은 하나님 나라를 마음에 품은 그리스도인이 삶 속에 녹아 있는 구체적인 이야기와 고민을 함께 나누는 과정입니다.
※ 임직자, 부서장, 셀리더 분들은 필수입니다.

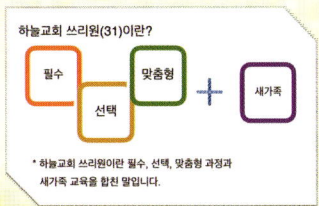  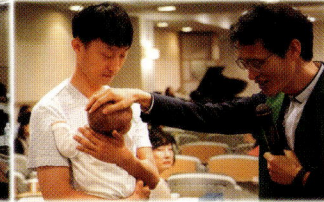

■ 교육 훈련 프로그램 ❷ | BTS: 바이블 씽킹 스터디 | 10주 과정

성경을 더 알아가고 싶은 분, 성경적으로 생각하는 힘을 기르고 싶으신 분, 모두 환영합니다. 알면 더욱 사랑하고, 사랑하면 더욱 알아가듯, "바이블 씽킹"을 통해 예수님을 향한 사랑에 깊이가 더해지기 바랍니다.

■ 교육 훈련 프로그램 ❸ | 세례교육 | 예식 전 2주 과정

세례를 통해 우리는 그리스도와 연합하여 새로운 피조물이 됩니다. 세례식에서 우리는 하나님 나라의 백성으로 살아갈 의무와 책임을 공동체 앞에서 고백합니다. 나와 우리 아이를 하나님의 자녀로, 우리 공동체의 일원으로 세워나가는 자리에 초대합니다.

■ 교육 훈련 프로그램 ❹ | 슬기로운 하늘생활 | 새가족 1회

"슬기로운 하늘생활"은 높은뜻 하늘교회에 새로 오신 성도님들을 위한 시간입니다. 높은뜻 정신이 무엇인지, 또 그중에서 하늘교회가 추구하는 가치는 어디에 있는지, 하늘교회의 모습은 어떠한지를 알아가면서 '하늘 가족'으로의 새로운 걸음을 이제는 함께 내디딜 수 있기를 기대합니다.

매일 매일 하늘교회 | 월 화 수 목 금 토

■ 매일 매일 하늘교회는 교회의 몸된 성도님들이 다양한 역량을 나누고 서로 알아가는 자리입니다.

- ■ 월요일 | 가정에서 시작하는 우리 아이 성교육
- ■ 화요일 | 스트레칭 X 챌린지
- ■ 수요일 | 도시를 살아가는 강아지를 위한 반려인 코칭
- ■ 목요일 | 나를 찾아가는 부모코칭
- ■ 금요일 | 미션 라이딩

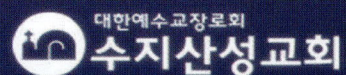

대한예수교장로회 수지산성교회

순종하는 믿음의 성도가 되자 (야고보서 2:18)

담임목사 황 규 식

- 개신대학원대학교 목회학석사(M.Div.)
- 총회신학연구원 신학석사(Th.M)
- Knox Theological Seminay 목회학박사(D.Min.)
- 대한예수교장로회(백석) 경성노회 노회장
- CBS TV 1분 영상 설교, C3TV 주일설교
- 목포극동방송 설교, CTS-TV 설교
- GOOD-TV 주일설교
- 미국 시카고 라디오 방송설교

수지산성교회는 1990년 7월 7일에 세워진 예수 그리스도의 몸 된 교회입니다.
본 교회는 **대한예수교장로회(백석대신)**에 소속되어 있으며, 하나님의 경륜을 따라 지음 받은 우리 모두가 삶의 목적과 방법을 바르게 앎으로써 이 땅에서와 죽음 이후의 삶에서 하나님의 형상과 모양을 회복하고 하나님의 나라를 세워가는 교회입니다.
이를 위해서 살아계신 하나님을 가르치며 배우고, 모든 열방 가운데 예수의 증인이 되며, 성령님의 일하심으로 풍성한 은혜를 경험하고, 사랑의 섬김으로 아름다운 공동체를 이루는 교회입니다.
하나님의 형상대로 지음 받은 우리 모두가 삶의 목적과 방법을 바로 알고 이 땅에서의 삶과 죽음 이후에도 진짜 기쁨과 평안을 경험하기 위해서 하나님께서 예수님의 핏 값으로 세우신 주님의 몸 된 교회입니다.
우리 삶의 가장 중요한 삶의 목적과 동기를 알지 못하면 진짜 행복을 경험할 수 없음을 증명합니다.
아무쪼록 **수지산성교회**가 형제, 자매님의 삶에 가장 귀한 만남의 축복이 되길 소망합니다.

사역활동:
- 필리핀 Sansung Christian Fellowship Church 설립(2017) • 필리핀 Sansung Dreaming Christian Academy 설립(2017)
- 필리핀 리잘디망 드리밍센터 설립 이사장(2016-현재) • 필리핀 S.S.I.M 법인 이사장(2014-현재) • 기아대책 용인서부지역 이사장(2010.5-현재)
- 경기경찰청 경목위원(2010.3-현재) • 용인서부경찰서 경목위원장(2010-2014) • 요셉 E.B.K(유아교육원), 요셉크리스천학교(초·중) 이사장(2007-현재)
- 개신대학원대학교 실천신학 겸임교수(2007-2008) • (사)한국교회언론회 이사, 실행위원장(공동대표)(2001-현재) • 한국사회교육원 수지지부장(1997-현재)
- 기드온성경대학(G.B.C) 기드온성경대학원(G.B.S) 원장(1994-현재) • 수지산성교회 담임목사(1990-현재) • 산돌교회(현 수지산성교회) 개척(1990)

수지산성교회가 걸어온 발자취

1990.7 산돌교회 창립
대한예수교장로회 산돌교회

1993.6 산성교회로 개명
분당으로 교회 이전

1996.6 현재 죽전 성전부지
매입 및 통나무 성전건축

1998.10 통나무 상
감사 입당예배

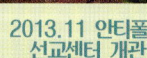

1999.12 평창 수양관
부지 매입 및 수양관 건축

2005.5 새 성전건축
감사 입당예배 (현 성전)

2011.3 평창 드림힐 빌리지
프로젝트 시작

2013.11 안티폴드
선교센터 개관

2015.4 평창 힐링센터
리모델링 및 재개관

2015.5 필리핀
드리밍센터(S.C.F교회) 착공

2016.12 필리핀 드리밍센터
(S.C.F교회) 준공예배

2018.9 평창 드림힐 빌리지
마을조성 및 입주

2019.6 평창 상
교회 봉헌예배

수지산성교회 4대 목표와 3대 목회비전

교육목회 Education - 영적양육을 위한 교육
교회는 전도된 영혼을 영적으로 양육해야 한다는 사명을 감당하고 또한 다음 세대를 살리기 위한 청소년 교육선교를 위한 학교선교를 실시하고 있습니다.
- 기드온 성경대학(Gideon Bible College)
  교훈: 성경으로 돌아가자!(Reformed Bible!)
- 기드온 성경대학원(Gideon Bible Seminary)
  교훈: 모든 족속으로 제자를 삼자!(Make disciples of the nations!)

선교목회 Mission
교회의 사명 중 가장 중요한 것이 선교를 통한 복음전파와 영혼구원입니다. 수지산성교회는 해외선교와 국내선교, 특수장애인선교, 기관선교로 나눠서 실시하고 있습니다.
- 필리핀 빈민 선교를 위한 SSIM(Suji Sansung International Mission) 법인 설립
  산하에 SCF(Sansung Christian Fellowship) 교회 설립. SCMS(Sansung Christian Mission School) 유치원 설립. 컴퓨터 기술센터 설립. 의료진료센터 설립. 소재: 필리핀 Cainta City

복지목회 Welfare
향후 발생 가능한 교회 내의 노인복지와 치유시설, 은퇴목회자부부를 위해 강원도 평창군 속사리에 산성힐링센터와 드림힐 빌리지(24하우스)를 세워 운영 중에 있습니다.
- 기드림힐 빌리지
  향후 생산성 있는 복지목회를 준비. ㈜쉴물, ㈜새순 법인설립 / 제리커피, 여가(음식점) 운영
  드림힐빌리지 거주자들을 위한 상희네+교회 건축

복음을 만난 자는 복음에 합당한 삶을 살아가게 됩니다.

복음을 만난 자는 예수 그리스도의 제자로 구별된 자로서 그의 삶은 경건하고 거짓이 없습니다.

복음이 중심에 있고 제자로 구별된 자는 하나님을 기쁘시게 하는 일이 그의 일입니다.

복음이 중심에 있고 제자로 구별된 자의 직업은 복음을 전하기 위한 도구이며, 그의 가정은 복음의 동역자입니다.
그의 교회는 복음의 공동체이고, 그의 삶은 선교에 헌신됩니다.

순종하는 믿음의 성도가 되자

어떤 사람은 말하기를 너는 믿음이 있고 나는 행함이 있으니 행함이 없는 네 믿음을 내게 보이라 나는 행함으로 내 믿음을 네게 보이리라(약 2:18)

대한예수교장로회
전대중앙교회

경기도 용인시 처인구 포곡읍 전대로 85-18 (전대리 373-4)
전화. 031)322~3190~2   팩스. 031)322~3193

담임목사 황 재 열

총신대학 신학대학원 졸업
연세대학 연합신학대학원 졸업
총신대학 목회대학원 목회학석사
Reformed Theological Seminary
목회학 박사(D.Min)
용인 경찰서 경목위원장
용인시청 시목실장
여주교도소 교정위원(법무부)
수원신학교 학장

이 땅의 희망은 오직 예수 그리스도 한 분 뿐입니다.
우리의 열정도 아니고 우리의 도덕이나 선함도 우리의 희망이 될 수 없습니다.

여기 예수 그리스도의 복음 앞에 역전의 은혜를 경험하는 인생이 있습니다.
믿음을 행함으로 이 땅에 하나님 나라를 세워가는 인생!
소망을 기대하며 고귀한 가치에 도전하는 인생!
사랑의 나눔 있는 곳에서 세상의 소금과 빛이 되는 인생!
전대중앙의 이름으로 모인 사람들입니다.

우리 전대중앙교회는 소망이 되신 예수님을 노래합니다.
냉혹한 도시를 향해 희망을 노래합니다.
낙망한 영혼, 상한 심령, 깨진 가정, 무너진 캠퍼스,
처절한 직장에서 오늘도 견뎌내는 모든 이들에게 희망을 노래합니다.

이제 여러분과 함께 동행을 이야기 하고, 희망의 길을 걷고 싶습니다.
예수님께서 열어놓으신 생명의 길을 함께 걷고자 합니다.

말씀에 충실하며, 본질을 붙들고, 예배에 목숨 걸며, 지역을 섬기는 교회,
이 자리에 여러분을 초대합니다.

전대중앙교회는 │ 1955.12.10 전경숙 여전도사가 용인일대 복음을 전하기 위하여 개척교회 설립계획을 세우다. │ 1956. 1.10 포곡지역을 두루 다니다가 전대리 강정희씨를 심방하여 첫 신자를 얻다. │ 1956. 1.15 강정희씨의 처 정차모씨로 인하여 여러 신자를 얻고 이일동씨가 천막을 기증하여 전대리 387번지에 천막교회를 세우다(**이날을 교회설립일로 정하다**). │ 1956. 4.20 정차모성도가 대지 78평을 교회에 기증하다. │ 1956. 5. 1 초가6간을 매입하고 새성전 건축기공예배를 드리다. │ 1956. 5.25 기공시작 20여일 만에 헌당식예배를 드리다. │ 1958. 2.16 교회명칭을 '**대한예수교장로회 전대리교회**'라 하고 고신측에 가입하다. │ 1961. 4. 사택 20평을 기와로 건축하다. │ 1962. 8.25 교회명칭을 '**기독교 대한 전대리교회**'로 개칭하고 독립교회로 있다. │ 1967. 3. 종각을 세우다. │ 1968. 3. 사택을 신축 22평 건립하다. │ 이후 수많은 믿음의 선진들의 수고와 희생을 거쳐 1993. 3. 30 황재열 목사 부임하다. │ 1994. 5.18 황재열 목사 위임식을 거행하다. │ 1997. 9.30 교회대지 374-2번지 200평 매입하다. │ 2000. 5.14 새성전 건축기공예배 드리다. │ 2000.12.28. '**전대리교회**'를 **전대중앙교회**로 명칭 변경하다. │ 2000. 5.15 새성전 건축기공예배를 드리다. │ 2001. 4.15 새성전 첫 입당예배를 드리다. │ 2001. 6. 2 새성전헌당 및 임직예배를 드리다.

전대중앙교회의 비전선언문

1 예수	2 선교	3 교육	4 치유	5 섬김 봉사
우리 주님 예수 그리스도의 사역과 명령을 따라	모든 민족에게 복음을 전파하며 선교하는 교회	새 시대를 준비하여 가르쳐 제자삼아 교육하는 교회	성도를 전인적으로 건강케 하여 치유하는 교회	지역사회를 섬기는 봉사하는 교회입니다.

전대중앙교회는 하나님 중심, 성경 중심, 교회 중심의 신앙을 신조로 삼고, 예수 그리스도의 사역과 명령에 따라 지역과 나라와 민족과 세계를 복음화 하고자 합니다. 이를 위하여 **전대중앙교회**는 진리로 가르치고 말씀을 전파하며 영혼을 치료하는 교회로서 가치관을 변화시키고 섬김과 봉사를 통해 지역을 변화시키기는 일에 헌신할 것입니다.

저의 목회철학은, 하나님의 영이신 **"성령으로 살아 숨 쉬는 교회"**를 이루어가는 것입니다. 하여 저는 말씀과 기도와 전도라는 주제를 가지고, **"말씀에 대한 체험", "기도를 통한 은혜", "전도를 통한 생명 살림"**을 추구할 것입니다. 말씀이 흥왕하여 왕성하게 부흥하는 교회! 꿈과 행복의 동산이 되는 교회! 일꾼을 세우는 교회! 다음 세대를 세우는 교회! 이웃을 섬기는 교회! **전대중앙교회**가 꿈꾸는 교회입니다.

전대중앙교회 예배시간

구 분	시 간
새벽예배	매일 새벽 5:00
주일 낮 예배	주일 오전 11:00
주일찬양예배	주일 오후 2:00
새가족성경공부	주일 오후 1:00
수요기도회	(수) 저녁 7:30
금요심야기도회	(금) 저녁 9:00
구역예배	구역 별로 정한 시간
교회학교 유치부	주일 오전 9:30
교회학교 유초등부	주일 오전 9:00
교회학교 유초등부	주일 오후 1:00
교회학교 중고등부	주일 오전 9:00
교회학교 청년회	주일 오후 2:00

전대중앙교회 약도

말씀이 흥왕하여 왕성하게 부흥하는 교회
꿈과 행복의 동산 전대중앙교회
일꾼을 세우는 교회
다음 세대를 세우는 교회
이웃을 섬기는 교회

이동원 원로목사

이 시대의 대표적인 복음 설교가!
민족을 치유하고 세상을 변화시키는 교회를 모토로
지구촌 땅끝까지 복음을 전하는 선교공동체를 꿈꾸는 이동원 목사

밝은 지성과 유머, 예리한 통찰력으로 현장감 넘치는 적용을
이끌어내는 말씀 풀이는 그의 주특기이자 탁월한 은사

그가 복음의 흡입력, 도전과 위로를 가장 현대적인 언어로 표현해
내는 이 시대의 걸출한 스토리텔러로 소개되는 이유이기도 합니다.

지구촌교회
GLOBAL MISSION CHURCH

이 시대의 대표적인 복음 설교가, '민족을 치유하고 세상을 변화시키는 교회'를 모토로 지구촌 땅 끝까지 복음을 전하는 선교공동체를 꿈꾸는 목사. 밝은 지성과 유머, 예리한 통찰력으로 현장감 넘치는 적용을 이끌어내는 말씀풀이는 그의 주특기이자 탁월한 은사, 그가 '복음의 흡입력, 도전과 위로를 가장 현대적인 언어로 표현해 내는 이 시대의 걸출한 스토리텔러로 소개되는 이유이기도 하다.

전인목회
우리는 죄인을 하나님의 사람으로 변화시켜 영과 육이 통합된 온전한 인격으로 하나님 나라의 사역을 감당할 수 있는 일꾼으로 세우고자 합니다.

균형목회
우리는 전인 목회가 실현되기 위하여서는 성도들이 교회생활과 사회생활(가정생활)을 균형있게 조화시켜야하며 성령의 열매[인격]과 은사[사역]가 조화된 삶을 추구하며 복음전도와 사회봉사의 책임이 균형있게 강조되어야 하고 더 나아가 예루살렘[국내선교]과 땅끝[해외선교]에 대한 관심이 동시에 강조되어야 합니다.

교육목회
우리는 이와 같은 균형과 헌신은 지속적이고 일관성이 있는 교회 교육과 훈련에 의해서만 가능하다고 믿습니다. 따라서 우리는 우리 교회 목회의 중심에서 우리 교회에 출석하는 지체들에 대한 체계적인 교육의 장을 베풀어야 합니다.

경력
지구촌교회 창립/원로목사
지구촌 목회리더십센터 대표
한미준, 국제 코스타 창립
지구촌사회복지재단(12기관) 창립
미드웨스턴 침례신학교 '스펄전 Fellow 상' 수상
트리니티 신학교 '자랑스런 동문상' 수상

학력
미국 트리니티 복음주의신학교 선교신학박사 (D.Miss.)
미국 사우스이스턴 침례신학대학원 목회학석사 (M.Div.)
미국 윌리암틴데일 대학교 (성서신학사)

이동원 목사는

복음을 가장 현대적인 언어로,
평신도 눈높이 언어로 표현해내어 적용을
강조한 이 시대의 독보적 스토리텔러이자 강해설교가이다.

Healing & Change

'그리스도인'에 관한 가장 정확하고 아름다운 정의는 '예수 그리스도에게 붙어 있는 사람'이라고 생각합니다.
예수 그리스도를 구주와 주님으로 영접하고 정말 그리스도의 주관을 인정하고
그리스도 안에서 살아가는 사람, 그런 사람이라야 열매를 맺을 수 있습니다.

지구촌교회 원로목사 이동원

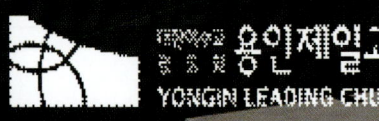

용인제일 교회는

용인제일교회는 1973년 4월 22일 용인에 세워진 교회로서
대한예수교 장로회(합동·총신대학교) 용인노회에 소속된 교회이며

**감격이 있는 예배, 기도의 능력을 체험하는 교회,
다음 세대를 세우는 교회, 세계와 지역 가운데 복음을 전하는 교회로
부흥 성장하는 교회입니다.**

세계를 품은 그리스도인이 되자!

반갑습니다!!
용인제일교회
원로목사 변 우 상

주요약력

1941.11.9	경기도 양평군 양서면 대심리 출생
1962.3	총회 신학대학교 신학과 입학
1970.2	총회 신학대학원 졸
1992.2	(미)비브리칼 신학대학원 졸 – D.Min
1974.2-2012.12	용인제일교회 당회장 목사
1995.3-2004.2	수원신학교 학장 및 이사장
1998.1-1999.1	경기 지방경찰청 경목위원장
2002.10-2004.9	기독신문 이사장
2003.4-現	월드비전 경기지부 용인지회 지회장
2006.2-2012.12.30.	용인기독교총연합회 대표회장
2009	총신 총동창회 회장 역임
2011.10-現	아프리카 선교회 회장
2012.12.1	용인제일교회 원로 목사 추대

이렇게 목회하라!

세계를 품은 그리스도인이 되자!

목회자가 갖추어야 할 덕목
① 목회자는 지력, 즉 말씀을 잘 알아야 한다. 이를 위해 말씀을 많이 읽고 묵상하며, 듣고 지키며 살아야 합니다.
② 영력이 있어야 한다. 이는 기도를 통해, 말씀의 확신이 있을 때(딤후 3:14), 영적 체험이 있을 때 생겨난다.
③ 목회자는 박력이 있어야 하는데 이는 희생으로 얻어지는 능력이요(계 2:10) 살도록 충성이 아니라 죽도록 충성하기로 결단할 때 생기는 능력이다.
④ 목회자는 육신의 건강도 목회를 위해 중요하다.
⑤ 목회자는 진실성이 있어야 한다.

목회철학
① 섬기는 목회
② 시험을 참고 견디는 목회
③ 가르치는 목회
④ 성령의 지시를 받는 목회
⑤ 받는 것보다 주는 목회
⑥ 사명감에 따른 목회

목회병법
① 자아를 발견하라
② 참된 가치를 추구하라
③ 참된 봉사를 실천하라

목회자가 삼가야 할 세 가지
① 이성을 조심해야 한다(고전 6장).
② 물질을 조심해야 한다(딤전 6:10).
③ 명예욕을 조심해야 한다.

목회자의 마음가짐
① 영혼을 사랑해야 한다.
② 겸손해야 한다.
③ '하면 된다'는 긍정적인 마음가짐을 가져야 한다.
④ 죄만 아니면 양보하는 마음이 있어야 한다.
⑤ 말하기보다는 듣기를 더 즐겨해야 한다.
⑥ 큰그릇이 되어 무엇이든지 담을 수 있어야 한다.

祝詩 축시

이렇게 목회하자!

드고아의 목장에서 하나님의 선지자로
부름 받은 정의의 선지 아모스와 같이
양평 땅 시골 마을에서 김命받은 변우상

　　　　福音의 씨앗 성령의 날개 타고 떨어진 용인
　　　　사라 같은 신부(고, 김영순)와 한 몸 이루고
　　　　아들 영석 딸 영주, 순주, 은혜, 혜복, 선아 양 할렐루야

황무지에 꿈나무 유치원 福祉사업 先驅者로
용인시 기독총연합 대표회장으로 구령의 깃발 여호와 닛시라
경목, 시목, 군선교, 월드비전, 밀알선교 하나로 이끌고

　　　　季節의 마디마디 꽃피고 열매 맺은
　　　　용인제일교회 천국날개 훨훨 더 높이
　　　　사람의 떼가 열배로 모여드는 소문난 교회라(슥 8:23)

계절의 豊饒속에 어언 퇴임을 맞은 변우상 목사님
장하도다 드고아의 牧者 베들레헴의 牧者여
후반전의 목양이 성령님의 청청한 기름부음 받아

　　　　가을의 황혼 노을이 燦爛이 타는 것 같이
　　　　主의 종 목장에 축복의 하늘 별꽃이 쏟아진다
　　　　선한 목자의 지팡이 인도 받은 너 福된 사람아

人間은 작은 縮小판 地球 넓은 宇宙를 품는 神秘의 存在
내 몸은 성령의 전(고전 3:16) 天國의 파라다이스 沙漠의 오아시스로
짧은 인생길 남긴 藝術은 하늘 무지개로 燦然하다

조복희 목사
(용인시 시목 출판위원회)

HyangSang Church
우리교회

건강한 성도, 건강한 교회, 건강한 사회
'영혼 구원하여 제자 삼는 신약교회 회복'

정주채

- 1948년 경남 하동 출생
- 고려신학대학 및 동 대학원(M.Div) 졸업
- 총회신학대학원(Th.M.교회사 전공) 졸업
- 미 풀러신학 대학원 목회학 박사
- 사단법인 여명 이사장
- 바른교회아카데미 이사장
- 사단법인 열방네트웍(선교회) 이사장
- 사단법인 산돌손양원기념사업회 회장

E-mail : juchai215@gmail.com

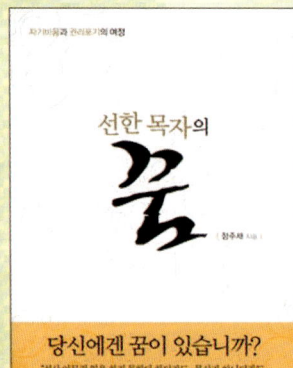

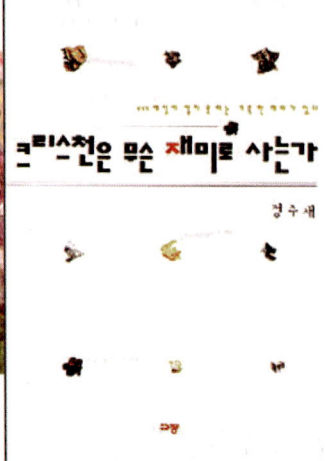

"선배와 동료목회자들의 추천사"

향상교회는 좋은 교회입니다. 정주채 목사는 좋은 목회자입니다. 나는 그를 미스터 클린(Mr.Clean)이라고 부릅니다.
김진홍 목사(두레교회)

정주채 목사님은 이름도 빛도 없이 하나님 앞에서 말씀 사역에 충실하였으며, 지혜와 영력과 정의감을 가지고 노심초사 일해온 분입니다.
원종록 목사(예장 고신 총회장)

저는 목사님을 1973년 봄에 처음 만났습니다. 그 후 신학을 졸업하고 서울의 지근거리에서 20년간 함께 목회사역을 해 왔는데, 그는 언제나 제게 좋은 모범이었습니다.
박은조 목사(분당샘물교회)

안일을 깨뜨리고 주께서 기뻐하시는 영광스러운 교회를 가슴에 담고 새로운 순례의 길을 떠나시는 정주채 목사님과 새롭게 시작하는 교회 위에 주님의 한량없는 축복이 임할 줄 믿습니다. 바른 신앙을 가진 한 지도자의 결단은 이 땅에서 주님이 기뻐하시는 교회의 모습을 드러낼 것이고, 오며 가는 믿음의 후배 목회자들에게 귀감이 될 것입니다. 목자되신 주님께서 어떻게 정목사님과 새로 세워지는 "향상교회" 위에 함께 하실지, 그분이 자신의 이름을 걸어놓고 가장 최선의 길로 인도해 주실 것으로 믿기 때문에 한없는 기대와 감격을 가지고 계속 지켜보겠습니다.
홍정길 목사(남서울은혜교회 담임목사)

우리는 한 지역사회 내에 좋은 학교나 좋은 병원이 들어선다고 할 때 기대하는 마음으로 환영하게 됩니다. 좋은 교회는 좋은 학교나 좋은 병원 이상의 존재의의를 갖습니다. 정주채 목사님은 이미 서울 잠실지역에서 건강한 교회를 일구어 지역사회의 등불이 되게 했던 올곧고 사려 깊은 존경받는 지도자로 검증된 목사님입니다. 그는 잠실의 교회를 이제 또 다른 지도자에게 위탁하고 새 지역에서의 그의 남은 생애를 헌신하실 결심으로 교회개척을 하시게 되었습니다. 저는 그분이 일구어갈 새 교회와 더불어 가까운 지역에서 함께 동역하며 이 땅위에 평화와 공의의 새 날이 밝아올 꿈을 꾸고 있습니다.
이동원 목사(지구촌교회 담임목사)

건전한 중소교회를 지향한다는 목표를 가지고 있는 잠실중앙교회가 처음 스스로 세웠던 '출석교인 1,500명을 넘으면 교회를 분립한다' 는 약속대로 이번 용인에 분립개척을 세우게 되었다는 소식을 들었을 때 무더운 여름철 얼음 냉수와 같이 시원함을 느꼈습니다.
특히 분립되는 교회에 정주채 목사님이 모 교회를 떠나 새로 개척하는 교회의 담임을 맡아 떠나신다는 말씀은 충격에 가까운 감동을 제게 주었습니다. 사람은 누구나 안정된 자리에 머무르고 싶어하고 할 수만 있다면 그 좋은 자리를 자식에게까지라도 물려주고 싶어하는 것이 본능인데, 안정된 자리에 연연하지 않고 새로운 개척지로 향해 떠나는 목사님에게서 저는 본토친척 아비의 집을 떠나는 믿음의 조상 아브라함을 느낄 수 있었습니다. 이번에 새롭게 분립 개척되는 교회는 틀림없이 아름답게 성장할 것입니다. 그리고 그 교회의 교인이 되시는 분들은 모두가 다 행복한 그리스도인들이 되실 것입니다. 그리고 모 교회를 떠나 개척교회로 부임하시는 정 목사님과 담임 목사를 새로운 개척교회로 떠나 보내는 잠실중앙교회도 틀림없이 하나님의 큰 복을 받으실 것입니다. 진심으로 축하하고 축복합니다. 목사님과 잠실중앙교회가 참으로 자랑스럽습니다.
김동호 목사(높은뜻교회 연합대표)

전국 대학 최초 국제표준화기구(ISO)
ISO 21001:2018 인증

 대한상공회의소·포브스 사회공헌 대상 수상(2020)
사회공헌형 디아코니아 혁신인재양성 부문 수상

 대한민국 창조경영 대상 수상(2020)
인재경영 부문 수상

 세계혁신대학랭킹 40위 선정(2020)
윤리적 가치(Ethical Value) 지표 랭킹 40위 선정

 14회 국가 지속가능경영 컨퍼런스
보건복지부 장관상 '사회공헌부문' 수상

섬김의 리더를 키우는 대학

루터대학교는 종교개혁자 마르틴 루터의 종교개혁 정신에 따라 기독교 한국 루터회에 의하여 1966년 3월에 설립되어 지금에 이르고 있습니다. 50여 년의 역사를 가진 대학으로서, '기도의 사람, 학문의 사람, 실천의 사람'이라는 교훈에 따라 **"복음으로 교회와 사회를 섬기는 일꾼을 훈련 한다."**라는 교육목적을 구현하며 바른 인재 양성의 요람으로 발전해왔습니다.

'일등보다는 유일한 한 사람을 위한 교육'을 지향하며 4차 산업혁명 시대에 적합한 인재를 양성하기 위해 지속해서 노력해왔습니다. 이러한 노력의 결과로써 우리 대학은 2018년 수도권 1,000명 미만 대학 중 유일하게 교육부가 주관하는 대학 기본역량진단평가에서 '자율개선 대학'으로 선정되었으며 금년에는 '대학혁신지원사업 연차평가'에서 우수등급을 획득하였습니다. 또한 2020년 처음 실시된 World`s Universities With Real Impact(이하 WURI) 평가 중 "윤리적 가치" 부문에서는 세계 40위를 달성하는 등 사회 공헌형(Diakonia) 교육과정을 위한 혁신 모델의 성과가 빛을 발하고 있습니다. 이러한 노력을 인정받아 "제 14회 국가지속가능경영 컨퍼런스"에서 사회공헌 부문 보건복지부 장관상을 수상하는 등 국내 여러 기관으로부터 다양한 수상을 하였습니다.

여기에 안주하지 않고 우리 대학은 디아코니아 교양 대학을 설립하여 1학년 학생들은 전공을 정하지 않고 2학년에 올라가면서 전공을 선택하도록 대학의 체제를 바꾸었습니다. 디아코니아 교양 대학에서는 기독교적 사회봉사 정신에 근거한 인문학적 소양을 갖추게 될 것입니다. 2학년이 되면 우리 대학에 있는 4개의 전공과 융합 전공 그리고 연계 전공을 통하여 졸업할 때에는 전문적 지식을 겸비한 교회와 사회를 섬기는 인재로 졸업하게 될 것입니다.

이제 **루터대학교**는 반세기가 넘는 역사와 전통을 바탕으로 새로운 도약을 준비하고 있으며, 지속적인 교육 혁신과 성장을 이루어 갈 것입니다. 더 나아가 글로벌 시대에 발맞추어, 세계적으로 가장 큰 개신교인 루터교회가 가지고 있는 국제적인 네트워킹을 바탕으로 본 대학교와 자매 관계에 있는 세계 각국의 우수한 대학들과 학문적 교류를 도모함으로써 교회와 사회를 위하여 헌신할 국제적 감각과 실력을 갖춘 세계 시민이 될 것 입니다. 꿈과 열정으로 가득한 **루터대학교**에서 여러분의 새로운 미래를 만들어 가십시오! 루터대학교가 함께 하겠습니다!

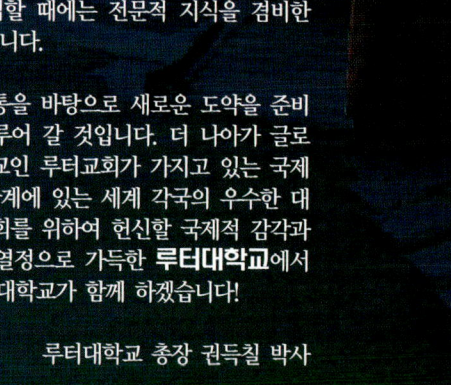

루터대학교 총장 권득칠 박사

섬김과 봉사를 실천하는 디아코니아 인재를 키우는 루터대학교

2021 루터대학교 신입생 수시모집

DIAKONIA

루터대가 자랑하는 매력들

다양한 학사제도	보건복지부장관상 수상	편리한교통	국제교류	기숙사완비
1+1	**2020**	**30분**	**3+1**	**100%**
모든 전공 복수전공 연계전공 가능, 전과제도 실시 융합 교육과정운영	새로운 교육모델 창조적경영으로 지역사회를 섬기는 디아코니아(사회공헌)인재양성	강남역 30분거리 수원IC에서 분 지하철 분당선 상갈역(루터대학교)	전 세계 명문 사립대학 네크워크 알대일 원어민 교수강의 교환학생 및 문화 연수 프로그램	지방출신자 4년간 기숙사비 등록금총액 한도내에서 전액 지원(성적제한있음) 2011실 최신실 시설 완비
국제표준 교육 기관경영시스템	세계혁신대학랭킹 40위선정	보건복지부장관상 수상	국제표준 교육기관경영시스템	1년간 재학생 1인당 평균장학금
2020~24	**2020**	**2020**	**ISO21001:2018**	**3,920,400**
학교육의 질 우수성과 공신력 입증 한국대학교교육 협의회 주관	대학혁신지원사업 9억여원 지원확보	새로운 교육모델 창조적 경영으로 지역사회를 섬기는 디아코니아(사회공헌)인재양성	전국대학 최초, 대학교육 진 분야 인증	신입생 성적우수 장학금 루터희망 장학금등 풍부한 장학혜택

2021학년도 신입생 수시모집

모집전공
디아코니아학부(신학전공, 상담심리학전공, 사회복지학전공, 언어치료학전공)
※ 코로나 19로 인하여 면접전형은 비대면 면접(ZOON)으로 진행

전형유형별 반영비율
일반전형(학생부30%, 비대면면접20%),
특별전형(학생부60%, 비대면면접40%)

원서접수: 2020.09.23(수) ~ 09.28(월)   입학문의: 031.679.2300(직통번호: 2322)
주소 (17072) 경기도 용인시 기흥구 금화로 82번길 20   홈페이지 www.ltu-admisson.ac.kr

섬김과 나눔을 실천하는 대학
ONSEOK UNIVERSITY

임마누엘 신앙으로 글로벌 시대의 비전을 이루어 가는 온석대학원대학교

1996년 당시 논과 밭이 얽혀 있고 산 아래 저수지 웅덩이의 물을 빼면서 시작된 이 학교의 역사는 지난해 소천한 설립자 故 온석 백기환 목사의 앞선 미래를 내다보는 지혜와 '하나님이 나와 함께 하신다는 임마누엘 신앙'으로 하나 되어 합력하기를 주저하지 않았던 중앙총회 교역자들의 뜨거운 믿음으로 시작되었습니다.

이후 교육인적자원부로부터 '학교법인 중앙총신학원' 인가를 취득한 후, 초대 이사장에 백기환 목사를 추대하고, 초대총장에 민경배 박사를 선임, 신학과 50명의 석사과정 정원을 인가받아 개교한 이래 지금까지 석사 883명, 박사 223명의 글로벌 시대의 리더를 감당할 믿음의 일꾼들을 배출했습니다.

이제 개교 21주년을 앞둔 지금은 신학(목회학 전공), 선교학, 교육학, 상담학, 사회복지학, 예술학, 산림치유복지학 등 7개학과의 석·박사과정에서 국내를 비롯한 8개국 160여 명의 학생들이 하나님께 쓰임 받는 글로벌 시대의 미래 주역이 되고자 수학에 정진하고 있습니다.

또한 더 광범위하고 세계적인 가치관을 가지고 세계의 많은 학생을 모아 세계적인 학교, 글로벌시대의 학교를 만들기 위하여, 한국교회 복음주의 신학발전에 이바지해온 설립자의 뜻을 기리고 임마누엘 정신을 이어받고자 설립자의 호를 따서 교명을 '중앙신학대학원대학교'에서 2019년 3월 1일부로 '온석대학원대학교'로 새로운 발걸음을 내딛게 되었습니다.

우리 온석대학원대학교는 성경적으로, 보수적으로, 정통적으로 21세기를 향한 새로운 기독교적 학사운영 방향을 모색하는 가운데 정진하고 있습니다. 자신의 삶을 배움의 즐거움과 미래의 희망으로 가득 채우시려는 분들에게는 언제나 열려 있습니다.

함께 그러한 소망을 안고 새로운 시대를 창출해 가시지 않겠습니까?

백성혁 박사
온석대학원대학교 총장

칼빈주의에 입각한 장로교

교리를 고수, 웨스트민스터 신앙고백에 의한 장로교 헌법과 12신조 및 대소요리 내용들을 교리로, "하나님을 영화롭게 하고 그를 기꺼워" 하는 임마누엘정신에 입각하여 인류 미래의 새로운 문명사회를 건설하기 위하여 학문과 도덕적 인격을 겸비한 실천적 교역자를 양성한다.

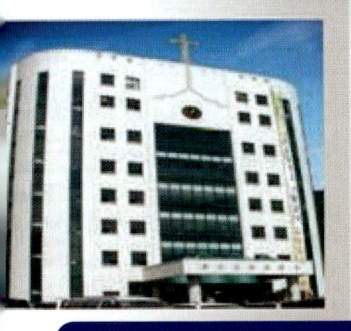

학교 마크는 기원,시작,우주를 나타내는 동근원 형태로 반석(예수그리스도),동산(진리탐구의 동산)을 의미하는 눈썹형태 위에 학교약자 'OSU'가 들어가 있다. 학교약자 'U'자에 십자가 형상을 주황(구원,진리의 빛)색, 파랑(평화,승리)색, 연두(비전, 학문,인경)색을 넣어 학문의 융합과 진리의 근원되신 하나님의 계획을 시행하는 도구인 것을 나타나도록 하였다.

학생모집요강

온석대학원대학교 부설 평생교육원 학점은행제

- 본교 건학이념인 임마누엘 정신과 평생교육의 이념에 따라 품격 높은 교육기관으로서, 배움의 기회 확대와 지역사회 및 국가 발전을 위해 노력하겠습니다.
- 언제든 편안한 마음으로 방문해 주시고 본원에서 미래의 꿈을 실현할 수 있는 기틀을 마련하시기 바랍니다.
- 과정안내

모집과정	신학사 학위과정 + 사회복지사 2급 자격증과정
지원자격	고졸이상 (동등학력인정자)
모집인원	학습과정별 40명
과정내용	■ 교육부 장관 명의의 학점 취득 가능 ■ 주1회 수업으로 학점 취득 가능 ■ 신학사 학위 및 사회복지사 2급 자격증 동시 취득 가능 ■ 저렴한 수강료 ■ 학사학위 취득 후 본교 석사과정으로 진학 시 장학혜택 부여 ■ 무료 셔틀버스 운행 ■ 본교 부설 온석복지센터 사회복지현장실습 가능

온석대학원대학교 부설 학교기업_온석복지센터

- 치매 및 거동이 불편하신 어르신들을 보호자 대신 수발하여 정신적 육체적 건강을 회복하는 한편 가족결속력을 강화 시키는데 목적을 두고 있습니다.
- 온석복지센터가 일반복지기관과 다른 점은 본교 전문 교수진이 기획한 프로그램을 활용하여 복지서비스의 효율성 및 삶의 질 향상에 있다는 것입니다.
- 모두가 행복해지는 시간!! 국가가 지원하는 최고의 서비스!! 지금 온석복지센터로 오세요^^
- One Stop 종합서비스
    - 주간보호(200평 규모의 최고시설) - 본 센터의 차량으로 집 앞까지 안전하게 송영
    - 방문요양 - 요양보호사가 대상자 자택으로 방문하여 매일 180분 이상 서비스를 제공
    - 방문목욕 - 요양보호사 2인 1조가 되어 자택 방문, 1회당 60분 이상 목욕 서비스를 제공
    - 치매가족특별상담(상담실운영) | 요양등급신청 | 사회복지사 실습

온석대학원대학교

경기 용인시 처인구 남사면 아곡로 96번길 79 TEL 031) 339 - 9015~7, Fax 031) 339 - 9093

(주)창성종합건설

고객의 꿈을 이야기하고
고객의 행복을 만들어 드리는
믿음과 신뢰를 중시하는 기업!

(주)창성종합건설

회사명	(주)창성종합건설
설립일	2009년 1월 20일
대표이사	이 한 철
사업자번호	134-86-35693
대표번호	031-323-0491-2 (FAX. 031-323-0497)
회사주소	경기도 용인시 처인구 성산로 327-19 (창성빌딩 4층)
이메일	sung0491@gmail.com

관공서
Public office
최상의 교육환경과 문화시설을 공급함으로써
국민의 정서함양과 여가선용에 선도

상업시설
Commercial
효율적이고 차별화된 공간설계 및
시공을 필요로하는 새로운 공간창출

공장시설
Plant
합리적인 설계와 구조, 극대화된 공간활용도로
기업에 제적인 만족과 생산성 향상을 지원

주거시설
Housing
자연과 인간, 문화가 조화를
새로운 개념의 주거공간을 만

(주)창성종합건설은 주거시설, 상업시설, 공장시설, 관공서 등 각 분야별 최고 수준의 인재와 기술역량을 보유하고 고객에게 최상의 부가가치를 실현해 드리고 있습니다.

(주)창성종합건설은 현재의 위치에 만족하지 않고, 고객요구 이상의 품질 · 안전 수준에 도달하기 위해 기술력 및 프로젝트 역량 강화에 전사적 역량을 집중하고 있으며, 이를 통해 고부가 분야 위주로 사업구조를 고도화해 나가고 있습니다. 뿐만 아니라 프로세스와 시스템 혁신을 통해 신뢰받는 건설사로 지속 성장해 나갈 것입니다.

아름다운 공간을 건설하는 CHANGSUNG
(주)창성종합건설만의 차별화된 공간을 약속드립니다.

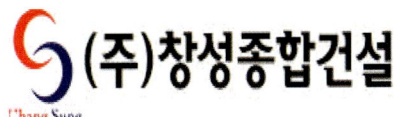

인간중심의 믿음의 기업! COMPANY ChangSung

재중심의 조직문화를 만들어갑니다. 변화에 능동적으로 대처할 수 있는 유연한 조직구조
다각적이고 지속적인 경영으로 고객만족 주거문화를 창조하는 (주)창성종합건설입니다.

비전 VISION
보다 나은 삶과 미래를 지향하는
FOR THE BETTER LIFE & FUTURE
(주)창성종합건설의 비전은
믿음과 신뢰를 바탕으로
보다 더 나은 삶과 미래를
만들어 드리는 일류기업이
되는 것입니다.

핵심전략 CORE STRATEGY
- 핵심역량 강화
  (사업수행 전문화 및 기술력 확보)
- 사업 다각화
  (투자 개발, 운영영역 확대)
- 창조적 기업문화와
  인력 운영 효율화

핵심가치 CORE VALUE
- 변화 (INNOVATION)
- 신뢰 (PARTNERSHIP)
- 기술 (TECHNOLOGY)
- 책임 (RESPONSIBILITY)

아름다운 공간을 건설하는 CHANGSUNG
(주)창성종합건설만의 차별화된 공간을 약속드립니다.

Plant Equipment
합리적인 설계와 구조 공간 활용

Commercial Facility
효율적이고 차별화된 공간설계 및 시공

Living Construction
친환경 인간중심의 주거문화를 만드는 아름다움

Public Office
최상의 교육환경과 최적의 문화시설 공급

용인시기독교총연합회 39차 임원

고　　문 :	황인배 목사 신현근 목사 성종식 목사 이근구 목사 변우상 목사 강신일 목사 정주채 목사 서욱환 목사 정기식 목사 허태선 목사 임오길 목사 정연진 목사 박은조 목사
명예회장 :	소강석 목사 윤호균 목사
대표회장 :	조복희 목사
상임회장 :	여주봉 목사 최요한 목사 배성식 목사
공동회장 :	김종원 목사 김창수 목사 김영환 목사 김석형 목사 이진상 목사 한상필 목사 황재열 목사 최신식 목사 송기칠 목사 이철수 목사 전형주 목사 신동권 목사 조동욱 목사 김정민 목사 김수읍 목사 권영호 목사 황규식 목사 정의호 목사 박상완 목사 김종우 목사 조용구 목사
회　　장 :	이승준 목사
수석부회장 :	이용현 목사
공동부회장 :	안중학 목사 김태진 목사 김현기 목사 권준호 목사 길용민 목사 박석훈 목사 안광모 목사 유행대 목사 이동호 목사 이병희 목사 임성규 목사 정경훈 목사 임병선 목사 류좌형 목사 권병철 목사 신현모 목사
사무총장 :	최성균 목사
부총무 :	김준성 목사 신각철 목사 최광희 목사 박종진 목사 김만기 목사 이기봉 목사
서　　기 :	경용수 목사(정)　전승호 목사(부)
회　　계 :	오동삼 목사(정)　김동문 목사(부)
감　　사 :	신동권 목사 조동욱 목사 김정민 목사
대외 협력위원장 :	김현기 목사

용기총 고문 및 임원 명단

	직책	성명	교회이름	교회전화	우편번호	주소
1	고문	황인배				
2	고문	신현근	비전교회		17038	경기도 용인시 처인구 경안천로258번길 135
3	고문	성종식				
4	고문	이근구	신갈중앙		17068	경기도 용인시 기흥구 백남준로 28-3
5	고문	변우상	용인제일		17153	경기도 용인시 처인구 금령로 149 (마평동)
6	고문	강신일	용인남부		17146	경기도 용인시 처인구 평옥대로 39-10 (남동)
7	고문	정주채	향상교회		16985	경기도 용인시 기흥구 언동로 140
8	고문	서욱환	신일	332-4494	17026	경기도 용인시 처인구 둔전리 인정프린스Apt 1004동 1201호
9	고문	정기식				
10	고문	허태선				
11	고문	임오길	양지제일		17158	경기도 용인시 처인구 양지면 양지로 94
12	고문	정연진	양지		17158	경기도 용인시 처인구 양지면 양지로 163
13	고문	박은조	은혜샘물		16986	경기도 용인시 기흥구 언동로 156
1	명예회장	소강석	새에덴	896-1000	16899	경기도 용인시 수지구 죽전로 100
2	명예회장	윤호균	화광		16979	경기도 용인시 기흥구 강남동로 123
3	대표회장	조복희	백암중앙	332-4905	17172	경기도 용인시 처인구 백암면 덕평로26번길 5
4	상임회장	여주봉	포도나무		17093	경기도 용인시 기흥구 신정로 123-1
5	상임회장	최요한	남서울비전	276-9191	16826	경기도 용인시 수지구 신수로783번길 7

6	상임회장	배성식	이룸		16852	경기도 용인시 수지구 성복동 28-5
7	공동회장	김종원	포곡제일	322-9182	17028	경기도 용인시 처인구 포곡읍 포곡로272번길 17
8	공동회장	김창수	도창		17163	경기도 용인시 처인구 양지면 도창로 30
9	공동회장	김영환	수지중앙		16836	경기도 용인시 수지구 수지로296번길 28
10	공동회장	김석형	자연	332-1634	17025	경기도 용인시 처인구 포곡읍 석성로985번길 22
11	공동회장	이진상	목양	335-7991	17062	경기도 용인시 처인구 중부대로 1392번길 18-5
12	공동회장	한상필	수지성산	262-9181	16826	경기도 용인시 수지구 수지로489번길 12
13	공동회장	황재열	전대중앙	322-3191	17023	경기도 용인시 처인구 포곡읍 전대로 85-18
14	공동회장	최신식	용인벧엘		17041	경기도 용인시 처인구 백옥대로1392번길 13-9
15	공동회장	송기칠	보라중앙	286-3535	17074	경기도 용인시 기흥구 용구대로1900번길 8-1
16	공동회장	이철수	용인명성		17145	경기도 용인시 처인구 중부대로 1510 (마평동)
17	공동회장	전형주	용인명지	322-0691	17128	경기도 용인시 처인구 이동면 백옥대로 687-22
18	공동회장	신동권	용인중앙		17128	경기도 용인시 처인구 이동면 백옥대로 777
19	공동회장	조동욱	주북제일		17039	경기도 용인시 처인구 양지면 주북로 7
20	공동회장	김정민	기흥제일	281-7797	16973	경기도 용인시 기흥구 구갈로28번길 29
21	공동회장	김수읍	하늘빛		17043	경기도 용인시 처인구 백옥대로 1255-8 하늘빛교회
22	공동회장	권영호	용인중앙		17145	경기도 용인시 처인구 동부로 70 (마평동)

번호	직책	성명	교회	전화	우편번호	주소
23	공동회장	황규식	수지산성	266-9199	16876	경기도 용인시 수지구 죽전로 259
24	공동회장	정의호	기쁨의	713-0691	16919	경기도 용인시 기흥구 구성로 96
25	공동회장	박상완	백향목		17099	경기도 용인시 기흥구 보라하갈로 67
26	공동회장	김종우	흰돌	334-1030	17027	경기도 용인시 처인구 포곡읍 포곡로127번길 6
27	공동회장	조용구	고림제일		17149	경기도 용인시 처인구 고림로 158 (고림동)
28	회장	이승준	기흥중앙		17094	경기도 용인시 기흥구 신정로 57 기흥중앙교회
29	수석 부회장	이용현	동백순복음		16994	경기도 용인시 기흥구 어정로 100
30	공동 부회장	안중학	다사랑		16946	경기도 용인시 기흥구 신정로41번길 105
31	공동 부회장	김태진	용인서부		17038	경기도 용인시 처인구 경안천로258번길 91-7 (고림동)
33	공동 부회장	김현기	순복음늘푸른		16911	경기도 용인시 기흥구 마북로 165 순복음늘푸른교회
34	공동 부회장	권준호	송전	336-7444	17136	경기도 용인시 처인구 이동면 경기동로687번길 17-3
35	공동 부회장	길용민	서광		16953	경기도 용인시 수지구 흥덕2로 117번길 23 3층 310호
36	공동 부회장	박석훈	한우리		17086	경기도 용인시 기흥구 고매로34번길 15
37	공동 부회장	안광모	동광		16824	경기도 용인시 수지구 고기로 165
38	공동 부회장	유행대	용인순복음		17050	경기도 용인시 처인구 금령로 13번길 12(김량장동)
39	공동 부회장	이동호	모현소망		17035	경기도 용인시 처인구 백옥대로2332번길 21-9
40	공동 부회장	이병희	내동		17167	경기도 용인시 처인구 원삼면 내동로14번길 6 내동교회

번호	직책	이름	교회	전화	우편번호	주소
43	공동부회장	임병선	용인제일		17153	경기도 용인시 처인구 금령로 149 (마평동)
44	공동부회장	류좌형	제자		16979	경기도 용인시 기흥구 갈곡로 3 제자교회
45	공동부회장	권병철	시온		17040	경기도 용인시 처인구 영문로 45 시온교회
46	공동부회장	신현모	비전		17038	경기도 용인시 처인구 경안천로258번길 135
47	사무총장	최성균	동백지구촌	693-8291	17006	경기도 용인시 기흥구 동백중앙로 213 삼성타워 2층
48	부총무	김준성	주보라		17079	용인시 기흥구 사은로64삼정선비마을아파트 102동104호
49	부총무	신각철	천성		16817	경기도 용인시 수지구 수풍로90 삼성4차@ 106동1203호
50	부총무	최광희	행복한		17081	경기도 용인시 기흥구 사은로126번길10. 쌍용@112동1203호
51	부총무	박종진	보라한마음		17079	경기도 용인시 기흥구 사은로 58 2층
52	부총무	김만기	늘푸른	336-8621	17045	경기도 용인시 처인구 학산로 3-2
53	부총무	이기봉	구성중앙	283-2977	16919	경기도 용인시 기흥구 구성로 64번길 9-5
54	서기	경용수	용인한울	335-0965	17091	경기도 용인시 처인구 중부대로 1154 5층
55	회계	오동삼	신갈축복		16969	경기도 용인시 기흥구 신갈로 58번길 29-12호
56	부서기	전승호	은혜와평강			
57	부회계	김동문	용인사랑의		17078	경기도 용인시 기흥구 중부대로 820-30
	감사	신동권				
	감사	조동욱				
	감사	김정민				
	대외협력위원장	김현기				

포곡읍기독교연합회 회원교회(가나다순)

교역자	교회명	교단	교회/사택	핸드폰	주소	임원
권태운	포곡감리교회	기감	332-7898	010-2332-7898	포곡로 72	
김석형	자연교회	예성	332-1602	010-9034-8602	석성로 985번길 22	
김석호	삼계리전원교회	합동	339-1991	010-2255-1991	백옥대로 1800번길 51-12	
김승도	말씀동산교회	합동	334-0484	010-7696-8291	곡현로 114번길 22-2	
김재희	동부교회	백석대신	328-7504	010-3392-0913	포곡로 118번길 16	
김종우	흰돌교회	백석대신	334-1030	010-5278-0524	포곡로 127번길 6	
김종원	포곡제일교회	합동	322-9184	010-5219-9184	포곡로 272번길 17	
노철현	하늘소망교회	고신	332-0723	010-2790-2754	포곡로 188번길 12	
백순화	세계비전교회	합동개혁	321-3941	010-9928-3945	포곡읍 전대로 81	
빈영기	신일교회	합동	332-4494	010-6217-5915	곡현로 187	
송도현	용인성결교회	예성	339-7369	010-2365-0391	포곡로 132번길15 정민빌딩3~4층	
신동관	밝은미래교회	통합	332-9125	010-2357-0399	포곡읍 영문로 64 베네치아상가	
윤석홍	용인은광교회	합동	322-0690	010-9664-7991	포곡로 118번길2410	
이강승	예수가족교회	합동	321-0693	010-9941-5801	처인구 지삼로 610, 106호 카페봄날	
이상철	반석교회	기침	333-7310	010-9075-6313	포곡로 118번길 29	
이설원	새용인교회	합동	332-1997	010-8240-1997	백옥대로 1910번길 24-6	
이진영	온누리빛교회	합동	285-3912	010-4109-7671	포곡로 90 신원아파트 상가	
이종호	예수소망교회	고신	334-3927	010-7347-9317	포곡로 117번길 11 302호	
장재동	용인우리교회	호헌	334-2634	010-2808-9191	둔전로 47번길 21	
장진철	굿모닝교회	백석대신	333 6306	010-8332-6306	포곡로 118번길 51-14	
정석항	주멜로디교회	합동	333-3291	010-3974-0691	포곡로 123번길31-2 멜로디 아파트	
김선희	열매맺는교회	순복음	338-6004	010-7101-6014	포곡로 331	
허응철	둔전축복교회	합동	338-7022	010-2793-1724	포곡로 124번길 17 영광빌딩 301호	
황재열	전대중앙교회	합동	322-3190	010-4392-5556	전대로 85번길18	
한재기	좋은이웃교회	백석대신	322-9876	010-2275-8794	포곡로311	

용인기독교회사 출판 협찬교회들과 목사님

	목사님	교회	금액
1	조복희 목사	백암중앙교회	11,000,000
2	신동권 목사	용인중앙교회	3,000,000
3	권준호 목사	송전교회	3,000,000
4	황규식 목사	수지산성교회	2,000,000
5	여주봉 목사	포도나무교회	1,000,000
6	임병선 목사	용인제일교회	1,000,000
7	김정민 목사	기흥제일교회	1,000,000
8	조동욱 목사	주복제일교회	500,000
9	김병진 목사	생명샘교회	500,000
10	김석흥 목사	향상교회	500,000
11	박상완 목사	백향목교회	500,000
12	윤만선 목사	은혜샘교회	500,000
13	황재열 목사	전대중앙교회	300,000
14	임오길 목사	양지제일교회	300,000
15	한상필 목사	수지성산교회	300,000
16	김진호 목사	그리스도대사교회	300,000
17	김석형 목사	자연교회	300,000
18	김동문 목사	용인사랑교회	300,000
19	권영호 목사	용인장로회	500,000
20	김현기 목사	늘푸른교회	300,000
21	최요한 목사	남서울비전교회	1,000,000
22	김종원 목사	포곡제일교회	2,000,000
23	이승준 목사	기흥중앙교회	500,000
24	이용범 목사	동백순복음교회	500,000
25	민규식 목사	성암제일교회	1,000,000
26	윤호균 목사	화광교회	1,000,000
27	권득칠 총장	루터대학교	500,000
28	총장	온석대학교	500,000
29	이한철 대표	성창건설	3,000,000
30	최신식 목사	벧엘교회	300,000
31	이철수 목사	용인명성교회	300,000
32	소강석 목사	새에덴교회	3,000,000

용인시기독교총연합회 정관

제1장 총칙

- **제1조 명칭**

  본회의 명칭은 "용인시기독교총연합회" 라 칭한다. (약칭: 용기총)

- **제2조 사무소 위치**

  본회의 사무소 위치는 용인시 처인구 관전로 62. 2층에 둔다.

- **제3조 목적**

  본회의 목적은 기독교 복음주의적 교회와 용인지역 단체가 연합하여 지역사회를 복음화하며 기독교정신과 문화를 지역사회에 보급 확산 정착시키므로 지역사회발전을 도모하며 정보교환 및 친목과 교제를 통하여 연합하고 전국적인 기독교 연합운동에 참여 및 협조를 한다.

- **제4조 사업**

  본회의 사업은 아래와 같다.
  1. 용인시 복음화를 위한 사업
  2. 타 연합회 및 기독교 단체와 연합하여 민족복음화와 세계복음화
  3. 지역사회와 나라의 재난 구호활동 및 각종 봉사활동
  4. 사이비, 이단, 반기독교에 대한 대처 및 척결
  5. 교회 및 교역자 친목과 연합사업
  6. 기타 본 회의 목적에 부응하는 사업과 활동

제2장 회원

- **제5조 회원**

  본회의 회원은 아래와 같다.
  1. 교역자회원: 본 회의 목적에 찬동하며 용인시에 소속한 교회나 기독교 기관의 목회자로 하며 각 지역 연합회에 속한 자로 한다.

2. 평신도 회원: 본 회의 목적에 찬동하며 용인시에 거주하는 자로서 본 회의 허락을 받은 약간 명으로 한다.

■ 제6조 회원의 의무와 권리

1. 회원의 의무는 본회의 회칙을 준수하고 각종 회의와 행사에 적극 협력하며 선교비 및 교회선교비 등을 납부하여야 한다.
2. 회원의 권리는 선거권과 피선거권을 가지며 의견 제출권과 결의권을 가진다.

제3장 임원 및 조직

■ 세/조 임원과 조직

본 회의 임원은 아래와 같다.

대표회장 1명, 명예회장 약간명, 상임회장 약간명, 공동회장 약간명, 회장 1명, 수석부회장 1명 공동부회장 약간명, 사무총장1명, 부총무 약간명, 서기1명, 부서기1명, 회계1명, 부회계 1명, 감사 3명으로 한다.

■ 제8조 임원의 자격.

1. 본회 임원의 자격은 본회에 적극적으로 협조하고 선교비 및 교회선교비를 납부하고 회원의 의무를 다하는 결격 사유가 없는 담임목사로 한다.
2. 최초로 선임되는 임원은 지역 연합회의 추천을 받아야 한다.

■ 제9조 임원선거

1, 대표회장: 인선위원회에서 선임하고 총회에서 인준한다.
2. 상임회장: 인선위원회에서 선임하고 총회에서 인준한다.
3. 공동회장과 회장 및 기타임원은 인선위원회에서 선임하고 총회에서 인준 받는다.

■ 제10조 임원의 직무 및 조직

1. 대표회장 : 본 회를 대표하며 대외(사회기관)업무를 수행 총괄한다.
2. 상임회장 : 대표회장을 보좌하며 유고시 대행한다.
3. 공동회장 : 대표회장을 보좌한다.
4. 회장 : 본 회를 주관하며 대표회장과 협의하여 회무를 총괄 진행하며 임원회를 주관한다.
5, 수석부회장 : 회장을 보좌하며 회장 유고 시 임무를 대행한다.

6. 공동부회장 : 회장단을 보좌한다.
7. 사무총장 : 회장을 보좌하며 본 회의 행사를 입안 보고하고 본 회 결정사항을 집행하며 본 회의 활동을 총괄한다.
8. 부총무 : 사무총장을 보좌하며 사무총장 유고시 사무총장의 직무를 수행한다.
9. 서기 : 본 회의 행정 사무 일체를 관리한다. 회장의 지시, 임원회나 총회의 요구 시 관계 증빙서류를 제출해야 한다.
10. 부서기 : 서기를 보좌하며 서기 유고 시 임무를 수행한다.
11. 회계 : 본 회의 재정출납하고 기록 보관하며 본회의 재정에 관한 사무를 관장한다.
12. 부회계 : 회계를 보좌하며 회계 유고 시 임무를 대행한다.
13. 감사 : 연1회 총회 전에 감사를 하여 총회에 보고를 하고, 위원장은 선임자가 된다. 임기는 3년으로 한다.
14. 고문 : 약간 명을 둘 수 있다. 직무는 본회를 지도편달 한다.
15. 실행위원회 : 임원, 상임회장, 공동회장, 지역연합회장으로 한다. 직무는 본회의 원활한 운영을 위해 논의 협력한다,
16. 인선위원회 : 인선위원은 증경회장, 회장(대표회장, 회장)으로 하되 현 담임목사로 한다. 인선위원장은 회장이 된다. 직무는 임원을 선임한다.
17. 대외협력위원장 : 직무는 본 회의 원활한 사업추진을 위한 대외적 활동을 담당한다.

■ 제11조 임원의 임기 및 보선
1. 임원의 임기는 1년으로 하고 연임할 수 있다.
2. 임원의 임기 중 결원이 생길 경우 임원회에서 보선하고 임기는 잔여 기간으로 한다.
3. 실무임원중 서기, 부서기, 회계, 부회계는 2년을 초과할 수 없다.

제4장 지역연합회

■ 제12조 각 지역연합회
본회는 지역연합회와 협력 사업을 한다.
1. 기흥구연합회
    1) 구성동백연합회 2) 기흥연합회
2. 수지구연합회
3. 처인구연합회

1) 남사연합회 2) 모현연합회 3) 백암연합회 4) 양지연합회
5) 원삼연합회 6) 이동연합회 7) 중앙연합회 8) 포곡연합회

제5장 회의

- **제13조 회의**

  1. 본회 내 회의는 총회, 임시총회, 분기별회, 임원회, 실행위원회, 인선위원회 등이 있다.
  2. 회의 성수인원은 출석회원으로 한다.

- **제14조 총회**

  정기총회는 매년 11월 중에 하고 사업보고, 회계보고, 임원개선, 정관개정 및 사업계획과 기타 상정안건을 처리한다, 총회소집은 10일 전에 공지한다. 장소 및 일정은 임원회에서 결정한다.

- **제15조 임시총회**

  임시총회는 20명 이상이 서명 날인하여 요청하거나 임원회의 요청 시 회장이 소집한다.

- **제16조 분기별회**

  분기별회는 분기 별로 지역 순회하여 모인다.

- **제17조 임원회**

  본 회의 임원회는 회장이 필요시 소집한다.

- **제18조 실행위원회**

  실행위원회는 실무회장이 필요시 소집한다(단, 실행 위원회 1/3 요구 시 소집한다).

- **제19조 인선위원회**

  총회 전 회장이 소집한다,

- **제20조 의결**

  출석 회원 1/2이상 찬성으로 한다.

제6장 특별기관

- **제21조 아가페문화원**
  1. 본 문화원은 연합회의 예속 기관으로서 각종 기독교 문화 활동 및 보급을 관장한다. 문화원 대표 및 임원구성은 본회 임원이다.
  2. 성탄트리 분과를 둔다.

- **제22조 성시화 운동본부**

  본회는 성시화(복음화) 운동본부와 협력하여 아래와 같은 직무를 수행한다.
  1. 성시화(복음화) 운동본부 대표본부장은 본회 회장이 한다.
  2. 성시화(복음화) 운동본부 기타 임원은 본회 조직을 활용하여 직무를 행한다.

- **제23조 선교위원회**

  본 회는 다음과 같이 직능별 선교위원회를 구성하고 사업을 한다.
  1. 경찰선교위원회   2. 예비군선교위원회   3. 실업인선교위원회
  4. 학술위원회   5. 여성선교위원회   6. 의료선교위원회
  7. 예능선교위원회   8. 찬양선교위원회   9. 체육선교위원회
  10. 사회봉사위원회 11. 재정후원회   12. 청소년선도위원회
  13. 대학생선교위원회 14. 학원선교위원회   15. 문학위원회
  16. 출판정보통신위원회 17. 장애선교위원회 18. 외국인선교위원회
  19. 기사선교회   20. 교육자 선교회   21. 법조인 선교회
  22. 이단 대책위원회 23. 단군상 대책 특별위원회
  24. 신문방송언론위원회 25. 기도분과위원회 26. 동성애대책위원회
  27. 군선교위원회   28. 국회대책위원회(종교인세금위원회)
  29. 사회정책위원회 30. 기록보존분과위원회 31. 장례위원회
  31. 장례위원회   32. 성탄트리위원회

제7장 재정

- 제24조 임원선교비, 교회선교비, 예배헌금, 특별헌금, 찬조금, 기타 헌금과 수입으로 한다.

- 제25조 회계연도는 정기 총회부터 차기 총회 전으로 한다.

제8장 부 칙

- 제26조 상벌
  1. 이단 사상을 고무 찬양 출입 전파하는 자는 회원에서 권고, 제명 한다.
  2. 회원 친목을 저해하는 자는 회원자격을 제한한다.
  3. 본 회의 공로자로 인증된 자는 임원회 결의로 포상할 수 있다.

- 제27조 본 회칙(정관) 개정은 출석 회원 2/3 이상 찬성을 얻어야 하며 정기총회에서만 할 수 있다.

- 제28조 본 회칙(정관)의 미비 된 사항은 통상관례법에 준한다.

- 제29조 본 회칙(정관)은 통과일로부터 효력을 발생한다.

2007년 11월 05일 제정	2009년 11월 23일 수정
2010년 11월 8 일 수정	2011년 11월 15일 수정
2012년 11월 26일 수정	2013년 11월 18일 수정
2016년 11월 17일 수정	2017년 11월 16일 수정
2018년 11월 8일 수정	2019년 11월 7일 수정